Das Jugendwohlfahrtsgesetz
und das
Bayer. Jugendamtsgesetz

mit den Vollzugsbestimmungen und den ergänzenden Gesetzen und Verwaltungsverordnungen

---

Erläutert von

J. Schiedermair
Oberlandesgerichtsrat in München.

1926
München, Berlin, Leipzig
J. Schweitzer Verlag (Arthur Sellier).

Vorwort.

Die vorliegende Bearbeitung des Reichsjugendwohlfahrtsgesetzes und des Bayer. Ausführungsgesetzes hierzu, des sog. Jugendamtsgesetzes, stellt die für Bayern geltenden reichs- und landesrechtlichen Vorschriften zusammen, die für das Gebiet der sog. Jugendhilfe erheblich sind. Sie trägt dem Rechnung, daß das Jugendwohlfahrtsgesetz ein Rahmengesetz ist und eine für die Praxis brauchbare Darstellung nur für ein bestimmtes Land und unter Berücksichtigung seiner Ausführungsgesetze und seiner Vollzugsbestimmungen erfolgen kann.

Die Erläuterungen wollen den Inhalt der Gesetze systematisch erfassen und berücksichtigen auch die bereits vorliegende Rechtsprechung und Literatur einschließlich der noch anwendbaren zu den Vorläufern der Gesetze erschienenen.

München im März 1926.

Schiedermair.

Inhaltsübersicht.

Übersicht der Abkürzungen.

AusschB. = Bericht des Ausschusses; beim JWG. im besonderen = Bericht des 29. Ausschusses (RT. Aktenstück 3959).
AusschE. = Entwurf des JWG. nach dem Beschlusse des Ausschusses (RT. Aktenstück 3959).
ArmG. = Bayer. Armengesetz vom 21. Aug. 1914 (GVBl. 551).
BAH. = Entscheidungen des Bundesamts für das Heimatwesen.
Bäumer = Bäumer-Hartmann-Becker, Das Reichsgesetz für Jugendwohlfahrt, Berlin 1923.
BayOLG. = Entscheidungen des Obersten Landesgerichts für Bayern in Gegenständen des Zivilrechts und Zivilprozesses, neue Folge.
BayZ. = Zeitschrift für Rechtspflege in Bayern.
Begr. = Begründung; beim JWG. im besonderen = Begründung zum Regierungsentwurf (RT. Aktenstück 1666).
Behrend = Behrend, Das Reichsgesetz für Jugendwohlfahrt, Berlin-München 1925.
BlAPr. = Blätter für administrative Praxis, nun Bayer. Verwaltungsblätter.
Blaum = Blaum-Riebesell-Stark, Reichsjugendwohlfahrtsgesetz, Mannheim 1923.
Bovensiepen = Bovensiepen, Das Reichsgesetz für Jugendwohlfahrt, Altenburg, Leipzig, Berlin 1922.
DJZ. = Deutsche Juristenzeitung.
Eger = Eger, Das Reichsgesetz über den Unterstützungswohnsitz, Breslau 1909.
FE. = Fürsorgeerziehung.
FGG. = Gesetz über die Angelegenheiten der freiwilligen Gerichtsbarkeit.
Fichtl = Fichtl, Reichsgesetz für Jugendwohlfahrt, München 1922.
Francke = Francke, Jugendgerichtsgesetz 1926.
Friedeberg = Friedeberg-Polligkeit, Das Reichsgesetz für Jugendwohlfahrt, Berlin 1923.
Goeze = Goeze, Das Reichsgesetz für Jugendwohlfahrt, Berlin 1925.
GoltdArch. = Archiv für Strafrecht und Strafprozeß begr. von Goltdammer.
GWR. = Gemeindewaisenrat.
JA. = Jugendamt.
JAG. = Bayer. Gesetz zur Ausführung des Reichsgesetzes für Jugendwohlfahrt (Jugendamtsgesetz).
JEFG. = Jahrbuch für Entscheidungen in Angelegenheiten der freiwilligen Gerichtsbarkeit und des Grundbuchrechts.

JG.	=	Jugendgericht.
JGG.	=	Jugendgerichtsgesetz.
JR.	=	Juristische Rundschau, Zeitschrift für praktische Rechtskunde.
JW.	=	Juristische Wochenschrift.
JWG.	=	Reichsgesetz für Jugendwohlfahrt.
Keidel	=	Keidel, Freiwillige Gerichtsbarkeit 1926.
KGJ.	=	Jahrbuch für Entscheidungen des Kammergerichts in Sachen der freiwilligen Gerichtsbarkeit, in Kosten-, Stempel- und Strafsachen.
Kipp	=	Kipp-Wolff, Familienrecht 4. Band 1923.
LJA.	=	Landesjugendamt.
LAV.	=	Landarmenverband.
Messerer	=	Messerer, Jugendgerichtsgesetz 1926.
Nawiasky	=	Nawiasky, Bayerisches Verfassungsrecht.
OAV.	=	Ortsarmenverband.
OLG.	=	Die Rechtsprechung der Oberlandesgerichte.
Pöll	=	Pöll, Unterstützungswohnsitzgesetz.
Recht	=	Recht, Juristisches Zentralblatt für Praktiker.
RegE.	=	Entwurf der Reichsregierung zum JWG. (RT. Aktenstück 1666).
ReichsRE.	=	Entwurf zum JWG. nach den Abänderungen des Reichsrats (RT. Aktenstück 1666).
RJA.	=	Entscheidungen in Angelegenheiten der freiwilligen Gerichtsbarkeit und des Grundbuchrechts, zusammengestellt im Reichsjustizamt; auch = Reichsjugendamt.
SchA.	=	Schutzaufsicht
StenB.	=	Stenographische Berichte; im besonderen beim JWG.: Verhandlungen in der Vollversammlung des RT. (Bd. 365 Nr. 225 u. 226).
UWG.	=	Reichsgesetz über den Unterstützungswohnsitz vom 30. Mai 1908.
VG.	=	Vormundschaftsgericht.
VVO.	=	Bayerische Vollzugsvorschriften zum JWG. u. JAG. v. 21. Dez. 1925 (unter Nr. VI 1 abgedruckt).
Werner	=	Werner, E., Jugendpflege und Jugendfürsorge, Berlin 1925.
ZBlFG.	=	Zentralblatt für freiwillige Gerichtsbarkeit, Notariat und Zwangsversteigerung.
ZBlV.	=	Zentralblatt für Vormundschaftswesen, Jugendgerichte und Fürsorgeerziehung; nun Zentralblatt für Jugendrecht und Jugendwohlfahrt.

Die Texte des Jugendwohlfahrtsgesetzes und des Jugendamtsgesetzes

I. Reichsgesetz für Jugendwohlfahrt

Vom 9. Juli 1922 (RGBl. 633)[1])

Abschnitt I

Allgemeines

§ 1. Jedes deutsche Kind hat ein Recht auf Erziehung zur leiblichen, seelischen und gesellschaftlichen Tüchtigkeit.

Das Recht und die Pflicht der Eltern zur Erziehung werden durch dieses Gesetz nicht berührt. Gegen den Willen des Erziehungsberechtigten ist ein Eingreifen nur zulässig, wenn ein Gesetz es erlaubt.

Insoweit der Anspruch des Kindes auf Erziehung von der Familie nicht erfüllt wird, tritt, unbeschadet der Mitarbeit freiwilliger Tätigkeit, öffentliche Jugendhilfe ein.

§ 2. Organe der öffentlichen Jugendhilfe sind die Jugendwohlfahrtsbehörden (Jugendämter, Landesjugendämter, Reichsjugendamt), soweit nicht gesetzlich die Zuständigkeit anderer öffentlicher Körperschaften oder Einrichtungen, insbesondere der Schule, gegeben ist.

Die öffentliche Jugendhilfe umfaßt alle behördlichen Maßnahmen zur Förderung der Jugendwohlfahrt (Jugendpflege und Jugendfürsorge) und regelt sich, unbeschadet der bestehenden Gesetze, nach den folgenden Vorschriften.

Abschnitt II

Jugendwohlfahrtsbehörden

1. Jugendamt

a. Zuständigkeit

§ 3. Aufgaben des Jugendamtes sind:
1. der Schutz der Pflegekinder gemäß §§ 19 bis 31;
2. die Mitwirkung im Vormundschaftswesen, insbesondere die Tätigkeit des Gemeindewaisenrats, gemäß §§ 32 bis 48;

1) Unter Berücksichtigung der durch die VOen. vom 14. Februar 1924 (RGBl. 110) und 4. Dezember 1924 (RGBl. 765) erfolgten Änderungen.

3. (aufgehoben durch VO. vom 14. Februar 1924);
4. die Mitwirkung bei der Schutzaufsicht und der Fürsorgeerziehung gemäß §§ 56 bis 76;
5. die Jugendgerichtshilfe gemäß reichsgesetzlicher Regelung;
6. die Mitwirkung bei der Beaufsichtigung der Arbeit von Kindern und jugendlichen Arbeitern nach näherer landesrechtlicher Vorschrift;
7. die Mitwirkung bei der Fürsorge für Kriegerwaisen und Kinder von Kriegsbeschädigten;
8. die Mitwirkung in der Jugendhilfe bei den Polizeibehörden, insbesondere bei der Unterbringung zur vorbeugenden Verwahrung, gemäß näherer landesrechtlicher Vorschrift.

§ 4. Aufgabe des Jugendamts ist ferner, Einrichtungen und Veranstaltungen anzuregen, zu fördern und gegebenenfalls zu schaffen für:

1. Beratung in Angelegenheiten der Jugendlichen;
2. Mutterschutz vor und nach der Geburt;
3. Wohlfahrt der Säuglinge;
4. Wohlfahrt der Kleinkinder;
5. Wohlfahrt der im schulpflichtigen Alter stehenden Jugend außerhalb des Unterrichts;
6. Wohlfahrt der schulentlassenen Jugend.

Das Nähere kann durch die oberste Landesbehörde bestimmt werden.

§ 5. Die Behörden des Reichs, der Länder, der Selbstverwaltungskörper und die Jugendämter haben sich gegenseitig und die Jugendämter einander zur Erfüllung der Aufgaben der Jugendwohlfahrt Beistand zu leisten.

§ 6. Das Jugendamt hat die freiwillige Tätigkeit zur Förderung der Jugendwohlfahrt unter Wahrung ihrer Selbständigkeit und ihres satzungsgemäßen Charakters zu unterstützen, anzuregen und zur Mitarbeit heranzuziehen, um mit ihr zum Zwecke eines planvollen Ineinandergreifens aller Organe und Einrichtungen der öffentlichen und privaten Jugendhilfe und der Jugendbewegung zusammenzuwirken.

§ 7. Das Jugendamt ist zuständig für alle Minderjährigen, die in seinem Bezirk ihren gewöhnlichen Aufenthaltsort haben. Für vorläufige Maßnahmen ist das Jugendamt zuständig, in dessen Bezirk das Bedürfnis der öffentlichen Jugendhilfe hervortritt.

Streitigkeiten über die Zuständigkeit werden durch die oberste Landesbehörde und, wenn die Jugendämter verschiedenen Ländern angehören, durch das Reichsverwaltungsgericht entschieden.

b. Aufbau und Verfahren

§ 8. Jugendämter sind als Einrichtungen von Gemeinden oder Gemeindeverbänden für das Gebiet des Deutschen Reichs zu errichten. Die oberste Landesbehörde bestimmt die Abgrenzung der Bezirke, für welche die Jugendämter zuständig sind.

§ 9. Zusammensetzung, Verfassung und Verfahren des Jugendamts wird auf Grund landesrechtlicher Vorschriften durch eine Satzung des zuständigen Selbstverwaltungskörpers geregelt.

Als stimmberechtigte Mitglieder des Jugendamts sind neben den leitenden Beamten in der Jugendwohlfahrt erfahrene und bewährte Männer und Frauen aller Bevölkerungskreise, insbesondere aus den im Bezirke des Jugendamts wirkenden freien Vereinigungen für Jugendwohlfahrt und Jugendbewegung auf deren Vorschlag, zu berufen. Diese Vereinigungen haben Anspruch auf zwei Fünftel der Zahl der nichtbeamteten Mitglieder.

In das Jugendamt sollen hauptamtlich in der Regel nur Personen berufen werden, die eine für die Betätigung in der Jugendwohlfahrt hinreichende Ausbildung besitzen, die insbesondere durch eine mindestens einjährige praktische Arbeit in der Jugendwohlfahrt erworben ist.

Das Vormundschaftsgericht ist zur Teilnahme an den Sitzungen des Jugendamts berechtigt und hat in ihnen beratende Stimme.

§ 10. Sofern für den Bezirk einer Gemeinde oder eines Gemeindeverbandes ein Wohlfahrtsamt oder eine andere der Wohlfahrtspflege dienende geeignete Einrichtung der staatlichen oder der Selbstverwaltung besteht, können ihr nach näherer Maßgabe der Landesgesetzgebung durch die oberste Landesbehörde oder eine Satzung des zuständigen Selbstverwaltungskörpers die Aufgaben des Jugendamts übertragen werden unter der Voraussetzung, daß die Einrichtung den Vorschriften des § 9 entspricht.

Besteht für einen Bezirk ein Gesundheitsamt oder eine entsprechende Behörde, so können dieser die gesundheitlichen Aufgaben übertragen werden. In diesem Falle müssen die Behörden im Einvernehmen mit dem Jugendamte vorgehen.

§ 11. Das Jugendamt kann die Erledigung einzelner Geschäfte oder Gruppen von Geschäften besonderen Ausschüssen, in welche auch andere Personen als seine Mitglieder berufen werden, sowie Vereinigungen für Jugendhilfe und für Jugendbewegung oder einzelnen in der Jugendwohlfahrt erfahrenen und bewährten Männern und Frauen widerruflich übertragen. Das Nähere regelt die Reichsregierung entsprechend dem § 15 oder die oberste Landesbehörde. Die Verpflichtung des Jugendamts, für die sachgemäße

Erledigung der ihm obliegenden Aufgaben Sorge zu tragen, wird hierdurch nicht berührt.

2. Landesjugendamt

§ 12. Zur Sicherung einer gleichmäßigen Erfüllung der den Jugendämtern obliegenden Aufgaben und zur Unterstützung ihrer Arbeit sind Landesjugendämter zu errichten.

Kleinere Länder können ein gemeinsames Landesjugendamt errichten. Die Jugendämter eines Landes oder eines Landesteils können dem Landesjugendamt eines anderen Landes angeschlossen werden. Auch kann für Jugendämter verschiedener Länder oder Landesteile ein Landesjugendamt errichtet werden.

§ 13. Dem Landesjugendamte liegen ob:

1. die Aufstellung gemeinsamer Richtlinien und die sonstigen geeigneten Maßnahmen für die zweckentsprechende und einheitliche Tätigkeit der Jugendämter seines Bezirkes;
2. die Beratung der Jugendämter und die Vermittlung der Erfahrungen auf dem Gebiete der Jugendwohlfahrt;
3. die Schaffung gemeinsamer Veranstaltungen und Einrichtungen für die beteiligten Jugendämter;
4. die Mitwirkung bei der Unterbringung Minderjähriger;
5. die Zusammenfassung aller Veranstaltungen und Einrichtungen, die sich auf die Fürsorge für gefährdete und verwahrloste Minderjährige beziehen;
6. die Mitwirkung bei der Fürsorgeerziehung gemäß § 71;
7. die Vermittlung von Anregungen für die freiwillige Tätigkeit sowie die Förderung der freien Vereinigungen auf allen Gebieten der Jugendwohlfahrt und ihres planmäßigen Zusammenarbeitens untereinander und mit den Jugendämtern im Bereiche des Landesjugendamts;
8. die Erteilung der Erlaubnis zur Annahme von Pflegekindern durch Anstalten sowie die Aufsicht über Anstalten gemäß § 29.

Weitere Aufgaben können dem Landesjugendamte durch die oberste Landesbehörde übertragen werden.

§ 14. Zusammensetzung, Verfassung und Verfahren des Landesjugendamts sowie seine Stellung zu den Jugendämtern werden landesrechtlich geregelt. Im übrigen gelten § 9 Abs. 1 und 2 und § 10 Abs. 1 entsprechend mit der Maßgabe, daß in das Landesjugendamt insbesondere Vertreter von Jugendämtern und Justizbehörden zu berufen sind.

3. Reichsjugendamt

§ 15. Zur Sicherung einer tunlichst gleichmäßigen Erfüllung der Aufgaben der Jugendämter kann die Reichsregierung mit Zustimmung des Reichsrats Ausführungsvorschriften erlassen.

§ 16. (§ 16 trat nicht in Kraft; VO. vom 14. Februar 1924).

§ 17. (§ 17 trat nicht in Kraft; VO. vom 14. Februar 1924).

4. Beschwerde

§ 18. Das Beschwerderecht gegen Entscheidungen des Jugendamts und des Landesjugendamts regelt sich nach Landesrecht.

Bei Rechtsbeschwerden aus diesem Gesetz entscheidet im letzten Rechtszug das Reichsverwaltungsgericht. Das Nähere regelt die Reichsregierung mit Zustimmung des Reichsrats.

Abschnitt III

Schutz der Pflegekinder

1. Erlaubnis zur Annahme

§ 19. Pflegekinder sind Kinder unter 14 Jahren, die sich dauernd oder nur für einen Teil des Tages, jedoch regelmäßig, in fremder Pflege befinden, es sei denn, daß von vornherein feststeht, daß sie unentgeltlich in vorübergehende Bewahrung genommen werden.

§ 20. Wer ein Pflegekind aufnimmt, bedarf dazu der vorherigen Erlaubnis des Jugendamts. In dringenden Fällen ist die nachträgliche Erlaubnis unverzüglich zu bewirken. Wer mit einem solchen Kinde in den Bezirk eines Jugendamts zuzieht, hat die Erlaubnis zur Fortsetzung der Pflege unverzüglich einzuholen.

Steht von vornherein fest, daß ein Kind unentgeltlich oder nicht gewerbsmäßig in vorübergehende Bewahrung genommen wird, so genügt die Anmeldung bei dem Jugendamte.

§ 21. Die Bestimmungen dieses Abschnitts finden keine Anwendung, wenn eheliche Kinder bei Verwandten oder Verschwägerten bis zum dritten Grade verpflegt werden, es sei denn, daß diese Personen Kinder entgeltlich, gewerbsmäßig oder gewohnheitsmäßig in Pflege nehmen.

Die Bestimmungen dieses Abschnitts finden ferner keine Anwendung auf Kinder, die aus Anlaß auswärtigen Schulbesuchs für einen Teil des Tages in Pflege genommen werden, sowie auf solche Kinder, die zum Zwecke des Schulbesuchs in auswärtigen Schulorten in Familien untergebracht sind, wenn diese von der Leitung der Schule für geeignet erklärt und überwacht sind.

§ 22. Die Voraussetzungen für die Erlaubnis, ihr Erlöschen und ihren Widerruf können nach § 15 oder durch die Landesjugendämter näher bestimmt werden.

Die Erlaubnis kann widerrufen werden, wenn das körperliche, geistige oder sittliche Wohl des Kindes es erfordert.

§ 23. Zuständig für die Erteilung und den Widerruf der Erlaubnis ist das Jugendamt, in dessen Bezirk die Pflegeperson ihren gewöhnlichen Aufenthalt hat.

2. Aufsicht

§ 24. Pflegekinder unterstehen der Aufsicht des Jugendamts. Das gleiche gilt für uneheliche Kinder, die sich bei der Mutter befinden.

Die Aufsichtsbefugnisse, insbesondere soweit sie für das gesundheitliche und sittliche Gedeihen des Kindes erforderlich sind, werden nach § 15 oder durch die Landesjugendämter geregelt.

§ 25. Auf Grund von Vorschriften nach § 15 oder von Richtlinien der Landesjugendämter können Pflegekinder durch Anordnung der Jugendämter von der Beaufsichtigung widerruflich befreit werden.

Uneheliche Kinder sollen, so lange sie sich bei der Mutter befinden, von der Beaufsichtigung widerruflich befreit werden, wenn das Wohl des Kindes gesichert ist.

Uneheliche Kinder, die gemäß § 1706 Abs. 2 des Bürgerlichen Gesetzbuchs den Namen des Ehemanns der Mutter führen, können, so lange sie sich bei der Mutter und deren Ehemann in Pflege befinden, widerruflich von der Beaufsichtigung befreit werden. Das gleiche gilt von Kindern, die bei ihren Großeltern oder ihrem Vormund verpflegt werden.

§ 26. Wer ein gemäß § 24 Abs. 1 der Aufsicht unterstehendes Kind in Pflege hat, ist verpflichtet, dessen Aufnahme, Abgabe, Wohnungswechsel und Tod dem Jugendamt unverzüglich anzuzeigen. Die näheren Bestimmungen werden nach § 15 oder durch die Landesjugendämter getroffen.

3. Vorläufige Unterbringung

§ 27. Bei Gefahr im Verzuge kann das Jugendamt das Pflegekind sofort aus der Pflegestelle entfernen und vorläufig anderweit unterbringen.

Das Jugendamt ist verpflichtet, das zuständige Vormundschaftsgericht von der erfolgten Wegnahme unverzüglich zu benachrichtigen.

4. Behördlich angeordnete Familienpflege, Anstalts- und Vereinspflege

§ 28. Bei Kindern, die von anderen reichs- oder landesgesetzlich zuständigen Behörden in Familienpflege untergebracht werden, steht die Erteilung der Erlaubnis und die Aufsicht diesen Behörden zu. Doch kann die Übertragung dieser Befugnisse von diesen Behörden auf das örtlich zuständige Jugendamt durch die zuständige Reichs- oder Landesbehörde angeordnet werden.

§ 29. Die Landesjugendämter können Anstalten, die Kinder in Pflege nehmen, von der Anwendung der Bestimmungen der §§ 20 bis 23 widerruflich befreien. Die Befreiung kann nur versagt werden, wenn das Landesjugendamt Tatsachen feststellt, die die Eignung einer Anstalt zur Aufnahme von Pflegekindern ausschließen.

Die Bestimmungen der §§ 24 bis 26 finden mit der Maßgabe Anwendung, daß an die Stelle der Jugendämter die Landesjugendämter treten und die Regelung der Aufsichtsbefugnisse der Landesgesetzgebung vorbehalten bleibt.

Das Landesjugendamt kann bestimmen, inwieweit die Vorschriften dieses Abschnitts auf Pflegekinder, die unter der Aufsicht einer der Jugendwohlfahrt dienenden, von ihm für geeignet erklärten Vereinigung stehen, Anwendung finden.

Landesrechtlich kann an Stelle der Landesjugendämter die oberste Landesbehörde für zuständig erklärt werden.

5. Strafbestimmungen

§ 30. Wer ein Pflegekind ohne die vorgeschriebene Erlaubnis oder Anmeldung in Pflege nimmt oder nach Erlöschen oder Widerruf der Erlaubnis in Pflege behält oder wer den gemäß § 22 Abs. 1 erlassenen Vorschriften entgegenhandelt, wird mit Geldstrafe bis zu einhunderttausend Mark[1]) oder mit Haft oder mit Gefängnis bis zu drei Monaten bestraft.

Die gleiche Strafe trifft denjenigen, der in den nach § 26 vorgeschriebenen Anzeigen wissentlich unrichtige Angaben macht oder die Leiche eines Pflegekindes oder unehelichen Kindes ohne die vorgeschriebene Anzeige beerdigt.

Wer der in § 26 vorgeschriebenen Anzeigepflicht nicht nachkommt, wird mit Geldstrafe bis zu eintausendfünfhundert Mark[1]) oder mit Haft bestraft.

Die Bestrafung tritt nur auf Antrag des Jugendamts ein. Die Zurücknahme des Antrags ist zulässig.

---

[1]) S. jetzt § 27 StGB. u. Art. XIV der VO. v. 6. Februar 1924 (RGBl. 44).

6. Ermächtigung für die Landesgesetzgebung

§ 31. Die Befugnis der Landesgesetzgebung, weitere Vorschriften zum Schutze der Kinder zu erlassen sowie Ausnahmen von den Vorschriften der §§ 20 bis 24 für die Unterbringung von Kindern in ländlichen Bezirken zuzulassen, bleibt unberührt.

Abschnitt IV

Stellung des Jugendamts im Vormundschaftswesen; Anstalts- und Vereinsvormundschaft

1. Amtsvormundschaft

a. Allgemeine Bestimmungen

§ 32. Das Jugendamt wird Vormund in den durch die folgenden Bestimmungen vorgesehenen Fällen (Amtsvormundschaft). Es kann die Ausübung der vormundschaftlichen Obliegenheiten einzelnen seiner Mitglieder oder Beamten übertragen. Im Umfang der Übertragung sind die Mitglieder und Beamten zur gesetzlichen Vertretung der Mündel befugt.

§ 33. Auf die Amtsvormundschaft finden die Bestimmungen des Bürgerlichen Gesetzbuches mit folgender Maßgabe Anwendung. Ein Gegenvormund wird nicht bestellt; dem Amtsvormund stehen die nach §§ 1852 bis 1854 des Bürgerlichen Gesetzbuchs zulässigen Befreiungen zu. Von der Anwendung ausgeschlossen sind die §§ 1788, 1801, 1835, 1836 Abs. 1 Satz 2 bis 4 und Abs. 2, 1837 Abs. 2, 1838, 1844 und 1886.

§ 1805 des Bürgerlichen Gesetzbuchs findet mit der Maßgabe Anwendung, daß die Anlegung von Mündelgeld gemäß § 1807 des Bürgerlichen Gesetzbuchs auch bei der das Jugendamt errichtenden Körperschaft zulässig ist. Hat das Jugendamt Aufwendungen zum Zwecke der Führung der Vormundschaft gemacht, so sind ihm diese aus dem Vermögen des Mündels zu ersetzen. Allgemeine Verwaltungskosten werden nicht ersetzt.

Der Amtsvormund hat auf das religiöse Bekenntnis oder die Weltanschauung des Mündels oder seiner Familie bei der Unterbringung Rücksicht zu nehmen.

§ 34. Die Landesgesetzgebung kann bestimmen, daß weitere Vorschriften des ersten Titels des dritten Abschnitts im vierten Buche des Bürgerlichen Gesetzbuchs, welche die Aufsicht des Vormundschaftsgerichts in vermögensrechtlicher Hinsicht betreffen, gegenüber dem Amtsvormund außer Anwendung bleiben. Die Prüfung der Schlußrechnung und die Vermittlung ihrer Abnahme durch das Vormundschaftsgericht bleiben hiervon unberührt.

b. Gesetzliche Amtsvormundschaft

§ 35. Mit der Geburt eines unehelichen Kindes erlangt das Jugendamt des Geburtsorts die Vormundschaft.

Bis zum Eingreifen des zuständigen Vormundschaftsgerichts hat das Amtsgericht des Geburtsorts die erforderlichen vormundschaftsgerichtlichen Maßnahmen zu treffen.

Auf uneheliche deutsche Kinder, die ihm Ausland geboren sind und im Deutschen Reiche ihren Aufenthalt nehmen, finden, falls eine deutsche Vormundschaft noch nicht eingeleitet ist, die Bestimmungen von Abs. 1 mit der Maßgabe Anwendung, daß das nach § 7 dieses Gesetzes zuständige Jugendamt die Vormundschaft erlangt.

§ 36. Der Standesbeamte hat die nach § 48 des Reichsgesetzes über die Angelegenheiten der freiwilligen Gerichtsbarkeit vom 17./20. Mai 1898 (Reichsgesetzblatt S. 189/771) dem Vormundschaftsgericht zu erstattende Anzeige über die Geburt eines unehelichen Kindes dem Jugendamt zu übersenden. Dieser Anzeige ist eine Mitteilung über das religiöse Bekenntnis anzufügen. Das Jugendamt hat unter Weiterreichung der Geburtsanzeige den Eintritt der Vormundschaft (§ 35) dem Vormundschaftsgericht unverzüglich anzuzeigen.

§ 37. Das Vormundschaftsgericht hat dem Jugendamt unverzüglich eine Bescheinigung über den Eintritt der Vormundschaft zu erteilen, die bei der Beendigung der Vormundschaft zurückzugeben ist.

§ 38. Auf Antrag des Jugendamts oder einer unverehelichten Mutter kann für eine Leibesfrucht ein Pfleger bestellt werden, auch wenn die Voraussetzung des § 1912 Satz 1 des Bürgerlichen Gesetzbuchs nicht gegeben ist. Der Pfleger wird mit der Geburt des Kindes im Einverständnis mit dem Jugendamt Vormund. In diesem Falle findet § 35 keine Anwendung. Die Vormundschaft wird bei dem Vormundschaftsgerichte geführt, bei dem die Pflegschaft anhängig war.

§ 39. Sobald es das Wohl des Mündels erfordert, soll das die Vormundschaft führende Jugendamt bei dem Jugendamt eines anderen Bezirkes die Weiterführung der Vormundschaft beantragen. Der Antrag kann auch von dem Jugendamt eines anderen Bezirkes sowie von der Mutter und von einem jeden, der ein berechtigtes Interesse des Mündels geltend macht, gestellt werden. Das die Vormundschaft abgebende Jugendamt hat den Übergang dem Vormundschaftsgericht unverzüglich anzuzeigen.

Gegen die Ablehnung des Antrags kann das Vormundschaftsgericht angerufen werden.

§ 40. Das Vormundschaftsgericht hat das Jugendamt auf seinen Antrag als Amtsvormund zu entlassen und einen Einzelvormund zu bestellen, soweit dies dem Wohle des Mündels nicht entgegensteht.

c. Bestellte Amtsvormundschaft

§ 41. Das Jugendamt kann unter den Voraussetzungen des § 1773 des Bürgerlichen Gesetzbuchs mit seinem Einverständnis vor den im § 1776 des Bürgerlichen Gesetzbuchs als Vormünder berufenen Personen zum Vormund für einen Minderjährigen bestellt werden, soweit nicht ein geeigneter anderer Vormund vorhanden ist.

Auf die bestellte Amtsvormundschaft finden die §§ 1789 und 1791 des Bürgerlichen Gesetzbuchs keine Anwendung. Die Bestellung erfolgt durch schriftliche Verfügung des Vormundschaftsgerichts.

2. Stellung des Jugendamts zum Vormundschaftsgericht und zur Einzelvormundschaft

§ 42. Das Jugendamt ist Gemeindewaisenrat. § 11 gilt entsprechend.

Die Landesgesetzgebung kann örtliche Einrichtungen zur Unterstützung des Jugendamts in den Geschäften des Gemeindewaisenrats treffen.

§ 43. Das Jugendamt hat das Vormundschaftsgericht bei allen Maßnahmen zu unterstützen, welche die Sorge für die Person Minderjähriger betreffen, insbesondere durch Begutachtung bei der Festsetzung von Geldrenten für den Unterhalt Minderjähriger. Vor Entscheidungen in den Fällen des § 1635 Abs. 1 Satz 2, des § 1666, des § 1727, des § 1728 Abs. 2, des § 1729 Abs. 2, des § 1750 Abs. 1 und des § 1751 Abs. 2 des Bürgerlichen Gesetzbuchs muß das Vormundschaftsgericht das zuständige Jugendamt hören. Bei Gefahr im Verzuge kann das Vormundschaftsgericht einstweilige Anordnungen auch schon vor Anhörung des Jugendamts treffen. Es kann das Jugendamt mit der Ausführung der Anordnungen aus § 1631 Abs. 2, § 1636 Satz 2 des Bürgerlichen Gesetzbuchs und sonstiger Anordnung mit dessen Einverständnis betrauen.

Das Landesjugendamt kann auf Antrag des Jugendamts Mitglieder oder Beamte des Jugendamts ermächtigen, Beurkundungen gemäß §§ 1718 und 1720 Abs. 2 des Bürgerlichen Gesetzbuchs vorzunehmen, sowie die im § 1706 Abs. 2 des Bürgerlichen Gesetzbuchs bezeichneten Erklärungen entgegenzunehmen und zu beglaubigen.

§ 44. Das Jugendamt soll die Bestellung einer Einzelperson als Vormund beantragen, wenn dies dem Interesse des Mündels förderlich erscheint. Es kann auch die Bestellung eines Mitvormundes für einen bestimmten Wirkungskreis beantragen.

Die Bestellung kann von einem jeden, der ein berechtigtes Interesse des Mündels geltend macht, und von diesem selbst, wenn es das 14. Lebensjahr vollendet hat, beantragt werden. Sie kann auch von Amts wegen erfolgen. Vor der Entscheidung soll das Vormundschaftsgericht das Jugendamt und tunlichst die Mutter des Mündels hören.

§ 45. Das Jugendamt hat die Vormünder, Beistände und Pfleger seines Bezirks planmäßig zu beraten und bei der Ausübung ihres Amtes zu unterstützen. Die näheren Bestimmungen hierüber werden nach § 13 Abs. 1 Nr. 1 und § 15 getroffen. § 11 gilt entsprechend.

3. Mitvormundschaft, Gegenvormundschaft. Pflegschaft und Beistandschaft des Jugendamts

§ 46. Die vorstehenden Bestimmungen gelten entsprechend für die Bestellung des Jugendamts zum Mitvormund, Gegenvormund, Pfleger oder Beistand und für die Übertragung einzelner Rechte und Pflichten eines Vormundes auf das Jugendamt.

4. Anstalts- und Vereinsvormundschaft

§ 47. Vorstände von Anstalten, die unter der Verwaltung des Staates oder einer öffentlichen Körperschaft stehen, sowie Vorstände solcher privaten Anstalten oder Vereine, die vom Landesjugendamte für geeignet erklärt sind, können auf ihren Antrag zu Vormündern bestellt werden (Anstalts- oder Vereinsvormundschaft). Auch können sie zu Pflegern oder Beiständen bestellt werden. Ebenso können ihnen einzelne Rechte und Pflichten des Vormundes übertragen werden. Das Jugendamt muß in den Fällen, in denen der Minderjährige von ihm bevormundet oder versorgt ist, vorher gehört werden.

Auf die Anstalts- oder Vereinsvormundschaft finden die Bestimmungen der §§ 33, 40, 41 und 44 mit der Maßgabe Anwendung, daß ein Gegenvormund bestellt werden kann. Insbesondere ist die Bestellung eines Jugendamts zum Gegenvormunde zulässig.

§ 48. Artikel 136 des Einführungsgesetzes zum Bürgerlichen Gesetzbuch und die §§ 1783, 1887 des Bürgerlichen Gesetzbuchs werden aufgehoben. Dem § 1784 des Bürgerlichen Gesetzbuchs wird folgender Abs. 2 angefügt: „Diese Erlaubnis darf nur versagt werden, wenn ein wichtiger dienstlicher Grund vorliegt."

Dem § 1786 Nr. 1 des Bürgerlichen Gesetzbuchs werden die Worte hinzugefügt: „welche zwei und mehr noch nicht schulpflichtige Kinder besitzt oder glaubhaft macht, daß die ihr obliegende Fürsorge für ihre Familie die Ausübung des Amtes dauernd besonders erschwert."

Abschnitt V

Die öffentliche Unterstützung hilfsbedürftiger Minderjähriger

§ 49—54. (Diese §§ sind aufgehoben durch die VOen v. 14. Febr. 1924 u. v. 4. Dez. 1924.)

§ 55. Sofern zur Verhütung der Verwahrlosung eines hilfsbedürftigen Minderjährigen besondere Aufwendungen durch Entfernung des Minderjährigen aus seiner bisherigen Umgebung erforderlich sind, bewendet es bei den Vorschriften über die Fürsorgeerziehung Minderjähriger.

Abschnitt VI

Die Schutzaufsicht und die Fürsorgeerziehung

1. Die Schutzaufsicht

§ 56. Ein Minderjähriger ist unter Schutzaufsicht zu stellen, wenn sie zur Verhütung seiner körperlichen, geistigen oder sittlichen Verwahrlosung geboten und ausreichend erscheint.

§ 57. Das Vormundschaftsgericht ordnet die Schutzaufsicht von Amts wegen oder auf Antrag an. Antragsberechtigt sind die Eltern, der gesetzliche Vertreter und das Jugendamt. Das Vormundschaftsgericht muß das Jugendamt vor der Entscheidung über die Schutzaufsicht hören.

Die Entscheidung des Vormundschaftsgerichts ist den im Abs. 1 Genannten und dem Minderjährigen, wenn er das 14. Lebensjahr vollendet hat, bekanntzugeben, soweit ihr Inhalt nach dem Ermessen des Vormundschaftsgerichts ihm ohne erziehlichen Nachteil mitgeteilt werden kann.

Ist das Vormundschaftsgericht nicht das des gewöhnlichen Aufenthaltsorts des Minderjährigen, so soll auf Antrag des Jugendamts die Abgabe an dieses Gericht gemäß § 46 des Reichsgesetzes über die Angelegenheiten der freiwilligen Gerichtsbarkeit stattfinden, sofern nicht besondere Gründe dagegen sprechen.

§ 58. Die Schutzaufsicht besteht in dem Schutze und der Überwachung des Minderjährigen. Derjenige, der die Schutzaufsicht ausübt (Helfer), hat den Erziehungsberechtigten bei der Sorge für die Person des Minderjährigen zu unterstützen und zu überwachen. Die Schutzaufsicht umfaßt die Sorge über das Vermögen nur, insoweit der Arbeitsverdienst des Minderjährigen in Betracht kommt.

Der Helfer kann für alle Angelegenheiten, für gewisse Arten von Angelegenheiten oder für einzelne Angelegenheiten bestellt werden.

Über den Umfang seines Wirkungskreises entscheidet die Bestellung.

Der Helfer hat bei der Ausübung seines Amtes das Recht auf Zutritt zu dem Minderjährigen. Die Eltern, der gesetzliche Vertreter und die Personen, denen der Minderjährige zur Verpflegung und Erziehung übergeben ist, sind verpflichtet, dem Helfer Auskunft zu geben.

Der Helfer hat dem Vormundschaftsgerichte jeden Fall, in dem es zum Einschreiten berufen ist, unverzüglich anzuzeigen.

§ 59. Die Schutzaufsicht erlischt mit der Volljährigkeit des Minderjährigen oder durch die rechtskräftige Anordnung der Fürsorgeerziehung. Sie ist aufzuheben, wenn ihr Zweck erreicht oder die Erreichung anderweit sichergestellt ist.

§ 60. Die Ausübung der Schutzaufsicht wird vom Vormundschaftsgerichte dem Jugendamt oder nach Anhörung des Jugendamts einer Vereinigung für Jugendhilfe oder einer einzelnen Person, soweit die beiden letzteren zur Übernahme der Schutzaufsicht bereit sind, übertragen. Bei der Übertragung ist auf das religiöse Bekenntnis oder die Weltanschauung des Minderjährigen tunlichst Rücksicht zu nehmen. Das Vormundschaftsgericht hat den Helfer zu entlassen, wenn dies dem Wohle des Minderjährigen förderlich erscheint. Die näheren Bestimmungen über die Ausübung werden von der Reichsregierung mit Zustimmung des Reichsrats oder von der obersten Landesbehörde getroffen.

Über die Führung des unter Schutzaufsicht gestellten Minderjährigen ist dem Vormundschaftsgericht auf Verlangen Bericht zu erstatten.

Das Jugendamt kann die Schutzaufsicht ohne gerichtliche Anordnung ausüben, so lange der Erziehungsberechtigte damit einverstanden ist; es hat in diesem Falle das Vormundschaftsgericht von dem Eintritt der Schutzaufsicht zu benachrichtigen.

§ 61. Eine zur Zeit der Anordnung der Schutzaufsicht bestehende Beistandschaft (§§ 1687 ff. des Bürgerlichen Gesetzbuchs) soll insoweit aufgehoben werden, als sich ihr Wirkungskreis mit dem der Schutzaufsicht deckt.

2. Die Fürsorgeerziehung

§ 62. Die Fürsorgeerziehung dient der Verhütung oder Beseitigung der Verwahrlosung und wird in einer geeigneten Familie oder Erziehungsanstalt unter öffentlicher Aufsicht und auf öffentliche Kosten durchgeführt.

§ 63. Ein Minderjähriger, der das 18. Lebensjahr noch nicht vollendet hat, ist durch Beschluß des Vormundschaftsgerichts der Fürsorgeerziehung zu überweisen:

1. wenn die Voraussetzungen des § 1666 oder des § 1838 des Bürgerlichen Gesetzbuchs vorliegen und die Entfernung des Minderjährigen aus seiner bisherigen Umgebung zur Verhütung der Verwahrlosung erforderlich ist, eine nach dem Ermessen des Vormundschaftsgerichts geeignete Unterbringung aber anderweit nicht erfolgen kann;
2. wenn die Fürsorgeerziehung zur Beseitigung der Verwahrlosung wegen Unzulänglichkeit der Erziehung erforderlich ist.

Für den Fall, daß Aussicht auf Erfolg der Fürsorgeerziehung besteht, kann diese auch noch angeordnet werden, wenn der Minderjährige das 18., aber noch nicht das 20. Lebensjahr vollendet hat.

Maßgebend für die Altersgrenze ist der Zeitpunkt, in dem der Antrag bei Gericht eingeht oder das Verfahren gemäß § 65 oder § 67 eingeleitet wird; der Zeitpunkt ist aktenkundig zu machen.

§ 64. Artikel 135 des Einführungsgesetzes zum Bürgerlichen Gesetzbuch wird aufgehoben.

§ 65. Das Vormundschaftsgericht beschließt von Amts wegen oder auf Antrag. Antragsberechtigt ist das nach § 7 zuständige Jugendamt. Das Antragsrecht kann landesgesetzlich ausgedehnt werden.

Das Vormundschaftsgericht muß vor der Beschlußfassung das Jugendamt, es soll, soweit dies ohne erhebliche Schwierigkeiten geschehen kann, den Minderjährigen, seine Eltern und seinen gesetzlichen Vertreter hören; weitere Anhörungen kann die Landesgesetzgebung vorschreiben.

Der Beschluß ist mit Gründen zu versehen und muß, wenn er auf Anordnung der Fürsorgeerziehung lautet, den Eintritt der gesetzlichen Voraussetzungen unter Bezeichnung der für erwiesen erachteten Tatsachen feststellen.

Das Vormundschaftsgericht kann die ärztliche Untersuchung des Minderjährigen anordnen und auf die Dauer von höchstens sechs Wochen ihn in einer zur Aufnahme von jugendlichen Psychopathen geeigneten Anstalt oder in einer öffentlichen Heil- und Pflegeanstalt zur Beobachtung unterbringen lassen.

Der die Fürsorgeerziehung anordnende Beschluß ist den Antragsberechtigten, dem gesetzlichen Vertreter, den Eltern, der Fürsorgeerziehungsbehörde und ferner dem Minderjährigen selbst, wenn er das 14. Lebensjahr vollendet hat und insoweit sein Inhalt nach dem Ermessen des Vormundschaftsgerichts ihm ohne erziehlichen Nachteil mitgeteilt werden kann, zuzustellen. Der die Fürsorgeerziehung ablehnende Beschluß ist dem Antragsteller, der Fürsorgeerziehungsbehörde und, wenn eine vorläufige Fürsorgeerziehung (§ 67) angeordnet ist, ferner allen Personen zuzustellen, denen diese Anordnung zugestellt ist.

Gegen den Beschluß steht die sofortige Beschwerde mit aufschiebender Wirkung den Antragsberechtigten, der Fürsorgeerziehungsbehörde und, wenn der Beschluß auf Fürsorgeerziehung lautet, ferner dem gesetzlichen Vertreter, den Eltern und dem Minderjährigen zu, wenn er das 14. Lebensjahr vollendet hat.

Ist das Vormundschaftsgericht nicht das des gewöhnlichen Aufenthaltsorts des Minderjährigen, so soll auf Antrag des Jugendamts die Abgabe an dieses Gericht gemäß § 46 des Reichsgesetzes über die Angelegenheiten der freiwilligen Gerichtsbarkeit stattfinden, sofern nicht besondere Gründe dagegen sprechen.

§ 66. Das Fürsorgeerziehungsverfahren kann durch Beschluß des Vormundschaftsgerichts auf längstens ein Jahr ausgesetzt werden. Die Aussetzung kann aus besonderen Gründen durch Beschluß des Vormundschaftsgerichts auf höchstens ein weiteres Jahr verlängert werden. Über das vollendete 20. Lebensjahr hinaus kann das Verfahren nicht ausgesetzt werden.

Gegen die Aussetzung steht dem Jugendamt und der Fürsorgeerziehungsbehörde das Recht der sofortigen Beschwerde zu.

Für die Dauer der Aussetzung muß eine Schutzaufsicht gemäß §§ 56 ff. angeordnet werden.

§ 67. Bei Gefahr im Verzuge kann das Vormundschaftsgericht die vorläufige Fürsorgeerziehung des Minderjährigen beschließen; gegen den Beschluß steht den im § 65 Abs. 6 Genannten die sofortige Beschwerde zu. § 18 Abs. 2 des Reichsgesetzes über die Angelegenheiten der freiwilligen Gerichtsbarkeit findet keine Anwendung.

§ 68. Für schleunige, auf Grund dieses Abschnitts zu treffende Maßregeln ist neben dem im § 43 des Reichsgesetzes über die Angelegenheiten der freiwilligen Gerichtsbarkeit bezeichneten Gericht einstweilen auch dasjenige Gericht zuständig, in dessen Bezirk das Bedürfnis der Fürsorge hervortritt. Das Gericht hat von der angeordneten Maßregel dem endgültig und nunmehr ausschließlich zuständigen Gerichte Mitteilung zu machen.

§ 43 Abs. 2 des Reichsgesetzes über die Angelegenheiten der freiwilligen Gerichtsbarkeit findet auch Anwendung, wenn über die Person, in Ansehung deren eine Verrichtung des Vormundschaftsgerichts erforderlich wird, eine Schutzaufsicht oder ein Fürsorgeerziehungsverfahren anhängig ist.

§ 69. Im Falle der Familienerziehung ist der Minderjährige mindestens bis zum Aufhören der Schulpflicht in einer Familie seines Bekenntnisses, im Falle der Anstaltserziehung soweit möglich in einer Anstalt seines Bekenntnisses unterzubringen.

Minderjährige ohne Bekenntnis sollen nur mit ihrem Einverständnis, sofern sie ihr Bekenntnis selbst bestimmen können, andernfalls mit demjenigen des Erziehungsberechtigten in einer Familie oder in einer Anstalt eines bestimmten Bekenntnisses untergebracht werden.

Den Erziehungsberechtigten muß von dem Orte der Unterbringung des Kindes sofort Mitteilung gemacht werden, sofern dadurch der Erziehungszweck nicht ernstlich gefährdet wird. Gegen eine Verweigerung dieser Mitteilung steht den Erziehungsberechtigten das Recht der Beschwerde an das Vormundschaftsgericht zu.

In Ausführung einer angeordneten Fürsorgeerziehung kann die Erziehung in der eigenen Familie der Minderjährigen unter öffentlicher Aufsicht widerruflich angeordnet werden, wenn dadurch die Erreichung des Zweckes der Fürsorgeerziehung nicht gefährdet wird. Innerhalb der ersten drei Monate nach Ausführbarkeit des Fürsorgeerziehungsbeschlusses bedarf die Anordnung der Zustimmung des Vormundschaftsgerichtes. Gegen die Verweigerung der Zustimmung steht der Fürsorgeerziehungsbehörde die sofortige Beschwerde zu.

§ 70. Die Landesgesetzgebung regelt die Ausführung der Fürsorgeerziehung und bestimmt die Fürsorgeerziehungsbehörde sowie die Träger ihrer Kosten. Nach Möglichkeit ist die Fürsorgeerziehungsbehörde mit dem Landesjugendamte zu vereinigen. Die durch die vorläufige Fürsorgeerziehung entstehenden Kosten fallen dem für die endgültige Anordnung der Fürsorgeerziehung zuständigen Kostenträger auch dann zur Last, wenn die Fürsorgeerziehung endgültig nicht angeordnet wird. Besteht über den Ersatz der Kosten zwischen den Fürsorgeerziehungsbehörden für den gewöhnlichen und vorübergehenden Aufenthaltsort Streit, so gilt § 7 Abs. 2 entsprechend.

Eine von dem zuständigen Vormundschaftsgericht angeordnete Fürsorgeerziehung eines Minderjährigen muß von der Fürsorgeerziehungsbehörde des Ortes, der die Zuständigkeit des Vormundschaftsgerichtes begründet hat, ausgeführt werden. Sie soll regelmäßig sich bei der Ausübung der Fürsorgeerziehung der Jugendämter bedienen. Die Ausführbarkeit der Fürsorgeerziehung tritt mit der Rechtskraft, bei der vorläufigen Fürsorgeerziehung mit dem Erlasse des Beschlusses ein. Die Unterbringung soll unter ärztlicher Mitwirkung erfolgen.

Die Fürsorgeerziehungsbehörde gilt für den Abschluß von Dienst- und Lehrverträgen als gesetzlicher Vertreter des Minderjährigen.

Die Fürsorgeerziehungsbehörde ist befugt, die Entmündigung eines Fürsorgezöglings wegen Geisteskrankheit oder Geistesschwäche zu beantragen.

§ 71. Das Landesjugendamt ist, soweit es nicht selbst Fürsorgeerziehungsbehörde ist, nach näherer Bestimmung der Landesgesetzgebung bei der Ausführung der Fürsorgeerziehung zu beteiligen; es soll insbesondere bei dem Erlaß allgemeiner, grundsätzlicher Anordnungen über die Art ihrer Ausführung gutachtlich gehört werden und ist zu Vorschlägen über die Ausführung befugt; ihm kann ferner die Mitwirkung bei wichtigen Maßnahmen der Fürsorgeerziehungsbehörde und bei der Aufsicht über die in Anstalten seines Bezirkes untergebrachten Zöglinge sowie die Zuständigkeit zur Entscheidung von Beschwerden über Anordnungen der Fürsorgeerziehungsbehörde, die die Ausführung betreffen, übertragen werden, sofern dafür nicht die Gerichte für zuständig erklärt werden.

§ 72. Die Fürsorgeerziehung endigt mit dem Eintritt der Volljährigkeit.

Die Fürsorgeerziehung ist früher aufzuheben, wenn ihr Zweck erreicht oder anderweitig sichergestellt ist, und zwar von Amts wegen oder auf Antrag der im § 65 Abs. 6 Genannten mit Ausnahme des Minderjährigen. Die Aufhebung kann auch unter Vorbehalt des Widerrufs erfolgen, dessen Ausübung landesgesetzlich zu regeln ist.

Landesgesetzlich kann bestimmt werden, daß für die Entscheidung über die Aufhebung gemäß Abs. 2 das Vormundschaftsgericht oder die Fürsorgeerziehungsbehörde zuständig ist mit der Maßgabe, daß der Antragsteller, wenn die Fürsorgeerziehungsbehörde zuständig ist und die Aufhebung ablehnt, binnen zwei Wochen seit Zustellung des ablehnenden Beschlusses die Entscheidung des Vormundschaftsgerichts anrufen kann, gegen dessen Beschluß die sofortige Beschwerde stattfindet. Sofern das Vormundschaftsgericht für die Aufhebung der Fürsorgeerziehung zuständig ist, muß es vor seiner Entscheidung die Fürsorgeerziehungsbehörde gutachtlich hören; dieser steht gegen den die Fürsorgeerziehung aufhebenden Beschluß die sofortige Beschwerde mit aufschiebender Wirkung zu.

Der Antrag auf Aufhebung kann außer vom Jugendamt nicht vor Ablauf eines Jahres seit der Rechtskraft des die Fürsorgeerziehung anordnenden Beschlusses gestellt, ein abgewiesener Antrag kann vor dem Ablauf von sechs Monaten nicht erneuert werden.

§ 73. Die vorzeitige Entlassung eines Minderjährigen wegen Unausführbarkeit der Fürsorgeerziehung aus Gründen, die in der Person des Minderjährigen liegen, ist unter der Voraussetzung zulässig, daß eine anderweitige gesetzlich geregelte Bewahrung des Minderjährigen sichergestellt ist.

§ 74. Die gerichtlichen Verhandlungen sind gebühren- und stempelfrei; die baren Auslagen fallen der Staatskasse zur Last. Die nach § 65 Abs. 2 zu hörenden Personen können im Falle ihrer Vernehmung vor Gericht Ersatz ihrer Auslagen nach den für Zeugen geltenden Vorschriften verlangen. Dies gilt jedoch nicht für den Minderjährigen und seine Eltern. Verträge über die Unterbringung von Minderjährigen zur Ausführung der Fürsorgeerziehung sind stempelfrei.

§ 75. Die Kosten der Fürsorgeerziehung sind dem Kostenträger auf sein Verlangen aus dem pfändbaren Vermögen des Minderjährigen oder des auf Grund des Bürgerlichen Rechts zu seinem Unterhalt Verpflichteten zu erstatten. Die näheren Bestimmungen trifft die Landesgesetzgebung. Allgemeine Verwaltungskosten werden nicht ersetzt.

§ 76. Wer, abgesehen von den Fällen der §§ 120, 235 des Strafgesetzbuchs, einen Minderjährigen, bezüglich dessen das gerichtliche Verfahren auf Unterbringung zur Fürsorgeerziehung eingeleitet oder die Unterbringung zur Fürsorgeerziehung angeordnet ist, dem Verfahren oder der angeordneten Fürsorgeerziehung entzieht, oder ihn verleitet, sich dem Verfahren oder der Fürsorgeerziehung zu entziehen, oder wer ihm hierzu vorsätzlich behiflich ist, wird auf Antrag der Fürsorgeerziehungsbehörde mit Gefängnis bis zu zwei Jahren und mit Geldstrafe bis zu hunderttausend Mark[1]) oder mit einer dieser Strafen bestraft. Die Zurücknahme des Antrags ist zulässig.

Der Versuch ist strafbar.

Schlußbestimmungen

§ 77. Welche Behörden die in diesem Gesetze der obersten Landesbehörde oder dem Landesjugendamte übertragenen einzelnen Aufgaben wahrzunehmen haben, bestimmt die Landesregierung.

§ 78. (Aufgehoben durch die VO. v. 14. Febr. 1924).

---

[1]) S. jetzt § 27 StGB. u. Art. XIV der VO. v. 6. Febr. 1924 (RGBl. 44).

II. Gesetz zur Ausführung des Reichsgesetzes für Jugendwohlfahrt (Jugendamtsgesetz)

Vom 20. Juli 1925 (GVBl. 211).

Jugendämter.

Art. 1. I Für jedes Bezirksamt und für jede kreisunmittelbare Stadt wird ein Jugendamt errichtet (Bezirksjugendamt, Stadtjugendamt), soweit nicht auf Grund des Art. 1 Ziff. 1 der Verordnung über das Inkrafttreten des Reichsgesetzes für Jugendwohlfahrt vom 14. Februar 1924 (RGBl. I Seite 110) anderweitig für Erledigung der Aufgaben des Jugendamtes gesorgt wird.

II Träger der Jugendämter sind die Bezirke und die kreisunmittelbaren Städte. Sie verwalten die den Jugendämtern nach dem Reichsgesetze für Jugendwohlfahrt und dem gegenwärtigen Gesetz obliegenden Aufgaben als Angelegenheiten des übertragenen Wirkungskreises im Sinne des § 22 Abs. I der Bayerischen Verfassung nach Maßgabe der Gesetze unter Aufsicht der ordentlichen Verwaltungsbehörden.

III In der Pfalz scheiden die kreisunmittelbaren Städte für die Aufgaben des Jugendamtes aus ihren Bezirken aus und bilden selbständige Stadtjugendämter. Für die übrigen Gemeinden eines Bezirksamts bilden der Bezirk oder die Bezirke des Bezirksamts ein Bezirksjugendamt. In Bezirksamtssprengeln mit mehreren Bezirken werden die der Regelung durch die Bezirke vorbehaltenen Angelegenheiten von den vereinigten Bezirksausschüssen und Bezirkstagen dieser Bezirke erledigt. Mitglieder der Bezirksausschüsse und Bezirkstage, die in einer bezirksangehörigen kreisunmittelbaren Stadt mit einem Stadtjugendamt ihren Wohnsitz haben, sind in den Angelegenheiten des Bezirksjugendamtes nicht stimmberechtigt.

Art. 2. I Mit Genehmigung der Regierung, Kammer des Innern, kann für einen Bezirk oder Teile eines Bezirks und eine kreisunmittelbare Stadt, ferner für einen Bezirk und Teile eines Bezirkes ein gemeinsames Jugendamt und für Teile von Bezirken sowie für einzelne Bezirke eines Bezirksamtssprengels in der Pfalz ein besonderes Jugendamt errichtet werden. Die Bildung gemeinsamer Jugendämter für Teile eines Bezirkes und eine kreisunmittelbare Stadt, ferner für einen Bezirk und Teile eines Bezirkes sowie die Bildung besonderer Jugendämter kann von der Regierung, Kammer des Innern, auch angeordnet werden.

II Für Streitigkeiten der zu einem gemeinsamen oder besonderen Jugendamte gehörigen Gemeinden und Bezirke unter sich infolge der Vereinigung, Auflösung oder des Bestehens des Verbandes gilt Art. 11 des Verwaltungsgerichtsgesetzes.

Art. 3. I Zusammensetzung, Verfassung und Geschäftsgang der Jugendämter werden nach Maßgabe des Reichsjugendwohlfahrtsgesetzes und dieses Gesetzes durch eine Satzung geregelt.

II Die Satzung erläßt der Bezirkstag, Stadtrat. Bei den Bezirksjugendämtern der Pfalz für mehrere Bezirke gilt Art. 1 Abs. III Satz 3 und 4. Bei gemeinsamen Jugendämtern für Bezirke und kreisunmittelbare Städte wird die Satzung durch übereinstimmenden Beschluß des Bezirkstages und Stadtrates, bei gemeinsamen Jugendämtern für Bezirke und Gemeinden durch die übereinstimmenden Beschlüsse der beteiligten Bezirkstage und Gemeinderäte, bei besonderen Jugendämtern aus Teilen von Bezirken durch übereinstimmenden Beschluß der beteiligten Gemeinderäte erlassen. Kommt eine Satzung auf diesem Wege nicht zustande, so erläßt sie die Regierung, Kammer des Innern.

Art. 4. I Leiter des Bezirksjugendamtes ist der Vorstand des Bezirksamtes. Er kann einen seiner Stellvertreter mit seiner ständigen Vertretung beauftragen. Die Gesamtzahl der weiteren Mitglieder (Abs. II und III) darf 15 nicht übersteigen.

II Auf Grund ihres Amtes gehören dem Jugendamt an:

1. der Bezirksarzt,
2. ein Vormundschafts- oder Jugendrichter,
3. der Bezirksschulrat,
4. je ein Geistlicher der katholischen Kirche, der Evangelisch-Lutherischen Landeskirche in Bayern r. d. Rh., der reformierten Kirche in Bayern r. d. Rh., der Vereinigten protestantisch-evangelisch-christlichen Kirche der Pfalz (Pfälzischen Landeskirche), insoweit im Jugendamtsbezirk eine Kirchengemeinde des Bekenntnisses besteht.

Kommen für den Jugendamtsbezirk mehrere der unter Ziff. 1 bis 3 genannten Personen in Betracht, so bestimmt die vorgesetzte Dienstbehörde das Mitglied. Die Geistlichen ordnet die kirchliche Oberbehörde ab.

III Die übrigen Mitglieder werden vom Bezirkstage berufen, und zwar mindestens zwei Fünftel hiervon nach den Vorschlägen der im Bezirke des Jugendamtes wirkenden freien Vereinigungen für Jugendwohlfahrt und Jugendbewegung. Gehört dem Jugendamt ein Geistlicher der reformierten Kirche in Bayern r. d. Rh. nach Abs. II Ziff. 4 an, so wird er auf die Zahl der nach den Vorschlägen der freien Vereinigungen für Jugendwohlfahrt und Jugendbewegung zu berufenden Mitglieder angerechnet.

Art. 5. I Leiter des Stadtjugendamtes ist der erste Bürgermeister; dieser bestimmt seinen Stellvertreter im Rahmen der Geschäftsverteilung. Die Gesamtzahl der weiteren Mitglieder (Abs. II und III) darf 20 nicht übersteigen.

II Auf Grund ihres Amtes gehören dem Stadtjugendamt an:

1. der Bezirksarzt,
2. ein Vormundschafts- oder Jugendrichter,
3. der Bezirksschulrat,
4. je ein Geistlicher der katholischen Kirche, der Evangelisch-Lutherischen Landeskirche in Bayern r. d. Rh., der reformierten Kirche in Bayern r. d. Rh., der Vereinigten protestantisch-evangelisch-christlichen Kirche der Pfalz (Pfälzischen Landeskirche), insoweit im Jugendamtsbezirk eine Kirchengemeinde des Bekenntnisses besteht.

Kommen für den Jugendamtsbezirk mehrere der unter Ziff. 1 bis 3 benannten Personen in Betracht, so bestimmt die vorgesetzte Dienstbehörde das Mitglied. Die Geistlichen ordnet die kirchliche Oberbehörde ab.

III Die übrigen Mitglieder werden vom Stadtrate berufen, und zwar mindestens zwei Fünftel der Gesamtzahl der Mitglieder außer dem Leiter nach den Vorschlägen der im Bezirke des Jugendamtes wirkenden freien Vereinigungen für Jugendwohlfahrt und Jugendbewegung. Gehört dem Jugendamt ein Geistlicher der reformierten Kirche in Bayern r. d. Rh. nach Abs. II Ziff. 4 an, so wird er auf die Zahl der nach den Vorschlägen der freien Vereinigungen für Jugendwohlfahrt und Jugendbewegung zu berufenden Mitglieder angerechnet.

Art. 6. Die Mitglieder des Jugendamtes nach Art. 4 Abs. III und Art. 5 Abs. III müssen die Voraussetzungen der Wählbarkeit zu Gemeindeämtern mit Ausnahme des Erfordernisses einer gewissen Aufenthaltsdauer erfüllen und im Jugendamtsbezirke wohnen. Der Wohnsitz in einem unmittelbar benachbarten Jugendamtsbezirke steht dem Wohnsitz im Jugendamtsbezirke gleich. Die Mitglieder scheiden aus, wenn sie die Wählbarkeit verlieren. Im Streitfall entscheidet die Regierung, Kammer des Innern, endgültig. Die Mitglieder des Jugendamtes werden auf die Dauer der ordentlichen Wahlzeit der Bezirke und Gemeinden berufen. Für jedes Mitglied ist ein Stellvertreter zu berufen.

Art. 7. Vorschlagsberechtigt nach Art. 4 Abs. III und Art. 5 Abs. III sind Vereinigungen für Jugendwohlfahrt und Jugendbewegung, die sich seit mindestens drei Jahren ganz oder vorwiegend mit Jugendwohlfahrt befaßt haben. Die vorzuschlagenden

Männer und Frauen müssen in der Jugendwohlfahrt erfahren und bewährt sein. Die Vorschläge sind nach Umfang und Bedeutung des Wirkens der Vereinigung zu berücksichtigen. Den Vereinigungen steht wegen Ausschlusses vom Vorschlag oder wegen Nichtberücksichtigung ihrer Vorschläge binnen zwei Wochen, von der Zustellung der Entscheidung an gerechnet, die Beschwerde zur Regierung, Kammer des Innern, offen. Diese entscheidet endgültig. Liegen Vorschläge im Sinne vorstehender Bestimmung nicht vor, so beruft der Bezirkstag, Stadtrat, die Vertreter nach freiem Ermessen.

Art. 8. Nach Bestimmung der Satzung können in das Jugendamt weitere Personen als Mitglieder mit beratender Stimme berufen werden.

Art. 9. I Die Mitglieder des Jugendamtes versehen ihr Amt ehrenamtlich und unentgeltlich. Bei Dienstleistungen außerhalb ihres Wohnorts erhalten sie Entschädigungen für Reisekosten und notwendigen Mehraufwand vom Träger des Jugendamtes nach näherer Regelung durch den Bezirkstag, Stadtrat. Mitglieder, die Angestellte oder Lohnarbeiter sind, können nach Maßgabe der Satzung Ersatz für entgangenen Verdienst erhalten.

II Die Mitglieder, die nicht auf Grund eines staatlichen, gemeindlichen oder kirchlichen Amtes berufen sind, werden vom Leiter des Jugendamtes zur gewissenhaften Erfüllung ihrer Obliegenheiten und insbesondere zur Wahrung der Amtsverschwiegenheit in Pflicht genommen.

Art. 10. I Das Jugendamt kann die Behandlung einzelner Geschäfte oder Gruppen von Geschäften Ausschüssen, Vereinigungen für Jugendwohlfahrt, einzelnen seiner Mitglieder oder sonstigen geeigneten Personen widerruflich übertragen. Der Beschlußfassung des Jugendamtes müssen insbesondere Maßnahmen nach § 4 und Regelungen nach § 11 des Reichsjugendwohlfahrtsgesetzes vorbehalten bleiben.

II Zu besonderen Ausschüssen nach § 11 des Reichsjugendwohlfahrtsgesetzes, denen Angelegenheiten der Gesundheitspflege übertragen sind, ist mindestens ein Arzt beizuziehen.

Art. 11. I Für die Bezirksjugendämter werden Beamte und Räume der Bezirksämter zur Verfügung gestellt, soweit und solange die Geschäftsverhältnisse dies gestatten.

II Das Landesjugendamt kann für die Auswahl und die Vorbildung des Personals der Jugendämter Richtlinien aufstellen.

Art. 12. I Das Jugendamt vertritt in den Angelegenheiten der öffentlichen Jugendhilfe den Bezirk, die Stadt, bei gemeinsamen oder besonderen Jugendämtern die im Verbande zusammengeschlossenen Bezirke und Gemeinden. Es verwaltet die öffentliche Jugendhilfe im Rahmen des vom Bezirkstage, Stadtrate, genehmigten Haushaltes. Vor der Verbescheidung des Haushaltplanes ist dem Jugendamte Gelegenheit zur Stellungnahme zu geben.

II Der durch andere Einnahmen nicht gedeckte Bedarf des Jugendamtes ist vorbehaltlich des Art. 11 Abs. I nach den für den Bezirks- und Gemeindebedarf geltenden Grundsätzen aufzubringen.

III Die Verteilung der Kosten des Jugendamtes bei den Bezirksjugendämtern der Pfalz (Art. 1 Abs. III) und den gemeinsamen sowie besonderen Jugendämtern (Art. 2) auf die beteiligten Bezirke und Gemeinden regelt die Satzung.

Art. 13. Für gemeinsame und besondere Jugendämter wird die Durchführung der Art. 4 bis 7 und die Aufstellung des Haushalts (Art. 12 Abs. I) durch die Satzung geregelt.

Art. 14. Für das Verfahren bei den Jugendämtern gelten die Vorschriften über das Verfahren bei den Bezirksverwaltungsbehörden.

Art. 15. Durch die Satzung können die Aufgaben des Jugendamtes einem Wohlfahrtsamt übertragen werden — § 10 des Reichsjugendwohlfahrtsgesetzes. Sie sind von einem Ausschusse wahrzunehmen, der den Vorschriften des Reichsjugendwohlfahrtsgesetzes und dieses Gesetzes entspricht.

Art. 16. Die Gemeinden des Jugendamtsbezirkes sind verpflichtet, dem Jugendamte Hilfe zu leisten.

Landesjugendamt.

Art. 17. I Die Aufgaben des Landesjugendamtes verwaltet für Bayern ein Landesausschuß, dem angehören:

1. ein Vertreter des Staatsministeriums des Innern als Vorsitzender,
2. ein Vertreter des Staatsministeriums der Justiz,
3. ein Vertreter des Staatsministeriums für Unterricht und Kultus,
4. ein Vertreter des Staatsministeriums für Soziale Fürsorge,
5. ein Vertreter der Vormundschafts- und Jugendgerichte,
6. sechs Vertreter von Jugendämtern, von denen zwei nach Vorschlägen des Städtebundes und zwei nach Vorschlägen des Verbandes der Landgemeinden berufen werden,
7. ein beamteter Arzt,
8. ein Schulfachmann,
9. zwei Geistliche der katholischen Kirche und ein Geistlicher der Evangelisch-Lutherischen Landeskirche r. d. Rh.,

10. zwei Vertreter der Anstalten für Jugendwohlfahrt,
11. Männer und Frauen, die in der Jugendwohlfahrt erfahren und bewährt und zu Gemeindeämtern wählbar sind, in der Zahl der Mitglieder nach Ziff. 5 mit 10.

II Die Vertreter der Staatsministerien werden von diesen abgeordnet. Die übrigen Mitglieder des Ausschusses werden vom Staatsministerium des Innern berufen, und zwar die Mitglieder nach Abs. I Ziff. 5 und 8 im Benehmen mit den beteiligten Staatsministerien, die Mitglieder nach Abs. I Ziff. 9 im Benehmen mit den kirchlichen Oberbehörden und die Mitglieder nach Abs. I Ziff. 11 im Einvernehmen mit dem Staatsministerium für Unterricht und Kultus auf Grund von Vorschlägen der Landesverbände für Jugendwohlfahrt und Jugendbewegung. Für jedes Mitglied wird ein Stellvertreter berufen.

III Die Leitung des Geschäftsganges des Landesausschusses und dessen Berufung kommt dem Staatsministerium des Innern zu. Dem Landesausschuß obliegen die dem Landesjugendamte zugewiesenen Aufgaben, soweit nicht nachstehend (Abs. IV und Art. 18, 19) anderes bestimmt ist; er verwaltet sie unter der Aufsicht der sachlich zuständigen Staatsministerien.

IV Für die Erledigung der laufenden Arbeiten wählt der Landesausschuß aus seiner Mitte einen ständigen Arbeitsausschuß. Abs. III Satz 1 gilt entsprechend. Für einzelne Gebiete der Jugendwohlfahrt können weitere Unterausschüsse gebildet werden, in die auch Personen berufen werden können, die nicht Mitglieder des Landesausschusses sind.

Art. 18. I Für die Kreise werden als Zweigstellen des Landesjugendamtes (Art. 17 Abs. I) bei den Regierungen, Kammern des Innern, Ausschüsse gebildet, die aus einem Vertreter der Regierung, Kammer des Innern, und Mitgliedern bestehen, die vom Staatsministerium des Innern im Einvernehmen mit dem Staatsministerium für Unterricht und Kultus berufen werden. In die Ausschüsse können auch Personen berufen werden, die nicht Mitglieder des Landesjugendamtes sind; für jedes Mitglied ist ein Stellvertreter zu berufen. Die Ausschüsse stehen unter der Leitung der Regierung, Kammer des Innern, und treten auf deren Berufung zusammen. Die Aufgaben der Zweigstellen werden, soweit sie nicht in diesem Gesetze geregelt sind, durch die Ausführungsvorschriften und die Geschäftsordnung bestimmt.

II Bei der Zusammensetzung der Zweigstellen sind Vertreter der Justizbehörden, der Jugendämter unter Berücksichtigung von Stadt- und Landgemeinden, ferner der freien Vereinigungen für Jugendwohlfahrt entsprechend heranzuziehen.

Art. 19. Für das Landesjugendamt und seine Zweigstellen erläßt das Staatsministerium des Innern gemeinsam mit dem Staatsministerium für Unterricht und Kultus nach Einvernahme des Landesjugendamtes eine Geschäftsordnung. Diese kann die Erledigung einzelner Angelegenheiten dem zuständigen Staatsministerium oder der Regierung, Kammer des Innern, allein vorbehalten.

Art. 20. Für die Mitglieder des Landesjugendamtes und der Zweigstellen gilt Art. 9 entsprechend.

Art. 21. Die Kosten des Landesjugendamtes und der Zweigstellen trägt der Staat.

Beschwerde.

Art. 22. I Gegen Entscheidungen des Jugendamtes steht jedem, der ein berechtigtes Interesse hat, die Beschwerde zum Landesjugendamte zu. Die Beschwerde ist schriftlich oder zu Protokoll eines Jugendamtes einzulegen. Das Jugendamt, dessen Entscheidung angefochten wird, kann der Beschwerde abhelfen. Die Beschwerde hat keine aufschiebende Wirkung. Das Jugendamt und das Landesjugendamt können bestimmen, daß der Vollzug der angefochtenen Entscheidung ausgesetzt wird.

II Die Entscheidungen des Landesjugendamtes sind den Beteiligten gegenüber vorbehaltlich der Rechtsbeschwerde nach § 18 Abs. II des Reichsjugendwohlfahrtsgesetzes endgültig.

Pflegekinderwesen.

Art. 23. Pflegekinder dürfen nur bei Pflegeeltern des gleichen Bekenntnisses untergebracht werden. Eine andere Unterbringung ist nur zulässig, wenn geeignete Pflegestellen bei Pflegeeltern gleichen Bekenntnisses nicht zu ermitteln sind.

Art. 24. I Das Landesjugendamt kann Ausnahmen von den Vorschriften der §§ 20 und 24 des Reichsjugendwohlfahrtsgesetzes für die Unterbringung von Kindern in ländlichen Bezirken erlassen.

II Das Jugendamt kann ungeeigneten Personen die Vermittlung von Pflegestellen verbieten. Die gewerbsmäßige Vermittlung von Pflegestellen ist verboten. Wer dem Verbote zuwider Pflegestellen vermittelt, wird mit Geldstrafe bis zu 600 RM. oder mit Haft bestraft.

Gemeindewaisenrat.

Art. 25. I Die Gemeindeaufsichtsbehörde kann anordnen, daß die Gemeinden zur Unterstützung des Jugendamtes in den Geschäften des Gemeindewaisenrats (§ 42 des Reichsjugendwohlfahrtsgesetzes) örtliche Waisenräte bestellen. Die Zahl der Waisenräte und ihrer Stellvertreter bestimmt die Aufsichtsbehörde.

II Die Waisenräte werden vom Stadtrat oder Gemeinderat mit einfacher Stimmenmehrheit für die Dauer der ordentlichen Wahlzeit des Gemeinderates gewählt. Sie versehen ihr Amt ehrenamtlich und unentgeltlich; die mit der Amtsführung verbundenen notwendigen Auslagen werden ihnen auf Ansuchen von der Gemeinde ersetzt.

Art. 26. I Wählbar sind alle zu Gemeindeämtern wählbaren Personen. Nach Möglichkeit sollen Personen gewählt werden, die in der Jugendpflege und Jugendfürsorge Erfahrung besitzen.

II Die Wahl kann nur aus Gründen abgelehnt werden, die zur Ablehnung der Wahl zu einem Gemeindeamte berechtigen. Für den Verlust und die Niederlegung des Amtes gelten die Vorschriften der Gemeindeordnungen entsprechend. Ehefrauen können die Wahl ablehnen und sind zur Niederlegung des Amtes berechtigt.

Art. 27. I Die Waisenräte werden vom Leiter des Jugendamtes in ihr Amt eingewiesen. Art. 9 Abs. II gilt entsprechend. Sie erledigen die Geschäfte nach Anordnung des Jugendamtes.

II Die Ausführungsvorschriften und das Landesjugendamt können über die Geschäftsführung der Waisenräte Näheres bestimmen.

Fürsorgeerziehung.

Art. 28. I Zum Antrag auf Anordnung der Fürsorgeerziehung sind neben dem Jugendamte (§ 65 Abs. I des Reichsjugendwohlfahrtsgesetzes) die Schulbehörde, die geistliche Behörde und die Jugendfürsorgevereine berechtigt.

II Die Staats-, und Gemeindebehörden sind verpflichtet, die zu ihrer Kenntnis gelangenden Tatsachen, welche die Zulässigkeit der Fürsorgeerziehung begründen, dem Vormundschaftsgericht oder dem zuständigen Jugendamte mitzuteilen.

Art. 29. I Das Vormundschaftsgericht soll vor der Beschlußfassung über die Anordnung der Fürsorgeerziehung Verwandte oder Verschwägerte des Minderjährigen hören, soweit es zur Klärung des Sachverhaltes notwendig erscheint und ohne erhebliche Verzögerung und ohne unverhältnismäßige Kosten geschehen kann.

II In allen Fällen ist ein Arzt, die Schulbehörde, wenn der Minderjährige schulpflichtig ist, und die geistliche Behörde zu hören, wenn deren Äußerung nicht schon vorliegt.

Art. 30. I Dem Landesjugendamt obliegt die Ausführung der Fürsorgeerziehung, soweit es sich um die allgemeinen Einrichtungen des Vollzuges handelt, nach näherer Bestimmung der Ausführungsvorschriften.

II Die Ausführung der Fürsorgeerziehung im einzelnen Falle obliegt den Jugendämtern und den Zweigstellen des Landesjugendamtes nach Maßgabe der Ausführungsbestimmungen.

III Die Ausführungsbestimmungen regeln, welche der besonderen in §§ 65 bis 76 des Reichsjugendwohlfahrtsgesetzes und in diesem Gesetze der Fürsorgeerziehungsbehörde übertragenen Zuständigkeiten von den Jugendämtern oder den Zweigstellen des Landesjugendamtes wahrgenommen werden.

IV Die allgemeine Aufsicht über die Anstalten, die Kinder in Pflege und Erziehung nehmen, und ihren Betrieb bestimmt sich nach den gesetzlichen und verordnungsmäßigen Vorschriften.

Art. 31. I Im Falle der vorläufigen Fürsorgeerziehung hat die Fürsorgeerziehungsbehörde bis zum rechtskräftigen Abschlusse des Verfahrens dem Vormundschaftsgerichte von der jeweiligen Unterbringung des Minderjährigen Nachricht zu geben. Nach dem rechtskräftigen Abschlusse des Verfahrens ist das Vormundschaftsgericht auf sein Ersuchen von dem Orte der Unterbringung zu benachrichtigen.

II Vor der Entscheidung über die Wahl der Anstalts- oder Familienerziehung sind das Vormundschaftsgericht und die nach Art. 38 ersatzpflichtige Gemeinde zu hören. Zu anderen wichtigen Erziehungsmaßnahmen nicht bloß vorübergehender Art, die im Laufe der Fürsorgeerziehung zu treffen sind, sollen das Vormundschaftsgericht und der gesetzliche Vertreter gehört werden, soweit es ohne schädlichen Aufschub möglich ist.

III Die Fürsorgeerziehungsbehörde und die Fürsorgeerziehungsanstalten haben dem Vormundschaftsgericht auf Verlangen über den Stand und den Erfolg der Fürsorgeerziehung Auskunft zu erteilen.

Art. 32. I Die Minderjährigen dürfen nur in Familien untergebracht werden, die volle Gewähr für ausreichende Versorgung und gute sittliche und religiöse Erziehung bieten. Das Nähere bestimmen die Ausführungsvorschriften.

II Der Minderjährige ist in einer Familie seines Bekenntnisses unterzubringen.

Art. 33. Anstaltserziehung ist insbesondere anzuordnen, wenn der Minderjährige nach seiner körperlichen oder geistigen Beschaffenheit oder nach der Art und dem Grade seiner Verwahrlosung zur

Unterbringung in einer Familie nicht oder nicht ohne vorherige Anstaltserziehung geeignet ist.

Art. 34. Die Anstaltserziehung wird in staatlichen Anstalten oder in solchen Anstalten vollzogen, die vom Landesjugendamt als geeignet erklärt sind. Die Eignungserklärung kann widerrufen werden.

Art. 35. Dem Familienvorstand und dem Vorstande der Anstalt stehen gegen den Minderjährigen die den Eltern zukommenden Zuchtmittel zu.

Art. 36. I Die Fürsorgeerziehungsbehörde kann dem in einer Familie untergebrachten Minderjährigen zur Überwachung seiner Pflege und Erziehung einen besonderen Fürsorger bestellen. Die Bestellung ist widerruflich. Bei der Auswahl des Fürsorgers ist auf das religiöse Bekenntnis des Minderjährigen Rücksicht zu nehmen.

II Der Fürsorger versieht sein Amt ehrenamtlich und unentgeltlich. Notwendige Auslagen können ihm als Kosten der Fürsorgeerziehung nach dem Ermessen der Fürsorgeerziehungsbehörde ersetzt werden.

III Von der Bestellung des Fürsorgers und der Beendigung seines Amtes ist dem Vormundschaftsgerichte Nachricht zu geben.

IV Das Nähere bestimmen die Ausführungsvorschriften.

Art. 37. I Über die Aufhebung der Fürsorgeerziehung und über den Widerruf der Aufhebung einer Fürsorgeerziehung entscheidet das Vormundschaftsgericht.

II Vor der Entscheidung über die Aufhebung der Fürsorgeerziehung ist die Fürsorgeerziehungsbehörde und, wenn der Minderjährige in einer Anstalt untergebracht ist, die Anstalt zu hören.

III Gegen den Beschluß, der die Aufhebung ablehnt, steht dem Antragsteller, gegen den Beschluß, der sie ausspricht, der Fürsorgeerziehungsbehörde (Art. 30 Abs. III) die sofortige Beschwerde zu. Die Beschwerde gegen den die Fürsorgeerziehung aufhebenden Beschluß hat aufschiebende Wirkung.

IV Der Widerruf der Aufhebung erfolgt unter den gleichen Voraussetzungen und in dem gleichen Verfahren wie die Anordnung der Fürsorgeerziehung; gegen ihn sind die gleichen Rechtsmittel zulässig wie gegen die Anordnung der Fürsorgeerziehung.

Art. 38. I Die Kosten der Fürsorgeerziehung sind vorläufig von dem Kreis als Landesfürsorgeverband zu bestreiten, in dessen Bezirke der Ort liegt, der die Zuständigkeit des Vormundschaftsgerichtes zur Anordnung der Fürsorgeerziehung begründet.

II Besitzt der Minderjährige Vermögen oder erwirbt er binnen fünf Jahren nach Beendigung der Fürsorgeerziehung Vermögen, so ist er verpflichtet, die Kosten der Fürsorgeerziehung aus seinem pfändbaren Vermögen zu ersetzen. Ersparnisse aus seinem Arbeitsverdienste können nicht herangezogen werden. Ersatz der Kosten haben aus ihrem pfändbaren Vermögen auch die Personen zu leisten, die dem Minderjährigen gegenüber nach bürgerlichem Rechte während der Dauer der Fürsorgeerziehung unterhaltspflichtig sind.

III Können die Kosten der Fürsorgeerziehung nach Abs. II nicht oder nur teilweise gedeckt werden, so kann der Kreis verlangen, daß ihm fünf Zehntel der Kosten vom Staat und zwei Zehntel vom Träger des Jugendamtes, in dessen Bezirke der Ort liegt, der die Zuständigkeit des Vormundschaftsgerichts zur Anordnung der Fürsorgeerziehung begründet, erstattet werden. Bei Bezirksjugendämtern, gemeinsamen und besonderen Jugendämtern (Art. 2 Abs. I) ist dem Träger des Jugendamtes der auf ihn nach Satz 1 entfallende Kostenanteil von der Gemeinde zu erstatten, in welcher der die Zuständigkeit des Vormundschaftsgerichtes zur Anordnung der Fürsorgeerziehung begründende Ort liegt. Der Träger des Jugendamtes kann in einzelnen Fällen auf diesen Kostenersatz ganz oder teilweise verzichten.

Art. 39. I Streitigkeiten über Ansprüche und Verbindlichkeiten nach Art. 38 Abs. I und III entscheidet die Bezirksverwaltungsbehörde, in deren Bezirke der Ort liegt, der die Zuständigkeit des Vormundschaftsgerichts zur Anordnung der Fürsorgeerziehung begründet.

II Gegen die Entscheidung der Bezirksverwaltungsbehörde steht den Beteiligten die Beschwerde beim Verwaltungsgerichtshofe nach Art. 45 des Verwaltungsgerichtsgesetzes vom 8. August 1878 zu.

Art. 40. I Die in Art. 38 Abs. II Satz 3 genannten Personen können durch Beschluß der nach Art. 39 Abs. I zuständigen Bezirksverwaltungsbehörde angehalten werden, nach Maßgabe ihrer gesetzlichen Unterhaltspflicht die Kosten der Fürsorgeerziehung zu bestreiten und die hiefür gemachten Aufwendungen zu ersetzen.

II Die Bezirksverwaltungsbehörde entscheidet endgültig vorbehaltlich des Rechtsweges. Ihre Entscheidung ist vorläufig vollstreckbar. Weicht das rechtskräftige gerichtliche Urteil von der Entscheidung der Bezirksverwaltungsbehörde ab, so ersetzt der Kreis dem in Anspruch Genommenen seine Leistungen oder Mehrleistungen. Der Kreis kann nach Maßgabe des Art. 38 Abs. III Ersatz beanspruchen.

Art. 41. Die Verhandlungen und Beschlüsse zur Ausführung der Fürsorgeerziehung sind gebühren- und stempelfrei. Auslagen werden nicht erhoben.

Jugendhilfe bei den Polizeibehörden.

Art. 42. I Aufgabe des Jugendamtes ist:

1. die Polizeibehörden bei der Durchführung ihrer Maßnahmen für Jugendliche zu unterstützen, insbesondere auf Ersuchen der Polizeibehörde nach Möglichkeit für geeignete sichere Unterbringung von Jugendlichen zu sorgen, die sonst in Polizeigewahrsam genommen werden müßten,
2. bei den Polizeibehörden Maßnahmen für Jugendliche anzuregen und die Polizeibehörden dabei zu beraten.

II Im übrigen wird die Mitwirkung des Jugendamtes in der Jugendhilfe bei den Polizeibehörden durch die Ausführungsvorschriften geregelt.

Schluß- und Übergangsvorschriften.

Art. 43. Dieses Gesetz ist dringend. Die Vorschriften dieses Gesetzes und des Reichsgesetzes für Jugendwohlfahrt über die Bildung der Jugendämter und des Landesjugendamtes treten sofort in Kraft. Im übrigen treten die Gesetze am 1. Januar 1926 in Kraft.

Art. 44. Eine auf Grund der bisherigen Vorschriften erteilte Bewilligung zur Annahme eines Pflegekindes bleibt wirksam. Das Jugendamt kann sie widerrufen.

Art. 45. I Berufsvormundschaften auf Grund des Gesetzes über die Berufsvormundschaft vom 23. Februar 1908 gehen mit dem Inkrafttreten dieses Gesetzes auf das Jugendamt über, zu dessen Bezirke die Gemeinde gehört, deren Beamter Vormund ist. Die Vormundschaften über uneheliche Mündel werden gesetzliche, andere werden bestellte Amtsvormundschaften.

II Das gleiche gilt von Vormundschaften, die Gemeindebeamte als Sammelvormünder kraft Bestellung auf Anweisung ihrer Anstellungsbehörde führen.

Art. 46. Der Vorstand einer Anstalt, der auf Grund des Art. 100 des Ausführungsgesetzes zum Bürgerlichen Gesetzbuch oder des Art. 12 des Fürsorgeerziehungsgesetzes in der Fassung vom 21. Juli 1915 mit allen oder einzelnen Rechten und Pflichten eines Vormundes für Minderjährige betraut ist, wird mit dem Inkrafttreten dieses Gesetzes Anstaltsvormund im Sinne des § 47 des Reichsjugendwohlfahrtsgesetzes. Das Vormundschaftsgericht hat ihm eine Bescheinigung zu erteilen.

Art. 47. I Private Vereine, die seit mindestens zwei Jahren vor dem Inkrafttreten des Gesetzes eine Sammelvormundschaft unterhalten, gelten als geeignet im Sinne des § 47 des Reichsjugendwohlfahrtsgesetzes, solange das Landesjugendamt nicht auf Grund vorliegender Tatsachen gegenteilig entscheidet.

II Vormundschaften, die von dem Sammelvormund eines nach Abs. I geeigneten Vereins im Zeitpunkte des Inkrafttretens dieses Gesetzes geführt werden, gehen in Vereinsvormundschaften nach § 47 des Reichsjugendwohlfahrtsgesetzes über, wenn der Vorstand des Vereins dem Vormundschaftsgericht ihre Übernahme erklärt. Die Erklärung muß binnen sechs Monaten nach dem Inkrafttreten dieses Gesetzes abgegeben werden. Das Vormundschaftsgericht hat dem Vereinsvorstand eine Bescheinigung über den Eintritt der Vereinsvormundschaft zu erteilen.

Art. 48. Die Gemeindeaufsichtsbehörde kann auf Antrag des Jugendamtes bestimmen, daß die Aufgaben der Waisenräte nach Art. 25 bis zur Vornahme einer neuen Wahl auf Grund dieses Gesetzes von den nach den bisherigen Gesetzen bestellten Gemeindewaisenräten wahrgenommen werden. Für die Stellung und Aufgaben der Waisenräte gelten die Vorschriften dieses Gesetzes.

Art 49. I Ein bei den Gerichten anhängiges Verfahren über die Anordnung oder die Aufhebung einer Fürsorgeerziehung, die Anordnung einer vorläufigen Fürsorgeerziehung oder den Widerruf der Aufhebung wird nach den bisherigen Vorschriften erledigt, wenn der Beschluß des Vormundschaftsgerichtes bereits ergangen ist. Im übrigen gelten für die Anordnung, die Aufhebung und die Ausführung einer beim Gericht anhängigen oder in der Ausführung befindlichen Fürsorgeerziehung die Vorschriften des Reichsjugendwohlfahrtsgesetzes und dieses Gesetzes.

II Ist in einem anhängigen gerichtlichen Verfahren die Äußerung der Bezirksverwaltungsbehörde bereits abgegeben, so braucht das Jugendamt vor der Beschlußfassung des Vormundschaftsgerichtes nicht mehr gehört zu werden.

III Ein Beschluß auf vorläufige Unterbringung nach Art. 7 des Fürsorgeerziehungsgesetzes ist als Anordnung der vorläufigen Fürsorgeerziehung zu behandeln. Die vorläufige Entlassung aus der Fürsorgeerziehung durch die Bezirksverwaltungsbehörde nach Art. 10 Abs. III des Fürsorgeerziehungsgesetzes gilt als Aufhebung der Fürsorgeerziehung unter Vorbehalt des Widerrufs.

IV Von der Bezirksverwaltungsbehörde auf Grund des Art. 11 Abs. IV des Fürsorgeerziehungsgesetzes bestellte Fürsorger gelten als auf Grund dieses Gesetzes (Art. 36) bestellt.

Art. 50. Die auf Grund der bisherigen Vorschriften zur Aufnahme von Minderjährigen in Fürsorgeerziehung geeignet erklärten Anstalten behalten die Eignung; das Landesjugendamt kann sie widerrufen.

Art. 51. I Bis zur Errichtung der Jugendämter, jedoch längstens bis zu einem vom Staatsministerium des Innern zu bestimmenden Zeitpunkte werden die Geschäfte des Jugendamtes von dem durch Art. 4 und 5 bestimmten Leiter wahrgenommen.

II Bis zur Errichtung des Landesjugendamtes werden dessen Aufgaben vom Staatsministerium des Innern im Benehmen mit den beteiligten übrigen Staatsministerien und nach näherer Regelung der Ausführungsbestimmungen von den Regierungen, Kammern des Innern, erledigt.

Art. 52. Die Staatsministerien des Innern, der Justiz und für Unterricht und Kultus sind mit dem Vollzuge des Reichsjugendwohlfahrtsgesetzes und dieses Gesetzes beauftragt. Sie erlassen gemeinsam und, soweit veranlaßt, im Benehmen mit den weiter beteiligten Staatsministerien die allgemeinen Ausführungsvorschriften.

Teil I

Reichsgesetz für Jugendwohlfahrt

Vom 9. Juli 1922 (RGBl. 633).

Vorbemerkungen

1. Entstehungsgeschichte und Materialien des Ges. und des Einführungsges.: Den „vorläufigen" Entw. s. ZBlJ. XI 258; XII 6 und zahlreiches Schrifttum hierzu ZBlJ. Bd. XI, XII u. XIII. Der amtliche Entwurf samt Begründung wurde vorgelegt mit Schreiben des Reichsministers des Innern v. 15. März 1921 (RT. Aktenstück Nr. 1666) unter Hervorhebung einer Reihe von Abänderungen, die der Reichsrat beschlossen hatte, denen aber die Reichsregierung nicht zustimmte. Er wurde in der Sitzung des Reichstags v. 19. März 1921 einem Ausschuß zur Berichterstattung überwiesen (Bd. 348 Nr. 89). Der 29. Aussch. beriet in seinen Sitzungen v. 15. April 1921 bis zum 1. Febr. 1922 u. erstattete seinen Bericht am 29. März 1922 (Aktenstück Nr. 3959); bei den Aussch.-Verhandlungen wurden 219 Abänd.-Anträge gestellt. Abänd.-Anträge v. 13. Juni 1922 zur 2. Lesung enthält das Aktenstück Nr. 4463. Die 2. u. 3. Lesung erfolgten in den Sitzungen des Reichst. v. 13. u. 14. Juni 1922 (Bd. 355 Nr. 225 u. 226). Den Entwurf nach den Beschlüssen der 3. Lesung enthält das Aktenstück Nr. 4518. Gesetz u. Einführungsges. sind mit dem Datum v. 9. Juli 1922 veröffentlicht RGBl. 1922, 633.

2. Eine Änderung des Ges. u. des EG. erfolgte durch die auf Grund des Ermächtigungsges. v. 8. Dez. 1923 (RGBl. 1179) erlassene VO. v. 14. Febr. 1924 (RGBl. 110), die namentlich von dem Grundsatz ausging, daß Reich und Länder nicht verpflichtet sein sollten, die Bestimmungen des Ges. durchzuführen, die für die Träger der Jugendwohlfahrt neue Aufgaben oder eine wesentliche Erweiterung bereits bestehender Aufgaben mit sich bringen, dann den Abschnitt V über die öffentliche Unterstützung hilfsbedürftiger Minderjähr. im wesentlichen und endlich den § 78 über die Verteilung der Kosten zwischen Reich und Ländern ganz aufhob. Hierzu kommt eine weitere unerhebliche Änderung durch die VO. v. 4. Dez. 1924 (RGBl. 765).

3. Allgemeiner Charakter des Gesetzes: Die nicht selten verkannte u. übertriebene Bedeutung des Gesetzes liegt in Wahrheit darin, daß es die schon früher, z. T. reichsrechtlich, hauptsächlich aber landesrechtlich, getroffenen Bestimmungen über das Pflegekinderwesen, die Vollzugsorgane für die obervormundschaftliche Tätigkeit insbesondere den Gemeindewaisenrat, die Berufsvormundschaft u. die Fürsorgeerziehung samt der Schutzaufsicht in eine neue Form bringt; sachlich ist wenig geändert. Die verfassungsrechtliche Grundlage sind Art. 7 Nr. 1, 2, 3, 5, 7 der RVerf.

Das JWG. ist in manchen Bestimmungen ein Rahmengesetz; es beschränkt sich vielfach nur auf die grundsätzlichen Bestimmungen und überläßt die Regelung Ausführungsbestimmungen und den Ländern. Bisweilen verweist es hierbei auf die Landesgesetze; soweit dies geschieht, ist der formelle Gesetzesweg notwendig (so auch grundsätzlich die Begr. zum JAG. S. 738 unter III). Die Landesgesetzgebung kann ihrerseits die ihr eingeräumten Befugnisse wohl nicht weiter delegieren. An anderen Stellen dagegen verweist das JWG. auf Landesrecht; insoweit entscheidet dann das Verfassungsrecht der Länder, wie die Regelung zu erfolgen hat, ob Gesetzesweg oder der Weg der Verwaltungs-VO. (s. auch die Begr. zum JAG. S. 738 Spalte 1 u. EG. JWG. Art. 2 A. 2). Für Bayern ist die Ergänzung im wesentlichen erfolgt durch das Jugendamtsgesetz (unten Teil V) und die allgemeinen Vollzugsvorschriften v. 21. Dez. 1925 (unten Teil VI).

Abschnitt I. Allgemeines

§ 1

Jedes deutsche Kind hat ein Recht auf Erziehung zur leiblichen, seelischen und gesellschaftlichen Tüchtigkeit.

Das Recht und die Pflicht der Eltern zur Erziehung werden durch dieses Gesetz nicht berührt. Gegen den Willen des Erziehungsberechtigten ist ein Eingreifen nur zulässig, wenn ein Gesetz es erlaubt.

Insoweit der Anspruch des Kindes auf Erziehung von der Familie nicht erfüllt wird, tritt, unbeschadet der Mitarbeit freiwilliger Tätigkeit, öffentliche Jugendhilfe ein.

1. Abs. 1 hat keine positivrechtl. Bedeutung; er ist ein bloßer Programmsatz; das muß auch die Begründung (S. 1240) zugeben. Er ist aber nicht völlig bedeutungslos; denn der von ihm aufgestellte Programmsatz wird auch bei der Handhabung des Gesetzes eine Richtlinie bilden. Zum positiven Recht geworden ist dieser Programmsatz z. T. durch die privatrechtl. Bestim-

mungen der §§ 1627, 1631, 1634, 1684 ff. BGB. für die ehelichen, die §§ 1705 u. 1707 BGB. für die unehelichen Kinder; diese Bestimmungen werden durch Abs. 2 ausdrücklich vorbehalten und hier insbesondere auch das Erziehungsrecht der Eltern betont. Im Plenum wurde dieser Vorbehalt vielfach mißverstanden (s. 2. Lesung S. 7808). Nach der öffentlich-rechtlichen Seite ist auch der Programmsatz dahin eingeschränkt, daß die Jugendhilfe nur eine hilfsweise sein soll (Abs. 3), nämlich nur insoweit eingreifen soll, als nicht die Familie, der weitere Kreis der Verwandten u. Verschwägerten (Begr. S. 1241), nicht bloß die rechtlich verpflichteten Eltern, eingreifen. Das Eingreifen sonstiger freiwilliger Tätigkeit schließt die Pflicht zur öffentlichen Jugendhilfe nicht aus; doch wird diese freiwillige Tätigkeit ausdrücklich als zu Recht bestehend anerkannt. Der Begriff der öffentlichen Jugendhilfe ist in § 2 Abs. 2 näher abgegrenzt.

2. Kind ist der Mensch von der Geburt (nicht auch die Leibesfrucht, ohne daß sie in jeder Beziehung von der Fürsorge des Ges. ausgeschlossen wäre) bis zur Volljährigkeit; doch finden nicht alle Bestimmungen des JWG. auf die Kinder in diesem weiten Sinn Anwendung; s. die Einschränkungen in §§ 19, 63. Kind im Sinn des § 1 ist auch das uneheliche.

Deutsches Kind. Entscheidend ist das Reichs- u. Staatsangeh.-Ges. v. 22. Juli 1913. Danach ist Deutscher, wer die Staatsangehörigkeit in einem Bundesstaat oder die unmittelbare Reichsangehörigkeit nach Maßgabe dieses Ges. erworben hat. Von Bedeutung ist hier insbes. § 4 Abs. 2, wonach Findelkinder bis zum Beweise des Gegenteils als Angehörige des Bundesstaats gelten, in dessen Gebiet sie aufgefunden wurden. Staatenlose Kinder sind keine deutschen. Wenn § 1 ausdrücklich von deutschen Kindern spricht, so ist damit nicht ausgeschlossen, daß die Bestimmungen des JWG., soweit sie ausdrücklich oder stillschweigend sich auch auf nicht deutsche Kinder beziehen, auch auf solche angewendet werden; s. wegen der FE. Bem. 3 vor § 62.

3. Erziehung ist die Sorge für die Ausbildung in den in Abs. 1 angegebenen Richtungen (in einer dem Interesse, den Fähigkeiten, Anlagen und sonstigen Verhältnissen des Kindes entsprechenden Weise), die Leitung der Handlungen des Kindes zur Erreichung dieses Zieles; es gehört dazu auch, daß das Kind zu einem Lebensberuf fähig gemacht wird (Begr. S. 1240). Im übrigen s. § 62 A. 3.

4. Der Satz 1 des Abs. 2 stellt den Grundsatz auf, daß die öffentliche Erziehung nur aushilfsweise eintritt; Satz 2 fordert für Ausnahmen von dem elterl. Erziehungsrecht ein Gesetz (Rostock in JFZG. 2, 86). Die Regelung des Erziehungsrechts und der Erziehungspflicht der Eltern ist erfolgt durch die §§ 1627 ff., 1684 ff., 1705 ff. BGB. Wegen des Eingreifens wider den Willen des Erziehungsberechtigten s. außer den Bestimmungen des JWG. (insbes. dessen § 63 Rostock a. a. O.) §§ 1666, 1686, 1838 BGB. Ergänzend zu den Bestimmungen des BGB. u. des

JWG. treten das FGG., das JGG. und das RG. über die religiöse Kindererziehung v. 15. Juli 1921, die im Anhang abgedruckt sind; ferner gelegentliche Regelungen in anderen Gesetzen, so im Lichtspielgesetz v. 12. Mai 1920 (RGBl. 953) § 3, im Kinderschutzgesetz v. 30. März 1903 (RGBl. 113).

§ 2

Organe der öffentlichen Jugendhilfe sind die Jugendwohlfahrtsbehörden (Jugendämter, Landesjugendämter, Reichsjugendamt), soweit nicht gesetzlich die Zuständigkeit anderer öffentlicher Körperschaften oder Einrichtungen, insbesondere der Schule, gegeben ist.

Die öffentliche Jugendhilfe umfaßt alle behördlichen Maßnahmen zur Förderung der Jugendwohlfahrt (Jugendpflege und Jugendfürsorge) und regelt sich, unbeschadet der bestehenden Gesetze, nach den folgenden Vorschriften.

1. § 2 bestimmt die Organe der öffentl. Jugendhilfe Abs. 1) und grenzt den Begriff der öffentl. Jugendhilfe (Abs. 2) ab. Organe sind zunächst die neu geschaffenen Jugendämter, zusammenfassend als Jugendwohlfahrtsbehörden bezeichnet; für sie spricht die Vermutung der Zuständigkeit; daneben werden aber auch die der öffentlichen Jugendhilfe dienenden Organe anderer öffentlicher Körperschaften und Einrichtungen anerkannt, doch nur, soweit sie eine gesetzliche Grundlage haben; als solche führt das Ges. selbst die Schule an; die Begr. (S. 1241) erwähnt weiter die Kirche, die Gerichte, die Medizinalbehörden, die Behörden für die Gewerbeaufsicht, die Sozialversicherung, die Armenpflege u. die Fürsorgeerziehung. Damit, daß nur gesetzlich zugelassene Organe öffentl. Körperschaften oder Einrichtungen anerkannt sind, ist die Tätigkeit anderer, auch privater Organe, auch wenn sie nicht ausdrücklich gesetzlich zugelassen sind, nicht ausgeschlossen; denn die öffentliche Jugendhilfe umfaßt nur behördliche Maßnahmen. Zu unterscheiden von den Organen der Jugendhilfe sind die Träger der Jugendämter (§§ 8 und 12). Jugendhilfe ist die Förderung der Jugendwohlfahrt (Begr. S. 1241). Unter Jugendwohlfahrt versteht das Gesetz das körperliche, geistige und sittliche Gedeihen der Jugend. Die Jugendhilfe umfaßt sowohl die Jugendfürsorge, die heilenden Maßnahmen für die gefährdete Jugend, die Sorge für die körperlich, geistig oder sittlich mangelhafte, gefährdete oder bereits gefallene Jugend, wie die Jugendpflege, die vorbeugenden und stärkenden Maßnahmen für die „normale", gesunde Jugend (Begr. S. 1237, 1239); Vorschläge der Deutschen Zentrale für Jugendfürsorge ZBlB. 11, 130. Nur die öffentliche Jhilfe fällt hieher, d. h. wie durch die im Ausschuß erfolgte Einstellung des Wortes „behördliche“ (AusschußB. S. 4194 u. 4207) festgelegt wurde, nur eine Tätigkeit staatlicher aber auch mittelbar staatlicher Organe. Jugend sind die Menschen von der Geburt an bis zur Volljährigkeit; doch ist auch das werdende Kind in einzelnen Bestimmungen des Gesetzes in den Fürsorgebereich aufgenommen (s. § 4). Wegen des Begriffs Jugendbewegung siehe § 6 A. 1.

2. Die Worte „unbeschadet der bestehenden Gesetze“ sollen nicht etwa das Verhältnis des JWG. zu dem bisherigen Recht schlechthin regeln — hiefür sind maßgebend Art. 2 ff. EG. —, sondern sie verhindert nur, daß aus dem Abs. 2 des § 2 die Folgerung gezogen wird, daß die öffentliche Jugendhilfe schlechthin, ohne die durch die sonstigen Gesetze geschaffenen Rechte zu berücksichtigen, sich geltend machen kann. Es kann deshalb, was sich übrigens auch aus § 1 Abs. 2 S. 2 ergibt, ein entgegenstehender Wille des Erziehungsberechtigten nur unerheblich werden, wenn eine besondere gesetzliche Grundlage vorhanden ist, z. B. wenn §§ 1666 oder 1838 oder eine Sonderbestimmung des JWG. z. B. über die Fürsorgeerziehung einschlägt (s. Begr. S. 1241).

3. Wegen der Jugendwohlfahrtsbehörden im einzelnen s. die §§ 3—18 JWG. und die Art. 1—22 JAG. Ein RJugendamt wurde nicht errichtet; die §§ 16 und 17 JWG. wurden wieder aufgehoben.

Abschnitt II. Jugendwohlfahrtsbehörden

1. Jugendamt

a. Zuständigkeit

Vorbemerkungen

1. Die §§ 3—6 regeln die sachliche, § 7 regelt die örtliche Zuständigkeit der JA. Im besonderen soll § 3 die Aufgaben umfassen, welche von jedem JA. kraft reichsrechtlicher Regelung gleichmäßig erfüllt werden müssen und vorwiegend eine eigene Betätigung des JA. voraussetzen, die sog. Pflichtaufgaben oder primären Aufgaben, während § 4 diejenigen Maßnahmen umfassen soll, bei denen die erforderlichen Einrichtungen und Veranstaltungen schon durch freiwillige private Tätigkeit zur Verfügung gestellt oder auf Anregung des JA. von ihr geschaffen oder im Bedarfsfall „gegebenenfalls“ vom JA. selbst durchgeführt werden, die sog. fakultativen oder sekundären Aufgaben, auch Zweckmäßigkeitsaufgaben; hierunter fällt auch die in Form der Familienhilfe entfaltete Tätigkeit des JA., d. h. die Stärkung und Verbesserung der Einwirkung der eigenen Familie; hier ist den Ländern Raum für eine ihren Verhältnissen angepaßte Regelung gelassen (Begr. S. 1242). Doch wurde diese grundsätzliche Ausscheidung durch die bei den Ausschußverhandlungen erfolgte Anfügung der Nrn. 6—8 des § 3 durchbrochen. § 6 stellt das Verhältnis der öffentlichen Jugendhilfe der JA. zur privaten Jugendhilfe dar, er läßt sich vom § 4 nicht streng scheiden; § 5 regelt die gegenseitige Beistandsleistung der JA. und der sonstigen Behörden. Der RegE. und der ReichsRE. enthielten einen weiteren Paragraphen, der unter gewissen Voraussetzungen die Übertragung „weiterer Aufgaben" an die JA. vorsah; er wurde im Ausschuß gestrichen, weil man nicht wisse, was unter den weiteren Aufgaben zu verstehen sei (AusschB. S. 4207).

2. Die Bestimmungen der §§ 1—18 haben wesentliche Einschränkungen erfahren durch die Art. 1 Nr. 1—4 und Art. 2 der VO. v. 14. Febr. 1924 (s. diese unten Teil III), von denen sich Art. 1 Nr. 1 u. 2 hauptsächlich mit der Organisation, Art. 1 Nr. 3 u. 4 mit dem Umfange der Tätigkeit der JWohlfahrtsbehörden befassen. Es kann insbesondere von der Einrichtung von JÄmtern abgesehen und es können deren Aufgaben anderen Amtsstellen übertragen werden; auch kann von der Durchführung der Vorschriften über das LJA. abgesehen werden (Art. 1 Nr. 1 u. 2). Wegen der erfolgten Änderungen im einzelnen ist unten das Erforderliche bemerkt.

3. Für Bayern s. zu §§ 3—18 die Art. 1—22 JAG. und zwar hinsichtlich der JÄmter im besonderen Art. 1—16, hinsichtlich des LJA. Art. 17—21; ferner die §§ 1—27 der VVO.

§ 3

Aufgaben des Jugendamtes sind:

1. der Schutz der Pflegekinder gemäß §§ 19 bis 31;
2. die Mitwirkung im Vormundschaftswesen, insbesondere die Tätigkeit des Gemeindewaisenrats, gemäß §§ 32 bis 48;
3. die Fürsorge für hilfsbedürftige Minderjährige gemäß §§ 49 bis 55;
4. die Mitwirkung bei der Schutzaufsicht und der Fürsorgeerziehung gemäß §§ 56 bis 76;
5. die Jugendgerichtshilfe gemäß reichsgesetzlicher Regelung;
6. die Mitwirkung bei der Beaufsichtigung der Arbeit von Kindern und jugendlichen Arbeitern nach näherer landesrechtlicher Vorschrift;
7. die Mitwirkung bei der Fürsorge für Kriegerwaisen und Kinder von Kriegsbeschädigten;
8. die Mitwirkung in der Jugendhilfe bei den Polizeibehörden, insbesondere bei der Unterbringung

zur vorbeugenden Verwahrung, gemäß näherer landesrechtlicher Vorschrift.

1. Wegen des allgemeinen Charakters des § 3 s. die Vorbem. 1 vor § 3. Die Nrn. 6—8 wurden erst bei den Verhandlungen im Ausschuß eingefügt (AusschB. S. 4197, 4204). Nr. 3. wurde mit Wirksamkeit v. 1. April 1924 an, für die Mehrzahl der Länder also vor seinem Inkrafttreten, aufgehoben durch Art. 2 der VO. v. 14. Febr. 1924 (s. unten Teil III). Durch die gleiche VO. Art. 1 Nr. 3 wurde bestimmt, daß die Oberste Landesbehörde von der Durchführung der Aufgaben des § 3 Nr. 5—8 befreien kann.

2. Die in Nr. 2 vorgesehene Mitwirkung im Vormundschaftswesen ist hinsichtlich der gesetzlichen Amtsvormundschaft eingeschränkt durch Art. 8 Nr. 6 EG. JWG.

3. Unter Jugendgerichtshilfe (Nr. 5) versteht das Gesetz die Wahrnehmung der Interessen der mit dem Strafgesetz in Widerspruch geratenen Jugendlichen im Strafverfahren und die Unterstützung der im Strafverfahren beteiligten Gerichts- und Polizeibehörden (Begr. S. 1243). Die weiteren Ausführungen der Begr. a. a. O. über Jugendgerichtshilfe im weiteren Sinne, die als Schutzaufsicht durchgeführt wird, sind mit der jetzigen Fassung des Gesetzes (wie auch des vorgelegten Entw.), in dem die Schutzaufsicht und die Mitwirkung der JA. dabei geregelt sind (s. § 3 Nr. 4), nicht vereinbar. Die reichsgesetzliche Regelung der Jugendgerichtshilfe ist erfolgt durch das JGG. v. 16. Febr. 1923 (RGBl. 135) (unten abgedruckt Anhang Nr. 2) mit JMB. v. 7. Mai 1923 (JMBl. 21), geändert durch JMB. v. 8. Aug. 1924 (JMBl. 102), und zwar in folgender Weise: Das JA. ist zu hören, wenn das JG. vor dem Urteil vorläufige Anordnungen über die Erziehung und Unterbringung trifft. Von der Anhörung kann abgesehen werden, wenn sie wegen Gefahr im Verzug untunlich ist; in diesem Fall ist das JA. nachträglich zu hören (§ 8 JGG.). Ein Jugendlicher kann weiter, wenn die Vollstreckung einer Freiheitsstrafe vom JG. bedingt ausgesetzt ist, vom JG. für die Dauer der Probezeit auch über den Eintritt der Volljährigkeit hinaus unter Schutzaufsicht gestellt w., die hier nicht eine reine Erziehungsmaßnahme, sondern eine erziehliche Aufsichtsmaßnahme ist. Auch diesenfalls gelten für die Ausführung der SchA. die Vorschriften des JWG.; für die Zeit nach erfolgter Volljährigkeit gelten sie entsprechend (§§ 12, 14, 40 Abs. 3 u. 4 JGG.); die Aufgaben des Vormundschaftsrichters gehen von da an auf den Jugendrichter über (Begr. zum JGG. nach JMB. v. 7. Mai 1923 JMBl. 24). Vorgesehen ist weiter eine Mitwirkung des JA. beim Strafvollzug (§ 16 Abs. 5 JGG.). Bei bedingter Strafaussetzung ist zu den Ermittlungen über die Führung des Verurteilten während der Probezeit das JA. nach Möglichkeit zuzuziehen (§ 12 Abs. 5, § 14, § 40 Abs. 3 u. 4 JGG.).

Die Jugendschöffen werden auf Vorschlag des JA. gewählt (§ 20 Abs. 1 JGG.). Im Strafverfahren gegen Jugendliche sollen die Organe der Jugendhilfe in allen Abschnitten zur Mitarbeit herangezogen werden (§ 22 JGG.). In Betracht kommen insbesondere die der Jugendfürsorge sich widmenden Anstalten und Vereine. Den Helfern und Helferinnen kann in geeigneten Fällen auch Akteneinsicht gewährt werden (JMB. v. 7. Mai 1923, JMBl. 27). Jugendamt und Aufsichtsperson haben Zutritt zur Verhandlung vor dem erkennenden Gericht (§ 23 Abs. 3 JGG.). Wenn gegen einen Jugendlichen die Voruntersuchung beantragt oder Anklage wegen eines Verbrechens, eines Vergehens oder einer Übertretung gegen § 361 Nr. 3—8 StGB. erhoben wird, oder wenn die Staatsanwaltschaft es sonst für geboten erachtet, hat sie dem JA. Mitteilung zu machen und es über den weiteren Gang des Verfahrens zu unterrichten. Ebenso hat das JA. der Staatsanwaltschaft Mitteilung zu machen, wenn ihm bekannt ist oder wird, daß noch ein anderes Strafverfahren anhängig ist (§ 27 JGG.). Ist der Jugendliche in Untersuchungshaft, so ist dem JA. und, wenn er unter SchA. steht, der Aufsichtsperson der Verkehr mit ihm im gleichen Umfang gestattet wie einem Verteidiger (§ 148 StPO.); s. § 28 Abs. 3 JGG. Von der Erlassung des Haftbefehls hat die Staatsanwaltschaft dem JA. Kenntnis zu geben (Begr. zum JGG. nach JMB. v. 7. Mai 1923, JMBl. 28). Im Strafverfahren soll das JA. auf sein Verlangen zum Beistand des Jugendlichen bestellt werden; der Beistand hat die Rechte eines Verteidigers (§ 29 Abs. 3 JGG.). Das JA. ist nach Möglichkeit zur Ermittlung der Lebensverhältnisse des Beschuldigten herbeizuziehen, sowie zur Erforschung aller Umstände, die zur Beurteilung seiner körp. und geistigen Eigenart dienen können. Ihm sind Ort und Zeit der Hauptverhandlung bekannt zu geben. Auf Verlangen wird ihm in der Hauptverhandlung das Wort erteilt. Ein Fragerecht steht ihm nicht zu (§ 31 Abs. 3 JGG.). Vor Einstellung des Verfahrens wegen mangelnder Einsicht oder Willensbestimmbarkeit soll die Staatsanwaltschaft das JA. hören (§ 32 Abs. 1 JGG.). Die Einstellungsverfügung, sowie eine Verfügung der Staatsanwaltschaft, durch die sie wegen Anordnung von Erziehungsmaßregeln von Erhebung der Klage absieht, sowie eine nach Klageerhebung hiewegen erfolgende Einstellung durch das Gericht sind dem JA. bekannt zu geben (§ 32 JGG.). Das JA. ist, wenn es ohne Verzögerung geschehen kann, zu hören vor der Entscheidung über die Ersatzfreiheitsstrafe, über die nachträgliche Aussetzung, über die Fortdauer der Aussetzung, über die Bewährung und über die Entscheidungen, die während der Probezeit ergehen (§ 34 JGG.). Das JA. ist, wenn es ohne Verzögerung geschehen kann, auch zu hören vor der Umwandlung einer durch poliz. Strafverfügung festgesetzten Geldstrafe in eine Freiheitsstrafe (§ 40 Abs. 3 JGG.).

4. Die JÄ. haben die Jugendgerichtshilfe, soweit sie ihnen obliegt, im Benehmen mit den Vereinigungen auszuführen, die sich mit der Jugendfürsorge beschäftigen. Über das Zusammenwirken können die Landesregierungen nähere Vorschriften erlassen (§ 42 JGG.).

5. Wegen der Befreiung der JÄmter in Bayern von der Jugendgerichtshilfe auf Grund des Art. 8 Nr. 3 EG. JWG. (= Art. 1 Nr. 3 der VO. v. 14. Febr. 1924) s. BVO. § 13 Abs. 2 c.

6. Zu Nr. 6 schlägt außer den Bestimmungen der GewO. auch ein das RG. betr. die Kinderarbeit in gewerblichen Betrieben vom 30. März 1903 (RGBl. 113) und das Hausarbeitsgesetz vom 20. Dez. 1911 (RGBl. 976) § 6. Aus der GewO. kommen hauptsächlich in Betracht die §§ 6, 42 b, 60 b, 62, 107, 120 c, 135, 154. In Bayern wurden die JÄmter von den in Nr. 6 vorgesehenen Aufgaben allgemein befreit (BVO. § 13 Abs. 2 d). Zu Nr. 7 s. wegen der Fürsorge für die Kriegerwaisen und die Kinder der Kriegsbeschädigten die RFürsorgeVO. vom 13. Febr. 1924 mit ihren Vollzugsbestimmungen (unten im Anhang Nr. 4 ff.). In Bayern sind die JÄmter von den in Nr. 7 für sie vorgesehenen Aufgaben befreit (BVO. § 13 Abs. 2 e). Zum Vollzug der Nr. 8 erging für Bayern Art. 42 JAG. mit BVO. § 13 Abs. 2 f.

§ 4

Aufgabe des Jugendamts ist ferner, Einrichtungen und Veranstaltungen anzuregen, zu fördern und gegebenenfalls zu schaffen für:

1. Beratung in Angelegenheiten der Jugendlichen;
2. Mutterschutz vor und nach der Geburt;
3. Wohlfahrt der Säuglinge;
4. Wohlfahrt der Kleinkinder;
5. Wohlfahrt der im schulpflichtigen Alter stehenden Jugend außerhalb des Unterrichts;
6. Wohlfahrt der schulentlassenen Jugend.

Das Nähere kann durch die oberste Landesbehörde bestimmt werden.

1. Wegen des allgemeinen Charakters des § 4 s. die Bem. 1 vor § 3; er umfaßt die sog. Zweckmäßigkeitsaufgaben (RT. Bd. 355 S. 7794). Die Tätigkeit des JA. soll in den Fällen des § 4 im allgemeinen erst in zweiter Linie stehen; hier werden aber auch das werdende Kind und die Mutter in die Fürsorge einbezogen; nach oben ist die Grenze beim Kind wieder die Volljährigkeit; die vorgesehene Förderung kann auch durch

Zuwendung von Geld erfolgen. Entsprechend dem allgemeinen Charakter des Gesetzes ist auch die Tätigkeit nach § 4 nicht auf gefährdete oder verwahrloste Minderjährige beschränkt, sondern sie soll allen Kindern zuteil werden (s. Begr. S. 1243). Ergänzend tritt zu § 4 der § 6 JWG. Durch Art. 1 Nr. 4 der VO. vom 14. Febr. 1924 (unten Teil III) wurde bestimmt, daß eine Verpflichtung zur Durchführung der in § 4 bezeichneten Aufgaben nicht besteht; s. hiezu für Bayern BVO. § 13 Abs. 2 g.

2. Bei den Maßnahmen im Sinne des § 4 denkt das Gesetz für alle Altersstufen der Jugendlichen an die gesundheitliche Fürsorge, hierbei in städtischen Verhältnissen an die Schaffung von Ferienkolonien und Erholungsheimen, die Sorge für Badekuren, Landaufenthalt, Spielplätze für gesunde und schwächliche Kinder; ferner an die Bestrebungen zum Wohle der körperlich oder geistig nicht normalen Kinder, besonders an die Krüppelfürsorge und die Fürsorge für jugendliche Psychopathen und Geschlechtskranke (Begr. S. 1244). Das JA. kann hierbei insbesondere eine Tätigkeit des Vormundschaftsgerichts anregen.

3. Bei dem Mutterschutz (Nr. 2) denkt das Gesetz, ausgehend von dem Gedanken, daß es von größter Bedeutung ist, daß die Kinder gesund zur Welt kommen, an Heime für Mutter und Kind, Lehrkurse für werdende Mütter, Mütterberatungsstellen, Beschaffung von Arbeitsmöglichkeiten für werdende und stillende Mütter; dazu soll sich das JA. in Verbindung setzen mit den Organen der Wöchnerinnenfürsorge, mit den öffentlichen Versicherungen, mit der Medizinalverwaltung und den privaten Organisationen, die sich diesen Aufgaben widmen (Begr. S. 1243).

4. Bei den Maßnahmen zur Wohlfahrt der Säuglinge (Nr. 3) hat das Gesetz im Auge Beratung und Belehrung der Mütter über die Pflege und das Stillen des Säuglings, das Entstehen von Säuglingsfürsorgestellen, Milchabgabestellen, Heimen für gesunde und kranke Säuglinge, Stillstuben, Tag- und Nachtkrippen, die Einrichtung einer Pflegevermittlung für die Kinder, die nicht in der eigenen Familie bleiben können, das Sicherstellen der Mittel für ein Unterkommen der Mutter und des Kindes nach dem Verlassen der Entbindungsanstalten (Begr. S. 1243). Säuglinge sind im Sinne des Gesetzes die Kinder im 1. Lebensjahr (s. Begr. S. 1243).

5. Bei den Maßnahmen zur Wohlfahrt der Kleinkinder (Nr. 4), d. i nach der Begr. S. 1243 der Kinder vom 2. bis 6. Lebensjahr, ist daran gedacht, daß für sie ärztliche Überwachung vorhanden ist, daß in städtischen Bezirken Krippen, Kindergärten und Heime zur Verfügung stehen, daß bestehende Säuglingsfürsorgestellen in solche für Kleinkinder ausgebaut werden (Begr. S. 1243).

6. Die Sorge für die Wohlfahrt der im schulpflichtigen Alter stehenden Jugend außerhalb des Unterrichts (Nr. 5), d. i. nach der Begr. (S. 1243) der Kinder vom 6.

bis etwa zum 14. Lebensjahr, soll sich vollziehen in der Sorge für die Schaffung von Lesehallen, Horten und ähnlichen Einrichtungen, sowie in gesundheitlicher Fürsorge (Begr. S. 1243).

7. Bei den Maßnahmen zur Wohlfahrt der schulentlassenen Jugend (Nr. 6), d. i. nach der Anlage des Gesetzes der Kinder etwa vom 14. Lebensjahr bis zur Volljährigkeit, ist gedacht an die Beratung bei der Berufswahl und die Sorge für gesunde Wohn- und Schlafverhältnisse, insbesondere durch Schaffung von Ledigenheimen und Namhaftmachung guter Schlafstellen; hier wird sich die grundsätzlich von dem Gesetz miterfaßte Sorge für die normale Jugend (s. § 2 A. 1), die Jugendpflege, besonders zu betätigen haben (Begr. S. 1243 u. 1244).

8. Wegen der Obersten Landesbehörde (Abs. 2) s. § 77. Sie kann insbesondere auch die Tätigkeit der JA. auf den angegebenen Gebieten beschränken, so die Zuständigkeit nach Abs. 1 Nr. 6 nach oben einschränken (Begr. S. 1243).

9. Maßnahmen nach § 4 sollen in Bayern nach Art. 10 Abs. 1 S. 2 JAG. unmittelbar durch das JA. behandelt werden.

§ 5

Die Behörden des Reichs, der Länder, der Selbstverwaltungskörper und die Jugendämter haben sich gegenseitig und die Jugendämter einander zur Erfüllung der Aufgaben der Jugendwohlfahrt Beistand zu leisten.

1. § 5 schafft für das Gebiet der Jugendhilfe ein der auf dem Gebiete der Rechtspflege bestehenden Rechtshilfe ähnliches, im einzelnen allerdings wesentlich anders gestaltetes Verhältnis. Diese Jugendwohlfahrtshilfe obliegt nach der nunmehrigen Fassung des Gesetzes den Behörden schlechthin nicht nur, wie es der RegE. (§ 6) vorsah, den für die Aufgaben der Jugendwohlfahrt zuständigen Behörden. Als Behörden im Sinne des § 5 hebt die Begr. (S. 1244) hervor die Organe der Schule, die Vormundschaftsgerichte, die Strafgerichte, die Organe der Armenpflege, der Fürsorgeerziehung, der öffentlichen Versicherungen (Landesversicherungsanstalt, Krankenkasse) und der Hinterbliebenenfürsorge. Die Kirche, die die Begründung ebenfalls anführt, läßt sich dem § 5 nicht einordnen.

Infolge des Wegfalls der Beschränkung auf der JWohlfahrt dienende Behörden sind weiter insbesondere hierher zu rechnen die Polizeibehörden, Staatsanwälte und die Gemeindebehörden. Die Pflicht zur JWohlfahrtshilfe besteht selbstverständlich auch im gegenseitigen Verhältnis von JÄmtern und Behörden und JÄmtern verschiedener Länder.

2. Für die LJÄ. (und das RJA.) besteht keine entsprechende Bestimmung; sie lassen sich auch nicht als Behörden im Sinne des § 5 ansehen; denn sonst wären auch die JÄ. neben den Behörden nicht besonders hervorzuheben gewesen. Im Wege der bloß ausdehnenden Auslegung des Gesetzes kann zugunsten der LJÄmter diese Pflicht nicht begründet werden. Auch eine gegenseitige JWohlfahrtshilfe der Behörden untereinander ist durch § 5 nicht vorgesehen.

3. Die Behörden und umgekehrt auch die JÄmter haben sich aber nur Hilfe zu leisten im Rahmen ihrer sonstigen Tätigkeit, also keine Tätigkeit anderer Art zu entfalten, als sie ihnen in eigenen Sachen obliegt. Sie haben sie auch nur nach Maßgabe der für die eigene Tätigkeit geltenden Vorschriften zu entwickeln. Auch die Voraussetzungen für das Tätigwerden sind keine anderen; es gelten also insbesondere auch die Vorschriften für die sachliche und örtliche Zuständigkeit. Eine Verpflichtung zur Besorgung von Angelegenheiten, die die ersuchende Behörde unmittelbar erledigen kann, besteht nicht. Soweit die Behörden und JÄmter im allgemeinen nur gegen Kostenersatz oder Kostenvorschuß tätig werden, gilt das auch hier; a. A. Friedeberg § 5 Abs. 7. Die Hilfe beschränkt sich auch nur auf Angelegenheiten der JWohlfahrt (§ 2 Abs. 2 JWG.). Ein Ersuchen um Beistandleistung ist nicht Voraussetzung der Hilfeleistung; sie kann auch von Amtswegen erfolgen. Nicht notwendig ist hier, anders wie bei der Rechtshilfe, daß die Handlung, um die ersucht wird, von der Art ist, daß sie die ersuchende Behörde selbst vornehmen könnte (so richtig OLG. Dresden ZBlB. XVI 292 und OLG. Naumburg ZBlB. XVI 293); unrichtig ist es aber, daraus, wie diese Entscheidungen es tun, die Folgerung zu ziehen, daß die Gerichte von den JÄmtern als Amtsvormündern oder für Einzelvormünder (JWG. § 45) gestellte Ersuchen um Vernehmung der als Väter unehelicher Kinder in Anspruch Genommenen zu erledigen hätten. Es fällt nicht in den Bereich der gerichtlichen Tätigkeit, beliebige Vernehmungen in Sachen anderer Behörden oder Privater vorzunehmen. Es hätten sich die JÄmter zunächst an das für die Sache zuständige Vormundschaftsgericht zu wenden, das dann seinerseits das Ersuchen im Wege der Rechtshilfe (§ 2 FGG.) zu stellen hätte. Mit den LG. Dresden (ZBlB. XVII 26) wird auch anzunehmen sein, daß bei den JÄmtern auch die Vertretung anderer JÄmter vor auswärtigen Gerichten unter § 5 fällt (s. dazu Weishaupt ebendort).

4. Bei Verweigerung oder nicht sachgemäßer Leistung der Hilfe besteht ein Beschwerderecht nach den allgemeinen Vorschriften, die für Beschwerden gegen das angegangene Organ gelten; insbesondere gilt also bei Beschwerden gegen JÄmter auch § 18 JWG.; zweifelnd in letzterer Richtung Behrend S. 137. Die allgemeinen Beschwerdevorschriften gelten auch bei Ersuchen an Vormundschaftsgerichte. Maßgebend sind also §§ 19 ff. FGG. Es geht nicht an, mit dem OLG. Dresden ZBlB. XVI 292, die landesrechtlichen Vorschriften über die in landesrechtlich den Gerichten übertragenen Angelegenheiten zu leistende Rechtshilfe (für Bayern also Art. 77

AG. GVG.) auch nur analog anzuwenden, also namentlich die Zuständigkeit der Oberlandesgerichte als gegeben anzusehen; denn es handelt sich um keine Rechtshilfe oder auch nur um eine analoge Tätigkeit. Unrichtig ist es auch anzunehmen, daß die das Ersuchen ablehnenden Entscheidungen keine „Verfügungen" im Sinne des § 19 FGG. wären.

5. Wegen einer Ergänzung der Bestimmung des § 5 s. JAG. Art. 16.

§ 6

Das Jugendamt hat die freiwillige Tätigkeit zur Förderung der Jugendwohlfahrt unter Wahrung ihrer Selbständigkeit und ihres satzungsmäßigen Charakters zu unterstützen, anzuregen und zur Mitarbeit heranzuziehen, um mit ihr zum Zwecke eines planvollen Ineinandergreifens aller Organe und Einrichtungen der öffentlichen und privaten Jugendhilfe und der Jugendbewegung zusammenzuwirken.

1. § 6, der sich nicht selten mit § 4 kreuzen wird, soll das Verhältnis der behördlichen, durch die JA. geübten Fürsorge zur privaten Jugendhilfe darstellen; er hat im Ausschuß einige sachlich unerhebliche Änderungen erfahren; eine landesgesetzliche oder landesbehördliche Regelung ist hier nicht vorgesehen. Pflichten für die private Jugendhilfe werden durch § 6 nicht begründet; auch eine Zwangsgewalt steht den JÄmtern gegenüber den privaten Organen nicht zu; ebensowenig besteht ein Überordnungsverhältnis. Ergänzend treten zu § 6 die §§ 9 und 11. Wegen der Begriffe Jugendwohlfahrt und Jugendhilfe s. § 2 A. 1; der Begriff Jugendbewegung, der sich im Gesetz auch in § 9 findet, hat keinen fest abgrenzbaren Inhalt; man erblickt das Entscheidende darin, daß bei ihr der junge Mensch selbst die eigentliche Entscheidung trifft, während bei der Jugendpflege und Jugendfürsorge der Erwachsene entscheidend mitwirkt (s. Schulz ZBlB. 11, 234). S. auch Friedeberg S. 372: In der Jugendbewegung entwickelt sich die Jugend „aus eigener Bestimmung, vor eigener Verantwortung, mit innerer Wahrhaftigkeit" (Hohenmeißner Formel des ersten freideutschen Jugendtags 1913). Nach der Begründung zum JWG. S. 737 geht die Jugendbewegung neben der von den Erwachsenen betriebenen Jugendpflege einher als der Zusammenschluß der Jugendlichen selbst zur Förderung ihrer Belange unter Führung Erwachsener oder älterer Jugendlicher und unter fördernder Beteiligung von Erwachsenen. Die Förderung der Jugendbewegung dürfte im Sinne des Gesetzes unter der Förderung der JWohlfahrt inbegriffen sein (a. A. Goeze § 6 A. 2); s. allerdings die Gegenüberstellung zwischen JWohlfahrt und JBewegung in § 9 Abs. 2.

§ 7

Das Jugendamt ist zuständig für alle Minderjährigen, die in seinem Bezirk ihren gewöhnlichen Aufenthaltsort haben. Für vorläufige Maßnahmen ist das Jugendamt zuständig, in dessen Bezirk das Bedürfnis der öffentlichen Jugendhilfe hervortritt.

Streitigkeiten über die Zuständigkeit werden durch die oberste Landesbehörde und, wenn die Jugendämter verschiedenen Ländern angehören, durch das Reichsverwaltungsgericht entschieden.

1. § 7 regelt die örtliche Zuständigkeit des JA., im Gegensatz zu der in §§ 3—6 erfolgten Regelung der sachlichen Zuständigkeit. Maßgebend ist der gewöhnliche Aufenthaltsort. Dieser Begriff hat sich nach der Begründung S. 1245 während der Kriegszeit bei der Kriegswohlfahrtspflege eingelebt; s. hierzu § 7 Abs. 2 der VO. über die Fürsorgepflicht vom 13. Febr. 1924 (Anhang Nr. 4) und das RG. über die Wochenfürsorge vom 9. Juni 1922 (RGBl. 502) § 1. Es wird für seine Feststellung bei dem inneren Zusammenhang der einzelnen Bestimmungen des Gesetzes im Hinblick auf dessen früheren § 50 die Auslegung dieses Wortes im Sinne des jetzt aufgehobenen UWG. (s. besonders § 10) maßgebend sein. Er ist nicht gleichbedeutend mit dem Begriff Aufenthalt im Sinne des § 36 FGG. (KG. in JEFG. 2, 87). Entscheidend ist jedenfalls das rein tatsächliche Verhältnis (Begr. S. 1245; BAH. Bd. 26 Nr. 2 A S. 3). Ob der Aufenthalt ein erlaubter ist oder nicht, ist gleichgültig (bestritten s. Pöll § 9 A. 2 d). Gleichgültig ist es auch, ob der Aufenthalt dem Willen des Inhabers der elterlichen Gewalt entspricht und zwar ohne Rücksicht auf das Alter des Minderjährigen. Gleichgültig ist es auch, ob der Aufenthalt dem Willen des Minderjährigen selbst entspricht (Aufenthalt im Gefängnis. A. A. Bäumer, § 50 A. 3 C. Notwendig ist weder Wohnsitz noch Wohnung. Gewöhnlicher Aufenthaltsort ist der Ort, an dem sich der Minderjährige aufhält, soweit er nicht aus besonderen Gründen den Ort verläßt. Häufig wird der Besitz einer Wohnung ein Anhaltspunkt für die Annahme des gewöhnlichen Aufenthaltsorts sein. Mit Recht hebt Bäumer S. 51 hervor, daß das Kriterium nicht die Dauer des Aufenthalts, sondern die Frage ist, ob man an dem Orte in seinen gewöhnlichen Lebensverhältnissen lebt. Unterbringung in einer Anstalt auf Grund der Anordnung der vorläufigen FE. begründet noch nicht den gewöhnlichen Aufenthalt; dieser wäre nur bei dauernder Unterbringung in der Anstalt anzunehmen (KG. in JEFG. 2, 87). Nach BA. für Heimatw. (DJZ. 1925, 586) soll der gewöhnliche Aufenthalt schon am Zuzugstage begründet werden können, wenn von vorneherein die Absicht besteht,

den Ort des Zuzugs zum Mittelpunkt der Lebensbeziehungen zu wählen. Die Erfahrung lehrt, daß jemand seinen gewöhnlichen Aufenthaltsort an mehreren Orten haben kann (anders die Ansichten für das Gebiet des UW.. Pöll § 9 A. 2 b; BAH. Bd. 26 Nr. 2 C S. 5; allein es ist zwar richtig, daß sich niemand gleichzeitig an mehreren Orten aufhalten kann; aber hier handelt es sich um den gewöhnlichen Aufenthalt, und die diesen begründenden Umstände können an mehreren Orten sich gleichzeitig verwirklichen). Dann ist für die Zuständigkeit im Sinne des § 7 der frühere Anfall entscheidend. Wird der gewöhnliche Aufenthalt des Minderjährigen in einen anderen Bezirk verlegt, so wird das JA. dieses Bezirks zuständig; das bisher befaßte JA. wird unzuständig auch, wenn die Sache noch nicht erledigt ist. Sind Maßnahmen in einem anderen Bezirk notwendig, etwa weil sich der Minderjährige dort vorübergehend aufhält, so kann von der Einrichtung der Jugendwohlfahrtshilfe gemäß § 5 Gebrauch gemacht werden. Eine völlige Abgabe der Sache aus Zweckmäßigkeitsgründen an ein anderes JA., in dessen Bezirk der Minderjährige seinen gewöhnlichen Aufenthalt nicht hat, ist nicht vorgesehen und deshalb auch nicht zulässig; desgleichen ist es unzulässig, eine Sache aus Zweckmäßigkeit trotz eintretender Unzuständigkeit weiter zu behandeln.

2. Für vorläufige Maßnahmen ist das JA. zuständig, in dessen Bezirk das Bedürfnis hervortritt; dieses kann auch ein JA. sein, in dessen Bezirk sich der Jugendliche nicht einmal vorübergehend aufhält (a. A. die Begr. S. 1245). Vorläufige Maßnahmen sind solche, die für die eigentlich zu entfaltende Tätigkeit eine bloß einstweilige Regelung treffen, also nicht schlechthin eilige Maßnahmen; a. A. Behrend S. 141. Als Beispiele führt die Begr. (S. 1245) an die Sorge für ein vorläufiges Unterkommen eines aufgegriffenen Minderjährigen oder für seine Rückreise an seinen Wohnsitz, die Zwangsheilung einer fremden Dirne. Das an sich zuständige JA. ist für die vorläufigen Maßnahmen, soweit nicht das Bedürfnis bei ihm oder auch bei ihm hervortritt, unzuständig (a. A. möglicherweise die Begr. S. 1245). Soweit ein JA. für eine vorläufige Maßnahme zuständig ist, hat es auch die dadurch entstehenden Kosten zu tragen. Die Bestimmung des E., die ihm einen Ersatzanspruch gegen das JA. des Aufenthalts gewährte, fiel im Ausschuß. Wegen der vorläufigen FE. s. aber § 70.

3. Besondere, dem § 7 vorgehende Zuständigkeitsbestimmungen enthalten § 23 für die Erteilung und den Widerruf der Erlaubnis zur Aufnahme von Pflegekindern, § 35 Abs. 1 hinsichtlich der gesetzlichen Amtsvormundschaft, § 45 hinsichtlich der Beratung und Unterstützung der Vormünder, Pfleger und Beistände.

4. Für Zuständigkeitsstreite, negative wie positive, ist die oberste Landesbehörde (s. § 77) zuständig, soweit der Streit zwischen JA. desselben Landes besteht; soweit die JA. verschiedenen Ländern angehören, entscheidet das RVerwaltungsgericht und bis zu dessen Errichtung das Bundesamt für Heimatwesen (Art. 9 EG.). Sind bei einem Streit mehrere JA. eines Landes und zugleich ein JA. oder mehrere JA. eines anderen Landes beteiligt, so entscheidet die Oberste Landesbehörde im Verhältnis der JA. des Landes untereinander und das RVerwaltungsgericht im Verhältnis der JA. der verschiedenen Länder untereinander; dabei können sich widersprechende Entscheidungen ergeben; eine rechtliche Bindung an die des RVerwaltungsgerichts besteht für die Oberste Landesbehörde nicht; auch nicht umgekehrt. Das RVerwaltungsgericht sowohl wie die Oberste Landesbehörde haben eines der am Streite (dem negativen sowohl wie dem positiven) beteiligten JA. für zuständig zu erklären; sie können nicht die Zuständigkeit aller verneinen; denn die Zuständigkeit im allgemeinen bestimmen die JA. selbst; entschieden wird nur, soweit Streit besteht. § 7 gilt nur für Zuständigkeitsstreite, die sich über die Anwendung des § 7 Abs. 1 ergeben, nicht für solche, in denen die Zuständigkeit sich nach anderen Bestimmungen bemißt.

5. Wegen einer entsprechenden Anwendung des § 7 Abs. 2 s. § 70 Abs. 1 S. 4.

b. Aufbau und Verfahren

Vorbemerkungen

1. Die §§ 8—11 regeln die Verfassung und das Verfahren der JA. und zwar geben § 8 und § 9 Abs. 1 die Grundsätze für die Regelung, § 9 Abs. 2—4 befaßt sich im besonderen mit der Zusammensetzung; im Anschluß hieran sieht § 10 die Möglichkeit einer Verbindung mit anderen Einrichtungen vor; § 11 endlich trifft Vorschriften über die Übertragung einzelner Geschäfte. Der RegE. erfuhr hier im Ausschuß erhebliche Änderungen. Zur Anwendung der §§ 8—11 s. unten A. 3.

2. Für die Haftung der JA., ihre Mitglieder und Organe gelten die allgemeinen Vorschriften des BGB. (Begr. S. 1247). In Betracht kommen Art. 131 RVerf., §§ 832, 839, 823, 826 BGB., Art. 60 AG. BGB., Art. 7 BGHG. An den allgemeinen Bestimmungen des bürg. Rechts wird auch durch § 11 S. 3 nichts geändert; dieser hat nur öffentlich-rechtliche Tragweite (s. die Begr. a. a. O.). S. ferner § 62 A. 12.

3. Von der Einrichtung von Jugendämtern kann bis auf weiteres nach näherer Maßgabe des Art. 1 Nr. 1 der VO. v. 14. Febr. 1924 (s. unten Teil III) abgesehen werden; deren Aufgaben sind dann nach Maßgabe der dort getroffenen Bestimmungen anderen Organen zu übertragen.

§ 8

Jugendämter sind als Einrichtungen von Gemeinden oder Gemeindeverbänden für das Gebiet des Deutschen Reichs zu errichten. Die oberste Landesbehörde bestimmt die Abgrenzung der Bezirke, für welche die Jugendämter zuständig sind.

1. Jugendämter sind für das ganze Reich zu errichten. Die Verpflichtung zur Errichtung hat die Landesregierung (Art. 8 EG. alter F.). Sie sind keine Organe einer Reichsverwaltung. Die Errichtung erfolgt nach der Fassung, die § 8 im Ausschuß erhielt, nicht als staatliche Einrichtung, sondern als solche von Gemeinden oder Gemeindeverbänden; damit ist nicht ausgeschlossen, daß mehrere Gemeinden oder Gemeindeverbände sich zur Errichtung vereinigen oder für Teile von solchen ein JA. errichtet wird, solange es sich noch um Bildungen mit Selbstverwaltung handelt. Ausgeschlossen ist aber die Errichtung durch Private, durch Vereine oder in der Form selbständiger Verwaltungskörper. Unzulässig ist demnach auch eine Verbindung mit dem Jugendgericht (s. auch AusschBerh. S. 4199). Unzulässig ist selbstverständlich auch eine anderweite Verteilung der Obliegenheiten der VG. und der JA. (Art. 2 Abs. 2 des E. des EG. in der Fassung des Reichsr., der dies vorsah, wurde abgelehnt).

2. Die Abgrenzung der Bezirke bestimmt die Oberste Landesbehörde; s. wegen letzterer § 77. Den Bezirk bestimmt sie ohne Rücksicht auf die Träger des Amts, wenn er auch selbstverständlich grundsätzlich mit dem Bezirk der Gemeinde oder des GemVerbands, als dessen Einrichtung das JA. errichtet ist, zusammenfallen wird.

3. Aus der Tatsache, daß die JA. Einrichtungen von Gemeinden oder GemVerbänden sind, ergibt sich noch nicht die reichsrechtl. Pflicht für diese zur Tragung der Kosten der Einrichtung und der Geschäftsführung (s. Begr. S. 1245 unten); im übrigen aber muß das JA. den Charakter eines Organs eines Selbstverwaltungskörpers haben, wenn auch nicht notwendig die Selbstverwaltung genau den gleichen Vorschriften unterstehen muß, wie die sonstige Selbstverwaltungstätigkeit der Gemeinde; so auch Friedeberg § 8 A. 2.

4. Dem Vollzug des § 8 dient für Bayern, soweit S. 1 in Frage kommt, Art. 1 Abs. 2 JAG., hinsichtlich des S. 2 aber Art. 1 Abs. 1 u. 3 und Art. 2 JAG.

§ 9

Zusammensetzung, Verfassung und Verfahren des Jugendamts wird auf Grund landesrechtlicher Vorschriften durch eine Satzung des zuständigen Selbstverwaltungskörpers geregelt.

Als stimmberechtigte Mitglieder des Jugendamts sind neben den leitenden Beamten in der Jugendwohlfahrt erfahrene und bewährte Männer und Frauen aller Bevölkerungskreise, insbesondere aus den im Bezirke des Jugendamts wirkenden freien Vereinigungen für Jugendwohlfahrt und Jugendbewegung auf deren Vorschlag, zu berufen. Diese Vereinigungen haben Anspruch auf zwei Fünftel der Zahl der nichtbeamteten Mitglieder.

In das Jugendamt sollen hauptamtlich in der Regel nur Personen berufen werden, die eine für die Betätigung in der Jugendwohlfahrt hinreichende Ausbildung besitzen, die insbesondere durch eine mindestens einjährige praktische Arbeit in der Jugendwohlfahrt erworben ist.

Das Vormundschaftsgericht ist zur Teilnahme an den Sitzungen des Jugendamts berechtigt und hat in ihnen beratende Stimme.

1. Verfassung (einschließlich der Zusammensetzung) und Verfahren regelt die Satzung der Gemeinde oder des Gemeindeverbands (§ 8 Abs. 1), vorbehaltlich der aus § 9 Abs. 2 bis 4 und § 11 und aus dem Landesrecht sich ergebenden Einschränkungen. Gefallen ist die Bestimmung des RegE., daß ein Vorstand und ein „Beirat" („Hauptausschuß, Kommission") vorhanden sein müßten. Wegen der Form der Erlassung der Satzung s. für Bayern Art. 3 Abs. 2 JAG. Nach Landesrecht bestimmt sich, ob für die „landesrechtlichen" Vorschriften" ein formelles Gesetz notwendig ist oder eine VerwaltungsVO. genügt. (Für diese Auslegung des Wortes „Landesrecht" auch die Begründung zum JWG. S. 738; ebenso Bäumer S. 45.) (Die Begr. S. 1246 Abs. 1, s. die Worte „Oberste Landesbehörde", scheint schlechthin den Verwaltungsweg im Auge zu haben; in dem Gesetz ist dieser Standpunkt nicht niedergelegt; vermutlich ist wie an anderen Stellen die Begründung zu einer anderen Fassung des Entwurfs geschrieben.) S. hiezu auch Bemerkung 3 vor § 1. Für Bayern ist der Gesetzesweg notwendig. Die Verhältnisse der Gemeinden und Bezirke sind gesetzlich durch die GemOrdnungen, das Selbstverwaltungsgesetz und das Gesetz die Distriktsräte betr. vom 28. Mai 1852 geregelt. Die Regelung der Verhältnisse der JÄmter enthält notwendig eine Ergänzung und Änderung dieser Bestimmungen: es ist sonach der Gesetzesweg auch für sie notwendig. Das Gesetz kann selbstverständlich im angemessenen Umfang die Be-

fugnis zu Verwaltungsverordnungen geben. Diesem Standpunkt ist auch durch Art. 9 Abs. 1 JAG. Rechnung getragen.

2. Abs. 2—4 treffen reichsrechtliche Beschränkungen für das Landesrecht bei der nach Abs. 1 vorgesehenen Regelung durch die Satzung. Für Bayern s. zu deren Vollzug Art. 4 ff. JAG. Aus Abs. 2 ergibt sich, daß eine kollegiale Verfassung des JA. bestehen muß; daneben muß ein Leiter und zwar mit Beamteneigenschaft vorgesehen sein. Die Mitglieder des JA. im Gegensatz zu dem leitenden Beamten und wohl auch zu dem keine sachliche Tätigkeit enthaltenden Personal (Registraturbeamte, Schreibkräfte, Diener) müssen den in Abs. 2 näher bezeichneten Erfordernissen genügen; für nicht stimmberechtigte Mitglieder gilt diese Vorschrift nicht. Der Leiter kann selbstverständlich Leiter auch im Nebenamt sein; er muß aber stimmberechtigt sein; er braucht auch nicht notwendig Vorsitzender in den Versammlungen zu sein. Mitglieder sind die Angehörigen des eigentlichen Kollegiums. Wegen der Begriffe JWohlfahrt und JBewegung s. § 6 A. 1. Auch Frauen müssen dem Kollegium angehören. Eine Altersgrenze für die Zugehörigkeit besteht reichsrechtlich nicht. Die Mitglieder sollen allen Bevölkerungsklassen angehören; durch die Wahl dieses Ausdrucks sollte einer bloßen Rücksichtnahme auf einzelne wirtschaftliche und politische Interessengruppen begegnet werden (AusschB. S. 4200). Die Mitglieder können Beamte sein, d. h. ihr Amt beruflich, wenn auch nicht notwendig als Hauptberuf führen, sie können aber auch ehrenamtlich tätig sein.

3. Gesetzlich ist den Angehörigen der freien Vereinigungen für JWohlfahrt und JBewegung ein Anspruch auf Mitgliedschaft beim JA. gesichert. Freie Vereinigungen sind solche, die nicht staatlich oder gemeindlich organisiert sind; kirchliche Vereinigungen gehören hierzu. Es brauchen nur Vereinigungen, nicht Vereine im Sinne des bürgerlichen Rechts zu sein. Notwendig ist nur Tätigkeit, nicht Sitz im Bezirk des JA. Sie haben Anspruch auf zwei Fünftel der Zahl der nichtbeamteten, nicht der Mitglieder schlechthin; es besteht nur ein Anspruch auf diese Mitgliedschaft; von Amts wegen sind sie nicht zu berücksichtigen; Mitglieder des JA., die nicht Mitglieder des Kollegiums sind, kommen bei der Berechnung der zwei Fünftel nicht in Betracht; wegen der Begriffe JWohlfahrt und JBewegung s. § 6 A. 1.

4. Die Vorschriften des Abs. 3 gelten für alle hauptamtlich beim JA. tätigen Personen, nicht bloß für die eigentlichen, das Kollegium bildenden Mitglieder, also auch für die Mitglieder mit beratender Stimme; und für das mit sachlichen Arbeiten tätige Vollzugspersonal; nicht aber für den rein formellen Dienst. Wegen des Begriffes JWohlfahrt s. § 6 A. 1.

5. Das Vormundschaftsgericht ist zur Teilnahme berechtigt. Örtlich zuständig ist das für den Bezirk, auf den sich der JABezirk erstreckt, zuständige VormGericht; danach können unter Umständen mehrere VormGerichte in Frage kommen (s. auch Friedeberg

§ 9 A. 24). Aus dem Recht zur Teilnahme an den Sitzungen folgt die Pflicht des Leiters, es zu den Sitzungen rechtzeitig zu laden. Der VormRichter kann reichsrechtlich als Mitglied und auch als Leiter des JA. berufen werden (Begr. S. 1247). Für Bayern tritt zu diesem dem VG. als Behörde zustehenden Teilnehmerrecht noch das durch Art. 4 u. 5 JAG. geschaffene Recht, eines bestimmten Vormundschafts- oder Jugendrichters auf Zugehörigkeit zum JA.

§ 10

Sofern für den Bezirk einer Gemeinde oder eines Gemeindeverbandes ein Wohlfahrtsamt oder eine andere der Wohlfahrtspflege dienende geeignete Einrichtung der staatlichen oder der Selbstverwaltung besteht, können ihr nach näherer Maßgabe der Landesgesetzgebung durch die oberste Landesbehörde oder eine Satzung des zuständigen Selbstverwaltungskörpers die Aufgaben des Jugendamts übertragen werden unter der Voraussetzung, daß die Einrichtung den Vorschriften des § 9 entspricht.

Besteht für einen Bezirk ein Gesundheitsamt oder eine entsprechende Behörde, so können dieser die gesundheitlichen Aufgaben übertragen werden. In diesem Falle müssen diese Behörden im Einvernehmen mit dem Jugendamte vorgehen.

1. § 10 sieht die Verbindung der JA. mit anderen Organisationen vor, den Wohlfahrtsämtern und den Gesundheitsämtern und mit letzteren „entsprechenden Behörden". S. auch Bem. 3 vor § 8. Für Bayern erging zu seinem Vollzug Art. 15 JAG.

2. Wohlfahrtsämter sind Ämter, die verschiedene Zweige der Wohlfahrtspflege zusammenfassen (Begr. S. 1247); sie können sich erstrecken auf die gesamte Wohlfahrtspflege oder einzelne Teile von ihr; es können Einrichtungen des Staates oder eines Selbstverwaltungskörpers sein, nicht aber solche privater Vereinigungen. Die Zuständigkeit muß örtlich die ganze Gemeinde oder den ganzen Gemeindeverband erfassen; doch kann der Bezirk ein größerer sein. Die Einrichtung des Wohlfahrtsamts muß dem § 9 genügen. Übertragen werden können nur alle, nicht einzelne Aufgaben des JA. Wegen der Übertragung einzelner Aufgaben s. § 11. Die Übertragung erfolgt durch die Oberste Landesbehörde (§ 77) oder die Satzung. Die Satzung hat der im § 8 bezeichnete Selbstverwaltungskörper zu erlassen. Nichtbeachtung der Vorschriften des § 10 macht die Übertragung wirkungslos. Die Landesgesetzgebung hat das Nähere zu bestimmen; dieses gilt nicht nur für die Zulässigkeit, sondern auch für die Form der Übertragung und

für die Voraussetzungen, unter denen die Übertragung zulässig ist. Sie kann aber die Vorschriften des § 10 nur ausführen, nicht ändern. Welche Bedeutung die Nichtbeachtung der landesgesetzlichen Vorschriften hat, bestimmt sich nach dem Inhalt der Landesgesetzgebung, ob sie Muß- oder Sollvorschrift ist. Wenn keine landesgesetzliche Regelung vorliegt, ist eine Übertragung überhaupt nicht möglich. Den Wohlfahrtsämtern stehen andere der Wohlfahrtspflege dienende Einrichtungen gleich.

3. Gesundheitsämtern können nicht alle, sondern nur die gesundheitlichen Aufgaben übertragen werden. Sie können aber trotz der Übertragung nicht selbständig, sondern nur im „Einvernehmen", d. h. mit Einverständnis des JA. handeln. In entsprechender Anwendung des Abs. 1 wird die Übertragung durch die Oberste Landesbehörde oder die Satzung nach näherer Maßgabe der Landesgesetzgebung zu erfolgen haben. Das für die Gesundheitsämter Gesagte gilt auch für ihnen entsprechende Behörden.

§ 11

Das Jugendamt kann die Erledigung einzelner Geschäfte oder Gruppen von Geschäften besonderen Ausschüssen, in welche auch andere Personen als seine Mitglieder berufen werden, sowie Vereinigungen für Jugendhilfe und für Jugendbewegung oder einzelnen in der Jugendwohlfahrt erfahrenen und bewährten Männern und Frauen widerruflich übertragen. Das Nähere regelt die Reichsregierung entsprechend dem § 15 oder die oberste Landesbehörde. Die Verpflichtung des Jugendamts, für die sachgemäße Erledigung der ihm obliegenden Aufgaben Sorge zu tragen, wird hierdurch nicht berührt.

1. § 11, zu dem zunächst auf Bem. 3 vor § 8 zu verweisen ist, befaßt sich mit der Erledigung von Geschäften des JA. durch Ausschüsse, sog. „Fachausschüsse". Möglich ist Übertragung an Fachausschüsse, die bloß aus Mitgliedern bestehen (Begr. S. 1247), aber auch an solche, in die Nichtmitglieder berufen werden, ferner an Vereinigungen für Jugendhilfe und Jugendbewegung und an einzelne Personen; letztere sollen in der Jugendwohlfahrt erfahren und bewährt sein; dieses ist bloße Sollvorschrift; die Übertragung an andere Personen ist nicht unwirksam. Wegen der Vereinigungen für JHilfe und JBewegung s. § 6 A. 1. Der Begriff der in der JWohlfahrt erfahrenen Männer und Frauen findet sich auch in § 9. Übertragen werden können nur einzelne Geschäfte oder doch bestimmte Geschäftsgruppen; ersteres aber wohl nicht im Sinne der Übertragung konkreter Einzelfälle. Die Übertragung kann nach sachlichen, aber auch nach örtlichen Gesichtspunkten erfolgen.

Die Übertragung erfolgt nur widerruflich. Sie erfolgt durch das JA., nicht etwa durch das Statut. Die Verantwortung des JA. bleibt trotz der Übertragung bestehen (s. auch VVO. § 16 Abs. 4); hieraus ergibt sich, daß die Ausschüsse und Vereinigngen und die Einzelpersonen den Weisungen des JA. nachzukommen haben. Die zivilrechtliche Haftung wird sich nach § 831 BGB. bemessen, soweit nicht § 839 einschlägt. Wegen einer Sonderregelung bei der Amtsvormundschaft s. § 32 S. 2.

2. Die Übertragung, sowohl die Voraussetzungen, wie Umfang und Art, kann näher geregelt werden entweder durch die Reichsregierung nach Maßgabe des § 15 oder die Oberste Landesbehörde (s. wegen dieser § 77); die Landesgesetzgebung ist nicht zuständig. Zu regeln ist in dieser Weise auch die Zusammensetzung und der Ort des Zusammentritts. Bei einem Widerspruch der Bestimmungen der Reichsregierung und der Obersten Landesbehörde gilt das bei § 22 A. 1 Bemerkte entsprechend. Ohne die nähere Regelung im Sinne des S. 2, unmittelbar auf Grund des § 11 kann die Übertragung der Geschäfte durch das JA. nicht erfolgen.

3. Auch Anordnungen nach § 11 unterliegen der Beschwerde nach Maßgabe des § 18 einschließlich des Abs. 2 des § 18; zweifelnd in letzterer Richtung Behrend S. 162.

4. Wegen entsprechender Anwendung des § 11 s. § 45.

5. Wegen der Anwendung des § 11 für Bayern s. JAG. Art. 10.

2. Landesjugendamt

Vorbemerkungen

1. § 12 regelt die Aufgabe und die Organisation der Landes JA. im allgemeinen, § 13 trifft Einzelbestimmungen über ihre Aufgabe, § 14 solche über ihre Organisation. Der Ausführung der §§ 12—14 dienen für Bayern Art. 17—21 JAG.

2. Die Wirksamkeit der §§ 12—14 ist eingeschränkt durch Art. 1 Nr. 2 S. 1 der VO. vom 14. Febr. 1924 (RGBl. 110); s. diese unten Teil III. Die durch diese Neuregelung erforderliche positive Ergänzung des Gesetzes bringt der § 77 des JWG. in der Fassung, die er durch die gleiche VO. erhielt, nach der die Landesbehörde zu bestimmen hat, welche Behörde die im JWG. dem LJA. übertragenen einzelnen Aufgaben wahrzunehmen hat.

§ 12

Zur Sicherung einer gleichmäßigen Erfüllung der den Jugendämtern obliegenden Aufgaben und zur Unterstützung ihrer Arbeit sind Landesjugendämter zu errichten.

Größere Länder können mehrere Landesjugendämter errichten.

Kleinere Länder können ein gemeinsames Landesjugendamt errichten. Die Jugendämter eines Landes oder eines Landesteils können dem Landesjugendamt eines anderen Landes angeschlossen werden. Auch kann für Jugendämter verschiedener Länder oder Landesteile ein Landesjugendamt errichtet werden.

1. § 12 regelt die Aufgabe und die Organisation der LJA. im allgemeinen. LJA. sind vom Lande, als Einrichtung desselben, errichtete Ämter; die Errichtung kann nicht etwa als Einrichtung von Gemeindeverbänden erfolgen; ein Land kann mehrere LJA. je für verschiedene Landesteile errichten. Mit den LJA. eines Landes können die JA. eines anderen oder ein Teil oder eines hievon in Verbindung gebracht werden und zwar entweder in Form eines bloßen Anschlusses oder schlechthin durch Ausdehnung eines LJA. auf das andere Land oder einen Teil hievon. Es können aber auch mehrere Länder ein LJA. als gemeinschaftliche Einrichtung errichten. Die mehreren LJA. eines Landes stehen sich gleichberechtigt gegenüber. Die Errichtung eines „oberen LJA." neben LJA., wie sie der E. vorsah, ist in dem Gesetz nicht vorgesehen. Die Zuständigkeit der mehreren LJA. kann nur örtlich, nicht sachlich geschieden werden (s. das Wort Landesteil in Abs. 3 S. 2). Darüber, wer die Kosten der LJA. zu tragen hat, ist durch die Bestimmung, daß sie Einrichtungen des Landes sein sollen, nichts bestimmt. Für Bayern ist ein LJA. und zwar mit Beschränkung auf Bayern und ohne Verbindung mit anderen LJÄmtern errichtet worden (JAG. Art. 17 ff.). Aufgabe der LJA. ist einerseits die Erhaltung der Einheitlichkeit, andererseits aber auch die Unterstützung der einzelnen JA.; das Nähere bestimmt § 14. Es ist Sache der landesrechtlichen Regelung, die aufsichtlichen Befugnisse der Landesregierung über die LJA. abzugrenzen.

2. Wegen des Ermessens der Länder bei Durchführung des § 12 s. Bem. 2 vor § 12.

§ 13

Dem Landesjugendamte liegen ob:

1. die Aufstellung gemeinsamer Richtlinien und die sonstigen geeigneten Maßnahmen für die zweckentsprechende und einheitliche Tätigkeit der Jugendämter seines Bezirkes;

2. die Beratung der Jugendämter und die Vermittlung der Erfahrungen auf dem Gebiete der Jugendwohlfahrt;
3. die Schaffung gemeinsamer Veranstaltungen und Einrichtungen für die beteiligten Jugendämter;
4. die Mitwirkung bei der Unterbringung Minderjähriger;
5. die Zusammenfassung aller Veranstaltungen und Einrichtungen, die sich auf die Fürsorge für gefährdete und verwahrloste Minderjährige beziehen;
6. die Mitwirkung bei der Fürsorgeerziehung gemäß § 71;
7. die Vermittlung von Anregungen für die freiwillige Tätigkeit sowie die Förderung der freien Vereinigungen auf allen Gebieten der Jugendwohlfahrt und ihres planmäßigen Zusammenarbeitens untereinander und mit den Jugendämtern im Bereiche des Landesjugendamts;
8. die Erteilung der Erlaubnis zur Annahme von Pflegekindern durch Anstalten sowie die Aufsicht über Anstalten gemäß § 29.

Weitere Aufgaben können dem Landesjugendamte durch die oberste Landesbehörde übertragen werden.

1. § 13 bestimmt in Ausführung der durch § 12 Abs. 1 erfolgten allgemeinen Abgrenzung der Stellung des LJA. dessen Aufgaben im einzelnen. Die Zuständigkeit der LJA. ist zum Teil eine obligatorische reichsrechtliche, zum Teil eine fakultative landesrechtliche (Abs. 2). Im einzelnen ist zu Abs. 1 zu bemerken und zwar zu Nr. 1: Gemeinsame Richtlinien sollen sein empfehlende Anleitungen; als sonstige geeignete Maßnahmen sind gedacht: Gemeinsame Besprechungen mit den Vertretern der JA., Herausgabe von Mitteilungen; zu Nr. 2: Vermittelt sollen werden die Erfahrungen der JA. des eigenen Bezirks wie die anderer LJA.; zu Nr. 3: Mit den Veranstaltungen und Einrichtungen ist gedacht an Kinderheime, Ferienkolonien, Jugendherbergen, Erziehungsanstalten; zu Nr. 4: Unterbringung Minderjähriger, insbesondere auf dem Lande; zu Nr. 6: Wegen der Mitwirkung bei der FE. s. auch § 70 Abs. 1 S. 2. Wegen der Obersten Landesbehörde s. § 77. Wegen eines besonderen Anwendungs-

falles des § 13 Abs. 1 Nr. 1 s. § 45; wegen einer weiteren Aufgabe s. § 47 Abs. 1.

2. Wegen des Ermessens der Länder bei Durchführung des § 13 s. Bem. 2 vor § 12.

§ 14

Zusammensetzung, Verfassung und Verfahren des Landesjugendamts sowie seine Stellung zu den Jugendämtern werden landesrechtlich geregelt. Im übrigen gelten § 9 Abs. 1 und 2 und § 10 Abs. 1 entsprechend mit der Maßgabe, daß in das Landesjugendamt insbesondere Vertreter von Jugendämtern und Justizbehörden zu berufen sind.

1. Verfassung (einschließlich der Zusammensetzung) und Verfahren der LJA. werden landesrechtlich geregelt, vorbehaltlich der aus Satz 2 mit § 9 Abs. 1 u. 2 u. § 10 Abs. 1 sich ergebenden Beschränkungen. Gemäß letzterer erfolgt die Regelung durch eine Satzung des Landes, über die das Landesrecht Näheres zu bestimmen hat (§ 9 Abs. 1); das Amt ist im wesentlichen kollegial zu organisieren, hat aber einen oder mehrere leitende Beamte, die die Geschäfte besorgen, die sich nicht zur kollegialen Erledigung eignen; bei der Auswahl der stimmberechtigten Mitglieder ist nach § 9 Abs. 2 zu verfahren, und insbesondere auch den freien Vereinigungen der dort vorgesehene Anteil zu wahren (§ 9 Abs. 2); in das Amt sind auch Vertreter von JA. und Justizbehörden zu berufen; Stimmrecht ist für letztere nicht notwendig (§ 14 S. 2 am Schluß). Die Aufgaben des LJA. können auch einem Wohlfahrtsamt des Staates übertragen werden, wobei § 9 Abs. 1—3 zu beachten ist, während an die Stelle des Vormundschaftsrichters (§ 9 Abs. 4) gemäß § 14 Abs. 2 a. E. auch diesenfalls die Vertreter von JA. und Justizbehörden treten. Die landesrechtliche Regelung ist im übrigen frei; je nach dem Inhalt der zu treffenden Bestimmungen hat sie durch Gesetz oder Verwaltungsverordnung zu erfolgen. Maßgebend ist § 74 VerfUrk. Wegen des Beschwerdeverfahrens s. § 18.

2. Wegen des Ermessens der Länder bei Durchführung des § 14 s. Bem. 2 vor § 12.

3. Für Bayern s. zur Ausführung des § 14 die Art. 17 bis 21 JAG.

3. Reichsjugendamt

Vorbemerkung

1. Die Bestimmungen der §§ 15—17 waren bei der Entstehung des Gesetzes Gegenstand lebhafter Verhandlungen. Reichs-

rat und Reichsregierung standen sich mit verschiedenen Entwürfen gegenüber. Das Streben der letzteren war offensichtlich dahin gerichtet, einen diktatorischen Einfluß auf die Ausübung der Jugendfürsorge im ganzen Reiche zu bekommen; zu diesem Zwecke wollte sie in erster Linie die Errichtung eines RJA. mit der Befugnis, Richtlinien, die eine „authentische Interpretation" des Gesetzes geben sollten, aufzustellen. Nach der schließlichen Fassung des Gesetzes sollten zu dessen Vollzug tätig werden die Reichsregierung, die Ausführungsvorschriften erlassen kann, aber nur mit Zustimmung des Reichsrats (§ 15), der Reichsbeirat für Jugendwohlfahrt, dessen Zusammensetzung teilweise geregelt wurde und der mitwirken sollte bei der Bildung des RJA., über dessen sonstigen Befugnisse aber nichts Näheres bestimmt war (§ 16 Abs. 1) und endlich das RJA., dessen Stellung und Organisation in § 15 Abs. 2 u. § 17 näher festgelegt wurde. In der auf Grund des Ermächtigungsgesetzes vom 8. Dez. 1923 (RGBl. 1179) ergangenen VO. vom 14. Febr. 1924 (RGBl. 110) wurde aber bestimmt, daß die §§ 16 und 17 überhaupt nicht in Kraft treten sollten.

§ 15

Zur Sicherung einer tunlichst gleichmäßigen Erfüllung der Aufgaben der Jugendämter kann die Reichsregierung mit Zustimmung des Reichsrats Ausführungsvorschriften erlassen.

1. Art. 15 gibt eine allgemeine Zuständigkeit der Reichsregierung zum Erlaß von Ausführungsvorschriften; sie ist gebunden an die Zustimmung des Reichsrats.

2. Die Ausführungsvorschriften haben sich zu beschränken auf die gleichmäßige Erfüllung der Aufgaben der JA.; sie umfassen nicht die Erfüllung der Aufgaben schlechthin; sie erstrecken sich auch auf Angelegenheiten, in denen die Regelung an sich durch Landesgesetz oder die Landesregierung erfolgt und auch auf im JWG. nicht besonders bestimmte Aufgaben der JÄmter; dagegen nicht auf die Tätigkeit der LJA. Weitere Ausführungsvorschriften können auch nicht auf der Grundlage des Art. 77 RVerf. erlassen werden; denn § 15 enthält eine Sonderregelung.

3. Reichsregierung ist jeder Reichsminister innerhalb seines Geschäftszweigs; soweit eine Angelegenheit in den Geschäftszweig mehrerer einschlägt, diese zusammen (Art. 56 S. 2 RVerf.); für den Vollzug des § 15 kommt der Reichsminister des Innern in Betracht.

4. Ausführungsvorschriften sind nur VerwVorschriften (Art. 77 RVerf.; a. A. Behrend S. 173; Friedeberg A. 4); sie können also insbesondere keine authentische Interpretation des Gesetzes geben, sondern haben nur die Bedeutung von Dienstanweisungen. Entsprechend der Regel des Art. 77 RVerf. ist, da die Ausführung des Gesetzes den Landesbehörden zusteht, die Zustimmung des Reichsrats gewahrt.

5. Die Form des § 15 ist weiter für anwendbar erklärt in den Fällen der §§ 11 S. 2; §§ 22 Abs. 1, 24 Abs. 2, 25 Abs. 1, 26 S. 2; § 45 S. 2. Weitere Zuständigkeiten von Reichsregierung (und Reichsrat) s. § 17, § 18 Abs. 2 JWG.; Art. 1 EG.

§ 16

Bei dem Reichsministerium des Innern ist ein Reichsbeirat für Jugendwohlfahrt zu errichten. In Verbindung mit ihm bildet die Reichsregierung das Reichsjugendamt. Ihm gehören Vertreter von Landesjugendämtern an. Die Bestimmungen des § 9 Abs. 2 gelten entsprechend.

Dem Reichsjugendamte liegt ob, die Bestrebungen auf dem Gebiete der Jugendhilfe zu unterstützen, die Erfahrungen auf dem Gebiete der Jugendwohlfahrt zu sammeln, sie den Landesjugendämtern zu übermitteln sowie auch sonst für die Verwertung der gesammelten Erfahrungen Sorge zu tragen.

1. § 16 ist nicht in Kraft getreten zufolge Art. 1 Nr. 2 S. 2 der VO. vom 14. Febr. 1924 (RGBl. 110).

§ 17

Die näheren Bestimmungen über den Aufgabenkreis und über Zusammensetzung, Verfassung und Verfahren des Reichsjugendamts werden von der Reichsregierung mit Zustimmung des Reichsrats erlassen.

1. § 17 ist nicht in Kraft getreten zufolge Art. 1 Nr. 2 S. 2 der VO. vom 14. Febr. 1924 (RGBl. 110).

4. Beschwerde

§ 18

Das Beschwerderecht gegen Entscheidungen des Jugendamts und des Landesjugendamts regelt sich nach Landesrecht.

Bei Rechtsbeschwerden aus diesem Gesetz entscheidet im letzten Rechtszug das Reichsverwaltungsgericht. Das Nähere regelt die Reichsregierung mit Zustimmung des Reichsrats.

1. Das Landesrecht bestimmt die Beschwerdebehörden und das Beschwerdeverfahren, auch die Frage, ob überhaupt ein

Beschwerderecht besteht und ob das Recht zu weiterer Beschwerde besteht. Nach Landesrecht bestimmt sich die Frage, ob die Regelung im Gesetzeswege oder durch VerwaltungsVO. zu erfolgen hat. Soweit es sich um Beschwerden gegen JA. handelt, die Einrichtungen von Selbstverwaltungskörpern sind, wird in Bayern der Gesetzesweg zu wählen sein (§ 74 VerfUrk.). Das Landesrecht kann in seinen, ihm durch Abs. 1 eingeräumten Befugnissen auch nicht durch Ausführungsbestimmungen, die nach Maßgabe des § 15 eine Regelung treffen, beschränkt werden (Feisenberger ZBlV. XV 51).

2. Auch Abs. 2 hat nur Rechtsbeschwerden gegen Entscheidungen der JÄmter und der LJÄmter im Auge, nicht Beschwerden gegen gerichtliche Entscheidungen (Rostock in JEFG. 2, 87); selbstverständlich aber auch Entscheidungen anderer Organe, die als Beschwerdeentscheidungen auf Entscheidungen der JÄmter oder der LJÄmter ergehen. Bis zur Errichtung des RVerwGerichts tritt an dessen Stelle das Reichsgericht (EG. Art. 9). S. wegen der Rechtsbeschwerden auch VVO. § 26 Abs. 2.

3. § 18 regelt nur das Beschwerdeverfahren auf Grund von Beschwerden Beteiligter; aufsichtliches Eingreifen einschließlich der Möglichkeit Beteiligter, aufsichtliches Eingreifen anzuregen, ist damit nicht ausgeschlossen (so auch Feisenberger ZBlV. XV 51). Dieses bemißt sich nach der allgemeinen staatsrechtlichen Stellung der JÄmter und der LJÄmter; s. hierzu für Bayern JAG. Art. 1 A. 5 und Art. 22 A. 8.

4. Dem Vollzug des § 18 dient für Bayern Art. 22 JAG.

Abschnitt III. Schutz der Pflegekinder

1. Mit der Regelung der Verhältnisse der Pflegekinder befassen sich die §§ 19—31; für Bayern ergingen zu deren Ergänzung die Art. 23 u. 24 JAG. und die §§ 28—36 VVO.

2. Mangels einer Einschränkung finden die Vorschriften der §§ 19—31 auch auf ausländische Kinder Anwendung.

1. Erlaubnis zur Annahme

1. § 19 in Verbindung mit § 21 stellt den Begriff des Pflegekinds fest und zwar im Sinne des ganzen Abschnitts III (s. § 21), nicht bloß der Nr. 1 (§§ 19—23); § 20 regelt die Erlaubnis und die Anmeldepflicht, § 22 gibt eine Rahmenvorschrift für weitere Bestimmungen über die Erteilung der Erlaubnis und § 23 endlich regelt die Zuständigkeit.

2. Auf Kinder in Familien-, Anstalts- und Vereinspflege finden die Vorschriften der §§ 19—23 nur beschränkt, nach näherer Maßgabe der §§ 28 und 29 Anwendung.

§ 19

Pflegekinder sind Kinder unter 14 Jahren, die sich dauernd oder nur für einen Teil des Tages, jedoch regelmäßig, in fremder Pflege befinden, es sei denn, daß von vornherein feststeht, daß sie unentgeltlich in vorübergehende Bewahrung genommen werden.

1. § 19 wurde im Aussch. eingefügt; man stellte unter Verwendung von Merkmalen, die der § 20 des Entw. bot, eine selbständige Begriffsbestimmung des Wortes Pflegekind auf; seine Fassung ist unglücklich und widerspruchsvoll; es werden durch die Worte von „es sei denn" an Merkmale, die der Entwurf richtigerweise zur Einschränkung des Begriffs „aufnimmt" verwertet hatte, zur Einschränkung des Begriffs Pflegekind herangezogen. Der Entw. (s. Begr. S. 1250) hatte für Pflegekinder schlechthin alle in fremde Pflege gegebenen Kinder unter 14 Jahren, vorbehaltlich des § 21 Abs. 1, erklärt. Der ganze Abschnitt ist durch die Aenderung in Unordnung und Unklarheit gebracht.

Durch Art. 1 Nr. 5 der VO. vom 14. Febr. 1924 (RGBl. 110 = Art. 8 EG.) wurde die oberste Landesbehörde unter gewissen Voraussetzungen ermächtigt, auf Antrag die Altersgrenze des § 19 herabzusetzen. Wegen des Verfahrens für solche Anträge s. für Bayern BVO. § 31 Abs. 2.

2. Pflegekinder (Kostkinder, Ziehkinder, Haltekinder) sind zunächst nur Kinder unter vierzehn Jahren: Vom Beginn des Tages an, an dem das Kind 14 Jahre alt wird, ist es kein Pflegekind mehr (§ 187 Abs. 2 S. 2 BGB.). Ob eheliche oder uneheliche Kinder ist gleichgültig. Dauernd ist die Pflege, wenn sie keine Unterbrechung erfährt, also über Tag und Nacht sich fortsetzt; es genügt jedoch auch eine Pflege während eines Teiles des Tages (Tag ist hier im weiteren Sinn, auch die Nachtzeit umfassend zu verstehen, Begr. S. 1251 Abs. 5), wenn sie regelmäßig wiederkehrt, sog. Tageskinder; eine bloß ab und zu wiederholte nur auf einen Teil des Tages sich erstreckende Pflege genügt nicht. Gleichgültig ist Art und Anlaß der Unterbringung; auch die Fälle fallen hierher, in denen die Kinder zu Verwandten (vorbehaltlich des § 21 Abs. 1) oder in eine Badekur gebracht werden, nicht aber die Aufnahme infolge vorübergehender Notstände (AusschB. S. 4198). Pflege: Nicht bloß das körperliche Aufziehen, sondern ebenso das Erziehen, das Aufziehen in geistiger und sittlicher Hinsicht (Begr. S. 1253; AusschB. S. 4198). Fremde Pflege: Jede Pflege durch andere als den ehelichen Vater oder die eheliche und uneheliche Mutter oder diesen rechtlich gleichgestellte Personen (Annahme an Kindesstatt, Legitimation, Begr. S. 1250). Ob den Eltern die Personensorge zusteht, ist gleichgültig.

Befinden: Ausreichend, wenn sie in ein Verhältnis gebracht werden, in dem die Pflege eine dauernde oder regelmäßig für einen Teil des Tages sich wiederholende werden soll, also schon in der ersten Stunde der Pflege. Gleichgültig ist es, ob die Pflege in diesem Sinne eine *entgeltliche oder unentgeltliche* ist; ebenso, ob sie eine *gewerbemäßige* ist oder nicht. Der Begriff entfällt aber, wenn die Aufnahme nur zu *vorübergehender Bewahrung* erfolgt, aber nur dann, wenn diese zugleich eine unentgeltliche sein soll. Entgeltliche vorübergehende Bewahrung begründet, vorausgesetzt, daß sie eine dauernde d. h. eine ununterbrochene ist, das Pflegeverhältnis eine regelmäßige Teiltagpflege kann begrifflich keine vorübergehende sein. Der Begriff Bewahrung dürfte sich von dem der Pflege dadurch unterscheiden, daß bei ersterer eine geringere Obsorgetätigkeit stattfindet; doch ist die Grenze nur eine fließende. Zum Begriff der *Entgeltlichkeit* siehe § 20 A. 3. Gegen das Vorhandensein der Merkmale des Halbsatzes 2 spricht die *Vermutung* (das ergibt die Fassung „es sei denn"); die Vermutung gilt aber nach den allgemeinen strafprozessualen Beweisgrundsätzen nicht für die Anwendung der Strafbestimmung des § 30. Ein Pflegeverhältnis kann zu *Männern wie zu weibl. Personen* bestehen (Begr. S. 1251); auch Kinder *in Anstalten*, Klöstern, Heimen sind Pflegekinder; s. aber hierzu § 29.

§ 20

Wer ein Pflegekind aufnimmt, bedarf dazu der vorherigen Erlaubnis des Jugendamts. In dringenden Fällen ist die nachträgliche Erlaubnis unverzüglich zu bewirken. Wer mit einem solchen Kinde in den Bezirk eines Jugendamts zuzieht, hat die Erlaubnis zur Fortsetzung der Pflege unverzüglich einzuholen.

Steht von vornherein fest, daß ein Kind unentgeltlich oder nicht gewerbsmäßig in vorübergehende Bewahrung genommen wird, so genügt die Anmeldung bei dem Jugendamte.

1. § 20 fordert für die Aufnahme oder weitere Pflege von Pflegekindern *in gewissen Fällen eine Erlaubnis*, *in andern eine Anmeldung*. Erforderlich ist die *Erlaubnis* zu jeder Aufnahme, außer es liegt ein dringender Fall vor. Weiter ist die Erlaubnis erforderlich zur weiteren Pflege bei Zuzug mit einem Pflegekind, für das bereits eine Erlaubnis erteilt ist, in einen anderen JABezirk. Endlich ist Erlaubnis erforderlich zur weiteren Pflege eines in einem dringenden Fall ohne Erlaubnis in Pflege genommenen Kindes. In diesen drei Fällen entfällt die Notwendigkeit der Erlaubnis, wenn die Aufnahme unentgeltlich oder nicht gewerbsmäßig nur vorübergehend zur Bewahrung erfolgt. Anmeldung ist erforderlich für ein Pflegekind, das unentgeltlich oder nicht gewerbemäßig vorübergehend in Bewahrung genommen wird, oder, wenn ein solches Kind in einen anderen Bezirk verbracht wird, oder, wenn ein solches Kind, wenn es in einem dringenden Fall in Bewahrung genommen wurde, weiterbehalten wird. Zuständig zur Erteilung der Erlaubnis oder Entgegennahme der Anmeldung ist sachlich das JA. Wegen der örtl. Zuständigkeit s. § 23.

2. Im einzelnen zu Abs. 1: Pflegekind: Auszulegen im Sinne des § 19. Aufnimmt: Wer aktiv in das Pflegeverhältnis tritt; bei Aufnahme durch mehrere in häuslicher Gemeinschaft lebenden Personen, auch Ehegatten nicht notwendig die mehreren Personen. Aufnimmt nicht notwendig der, der die unmittelbare Pflege hat, z. B. das Dienstmädchen, die Anstaltspflegerin, sondern der Träger des Betriebs, bei juristischen Personen der unmittelbare Leiter, nicht notwendig der gesetzliche Vertreter. Erlaubnis: Kann nicht allgemein, sondern nur für jeden einzelnen Fall erteilt werden (Begr. S. 1251). Unverzüglich: Ohne schuldhaftes Zögern (Begr. S. 1251). Bewirken: Schon im AusschB. sich findender Druckfehler für „erwirken". Die Erlaubnis kann auch eine zeitige sein; sie kann auch widerrufen werden (s. § 22).

3. Zu Abs. 2: Kind: Soviel wie Pflegekind im Sinne des § 19 mit § 21. Unentgeltlich: Auch wenn eine geringe Vergütung geleistet wird; Unentgeltlichkeit ist nur dann ausgeschlossen, und Entgeltlichkeit liegt nur dann vor, wenn eine nach den Anschauungen des Verkehrs den wirtschaftlichen Grundsätzen entsprechende Gegenleistung gewährt wird; die Art der Vergütung ist gleichgültig. Gewerbemäßig: Eine auf Gewinn gerichtete, fortgesetzte oder doch mit der Absicht der Wiederholung ausgeübte Tätigkeit; nicht erforderlich ist die Absicht, eine dauernde Erwerbstätigkeit auszuüben. Jugendamt: Bei dem JA. im Sinne des Abs. 1; deshalb für die örtliche Zuständigkeit auch hier § 23 maßgebend. Keine Anmeldung erforderlich, wenn Kinder gewerbemäßig in vorübergehende Bewahrung genommen werden; denn hier trifft der Begriff des Pflegekinds (§ 19) nicht zu. Eine authentische Interpretation des Begriffs „vorübergehende unentgeltliche Bewahrung" durch das RJA., wie die Begr. S. 1251 sie sich dachte, ist nicht möglich, da die in § 17 des Entwurfs vorgesehene Aufstellung von „Richtlinien" durch das RJA. nicht Gesetz wurde (s. die Bem. 1 vor § 15). Anmeldung: Persönliche Anmeldung nicht notwendig; ausreichend Bezeichnung des Kindes und der Pflegeperson; Vorschriften über die Art und den Inhalt der Anmeldung können weder durch ReichsVO. noch durch Landesgesetz oder LandesVO. gegeben werden; Friedeberg A. 7 will Regelung durch das zuständige JA. zulassen; auch solche Regelungen können eine ihnen nicht entsprechende nicht zu einer im Sinne des Gesetzes unwirksamen machen.

4. Ergänzende Strafbestimmung: § 30 Abs. 1. Ausnahme von § 20 für ländliche Bezirke: § 31 mit Art. 24 JAG.

5. Wegen der fortdauernden Wirksamkeit der auf Grund der bisherigen Vorschriften erteilten Bewilligungen s. Art. 44 JAG. Wegen der Nachholung der Genehmigung für die Pflegekinder, die nach den bisherigen Vorschriften keiner Genehmigung bedurften, s. BVO. § 31 Abs. 3.

§ 21

Die Bestimmungen dieses Abschnitts finden keine Anwendung, wenn eheliche Kinder bei Verwandten oder Verschwägerten bis zum dritten Grade verpflegt werden, es sei denn, daß diese Personen Kinder entgeltlich, gewerbsmäßig oder gewohnheitsmäßig in Pflege nehmen.

Diese Bestimmungen dieses Abschnitts finden ferner keine Anwendung auf Kinder, die aus Anlaß auswärtigen Schulbesuchs für einen Teil des Tages in Pflege genommen werden, sowie auf solche Kinder, die zum Zwecke des Schulbesuchs in auswärtigen Schulorten in Familien untergebracht sind, wenn diese von der Leitung der Schule für geeignet erklärt und überwacht sind.

1. § 21 enthält zwei allgemeine Ausnahmen von den Vorschriften über Pflegekinder überhaupt; Abs. 1 betrifft die Unterbringung bei familienrechtlich besonders nahestehenden Personen, die eine obrigkeitliche Fürsorge entbehrlich erscheinen läßt; Abs. 2 schafft Ausnahmen, weil die Aufsicht des JA. hier durch die Schule ersetzt ist.

2. Zu Abs. 1: Uneheliche Kinder unterstehen den Bestimmungen des Abschnitts stets, außer bei der Unterbringung bei der Mutter (vorbehaltlich des § 24 Abs. 1 S. 2), also selbst bei Unterbringung bei den Großeltern oder dem Vater. Entgeltlich und gewerbemäßig s. § 20 A. 3. Gewohnheitsmäßig: Wenn eine durch Übung ausgebildete Neigung zur wiederholten Vornahme besteht (vgl. Olshausen StGB. zu § 260 A. 3). Auch legitimierte, für ehelich erklärte und an Kindesstatt angenommene Kinder gelten als eheliche. Ein an Kindesstatt angenommenes Kind wird mit den Verwandten des Annehmenden nicht verwandt, der Ehegatte des Annehmenden mit dem Kinde nicht verschwägert (§ 1763 BGB.).

3. Zu Abs. 2: Auswärtiger Schulbesuch: Nur Schulbesuch an einem anderen Orte; nicht Schulbesuch in einer Schule desselben Ortes, wenn sie auch so weit entfernt ist, daß das Kind nicht regelmäßig in sein Heim zurückkehren kann. Familie: Nicht Einzelpersonen oder Anstalten; a. A. in letzterer Hinsicht Friedeberg A. 6. Leitung der Schule: Die Leitung bestimmt, vorbehaltlich der Weisung ihrer Dienstaufsichtsstelle, frei über die Eignung der Familie und den Umfang der Überwachung; Schule auch Privatschulen. Bei bloßer Unterbringung für einen Teil des Tages bedarf es keiner Billigung und Überwachung durch die Schulleitung. Unterbringung zum Zwecke des Schulbesuchs ist nicht Unterbringung während der Ferienzeit; ob Unterbringung zum Schulbesuch vorliegt, ist objektiv, unabhängig von der Ansicht der Schulleitung zu entscheiden; ebenso ist die Entscheidung der Schule nicht maßgebend dafür, ob es sich um eine Familie handelt.

§ 22

Die Voraussetzungen für die Erlaubnis, ihr Erlöschen und ihren Widerruf können nach § 15 oder durch die Landesjugendämter näher bestimmt werden.

Die Erlaubnis kann widerrufen werden, wenn das körperliche, geistige oder sittliche Wohl des Kindes es erfordert.

1. Näherer Regelung sind fähig die Erlaubnis zur Aufnahme, das Erlöschen der Erlaubnis und der Widerruf der Erlaubnis. Diese Regelung kann erfolgen durch die Reichsregierung mit Zustimmung des Reichsrats und das LJA. Auch bloße Sollvorschriften erfordern diese Form. Gedacht ist zunächst an Bestimmungen über die Wohnungsverhältnisse der Pflegeperson, über Wohnungswechsel, und an Bestimmungen im gesundheitlichen und sittlichen Interesse des Pflegekindes (Begr. S. 1251). Die Voraussetzungen des Widerrufs sind in Abs. 2 nicht erschöpfend aufgezählt; sie können nach Maßgabe des Abs. 1 erweitert werden; die Frage, ob die Voraussetzungen des Abs. 2 vorliegen, ist objektiv zu beurteilen; es kann hierüber durch die Reichsregierung oder die LJA. nichts bindend bestimmt werden. Bei Widerspruch der Bestimmungen der Reichsregierung und der LJA. hat keine Art den Vorzug, sie heben sich gegenseitig auf; es entscheidet nicht etwa die spätere Regelung oder die der Reichsregierung; der Grundsatz „Reichsrecht bricht Landesrecht" ist durch die Regelung des § 22 beseitigt (a. A. Friedeberg A. 1). Die Zuständigkeit ist bereits durch das Gesetz geregelt (s. § 23), kann also nach § 22 nicht geregelt werden. Strafrechtlicher Schutz der Anordnungen des Abs. 1 s. § 30. Wegen der Bestimmung der Behörde, die die dem LJAmt übertragenen Aufgaben zu wahren hat, s. § 77; und wegen der Zuständigkeit der Kreisstellen des LJAmts in Bayern BVO. § 30 Abs. 1 S. 2.

§ 23

Zuständig für die Erteilung und den Widerruf der Erlaubnis ist das Jugendamt, in dessen Bezirk die Pflegeperson ihren gewöhnlichen Aufenthalt hat.

1. § 23 enthält eine Ausnahme von § 7; dort entscheidet der gewöhnliche Aufenthalt des Minderjährigen, hier der der Pflegeperson; unverständlicherweise sagt die Begr. S. 1251, daß die Regelung des § 23 der des § 8 des E. (= § 7 des Gesetzes) entspricht. Gewöhnlicher Aufenthalt s. § 7 A. 1. § 23 wird sinngemäß auch für die Anmeldung nach § 20 Abs. 2 anzuwenden sein. Hat die Pflegeperson mehrere gewöhnliche Aufenthaltsorte, so genügt die Erlaubnis des JA. des einen. Erfolgt die Aufnahme in eine Anstalt, so wird der Sitz der unmittelbaren Leitung der Anstalt entscheiden. Wegen einer Ausnahme von § 23 s. die §§ 28 u. 29.

2. Aufsicht

1. Die §§ 24—26 regeln die Aufsicht über die Pflegekinder und zwar ordnet § 24 Abs. 1 die Aufsicht grundsätzlich an, § 24 Abs. 2 und § 26 regeln den Inhalt der Aufsicht, § 25 gibt Möglichkeiten der Befreiung von der Aufsicht. Die sämtlichen Bestimmungen finden nur Anwendung auf Pflegekinder im Sinne der §§ 19 u. 21.

2. Auf Kinder in Anstalts- und Vereinspflege finden die Vorschriften der §§ 24—26 nur beschränkt, nach näherer Maßgabe des § 29 Anwendung.

§ 24

Pflegekinder unterstehen der Aufsicht des Jugendamts. Das gleiche gilt für uneheliche Kinder, die sich bei der Mutter befinden.

Die Aufsichtsbefugnisse, insbesondere soweit sie für das gesundheitliche und sittliche Gedeihen des Kindes erforderlich sind, werden nach § 15 oder durch die Landesjugendämter geregelt.

1. Pflegekinder: Im Sinne der §§ 19 u. 21; auch die Kinder sind Pflegekinder, die nach § 20 Abs. 2 nur anmeldepflichtig sind. S. 2 dehnt aber die Aufsicht aus auf gewisse Kinder, die nicht Pflegekinder sind, nämlich uneheliche bei der Mutter befindliche, hier also ohne Altersgrenze; befinden sich die unehelichen Kinder in sonstiger Pflege, so besteht die Aufsicht für die Regel schon nach S. 1. Örtliche Zuständigkeit des JA.: § 7; a. A. Goeze § 24 A. 1 und Behrend zu § 24, die § 23 für anwendbar erachten; wie hier

Friedeberg A. 1. Eine besondere Zuständigkeitsregelung bringt BVO. § 32 Abs. 3; sie geht aus von der Unterbringung durch das JA. in Orten außerhalb seines Verwaltungsbezirks; von Bedeutung wird diese Regelung nur für die Fälle, in denen das JA. selbst, nicht ein Dritter unterbringt, und auch insoweit ist sie mit dem JWG. kaum in Einklang zu bringen.

2. Den Inhalt der Aufsichtsbefugnisse können sowohl die Reichsregierung mit Zustimmung des Reichsrats wie das LJA. bestimmen. Gedacht ist insbesondere an die nähere Umschreibung der Befugnisse zur Überwachung der Wohnung der Pflegeperson (Begr. S. 1252). Eingreifen können die Aufsichtsmaßregeln nur in den Rechtskreis der Pflegeperson, nicht etwa auch in den Dritter, wie des Vermieters, Untermieters, Arbeitgebers der Pflegeperson. Zwangsbefugnisse zur Durchführung der Aufsicht sind den JA. nicht verliehen, sie bestehen deshalb nicht. Die Bestimmungen der Reichsregierung gehen, soweit sie inhaltlich auch unter § 15 fallen, denen der LJA. vor, im übrigen stehen sie sich gleichwirksam gegenüber und heben sich deshalb bei Widerspruch gegenseitig auf. Wegen der Bestimmung der Behörde, die die dem LJA. übertragenen Aufgaben zu wahren hat, s. § 77. Wegen der Zuständigkeit der Kreisstellen des LJA. in Bayern s. BVO. § 30 Abs. 1 S. 2. Weitere aus der bestehenden Aufsicht sich ergebenden Pflichten stellt § 26 auf.

3. Ausnahmen von § 24 für ländliche Bezirke s. § 31 mit Art. 24 JAG. Wegen der Befreiung von der Aufsicht s. § 25.

§ 25

Auf Grund von Vorschriften nach § 15 oder von Richtlinien der Landesjugendämter können Pflegekinder durch Anordnung der Jugendämter von der Beaufsichtigung widerruflich befreit werden.

Uneheliche Kinder sollen, solange sie sich bei der Mutter befinden, von der Beaufsichtigung widerruflich befreit werden, wenn das Wohl des Kindes gesichert ist.

Uneheliche Kinder, die gemäß § 1706 Abs. 2 des Bürgerlichen Gesetzbuchs den Namen des Ehemanns der Mutter führen, können, solange sie sich bei der Mutter und deren Ehemann in Pflege befinden, widerruflich von der Beaufsichtigung befreit werden. Das gleiche gilt von Kindern, die bei ihren Großeltern oder ihrem Vormund verpflegt werden.

1. § 25 sieht vor, daß unter gewissen Voraussetzungen durch Anordnung des JA. eine Befreiung von der in § 24 Abs. 1

grundsätzlich eingeführten Beaufsichtigung erfolgen kann; die Befreiungsfälle gliedern sich in drei Gruppen: Befreiung im allgemeinen (Abs. 1), Befreiung unehelicher Kinder, die sich bei der Mutter befinden (Abs. 2 u. Abs. 3 S. 1), Befreiung von Kindern, die sich bei ihnen besonders nahestehende Personen befinden (Abs. 3 S. 2). Von den nach § 26 sich ergebenden Pflichten kann nicht befreit werden; a. A. Goeze § 26 A. 1 und Friedeberg § 26 A. 1; wie hier Behrend zu § 26.

2. Zu Abs. 1: Die Befreiung tritt nicht von Amts wegen ein, sondern nur auf Anordnung des JA. Das JA. kann die Befreiung nur nach Maßgabe von Anordnungen der Reichsregierung, die die Zustimmung des Reichsrats gefunden haben, oder von Anordnungen des LJA. erlassen. Soweit die Anordnungen der Sicherung der gleichmäßigen Erfüllung der Aufgaben der JA. dienen, gehen die Anordnungen der RRgg. bei Widerspruch mit Anordnungen des LJA. diesen vor; im übrigen stehen sich die beiden Arten von Anordnungen gleichwirksam gegenüber, sie heben sich also bei Widerspruch auf. Die Befreiung kann erfolgen durch Anordnung für den Einzelfall, wie für ganze Gruppen von Kindern (Begr. S. 1252). Sie kann nur widerruflich erfolgen. Örtliche Zuständigkeit des JA.: § 7. Wegen der Bestimmung der Behörde, die zur Wahrung der dem LJAmt übertragenen Aufgaben berufen ist, s. § 77. Wegen der Zuständigkeit der Kreisstellen des LJA. in Bayern s. BVO. § 30 Abs. 1 S. 2.

3. Zu Abs. 2: Dieser ist eine Erleichterung der durch § 24 Abs. 1 S. 2 geschaffenen Beschränkung der unehelichen Mutter; auch hier kann die Befreiung nur durch Anordnung des nach § 7 örtlich zuständigen JA. erfolgen. Voraussetzung ist hier Sicherung des Wohles des Kindes. Die Befreiung soll hier erfolgen. Sie ist auch hier widerruflich und kann auch hier für den Einzelfall oder für ganze Gruppen erfolgen.

4. Zu Abs. 3: S. 1 befaßt sich wie Abs. 2 mit den unehelichen Kindern; Befreiung ist möglich bei solchen, denen der Mann der Mutter durch Erklärung gegenüber der zuständigen Behörde (in Bayern die Bezirkspolizeibehörde, § 18 der ZustVO. vom 24. Dez. 1899) seinen Namen gegeben hat; sie müssen in gemeinsamer Pflege beider Eheleute sein; die Bestimmung ist also nach dem Tode der Mutter unanwendbar und hat gegenüber Abs. 2 kaum praktische Bedeutung. S. 2 läßt widerrufliche Befreiung endlich bei Kindern schlechthin zu, die bei ihren Großeltern (oder einem von ihnen) oder dem Vormund verpflegt werden. Soweit eheliche Kinder in Frage kommen, besteht häufig gemäß § 21 Abs. 1 eine Aufsicht des JA. ohnehin nicht. Auch bei S. 1 u. 2 kann die Befreiung für den Einzelfall oder für ganze Gruppen erfolgen; sie erfolgt auch hier durch Anordnung des nach § 7 zuständigen JA. und ist widerruflich.

§ 26

Wer ein gemäß § 24 Abs. 1 der Aufsicht unterstehendes Kind in Pflege hat, ist verpflichtet, dessen Aufnahme, Abgabe, Wohnungswechsel und Tod dem Jugendamt unverzüglich anzuzeigen. Die näheren Bestimmungen werden nach § 15 oder durch die Landesjugendämter getroffen.

1. § 26 schafft eine besondere Anzeigenpflicht; sie erstreckt sich auf Aufnahme, Abgabe, Wohnungswechsel und Tod des Kindes. JA.: Das nach § 7 örtlich zuständige, ebenso Friedeberg § 26 A. 4; a. A. Behrend zu § 26, der § 23 anwendet. Unverzüglich: Ohne schuldhaftes Zögern (s. § 20 A. 2). Durch die nach § 20 erteilte Erlaubnis zur Aufnahme wird die Pflicht zur Anzeige von der erfolgten Aufnahme nicht beseitigt. Dagegen wird die Anmeldung nach § 20 Abs. 2, wenn sie nach der Aufnahme erfolgt, die Aufnahmeanmeldung des § 26 ersetzen. Sonstige Beendigungsgründe, z. B. Entfernung des Kindes wider den Willen des Pflegers, brauchen nicht angezeigt zu werden. Die näheren Bestimmungen über die Anzeige erfolgen entweder durch die Reichsregierung mit Zustimmung des Reichsrats oder die LJA. Wegen des gegenseitigen Verhältnisses dieser beiden Arten von Anordnungen gilt das bei § 25 A. 2 Bemerkte. Wegen der Bestimmung der Behörde, die die dem LJAmt übertragene Aufgabe zu wahren hat, s. § 77. Wegen der Zuständigkeit der Kreisstellen des LJAmts in Bayern BVO. § 30 Abs. 1 S. 2. Ergänzende Strafbestimmung: § 30 Abs. 2 u. 3.

3. Vorläufige Unterbringung

§ 27

Bei Gefahr im Verzuge kann das Jugendamt das Pflegekind sofort aus der Pflegestelle entfernen und vorläufig anderweit unterbringen.

Das Jugendamt ist verpflichtet, das zuständige Vormundschaftsgericht von der erfolgten Wegnahme unverzüglich zu benachrichtigen.

1. § 27 gibt dem JA. ein Recht zum vorläufigen Eingreifen, wenn Gefahr auf Verzug besteht. Die endgültige Entscheidung obliegt dem VG., deshalb schreibt Abs. 2, der im Ausschuß eingefügt wurde, die Benachrichtigung vor.

2. Gefahr im Verzug ist nach Lage der Sache nur gegeben, wenn dem geistigen oder leiblichen Wohl des Kindes ein

ernstlicher Nachteil droht und ein rechtzeitiges Eingreifen des VG. nicht veranlaßt werden kann. JA.: Das nach § 7 zuständige, so auch Goeze § 27 A. 2; Behrend zu § 27 hält § 23 für anwendbar. Zuständiges VG.: Maßgebend §§ 36 ff. FGG.; das VG. wird sich mit dem Personensorgeberechtigten ins Benehmen zu setzen, nötigenfalls nach §§ 1666, 1686 BGB. zu verfahren haben. Pflegekinder: s. § 24 A. 1, nicht uneheliche Kinder schlechthin. Unverzüglich: Ohne schuldhaftes Zögern.

3. § 27 gibt dem JA. nur ein Recht gegenüber dem Kinde, dem zur Personensorge Berechtigten und dem, in dessen Pflege sich das Kind befindet; insoweit kann auch Gewalt angewendet werden, nicht aber gegenüber Dritten; es können also Dritte zur Unterstützung des JA. nicht veranlaßt werden, auch kann in die Rechte Dritter, z. B. das Hausrecht Fremder, bei denen sich das Kind befindet, nicht eingegriffen werden.

4. Die Entfernung enthält sachlich einen Widerruf der nach § 20 erteilten Erlaubnis und unterliegt der Beschwerde nach Maßgabe des § 18 (Begr. S. 1252).

4. Behördlich angeordnete Familienpflege, Anstalts- und Vereinspflege

Vorbemerkung.

1. §§ 28 und 29 treffen Sondervorschriften über die behördliche Familienpflege, die Anstalts- und die Vereinspflege und zwar § 28 für die Familienpflege, § 29 für die Anstaltspflege und die Vereinspflege.

§ 28

Bei Kindern, die von anderen reichs- oder landesgesetzlich zuständigen Behörden in Familienpflege untergebracht werden, steht die Erteilung der Erlaubnis und die Aufsicht diesen Behörden zu. Doch kann die Uebertragung dieser Befugnisse von diesen Behörden auf das örtlich zuständige Jugendamt durch die zuständige Reichs- oder Landesbehörde angeordnet werden.

1. § 28 regelt die behördliche Familienpflege. Der E. wollte für diese behördliche Familienpflege die Anwendung der Bestimmungen des Abschnitts III schlechthin ausschließen; sie hat nach der jetzigen Fassung aber nur eine Bevorzugung erfahren hinsichtlich der Zuständigkeit zur Erteilung der Erlaubnis und hinsichtlich der Zuständigkeit zur Aufsicht.

2. Unter § 28 fällt jede auf reichs- oder landesgesetzlicher Vorschrift durch Behörden veranlaßte Familienpflege; die Familienpflege steht im Gegensatz zur Anstaltspflege und Vereins-

pflege des § 29. Gedacht ist an die Fälle, in denen die Unterbringung durch die Waisen- und Armenverwaltungen der Städte und die FE-Behörden erfolgt (Begr. S. 1252).

3. Sonderbestimmungen gelten nur für die Erteilung der Erlaubnis und für die Aufsichtsführung; die vorläufige Unterbringung durch das JA. nach § 27 findet also auch hier statt. Dagegen wird von § 28 erfaßt auch die Anmeldepflicht nach § 20 Abs. 2; denn sie ist nur eine schwächere Form der Genehmigungspflicht; es tritt auch hier die Behörde an die Stelle des JA. Geändert ist aber nur die Zuständigkeit; die Regelung der Voraussetzungen der Erlaubnis, ihr Erlöschen und ihr Widerruf bemißt sich auch hier nach § 22 (s. die andere Fassung des § 29). Für den Inhalt der Aufsichtsbefugnisse entscheidet auch hier § 24 Abs. 2; desgl. gilt § 25. Auch die Anzeigepflicht nach § 26 besteht; doch besteht sie gegenüber der Behörde. Der Inhalt der Aufsicht kann nur außerhalb des Rahmens der §§ 24 Abs. 2—26 geregelt werden.

4. Die Befugnisse, die nach § 28 der Behörde zustehen, können auf das nach § 23 bezw. bei der Aufsicht auf das nach § 7 (s. § 24 A. 1) zuständige JA. übertragen werden. Zuständig ist die nach den besonderen, für die behördliche Familienpflege bestehenden Vorschriften zuständige Behörde.

5. Zum Vollzug des § 28 wurde zwischen der Mehrzahl der deutschen Länder eine Vereinbarung getroffen, die mit Bek. des RMin. d. Innern vom 13. Nov. 1925 (RMBl. 1339; auch StAnz. Nr. 289) bekannt gegeben wurde; sie ist unten Teil VII abgedruckt.

§ 29

Die Landesjugendämter können Anstalten, die Kinder in Pflege nehmen, von der Anwendung der Bestimmungen der §§ 20 bis 23 widerruflich befreien. Die Befreiung kann nur versagt werden, wenn das Landesjugendamt Tatsachen feststellt, die die Eignung einer Anstalt zur Aufnahme von Pflegekindern ausschließen.

Die Bestimmungen der §§ 24 bis 26 finden mit der Maßgabe Anwendung, daß an die Stelle der Jugendämter die Landesjugendämter treten und die Regelung der Aufsichtsbefugnisse der Landesgesetzgebung vorbehalten bleibt.

Das Landesjugendamt kann bestimmen, inwieweit die Vorschriften dieses Abschnitts auf Pflegekinder, die unter der Aufsicht einer der Jugendwohlfahrt dienenden, von ihm für geeignet erklärten Vereinigung stehen, Anwendung finden.

Landesrechtlich kann an Stelle der Landesjugendämter die oberste Landesbehörde für zuständig erklärt werden.

1. § 29 trifft Sonderbestimmungen für die Anstaltspflege und für Pflegekinder, die unter der Aufsicht einer der Jugendwohlfahrt dienenden Vereinigung stehen (Vereinspflege). Es sind für sie gewisse Befreiungen vorgesehen; außerdem sind den LJA. gewisse Befugnisse eingeräumt; an deren Stelle kann aber auch die Oberste Landesbehörde treten. Wegen der Bestimmung der Behörde, die die dem LJAmt übertragenen Aufgaben zu wahren hat, s. § 77. Ausführungsbestimmungen für Bayern trifft zu § 29 für die Anstaltspflege § 33, für die Vereinspflege § 34, für beide § 35 BVO. Da § 29 nur dem Vollzug des § 13 Abs. 1 Nr. 8 dient, ist sein Vollzug zufolge des Art. 1 Nr. 2 der VO. vom 14. Febr. 1924 (= Art. 8 EG. JWG. s. unten Teil III) dem Ermessen der Länder überlassen.

2. Die Anstalten, gleichgültig, ob private oder öffentliche (s. wegen der verschiedenen Arten derselben BVO. § 33 Abs. 1), können von den Bestimmungen über die Erlaubnis zur Annahme von Pflegekindern (§§ 20—23) befreit werden; die Befreiung erfolgt durch die LJA. vorbehaltlich des § 77, nach Landesrecht kann die Oberste Landesbehörde (§ 77) für zuständig erklärt werden. Die Befreiung ist grundsätzlich zu gewähren, sie kann nur versagt werden, wenn Tatsachen festgestellt werden, die die Eignung der Anstalt zur Aufnahme von Pflegekindern ausschließen. Die Bestimmungen über die Beaufsichtigung der Pflegekinder (§§ 24—26) finden Anwendung; nur tritt an die Stelle des JA. das LJA.; es kann auch der Inhalt der Aufsichtsbefugnisse abweichend von §§ 24—26 durch Landesgesetz geregelt werden. Eine landesgesetzliche Regelung (Abs. 2 Schluß) ist für Bayern nicht erfolgt. Die Zuständigkeit zur Befreiung (§ 29 Abs. 1) ist in Bayern den Zweigstellen des LJAmts eingeräumt (BVO. § 33 Abs. 2); auch die in § 29 Abs. 2 dem LJA. übertragene Aufsicht haben die Zweigstellen auszuüben (BVO. § 33 Abs. 3). BVO. § 33 Abs. 2 S. 3 erklärt gewisse bisherige Genehmigungen für Befreiungen im Sinne des § 29 Abs. 1; gegen die Rechtswirksamkeit dieser Regelung dürfte im Hinblick auf JWG. § 29 Abs. 4 ein Bedenken nicht bestehen.

3. Pflegekinder, die unter Aufsicht einer der Jugendwohlfahrt dienenden Vereinigung stehen, die vom LJA. „für geeignet" hierzu „erklärt" wird (der T. § 29 Abs. 2 enthält insoweit offensichtlich einen Druckfehler S. 1225, der im Gesetz selbst eine unklare Klärung fand; denn es läßt sich nicht ersehen, wozu sie geeignet sein sollen), unterstehen den Vorschriften des Abschnitts IV

nur soweit, als das LJA. dieses bestimmt; es kann von dem Erfordernis der Erlaubnispflicht, von der Aufsicht und von beiden absehen; es kann die Vorschriften auch nur für beschränkt anwendbar erklären. Bestimmt es nichts, so finden die Vorschriften gar keine Anwendung. Die Stellung des LJA. kann nach Landesrecht auch der Obersten Landesbehörde eingeräumt werden. Wegen der Bestimmung der Behörde, die die der Landesbehörde oder dem LJAmt übertragenen Aufgaben zu wahren hat, s. § 77. Vollzugsbestimmung zu § 29 Abs. 3 ist BVO. § 34, der aber anscheinend von der unzutreffenden Ansicht ausgeht, als beziehe sich Abs. 3 des § 29 nicht auf die „Vorschriften dieses" (also des IV.) Abschnitts, sondern auf die Vorschriften dieses Paragraphen, d. i. des § 29. Als zuständiges Organ im Sinne des Abs. 3 bestimmt § 34 BVO. die Zweigstelle des LJAmts.

4. Die Vorschriften über die vorläufige Unterbringung (§ 27) finden auf die Anstaltspflege uneingeschränkt Anwendung.

5. Wegen der Aktenführung über die nach § 29 erteilten Befreiungen s. für Bayern BVO. § 35.

5. Strafbestimmungen

§ 30

Wer ein Pflegekind ohne die vorgeschriebene Erlaubnis oder Anmeldung in Pflege nimmt oder nach Erlöschen oder Widerruf der Erlaubnis in Pflege behält oder wer den gemäß § 22 Abs. 1 erlassenen Vorschriften entgegenhandelt, wird mit Geldstrafe bis zu einhunderttausend Mark oder mit Haft oder mit Gefängnis bis zu drei Monaten bestraft.

Die gleiche Strafe trifft denjenigen, der in den nach § 26 vorgeschriebenen Anzeigen wissentlich unrichtige Angaben macht oder die Leiche eines Pflegekindes oder unehelichen Kindes ohne die vorgeschriebene Anzeige beerdigt.

Wer der in § 26 vorgeschriebenen Anzeigepflicht nicht nachkommt, wird mit Geldstrafe bis zu eintausendfünfhundert Mark oder mit Haft bestraft.

Die Bestrafung tritt nur auf Antrag des Jugendamts ein. Die Zurücknahme des Antrags ist zulässig.

1. Unter Strafe gestellt sind zunächst Zuwiderhandlungen gegen die Erlaubnis- u. Anmeldepflichten (§ 30 Abs. 1), dann Zuwiderhandlungen gegen die die Aufsicht des JA. sichernden Bestimmungen (§ 30 Abs. 2 u. 3) und endlich ist eine besondere Vorschrift hinsichtlich der Beerdigung von Leichen von Pflegekindern und unehelichen Kindern getroffen. Die Straftat ist Antragsdelikt.

2. Strafbar ist zunächst das verbotene In-Pflege-Nehmen oder Behalten. Pflegekind (Abs. 1 Halbs. 1): Siehe § 19. Vorgeschriebene Erlaubnis: Siehe § 20 Abs. 1, § 28, § 29. Vorgeschriebene Anmeldung: § 20 Abs. 2, § 28, § 29. In Pflege nimmt = aufnimmt: Siehe § 20 A. 2. Erlöschen oder Widerruf der Erlaubnis: § 22, § 28, § 29. Strafbar ist auch Fahrlässigkeit. Die strittige allgemeine Frage, ob dann, wenn die Voraussetzungen der Strafbestimmungen nicht bei bestimmten Einzelpersonen, sondern bei juristischen Personen (Anstalten) vorliegen (z. B. das In-Pflege-Nehmen oder Behalten), die gesetzlichen Vertreter oder auch die verfassungsmäßigen Vertreter im Sinne des § 31 BGB. bestraft werden können, kann hier nicht untersucht werden. Richtiger Ansicht nach wird sie zu verneinen sein; s. neuerdings hierzu RG. in Goltd Arch. 69, 454 mit Nachschrift (für Bejahung).

3. Strafbar sollen sein weiter Zuwiderhandlungen gegen die nach § 22 Abs. 1 erlassenen Vorschriften (Abs. 1 Halbs. 2); diese Zuwiderhandlungen werden wohl alle schon ein verbotenes In-Pflege-Nehmen oder In-Pflege-Behalten darstellen. Hinsichtlich der Bestrafung juristischer Personen gilt das bei A. 2 Bemerkte entsprechend.

4. Strafbar ist weiter Unterlassen der in § 26 vorgeschriebenen Anzeige (Abs. 3); siehe hierzu bei § 26; strafbar ist Vorsatz und Fahrlässigkeit. Strafbar sind aber auch unrichtige Angaben bei Erstattung der Anzeigen (Abs. 2 Halbs. 1); strafbar ist nur Vorsatz (Abs. 2). Hinsichtlich der Bestrafung juristischer Personen gilt das bei A. 2 Bemerkte entsprechend.

5. Strafbar ist endlich Beerdigung von Pflege- oder unehelichen Kindern ohne die vorgeschriebene Anzeige. Pflegekind: S. § 19. Beerdigung: Verantwortlich der, der die Begräbnisstätte zur Verfügung stellt, der Geistliche, wer die zuständigen Organe in Bewegung setzt, nicht, wer nur die Kosten trägt, oder an den Feierlichkeiten teilnimmt (s. Schiedermair PStGB. S. 183 Nr. 1). Vorgeschriebene Anzeige: S. § 26. Die besondere Anführung der unehelichen Kinder neben den Pflegekindern ist unverständlich; denn für sie als solche besteht keine Anzeigepflicht. Es dürfte ein Redaktionsfehler vorliegen.

6. An die Stelle der in Abs. 1 angedrohten Geldstrafe von 100 000 Mk. ist nun eine Geldstrafe von „mindestens drei RM. und höchstens zehntausend RM." getreten, an die Stelle der in Abs. 3 angedrohten „Geldstrafe bis zu eintausendfünfhundert Mark" eine solche von „mindestens einer RM. und höch-

stens einhundertfünfzig RM." getreten; s. Art. I mit XIV Abs. 2 der VO. über Vermögensstrafen und Bußen vom 6. Febr. 1924 (RGBl. 44) mit Art. XV dieser VO. und § 2 der 2. DurchfVO. zum Münzgesetz vom 12. Dez. 1924 (RGBl. 775). Die Tat unter Abs. 1 u. 2 ist Vergehen, die unter Abs. 3 Übertretung (§ 1 Abs. 2 u. 3 StGB.). Wird die Tat unter Abs. 1 u. 2 aus Gewinnsucht begangen, so kann die Strafe auf 100 000 RM. erhöht werden. Versuch der Taten unter Abs. 1—3 ist straflos (StGB. § 43 Abs. 2). Beihilfe zu der Tat unter Abs. 1 u. 2 ist strafbar, bei Abs. 3 straflos; Anstiftung ist stets strafbar (§§ 48, 49 StGB.).

7. Bestrafung tritt nur auf Antrag des JA. ein und zwar des nach § 7 zuständigen. Zurücknahme des Antrags ist zulässig. Antragsfrist drei Monate, beginnend mit dem Tage, an dem der Antragsberechtigte von der Handlung und der Person des Täters Kenntnis erhält (StGB. § 61). Der Antrag ist unteilbar (StGB. § 63), d. h. das gerichtliche Verfahren findet gegen alle Beteiligten statt, auch wenn nur gegen einen Strafantrag gestellt ist.

8. Zuständig zur Aburteilung in 1. Instanz der Amtsrichter allein (§ 25 Abs. 1 und Abs. 2 Nr. b GVG.), in 2. Instanz die kleine Strafkammer (§ 76 GVG.).

6. Ermächtigung für die Landesgesetzgebung

§ 31

Die Befugnis der Landesgesetzgebung, weitere Vorschriften zum Schutze der Kinder zu erlassen sowie Ausnahmen von den Vorschriften der §§ 20 und 24 für die Unterbringung von Kindern in ländlichen Bezirken zuzulassen, bleibt unberührt.

1. § 31 enthält Vorbehalte zugunsten der Landesgesetzgebung; er ergänzt für seinen Bereich den Art. 2 EG.; ermächtigt wird die Landesgesetzgebung zunächst zu weitergehenden (das Reichsrecht bloß ergänzenden) Schutzvorschriften, dann aber auch zur Anordnung von Ausnahmen vom Reichsrecht.

2. Vorschriften sind zulässig zum Schutz der Kinder schlechthin nicht bloß von Pflegekindern. Die Befugnis hat nur die Landesgesetzgebung; s. hierzu Art. 2 EG. A. 2.

3. Ländliche Bezirke: Maßgebend sollen für die Auslegung des Begriffs Praxis und Rechtsprechung und die tatsächlichen Verhältnisse sein (Begr. S. 1253). Ausnahmen von den Vorschriften der §§ 20 und 24 sind nicht nur solche, welche die Vorschriften schlechthin beseitigen, sondern auch solche, die andere an ihre Stelle setzen.

4. Bayern hat von § 31 durch Art. 24 JAG. Gebrauch gemacht.

Abschnitt IV. Stellung des Jugendamts im Vormundschaftswesen; Anstalts- und Vereinsvormundschaft

Vorbemerkungen

Abschn. IV regelt die Tätigkeit des JA. im besonderen im Bereiche des Vormundschaftswesens und daneben auch die (nicht vom JAmt ausgeübte) Anstalts- und Vereinsvormundschaft. Das JA. wird hierbei tätig durch Ausübung des Amtes des Vormunds in der Form der gesetzlichen und bestellten Amtsvormundschaft (§§ 35 und 41), durch Ausübung des Amtes des Gemeindewaisenrats (§ 42 Abs. 1) und durch sofortiges Eingreifen in Angelegenheiten der Personensorge (§ 43); eine entsprechende Anwendung finden diese Bestimmungen weiter nach näherer Maßgabe des § 46. Der ReichsRE. zu Art. 2 EG. wollte die landesgesetzlichen Vorschriften über die gesetzliche Amtsvormundschaft vorbehalten haben; der Standpunkt wurde jedoch nicht gebilligt. Wegen der Überleitung der bisherigen Anstalts-, Berufs- und Sammelvormundschaften für Bayern s. Art. 45—47 JAG.

1. Amtsvormundschaft

a. Allgemeine Bestimmungen

1. Durch die §§ 32—41 in Verbindung mit §§ 46 und 47 wird der bisherige grundsätzliche Standpunkt des BGB., von dem nur im Rahmen des Art. 136 EG. BGB. Ausnahmen zulässig waren, daß die Fürsorge für den Mündel wie bei dem unter elterlicher Gewalt stehenden Minderjährigen eine individuelle sein soll, verlassen und neben die diesem Grundsatz entsprechende Einzelvormundschaft die Amtsvormundschaft des JA. und eine Vormundschaftsführung durch gewisse Anstalten und Vereine gesetzt. Die Amtsvormundschaft ist teils eine gesetzliche (§ 35), teils eine bestellte (§ 41); die Vereins- und Anstaltsvormundschaft tritt nur in den Fällen des § 47 und zwar nur als bestellte ein. Der Einzelvormundschaft verbleiben auch künftig die unehelichen Kinder, die bis zum Inkrafttreten des JWG. einen Vormund zu erhalten hatten, soweit nicht für sie das JAmt gemäß § 41 zum Vormund bestellt wird und diese Bestellung nicht wieder nach § 44 aufgehoben wurde, ferner auch die unehelichen Kinder, für die der Fall der Vormundschaft nach Inkrafttreten des Gesetzes eintritt, soweit für sie nach Maßgabe des § 44 ein Einzelvormund bestellt wird und nicht diese Bestellung gemäß § 41 wieder aufgehoben wurde, und endlich alle ehelichen Kinder, soweit für sie nicht das JA. gemäß § 41 als Vormund bestellt wird und letzteren Falls nicht wieder gemäß § 44 diese Bestellung aufge-

hoben wird. Alles dieses gilt aber nur, soweit nicht wieder nach § 47 Anstalts- oder Vereinsvormundschaft eintritt.

2. Die Amtsvormundschaft des JAmts ist so konstruiert, daß das JA. als Behörde Vormund ist, nicht etwa eines seiner Mitglieder oder einer seiner Beamten; das Verhältnis ist ähnlich wie auf dem Gebiete der Rechtspersönlichkeit das der juristischen Person, so daß es sich richtiger als juristische Vormundschaft bezeichnen läßt. Durch diese Ausgestaltung wird die Führung der Vormundschaft unabhängig vom Wechsel der Beamten und Mitglieder des JAmts. Nur die Ausübung des Amts kann nach näherer Maßgabe des § 32 S. 2 Mitgliedern und Beamten übertragen werden.

3. Wegen der Überleitung der bisherigen Berufsvormundschaften des bayer. Rechts in die Amtsvormundschaften der §§ 32 ff. s. JAG. Art. 45.

4. Ausführungsbestimmungen zu §§ 32—41 enthalten VVO. §§ 37—51.

§ 32

Das Jugendamt wird Vormund in den durch die folgenden Bestimmungen vorgesehenen Fällen (Amtsvormundschaft). Es kann die Ausübung der vormundschaftlichen Obliegenheiten einzelnen seiner Mitglieder oder Beamten übertragen. Im Umfang der Uebertragung sind die Mitglieder und Beamten zur gesetzlichen Vertretung der Mündel befugt.

1. Nach § 32 erhält das JA. die Stellung eines Vormunds. Es wird Vormund entweder kraft des Gesetzes (§ 35) oder durch Bestellung (§ 41). Vormund wird das Amt als solches, oder richtiger wohl sein Träger, nicht seine Mitglieder oder Beamten. Die Vormundschaft wird als Amtsvormundschaft bezeichnet, womit nichts weiter gesagt ist, als daß Träger der Vormundschaft nicht eine Einzelperson sondern ein Amt ist; ein Amt ist begrifflich auch die Einzelvormundschaft. Vollzugsbestimmung zu § 32 ist VVO. § 39.

2. Seine Aufgaben als Vormund kann das JA. einzelnen seiner Mitglieder oder Beamten zur Ausübung übertragen, entsprechend dem § 11, dem § 32 als lex specialis vorgeht. Vormund bleibt aber das JA. (irrig bezeichnet die Begr. S. 1256 die Beamten und Mitglieder als „Berufsvormünder", ebenso unzutreffend die VVO. § 39 sie als „Amtsvormünder"), so daß der Wegfall des Mitglieds oder Beamten die Vormundsstellung nicht berührt. Die Übertragung kann für alle oder für einzelne Angelegenheiten erfolgen; sie kann an ein oder an mehrere Mitglieder oder einen oder mehrere Beamte oder an Mitglieder

und Beamte erfolgen und zwar bei Übertragung an mehrere auch in der Weise, daß die mehreren für eine gewisse Angelegenheit nur gemeinsam zum Handeln befugt sind. Aus der Tatsache, daß § 32 gegenüber § 11 seine lex specialis ist, folgt auch, daß anders wie bei § 11 eine Übertragung an einzelne in der JW. erfahrene und bewährte Personen nicht zulässig ist (a. A. Friedeberg § 32 A. 6). Die den Vormund treffende Verantwortlichkeit trifft auch bei Übertragung das JA. und zwar auch ohne Verschulden des Amts; denn die Tätigkeit der Mitglieder und Beamten ist schlechthin eine solche des Amts. Die deliktische Haftung der Mitglieder und Beamten gegen Dritte (insbesondere nach § 839 BGB.) und ihre dienstrechtliche Haftung gegenüber dem JA. bleibt bestehen. Für die Frage, ob die Beamten und Mitglieder als Zeugen vernommen werden können, werden die von der Rechtsprechung für die Vernehmung gesetzlicher Vertreter ausgebildeten Grundsätze anzuwenden sein; sie können also keine Zeugen sein (s. Sydow-Busch-Krantz ZPO. vor § 388). Die Übertragung der bloßen Ausübung beläßt dem JA. die Möglichkeit, auf die Mitglieder und Beamten hinsichtlich der Vormundschaftsführung einen Einfluß auszuüben, insbesondere gegen etwaige Fehler oder Eigenmächtigkeiten einzuschreiten (Begr. S. 1256). Die Übertragung erfolgt durch jeden Amtsakt des JA., sie kann durch einen allgemeinen Erlaß (auch durch die Satzung, Begr. S. 1257) oder einen Einzelakt erfolgen. Ausdrückliche gesetzliche Beschränkungen für die Auswahl des Mitglieds oder Beamten bestehen nicht, auch nicht hinsichtlich der Religion desselben; doch ergibt sich aus dem Gedanken des § 33 Abs. 3 des Ges. die Pflicht, auf Religion und Weltanschauung Rücksicht zu nehmen (Begr. S. 1256). Ob eine Pflicht der Beamten und Mitglieder zur Übernahme solcher Geschäfte besteht, bemißt sich nach ihrem dienstrechtlichen (öffentlich- oder privatrechtlichen) Verhältnis. Die Übertragung ist hier widerruflich; denn sie erfolgt nur im Interesse der Mündel; a. A. Behrend § 32 S. 234. Soweit das Jugendamt selbst als Vormund tätig wird, hat die Satzung zu bestimmen, wie seine Willensäußerungen entstehen, ob einfache oder qualifizierte Mehrheit erforderlich ist oder der Leiter allein entscheidet; s. für Bayern Art. 3 JAG. Nicht ausgeschlossen ist auch hier, daß das JA. in seiner Eigenschaft als Vormund Dritten oder Mitgliedern oder Beamten Vollmacht nach den allgemeinen Rechtsgrundsätzen erteilt. Der nach § 32 Abs. 2 mit Geschäften Betraute ist aber nicht Bevollmächtigter sondern gesetzlicher Vertreter, er kann also auch auftreten, wo Bevollmächtigung unzulässig ist (§§ 1750, 1770 BGB., Vertrag über die Annahme an Kindesstatt und Aufhebung der Annahme an Kindesstatt; § 1728, Antrag auf Ehelichkeitserklärung).

3. Es ergibt sich schon aus S. 2, daß auch die Ausübung der gesetzlichen Vertretung den Mitgliedern und Beamten übertragen werden kann und zwar die gesetzliche Vertretung schlechthin oder nur mit gewissen Beschränkungen; sie werden dadurch gesetzliche Vertreter mit einem beschränkten Vertretungskreis; die Beschränkung kann verschieden abgegrenzt sein, sie kann sich auf Angelegenheiten gewisser sachlicher Art oder auf die Beziehungen zu gewissen Personen erstrecken; sie kann sich auch auf gewisse einzelne Angelegenheiten beziehen. Der ausdrücklich von der gesetzlichen Vertretung handelnde S. 3, der auf Grund eines Antrags in der 2. Lesung des Ausschusses beigefügt wurde, ist unklar. Nach dem Ausschußbericht (S. 4208) besteht seine Bedeutung darin, daß er „die Mitglieder und Beamten zur gesetzlichen Vertretung der Mündel befugt". Man wird diese Erläuterung durch den Bericht als maßgebend anzuerkennen haben, darnach ist der Zusatz überflüssig und deshalb auch unschädlich. Nach seinem Wortlaut könnte er nur die Bedeutung haben, daß mit jeder Übertragung einer Angelegenheit von selbst auch und zwar, ohne daß eine Beschränkung bei der Übertragung möglich wäre, im Bereiche der Übertragung auch die gesetzliche Vertretung übergeht.

4. Durch § 32 wird, auch wenn man den § 1 Abs. 1 des JWG. heranzieht, hinsichtlich der Frage, inwieweit über nichtdeutsche Kinder Vormundschaften einzuleiten sind, nichts geändert; es gelten in dieser Richtung nach wie vor Art. 23 EG. BGB. und das Haager Abk. vom 12. Juni 1902 zur Regelung der Vormundschaft über Minderjährige (RGBl. 1904, 240).

5. Wegen der Ausstellung von Ausweisen an die nach S. 2 mit der Ausübung der vormundschaftlichen Befugnisse betrauten Beamten und Mitglieder, die sog. „Amtsvormünder", s. VVO. § 39 Abs. 4; wegen der Bekanntmachung ihrer Bestellung und der Verständigung des VG. s. VVO. § 39 Abs. 5.

§ 33

Auf die Amtsvormundschaft finden die Bestimmungen des Bürgerlichen Gesetzbuchs mit folgender Maßgabe Anwendung. Ein Gegenvormund wird nicht bestellt; dem Amtsvormund stehen die nach §§ 1852 bis 1854 des Bürgerlichen Gesetzbuchs zulässigen Befreiungen zu. Von der Anwendung ausgeschlossen sind die §§ 1788, 1801, 1835, 1836 Abs. 1 Satz 2 bis 4 und Abs. 2, 1837 Abs. 2, 1838, 1844 und 1886.

§ 1805 des Bürgerlichen Gesetzbuchs findet mit der Maßgabe Anwendung, daß die Anlegung von Mündelgeld gemäß § 1807 des Bürgerlichen Gesetzbuchs auch bei der das Jugendamt errichtenden Körperschaft zulässig ist.

Hat das Jugendamt Aufwendungen zum Zwecke der Führung der Vormundschaft gemacht, so sind ihm diese aus dem Vermögen des Mündels zu ersetzen. Allgemeine Verwaltungskosten werden nicht ersetzt.

Der Amtsvormund hat auf das religiöse Bekenntnis oder die Weltanschauung des Mündels oder seiner Familie bei der Unterbringung Rücksicht zu nehmen.

1. Auf die Amtsvormundschaft, die gesetzliche (§ 35) wie die bestellte (§ 41), finden grundsätzlich die Vorschriften des BGB. über die Vormundschaft für Minderjährige (§§ 1773 bis 1895) Anwendung, und zwar insbesondere sowohl die über die Voraussetzungen (s. jedoch hierzu § 35 A. 2) wie die über die Führung, über die Fürsorge und Aufsicht des Vormundschaftsgerichts und über die Beendigung; doch sind verschiedene hiervon ausdrücklich ausgenommen, andere der Natur der Sache nach nicht anwendbar.

a) Ausdrücklich ist (ähnlich schon Art. 136 Nr. 4 EG. BGB.) zunächst bestimmt, daß ein Gegenvormund nicht bestellt wird; damit fallen die Vorschriften der §§ 1792, 1799, 1802 Abs. 1 S. 2, 1809, 1810, 1812, 1813, 1825, 1826, 1832, 1833, 1835, 1837, 1842, 1854 Abs. 3, 1891, 1894, 1895 BGB., soweit sie sich auf den Gegenvormund beziehen oder nach ihrem Inhalt einen solchen voraussetzen (Begr. S. 1257).

b) Weiter sind, da dem Amtsvormund die nach §§ 1852 bis 1854 BGB. zulässigen Befreiungen zustehen, auf die Vormundschaft des JA. nicht anwendbar §§ 1809 u. 1810, wonach gewisse Anlegungsarten des Mündelgeldes mit der Beschränkung erfolgen sollen, daß zur Erhebung die Genehmigung des Gegenvormunds oder des Vormundschaftsgerichts nötig ist, und gewisse Anlegungen nur mit Genehmigung des Gegenvormunds oder Vormundschaftsgerichts erfolgen sollen, schlechthin; weiter ist nicht anwendbar § 1812, wonach der Vormund zu Verfügungen über Forderungen und andere Leistungsansprüche des Mündels und über Wertpapiere und zur Eingehung von Verpflichtungen hierzu die Genehmigung bedarf; ferner sind nicht anwendbar §§ 1814—1817 BGB. über die Hinterlegung von Inhaberpapieren und über die Eintragung von Vermerken in die Schuldbücher des Reichs und der Länder; nicht anwendbar sind weiter die Vorschriften der §§ 1840 bis 1843 über die Rechnungslegung; doch werden diesenfalls zweijährige Übersichten nach § 1854 Abs. 2 einzureichen sein (a. A. in letzterer Hinsicht Begr. S. 1257) und endlich die Vorschriften der §§ 1819 und 1820 (ersterer nur, soweit nicht § 1818 in Betracht kommt; für uneingeschränkte Beseitigung Begr. S. 1257) über Genehmigung gewisser Verfügungen und Eingehung gewisser Verpflichtungen hierzu durch das Vormundschaftsgericht.

c) Ferner sind unmittelbar ausgeschlossen § 1788 mit 1837 Abs. 2 über die Verhängung von Ordnungsstrafen, § 1836 Abs. 1 S. 2—4 und Abs. 2 über die Bewilligung von Vergütungen an den Vormund, § 1838 über die Anordnung der Unterbringung in einer Familie, einer Erziehungs- oder einer Besserungsanstalt (diese Maßregeln kann das JA. als Vormund selbst treffen), § 1844 über Sicherheitsleistung, § 1886 über die Entlassung wegen pflichtwidrigen Verhaltens.

d) Nicht anwendbar sind, weil ihrer Natur nach ausgeschlossen oder mit dem Wesen des JA. nicht vereinbar § 1845, §§ 1885—1889 (letzterer insbesondere betrifft die Entlassung wegen eines wichtigen Grundes; § 1886 die Entlassung wegen Pflichtwidrigkeit, s. hierzu § 44), § 1894 (betr. Anzeige vom Tode des Vormunds), § 1910 mit § 1920 (Pflegschaft über Gebrechliche), § 1911 mit § 1921 (Abwesenheitspflegschaft), § 1913 und § 1914 (Pflegschaft für unbekannte Beteiligte oder für Sammelvermögen).

e) Ersetzt sind ferner § 1801 über die Entziehung der Sorge für die religiöse Erziehung durch § 33 Abs. 3, § 1835 über den Ersatz von Aufwendungen des Vormunds aus dem Mündelvermögen durch § 33 Abs. 2 S. 2.

f) Nur mit Maßgaben findet endlich Anwendung § 1805 (s. § 33 Abs. 2 S. 1).

g) Anwendbar sind dagegen auf das JA. als Amtsvormund auch § 1304 Abs. 2 BGB. (Ersetzung der Heiratseinwilligung durch das VG.), § 1714 (Genehmigung des Abfindungsvertrags durch das VG.), § 1729 (Genehmigung der Ehelichkeitserklärung des unehelichen Mündels), § 1751 (Genehmigung seiner Annahme an Kindesstatt), s. hierzu Begr. S. 1258, § 1800 mit §§ 1631 bis 1633 (Erziehungsrecht, Recht zur Bestimmung des Aufenthalts, Anwendung von Zuchtmitteln gegen das Kind; Recht auf Herausgabe des Kindes; Beschränkung der Personensorge bei verheirateten weiblichen Mündeln auf die Vertretung in den die Person betreffenden Angelegenheiten, also Ausschluß des Erziehungsrechts, des Rechts zur Bestimmung des Aufenthalts und des Rechts zur Anwendung von Zuchtmitteln); §§ 1807 und 1808 mit § 1811 (Anlegung des Mündelgelds); § 1837 Abs. 1 (Aufsicht des VG.); § 1839 (Auskunftserteilung gegenüber dem VG.).

h) Neben dem JA. als gesetzlichen wie als bestellten Vormund kann nach Maßgabe des § 1797 Abs. 2 ein Einzelvormund als Mitvormund z. B. für die religiöse Erziehung oder für die Vermögensverwaltung (§ 1797 Abs. 2; VVO. § 42) bestellt werden (wegen eines Antragsrechts des JA. auf Bestellung eines Mitvormunds s. § 44 Abs. 1 S. 2); desgleichen kann neben ihm unter den Voraussetzungen des § 1909 ein Pfleger bestellt werden (Begr. S. 1257).

i) Auf Mitglieder und Beamte finden die für den Vormund geltenden Vorschriften des BGB. von vornherein nicht Anwendung, also insbesondere auch nicht das Recht zur Verhängung von Ordnungsstrafen.

2. Das Verbot des § 1805, wonach der Vormund Mündelvermögen nicht für sich verwenden darf, ist durch Abs. 2 S. 1 in seiner Tragweite insoweit erläutert, als eine an sich nach § 1807 BGB. zulässige Anlegung von Mündelgeld, wenn die allgemeinen Voraussetzungen des § 1807 vorliegen, nicht deshalb unzulässig ist, weil die Anlegung bei der Körperschaft erfolgt, bei der, richtiger: als deren Einrichtung das JA. errichtet ist; im übrigen gilt § 1805 auch für das JA. Es darf also aus Abs. 2 S. 1 insbesondere nicht gefolgert werden, daß die Körperschaft ohne weiteres als mündelsicher gilt.

3. Abs. 2 S. 2 gibt an Stelle des von der Anwendung ausgeschlossenen § 1835 dem JA. einen Ersatzanspruch für seine Aufwendungen, soweit sie nicht allgemeine Verwaltungskosten sind, gegen das Mündelvermögen; dieser Anspruch ist ein öffentlich-rechtlicher (Begr. S. 1257); die Art seiner Geltendmachung ist landesgesetzlich zu regeln. Für Bayern fehlen Vorschriften hierüber. Öffentlich-rechtlich dürfte aber nur die Frage des vorläufigen Ersatzes sein, entstehen Streitigkeiten, so ist die Berechtigung im Wege der Klagestellung durch einen Pfleger vor dem ordentlichen Gerichte auszutragen (so auch Friedeberg § 33 A. 15). Eine Vergütung für die Tätigkeit als solche kann, abweichend von § 1836 Abs. 1 S. 2—4 BGB., dem JA. in seiner Eigenschaft als Vormund nicht bewilligt werden. Vollzugsbestimmungen zu § 33 Abs. 2 enthält BVO. § 50.

4. Abs. 3, der notwendig wurde wegen der Ausschließung des § 1801 BGB., sichert das religiöse Bekenntnis oder die Weltanschauung des Mündels; die Rücksichtnahme ist absolutes Gebot; a. A. der Regierungsvertreter im Aussch. (AusschB. S. 4209); der RegE. wollte nur tunlichste Rücksichtnahme. Aus Abs. 3 darf kein Gegenschluß für die sonstige Tätigkeit des Amtsvormunds, abgesehen von der Unterbringung, gezogen werden; er gibt einen allgemeinen Grundsatz für die Amtsführung des Amtsvormunds, der nur für die besonders wichtige Unterbringung besonders hervorgehoben wurde; zweifelnd Kipp § 112 II 2 c ζ. Vollzugsbestimmung zu § 33 Abs. 3 ist BVO. § 42 S. 4.

5. Wegen weiterer Einschränkungen der Anwendung des BGB. s. § 34.

§ 34

Die Landesgesetzgebung kann bestimmen, daß weitere Vorschriften des ersten Titels des dritten Abschnitts im vierten Buche des Bürgerlichen Gesetzbuchs, welche die Aufsicht des Vormundschaftsgerichts in vermögensrechtlicher Hinsicht betreffen, gegenüber dem Amtsvormund außer Anwendung bleiben. Die Prüfung der Schlußrechnung und die Vermittlung ihrer Abnahme durch das Vormundschaftsgericht bleiben hiervon unberührt.

1. Der 1. Titel des 3. Abschn. des 4. Buches sind die §§ 1773—1895 betr. die Vormundschaft über Minderjährige. Zulässig ist nur Außerkraftsetzung von Bestimmungen, welche die Aufsicht betreffen und zwar die Aufsicht in vermögensrechtlicher Hinsicht, nicht die hinsichtlich der Personensorge. In Betracht kommen vor allem §§ 1821—1824 BGB. Aufrecht erhalten bleiben jedenfalls die Bestimmungen über die Prüfung der Schlußrechnung und die Vermittlung ihrer Abnahme, d. i. § 1890 und § 1892 Abs. 2 BGB.

2. Bayern hat von der Befugnis des § 34 keinen Gebrauch gemacht (Begr. zum JAG. S. 742).

b. Gesetzliche Amtsvormundschaft

1. Durch Art. 1 Nr. 6 der VO. vom 14. Febr. 1924 (RGBl. 110) wurde bestimmt, daß die Oberste Landesbehörde auf Antrag Gemeinden und Gemeindeverbände von der Durchführung der Bestimmungen der §§ 35—40 befreien kann. Als Vollzugsbestimmung hiezu s. BVO. § 38.

§ 35

Mit der Geburt eines unehelichen Kindes erlangt das Jugendamt des Geburtsorts die Vormundschaft.

Bis zum Eingreifen des zuständigen Vormundschaftsgerichts hat das Amtsgericht des Geburtsorts die erforderlichen vormundschaftsgerichtlichen Maßnahmen zu treffen.

Auf uneheliche deutsche Kinder, die im Ausland geboren sind und im Deutschen Reiche ihren Aufenthalt nehmen, finden, falls eine deutsche Vormundschaft noch nicht eingeleitet ist, die Bestimmungen von Abs. 1 mit der Maßgabe Anwendung, daß das nach § 7 dieses Gesetzes zuständige Jugendamt die Vormundschaft erlangt.

1. Abs. 1 u. 3 wurden eingefügt auf Grund der zweiten Lesung im Ausschuß.

2. § 35 schafft eine gesetzliche Amtsvormundschaft für alle unehelichen Kinder; die Bestimmungen der §§ 1773—1792 BGB. über die Anordnung der Vormundschaft über Minderjährige und der §§ 1852—1857 BGB. über die befreite Vormundschaft über Minderjährige sind für sie gegenstandslos; er-

setzt ist für sie insbesondere auch der die Voraussetzungen für die Anordnung der Vormundschaft regelnde § 1773 (Begr. S. 1258).

3. Unehelich sind die Kinder, die nicht nach Maßgabe des § 1591 Abs. 1 S. 1 BGB. ehelich sind; letzteres sind sie dann, wenn sie nach Eingehung der Ehe geboren sind und die Frau sie vor oder während der Ehe empfangen hat und der Mann der Frau während der Empfangszeit beigewohnt hat; aber auch jene, bei denen diese Voraussetzungen zutreffen, sind unehelich, wenn es den Umständen nach offenbar unmöglich ist, daß die Frau das Kind vom Manne empfangen hat (§ 1591 Abs. 1 S. 2). Unehelich sind aber auch die Kinder aus absolut nichtigen Ehen, d. h. solchen, bei denen die Form des § 1317 BGB. nicht beobachtet wurde und die Eintragung ins Heiratsregister unterblieb (§ 1699 Abs. 2 BGB.); ferner solche aus relativ nichtigen oder aus anfechtbaren und angefochtenen Ehen, wenn beide Ehegatten bei der Eheschließung die Nichtigkeit oder Anfechtbarkeit kannten (§ 1699 Abs. 1). § 35 gilt deshalb auch für Kinder, die zunächst für ehelich, aber nachträglich für unehelich gelten. Er gilt aber nur für uneheliche Kinder, die unter der Herrschaft des Gesetzes geboren werden (Rostock in JFG. 2, 126), also auch dann nicht, wenn ein Kind schon früher geboren wurde, aber unter der Herrschaft des Gesetzes der Vormund wegfällt, insbesondere auch nicht für die Fälle, in denen infolge der durch Art. 4 EG. erfolgten Aufhebung der gemäß Art. 135 u. 136 EG. BGB. erlassenen Landesgesetze, die landesrechtlichen Berufs-, Amts- und Sammelvormundschaften erlöschen. (In Bayern tritt allerdings ein solches Erlöschen nicht ein; s. die Überleitungsbestimmungen der Art. 45 ff. JAG.) Findelkinder können als solche nicht nach Maßgabe des § 35 behandelt werden, denn es steht im allgemeinen nicht fest, daß sie unehelich sind.

4. Die Übertragung der Vormundschaft an das JA. des Geburtsortes enthält eine Ausnahme von der Zuständigkeitsregelung des § 7; der § 35 wird eine Belastung für JÄmter bringen, in deren Bezirken sich Entbindungsanstalten befinden, der durch Anwendung des § 39 begegnet werden kann. § 7 könnte zur Begründung der Zuständigkeit nicht wohl angewendet werden, da Neugeborene kaum einen gewöhnlichen Aufenthaltsort haben. Ist nicht feststellbar, im Bezirke welchen JA. die Geburt erfolgte, so kann nicht etwa § 41 angewendet werden, oder ein Einzelvormund bestellt werden; denn Vormund ist ja das JA. des Geburtsorts; nur ist es nicht bekannt, welches dieses ist; es wird vielmehr wegen Verhinderung des Vormunds nach § 1909 BGB. ein Pfleger zu bestellen sein. Besteht ein Streit darüber, welches JA. zuständig ist, so kann § 7 Abs. 2 nicht angewendet werden; denn er gilt, wie der Zusammenhang ergibt, nur für die Fälle des § 7 Abs. 1. Für die Kinder, die zunächst als ehelich gelten, aber nachträglich als unehelich erklärt werden, tritt rückwirkend kraft Gesetzes die Vormundschaft des JA. des Geburtsortes ein (Begr. S. 1258), vorausgesetzt, daß die Geburt unter der Herrschaft des Gesetzes erfolgte.

5. Abs. 2 ermöglicht eine vorläufige vormundschaftsrichterliche Tätigkeit; zuständig ist zu vormundschaftsgerichtlichen Maßnahmen das Amtsgericht (nicht allgemein das Vormundschaftsgericht; a. A. Friedeberg § 35 A. 6) des Geburtsorts und zwar bis zum Eingreifen, nicht nur bis zur Ermittlung des zuständigen Vormundschaftsgerichts; die Frage, wer zuständiges Vormundschaftsgericht ist, bemißt sich auch hier nach §§ 35 ff. FGG. § 35 JWG. bestimmt nichts über die Zuständigkeit des VG. (KG. in JEFG. 2, 124; JR. 1925 Nr. 2). Besteht Streit oder Ungewißheit darüber, welches Gericht zuständig ist, so erfolgt die Bestimmung des zuständigen Gerichts nach § 5 FGG.

6. Ist ein deutsches uneheliches Kind im Ausland geboren, so tritt die gesetzliche Amtsvormundschaft des Abs. 1 nicht ein; denn es besteht für seinen Geburtsort kein JA. Ein Vormund kann, soweit überhaupt eine Vormundschaft eingeleitet werden soll (s. hierzu Planck BGB. zu Art. 23 A. 4 EG.), nur im Wege der Einzelvormundschaft oder der bestellten Amtsvormundschaft nach § 41 oder der Anstalts- oder Vereinsvormundschaft (§ 47) sich ergeben. Nimmt, bevor eine deutsche Vormundschaft eingeleitet ist, wenn auch ein Vormund noch nicht bestellt ist, ein solches Kind in Deutschland Aufenthalt, so tritt wieder die gesetzliche Amtsvormundschaft des JA. ein, doch nicht die des JA. des Geburtsorts, sondern die des JA. des gewöhnlichen Aufenthalts. Diese Vormundschaft kann also nicht sofort mit dem Betreten des deutschen Gebietes eintreten, sondern erst, wenn ein gewöhnlicher Aufenthaltsort sich gebildet hat. Bis zur Bildung eines gewöhnlichen Aufenthaltsorts ist in entsprechender Anwendung des § 7 Abs. 1 S. 2 das JA. Vormund, in dessen Bezirk das Bedürfnis nach vormundschaftlicher Tätigkeit sich ergibt. Vormundschaftsgerichtliche Tätigkeit kann nur das zuständige Vormundschaftsgericht entfalten; eine dem Abs. 2 entsprechende Bestimmung besteht hier nicht. Dem Fall, daß ein Kind seinen Aufenthalt in Deutschland nimmt, also ihn selbst wählt und begründet, muß wegen der Gleichheit des Verhältnisses der gleich stehen, daß ein Dritter dessen Aufenthalt in Deutschland begründet; eine ungenaue Ausdrucksweise darf um so mehr angenommen werden, als die Fassung auf einem Ausschußantrag beruht.

7. Eine Ausnahme von § 35 bildet der Übergang der für eine Leibesfrucht bestellten Pflegschaft in eine Vormundschaft nach § 38.

8. Für die Beendigung der gesetzlichen Amtsvormundschaft gelten gemäß § 33 die allgemeinen Bestimmungen der §§ 1882—1884 u. 1889 BGB.; nicht anwendbar sind nach ihrem Inhalt §§ 1885, 1888 und nach ausdrücklicher gesetzlicher Bestimmung § 1886; hiezu treten im Verhältnis zu einem andern JA. § 39, im Verhältnis zur Einzelvormundschaft § 44, im Verhältnis zur Anstalts- und Vereinsvormundschaft § 47 (vgl. Begr. S. 1258) und als besondere Fall der Entlassung der des § 40.

§ 36

Der Standesbeamte hat die nach § 48 des Reichsgesetzes über die Angelegenheiten der freiwilligen Gerichtsbarkeit vom 17./20. Mai 1898 (Reichsgesetzbl. S. 189/771) dem Vormundschaftsgericht zu erstattende Anzeige über die Geburt eines unehelichen Kindes dem Jugendamt zu übersenden. Dieser Anzeige ist eine Mitteilung über das religiöse Bekenntnis anzufügen. Das Jugendamt hat unter Weiterreichung der Geburtsanzeige den Eintritt der Vormundschaft (§ 35) dem Vormundschaftsgericht unverzüglich anzuzeigen.

1. Durch § 48 FGG., soweit er hier einschlägt, ist bestimmt, daß der Standesbeamte, wenn ihm die Geburt eines unehelichen Kindes angezeigt wird, dem VG. Anzeige zu machen hat. Zu erstatten hat der Standesbeamte nun diese Anzeige dem JA.; das JA. ist das des Geburtsorts (§ 35 Abs. 1). Die Bestimmung, daß eine Mitteilung über das religiöse Bekenntnis beizufügen ist, erklärt sich aus § 33 Abs. 3. In das Geburtsregister selbst wird seit der Novelle zum Personenstandsgesetz vom 11. Juni 1920 (RGBl. 1209) die Religion nicht mehr aufgenommen. Vollzugsbestimmung zu § 36 ist VVO. § 43.

2. Weiterzureichen ist dem VG. auch die Mitteilung über das religiöse Bekenntnis; die Ungenauigkeit in der Ausdrucksweise erklärt sich dadurch, daß S. 2 erst im Ausschuß eingefügt wurde. Weiterzureichen sind die ursprünglichen Mitteilungen des Standesamts. Die Weitergabe und die Anzeige des Eintritts der Vormundschaft haben an das zuständige VG. (§§ 35 ff. FGG.) zu erfolgen; es ist gesetzliche Pflicht des JA., dieses zu ermitteln; anders VVO. § 32 S. 2, die Weiterleitung an das „Amtsgericht der Geburtsortes" anordnet. Das mit der Sache aber einmal befaßte, nicht zuständige VG. wird aber aus Entgegenkommen das JA. bei der Ermittlung des zuständigen VG. unterstützen; die Weiterleitung ordnet VVO. § 44 ausdrücklich an; Verständigung des JA. hievon VVO. § 44 Abs. 3. Für dringende Maßnahmen hat das Amtsgericht des Geburtsorts einzugreifen (§ 35 Abs. 2). Die Anzeige hat unverzüglich zu erfolgen, d. h. ohne schuldhaftes Zögern (s. § 20 A. 2).

§ 37

Das Vormundschaftsgericht hat dem Jugendamt unverzüglich eine Bescheinigung über den Eintritt der Vormundschaft zu erteilen, die bei der Beendigung der Vormundschaft zurückzugeben ist.

1. Bei Erteilung der Bescheinigung hat das VG. zu prüfen, ob die Amtsvormundschaft von dem JA. mit Recht in Anspruch genommen wird; hierbei ist insbesondere auch die Unehelichkeit des Kindes zu prüfen. Zurückzugeben ist die Bescheinigung insbesondere auch bei der in § 39 vorgesehenen Abgabe der Vormundschaft. Die Bescheinigung ist unverzüglich, d. h. ohne schuldhaftes Zögern zu erteilen (s. § 20 A. 2).

2. Eine Bestallung nach § 1791 BGB. wird nicht erteilt. Auch hinsichtlich der Erteilung der Bescheinigung nach § 37 kann eine Zuständigkeit des VG. des Geburtsorts nach § 35 Abs. 2 gegeben sein. Personen, die nach Maßgabe des § 33 S. 2 die vormundschaftlichen Obliegenheiten des JAmts ausüben, erhalten keine Bescheinigung des VG.; ihnen hat das JA. die erforderlichen Bestätigungen zu erteilen (s. auch BVO. § 39 Abs. 4).

3. Vollzugsbestimmung zu § 37 ist BVO. § 44; sie bestimmt insbesondere auch das Formblatt für die dem JA. zu erteilende Bescheinigung.

§ 38

Auf Antrag des Jugendamts oder einer unverehelichten Mutter kann für eine Leibesfrucht ein Pfleger bestellt werden, auch wenn die Voraussetzung des § 1912 Satz 1 des Bürgerlichen Gesetzbuchs nicht gegeben ist. Der Pfleger wird mit der Geburt des Kindes im Einverständnis mit dem Jugendamt Vormund. In diesem Falle findet § 35 keine Anwendung. Die Vormundschaft wird bei dem Vormundschaftsgerichte geführt, bei dem die Pflegschaft anhängig war.

1. Die Leibesfrucht ist nach dem Rechte des BGB. nicht rechtsfähig, aber es wird ein der Rechtsfähigkeit ähnlicher Zustand dadurch erreicht, daß ihr gewisse Rechte vorbehalten werden (RGRKom. zum BGB. § 1 A. 4). Der Sicherung dieser künftigen Rechte dient § 1912 BGB.; nach ihm erhält die Leibesfrucht einen Pfleger zur Wahrung ihrer künftigen Rechte, soweit diese einer Fürsorge bedürfen, s. z. B. § 1923 Abs. 2, § 328, § 331 Abs. 2, § 844 Abs. 2 BGB. Durch die Einleitung der Pflegschaft wird sie aber nicht rechtsfähig; es kann also über die Rechte nicht weiter verfügt werden, als es der Zweck der Sicherung erfordert. § 38 will diesen Rechtszustand erweitern und auch in anderen Fällen die Einleitung einer Pflegschaft zulassen, also auch wenn keine besonders vorbehaltenen künftigen Rechte zu wahren sind, so namentlich, was bisher unzulässig war (ObLG. in SeuffArch. 67, 154), zur Wahrung der künftigen Unterhaltsansprüche. Mit Kipp-Wolff § 128 A. 5 wird anzunehmen sein, daß aus der Stellung des § 38 unter den Vorschriften über die gesetzliche Amtsvormundschaft zu folgern sein wird, daß er nur uneheliche Kinder im Auge hat. Jedenfalls gilt die Einschränkung des § 1912 S. 2 auch hier; es ist also eine Pflegschaft ausgeschlossen, wenn das Kind, falls es schon geboren wäre, unter ehelicher Gewalt stünde. Anders wie hier Friedeberg § 38 A. 12, der auf dem Standpunkt steht, daß aus § 38 rechtliche Befugnisse für den Pfleger sich nicht ergeben, sondern er nur vorbereitende Handlungen für die Bevormundung vorzunehmen habe. Vollzugsvorschrift zu § 38 ist BVO. § 45 Abs. 2 u. 3.

2. Als Pfleger kann unter den Voraussetzungen des § 46 mit § 41 auch das JA. bestellt werden; auch eine Anstalts- oder Vereinspflegschaft kann eingeleitet werden (§ 47 Abs. 1 S. 2). Das VG. hat den Bereich der Pflegschaft bei der Anordnung der Bestellung zu bestimmen, also namentlich anzuordnen, ob sie der Personensorge oder der Vermögenssorge dienen soll. Die Bestellung des Pflegers erfolgt im allgemeinen nach den Vorschriften des BGB. §§ 1915 mit 1789. Wird das JA. oder ein Anstalts- oder Vereinsvorstand bestellt, so gelten § 41 Abs. 2 mit § 46 u. § 47 Abs. 2.

3. Antragsberechtigt sind das JA. u. die unverehelichte Mutter (richtig die unverehelichte Schwangere). Örtlich zuständig ist das JA., in dessen Bezirk das Bedürfnis nach dem Eingreifen eines Pflegers hervortritt (§ 7 Abs. 1 S. 2).

4. Örtlich zuständig zur Pflegerbestellung ist das VG., welches für die Vormundschaft zuständig wäre, falls das Kind zu der Zeit, zu welcher das Bedürfnis der Fürsorge hervortritt, geboren wäre (§ 40 FGG.); das wird für die Regel das VG. sein, in dessen Bezirk die uneheliche Mutter ihren Wohnsitz hat; doch geht diesem Gericht das VG. vor, bei dem schon eine Vormundschaft für einen Bruder oder eine Schwester des Pfleglings anhängig ist (§ 36 FGG.).

5. Die Pflegschaft wird mit der Geburt des Kindes, d. h. eines lebenden Kindes, Vormundschaft, andernfalls erlischt sie; Vormund wird, wenn das Einverständnis des JA. besteht, ohne Bestellung, mit Ausschluß der gesetzlichen Amtsvormundschaft des JAmts, der Pfleger; andernfalls kommt § 35 zur Anwendung. Erforderlich ist das Einverständnis des JA., auf dessen Antrag die Pflegschaft bestellt wurde; das ergibt der innere Zusammenhang des S. 2 mit S. 1. Diese Umwandlung gilt auch, wenn die Pflegschaft auf Grund des § 1912 S. 1 BGB. eingeleitet wurde.

6. Vormundschaftsgericht für die Vormundschaft ist das Gericht, bei dem die Pflegschaft im Augenblick der Geburt anhängig war; das kann infolge einer Übernahme auch ein anderes sein, als das, von dem die Pflegschaft eingeleitet wurde. Diese Bestimmung gilt auch für die Fälle, in denen die Pflegschaft auf Grund des § 1912 S. 1 BGB. eingeleitet wurde.

§ 39

Sobald es das Wohl des Mündels erfordert, soll das die Vormundschaft führende Jugendamt bei dem Jugendamt eines anderen Bezirkes die Weiterführung der Vormundschaft beantragen. Der Antrag kann auch von dem Jugendamt eines anderen Bezirkes sowie von der Mutter und von einem jeden, der ein berechtigtes Interesse des Mündels geltend macht, gestellt werden. Das die Vormundschaft abgebende Jugendamt hat den Uebergang dem Vormundschaftsgericht unverzüglich anzuzeigen.

Gegen die Ablehnung des Antrags kann das Vormundschaftsgericht angerufen werden.

1. § 39 ermöglicht einen Wechsel des Vormunds durch Eintritt eines andern JA. Der Wechsel setzt übereinstimmung der beiden JA. voraus. Zulässig ist die Abgabe nach § 39 auch dann, wenn es sich um ein vor dem Inkrafttreten des JWG. geborenes Kind handelt, für das das angegangene JA., wenn das Kind in seinem Bezirk geboren wäre, die Vormundschaft nicht zu führen gehabt hätte, weil nach den überleitungsbestimmungen das JA. nicht Vormund geworden wäre (KG. in JR. 1925 Nr. 1030). Deren übereinstimmung ist auch notwendig, wenn der Antrag von einem Dritten ausgeht. Umstände, die die Abgabe rechtfertigen, werden für die Regel sein: Änderung im ständigen Aufenthalt des Mündels, Führung der Vormundschaft für Geschwister des Mündels durch das angegangene JA. Außer dem abgebenden JA. ist nur ein solches antragsberechtigt, das selbst Vormund werden will. Gefordert ist nur ein berechtigtes, nicht ein rechtliches Interesse. Maßgebend ist aber nur das berechtigte Interesse des Mündels, nicht das des Dritten. Berechtigtes Interesse (wegen dessen Begriff im allgemeinen s. Güthe GBO. § 11 A. 4 ff. und Schlegelberger FGG. § 34 A. 7) kann hier (s. die Einleitung des § 39) nur das Wohl des Mündels sein. Unter dieser Voraussetzung kann jeder an dem Mündel gar nicht Interessierte den Antrag stellen. Ein berechtigtes Interesse in diesem Sinn muß aber auch bei Antragstellung der Mutter und des übernehmenden JA. bestehen. Vollzugsbestimmung zu § 39 ist VBO. § 46.

2. Die Anrufung des VG., d. h. des VG., bei dem die Vormundschaft anhängig ist, ist nur möglich gegen die Ablehnung, nicht aber von einem entgegengesetzt Interessierten gegen die Annahme des Antrags. Möglich ist die Anrufung des VG. auch, wenn beide JA. ablehnen. Gegen die Entscheidung des VG. ist unter den allgemeinen Voraussetzungen des FGG. auch Beschwerde zulässig, also nur, wenn ein Recht des Beschwerdeführers verletzt wurde (§ 20

Abs. 1 FGG.; KG. in JR. 1925 Nr. 1030); doch wird anzunehmen sein, daß nach § 39 Abs. 2 JWG. das bestehende Antragsrecht ein Recht im Sinne des § 20 Abs. 1 FGG. ist. Soweit das VG. den Antrag auf Anordnung der Übernahme ablehnt, ist nur derjenige beschwerdeberechtigt, der das VG. angerufen hat; die Anrufung ist ein Antrag im Sinne des § 20 Abs. 2 FGG. Andere Antragsberechtigte, die aber das VG. nicht angerufen haben, sind nicht beschwerdeberechtigt (s. Schlegelberger FGG. § 20 A. 28).

§ 40

Das Vormundschaftsgericht hat das Jugendamt auf seinen Antrag als Amtsvormund zu entlassen und einen Einzelvormund zu bestellen, soweit dies dem Wohle des Mündels nicht entgegensteht.

1. § 40 enthält einen besonderen Fall der Beendigung der gesetzlichen (nicht auch der bestellten) Vormundschaft des JA.; im übrigen s. § 35 A. 8. Die Entlassung kann nur auf Antrag erfolgen, hat aber auf solchen Antrag hin stets zu erfolgen, wenn nicht etwa das Wohl des Mündels entgegensteht; bis zur Entlassung bleibt das JA. Vormund. Gegen die Ablehnung des Antrages, aber auch gegen dessen Stattgabe besteht unter den allgemeinen Voraussetzungen des FGG. ein Beschwerderecht. Der § 40 soll es dem JA. ermöglichen, sich von Vormundschaften zu befreien, zu deren Führung die ihm zur Verfügung stehenden Kräfte nicht ausreichen (Begr. S. 1259). Ergänzend schließt sich dem § der § 44 JWG. an. Gegen die Anträge des Jugendamts wird auch dem VG. ein Beschwerderecht zustehen (s. JAG. Art. 22 A. 3). Wenn § 40 auch nur von Bestellung eines Einzelvormunds spricht, so wird es nicht unzulässig sein, in Anwendung des § 47 einen Anstalts- oder Vereinsvorstand zum Vormund zu bestellen. Vollzugsbestimmung zu § 40 ist VVO. § 47.

c. Bestellte Amtsvormundschaft

§ 41

Das Jugendamt kann unter den Voraussetzungen des § 1773 des Bürgerlichen Gesetzbuchs mit seinem Einverständnis vor den im § 1776 des Bürgerlichen Gesetzbuchs als Vormünder berufenen Personen zum Vormund für einen Minderjährigen bestellt werden, soweit nicht ein geeigneter anderer Vormund vorhanden ist.

Auf die bestellte Amtsvormundschaft finden die §§ 1789 und 1791 des Bürgerlichen Gesetzbuchs keine

Anwendung. Die Bestellung erfolgt durch schriftliche Verfügung des Vormundschaftsgerichts.

1. § 41 entstand im Ausschuß durch Zusammenziehung der §§ 41 u. 42 des RegE., von denen § 41 den besonderen Fall vorgesehen hatte, daß das JA. für die von ihm aus öffentlichen Mitteln versorgten Minderjährigen auf Antrag als Vormund zu bestellen sei; durch diese Bestimmung des E. wollte man das JA., wenn ihm die Kostentragung für das Kind obliegt, dagegen sichern, daß andere Stellen auf Grund der gesetzlichen Vertretungsmacht seine Maßnahmen für das Kind durchkreuzen (Begr. S. 1259). Man machte gegen diese Bestimmung geltend, daß sie einen armenpflegerischen Charakter trage; sie enthielt auch in der Tat einen Rückfall in die Verhältnisse des Mittelalters. Vollzugsbestimmungen zu § 41 enthält VBO. § 48.

2. Im Gegensatz zur gesetzlichen Amtsvormundschaft des § 35 sieht § 41 eine bestellte Amtsvormundschaft des JA. vor; er trifft nur Fälle, in denen das JA. nicht schon gesetzlicher Vormund ist; seine Bedeutung liegt darin, daß einmal überhaupt die Bestellung des JA. als Vormund vorgesehen wird, im Gegensatz zur gesetzlichen Regel des § 1779 BGB., die nur einen persönlichen Vormund kennt; weiter darin, daß die Bestimmung des § 1776 BGB., durch die gewisse Personen (nämlich die vom Vater oder der Mutter „benannten" und die Großväter des Mündels), die „berufenen" Vormünder, ein Vorrecht auf Bestellung haben, für die Bestellung des JA. außer Wirksamkeit gesetzt wird. Aber auch diese bestellte Amtsvormundschaft tritt nur ein unter den allgemeinen von § 1773 BGB. aufgestellten Voraussetzungen der Bestellung eines Vormunds, nämlich, daß der Minderjährige nicht unter elterlicher Gewalt steht, oder daß die Eltern weder in den die Person noch in den das Vermögen betreffenden Angelegenheiten zur Vertretung des Minderjährigen berechtigt sind, oder endlich, daß der Familienstand des Minderjährigen nicht zu ermitteln ist. Zu diesen allgemeinen Voraussetzungen treten noch auf Grund des § 41 die weiteren besonderen, daß nicht ein „anderer geeigneter Vormund" vorhanden ist und daß das JA. mit seiner Bestellung einverstanden ist.

3. Das Einverständnis des JA. muß im Augenblick der Bestellung vorhanden sein; fällt das Einverständnis des JA. später weg, so bleibt die Amtsvormundschaft gleichwohl bestehen; die Entlassung auf Antrag, wie sie § 40 vorsieht, gilt nur, wie die Stellung des § 40 ergibt, für die gesetzliche Vormundschaft; im übrigen s. A. 7. Nur das Vorhandensein eines anderen geeigneten Vormunds schließt die Bestellung des JA. aus, nicht schon die Möglichkeit, einen anderen geeigneten Vormund zu bestellen; a. A. Friedeberg § 41 A. 6.

4. Die Bestellung erfolgt durch das nach den allgemeinen Vorschriften der §§ 35ff. FGG. zuständige Vormundschaftsgericht; die örtliche Zuständigkeit des JA.

bemißt sich nach § 7 nicht nach § 35 Abs. 1. Erfolgt Bestellung des JA. ohne sein Einverständnis oder trotz Vorhandensein eines anderen geeigneten Vormunds, so ist die Bestellung gleichwohl wirksam, wenn auch ein Beschwerderecht besteht; denn grundsätzlich müssen die Handlungen des VG. als gültig angesehen werden (Gültigkeitstheorie s. Schlegelberger FGG. § 7 A. 6); dagegen ist die Bestellung nichtig, wenn die Voraussetzungen des § 1773 BGB. nicht vorliegen (Schlegelberger a. a. O.).

5. Praktische Bedeutung gewinnt der § 41, abgesehen von den ehelichen Kindern, insbesondere in den Fällen, in denen uneheliche Kinder bei Inkrafttreten des Gesetzes bereits unter Einzelvormundschaft oder gemäß landesgesetzlicher Vorschriften nach Art. 136 EG. BGB. unter Sammel-, Berufs- oder Anstaltsvormundschaft stehen, ohne daß eine Überleitung erfolgt.

6. Auch auf die bestellte Vormundschaft finden zufolge des § 33 die allgemeinen Bestimmungen des BGB. über die Vormundschaft mit den in § 33 bezeichneten Maßgaben Anwendung; hierzu tritt die Besonderheit, daß die Bestellung nicht nach Maßgabe des § 1789 BGB. durch Verpflichtung mittels Handschlags an Eidesstatt, sondern durch schriftliche Verfügung der Bestellung erfolgt, und daß der Amtsvormund keine Bestallung nach § 1791 BGB. erhält; die schriftliche Bestellung oder eine Abschrift von ihr ersetzen die Bestallung. Wirksam wird die schriftliche Bestellung nicht notwendig erst, wenn sie dem JA. zugeht, sondern schon dann, wenn sie als endgültig abgeschlossen zu dem Akt erfolgt ist oder sonst als abgeschlossen in die Erscheinung tritt, selbstverständlich aber auch durch Zugehen an das JA. Zurückgabe der Bestellungsverfügung nach Beendigung der Vormundschaft ordnet VVO. § 48 an.

7. Die Beendigung der bestellten Amtsvormundschaft erfolgt gemäß § 33 nach den allgemeinen Vorschriften der §§ 1882—1884 u. 1889; nicht anwendbar sind nach ihrem Inhalt §§ 1885 u. 1888 und nach ausdrücklicher gesetzlicher Bestimmung § 1886 (a. A. Kivo § 112 II 3 c, weil die bestellte Amtsvormundschaft nur eintreten soll, wenn kein anderer geeigneter Vormund vorhanden ist); hierzu treten die weiteren Beendigungsfälle des § 44 (Einzelvormundschaft, vgl. Begr. S. 1259) und des § 47 (Anstalts- und Vereinsvormundschaft); eine Abgabe an ein anderes JA. ist nicht vorgesehen, § 39 gilt nur für die gesetzliche Amtsvormundschaft.

2. Stellung des Jugendamts zum Vormundschaftsgericht und zur Einzelvormundschaft

1. In den §§ 32—41 ist die Tätigkeit des JA. als Amtsvormund geregelt; die §§ 42—45 übertragen

ihm die Unterstützung des VG.; diese Unterstützung besteht einerseits in der Ausübung der nach den bestehenden und neu zu erlassenden Bestimmungen dem Gemeindewaisenrat obliegenden Aufgaben (§ 42), andererseits in der Unterstützung des VG. in allen Fällen der Personensorge und zwar auch außerhalb der eigentlichen obervormundschaftlichen Aufgaben des Gerichts (§ 43); s. die Begr. S. 1257. § 44 gibt einen Sonderfall für die Beendigung der Tätigkeit des JA. als Vormund; § 45 regelt das Verhältnis des JA. zu anderen Vormündern, Pflegern und Beiständen.

§ 42

Das Jugendamt ist Gemeindewaisenrat. § 11 gilt entsprechend.

Die Landesgesetzgebung kann örtliche Einrichtungen zur Unterstützung des Jugendamts in den Geschäften des Gemeindewaisenrats treffen.

1. § 42 enthielt in seiner ursprünglichen Fassung den Abs. 1 S. 2 nicht; dieser beruht auf einem Ausschußantrag; Abs. 2, der sich schon in dem RegE. befunden hatte, war bei den Ausschußverhandlungen gestrichen worden; er wurde im Plenum wieder eingefügt (StenB. S. 7811 und 7821). Die Anführung des § 11 in Abs. 1 S. 2 ist überflüssig, ebenso wie die Anführung in § 45 S. 3; denn, da § 11 eine der allgemeinen Aufbaubestimmungen ist, gilt er ohnehin für alle Tätigkeiten des JA., soweit nicht eine Sonderregelung (s. § 32 S. 2) erfolgt ist. Ausführungsbestimmungen zu § 42 sind für Bayern JAG. Art. 25 bis 27 und BVO. §§ 57—77.

2. Nach § 42 ist das JA. GWR. und zwar das nach § 7 zuständige; die Tätigkeit des GWR. erstreckt sich auf eheliche wie auf uneheliche Kinder wie auf bevormundete Volljährige. In dieser Eigenschaft obliegt es dem JA. insbesondere: Dem VG. Anzeige zu machen, wenn das VG. hinsichtlich eines ehelichen Kindes zum Einschreiten berufen ist (§ 1675 BGB.), sich über die Tauglichkeit zum Vormund oder Gegenvormund zu äußern, wenn nicht ein nach § 1776 BGB. Berufener bestellt werden soll (§§ 1779, 1792 Abs. 4, 1897 BGB.), desgl. sich zu äußern, wenn ein nicht nach § 1861 Berufener zum Mitglied des Familienrats bestellt werden soll (§§ 1862, 1897 BGB.), geeignete Vormünder, Gegenvormünder oder Mitglieder des Familienrats dem VG. vorzuschlagen (§§ 1849, 1897 BGB.), die Vormünder der im Bezirke sich aufhaltenden Mündel hinsichtlich der Personensorge zu überwachen, dem VG. von in dieser Hinsicht wahrgenommenen Mängeln und Pflichtwidrigkeiten Anzeige zu machen und auf Erfordern des VG. auch über das persönliche Ergehen und das Verhalten der Mündel Auskunft zu erteilen, endlich Anzeige an das VG. zu machen, wenn es Kenntnis von der Gefährdung des Vermögens eines Mündels erlangt (§§ 1850, 1897

BGB.), die gleiche Tätigkeit entsprechend gegenüber einer Pflegschaft zu entfalten (§ 1915 BGB.), ähnliche Aufgaben hinsichtlich der Beistandschaft zu erfüllen (§ 1694 BGB.), dem VG. Anzeige zu machen, wenn ein Fall zu seiner Kenntnis gelangt, in dem ein Vormund, ein Gegenvormund oder ein Pfleger zu bestellen ist, unter gleichzeitigem Vorschlag einer hierzu geeigneten Person (§ 49 FGG.). Umgekehrt hat das VG. dem GWR. die Anordnung der Vormundschaft über einen in seinem Bezirke sich aufhaltenden Mündel unter Bezeichnung des Vormunds und des Gegenvormunds sowie einen in der Person des Vormunds oder des Gegenvormunds eintretenden Wechsel mitzuteilen; ferner hat der Vormund, wenn der Mündel seinen Aufenthalt in den Bezirk eines anderen GWR. verlegt, dieses dem GWR. des bisherigen Aufenthaltsorts mitzuteilen, worauf dieser die Verlegung dem GWR. des neuen Aufenthaltsorts mitzuteilen hat (§ 1851 BGB.). Eine eingehende Darlegung der Pflichten der Gemeindewaisenräte und Vorschriften über den Verkehr zwischen ihnen und dem VG. geben VVO. §§ 62—77. Die MB. vom 22. Dez. 1899, den Gemeindewaisenrat betreffend (JMBl. 553) ist damit ersetzt.

3. Abs. 2 enthält eine Ausnahme von den allgemeinen Vorschriften der §§ 8—11 über den Aufbau und das Verfahren der JA., indem der Landesgesetzgebung die Einrichtung örtlicher Einrichtungen für die Unterstützung in Angelegenheiten des GemWRats übertragen wird; zuständig ist nur die Landesgesetzgebung, nicht die Landesregierung. Daneben ist aber auch eine Übertragung einzelner Geschäfte und von Gruppen von Geschäften nach Maßgabe des in Abs. 1 S. 2 ausdrücklich angeführten § 11 zulässig. Von der durch Abs. 2 erteilten Ermächtigung hat Bayern durch die Art. 25—27 JAG. Gebrauch gemacht; dem Vollzug des § 11 JWG. dient VVO. § 57 Abs. 3.

§ 43

Das Jugendamt hat das Vormundschaftsgericht bei allen Maßnahmen zu unterstützen, welche die Sorge für die Person Minderjähriger betreffen, insbesondere durch Begutachtung bei der Festsetzung von Geldrenten für den Unterhalt Minderjähriger. Vor Entscheidungen in den Fällen des § 1635 Abs. 1 Satz 2, des § 1666, des § 1727, des § 1728 Abs. 2, des § 1729 Abs. 2, des § 1750 Abs. 1 und des § 1751 Abs. 2 des Bürgerlichen Gesetzbuchs muß das Vormundschaftsgericht das zuständige Jugendamt hören. Bei Gefahr im Verzuge kann das Vormundschaftsgericht einstweilige Anordnungen auch schon vor Anhörung des Jugendamts treffen. Es kann das Jugendamt mit der Ausführung der Anordnungen aus § 1631

Abs. 2, § 1636 Satz 2 des Bürgerlichen Gesetzbuchs und sonstiger Anordnung mit dessen Einverständnis betrauen.

Das Landesjugendamt kann auf Antrag des Jugendamts Mitglieder oder Beamte des Jugendamts ermächtigen, Beurkundungen gemäß §§ 1718 und 1720 Abs. 2 des Bürgerlichen Gesetzbuchs vorzunehmen, sowie die im § 1706 Abs. 2 des Bürgerlichen Gesetzbuchs bezeichneten Erklärungen entgegenzunehmen und zu beglaubigen.

1. § 43 (= § 44 des E.) wurde im Ausschuß mehrfach geändert; sachlich erheblich sind folgende Änderungen: Abs. 1 Halbsatz 1 von „insbesondere" an wurde eingefügt; in Abs. 1 S. 2 wurden neu eingefügt § 1729 Abs. 2 und § 1750, an Stelle des § 1751 schlechthin wurde nur dessen Abs. 2 belassen; S. 3 wurde neu eingefügt. Das Wort „Anordnung" am Schlusse des Abs. 1 ist ein Druckfehler; es ist nach dem E. „Anordnungen" zu lesen.

Der § 43 regelt das allgemeine Verhältnis des JA. zum VG.; zunächst soll es allgemein unterstützendes Organ in Angelegenheiten der Personensorge sein (Abs. 1 S. 1); dann ist es vor gewissen ihrer Art nach einzeln angeführten Entscheidungen des VG. zu hören (Abs. 1 S. 2 und 3) und endlich ist es in gewissen, wieder ihrer Art nach einzeln angeführten Angelegenheiten Vollzugsorgan des VG. (Abs. 1 S. 4). Hierzu fügt Abs. 2 eine nicht das Verhältnis zum VG. betr. Angelegenheit; es erhält im gewissen Umfang eine Beurkundungsbefugnis. Vollzugsbestimmungen zu § 43 Abs. 1 trifft VVO. § 78.

2. Abs. 1 S. 1 bestimmt, daß das JA. das VG. in allen Angelegenheiten der Personensorge zu unterstützen hat, d. h. in Angelegenheiten der Personensorge, soweit sie dem VG. obliegen. Der Inhalt der Personensorge ergibt sich aus §§ 1631—1633 BGB.; sie steht zunächst dem Vater (wenn sie die elterliche Gewalt hat, der Mutter § 1686 BGB.) und dem Vormund (§ 1800 BGB.) zu und umfaßt das Recht und die Pflicht, das Kind zu erziehen, zu beaufsichtigen und seinen Aufenthalt zu bestimmen, und das Recht, die Herausgabe des Kindes von jedem zu verlangen, der es dem Sorgeberechtigten widerrechtlich vorenthält (§ 1632), und beschränkt sich bei verheirateten weiblichen Kindern bezw. Mündeln auf die Vertretung in den die Person betreffenden Angelegenheiten (§ 1633). Das VG. hat hierüber bei bevormundeten Kindern die Aufsicht zu führen (§ 1837 BGB.); bei Kindern unter elterlicher Gewalt wird seine Aufsicht nur aus Anlaß besonderer hauptsächlich in §§ 1665, 1666 BGB. einzeln aufgeführter Umstände wirksam; daneben bestimmt § 1631 Abs. 2 S. 2, daß das VG. den Vater auf Antrag durch Anwendung geeigneter Zuchtmittel zu unterstützen hat, also selber Zuchtmittel anwenden kann; ohne Antrag oder über den Antrag hinaus kann es dies nicht (Planck BGB. § 1631 A. 1 e). Soweit hiernach dem VG. ein Einfluß auf die Personensorge zusteht, reicht auch die unterstützende Tätigkeit des JA. Als solche Fälle führt die Begr. u. a. an die Regelung des persönlichen Verkehrs des geschiedenen Ehegatten mit dem Kinde (§ 1636 BGB.) und die Anhörung der Angehörigen des Kindes im Auftrag des VG. in den Fällen des § 1673 BGB. d. h. vor Entscheidungen, durch welche die Sorge für die Person (die Sorge für das Vermögen scheidet aus) dem Vater (oder der Mutter) entzogen oder beschränkt wird. Unter die Personensorge im Sinne des S. 1 soll nach der gesetzlichen Bestimmung auch die Unterhaltsleistung gerechnet werden (die Frage ist für das sonstige Recht bestritten KGJ. 38 A 66, Schlegelberger FGG. § 57 A. 20). Unrichtig ist der Ausdruck „Festsetzung" von Unterhaltsrenten; die Festsetzung der Renten kann nur im Prozeßweg erfolgen; die Streitgerichte entscheiden ohne Anhörung des JA. Man wird als Sinn der Bestimmung anzunehmen haben, daß das VG. vor der Genehmigung von freiwilligen Unterhaltsabkommen (§ 1714 BGB.) die Äußerung des JA. einholen kann.

3. Das VG. hat das JA. nach Abs. 1 S. 2 zu hören in den Fällen des § 1635 Abs. 1 S. 2, d. h., wenn es bei einer Scheidung auf Grund der §§ 1565—1568 BGB. hinsichtlich der Personensorge für die Kinder Abweichungen von der in § 1635 Abs. 1 S. 1 getroffenen gesetzlichen Regelung anordnen oder solche Anordnungen aufheben soll; ferner des § 1666 BGB., d. h., wenn es bei gewissen Gefährdungen des geistigen oder leiblichen Wohls des Kindes durch den Vater oder die Mutter (§ 1686 BGB.) die zur Abwendung erforderlichen Maßregeln treffen, oder bei einer Verletzung der Unterhaltspflicht durch den Vater oder die Mutter (§ 1686 BGB.) ihnen die Vermögensverwaltung oder die Nutznießung entziehen soll; weiter des § 1727 BGB., d. h., wenn es bei einer Ehelichkeitserklärung die Einwilligung der Mutter, die diese verweigert, ersetzen soll; desgl. des § 1728 Abs. 2 BGB., d. h., wenn es bei der Ehelichkeitserklärung die für ein geschäftsunfähiges oder noch nicht 14 Jahre altes Kind von seinem gesetzlichen Vertreter erteilte Einwilligung genehmigen soll; außerdem in den Fällen des § 1729 Abs. 2 BGB., d. h., wenn es bei der Ehelichkeitserklärung die Einwilligung des geschäftsbeschränkten Kindes und seines gesetzlichen Vertreters genehmigen soll; weiter des § 1750 Abs. 1 BGB., d. h., wenn es bei der Annahme an Kindesstatt den Vertragsschluß durch den gesetzlichen Vertreter eines noch nicht 14 Jahre alten Kindes genehmigen soll, endlich des § 1751 Abs. 2 BGB., d. h., wenn es bei der Annahme an Kindesstatt die Vertragsschließung durch ein geschäftsbeschränktes Kind mit Zustimmung seines gesetzlichen Vertreters genehmigen soll. Die Genehmigung ist erforderlich, gleichgültig, ob das VG. eine bewilligende oder eine ablehnende Entscheidung treffen will. Zu hören ist das nach § 7 zuständige JA. Einstweilige Anordnungen in den genannten Angelegenheiten (soweit sie nach den sonstigen gesetzlichen Bestimmungen überhaupt zulässig sind) kann aber das VG. bei Gefahr im Verzuge ohne Anhörung treffen.

4. Nach Abs. 1 S. 4 ist das JA. mit seinem Einverständnis auch Vollzugsorgan des VG., insbesondere in den Fällen des § 1631 Abs. 2 und des § 1636 S. 2 BGB., d. h., bei Unterstützung des Vaters oder der Mutter (§ 1686 BGB.) durch Anwendung geeigneter Zuchtmittel gegen das Kind und bei der näheren Regelung des Verkehrs des Ehegatten, dem bei einer Scheidung auf Grund der §§ 1565—1568 BGB. die Personensorge nicht zusteht, mit dem Kinde.

5. Nach § 1718 BGB. kann, wer seine Vaterschaft nach der Geburt des Kindes in einer öffentlichen Urkunde anerkennt, sich nicht darauf berufen, daß ein anderer der Mutter innerhalb der Empfängniszeit beigewohnt hat; nach § 1720 Abs. 2, wird, wenn der Ehemann seine Vaterschaft nach der Geburt des Kindes in einer öffentlichen Urkunde anerkennt, vermutet, daß er der Mutter innerhalb der Empfängniszeit beigewohnt hat; wer der Mutter innerhalb der Empfängniszeit beigewohnt hat, gilt nach § 1720 Abs. 1 als Vater des Kindes, es sei denn, daß es nach den Umständen offenbar unmöglich ist, daß die Mutter das Kind aus dieser Beiwohnung empfangen hat. Zur Errichtung solcher öffentlicher Urkunden sind nach § 167 Abs. 2 S. 2 FGG. (die auch in Bayern voll Anwendung finden, Henle-Schneider Bayer. Ausführ-Gesetze zum BGB. Art. 167 AG. BGB. A. 4 e) die Notare, die Amtsgerichte und unter gewissen Voraussetzungen auch das Standesamt zuständig. Durch § 43 Abs. 2 wird das LJA. (d. h. die nach § 77 bestimmte Behörde) ermächtigt, auf Antrag des JA. auch einzelnen Beamten oder Mitgliedern des JA. die Befugnis zu verleihen, solche Beurkundungen mit den Wirkungen einer öffentlichen Urkunde vorzunehmen. Die Ermächtigung kann nicht allgemein, etwa dem jeweiligen Vorstand, sondern nur persönlich erteilt werden; sie erlischt von selbst mit der Beendigung der Eigenschaft als Mitglied oder Beamter des JA. und kann auch zurückgenommen werden. Das Fehlen eines Antrags macht die Verleihung nicht nichtig; nichtig ist aber eine Verleihung an eine Person, die nicht Mitglied oder Beamter des JA. ist. Da den Mitgliedern und Beamten ihre Beurkundungsfähigkeit nur als Mitgliedern des JA. zukommt, beschränkt sie sich auch nur auf Fälle, in denen das JA. nach § 7 JWG. örtlich zuständig ist. § 7 FGG. ist nicht anwendbar. Werden mit den Erklärungen nach §§ 1718 u. 1720 Abs. 2 auch Erklärungen über Unterhaltsleistungen aufgenommen, so haben diese nur die Bedeutung einer privatschriftlichen Erklärung.

6. Nach § 1706 Abs. 2 S. 2 BGB. kann der Ehemann der Mutter eines unehelichen Kindes diesem mit seiner Einwilligung und mit Einwilligung der Mutter durch Erklärung gegenüber der zuständigen Behörde seinen Namen erteilen; die Erklärungen des Ehemannes, der Mutter und des Kindes sind in öffentlich beglaubigter Form abzugeben. Zuständige Behörde im

Sinne dieser Bestimmung ist nach § 18, § 19 ZustVO. vom 24. Dez. 1899 (GVBl. 1229) in der Fassung der VO. vom 24. Nov. 1921 (GVBl. 547) in Bayern im allgemeinen die Bezirkspolizeibehörde, in deren Bezirk der Ehemann seinen Wohnsitz oder in Ermangelung eines im Deutschen Reiche gelegenen Wohnsitzes seinen Aufenthalt hat oder zuletzt hatte. Durch § 43 Abs. 2 werden nun zunächst zu zuständigen Behörden im Sinne des § 1706 Abs. 2 S. 2 auch Beamte und Mitglieder eines JA. erklärt, die auf dessen Antrag durch das LJA. (d. h. die nach § 77 bestimmte Behörde) zu diesen Beurkundungen ermächtigt wurden. Örtlich zuständig sind nur Mitglieder und Beamte eines nach § 7 örtlich zuständigen JA. Für die öffentliche Beglaubigung von Unterschriften sind in Bayern gemäß § 191 Abs. 2 FGG. und Art. 15 AG. GVG. Abs. 2 S. 2 nur die Notare zuständig; durch § 43 Abs. 2 JWG. werden nun auch die oben bezeichneten Beamten und Mitglieder des JA. für die Beglaubigung der Unterschriften solcher Urkunden für zuständig erklärt; und zwar gleichgültig, ob sie im gegebenen Fall auch die Erklärung entgegennehmen.

§ 44

Das Jugendamt soll die Bestellung einer Einzelperson als Vormund beantragen, wenn dies dem Interesse des Mündels förderlich erscheint. Es kann auch die Bestellung eines Mitvormundes für einen bestimmten Wirkungskreis beantragen.

Die Bestellung kann von einem jeden, der ein berechtigtes Interesse des Mündels geltend macht, und von diesem selbst, wenn es das 14. Lebensjahr vollendet hat, beantragt werden. Sie kann auch von Amts wegen erfolgen. Vor der Entscheidung soll das Vormundschaftsgericht das Jugendamt und tunlichst die Mutter des Mündels hören.

1. Der § 44 (§ 45 des Entw.) soll das *allgemeine Verhältnis der Amtsvormundschaft in Fällen, in denen sie überhaupt zulässig ist, zur Einzelvormundschaft* regeln; der leitende Gedanke ist der, daß sie durch die Einzelvormundschaft ersetzt werden soll, wenn es dem Interesse des Mündels förderlich ist. Einzelvormundschaft im Sinne dieses Gedankens ist auch die organisierte Einzelvormundschaft des § 47. Hierbei nimmt die Begr. (S. 1260) an, daß schon die Tatsache allein, daß ein geeigneter, den Anforderungen des Falls gewachsener Einzelvormund, der das Wohl des Mündels in jeder Hinsicht wahrnehmen kann, zur Verfügung steht, den Übergang zur Einzelvormundschaft rechtfertigt. Um zu bewirken, daß die Abgabe in diesen Fällen erfolgt, ist neben dem JA. in Abs. 2 auch einer Anzahl Beteiligter ein Antragsrecht eingeräumt. § 44 ersetzt zugleich die auf die Amtsvormundschaft nicht anwendbare Bestimmung des § 1886 BGB. und ermöglicht die Ersetzung des JA. durch einen andern Vormund bei Pflichtwidrigkeit der mit Führung der Geschäfte betrauten Mitglieder oder Beamten des JA. oder bei unsachgemäßer Führung der Vormundschaft durch das JA. als solches. Er gilt für die gesetzliche wie für die bestellte Amtsvormundschaft. Wegen eines weiteren Falls der Beendigung der Amtsvormundschaft s. § 40. Als Vollzugsbestimmung zu § 44 s. VVO. § 41.

2. Abs. 1 legt zunächst dem JA. die Pflicht auf, die Bestellung eines Einzelvormunds zu beantragen, wenn die Einzelvormundschaft dem Mündel förderlich ist; es kann ein bestimmter Einzelvormund zugleich vorgeschlagen werden; notwendig ist dieses nicht; die Einzelvormundschaft kann als solche förderlicher sein als die Amtsvormundschaft. Nicht selten wird der Umstand, daß mit der Vormundschaft eine Vermögensverwaltung, die eine besondere Sachkunde erfordert, verbunden ist, einen Anlaß zur Antragstellung bilden. Das VG. hat in solchen Fällen dem Antrag stattzugeben. Ist die Bestellung eines bloßen Mitvormunds ausreichend, aber nur dann, so kann auch bloß diese beantragt werden. JA. ist das die Amtsvormundschaft führende.

3. Abs. 2 räumt gewissen Beteiligten ein Antragsrecht auf Entlassung des JA. als Vormund und Bestellung eines Einzelvormunds ein, nämlich einmal dem Mündel selbst, wenn er das 14. Lebensjahr vollendet hat, dann aber jedem, der ein berechtigtes Interesse des Mündels geltend macht; dazu, wer ein berechtigtes Interesse (s. die entsprechende Bestimmung des § 57 Abs. 1 Nr. 9 FGG.) hat, s. § 39 A. 1. Auch die von der Begr. (S. 1260) angeführten Verwandten, einschließlich der Mutter und die Organisationen der freiwilligen Tätigkeit haben nicht schlechthin ein Antragsrecht, sondern müssen ein Interesse des Mündels geltend machen. Die Bestellung und Entlassung kann auch von Amts wegen erfolgen. Das Antragsrecht und die Befugnis zum Einschreiten von Amts wegen besteht auch, hinsichtlich der Bestellung eines Mitvormunds. Geht das VG. ohne Antrag des JA. vor, so soll es dieses und tunlichst auch die Mutter vor der Entscheidung hören. Wegen der Erfordernisse des Hörens s. § 65 A. 4. Die Mutter soll nur tunlichst gehört werden; das VG. kann also von der Anhörung absehen, wenn sie mit besonderen Weiterungen verbunden ist.

4. Mitvormünder (= „mehrere" Vormünder für eine Person), deren Stellung in §§ 1797, 1798 BGB. geregelt ist, führen an sich die Vormundschaft gemeinschaftlich. Nach § 1797 Abs. 2 kann aber das VG. die Führung der Vormundschaft unter die mehreren Vormünder verteilen; innerhalb des ihm überwiesenen Wirkungskreises führt dann jeder Vormund die Vormundschaft

7*

selbständig. Eine Regelung dieser Art hat Abs. 1 S. 2 des § 44 im Auge.

5. Die Entscheidungen des VG. unterliegen der Beschwerde und der weiteren Beschwerde nach Maßgabe der allgemeinen Bestimmungen des FGG.; das Beschwerderecht insbesondere bemißt sich nach § 20, § 57 Abs. 1 Nr. 9 Abs. 2 § 58, § 59 FGG. Insbesondere ist das JA. beschwerdeberechtigt, wenn ihm wider seinen Willen die Vormundschaft abgenommen wird (Begr. S. 1260). Ein Beschwerderecht hat nach Maßgabe des § 59 FGG. insbesondere auch der Minderjährige selbst.

6. Wird ein Einzelvormund bestellt, so ist zugleich das JA. als Vormund zu entlassen, von selbst endigt sein Amt nicht (Begr. S. 1260); doch wird für die Regel in der Bestellung des Einzelvormunds die stillschweigende Entlassung des JA. liegen. Für die Wirksamkeit der Entlassung des JA. ist § 16 FGG. maßgebend.

§ 45

Das Jugendamt hat die Vormünder, Beistände und Pfleger seines Bezirkes plangemäß zu beraten und bei der Ausübung ihres Amtes zu unterstützen. Die näheren Bestimmungen hierüber werden nach § 13 Abs. 1 Nr. 1 und § 15 getroffen. § 11 gilt entsprechend.

1. Für § 45 (§ 46 des E.) wurden von der Reichsregierung und vom Reichsrat verschiedene Entwürfe vorgelegt. In der jetzigen Fassung entspricht der S. 1 dem den beiden Entwürfen gemeinsamen Teil, während S. 2 auf einem Ausschußantrag beruht. Man hoffte von ihm eine Neubelebung der Einzelvormundschaft. Vollzugsbestimmung zu § 45 ist VBO. § 49.

2. Der § 45 überträgt dem JA. die Aufgabe, die Vormünder, Beistände und Pfleger seines Bezirks (einschließlich der Mit- und Gegenvormünder) zu beraten und (sonst) zu unterstützen; Vormünder, Beistände und Pfleger seines Bezirks sind die in seinem Bezirk sich aufhaltenden, gleichgültig, wo das Kind sich befindet oder die Vormundschaft anhängig ist; § 45 gilt namentlich auch für die organisierte Einzelvormundschaft des § 47. Gedacht ist u. a. an die Unterstützung bei der Abfassung von Schriftstücken, desgleichen bei Unterhaltsprozessen und Erziehungsschwierigkeiten, ferner gegenüber der organisierten Einzelvormundschaft an Hinwirkung auf deren Ausbau und sonstige Förderung. § 45 enthält eine Ausnahme von der Zuständigkeitsregelung des § 7. Bei der allgemeinen Fassung des Gesetzes ist die Unterstützung auch Vormündern und Pflegern Volljähriger zu leisten; a. A. Behrend S. 303; auch § 42 beschränkt die Tätigkeit des JA. nicht auf Minderjährige.

3. Satz 2, der auf einem Ausschußantrag beruht, sagt etwas Überflüssiges; denn die von ihm für entsprechend an-

wendbar erklärten Bestimmungen des Gesetzes gelten, da sie allgemein die Organisation der JA. betreffen, ohnehin auch für die in § 45 geregelte Tätigkeit der JA. Es könnte höchstens aus der Anführung einzelner Bestimmungen der Umkehrschluß gezogen werden, daß die anderen allgemeinen Bestimmungen nicht anwendbar sind; aber das ist ausgeschlossen, weil sonst die JA. allen Boden verlieren würden. Reichsrechtliche Bestimmungen nach Maßgabe des Abs. 2 liegen bis jetzt nicht vor.

3. Mitvormundschaft, Gegenvormundschaft, Pflegschaft und Beistandschaft des Jugendamts

§ 46

Die vorstehenden Bestimmungen gelten entsprechend für die Bestellung des Jugendamts zum Mitvormund, Gegenvormund, Pfleger oder Beistand und für die Uebertragung einzelner Rechte und Pflichten eines Vormundes auf das Jugendamt.

1. § 46 dehnt die Bestimmungen der §§ 32—45 entsprechend aus auf die Mitvormundschaft, die Gegenvormundschaft, die Pflegschaft, die Beistandschaft und die Übertragung einzelner Rechte und Pflichten eines Vormunds auf das JA.; ausgedehnt sind nur die Bestimmungen über die Bestellung des JA.; es entfällt deshalb die Anwendung der von der gesetzlichen Amtsvormundschaft handelnden §§ 35—37, 39 u. 40; irrig erklärt die Begr. S. 1261 auch die §§ 39 u. 40 für anwendbar; die Beendigung erfolgt ähnlich wie bei der bestellten Amtsvormundschaft (s. § 41 A. 7) nach den allgemeinen Vorschriften des BGB.; auch eine Übernahme nach § 39 ist nicht möglich. Wegen der Mitvormundschaft s. § 1797, wegen der Gegenvormundschaft § 1792, wegen der Pflegschaft §§ 1909 ff., wegen der Beistandschaft §§ 1687 ff. BGB. Es wird aber wohl nur Bestellung für Minderjährige in Frage kommen, entsprechend der Beschränkung, die § 45 für die Bestellung als Vormund enthält; insbesondere entfällt auch eine Pflegerbestellung für Sammelvermögen nach § 1914. Als Vollzugsbestimmung zu § 46 s. BVO. § 41.

2. Anwendbar sind von den Bestimmungen der §§ 32 bis 45 insbesondere: § 41 Abs. 2 S. 2 (Bestellung durch schriftliche Verfügung des VG., nicht durch Verpflichtung), § 33 Abs. 3 (Rücksichtnahme auf das religiöse Bekenntnis und die Weltanschauung des Mündels), § 44 (Bestellung von Einzelmitvormündern 2c.; a. A. Behrend S. 304). § 45, den die Begr. S. 1261 ebenfalls für entsprechend anwendbar erklärt, kann nicht angewendet werden. Auch § 32, 33 Abs. 1 u. 2 und § 34 (Allgemeine Bestimmungen) werden anwendbar sein, obwohl sie nicht eigentlich die „Bestellung" regeln. Wegen der anwendbaren Bestimmungen des BGB. s. § 33 A. 1.

3. Besonderer Anlaß zur Bestellung des JA. wird gegeben sein bei Pflegschaften nach § 1909 BGB., wenn den Eltern die Personensorge oder die Sorge für das Vermögen oder beides nach § 1666 BGB. entzogen wird, oder wenn Unterhaltsansprüche ehelicher Kinder geltend zu machen sind. Einen besonderen Fall der Pflegerbestellung enthält § 38. Wegen eines besonderen Falls der Bestellung zum Gegenvormund s. § 47 Abs. 2 S. 2.

4. Anstalts- und Vereinsvormundschaft

§ 47

Vorstände von Anstalten, die unter der Verwaltung des Staates oder einer öffentlichen Körperschaft stehen, sowie Vorstände solcher privaten Anstalten oder Vereine, die vom Landesjugendamte für geeignet erklärt sind, können auf ihren Antrag zu Vormündern bestellt werden (Anstalts- oder Vereinsvormundschaft). Auch können sie zu Pflegern oder Beiständen bestellt werden. Ebenso können ihnen einzelne Rechte und Pflichten des Vormundes übertragen werden. Das Jugendamt muß in den Fällen, in denen der Minderjährige von ihm bevormundet oder versorgt ist, vorher gehört werden.

Auf die Anstalts- und Vereinsvormundschaft finden die Bestimmungen der §§ 33, 40, 41 und 44 mit der Maßgabe Anwendung, daß ein Gegenvormund bestellt werden kann. Insbesondere ist die Bestellung eines Jugendamts zum Gegenvormunde zulässig.

1. § 47 enthielt in der ursprünglichen Fassung einen weiteren, zwischen die verbliebenen beiden Absätze eingeschobenen Absatz, hinsichtlich dessen Regierung und Reichsrat unter sich verschiedene Fassungen vorgelegt hatten; er sollte, und zwar nach dem RegEntw. RJA. und LJÄmter, nach dem ReichsREntw. die Oberste Landesbehörde zu näherer Regelung der Bestellung der Anstaltsvorstände und Vereine als Vormünder ermächtigen; dieser Absatz wurde im Ausschuß gestrichen. Die in Abs. 1 getroffene Regelung leidet so durch den Wegfall einer näheren gesetzlichen Regelung an einer großen Unbestimmtheit, insbesondere, wenn man Art. 136 EG. BGB., den er ersetzen soll, damit vergleicht. Landesrechtliche Ergänzung ist nicht möglich. Der § sieht, sich anschließend an § 136 EG. BGB., der durch § 48 aufgehoben ist, Anstalts- und Vereinsvormundschaften vor, d. h. Vormundschaften, bei denen Anstalten oder Vereine Vormünder sind; die Begr. S. 1256 bezeichnet sie auch als Sammelvormundschaften, d. h. als Vormundschaften, bei denen ein Träger Vormund für viele Mündel ist. Die Vormundschaft ist anders wie die Amtsvormundschaft des JA. nach der Fassung des Gesetzes nur als bestellte Vormundschaft möglich. Bestellt werden können danach als Vormünder Vorstände von Anstalten, die unter öffentlicher Verwaltung stehen (staatlicher oder körperschaftlicher), Vorstände privater Anstalten, wenn sie vom LJA. für geeignet erklärt sind, und endlich Vereinsvorstände unter den gleichen Voraussetzungen; sie können auch als Pfleger oder Beistände bestellt werden; ferner können ihnen einzelne Vormundsrechte oder -Pflichten übertragen werden. Der § sollte namentlich auch die sog. organisierte Einzelvormundschaft fördern, deren Merkmale man erblickt in der Freiwilligkeit der Vormundschaftsführung, in dem Rückhalt an einer Organisation und in der Schulung durch diese (Begr. S. 1256; s. auch VVO. § 49 S. 4). Vollzugsbestimmungen zu § 47 enthalten VVO. §§ 52—56.

2. Vorstände — das Wort ist nach der Entstehungsgeschichte des § 47 wie in Art. 136 EG. BGB. auszulegen — sind nicht die gesetzlichen Vertreter, sondern die Leiter in erzieherischer Hinsicht; dieses kann auch ein Kollegium sein; letztenfalls führen sie die Vormundschaft gemeinschaftlich; sie sind Mitvormünder im Sinne des § 1797 BGB., das VG. kann aber die Führung der Geschäfte unter die mehreren Mitglieder des Kollegiums verteilen; eine abweichende Regelung durch die Satzung oder Landesrecht ist nicht möglich (Planck EG. BGB. Art. 136 A. 1; Gutachten des ObLG. 13, 771).

3. Die Anstalten müssen unter der Verwaltung (nicht bloß unter der Aufsicht, anders Art. 136 Nr. 1 u. 3 EG. BGB.) des Staates oder der öffentlichen Körperschaft stehen; ob sie im Eigentum des Staates oder der öffentlichen Körperschaft stehen, oder, wer sie unterhält, ist gleichgültig. Die privaten Anstalten und Vereine, d. h. solche, die nicht unter der Verwaltung des Staates oder öffentlichen Körperschaften stehen, nicht ihre Vorstände, müssen vom LJA. für die Bestellung als Vormünder für geeignet erklärt sein. Wegen einer auf gewisse Vereine bezüglichen Fiktion in dieser Richtung s. Art. 6 EG. JWG. mit § 55 Abs. 2 S. 1 VVO. Juristische Persönlichkeit ist nach dem Gesetz für die Anstalten und Vereine nicht nötig; die VVO. § 55 fordert sie aber. Wegen der Bestimmung der Behörde, die die dem LJA. übertragene Aufgabe zu wahren hat, s. JWG. § 77. Für Bayern ist die Zweigstelle des LJA. zuständig (VVO. § 55 Abs. 1); wegen Bekanntmachung der Eignungserklärung s. ebendort. Kirchliche Anstalten sind private; für sie ist also eine Prüfung nötig (a. A. Bäumer S. 156). Die Erklärung der Eignung kann auf Zeit erteilt, sie kann auch widerrufen werden. Eine Überleitungsbestimmung, wonach gewisse Vereine ohne weiteres geeignet sein sollen, enthält JAG. Art. 47 Abs. 1.

4. Bestellt wird vom VG. der Vorstand als solcher, nicht ein bestimmter Vorstand oder ein aus bestimmten Personen zusammengesetztes Kollegium; so auch die Begr. zum JWG. S. 750 zu Art. 50 S. 2, die annimmt, daß der Vorstand „in dieser seiner Eigenschaft und nicht für seine Person“ Vormund wird, und Friedeberg § 47 A. 13. Vertreter des Vorstands sind deshalb auch Vertreter in der Stellung als Vormund (Pfleger, Beistand). Die Bestellung kann für eheliche wie für uneheliche Kinder erfolgen. Die Voraussetzungen der Bestellung im einzelnen ergeben sich aus § 47 Abs. 1 in Verbindung mit dem in § 47 Abs. 2 herangezogenen § 41; die Verhältnisse und die rechtliche Stellung im allgemeinen ergibt § 33 mit § 47 Abs. 2; die Beendigungsgründe enthalten, soweit sie sich nicht aus § 33 ergeben, §§ 40 u. 44 (s. BVO. § 53 Abs. 2).

5. Anzuhören ist das JA. nur, wenn es Vormund, nicht, wenn es Pfleger, Beistand usw. ist (a. A., jedoch im Widerspruch mit der Fassung des Gesetzes die Begr. S. 1261); dieses aber auch dann, wenn die Anstalt oder der Verein nur zum Pfleger oder Beistand bestellt wird; ferner ist es anzuhören, wenn es den Mündel „versorgt“, ob es Vormund ist oder nicht, ist gleichgültig; versorgt durch das JA. ist der Mündel dann, wenn es die Tätigkeit, die von der Personen- und Vermögenssorge umfaßt wird, im wesentlichen ausübt. Wegen des Begriffes des Hörens s. § 65 A. 4. Zu hören ist das nach § 7 örtlich zuständige JA.

6. Nach Abs. 2 ist auch § 33 anwendbar; es gilt demnach das bei § 33 A. 1 (mit Ausnahme der lit. a), 2 u. 3 Bemerkte auch für die Anstalts- und Vereinsvormundschaft; zu A. 2 ist zu beachten, daß im Hinblick auf § 1807 Privatanstalten und Vereine Mündelgeld nicht bei sich anlegen können; ferner kann hier zufolge ausdrücklicher Bestimmung ein Gegenvormund und zwar auch in der Person des JA. bestellt werden; für letzteres gilt dann § 46; wird ein anderer Gegenvormund bestellt, so gelten die allgemeinen Vorschriften des BGB. Wird das JA. bestellt, so kann jedes, nicht bloß das nach § 7 zuständige bestellt werden (s. die Worte „ein JA.“); auch kann Übernahme der Gegenvormundschaft nach § 46 erfolgen.

7. Aus der Anwendbarkeit des § 40 ergibt sich, daß der Anstalts- und Vereinsvormund auf seinen Antrag zu entlassen und ein Einzelvormund zu bestellen ist, wenn das Wohl des Mündels nicht entgegensteht; aus der Anwendbarkeit des § 44 folgt, daß der Anstalts- und Vereinsvormund die Bestellung eines Einzelvormunds beantragen kann, wenn es dem Mündel förderlich ist, daß er auch die Bestellung eines Mitvormunds für einen bestimmten Wirkungskreis beantragen kann, und daß diese Bestellungen nach Maßgabe des § 44 Abs. 2 auch von Dritten beantragt werden können; zu hören ist diesenfalls der Anstalts- oder Vereinsvormund an Stelle des JA. Nicht anwendbar ist § 32 (Übertragung der vormundschaftlichen Obliegenheiten an einzelne Mitglieder oder Beamte).

8. Neben den aus § 47 Abs. 1 sich ergebenden Voraussetzungen ergibt sich aus § 41 einmal, daß die allgemeinen Voraussetzungen des BGB. für Einleitung einer Vormundschaft gemäß § 1773 BGB. vorhanden sein müssen, ferner, daß nicht ein anderer geeigneter Vormund vorhanden sein darf (s. hierzu § 41 A. 3), daß die Bestellung auch erfolgen darf, wenn eine, sei es auf Grund Benennung der Eltern oder als Großvater, nach § 1776 BGB. als Vormund berufene Person vorhanden ist, daß die Bestimmungen der §§ 1789 bis 1791 (über die Bestellung durch Verpflichtung mittels Handschlags, über den Vorbehalt der Entlassung, über Erteilung einer Bestallung) keine Anwendung finden, sondern die Bestellung durch schriftliche Verfügung des VG. erfolgt (s. hierzu § 41 A. 6).

9. Wie als Vormünder, so können die Anstalten und Vereine auch als Pfleger und Beistände bestellt werden; ihre Bestellung als Mitvormünder und Gegenvormünder (s. die verschiedene Fassung von § 47 Abs. 1 S. 2, und von § 46) ist nicht vorgesehen und deshalb auch nicht zulässig (a. A. Kipp § 112 II 6); die Begr. S. 1261, die auch von der Bestellung als Mitvormund oder Gegenvormund ausgeht, kann zu einer anderen Ansicht nicht führen; denn sie ist, wie auch ihr sonstiger Inhalt ergibt, hier wie auch an einigen anderen Stellen zu einem anderen Text geschrieben. Abs. 2 des § 47 dehnt die §§ 33, 40, 41 u. 44 nur auf die Anstalts- und Vereinsvormundschaft aus, er verweist auch nicht auf § 46 des Gesetzes; es gelten deshalb für die Vereins- und Anstaltspflegschaft und -Beistandschaft insoweit die allgemeinen Vorschriften des BGB., soweit sich nicht aus der Natur der Sache, insbesondere daraus, daß es sich nicht um Einzelpersonen handelt, etwas anderes ergibt; so hat insbesondere die Bestellung nach § 1789 zu erfolgen.

10. Zulässig ist auch die Übertragung bloß einzelner vormundschaftlicher Rechte oder Pflichten, wie schon nach Art. 136 EG. BGB. Die Anstalten und Vorstände sind insoweit Vormünder (Teilvormünder) nicht Pfleger (folgt e contrario aus der Vergleichung mit S. 2); die sonstigen Rechte und Pflichten bleiben dem regelmäßigen Vormund. Die Übertragung der Rechte und Pflichten erfolgt durch schriftliche Verfügung des VG. (§ 47 Abs. 2 mit § 41 Abs. 2).

11. Nicht anwendbar ist auf die Anstalts- und Vereinsvormundschaft § 34; es kann also landesgesetzlich die Aufsicht des Vormundschaftsgerichts in vermögensrechtlicher Beziehung nicht weiter beschränkt werden.

12. Wegen der Überleitung der bisherigen Anstaltsvormundschaften des bayerischen Rechts in die Anstaltsvormundschaften des § 47 s. JAG. Art. 46 und wegen der Überleitung der Sammelvormundschaften von Vereinen in Vereinsvormundschaften des § 47 s. JAG. Art. 47 Abs. 2.

§ 48

Artikel 136 des Einführungsgesetzes zum Bürgerlichen Gesetzbuch und die §§ 1783, 1887 des Bürgerlichen Ge-

setzbuchs werden aufgehoben. Dem § 1784 des Bürgerlichen Gesetzbuchs wird folgender Abs. 2 angefügt: „Diese Erlaubnis darf nur versagt werden, wenn ein wichtiger dienstlicher Grund vorliegt.“

Dem § 1786 Nr. 1 des Bürgerlichen Gesetzbuchs werden die Worte hinzugefügt: „welche zwei und mehr noch nicht schulpflichtige Kinder besitzt oder glaubhaft macht, daß die ihr obliegende Fürsorge für ihre Familie die Ausübung des Amtes dauernd besonders erschwert.

1. § 48 (= § 49 des E.) beschränkte sich in der ursprünglichen Fassung auf die Aufhebung des Art. 136 EG. BGB. Die jetzt in Abs. 1 S. 1 verfügte weitere Aufhebung der §§ 1783 u. 1887 BGB. und die durch Abs. 2 verfügte Ergänzung des § 1786 Nr. 1 BGB. erfolgte auf Grund von Ausschußanträgen. Die durch Abs. 1 S. 2 angeordnete Ergänzung des § 1784 BGB. war bereits im Ausschuß beantragt, aber in diesem abgelehnt worden; sie wurde auf Grund eines Antrags im Plenum wieder eingefügt (StenB. S. 7821). Wegen der Aufhebung des Art. 135 EG. BGB. s. § 64.

2. Art. 136 EG. ist ersetzt durch die §§ 41 u. 47 des Gesetzes; soweit durch Art. 136 auch die Vormundschaft von Beamten vorgesehen war, glaubte man, daß ein Ersatz erfolgen könne, indem man die Beamten gemäß § 44 des Gesetzes als Einzelvormünder bestelle (Begr. S. 1261). Wegen einer Übergangsbestimmung zur Aufhebung des Art. 136 s. Art. 4 EG. JWG.

3. Nach § 1783 BGB. sollen weibliche Personen, die mit einem anderen als dem Vater des Mündels verheiratet sind, nur mit Zustimmung des Mannes zum Vormund bestellt werden; nach § 1887 BGB. kann ein weiblicher Vormund, der sich verheiratet, entlassen werden, und ist eine zum Vormund bestellte Frau zu entlassen, wenn der Mann seine Zustimmung zur Übernahme oder Fortführung versagt oder widerruft. Nach § 1784 Abs. 2 BGB. soll ein Beamter oder Religionsdiener, der nach Landesgesetzen einer Erlaubnis zur Vormundschaft bedarf, nicht ohne diese Erlaubnis zum Vormund bestellt werden. Nach dem neu vorgesehenen Abs. 2 darf diese Erlaubnis nur versagt werden, wenn ein wichtiger dienstlicher Grund vorliegt. Das VG. ist im Rahmen des ihm zustehenden Ermessens, weil es dieses sachgemäß zu handhaben hat, nach wie vor verpflichtet, dem in den §§ 1783, 1887 BGB. liegenden verständigen Gedanken Rechnung zu tragen. Goeze § 48 A. 2 meint, die Aufhebung der §§ 1783 u. 1887 sei durch Art. 100 RVerf.. geboten gewesen. Die Bestimmung des neuen Abs. 2 des § 1784 wird dahin auszulegen sein, daß über die Frage, ob ein wichtiger dienstlicher Grund vorliegt, die Dienstbehörde des Beamten bindend entscheidet; das VG. soll deshalb, falls die vorgesetzte Behörde die Erlaubnis versagt, den Beamten auch dann nicht bestellen, wenn es den Grund

nicht für wichtig oder nicht für dienstlich erachtet; dagegen ist es, wenn die vorgesetzte Behörde annimmt, ein wichtiger dienstlicher Grund liege nicht vor, nicht gehindert, seinerseits den Beamten doch und zwar auch wegen seiner dienstlichen Inanspruchnahme für ungeeignet zu erklären.

4. Nach der bisherigen Fassung des § 1786 Nr. 1 konnten weibliche Personen die Übernahme der Vormundschaft schlechthin ablehnen; der Zusatz, den Abs. 1 des § 48 hierzu bringt, beschränkt dieses Recht auf den „Besitz" von zwei oder mehr noch nicht schulpflichtigen Kindern; die Kinder können eheliche oder uneheliche sein. Ferner tritt Befreiung ein, wenn die Sorge für die eigene Familie die Ausübung des Amtes besonders erschwert; es genügt schon Glaubhaftmachung dieses Hindernisses.

Abschnitt V. Die öffentliche Unterstützung hilfsbedürftiger Minderjähriger

§§ 49—54

1. Der V. Abschnitt, d. s. die §§ 49—55, wurde durch die auf Grund des Ermächtigungsges. v. 8. Dez. 1923 (RGBl. 1179) erlassene VO. über die Fürsorgepflicht v. 13. Febr. 1924 (RGBl. 100) und die Reichsgrundsätze über Voraussetzung, Art und Maß der öffentlichen Fürsorge v. 4. Dez. 1924 (RGBl. 765) im wesentlichen gegenstandslos. Er wurde demnach mit Ausnahme des § 55 durch Art. 2 der VO. über das Inkrafttreten des JWG. v. 14. Febr. 1924 (unten Teil III) und § 36 a der oben bezeichneten Grundsätze aufgehoben.

§ 55

Sofern zur Verhütung der Verwahrlosung eines hilfsbedürftigen Minderjährigen besondere Aufwendungen durch Entfernung des Minderjährigen aus seiner bisherigen Umgebung erforderlich sind, bewendet es bei den Vorschriften über die Fürsorgeerziehung Minderjähriger.

1. § 55 ist, während der Abschnitt V im allgemeinen aufgehoben ist, durch Art. 2 der VO. über das Inkrafttreten des JWG. v. 14. Febr. 1924 (unten Teil III) ausdrücklich aufrechterhalten worden.

2. § 55 will mit Rücksicht auf Streitfragen, die in dieser Richtung unter der früheren Gesetzgebung bestanden (s. hierwegen Schiedermair BayFEG. S. 29 ff.), das Verhältnis zwischen dem armenrechtlichen und dem vormundschaftsgerichtlichen Eingreifen regeln. Durch § 6 der Reichsgrundsätze über Voraussetzung, Art und Maß der öffentlichen Fürsorge vom 4. Dez. 1924 (s. unten Anhang Nr. 5) ist (ebenso wie nach dem nun aufgehobenen § 49 JWG.) die öffentliche Unterstützungspflicht auch auf die Erziehung ausgedehnt. Da die FE. nur hilfsweise eintritt (s. § 63 A. 3), könnte an sich in einem gegebenen Fall die FE. abgelehnt werden, weil durch armenrechtliche Fürsorge Abhilfe möglich ist. Art. 55 will nun dieses ausschließen; es soll der Fall der FE. auch gegeben sein, wenn an sich (nach armenrechtlichen Grundsätzen) ein Fall des armenrechtlichen Eingreifens vorläge; eine andere Auslegung des § 55 gibt Riß BayZ. 1924, 191. Die Art und Weise, wie das Gesetz und die Begr. S. 1264 diesen Gedanken zum Ausdruck bringen, ist allerdings nicht glücklich. Diese Belanglosigkeit der armenrechtlichen Unterstützungspflicht besteht aber nur, soweit es sich um die Verhütung der Verwahrlosung (also die Fälle des § 63 Abs. 1 Nr. 1) handelt, nicht für die Fälle der heilenden FE. (§ 63 Abs. 1 Nr. 2). Nicht ausgeschlossen ist aber, daß die Armenverbände auch in Fällen des § 63 Abs. 1 Nr. 1 freiwillig die Obsorge übernehmen; dann wird, vorausgesetzt, daß der Zweck erreicht wird, die FE. wieder unzulässig; die Möglichkeit, daß der Armenverband etwa später seine Leistungen einstellen kann, rechtfertigt allein die FE. nicht (KG. in ZBlV. 1916, 96; KG. im Recht 1916, 568).

3. Eine entsprechende Bestimmung über das Verhältnis zwischen armenrechtlicher Fürsorge und Schutzaufsicht besteht nicht. Da auch letztere Erziehung im Sinne des § 49 ist, hat, soweit nicht Sonderbestimmungen bestehen, insoweit die armenrechtliche Fürsorge einzugreifen; s. auch § 58 A. 6. Gleiches hat zu gelten für Maßnahmen nach §§ 1666, 1631, 1635 BGB. oder bei einer Entfernung eines Pflegekindes nach § 27 JWG. § 55 findet überhaupt nicht Anwendung, wenn bloße Erziehungskosten (ohne Entfernung des Minderjährigen aus seiner Umgebung) aufzuwenden sind (s. LG. Duisburg ZBlV. XVI 269).

Abschnitt VI. Die Schutzaufsicht und die Fürsorgeerziehung

Vorbemerkungen

1. Schutzaufsicht und Fürsorgeerziehung sind besondere Arten der öffentlichen Jugendhilfe (§ 2 A. 1); deren Gegensatz ist die private Erziehung; die SchA. wirkt ergänzend, ebenso wie tatsächliche, die Familie bei der Erziehung unterstützende Maßnahmen des JA. oder Anordnungen des Vormundschaftsgerichts nach § 1631 Abs. 2 S. 2, § 1666, die Pflegschaft oder die Beistandschaft; die FE. dagegen ersetzt die private Erziehung. Die FE. trägt gegenüber der SchA. einen hilfsweisen Charakter; sie ist anzuwenden, wo mit der SchA. der vorbeugende Jugendschutz nicht erfolgreich durchgeführt werden kann (Begr. S. 1266).

2. Grundsätzlich, d. h., soweit nicht in den §§ 56—76 etwas anderes bestimmt ist, gelten für das Verfahren der Gerichte insbesondere auch der Vormundschaftsgerichte in SchA.- u. FE.-Sachen gemäß § 1 FGG. dessen Vorschriften, also vor allem dessen §§ 1—34 (Allgemeine Vorschriften) und 35—64 (Vormundschaftssachen) einschließlich insbesondere auch der Vorschriften über das Beschwerdeverfahren und die Zuständigkeit der Beschwerdegerichte; denn es handelt sich um eine reichsgesetzl. den Gerichten übertragene Angelegenheit der freiw. Gerichtsbarkeit. Aus den Bestimmungen des FGG. sind als für das SchA.- und das FE.-Verf. besonders erheblich die nachstehenden hervorzuheben: Sie betreffen: a) Die Verbindung mit anderen Verfahren, b) die Zulässigkeit der Vertretung, c) den Grundsatz der Amtsprüfung, d) die Anwendung der Vorschriften über den Zeugen- und Sachverständigenbeweis, e) die Zulässigkeit nachträglicher Änderungen der Entscheidungen, f u. g) die Bekanntmachung der Entscheidungen, h) die Wirksamkeit der gerichtlichen Verfügungen, i) die Rechtshängigkeit, k) das Beschwerdeverfahren, l) die Kostenentscheidungen, m) die materielle Rechtskraft, n) die Wiederaufnahme des Verfahrens, o) die Öffentlichkeit des Verfahrens, p) die Gerichtssprache, q) die Akteneinsicht, r) die Bewilligung des Armenrechts, s) die Anwendung unmittelbaren Zwangs.

a) Das SchAVerf. und das FEVerf. werden für die Regel sowohl im Verhältnis untereinander wie zu anderen Vorm.-Sachen auch äußerlich als selbständige Verfahren durchzuführen sein; es ist aber nicht ausgeschlossen, sie untereinander oder mit einem Verfahren nach § 1666 BGB. zu verbinden (KG. in OLG. 11, 302). Es handelt sich hierbei um eine Frage des richterlichen Ermessens; es greift deshalb auch keine Regelung im Wege der Justizverwaltung Platz. Jede inhaltlich zusammengehörige, einen Gegenstand eines selbständigen und einheitlichen gerichtlichen Verf. der freiw. Gerichtsbarkeit bildende Angelegenheit darf immer nur von einem Gericht behandelt werden, so daß jedes andere Gericht von der Behandlung der Angelegenheit ausgeschlossen ist (KG. in RJA. 16, 157). Wegen der Zuständigkeit zur Anordnung der SchA. und der FE. s. § 57 A. 2 und § 65 A. 3.

b) Vertretung ist zulässig und zwar sowohl bei mündlichen Verhandlungen wie bei schriftlichen Erklärungen; sie ist aber ausgeschlossen, wenn das Gericht das persönliche Erscheinen anordnet (§ 13 FGG.); aus der entsprechenden Anwendbarkeit des § 13 ergibt sich, daß das Gericht auch beim schriftlichen Verkehr Vertretung ablehnen kann (KG. in RJA. 8, 249). Die Befugnis, sich vertreten zu lassen, haben aber nur die Beteiligten, d. h. diejenigen, deren Sache behandelt werden soll, deshalb auch der Minderjährige selbst

(Dresd. RJA. 16, 184); aber nicht diejenigen, die als Zeugen oder Auskunftspersonen gehört werden sollen. Auch gelten die Vorschriften über die Vertretung nicht für die behördl. Organe, oder die Organe mit behördlichem Charakter (JA., Helfer), mit denen das VG. in Verkehr tritt. Besondere Eigenschaften sind für die Vertreter nicht gefordert. Für den Nachweis der Vollmacht ist keine Form vorgeschrieben, soweit nicht gemäß § 13 S. 2 FGG. das Gericht oder ein Beteiligter öffentlich beglaubigte Vollmacht verlangt. Es ist deshalb im allgemeinen nicht einmal schriftlicher Nachweis der Vollmacht notwendig; doch muß der Beweis der Bevollmächtigung geliefert werden. Die Beteiligten können auch mit Beiständen erscheinen (§ 13 FGG.). Auch für diese sind keine besonderen Eigenschaften gefordert; doch kann das Gericht Personen zurückweisen, mit denen nicht verhandelt werden kann (Wellstein FGG. § 13 Anm. 2 a).

c) Für den Umfang der Erhebungen gilt § 12 FGG.; § 12 führt nicht den Grundsatz des Amtsbetriebs („Offizialbetriebs"), der übrigens für das Verfahren aus allgemeinen Erwägungen gilt, ein, sondern den beschränkteren der Amtsprüfung („Offizialprüfung"); das Gericht hat darnach bei den Feststellungen, die es zu treffen hat, selbsttätig vorzugehen; Anträge, Verzichte, Geständnisse, Vergleiche der Beteiligten sind bloß Anregungen für das Gericht, haben aber auf seine Feststellungstätigkeit keinen rechtlichen Einfluß. Hinsichtlich der Form, wie es die Grundlage für seine Feststellungen schafft, hat es Freiheit; es kann sich insbesondere auf die Angaben der Beteiligten stützen; es kann formlos Auskunftspersonen hören; es kann aber auch zufolge des § 15 FGG. nach Maßgabe der ZPO. Zeugen und Sachverständige hören und die Beteiligten zur Glaubhaftmachung einer tatsächlichen Behauptung zur Versicherung an Eides Statt zulassen; es kann sich durch Augenscheinseinnahme von den häuslichen Verhältnissen des Minderj. überzeugen. Nicht zulässig ist es aber (vorbehaltl. des § 65 Abs. 4), die zwangsweise Unterbringung eines Beteiligten in einer Heilanstalt anzuordnen zur Vorbereitung eines Gutachtens über seinen Geisteszustand (KGJ. 51, 15; RJA. 16, 170). Auch hinsichtl. des Umfangs der Ermittlungen ist es frei; es braucht nicht alle mögl. Beweismittel zu erschöpfen. Nur die geeignet erscheinenden Beweise sind aufzunehmen; es ist nicht notw., die beantr. Beweise zu erheben (BayOLG. des Falles bieten (Hamb. in OLG. 30, 27). Es müssen alle für die Entscheidung wichtigen Tatsachen erhoben werden und zwar im vollen Umfang (BayOLG. 19, 250) und soweit, als die Tatsache für die rechtliche Beurteilung des Falles erheblich ist (BayOLG. 23, 193). Ob von dem innerhalb dieser Grenzen bestehenden Ermessen ein richtiger Gebrauch gemacht wurde, ist bei der weiteren Beschwerde nicht zu prüfen (BayOLG. 21, 71). Das Gericht braucht auch nicht alle etwa einschlägigen Tatsachen festzustellen, es hat nur die erforderlichen Ermittlungen zu veranstalten; die Grenze bildet lediglich die Frage, ob der Zweck, den die Tätigkeit des Gerichts zu verfolgen hat, erreicht ist oder nicht. Bei seinen Erhebungen hat der Vormundschaftsrichter selbständig vorzugehen; bedient er sich zur Erforschung des Sachverhalts der Hilfe anderer Behörden, wie der Gemeinde-, Schul- und Polizeibehörden, so muß er im Auge behalten, daß ihm selbst die Ermittlungspflicht obliegt und die Hilfe der anderen Behörden nur unterstützender Art sein darf; er darf sich also nicht mit den Berichten dieser Behörden über ihre Ermittlungen begnügen, wenn diese nicht die Wahrnehmungen der Augenzeugen wiedergeben und nur die Mitteilung des Ergebnisses enthalten, zu dem diese Behörden gelangt sind (KG. in OLG. 25, 396); er ist selbstverständlich auch nicht an eine Entscheidung des Strafrichters gebunden, die mangels Beweises freispricht (KG. in OLG. 25, 396 Note 1). Bei Personen, deren Vernehmung notwendig ist, hat das VG. auch den Aufenthalt festzustellen (BayOLG. 21, 40); nicht erreichbare Zeugen braucht es nicht zu vernehmen (BayOLG. 20, 406). Ein Recht auf Anwesenheit bei Vornahme der Erhebungen insbesondere bei Zeugenvernehmungen haben die Beteiligten nicht (BayOLG. in Recht 1916 Nr. 743). Es ist auch nicht notwendig, Erklärungen des einen Teils unter allen Umständen dem anderen mitzuteilen (BayOLG. 19, 299). Wohl aber muß das Erstinstanz- wie das BeschwGericht den Beteiligten über neue Tatsachen hören (Rostock in JFG. 2, 61).

d) Anwendbar sind auch § 15 FGG. und damit auch die Vorschriften der ZPO. über den Zeugenbeweis und den Beweis durch Sachverständige (BayOLG. 4, 1), nicht aber die allgemeinen Vorschriften der ZPO. über die Beweisaufnahme (Karlsr. in BadRpr. 1915, 148); auch soweit sie anwendbar sind, sind sie nur entsprechend anwendbar; hieraus ergibt sich insbes., daß eine formlose Anhörung von Personen, die zeugschaftliche Angaben machen und Gutachten erstatten, nicht ausgeschlossen ist; die Vorschriften der ZPO. finden nur Anwendung, wenn die Führung eines förmlichen Zeugen- oder Sachverständigenbeweises erfolgen soll; ob dies geschehen soll, darüber entscheidet das richterliche Ermessen (BayOLG. 17, 33 auch in OLG. 32, 320). Aber auch bei Anwendung der Vorschriften der ZPO. ist die Erlassung eines formellen Beweisbeschlusses nicht notwendig (Schlegelberger zu § 15 FGG. Anm. 3); sie wird allerdings nicht selten, besonders wenn die Erledigung durch einen ersuchten Richter erfolgen soll, zu empfehlen sein; ein Recht der Beteiligten, der Beweiserhebung anzuwohnen, oder wenn ihnen die Anwesenheit gestattet wird, Fragen zu stellen oder anzuregen, besteht nicht (KGJ. 26 A 175; BayOLG. 17, 1; KG. in RJA. 4, 1). Es ist auch nicht notwendig, die Beteiligten von den Vernehmungsterminen zu benachrichtigen, ihnen die Aussagen mitzuteilen und ihnen Gelegenheit zu geben, sich über jedes Beweismittel und die einzelnen Aussagen zu äußern (OLG. Karlsr. in BadRpr. 1915, 148). Die Beeidigung der Zeugen und Sachverständigen bemißt sich nach § 15 Abs. 1 S. 2 FGG.; d. h. es entscheidet, vorbehaltlich der Vorschriften der ZPO., die unbeeidigte Vernehmung vorschreiben (§§ 393, 402 ZPO.), das Ermessen des Gerichts (BayOLG. 20, 316). Das Recht der Zeugnisverweigerung richtet sich nach §§ 383 ff. ZPO.; an die Stelle der **Parteien treten hier die** Beteiligten; d. s. der Minderjährige und die **Eltern, denen die Sorge für die Person zusteht, im Beschwerdever=fahren außer ihnen** der Beschwerdeführer. Ein Beteiligter **kann** nicht **Zeuge oder Sachverständiger** sein. Werden **Zeugen oder Sachverstän=**dige vernommen, so regelt sich auch ihr Anspruch auf Kostenersatz nach der ZPO. (ZPO. §§ 401, 413).

Zulässig ist es auch, einen Beteiligten zur Glaubhaftmachung einer tatsächlichen Behauptung zur Versicherung an Eides=statt zuzulassen (§ 15 Abs. 2 FGG.).

e) Die nachträgliche Abänderung bei gericht=lichen Entscheidungen durch das entscheidende Gericht ist zu=lässig, wenn das Gericht seine Verfügung nachträglich für ungerecht=fertigt hält (§ 18 Abs. 1 FGG.)[1]; diese Abänderung ist auch nach Einlegung der Beschwerde zulässig, jedoch nicht mehr, wenn das Ge=richt der höheren Instanz materiell entschieden hat (KG. in RJA. 11, 257). Die Änderung ist schlechthin unzulässig, wenn die Verfügung der sofortigen Beschwerde unterliegt (§ 18 Abs. 2 FGG.); wegen einer Ausnahme s. § 67 S. 2 JWG. Die landgerichtliche Entscheidung kann jedenfalls nach Einlegung der weiteren Beschwerde nicht mehr geändert werden, weder von ihm noch vom Gericht erster Instanz (§ 29 Abs. 3 FGG.). Aber auch in anderen Fällen wird seine Ent=scheidung nicht mehr geändert werden können (KGJ. 46 A 3; die Ansicht ist jedoch nicht unbestritten). Zulässig ist die Änderung jeder gerichtlichen Entscheidung solange, bis der Gerichtsschreiber für die Bewirkung der Zustellung durch Aushändigung des zuzustellenden Schriftstückes an den Gerichtsdiener gesorgt hat; denn bis dahin liegt lediglich eine innere Angelegenheit des Gerichts vor; bis dahin ein=laufende nachträgliche Erklärungen müssen auch vom Gericht berück=sichtigt werden, selbst, wenn die Entscheidung schon schriftlich nieder=gelegt ist (KGJ. 46 A 1). **Eine Berichtigung der gerichtlichen Beschlüsse, selbst der mit sofortiger Beschwerde anfechtbaren, ist zulässig und zwar auch nach deren Rechtskraft; die Berichtigung erfolgt unter entsprechender Anwendung des § 319 ZPO.** (BayOLG. 4, 340).

f) Darüber, an wen die gerichtlichen Verfügungen bekannt zu machen sind, enthält das FGG. keine allgemeine Vorschrift; aus § 16 Abs. 1 FGG. folgt nur, daß sie an die Per=sonen bekannt zu machen sind, für welche sie ihrem Inhalt nach be=stimmt sind; an wen aber die Bekanntmachung noch außerdem zu er=folgen hat, ist offen gelassen; es entscheiden die Umstände des Falles; die Bekanntmachung wird an jeden zu erfolgen haben, der ein rechtl. Interesse an der Verfügung hat, insbes. an den etwaigen Antrag=steller; dagegen wird die Beschwerdeberechtigung für sich allein noch kein Recht auf Zustellung der anzufechtenden Verfügung geben. In einigen Fällen hat das JWG. ausdrücklich bestimmt, wem bestimmte

[1]) Eine Ausnahme besteht nur unter einer für das SchA.= und FE.=Verfahren nicht erheblichen Voraussetzung.

Verfügungen bekannt zu machen sind, so in § 57 Abs. 2 u. in § 65 Abs. 5; s. § 65 A. 8.

g) Über die Art der Bekanntmachung entscheidet § 16 Abs. 2 und 3 FGG.; hierzu treten die §§ 46—53 der JMB. vom 2. März 1910, die Ausführung der Zustellungen von Amts wegen betr. (JMBl. 195), geänd. durch JMB. v. 8. Juni 1921 (JMBl. 102) u. Nr. V der JMB. v. 27. Mai 1924 (JMBl. 21). Die nach § 16 Abs. 3 FGG. zugelassene Bekanntmachung zu Protokoll ist ebenfalls eine „Zustellung" im Sinne des Gesetzes (KGJ. 44 A 46); sie ist auch wirksam bei Zustellungen, die eine Frist in Lauf setzen sollen; auch ein Protokoll des Gerichtsschreibers genügt; dagegen nicht formlose Beschlußaushändigung durch den Gerichtsschreiber (BayObLG. im Recht 1913 Nr. 1509). Aus der aus § 16 Abs. 2 FGG. sich ergebenden aushilfsweisen Anwendbarkeit der Vorschriften der ZPO. ergibt sich nicht auch die Anwendbarkeit des § 176 ZPO.; Zustellungen an die Beteiligten selber sind deshalb auch wirksam, wenn sie einen Vertreter bestellt haben (KG. in RJA. 8, 249; BayObLG. 5, 1). Öffentliche Zustellung ist zulässig. Zustellungen an Zöglinge, die sich in Klöstern befinden, können, wenn erstere selbst nicht angetroffen werden, gemäß § 181 Abs. 2 ZPO. wirksam an eine mit der Empfangnahme von Zustellungen und Postsendungen beauftragte Schwester erfolgen (KG. in ZBlV. II 107). Rechtshilfe zum Zwecke der Bekanntmachung von Verfügungen ist unzulässig (Rost. in OLG. 6, 497; Cass. in OLG. 10, 20).

h) Die Wirksamkeit der gerichtlichen Verfügungen tritt ein mit der Bekanntm. an denjenigen, für welchen sie ihrem Inhalt nach bestimmt sind (§ 16 Abs. 1 FGG.). Die Wirksamkeit schließt die Vollstreckbarkeit in sich; denn letztere ist nur eine besondere Äußerungsform der Wirksamkeit bei solchen Verfügungen, die einen vollstreckbaren Inhalt haben. Ihrem Inhalt nach bestimmt ist die Verfügung für diejenigen, auf dessen Rechtsbeziehungen sie ihrem Inhalt nach unmittelbar einzuwirken bestimmt ist (Keidel FGG. § 16 Anm. 3 Abs. 2); mittelbare Beeinflussung kommt nicht in Betracht. Ist die Verfügung in diesem Sinne für mehrere Personen bestimmt, so tritt sie für jede mit der Bekanntm. an sie in Wirksamkeit. Hat die Verfügung einen einheitlichen, aber für mehrere Personen bestimmten Inhalt, so wird sie sinngemäß erst mit der Bekanntm. an alle wirksam (vgl. wegen abweichender Ansichten Schlegelberger § 16 Anm. 28). Formelle Rechtskraft ist keine Voraussetzung der Wirksamkeit, auch nicht bei Verfügungen, die der sofortigen Beschwerde unterliegen (RGSt. 41, 354; Keiner in ZBlFG. 2, 135; a. A. RGZ. 75, 276 aber ohne nähere Begründung und wohl nur in der irrigen Annahme, daß der bloß für die Entscheidungen der Beschwerdegerichte anwendbare § 26 FGG. schlechthin gelte); die Wirksamkeit ist aber auflösend bedingt. Auch die Beschwerde hat als solche keine aufschiebende Wirkung (§ 24 Abs. 1 FGG.); das Gericht, dessen Verfügung angefochten wird, kann aber die Aussetzung der Vollziehung anordnen; das gleiche kann das Beschwerdegericht vor seiner Sachentscheidung tun (§ 24 Abs. 2 u. 3 FGG.). Nur die Entscheidung des Beschwerdegerichts wird in den Fällen, in denen sofortige weitere Beschwerde stattfindet, erst mit der Rechtskraft wirksam; es kann aber die sofortige Wirksamkeit seiner Entscheidung anordnen (§ 26 FGG.) Von diesen Bestimmungen des FGG. besteht für das FE.-Verfahren eine Ausnahme in den Fällen des § 65 Abs. 6.

i) Die anderweitige Anhängigkeit einer Sache steht der Geltendmachung derselben vor einem anderen Gericht auch im Verfahren der freiwilligen Gerichtsbarkeit entgegen; diese anderweitige Anhängigkeit ist hier von Amts wegen zu berücksichtigen. Das frühere Verfahren ist noch solange anhängig, als in diesem noch Beschwerde oder weitere Beschwerde möglich sind (BayOLG. 16, 118; auch Seuff.-Arch. 71, 86).

k) Das Beschwerdeverfahren ist geregelt durch §§ 19 bis 30 FGG. und im besonderen hinsichtlich der Vormundschaftssachen durch die §§ 57—64 FGG. Aus diesen Vorschriften ist hier hervorzuheben:

Anfechtbar mit Beschwerde sind nur klar umschriebene behördliche Anordnungen, deren Nichtbefolgung für den, dem die Anweisung erteilt wurde, einen Rechtsnachteil nach sich zieht, nicht aber bloße Ratserteilungen oder die Ankündigung künftiger Maßregeln (BayOLG. 21, 40; Hamb. in OLG. 32, 413, auch SeuffArch. 71, 255; gegen diese E. Josef in ZBlVorm. VIII 212). Anfechtbar ist grundsätzlich nur der entscheidende Teil der Entscheidungen; die Gründe sind im allg. unanfechtbar (BayOLG. 19, 141); sie sind es nur dann, wenn ein in die Gründe gestellter Satz nicht bloß der Begründung des entscheidenden Teils dienen soll, sondern selbst eine Entscheidung enthält (KGJ. 48 A 52). Der Beschwerde und der weiteren Beschwerde unterliegen auch Zwischenverfügungen, wenn sie die Möglichkeit einer Rechtsbeeinträchtigung in sich schließen (KG. in RJA. 12, 208), so insbesondere, wenn sie gewisse Punkte unanfechtbar feststellen sollen, wie z. B. bei Vorabentscheidungen über die Zuständigkeit (KGJ. 53, 6); dagegen nicht, wenn sie nur bestimmt sind, das Verfahren vorzubereiten und zur Sache nicht Stellung nehmen (KG. in RJA. 15, 169); schlechthin nur gegen in der Sache selbst ergehende Endentscheidungen will die weitere Beschw. zulassen BayOLG. 18, 11. Auch gegen Beschlüsse auf Aussetzung des Verfahrens und zwar sowohl der Vormundschaftsgerichte wie der Beschwerdegerichte findet demgemäß unter dieser Voraussetzung die Beschwerde statt (KGJ. 35 A 113; RJA. 9, 75); a. A. allerdings RG. in RJA. 14, 85; LZ. 1915, 1246; hiergegen wieder KGJ. 48 A 44; die Ausführungen des RG. sind gegenüber den Gründen der angeführten Entscheidungen des RG. nicht überzeugend.

Hinsichtlich der Beschwerdeberechtigung sind für das SchA.- wie für das FE.-Verfahren erheblich § 20 Abs. 1, § 57 Abs. 1 Nr. 9 u. Abs. 2, § 58 u. § 59 FGG. Nach § 20 steht die Beschwerde jedem zu, dessen Recht durch die Verfügung beeinträchtigt wird; nach

§ 57 Abs. 1 Nr. 9 steht gegen eine Verfügung, die eine Entscheidung über eine die Sorge für die Person des Kindes oder des Mündels betreffende Angelegenheit enthält, die Beschwerde jedem zu, der ein berechtigtes Interesse hat, diese Angelegenheit wahrzunehmen. Diese Vorschrift findet nach § 57 Abs. 2 auf die sofortige Beschwerde keine Anwendung. Nach § 58 Abs. 1 kann, wenn mehrere Vormünder oder Pfleger die Vormundschaft oder Pflegschaft gemeinschaftlich führen, jeder von ihnen das Beschwerderecht selbständig ausüben; § 58 Abs. 2 behandelt besondere Fälle, bei denen die Personensorge und die Vermögenssorge in verschiedenen Händen liegen. Nach § 59 kann ein unter elterlicher Gewalt oder unter einer Vormundschaft stehendes Kind in allen seine Person betreffenden Angelegenheiten sowie in allen Angelegenheiten, in denen es vor einer Entscheidung des VG. gehört werden soll, ohne Mitwirkung seines gesetzlichen Vertreters das Beschwerderecht ausüben; doch findet diese Vorschrift auf geschäftsunfähige und auf solche Personen, die das vierzehnte Lebensjahr noch nicht vollendet haben, keine Anwendung.

Im einzelnen ist hierzu zu bemerken: § 20 FGG. verlangt, daß ein Recht des Beschwerdeführers beeinträchtigt wird; auch Beeinträchtigung eines öffentl. Rechts genügt (BayObLG. 20, 55); die bloße Verletzung eines wirtschaftlichen ja selbst eines rechtlichen oder eines berechtigten Interesses gibt also kein Beschwerderecht nach § 20; außerdem muß dieses Recht beeinträchtigt sein und zwar unmittelbar. Der § 20 FGG. begründet deshalb kein Beschwerderecht des Stiefvaters des Minderjährigen (BayObLG. 11, 160 auch BayZ. 1910, 180). Ein Elternteil, dem die Sorge für die Person entzogen ist, hat auf Grund des § 20 kein Beschwerderecht, denn es ist möglicherweise zwar ein berechtigtes Interesse, aber kein Recht desselben verletzt (KG. in OLG. 26, 272); soweit die Mutter ein Beschwerderecht auf Grund des § 20 hat, hat es auch der Beistand (BayObLG. in OLG. 30, 146).

§ 57 Nr. 9 FGG. setzt zunächst voraus, daß es sich um eine die Personensorge betreffende Angelegenheit handelt, wobei es aber genügt, wenn die Angelegenheit nur mittelbar auf die Personensorge einwirkt (KG. in OLG. 33, 380); diesem Erfordernis (vgl. hierzu §§ 1631—1633, 1800 BGB.) wird bei Beschwerden in SchA.- u. in FE.-Sachen stets genügt sein; im übrigen verlangt er nur ein berechtigtes Interesse, es genügt weder ein allgemein menschliches Interesse, noch ist andererseits ein rechtliches Interesse notwendig (BayObLG. 13, 267). Ein berechtigtes Interesse hat jeder, der zu dem Kinde in Beziehungen steht, die es gerechtfertigt erscheinen lassen, daß er sich um die Person des Kindes annimmt (KGJ. 45 A 34); es muß sich aber hierbei um ein Interesse des Kindes, nicht um ein solches des Beschwerdeführers handeln (KG. in RJA. 9, 4; BayObLG. 20, 15); außerdem muß sich das berechtigte Interesse gerade auf die SchA. u. die FE. beziehen; es genügt nicht das Interesse an der Personensorge im allgemeinen (s. KGJ. 47 A 25; KG. in OLG. 31, 278; Recht 1915 Nr. 2349). Demgemäß haben ein Beschwerderecht die nächsten Verwandten (KG. in RJA. 2, 113); so der Großvater (BayObLG. 4,

223); Geschwister (BayObLG. 3, 673); aber auch der Mann der Mutter für Kinder, deren Vater er nicht ist (KG. in RJA. 9, 4; BayObLG. 16, 150); dieses Beschwerderecht des Stiefvaters folgt aber nicht aus der Schwägerschaft, sondern aus der mit der Schwägerschaft regelmäßig verbundenen nahen persönlichen Beziehung, entfällt also beim Wegfall dieser (KG. in OLG. 33, 364). Ist einem Elternteil die Personensorge entzogen, so hat er gleichwohl das Beschwerderecht des § 57 Nr. 9, außer es ist erkennbar die Beschwerde nicht im Interesse des Kindes, sondern im eigenen oder fremden Interesse eingelegt (KGJ. 47 A 30; KG. in OLG. 31, 283; BayObLG. 15, 725; BayObLG. in OLG. 31, 282); a. A. KGJ. 34 A 26; KG. in OLG. 26, 272. Ferner haben ein Beschwerderecht der Vormund kraft eigenen Rechts (KGJ. 46 A 91); ebenso der Beistand (BayObLG. 14, 213); auch, wer das Kind auf Grund einer Vereinbarung mit den Eltern seit Jahren erzog (BayObLG. in RJA. 12, 86); der Gemeindewaisenrat (KG. in OLG. 31, 281; BayObLG. 18, 23); nicht aber der Bürgermeister als solcher hinsichtlich der in der Stadt sich aufhaltenden Kinder (KGJ. 45 A 34); wohl aber Pfarrer hinsichtlich der Pfarrkinder (BayObLG. 14, 297; die Jugendfürsorgeverbände (BayObLG. 15, 384); sonstige Vereine, deren Zweck die Jugendfürsorge ist, z. B. evangelische Magdalenenvereine (BayObLG. 16, 62); die Bezirksverwaltungsbehörde (BayObLG. in BayZ. 1915, 274; SeuffBl. 69, 445); kein Beschwerderecht dürften für die Regel die Fürsorgeverbände haben; denn sie würden damit ein eigenes nicht ein Interesse des Kindes verfolgen; a. A. BayObLG. 18, 23.

Sonderbestimmungen für die Beschwerdeberechtigung in FE.-Sachen enthalten für die die FE. ablehnenden und aufhebenden Entscheid. § 65 Abs. 6 JWG., für Aussetzungsbeschlüsse § 66 Abs. 2 JWG. und für Beschlüsse auf vorläuf. FE. § 67 JWG.

Die Beschwerde kann beim **judex a quo u. ad quem** eingereicht werden (§ 21 Abs. 1 FGG.). Die weitere Beschw. kann bei dem Gericht erster Instanz, dem Landgericht oder dem Obersten LG. eingereicht werden (§ 29 Abs. 1 S. 1 FGG.) Die Einlegung erfolgt durch Einreichung einer BeschwSchrift oder durch Erkl. zu Prot. des Gerichtsschr. desj. Gerichts, dessen Verfügung angefochten wird, oder des BeschwGerichts (§ 21 Abs. 2 FGG.). Wird die weitere Beschw. durch Einreichung einer BeschwSchrift eingelegt, so muß sie von einem Rechtsanwalt unterzeichnet sein; letzteres ist nicht notwendig, wenn die Beschw. von einer Behörde oder einem Notar eingelegt wird, der in der Sache für den Beschwerdeführer bei dem Gericht erster Instanz einen Antrag gestellt hat (§ 29 Abs. 1 S. 2 u. 3). Behörden sind auch die JÄmter. Die BeschwSchrift muß vom BeschwFührer eigenhändig unterzeichnet sein (KGJ. 50, 10 gegen Schlegelberger § 11 A. 22 ff., § 21 A. 2). Auch die BeschwSchrift einer Behörde muß von ihrem Vertreter unterzeichnet sein; es genügt aber der Eingang einer Ausfertigung oder begl. Abschrift sowie eines Telegramms, wenn die Urschrift von dem ordnungsmäßigen Vertreter unterzeichnet ist (KGJ. 50, 10). Behörden sind auch eine Kirchenverw. u. ihr Vorstand und zwar auch für die Zeit nach der Verfassung v. 12. Aug. 1919 (BayOLG. 20, 55). Auch ein städt. Berufsvormund ist eine Behörde (BayOLG. 19, 12; 20, 10). Der Rechtsanwalt kann auch ein nichtbayer. sein. (BayOLG. 20, 65). Das Prot. muß ein solches des Gerichtsschreibers sein; das ist es nicht, wenn das Protokoll ein richterl. ist, das nur der Gerichtsschr. mitzeichnet; denn der Gerichtsschr. muß die Verantwortung für die Abfassung haben (KGJ. 53, 3; a. A. BayOLG. 21, 60; noch weitergehend BayOLG. 22, 255, auch JEFG. 1, 25, das auch ein richterliches Protokoll ohne Mitzeichnung des Gerichtsschreibers genügen läßt, mit der, wohl für eine gesetzliche Neuregelung aber nicht für die Auslegung des geltenden Gesetzes schlüssigen, Begründung, daß der vom Gesetz durch die Zuziehung des Gerichtsschreibers angestrebte Zweck der Hintanhaltung unzulässiger Beschwerden in noch höherem Grade erreicht werde, wenn der Richter mitwirkt; dagegen auch RG. 110, 311). Unzulässig ist die Beschwerde auch, wenn der Gerichtsschreiber nur eine Parteierklärung wörtlich in sein Protokoll übernommen hat (KGJ. 53, 1); oder, wenn er das Protokoll „auf ausdrückliches Verlangen nach Diktat aufnimmt" (KG. in JEFG. 1, 23). Einlegung zu Protokoll eines anderen Gerichtsschreibers als das der ersten Instanz oder des Beschwerdegerichts soll genügen, wenn der Gerichtsschreiber von einem zuständigen Gericht um Entgegennahme der Beschwerdeerklärung ersucht wird (BayOLG. 23, 181); die Entscheidung ist unrichtig; denn das Gericht kann seine Zuständigkeiten nicht beliebig weiter übertragen; es handelt sich auch nicht um Rechtshilfeleistung. Die Beschwerde kann sich, abweichend von der für das Zivilprozeßverfahren getroffenen Regelung (§ 91 Abs. 1 ZPO.), auch auf die Anfechtung der Entscheidung im Kostenpunkt beschränken (BayOLG. 23, 181).

Für die Fälle der sofortigen Beschwerde besteht eine Beschwerdefrist von zwei Wochen. Die Frist beginnt mit dem Zeitpunkt der Bek. der Verfügung an den Beschwerdeführer. Nach BayOLG. 22, 340 soll die Frist auch gewahrt sein, wenn die Beschwerde fristgemäß vor dem ersuchten Gericht erklärt ist, auch wenn sie dem zuständigen Gericht erst verspätet zugeht. Unter den Voraussetzungen des § 22 Abs. 2 FGG. ist Wiedereinsetzung zulässig; dieses gilt auch für die sofortige weitere Beschwerde (FGG. § 29 Abs. 4); abweichend von der Regelung in der ZPO. ist hier zur Begründung der Wiedereinsetzung nicht ein unabwendbarer Zufall nötig, sondern es genügt schon der Mangel eines Verschuldens; der Begriff des Verschuldens bestimmt sich hierbei nach § 276 BGB. (KGJ. 51, 15 gegen Schlegelberger § 22 A. 9). Einen Wiedereinsetzungsgrund bildet auch unrichtige oder unvollständige Belehrung eines Beschwerdeführers über die formellen Voraussetzungen der Rechtsmitteleinlegung durch einen zuständigen Richter oder Beamten (BayOLG. 23, 3).

Soweit eine Verfügung der sofortigen Beschwerde unterliegt, findet auch gegen die Entscheidung des Beschwerdegerichts die sofortige weitere Beschwerde statt (§ 29 Abs. 2 FGG.). Soweit das LG. als erste Instanz entscheidet, wenn auch im Laufe eines Beschwerdeverfahrens, z. B. bei Bewilligung des Armenrechts für die Beschwerdeinstanz, findet gegen die Beschlüsse die einfache nicht die sofortige Beschwerde statt; zuständig zur Entscheidung ist das Oberste LG. (BayOLG. 18, 284; KGJ. 51, 8; Schlegelberger § 14 A. 17).

Die Beschwerde und die weitere Beschwerde bedürfen weder eines Antrags noch einer Begründung (BayOLG. 12, 230); auch Mängel des Verfahrens brauchen, selbst bei der weiteren Beschwerde nicht ausdrücklich gerügt zu werden (BayOLG. 12, 245). Sind Anträge gestellt und ist eine Begründung gegeben, so hat das Gericht gleichwohl die Pflicht, die Entscheidung in jeder Richtung nach der formellen wie der materiellen Seite zu prüfen (Stuttg. im Recht 1917 Nr. 107). Ist in der Beschwerdeschrift die Einreichung einer Begründung in Aussicht gestellt, so ist diese für die Regel abzuwarten oder eine Frist zur Einreichung zu setzen, bevor sachlich entschieden wird (Dresd. in OLG. 36, 185). Bei der weiteren Beschwerde braucht aber der Beschwerdeführer zwar nicht die einzelnen Rechtsverletzungen zu rügen, wohl aber muß der Inhalt der weiteren Beschwerde ergeben, daß es sich nicht bloß um eine Anfechtung der festgestellten Tatsachen oder um die Herbeiführung einer anderen Beweiswürdigung handelt, sondern es muß die rechtsirrige Anwendung oder die Nichtanwendung des Gesetzes den Gegenstand des Beschwerdeangriffs bilden (Karlsr. in BadRpr. 1915, 54). Die Beschwerde, nicht aber die weitere Beschwerde, kann auf neue Tatsachen und neue Beweise gestützt werden (§ 23 FGG.).

Die weitere Beschwerde ist nur zulässig, wenn die Entscheidung auf einer Verletzung des Gesetzes beruht; die §§ 550, 551, 561, 563 ZPO. finden entsprechende Anwendung (§ 27 FGG.; BayOLG. 14, 39); es muß sich um die Nichtanwendung oder die unrichtige Anwendung einer Rechtsnorm handeln (BayOLG. 10, 131); maßgebend ist auch für das Gericht der weiteren Beschwerde der Rechtszustand z. Z. der Erlassung des Beschwerdebeschlusses (KG. in OLG. 42, 182); die Verletzung ausländischen Rechts fällt nicht hierher (Hamb. in RJA. 15, 1; OLG. 30, 405 u. 31, 274; KG. in OLG. 42, 182 gegen BayOLG. 13, 178). Hieraus ergibt sich: Das Gericht der weiteren Beschwerde kann sich mit der Richtigkeit der getroffenen Feststellungen nicht befassen (BayOLG. 12, 66); neue Tatsachen können nicht vorgebracht werden (BayOLG. 12, 570); auch nicht neue Beweismittel beigebracht werden (BayOLG. 15, 166). Unrichtige Ausübung des richterlichen Ermessens ist keine Gesetzesverletzung (OLG. Karlsr. in BadRpr. 1908, 271; BayOLG. 12, 66; 20, 296); doch ist es wieder Rechtsfrage, wann die Grenzen des Ermessens überschritten sind (BayOLG. 23, 39); vgl. wegen der Grenzen des Prüfungsrechts bei Ermessensfragen Pitel in BlZFG. 5, 242. Zu prüfen ist, ob nicht bei Feststellung der Tatsachen eine Rechtsverletzung erfolgte (BayObLG. 10, 569); eine solche Verletzung wurde (kaum mit Recht) auch konstruiert durch Annahme eines Verstoßes gegen die Grundsätze der freien Beweiswürdigung (BayObLG. 19, 231). Auch bei Fehlern im Verfahren darf die Entscheidung nur dann aufgehoben werden, wenn sie auf dem Verstoß beruht (BayObLG. 12, 499; KG. im Recht 1907, 1552), also auch nicht, wenn die vorgeschriebene Anhörung gewisser Personen (s. z. B. § 65 Abs. 2) unterblieb, aber nicht anzunehmen ist, daß die Befolgung der Vorschrift zu einem anderen Ergebnis geführt hätte (BayObLG. 18, 234, 228); eine Ausnahme bilden aber die Fälle des § 551 Nr. 1—7 ZPO. Auf Zuwiderhandlungen gegen die formelle Geschäftsbehandlung regelnde Ministerialentschließungen kann die Beschwerde nicht gestützt werden (BayObLG. 18, 23). Unzulässig ist die weitere Beschwerde gegen eine gemäß § 24 Abs. 3 FGG. ergangene vorläufige Anordnung, oder einen Beschluß, durch den das Beschwerdegericht eine solche Anordnung aufhebt (KGJ. 23 A 1; KG in ZBlFG. 16, 617).

Das Verbot der Reformatio in peius zuungunsten des Beschwerdeführers gilt grundsätzlich auch für das Gebiet der freiwilligen Gerichtsbarkeit; doch ist eine Abänderung zuungunsten des Beschwerdeführers unter Umständen möglich, soweit das Prinzip der Offizialtätigkeit des Gerichts gilt (KG. in RJA. 14, 96). Für das Gebiet der SchA. u. der FE. wird demnach eine Abänderung zuungunsten des Beschwerdeführers zulässig sein bei der (bei ihm meistens gebotenen) Zurückverweisung.

Maßgebend ist für das Beschw.-Gericht der Sachverhalt im Augenblick seiner Entscheidung (BayObLG. 21, 294).

Zuständig zur Verbescheidung der Beschwerden ist die Zivilkammer des Landgerichts (§ 19 Abs. 2, § 30 Abs. 1 FGG.). Über die weitere Beschwerde entscheidet der Zivilsenat des Obersten Landgerichts (§ 28 Abs. 1, § 30 Abs. 1, § 199 FGG. Art. 42 Abs. 3 AG. GVG. in der Fassung des Art. 167 Nr. 12 AG. BGB.). Der Grundsatz der Tätigkeit von Amts wegen (§ 12 FGG.) gilt auch für das Beschwerdegericht (Stuttg. im Recht 1917 Nr. 106). Das Beschwerdegericht braucht aber dem Beschwerdeführer die Gründe des Vorlageberichts des VG. nicht mitzuteilen (BayObLG. 18, 41).

Das Beschwerdegericht hat, was den Inhalt seiner Entscheidung betrifft, grundsätzlich über die Sache selbst zu entscheiden; doch ist es nicht ausgeschlossen, daß es sich auf die Aufhebung des angefochtenen Beschlusses beschränkt und die sachliche Entscheidung dem Untergericht überträgt (BayObLG. 10, 186; zweifelnd BayObLG. 20, 368); das Oberste Landesgericht bedient sich der Formel „die Sache wird zur anderweitigen Entscheidung (Verfügung)" zurückverwiesen. Das KG. beschließt die „Zurückverweisung zur anderweiten Erörterung und Entscheidung nach Maßgabe der folgenden Gründe" (s. Schlegelberger § 25 Anm. 11). Wird einer Beschwerde nicht stattgegeben, so ist es üblich, zu entscheiden, die Beschwerde wird verworfen oder als unzulässig verworfen, dieses, wenn formelle

Mängel vorliegen; oder sie wird zurückgewiesen oder als unbegründet zurückgewiesen, dieses, wenn eine sachliche Würdigung stattfindet; so ist auch die Ausdrucksweise des BayObLG. (s. BayObLG. 11, 160).

Unzulässig ist die Beschwerde, wenn sie an sich nicht statthaft ist oder nicht formgerecht oder nicht fristgemäß eingelegt wurde; aber auch von vorneherein gegenstandslose Beschwerden fallen hieher (BayObLG. 19, 241); unzulässig ist insbesondere eine weitere Beschwerde, die sich auf Punkte erstreckt, auf die sich die Beschwerde des Beschwerdeführers nicht erstreckte (BayObLG. 19, 49); unbegründet ist die Beschwerde, wenn der unmittelbare Grund für die Entscheidung in einer die Sache selbst betreffenden Erwägung liegt. Das Gericht darf nicht unentschieden lassen, ob es die Beschwerde als unzulässig oder als unbegründet zurückweist; es darf die als unzulässig erachtete Beschwerde auch nicht hilfsweise als unbegründet zurückweisen (BayObLG. 18, 276 u. 27; KG. in OLG. 35, 346).

Bei Zurückverweisung einer Sache sind die Untergerichte an die Entscheidung des Beschwerdegerichts gebunden; § 565 Abs. 2 ZPO. ist entsprechend anwendbar (BayObLG. 19, 96; 18, 27).

Die Entscheidungen des Beschwerdegerichts u. des Gerichts der weiteren Beschwerde sind zu begründen (§ 24, § 29 Abs. 4 FGG.). Und zwar muß, da das Rechtsmittel der weiteren Beschwerde der Revision gleichsteht, aus der Entscheidung des Beschwerdegerichts dem Gericht der weiteren Beschwerde der Sachverhalt erkennbar sein (anders wie bei weiterer Beschwerde nach der ZPO., wo das Gericht der weiteren Beschwerde auf Grund der Akten entscheiden kann); es ist allerdings nicht immer ein vollständiger Tatbestand erforderlich, wohl aber muß erkennbar sein, worauf das LG. seine Rechtsausführungen stützt (KGJ. 48, 1). Tatsachen, die der Entscheidung zugrunde liegen, sind bestimmt zu bezeichnen (Rostock in JFG. 2, 61). Diese Vorschriften gelten auch bei Entscheidungen nach § 67 JWG.; a. A. vielleicht KG. in JR. 1925 Nr. 1141.

l) Wegen der Entscheidungen im Kostenpunkt s. JWG. § 74 A. 6 u. Bem. 5 vor § 56.

m) Ob es materielle Rechtskraft auf dem Gebiet der freiwilligen Gerichtsbarkeit gibt, ist sehr bestritten. Das KG. steht auf dem wohl zutreffenden Standpunkt, daß sich diese Frage nicht allgemein entscheiden läßt, sondern ihre Beantwortung von dem Wesen des einzelnen Rechtsgebiets abhängt (KG. in RJA. 11, 25); für das Gebiet der FG. nimmt es materielle Rechtskraft in dem Sinn an, daß die Entscheidung bei unveränderter Sachlage unabänderlich ist (KGJ. 24 A 37); die Rechtsprechung des BayObLG. ist noch keine entschiedene; BayObLG. 14, 532 erklärt die materielle Rechtskraft auf dem Gebiet der freiwilligen Gerichtsbarkeit für ausgeschlossen; nach BayObLG. in BayZ. 1916, 203 soll eine Abänderung der Entscheidung jedenfalls zulässig sein bei einer Änderung der Gesetzgebung und der tatsächlichen Verhältnisse; dieser Fall habe aber mit der Frage der materiellen Rechtskraft nichts zu tun; BayObLG. 15, 494 bemerkt, daß das Untergericht eine mit der Entscheidung der höheren Instanz in Widerspruch stehende Verfügung nur bei veränderter Sachlage treffen darf; dieses soll sich aus dem Wesen des Instanzenzuges ergeben. Aus dem Schrifttum vgl. zu dieser Frage Josef in DRichtZ. 1916, 498; Cohn in BuschsZ. 46, 159; Kamm, ebendort 44, 84; Brauns, ebendort 44, 215; Marten in ZBlFG. 16, 258; Becker, ebendort 16, 281; Josef, ebendort 15, 149; Heyn ebedort 13, 654; Jurbach, ZBlV. XIV 489. Hinsichtlich der Sch A. steht die Begr. S. 1267 auf dem Standpunkt, daß das Gericht zur Abänderung seiner Entscheidung befugt ist, wenn sich nachträglich herausstellt, daß diese nicht haltbar ist.

n) Eine Wiederaufnahme des Verfahrens kennt das FGG. nicht; sie ist deshalb auch im SchA.- u. FE.-Verfahren nicht zulässig (BayObLG. 14, 532; KG. in OLG. 21, 273). Für die Regel wird ein Antrag auf Wiederaufnahme des Anordnungsverfahrens als ein solcher auf Aufhebung der FE. nach § 72 Abs. 2 aufzufassen sein (s. BayObLG. 18, 172).

o) Das Verfahren ist nicht öffentlich; ausdrückliche Bestimmungen hierüber enthält weder das FGG. noch das JWG.; aus dem Schweigen des Gesetzes folgt, daß kein Recht auf Öffentlichkeit besteht; andererseits ergibt sich aber aus dem Schweigen des Gesetzes weiter, daß auch kein Recht auf Ausschluß der Öffentlichkeit besteht; es entscheidet also das Ermessen des Richters.

p) Hinsichtlich der Gerichtssprache ist hervorzuheben, daß Eingaben, die nicht in deutscher Sprache abgefaßt sind, nicht berücksichtigt werden dürfen; es wird insbesondere durch solche keine Frist gewahrt (§ 8 FGG. mit § 186 GVG.; s. Struckmann-Koch, ZPO. zu § 186 GVG.; RGZ. 31, 428; RMG. in DJZ. 1916, 345).

q) Die Einsicht der Akten kann jedem insoweit gestattet werden, als er ein berechtigtes Interesse glaubhaft macht. Das gleiche gilt von der Erteilung einer Abschrift; die Abschrift ist auf Verlangen zu beglaubigen (§ 34 FGG.); die Akteneinsicht kann aber verweigert werden, wenn dem berechtigten Interesse des Antragstellers ein gleiches oder höheres Interesse der Öffentlichkeit oder anderer Personen an der Geheimhaltung der Einsicht gegenübersteht, so die Gefahr, daß Zeugen Belästigungen ausgesetzt sind; doch muß dann der Akteninhalt auf andere Weise bekanntgegeben werden (BayObLG. 22, 159). Besteht ein berechtigtes Interesse, so stehen diese Rechte auch dem Minderjährigen selbst (oder seinem Bevollmächtigten) zu, so in den Fällen des § 59 FGG., wenn dargelegt ist, daß es sich um eine Angelegenheit handelt, die er selbst betreiben kann (Dresd. RJA. 16, 184). Das hinsichtlich der Akteneinsicht bestehende Ermessen ist trotz des Wortes „kann" kein freies, sondern muß sich nach sachlichen Erwägungen bestimmen; es kann deshalb im ordentlichen Beschwerdeweg verfolgt werden (BayObLG. 13, 424); es ist richterliches

Ermessen und kann deshalb nicht im Wege der Justizverwaltung geregelt werden (s. auch VVO. § 106). Die Unterscheidung, die BayObLG. 22, 159 aufstellt dahingehend, daß die Akteneinsicht in das pflichtgemäße Ermessen des Gerichts gestellt sei, aber „kein Rechtsanspruch darauf bestehe", verkennt das Wesen des richterlichen Ermessens; auch Verhältnisse, die nach dem richterlichen Ermessen zu regeln sind, sind rechtlich geregelt; es besteht auch auf die nach richterlichem Ermessen zu gewährende Leistung ein Rechtsanspruch. Dagegen ist die Frage, in welcher Form es gewährt werden soll, z. B. die Frage, ob die Akten in die Wohnung des Einsehenden abgegeben werden sollen, eine Angelegenheit der Justizverwaltung und auch nur im Wege der Aufsichtsbeschwerde verfolgbar (KG. in OLG. 33, 1). Das Recht der Akteneinsicht erstreckt sich auf die Beiakten, solange sie den Akten über die SchA. oder die FE. beiliegen (BayObLG. in Recht 1913 Nr. 1007; a. A. Celle, OLG. 33, 63); dagegen nicht auf Bestandteile der Akten, die sich zu Unrecht in den Akten befinden und mit der Sache, für die der Akt bestimmt ist, außer Zusammenhang stehen (KG. in RJA. 15, 253). Abschriftenerteilung aus den Beiakten wird nicht gefordert werden können, auch nicht, solange sich die Beiakten bei den SchA.- oder FE.-Akten befinden. Für Beschwerden hinsichtlich der Akteneinsicht gelten die allgemeinen Vorschriften des § 19 FGG., nicht etwa die Sondervorschriften für die Beschwerden im Verfahren auf Anordnung der FE. (KGJ. 53, 64). Wegen der auf einer Justizverwaltungsvorschrift beruhenden Akteneinsicht durch die Vorstände der Anstalten, in denen Zöglinge untergebracht sind, s. VVO. § 129 Abs. 3.

r) Zulässig ist im SchA.- wie im FE.-Verfahren die Bewilligung des Armenrechts nach Maßgabe der Vorschriften der ZPO.; hierbei kann auch dem Antragsteller ein Rechtsanwalt beigegeben werden (§ 14 FGG.; §§ 34—36 RAO.). Der Umstand, daß nach § 74 im FE.-Verfahren die gerichtl. Verhandlungen gebühren- und stempelfrei sind und die baren Auslagen vom Staate getragen werden, macht die Bewilligung des Armenrechts auch für dieses nicht überflüssig; von Bedeutung bleibt sie insbesondere für die aus § 115 Nr. 3 ZPO. sich ergebende Berechtigung zur Beiordnung eines Gerichtsvollziehers und die aus § 34 RAO. sich ergebende Möglichkeit der Beiordnung eines Rechtsanwalts. Das Beschwerdeverfahren bei Versagung des Armenrechts bemißt sich nicht nach den Vorschriften der ZPO., sondern nach §§ 19 ff. FGG. (OLG. Colmar in OLG. 28, 329). Die Gebühren des im Armenrecht beigeordneten Rechtsanwalts werden jedoch nur in bürgerlichen Rechtsstreitigkeiten aus der Staatskasse ersetzt (§ 1 des Ges. v. 6. Febr. 1923, RGBl. 103).

s) Des weiteren kommt, da es sich bei der SchA. wie bei der FE. um Angelegenheiten der freiw. Gerichtsbarkeit handelt, zur Anwendung Art. 130 AG. BGB., betr. die Anwendung unmittelbaren Zwangs zum Vollzug einer gerichtlichen Verfügung, vgl. hierzu wegen der Gebühren der Gerichtsvollzieher für die Ausführung solcher Zwangsmaßregeln insbesondere für die Vorführung oder Inhaftnahme einer Person § 7 der Landesgebührenordnung für Gerichtsvollzieher v. 18. Febr. 1924 (GVBl. 58).

1. Die Schutzaufsicht

Vorbemerkungen

1. Die in §§ 56—61 geregelte vorbeugende Schutzaufsicht, im Gegensatz zu der im Strafverfahren gegen Jugendliche erscheinenden, im JGG. geregelten heilenden Schutzaufsicht (gegen diese Unterscheidung Francke JGG. § 7 A. VII), ist eine vormundschaftsgerichtliche, der Beistandschaft verwandte Maßnahme; sie ermöglicht ein Eingreifen in Fällen, in denen § 1666 BGB., der grundsätzlich ein Verschulden des Vaters oder der Mutter voraussetzt, nicht ausreicht. Sie bestand als freiwillige Tätigkeit schon vor dem JWG. und hatte in Preußen auch eine behördliche Anerkennung durch die Verfügung des preuß. Justizministers v. 18. Febr. 1918 (JMBl. 49), betr. Maßnahmen auf dem Gebiet der Jugendfürsorge insbesondere der Kriegswaisenpflege, gefunden (s. hiezu JEFG. 2, 84), eine gesetzliche Regelung aber vor dem JWG. weder durch Reichs- noch Landesgesetz erfahren. Die in manchen FE.-Gesetzen, z. B. in Art. 11 BayFEG. geregelte Fürsorgertätigkeit war nur eine, inhaltlich allerdings der SchA. verwandte Tätigkeit in dem engen Rahmen einer Vollzugsart der FE.

2. Übersicht: § 56 regelt die materiellen Voraussetzungen der Schutzaufsicht, § 57 die formellen Vorschriften für die Anordnung, wozu § 60 Abs. 3 einen Fall der gesetzlichen Schutzaufsicht fügt, §§ 58 u. 60 bestimmen ihren Inhalt, § 59 regelt die Beendigung und § 61 enthält eine Übergangsbestimmung. Für die formelle Geschäftsbehandlung der SchASachen durch das VG. gilt die VormOrdnung v. 19. Jan. 1900 (JMBl. 181); wegen der Aktenführung s. VBO. § 90.

3. Die Schutzaufsicht kann, wenn ein Jugendlicher, d. h. ein über 14 Jahre aber noch nicht 18 Jahre alt gewordenes Kind, eine strafbare Handlung begangen hat und zwar auch, wenn es wegen mangelnder Einsicht oder Willensbestimmbarkeit freigesprochen wird, als Erziehungsmaßregel auch vom Jugendgericht angeordnet werden. Voraussetzungen, Ausführung, Aufhebung und Erlöschen bestimmen sich auch diesenfalls nach den JWG. (§§ 5, 7 JGG.). Nach § 12 JGG. kann ferner, wenn das Gericht die Vollstreckung einer Freiheitsstrafe aussetzt, der Verurteilte für die Dauer der Probezeit und zwar über den Eintritt der Volljährigkeit hinaus unter SchA. gestellt werden. Hier handelt es sich um eine Aufsichtsmaßnahme im Rahmen der bedingten Strafaussetzung. Für die Ausführung dieser SchA. gelten die Vorschriften des JWG., und zwar für die Zeit nach erreichter Volljährigkeit entsprechend. Das Jugendgericht ist zur Ausführung für Minderjährige nicht zuständig (JWG. Art. 36). S. zu diesen Schutzaufsichten VBO. § 89.

4. Für die Frage, unter welchen Voraussetzungen SchA. gegen Ausländer zulässig ist, gilt das vor § 62 A. 3 Bemerkte entsprechend.

5. Darüber, wer die Kosten des SchA.-Verfahrens trägt, ist im JWG. nichts bestimmt; es kommen deshalb, soweit die Tätigkeit des VG. in Frage kommt, Art. 131 u. 133 AG. BGB. zur Anwendung. Wegen der Kosten des Vollzugs der SchA. s. § 58 A. 6. (Wegen der Kosten der FE. s. §§ 74 ff. JWG.)

6. Nach § 23 Abs. 2 JGG. soll in Jugendgerichtssachen, falls der Jugendliche unter SchA. steht, der bestellten Aufsichtsperson in der Regel der Zutritt zu der Verhandlung vor dem erkennenden Gericht gestattet werden. Der Aufsichtsperson steht auch nach näherer Maßgabe des § 28 Abs. 3 JGG. der Verkehr mit dem verhafteten Jugendlichen offen.

§ 56

Ein Minderjähriger ist unter Schutzaufsicht zu stellen, wenn sie zur Verhütung seiner körperlichen, geistigen oder sittlichen Verwahrlosung geboten und ausreichend erscheint.

1. § 56 regelt die Voraussetzungen der SchA.; sie ist anzuordnen, wenn sie zur Verhütung der Verwahrlosung des Minderjährigen geboten und ausreichend ist. Zulässig ist sie nur gegen Minderjährige (§ 2 BGB.); auch nicht gegen für volljährig Erklärte (§ 3 Abs. 2 BGB.); eine untere Grenze besteht nicht. Sie muß zur Verhütung der Verwahrlosung geboten sein; wegen des Begriffs der Verwahrlosung s. § 63 A. 8e; die Verwahrlosung kann eine körperliche, geistige oder sittliche sein; es genügt die Gefahr des Beginns der Verwahrlosung, wie die des Fortschreitens der Verwahrlosung (Begr. S. 1267). Sie muß aber hierzu auch ausreichend sein; es darf also insbesondere nicht bereits die FE. notwendig sein. Zur Beseitigung der Verwahrlosung kann sie nicht angeordnet werden (AusschB. S. 4201). Die Stellung unter SchA. erfolgt für die Regel durch das VG. (§ 57), ausnahmsweise kann die bloße Ausübung durch das JA. angeordnet werden (§ 60 Abs. 3). Sie wird schlechthin angeordnet, nicht etwa von vorneherein auf bestimmte Zeit. Die Anordnung steht bei Vorliegen der Voraussetzungen nicht im Ermessen des VG. oder JA.; sie ist Pflicht. Auch ohne das Vorliegen der gesetzlichen Voraussetzungen tritt sie ein in den Fällen des § 66 Abs. 3. § 56 gilt auch, wenn die SchA. vom Jugendgericht nach § 7 Abs. 3 JGG. angeordnet wird, nicht aber für die Fälle des § 66 Abs. 3 JWG. und die des § 12 JGG. Wegen der SchA. über die Dauer der Minderjährigkeit hinaus s. JGG. § 12.

§ 57

Das Vormundschaftsgericht ordnet die Schutzaufsicht von Amts wegen oder auf Antrag an. Antragsberechtigt

sind die Eltern, der gesetzliche Vertreter und das Jugendamt. Das Vormundschaftsgericht muß das Jugendamt vor der Entscheidung über die Schutzaufsicht hören.

Die Entscheidung des Vormundschaftsgerichts ist den im Abs. 1 Genannten und dem Minderjährigen, wenn er das 14. Lebensjahr vollendet hat, bekanntzugeben, soweit ihr Inhalt nach dem Ermessen des Vormundschaftsgerichts ihm ohne erziehlichen Nachteil mitgeteilt werden kann.

Ist das Vormundschaftsgericht nicht das des gewöhnlichen Aufenthaltsorts des Minderjährigen, so soll auf Antrag des Jugendamtes die Abgabe an dieses Gericht gemäß § 46 des Reichsgesetzes über die Angelegenheit der freiwilligen Gerichtsbarkeit stattfinden, sofern nicht besondere Gründe dagegen sprechen.

1. § 57 trifft einige Bestimmungen über das Verfahren für die Anordnung der Schutzaufsicht und zwar regelt Abs. 1 das Verfahren bis zur Erlassung des Beschlusses, Abs. 2 ordnet dessen Zustellung und Abs. 3 trifft Bestimmungen über die Abgabe und Übernahme des Verfahrens. Ergänzend kommen die Vorschriften des FGG. zur Anwendung. Vollzugsbestimmungen zu § 57 sind BVO. §§ 80 u. 81.

2. Angeordnet wird (vorbehaltlich des § 60 Abs. 3) die SchA. durch das VG. Hinsichtlich dieses Begriffs und der örtlichen Zuständigkeit gilt das bei § 65 A. 3 Bemerkte entsprechend mit der Maßgabe, daß an die Stelle des dort erwähnten § 65 Abs. 7 hier der gleichlautende § 57 Abs. 3 tritt. Nach §§ 5 und 7 JGG. kann die SchA. auch vom Jugendgericht angeordnet werden. Neben dem VG. ist das in § 68 bezeichnete Gericht zuständig; s. auch BVO. § 82 und JWG. § 68 A. 2.

3. Die SchA. wird angeordnet von Amts wegen, wozu die Anregung auch von beliebigen Dritten ausgehen kann, oder auf Antrag der Eltern, des gesetzlichen Vertreters oder des JA. Wegen der Eltern und des gesetzlichen Vertreters gilt das bei § 65 A. 4 Bemerkte. JA. ist das nach § 7 zuständige. Eine landesgesetzliche Erweiterung des Antragsrechts ist nicht möglich (e contr. § 65 Abs. 1 S. 3). Das VG. hat auf jeden Fall das JA. zu hören und zwar das nach § 7 zuständige. Wegen der Erfordernisse des Hörens s. § 65 A. 4. Die besondere Anhörung entfällt, wenn das JA. Antragsteller ist. Darüber, ob das Verfahren ausgesetzt werden kann, entscheiden die allgemeinen Vorschriften des FGG. Einer Begründung bedürfen weder die Entscheidungen auf Anordnung der SchA., wie die sie ablehnenden; denn das JWG. schreibt eine solche nicht vor, und nach dem FGG. sind

nur die Entscheidungen der Beschwerdegerichte zu begründen (§ 25 FGG.; BayObLG. 18, 180). Anders im FEVerf. (§ 65 Abs. 3). Im Verwaltungswege schreibt VVO. § 81 eine Begründung vor. Eine *zeitliche Begrenzung* enthält der Beschluß auf Anordnung der SchA. nicht.

4. Abs. 2 trifft Bestimmungen darüber, *wem die Entscheidungen des JA. bekanntzugeben sind*; gemeint wird nur sein die Entscheidung auf Anordnung der SchA. Die Bekanntgabe hat zu erfolgen an die Eltern, die gesetzlichen Vertreter, das JA. und den Minderjährigen, wenn er das 14. Lebensjahr vollendet hat; hinsichtlich der Bekanntgabe an letzteren gilt das bei § 65 A. 8 Bemerkte. Die Form der Bekanntgabe bemißt sich nach FGG. § 16. Wegen der Bekanntgabe an den Minderjährigen s. auch VVO. § 81 Abs. 2. Darüber, wem die die SchA. ablehnende Entscheidung und wem die *Beschlüsse des Beschwerdegerichts*, gleichviel welchen Inhalts, bekanntzugeben sind, gelten die allg. Vorschriften des FGG.; s. vor § 56 Bem. 2 f.

5. Die Wirksamkeit und damit die *Vollstreckbarkeit der Anordnung* bemißt sich nach § 16 Abs. 2 FGG. (s. Bem. 2 h vor § 56); sie wird also vollstreckbar mit der Bekanntmachung an den, für welchen sie ihrem Inhalt nach bestimmt ist; die Anordnung der SchA. wird ihrem Inhalt nach sowohl für den Minderjährigen, wie für den Personensorgeberechtigten bestimmt sein; sie ist also nach Bekanntgabe an diese beiden vollstreckbar. KG. in JR. 1925 Nr. 1553 erachtet wohl mit Unrecht, unter Berufung auf § 29 Abs. 2 mit § 26 FGG. die Schutzaufsicht erst für wirksam mit Rechtskraft des sie anordnenden Beschlusses.

6. Das JWG. enthält keine Bestimmungen *über das Beschwerderecht in SchA.-Sachen*; es kommen deshalb insoweit die Vorschriften des FGG. insbesondere dessen §§ 20, 57 Abs. 1 Nr. 9, 58 u. 59 zur Anwendung (KG. in JR. 1925 Nr. 704); s. Bem. 2 h vor § 56.

§ 58

Die Schutzaufsicht besteht in dem Schutze und der Überwachung des Minderjährigen. Derjenige, der die Schutzaufsicht ausübt (Helfer), hat den Erziehungsberechtigten bei der Sorge für die Person des Minderjährigen zu unterstützen und zu überwachen. Die Schutzaufsicht umfaßt die Sorge über das Vermögen nur, insoweit der Arbeitsverdienst des Minderjährigen in Betracht kommt.

Der Helfer kann für alle Angelegenheiten, für gewisse Arten von Angelegenheiten oder für einzelne Angelegenheiten bestellt werden.

Über den Umfang seines Wirkungskreises entscheidet die Bestellung.

Der Helfer hat bei der Ausübung seines Amtes das Recht auf Zutritt zu dem Minderjährigen. Die Eltern, der gesetzliche Vertreter und die Personen, denen der Minderjährige zur Verpflegung und Erziehung übergeben ist, sind verpflichtet, dem Helfer Auskunft zu geben.

Der Helfer hat dem Vormundschaftsgerichte jeden Fall, in dem es zum Einschreiten berufen ist, unverzüglich anzuzeigen.

1. § 58 regelt den Inhalt und den allg. Zweck der SchA. Sie ist einmal Schutz des Minderjährigen in dem weiteren Sinn, daß sie den Minderjährigen in seiner Entwicklung in jeder Weise fördern, ihn vor der Gefahr einer ungünstigen Beeinflussung behüten, Fehler seiner Erziehung ausgleichen und nachteilige Folgen solcher Fehler wieder gutmachen soll. Dazu tritt die Überwachung der Lebensführung des Minderjährigen durch Beaufsichtigung seines Verhaltens und seines Verkehrs mit andern. Bei einem schulentlassenen Minderjährigen wird hierbei seine Beschäftigung, sein Arbeitswechsel und sein Fortschritt in der Berufsausbildung und in der Erwerbsfähigkeit im Auge zu behalten sein (Begr. S. 1268). Sie umfaßt grundsätzlich nur die Personensorge, die Vermögenssorge nur im Rahmen des Abs. 1 S. 3. Vollzugsbestimmungen sind enthalten in VVO. §§ 85, 86. Die Tätigkeit des Gemeindewaisenrats wird durch Bestellung einer SchA. nicht berührt (VVO. § 83 Abs. 2). Die Vorschriften des § 58 gelten auch für eine vom Jugendgericht angeordnete SchA. (§ 7 Abs. 3, § 12 Abs. 2 S. 3 JGG.).

2. Ausgeübt wird sie durch Helfer (die probation officers des amerikanischen Rechts). Aus dem in A. 1 entwickelten allgemeinen Charakter der SchA. ergibt sich für die Helfer insbesondere die Pflicht zur Unterstützung und Überwachung der Erziehungsberechtigten bei der Personensorge (s. die verwandte Abgrenzung der Stellung des Beistands in § 1689 BGB.). Erziehungsberechtigte sind der Vater, wenn ihm die elterliche Gewalt zusteht (§ 1627 BGB.), die Mutter, der die elterliche Gewalt (§ 1684 BGB.) oder deren Ausübung (§ 1685 BGB.) zusteht, der an Kindes Statt Annehmende (§ 1757 BGB.), der Vormund (§ 1793 BGB.), die zur Nebensorge berechtigte Mutter (§ 1634 BGB.), die uneheliche Mutter (§ 1707 BGB.), der sorgeberechtigte geschiedene Ehegatte nach § 1635 BGB. und der sorgeberechtigte Ehegatte nach § 1637 BGB. (Wiederverheiratung im Falle der Todeserklärung); s. Begr. S. 1268. Alles dieses gilt aber nur vorbehaltlich abweichender Anordnungen des VG. nach § 1666 BGB. Der Umfang der Personensorge ergibt sich aus § 1631 BGB.; sie ist das Recht und die Pflicht, das Kind zu erziehen, zu beaufsichtigen und seinen Aufenthalt zu bestimmen. Die *Sorge für das Vermögen* hat der Helfer nur hinsichtlich des Arbeitsverdienstes des Minderjährigen. Auch hier hat der Helfer entsprechend seiner allgemeinen Stellung nur eine unterstützende Tätigkeit; er hat deshalb insbes. auch insoweit keine Vertretungsbefugnis; s. unten A. 4. Dagegen wird sich, trotz der Beschränkung des S. 2 auf Unterstützung und Überwachung des „Erziehungsberechtigten", die Sorge des Helfers für den Arbeitsverdienst auch auf die Fälle der unbeschränkten Geschäftsfähigkeit des Minderjährigen nach § 113 BGB. erstrecken.

3. Wegen der *Begründung und Beendigung der Stellung als Helfer* s. § 60. Es können mehrere Helfer bestellt werden. Der Helfer muß nicht notwendig eine physische Person sein (s. § 60). Der *Wirkungskreis des Helfers im einzelnen Fall* ist ausdrücklich bei der Bestellung zu bestimmen; er kann auch im Laufe der SchA. geändert werden; die Bestimmung kann auch stillschweigend erfolgen. Die Vorschrift des § 1688 Abs. 2 S. 2 BGB., daß mangels einer Bestimmung des Umfangs alle Angelegenheiten in seinen Wirkungskreis fallen, ist nicht übernommen. Wegen der Verständigung des JA. von der Bestellung und Enthebung des Helfers s. VVO. § 83. Der Helfer kann für alle Angelegenheiten oder für einzelne bestellt werden, letzteres durch Bestellung schlechthin für bestimmte Angelegenheiten (z. B. für die Überwachung des Schulbesuchs) oder dadurch, daß bestimmte Angelegenheiten aus seinem Wirkungskreis ausgenommen werden (Begr. S. 1268).

4. Gegenüber dem *Erziehungsberechtigten* hat der Helfer nur eine unterstützende Tätigkeit; er kann also nur mit dessen Einwilligung vorgehen; die Meinung des Erziehungsberechtigten geht vor. Nötigenfalls ist das VG. um Anordnungen nach § 1666 BGB. anzugehen. Auch *gegenüber dem Minderjährigen* hat der Helfer keine Gewalt, insbesondere kein Recht zu Zuchtmitteln; er kann sich nur an den Erziehungsberechtigten oder das VG. wenden (s. Begr. S. 1268). Er hat, weil er bloß unterstützend mitwirkt, insbesondere auch keine *Vertretungsbefugnis*; a. A. Fichtl § 58 A. 3. Eingeräumt ist ihm nur das Recht des *Zutritts zu dem Minderjährigen* und ein *Auskunftsrecht gegenüber gewissen Personen* (Abs. 4). Das Zutrittsrecht ist aber nur ein Recht gegenüber dem Erziehungsberechtigten und dem Minderjährigen, kein absolutes; Rechte Dritter, z. B. das Hausrecht Dritter, bei denen sich der Minderjährige befindet, sind zu wahren; a. A. wohl Bäumer S. 205. *Auskunftspflicht* haben die Eltern (gleichviel, ob sie die elterliche Gewalt besitzen oder nicht), die gesetzlichen Vertreter und die Personen, denen der Minderjährige zur Pflege und Erziehung übergeben ist. Ein unmittelbarer Zwang zur Auskunftserteilung besteht nicht (s. auch Bäumer S. 205); auch Kosten, z. B. Briefporto, haben die Pflichtigen nicht aufzuwenden. Die Auskunftspflicht erstreckt sich nur auf Angelegenheiten, die in den Bereich der Tätigkeit des Helfers fallen.

5. Der Helfer übt die SchA. nur aus; er ist also an die Weisungen des VG. gebunden; diesem gegenüber hat er von jedem Fall, der ein Einschreiten veranlaßt, Anzeige zu machen (Abs. 5). Auch hat er ihm auf Verlangen Bericht zu erstatten (s. § 60 Abs. 2).

6. Das Gesetz enthält keine Bestimmung über die Tragung der Kosten der Ausübung der SchA.; es besteht deshalb an sich eine Pflicht hierzu weder für den Minderjährigen noch für den Unterhaltspflichtigen; für besondere Fälle wird sich eine privatrechtliche Pflicht des letzteren nach den Grundsätzen der Geschäftsführung ohne Auftrag (§§ 677 ff. BGB., insbesondere § 679) ergeben. Der Helfer hat keinen Anspruch auf Vergütung (Begr. S. 1268).

§ 59

Die Schutzaufsicht erlischt mit der Volljährigkeit des Minderjährigen oder durch die rechtskräftige Anordnung der Fürsorgeerziehung. Sie ist aufzuheben, wenn ihr Zweck erreicht oder die Erreichung anderweit sichergestellt ist.

1. Die SchA. erlischt entweder kraft des Gesetzes, nämlich entweder durch Volljährigkeit des Minderjährigen, rechtskräftige Anordnung der FE. oder, was nicht besonders gesagt zu werden brauchte, durch den Tod des Minderjährigen; sie erlischt ferner durch gerichtliche Anordnung (Aufhebung). Der Volljährigkeit steht die Volljährigkeitserklärung gleich (§ 3 Abs. 2 BGB.). Wegen der Rechtskraft der Anordnung der FE. s. § 70 A. 7. Die Aufhebung hat zu erfolgen mit der Erreichung des Zweckes oder dessen anderweiter Sicherstellung (s. die entsprechende Fassung des § 72 Abs. 2). Der Zweck ist die Verhütung der Verwahrlosung (§ 56). Nicht ausreichend ist zur Aufhebung die Erkenntnis, daß sie zur Verhütung der Verwahrlosung nicht ausreicht; diesenfalls muß zuerst die Erreichung des Zweckes anderweit sichergestellt oder rechtskräftig FE. angeordnet sein. Bloße Unmöglichkeit des Vollzugs (Abwanderung ins Ausland) gibt keinen Grund für Aufhebung. Die Aufhebung erfolgt durch Beschluß des VG. nach Maßgabe des FGG.; er unterliegt der Beschwerde nach Maßgabe der Bestimmungen dieses Gesetzes; beschwerdeberechtigt wird vor allem das JA. sein (§ 57 Nr. 9 FGG.). § 59 kommt auch zur Anwendung bei Aufhebung einer vom Jugendgericht angeordneten SchA. (§ 7 Abs. 3, § 12 Abs. 2 JGG.). Soweit die SchA. aber als erziehliche Aufsichtsmaßnahme im Sinne des § 12 Abs. 2 JGG. verhängt wurde, steht die Entscheidung darüber, ob sie vor Ablauf der Probezeit aufgehoben werden kann, weil es sich um eine Strafe der Strafvollstreckung handelt, dem Jugendrichter zu (Begr. z. JGG. nach JMB. v. 7. Mai 1923, JMBl. 24; VBO. § 89). Mit Volljährigkeit endet die nach dem JGG. § 12 angeordnete SchA. nicht ohne weiteres (JGG. § 12 Abs. 2).

2. Wegen Beendigung der bloßen Ausübung der SchA. in den Fällen des § 60 Abs. 3 s. § 60 A. 6. Wegen der bloßen Entlassung des Helfers s. § 60 Abs. 1 S. 3.

§ 60

Die Ausübung der Schutzaufsicht wird vom Vormundschaftsgerichte dem Jugendamt oder nach Anhörung des Jugendamts einer Vereinigung für Jugendhilfe oder einer einzelnen Person, soweit die beiden letzteren zur Übernahme der Schutzaufsicht bereit sind, übertragen. Bei der Übertragung ist auf das religiöse Bekenntnis oder die Weltanschauung des Minderjährigen tunlichst Rücksicht zu nehmen. Das Vormundschaftsgericht hat den Helfer zu entlassen, wenn dies dem Wohle des Minderjährigen förderlich erscheint. Die näheren Bestimmungen über die Ausübung werden von der Reichsregierung mit Zustimmung des Reichsrats oder von der obersten Landesbehörde getroffen.

Über die Führung des unter Schutzaufsicht gestellten Minderjährigen ist dem Vormundschaftsgericht auf Verlangen Bericht zu erstatten.

Das Jugendamt kann die Schutzaufsicht ohne gerichtliche Anordnung ausüben, solange der Erziehungsberechtigte damit einverstanden ist; es hat in diesem Falle das Vormundschaftsgericht von dem Eintritt der Schutzaufsicht zu benachrichtigen.

1. § 60 trifft in Ergänzung des § 58, mit dem er sachlich eine Einheit bildet, Einzelbestimmungen über die Ausübung der SchA. und sieht insbesondere (Abs. 1 S. 4) auch die Form für die Erlassung weiterer Bestimmungen über die Ausübung vor. § 60 gilt auch für eine vom Jugendgericht angeordnete SchA. (§ 7 Abs. 3 § 12 Abs. 2 S. 3 JGG.).

2. Die Ausübung der SchA. erfolgt nicht durch das VG., sondern durch Organe der Jugendhilfe, die für gesetzlich als Helfer (§ 58 Abs. 1 S. 2) bezeichnet werden. Die Eigenschaft als Helfer wird erworben durch Anordnung des VG. (Übertragung). Die Übertragung kann nur erfolgen an das JA., eine Vereinigung für Jugendhilfe (s. § 2) — an Vereine für Jugendbewegung kann die Übertragung nicht erfolgen (a. A. Bäumer S. 208) — oder eine Person; an letztere beide jedoch nur nach Anhörung des JA.; bei der Übertragung ist auf das religiöse Bekenntnis oder die Weltanschauung des Minderjährigen Rücksicht zu nehmen. Die Über-

tragung ist ein den Vorschriften des JGG. unterliegender Beschluß (s. die allgem. Bemerkungen zu Abschn. VI Nr. 2). Nach der Absicht des JWG. sollte das JA. zur Übernahme des SchA. verpflichtet sein (Begr. S. 1267 zu § 58); durch Art. 1 Nr. 7 der VO. v. 14. Febr. 1924 (unten Teil III) = Art. 8 Nr. 7 EG. JWG. wurde bestimmt, daß die Ausübung der SchA. dem JA. nur mit seinem Einverständnis übertragen werden kann. Auch die Vereinigungen und Personen sind zur Übernahme nicht verpflichtet. Das JA. ist das nach § 7 zuständige. Die Anhörung des JA. kann mündlich oder schriftlich erfolgen; es genügt, wenn ihm (unter Fristsetzung) Gelegenheit zur Äußerung gegeben wurde; wegen des Begriffes der Anhörung s. § 65 A. 4. Unterlassung der Anhörung macht die Übertragung nicht unwirksam, wohl aber anfechtbar; dagegen ist die Übertragung bei mangelnder Übernahmebereitheit unwirksam. Sinngemäße Gesetzesauslegung ergibt, daß bei Wegfall der Bereitheit Enthebung zu erfolgen hat; von selbst erlischt diesenfalls das Amt nicht. Rücksicht zu nehmen ist auf das religiöse Bekenntnis oder die Weltanschauung des Minderjährigen. Maßgebend ist nur die formelle Zugehörigkeit zu einem Bekenntnis, nicht das innere Einverständnis mit dessen Lehre; wegen des Begriffs Weltanschauung s. Art. 137 Abs. 7 RVerf. Unterlassung dieser Rücksichtnahme macht die Übertragung nicht nichtig, wohl aber anfechtbar. Das JA. kann bei Ausübung der SchA. auch nach Maßgabe des § 11 verfahren. Dem Helfer wird zweckmäßigerweise eine Bescheinigung über seine Bestellung erteilt, eine „förmliche Bestallungsurkunde" erhält er nicht (Begr. S. 1268); s. hiezu und wegen der Belehrung des Helfers auch BVO. § 84. Wegen des Umfangs der Aufgaben des Helfers s. § 58 Abs. 2 u. 3. Es können auch mehrere Helfer bestellt werden mit konkurrierendem und ausschließenden Wirkungskreis. Es können männliche oder weibliche Helfer bestellt werden; auch Verwandte des Minderjährigen. Wegen der Stellung des Helfers im Jugendgerichtsverfahren s. BVO. § 88.

3. Das Amt des Helfers endet mit der Entlassung. Sie erfolgt durch Beschluß des VG., der den allgemeinen Vorschriften des JGG. unterliegt, also auch mit Beschwerde darnach angefochten werden kann. Sie kann jederzeit nach freiem Ermessen erfolgen; eine Pflicht zur Entlassung besteht aber, wenn sie dem Wohl des Minderjährigen förderlich ist; dieses ist jedenfalls dann der Fall, wenn der Helfer einen schädlichen Einfluß ausübt, aber auch, wenn von einem anderen Helfer eine bessere Sorge zu erwarten ist. Anhörung des Helfers vor der Entlassung ist geboten (§ 12 JGG.).

4. Die näheren Bestimmungen über die Ausübung trifft die Reichsregierung mit Zustimmung des Reichsrats oder die Oberste Landesbehörde; in der Fassung des Entwurfs sollte sie nur die Reichsregierung mit Zustimmung des Reichsrats oder der Obersten Landesbehörde treffen. Wegen des Begr. Reichsregie-

rung s. § 15 A. 3. Wegen der Obersten Landesbehörde s. § 77. Reichsregierung und Oberste Landesbehörde können hier nicht bloß Ausführungsvorschriften erlassen, sondern auch Rechtsvorschriften, also in den Willens- und Vermögenskreis des Einzelnen eingreifen. Die Bestimmungen können nur die Ausübung selbst, nicht deren Uebertragung betreffen, a. A. Kipp § 133 II 1 a δ. Als Bestimmung über die Ausübung kommt VBO. § 86 Abs. 1 in Betracht. Die Reichsregierung hat solche Bestimmungen nicht erlassen.

5. Abs. 2 verpflichtet den Helfer zur Berichterstattung gegenüber dem VG. Diese Pflicht tritt nur auf Verlangen des VG. ein; das Verlangen kann gegenüber dem Helfer auch allgemein gestellt werden. Zwang hierzu kann das VG. nur durch Androhung der Entlassung üben. Aus dieser Berichterstattungspflicht und aus dem ganzen Charakter der SchA. ergibt sich auch, daß das VG. die Tätigkeit des Helfers zu überwachen hat (s. VBO. § 87, JWG. § 58 A. 5). Der Helfer untersteht nicht der Aufsicht des JA. (s. VBO. § 83).

6. Abs. 3 kennt eine bloße Ausübung der SchA. ohne gerichtlich angeordnete SchA.; auch sie kann nur unter den Voraussetzungen des § 56 eintreten; hierzu tritt das Erfordernis des Einverständnisses des Erziehungsberechtigten; das Einverständnis muß vorliegen; es genügt nicht die Unterlassung eines Einspruchs (anders die Fassung des RegE., Begr. S. 1232). Wegen des Begriffs des Erziehungsberechtigten s. § 58 A. 2. Diese Ausübung tritt ein durch Bestimmung des JA., d. i.: des nach § 7 zuständigen. Der Inhalt bemißt sich auch hier nach § 58, über den Umfang des Wirkungskreises (§ 58 Abs. 2 u. 3) entscheidet hier die Bestimmung des JA. Anderen kann das JA. die Ausübung nicht übertragen. Sie endet ferner jedenfalls mit Volljährigkeit oder Anordnung der FE. (§ 59 S. 1); eine gerichtliche Aufhebung kommt nicht in Frage, da ja eine SchA. nur „ausgeübt" wird; wohl aber endet sie von selbst mit Wegfall des Einverständnisses des Erziehungsberechtigten; auch kann sie das JA. (abweichend von § 59 S. 2) jederzeit einstellen; denn es handelt sich nur um die bloße Ausübung. Von der Anordnung ist das VG. und zwar das zuständige (s. § 57 A. 2) zu verständigen. Nicht gesetzlich vorgeschrieben, aber durch die Sachlage geboten ist eine Verständigung des VG. auch von der Beendigung der Ausübung. Als Vollzugsbestimmung kommt VBO. § 91 in Betracht.

§ 61

Eine zur Zeit der Anordnung der Schutzaufsicht bestehende Beistandschaft (§§ 1687 ff. des Bürgerlichen Gesetzbuchs) soll insoweit aufgehoben werden, als sich ihr Wirkungskreis mit dem der Schutzaufsicht deckt.

1. § 61 regelt das Verhältnis zwischen SchA. und Beistandschaft. Erstere soll vorgehen. Bei bloßer Ausübung der SchA. durch das JA. (§ 60 Abs. 3) findet er keine Anwendung.

2. Die Fürsorgeerziehung

Vorbemerkungen

1. Die gesetzliche Regelung der FE. (wegen ihrer systematischen Einordnung s. Bem. 1 zum Abschnitt VI; wegen ihres Begriffs s. § 62 A. 1 ff.) hat, wenn man von der Rechtslage vor der Entstehung des Deutschen Reichs absieht, ihre Entwicklung begonnen mit §§ 55, 56 Abs. 2, 362 Abs. 3 StGB. (i. d. F. vor dem JGG. v. 16. Febr. 1923), nach denen unter gewissen Voraussetzungen im Anschluß an die Begehung einer Straftat Besserungs- und Beaufsichtigungsmaßregeln einschließlich der Unterbringung in Anstalten vorgesehen war. Das BGB. (§§ 1666 u. 1838 u. Art. 135 EG.) und die auf seiner Grundlage erlassenen landesgesetzlichen Vorschriften, die in allen Bundesstaaten ergingen, brachten dann eine im wesentlichen der nunmehrigen des JWG. entsprechende Regelung; sie war selbstverständlich in Einzelheiten in den einzelnen Staaten verschieden. Die Anordnung der FE. setzte im allgemeinen ein Verschulden voraus; sie war aber zur Verhütung des völligen sittlichen Verderbens auch ohne solches zulässig; sie erschien bereits in den beiden Formen der vorbeugenden und der heilenden FE. Für Bayern galt zunächst das „Zwangserziehungsgesetz" vom 10. Mai 1902 (GVBl. 180); es erhielt eine Neufassung auf Grund des Art. 97 Armengesetz vom 21. Aug. 1914 (GVBl. 551) mit JInnMB. v. 21. Juli 1915 (GVBl. 595) unter der Bezeichnung Fürsorgeerziehungsgesetz. Die durch das JWG. erfolgte Neuregelung regelt die Voraussetzungen und die Verfahrensvorschriften, den Endzeitpunkt, die vorzeitige Beendigung, die Erstattungspflicht des Minderjährigen und des Unterhaltspflichtigen und die strafrechtliche Seite im wesentlichen unmittelbar reichsrechtlich. Die Ausführung der FE. aber ist im einzelnen der landesgesetzlichen Regelung überlassen. Den Charakter der FE. des JWG. im allgemeinen bezeichnet der § 62.

Der im BGB. gewählte Ausdruck Zwangserziehung, der zum Ausdruck bringt, daß es sich um eine gegen den Willen des Erziehungsberechtigten sich durchsetzende Erziehung handelt, ist im Anschluß an die Ausdrucksweise der meisten Landesgesetze ersetzt durch den Ausdruck FE., der den „Zweck der Erziehung (vorsorgliche Erziehung)" bezeichnen soll (Begr. S. 1267).

2. Geregelt sind in §§ 62—64 das Wesen und die Voraussetzungen der FE., in §§ 65—68 das gerichtliche Anordnungsverfahren, in §§ 69—71 die Ausführung der FE., in §§ 72 u. 73 die Beendigung der FE., in §§ 74 u. 75 Kostenfragen und in § 76 die strafrechtliche Seite. Wegen der Überleitung der nach dem bisherigen Recht begonnenen Verfahren in FESachen

s. JAG. Art. 49. Vollzugsvorschriften sind enthalten in VVO. §§ 92—148.

3. Fürsorgeerziehung ist, wenn die allgemeinen Voraussetzungen des JWG. vorliegen, auch gegenüber Ausländern zulässig (KG. JFG. 2, 96; Recht 1924 Nr. 1353; OLG. 43, 371); bei ihnen darf hinsichtlich der Frage der FE. nicht Art. 23 EG. BGB. (hiefür die Begr. S. 1269) angewendet werden, denn er bezieht sich nur auf Vormundschaften und Pflegschaften im eigentlichen Sinne, d. i. auf die Fürsorge, welche die Anordnung und Leitung von Vormundschaften und Pflegschaften zum Gegenstand hat, nicht aber auf die Entziehung und Beschränkung der elterlichen Gewalt (KGJ. 45 A 17, wo auch die Literatur gewürdigt ist; auch bei RJA. 13, 178; KGJ. 53, 56; BayOLG. BayZ. 1923, 197); auch das Haager Abkommen zur Regelung der Vormundschaft über Minderjährige v. 12. Juni 1902 (RGBl. 1904, 240) schlägt nicht ein, weil es sich ebenfalls auf Vormundschaften und Pflegschaften beschränkt (s. die erst angeführte Entsch.). Maßgebend ist vielmehr für die Frage, welches formelle Recht anzuwenden ist, die Erwägung, daß das deutsche Recht im Inland schlechthin und zwar auch auf Ausländer anzuwenden ist, wenn nicht Beschränkungen nach inländischem Rechte oder nach dem internationalen Privatrecht bestehen (s. KG. in RJA. 14, 14); hinsichtlich der FE. bestehen solche nicht. Demnach bemißt sich auch bei Ausländern das formelle Recht, also die Zuständigkeit und das Verfahren nach dem JWG.; KGJ. 47 A 48; da Art. 23 EG. BGB. nicht anzuwenden ist, ist es deshalb insbesondere nicht notwendig, vor der Einleitung sich mit der Heimatbehörde zu benehmen (Stuttg. in Recht 1916 Nr. 966). Die Frage, welches materielle Recht anzuwenden ist, bemißt sich darnach, ob und inwieweit man in dem materiellen FE.-Recht eine das Rechtsverhältnis zwischen Eltern und Kindern betreffende, oder eine öffentliche, den Schutz der Jugendlichen und der Allgemeinheit betreffende Angelegenheit erblickt; ersterenfalls ist nach dem leitenden Grundsatz, der sich aus Art. 19 und 27 EG. BGB. ergibt, das Gesetz des Staates maßgebend, dem der Vater des Kindes angehört, letzterenfalls entscheidet stets das inländische Recht (Stuttg. WürttJ. 58, 161; ZBlV. 1916, 158). Es wird sich bei der FE. in allen Fällen um eine öffentliche Angelegenheit im angegebenen Sinne handeln; demnach bemessen sich die Zulässigkeit der FE. und die Voraussetzungen der Aufhebung, gleichgültig, ob es sich um ein bevormundetes oder um ein unter elterlicher Gewalt stehendes Kind handelt, stets nach deutschem Recht. Dagegen wird, abweichend von der Rechtslage vor Geltung des JWG. (s. KGJ. 47 A 48), im Hinblick auf § 1 Abs. 2 JWG. das ausländische Recht maßgebend sein für die beschränkte Frage, unter welchen Voraussetzungen in die Rechte der Eltern eingegriffen werden kann; dieses mit der allg. Beschränkung des Art. 30 EG. BGB. und vorbehaltlich der Bestimmungen des deutschen Rechts, die einen öffentl. Charakter in dem oben entwickeltem Sinne haben. S. ferner § 63 A. 8 c a. E. Besteht für einen Ausländer bereits wirksam bei einem deutschen Gericht Vormundschaft, so kommt das deutsche Recht nach der formellen wie nach der materiellen Seite schon deshalb zur Anwendung, weil die FE. ein Bestandteil der Bevormundung ist (KGJ. 42 A 52). Vgl. im allgemeinen zu dieser Frage auch Neumeyer, Internat. Verwaltungsrecht 1, 228 ff.

Gehört das Kind keinem Staate an oder ist eine Staatsangehörigkeit nicht festzustellen, so kommt schlechthin das deutsche Recht zur Anwendung mit etwaigen nach Art. 29 EG. BGB. zu beurteilenden Maßgaben; vgl. KGJ. 23 A 40.

4. Die FErziehung kann, wenn ein Jugendlicher, d. h. ein über 14 Jahre, aber noch nicht 18 Jahre alt gewordenes Kind eine strafbare Handlung begangen hat und zwar auch, wenn es wegen mangelnder Einsicht oder Willensbestimmbarkeit freigesprochen wird, vom Jugendgericht, d. h. dem Schöffengericht (§ 17 Abs. 1 S. 2 JGG.; s. jedoch Francke § 17 A. V und Messerer § 17 A. 2) angeordnet werden. Doch soll sie das Gericht nur dann selbst anordnen, wenn in erster Instanz die Zuständigkeit dafür auch außerhalb des Strafverfahrens begründet ist. Voraussetzungen, Ausführung, Aufhebung und Erlöschen der FErziehung bestimmen sich auch diesenfalls nach dem JWG. (§§ 5, 7 JGG.) und zwar gleichgültig, ob die FE. vom Jugendgericht selbst oder vom VG. auf Grund einer Überweisung gemäß § 5 Abs. 2 S. 1 JGG. angeordnet ist. Vollzugsbestimmungen hierzu trifft VVO. § 147 Abs. 1. In Fällen, in denen darnach das Jugendgericht die FE. selbst anordnet, nicht in denen, in welchen sie das VG. auf Grund einer Überweisung nach §§ 5, 7 JGG. anordnet, regelt sich das Anordnungsverfahren (nicht die Voraussetzungen der Anordnung) nach dem JGG. u. der StPO. Es kann insbesondere die Entscheidung nur mit den Rechtsmitteln der StPO., insbesondere also auch nicht von der FE.-Behörde angefochten werden (KG. in JEFG. 1, 63).

§ 62

Die Fürsorgeerziehung dient der Verhütung oder Beseitigung der Verwahrlosung und wird in einer geeigneten Familie oder Erziehungsanstalt unter öffentlicher Aufsicht und auf öffentliche Kosten durchgeführt.

1. § 62 regelt die rechtliche Natur der FE.; nebenbei hat er auch die Bedeutung für die Abgrenzung ihrer Voraussetzungen (die Begr. S. 1269 bezeichnet letzteres als seine Aufgabe). Sie ist eine Ersatzerziehung, d. h. eine an die Stelle der privaten Erziehung, den regelmäßigen Zustand, tretende Erziehung; sie hat einen öffentlichrechtlichen Charakter (Begr. S. 1269). S. auch Bem. 1 zum Abschn. VI u. VVO. § 92.

2. Die FE. ist Erziehung d. h. Sorge für die körperliche, geistige und sittliche Ausbildung des Kindes und die diesem Zweck dienende Leitung der Handlungen des Kindes (s. KG. in OLG. 16,

233; ferner KG. in ZBlFG. 17, 135). Weil eine erzieherische Einwirkung begriffsmäßig ausgeschlossen ist, kann eine FE. gegen Geisteskranke oder geistig nicht genügend Entwickelte nicht verfügt werden; hier könnte der Endzweck nur die Unterbringung und Verpflegung des Minderjährigen sein (BayOLG. 14, 213; 9, 662; KG. in Recht 1916, 568; KG. in JEFG. 2, 104; BVO. § 97); doch gilt das nur, wenn die Geisteskrankheit der Art ist, daß durch sie die Erziehung des Kindes ausgeschlossen wird; bei bloßer Geistesschwäche wird letzteres in der Regel nicht der Fall sein (BayOLG. 13, 43; auch BayZ. 1912, 162); die FE. ist zulässig, solange das Handeln des Kindes nicht Ausfluß eines unabänderlichen, gewissermaßen mechanisch wirkenden Triebes eines Geisteskranken ist, sondern auf einem, wenn auch geschwächten, so doch durch Erziehung in richtige Bahnen zu lenkenden Willen beruht (KG. in Recht 1912, 132; KG. in OLG. 30, 90; BayOLG. in OLG. 30, 90). Daß nicht jede geistige Erkrankung die FE. ausschließt, ergibt sich jetzt auch aus § 70 Abs. 2 S. 5 JWG. (in der ursprünglichen Fassung). Nicht jede Hebung des geistigen Niveaus ist Erziehung, insbesondere auch nicht die Beibringung einzelner Handfertigkeiten, wie sie bei schwachsinnigen Kindern in eigenen Anstalten noch möglich ist (BayOLG. in Recht 1914, 178). Reine Körperpflege gehört zwar zur Fürsorge für die Person aber nicht zur Erziehung; doch ist die Beeinflussung zur ordnungsmäßigen Körperpflege wieder Erziehung (Kipp § 79 I 1); s. auch § 1 A. 3.

3. Sie ist Erziehung zur Verhütung oder Beseitigung der Verwahrlosung. Wegen des Begriffs der Verwahrlosung s. § 63 A. 8 e u. 9. Die Erziehung muß also darauf angelegt sein, die Verwahrlosung in diesem Sinn zu verhüten oder zu beseitigen; die Verfolgung der allgemeinen erzieherischen Zwecke ist damit nicht ausgeschlossen.

4. Sie ist Erziehung in einer Familie oder in einer Erziehungsanstalt; vorangestellt mit Absicht ist die Familie. Eine Familie sind die durch Ehe, Verwandtschaft oder Schwägerschaft zur Einheit verbundenen Personen. Wenn das Gesetz von einer „geeigneten" Familie spricht, so gibt es damit nicht ein der begrifflichen Abgrenzung dienendes Merkmal, sondern nur die Weisung, eine geeignete Familie zu wählen; erfolgt in einem gegebenen Falle die Unterbringung in einer ungeeigneten Familie, so bleibt es doch eine FE. im Sinn des Gesetzes. Die Unterbringung in sog. Fürsorgekolonien, d. h. die Unterbringung einer größeren Anstalt von Zöglingen in einer Gemeinde oder Pfarrei unter einem gemeinschaftlichen Leiter kennt das Gesetz nicht. Die Anstalt muß eine Erziehungsanstalt sein, d. h. eine im wesentlichen der Erziehung im angeführten Sinn dienende Anstalt. Sie kann eine private oder eine öffentliche, insbesondere auch eine kirchliche Anstalt sein. Nicht ausgeschlossen ist, daß das Kind vorübergehend in einer Krankenanstalt (s. PrOVG. in DJZ. 1905, 174 u. ZBlFG. 5, 632) oder in einer sonstigen nicht als Erziehungsanstalt erscheinenden Anstalt untergebracht wird, oder daß es vorübergehend aus der Familie wegkommt.

Erfolgt die Ausübung der FE. in der Form der Familienerziehung, so wird dadurch ein Erzieherverhältnis zunächst nur zwischen dem Ehemann und dem Fürsorgezögling begründet; der Frau kommt eine Mitwirkung nur zu, wenn die Umstände erkennbar machen, daß auch ihr Erzieherrechte und Erzieherpflichten beigelegt werden sollten (RGSt. 38, 66). Im übrigen kann es sich bei der Frau wie bei sonstigen in der Familie tätigen Personen nur um eine Unterstützung des Mannes bei seiner Erziehungstätigkeit handeln. Wegen der Regelung der Familien- und Anstaltserziehung im einzelnen s. § 69.

5. Die Familien- und die Anstaltserziehung müssen unter öffentlicher Aufsicht durchgeführt werden; eine öffentliche Aufsicht ist insbesondere auch dann notwendig, wenn die Unterbringung in einer öffentlichen Anstalt erfolgt (s. Begr. S. 1269). Das Nähere hinsichtlich des Umfangs der Aufsicht und der Befugnisse der Aufsichtsbehörden regeln §§ 69 ff. Öffentliche Aufsicht ist nur staatliche Aufsicht, wenn auch nur mittelbar staatliche.

6. Die FE. ist endlich Erziehung auf öffentliche, seien es nun gemeindliche oder staatliche, Kosten. Damit wird aber nur gesagt, daß die unmittelbare Kostendeckung aus öffentlichen Mitteln erfolgen muß; der Träger wird nur vorschußpflichtig (Begr. S. 1274). Es schadet deshalb nicht, wenn damit gerechnet wird, daß der Kostenträger private, insbesondere freiwillige Zuschüsse zu den Kosten erhält. Auch dadurch wird dieser Charakter nicht verloren, daß, wie sich aus § 75 ergibt, ein Ersatzanspruch gegen den Minderjährigen und die ihm Unterhaltspflichtigen besteht. Die nähere Regelung der Kostenfrage ergibt sich aus § 70 mit § 74 S. 2, 3, § 75 JWG.

7. Das Bestehen des Zustands der FE. bewirkt, daß für die Dauer und mit Beschränkung auf die Zwecke der FE. die Rechte und Pflichten der Eltern oder des Vormunds, soweit es sich um Unterhalt, Erziehung und Beaufsichtigung des Kindes handelt, auf die FEBeh. (§ 70) oder diejenigen, denen diese ihre Befugnisse überträgt (RG. in JW. 1911 S. 342 Nr. 51; RGZ. 75, 276), oder endlich auf die der FEBeh. vorgesetzten Behörden übergehen. Der Übergang des Erziehungsrechts ist aber nicht dahin zu verstehen, daß das zur Ausübung der FE. berechtigte Organ in die privatrechtlichen Erziehungsrechte der Eltern oder des Vormunds als Rechtsnachfolger eintritt; das Erziehungsrecht hat vielmehr einen selbständigen öffentlich-rechtlichen Rechtsgrund, der durch § 62 geschaffen ist; die FE. ist ein öffentlich-rechtlicher Akt der Staatsverwaltung; dieser hat einen Rückschlag auf die familienrechtlichen Privatrechte zur Folge, da er die Erziehung der Eltern und des Vormunds im gleichen Maße zurückdrängt, in dem er den Staat wirksam werden läßt. Die rechtliche Natur der FE. ist wohl mißverstanden, wenn BayOLG. 23, 87 davon ausgeht, daß das Recht der bisher zur Per-

sonensorge Berechtigten durch die Anordnung der FE. vollständig erlischt und zwar sogar mit der Wirkung, daß eine nach § 1635 BGB. der Mutter zustehende Personensorge sich nicht einmal nach Aufhebung der FE. wieder geltend machen kann.

8. Im einzelnen gilt für die FE., soweit nicht unten in §§ 69 ff. und in den auf ihrer Grundlage erlassenen Bestimmungen eine Sonderregelung in Einzelheiten erfolgte, folgendes:

Der Übergang der Erziehungsgewalt schließt insbesondere die Befugnis in sich, den Aufenthalt des Kindes, seine Lebensweise (Nahrung und Kleidung) und die Art seiner Ausbildung und seinen Beruf zu bestimmen. Auch die Regelung des Verkehrs mit den Eltern und den gesetzlichen Vertretern fällt hierher. Das Recht zum Vollzug der FE. schließt auch das Recht zur Vornahme körperlicher Züchtigungen in sich; der Umfang des Rechts wird bestimmt durch den allgemeinen Zweck der Erziehung, also der dem Interesse, den Fähigkeiten und den Anlagen, sowie den sonstigen Verhältnissen des Kindes entsprechenden Sorge für seine körperliche, geistige und sittliche Ausbildung, und durch die besonderen Zwecke der Fürsorgeerziehung; entscheidend ist in jedem einzelnen Fall, ob die Züchtigung sich nach Art und Weise innerhalb der Grenzen maßvoller, vernünftiger und durch die Umstände gebotener Zucht hält (RGSt. 42, 347). Die Bestimmungen der §§ 1631 Abs. 2 u. 1800 BGB. über das Züchtigungsrecht der Eltern und des Vormunds sind nicht formell entscheidend, wenn auch sachlich der Umfang des Züchtigungsrechts der zum Vollzug der Fürsorgeerziehung berufenen Organe im wesentlichen der gleiche sein wird. Das Züchtigungsrecht der FEBeh. geht, wenn nicht ein entgegenstehender Vorbehalt erfolgt, durch die Überweisung des Kindes an eine Familie oder an eine Anstalt an den Familienvorstand und an den Anstaltsleiter über, die es persönlich ausüben oder an andere übertragen können; auch die Anstaltssatzungen können in dieser Richtung Bestimmungen treffen (vgl. RGSt. a. a. O.). Für Bayern ist die Frage des Züchtigungsrechts durch Art. 35 JAG. besonders geregelt.

Soweit nach dem Dargelegten die Erziehung auf das zur FE. berechtigte Organ übergeht, entfällt auch die auf den Vorschriften des BGB. beruhende aufsichtliche Tätigkeit des Vormundschaftsgerichts (Pitel in ZBlJG. 4, 10). Es sind deshalb auch regelmäßige Erziehungsberichte über den Minderjährigen vom VG. weder zu fordern, noch ist der Vormund verpflichtet, solche zu erstatten; denn der Vormund hat kein Recht der Erziehung und kann deshalb über die Erziehung auch nicht berichten (Veith in ZBlJG. 12, 526). Für Bayern ist die aufsichtliche Tätigkeit besonders geregelt in Art. 31 JAG. und in § 136 BVO.

Daraus, daß die FE. in einer Erziehung also in einem tatsächlichen Verhältnis besteht, ergibt sich, daß trotz der Anordnung der FE., wenn nicht etwa besondere Anordnungen auf Grund der §§ 1666 ff. BGB. getroffen werden, die gesetzliche Vertretung und zwar sowohl hinsichtlich der die Sorge für die Person wie hinsichtlich der die Sorge für das Vermögen betreffenden Angelegenheiten bei den Eltern und dem Vormund bleibt (Anträge, die die Vertretung der FEBeh. übertragen wollten, wurden abgelehnt AusschB. S. 4203); es bleibt sonach bei ersteren die Befugnis zur Einwilligung in die Eheschließung nach § 1304 Abs. 1 BGB.; die Befugnis zur Einwilligung in die Ehelichkeitserklärung nach § 1728 BGB.; die Befugnis zur Schließung des Vertrags auf Annahme an Kindes Statt nach § 1750 BGB.; die Befugnis zur Begründung und Aufhebung des Wohnsitzes nach § 8 BGB.; das Recht zur Einlegung von Rechtsmitteln nach § 298 StPO.; das Recht zur Erhebung der Privatklage nach § 374 StPO.; die Befugnis zum Anschluß als Nebenkläger nach § 395 StPO.; das Recht eine Buße zu verlangen (§ 403 StPO.); das Recht Strafantrag zu stellen (§ 65 StGB.); vgl. RGJ. 46 A 83; die Stellung, die der gesetzliche Vertreter nach dem JGG. (§ 23 Abs. 2, § 30) hat; die Personenfrage im Sinne des Gesetzes über die religiöse Kindererziehung v. 15. Juli 1921 (RGBl. 939). Soweit das Kind das religiöse Selbstbestimmungsrecht hat (§ 5 des genannten Ges.), wird es durch den Eintritt der FE. nicht berührt (v. d. Pfordten § 5 A. 1). Die Befugnis zum Abschluß von Dienst- und Lehrverträgen ist durch § 70 Abs. 3 besonders geregelt. Wegen des Rechts des Erziehungsberechtigten auf Kenntnis von dem Aufenthalt des Kindes s. § 69 Abs. 3.

Die Einwilligung zu einer Operation des Kindes haben die gesetzlichen Vertreter zu geben, soweit man nicht etwa das Kind selbst hierzu als befugt ansieht; die FEBeh. hat dieses Recht nicht; a. A. Beith a. a. O. S. 521, der die FEBeh. für zuständig hält, soweit es sich um Operationen handelt, die nötig sind, um den Zögling für eine Lebensstellung oder einen Beruf tauglich zu machen; ähnlich Hartmann ZBlVorm. 4, 198, der die Befugnis der FEBeh. zur Durchführung von Operationen dann für gegeben erachtet, wenn sie zur Wiederherstellung der Gesundheit oder zur Erreichung der Erwerbsfähigkeit nötig ist. Keine bestimmte Stellung nimmt KG. in RJA. 14, 91. Wie hier Blaum § 69 A. 7.

9. Ebenso wie die gesetzliche Vertretung bleibt die Sorge für das Vermögen des Minderjährigen vollständig bei den Eltern oder dem Vormund und zwar hier auch die tatsächliche Sorge, nicht bloß die vermögensrechtliche Vertretungsbefugnis.

10. Erzielt die Vollzugsbehörde aus der Arbeit des Minderjährigen Einnahmen, so fallen sie in das Eigentum des Trägers der FEBeh.; da jedoch die FE. nicht ein Mittel ist, um Einnahmen auf Kosten des Minderjährigen zu machen, so hat er nach den Grundsätzen der ungerechtfertigten Bereicherung einen Anspruch auf Herausgabe; dieser besteht schon während der Dauer der FE. Der Anspruch ist zivilrechtlicher Natur, wenn auch an sich zwischen der Vollzugsbehörde und dem Minderjährigen ein öffentlichrechtliches Verhältnis besteht. Mit dem Anspruch auf Ersatz der Kosten der FE. nach § 75 kann aber aufgerechnet werden.

11. Ob die Fürsorgezöglinge Gefangene sind, ist bestritten (s. hierzu RGSt. 48, 226; 37, 336 und neuerdings Frank StGB. § 120 A. II 1 u. Ebermayer StGB. § 120 A. 1 h). Das Richtige dürfte sein, anzunehmen, daß sie als solche keine Gefangenen sind, daß aber ihre Verwahrung, z. B. auf einem Transport, die Gestalt annehmen kann, daß sie zu Gefangenen werden. Zwischen dem Fürsorgezögling und dem, in dessen Familie er untergebracht ist, besteht ein Pflegeverhältnis im Sinne des § 235 StGB. (RGSt. 48, 198; 37, 1; a. A. KG. in DJZ. 1908, 1109). Freiheitsstrafen sollen gegen FZöglinge nur nach Anhörung der FEBeh. vollstreckt werden (§ 37 JGG.).

12. Die mit der Ausführung der FE. betrauten Organe sind nach Maßgabe des § 832 Abs. 1 BGB. zum Ersatz des Schadens verpflichtet, den der Fürsorgezögling einem Dritten widerrechtlich zufügt: denn die Aufsichtspflicht ergibt sich auch hier jedenfalls aus der Minderjährigkeit der Kinder, nicht selten aber auch aus dem geistigen und körperlichen Zustand derselben; ferner beruht die Aufsichtspflicht auf einem Gesetz, nämlich der ihnen auf Grund des § 70 JWG. übertragenen Pflicht zur Erziehung: die Erziehung schließt begrifflich die Aufsicht in sich; der Zweifel, den Landsberg ZBlVorm. 6, 225 hinsichtlich der Anwendbarkeit des § 832 BGB. äußert, ist wohl nur durch die irrige Ansicht (siehe hierwegen Staudinger, BGB. zu § 832 Anm. II 1 a β Abs. 3) veranlaßt, daß sich § 832 auf öffentl.-rechtl. Aufsichtspflichten nicht bezieht. Die Anstaltsleiter u. die Oberhäupter der Familien, deren sich die FEBeh. zur Ausführung der FE. bedient, werden für die Regel ebenfalls u. zwar auf Grund des § 832 Abs. 2 BGB. haften, da sie für die Regel die Aufsicht durch Vertrag übernommen haben werden; für die Leiter von Anstalten, die die Erziehung nicht auf Grund eines Vertrages, sondern, wie es bei Staatsanstalten möglich sein kann, auf Grund einer durch einen besonderen öffentlich-rechtlichen Rechtsgrund geschaffenen Pflicht übernehmen, wird wieder § 832 Abs. 1 einschlagen; vgl. hierzu die entsprechend anwendbare RGZ. 65, 290. Liegen während der Dauer der FE. Umstände vor, die einerseits die Möglichkeit der Aufsichtsführung durch die mit der Erziehung des Zöglings betrauten Personen zeitweise ausschließen, andrerseits den sonst Berufenen diese Möglichkeit wieder eröffnen, so tritt deren Aufsichtspflicht wieder ein (RGZ. 98, 246).

Neben der Haftung aus § 832 BGB. besteht auch die Haftung aus sonstigen Rechtsgründen insbesondere aus §§ 823, 826 u. 839 BGB. und zwar bei Anwendung anderer Bestimmungen als der des § 839 unter Berücksichtigung der sich hiefür aus § 839 BGB. ergebenden Einschränkungen; vgl. hierzu RGKomm. z. BGB. § 839 Anm. 1; RGZ. 74, 250; JW. 11, 85. Für die Fälle des § 839 tritt an die Stelle des Beamten nach näherer Maßgabe des Art. 60 AG. BGB. der Staat oder der Kommunalverband. Einschlägig ist ferner Art. 131 RVerf. Unter Umständen kann eine Vorentscheidung nach Art. 7 VGHG. notwendig werden. Soweit die FE. von Vereinen und Anstalten ausgeführt wird, schlagen auch §§ 31, 89 BGB. ein. S. auch Bem. 2 vor § 8.

13. Die Zöglinge unterliegen der Versicherungspflicht auf Grund der RVO. (Krankenversicherung, Unfallversicherung u. Invalidenversicherung) nach Maßgabe der allgemeinen Vorschriften.

§ 63

Ein Minderjähriger, der das 18. Lebensjahr noch nicht vollendet hat, ist durch Beschluß des Vormundschaftsgerichts der Fürsorgeerziehung zu überweisen,

1. wenn die Voraussetzungen des § 1666 oder des § 1838 des Bürgerlichen Gesetzbuchs vorliegen und die Entfernung des Minderjährigen aus seiner bisherigen Umgebung zur Verhütung der Verwahrlosung erforderlich ist, eine nach dem Ermessen des Vormundschaftsgerichts geeignete Unterbringung aber anderweit nicht erfolgen kann;
2. wenn die Fürsorgeerziehung zur Beseitigung der Verwahrlosung wegen Unzulänglichkeit der Erziehung erforderlich ist.

Für den Fall, daß Aussicht auf Erfolg der Fürsorgeerziehung besteht, kann diese auch noch angeordnet werden, wenn der Minderjährige das 18., aber noch nicht das 20. Lebensjahr vollendet hat.

Maßgebend für die Altersgrenze ist der Zeitpunkt, in dem der Antrag bei Gericht eingeht oder das Verfahren gemäß § 65 oder § 67 eingeleitet wird; der Zeitpunkt ist aktenkundig zu machen.

Übersicht über den Inhalt des § 63: A. 1. Entstehung des § 63; A. 2. Übersicht über die Anordnung des § 63; A. 3. Der Grundsatz der Subsidiarität; A. 4. Besondere aus allgemeinen Gesichtspunkten sich ergebende Voraussetzungen der FE.; A. 5. Ermessen des VG. bei der Anordnung; A. 6. Altersgrenzen für die Anordnung; A. 7. Die vorbeugende und die heilende FE.; A. 8. Die besonderen Voraussetzungen der vorbeugenden FE.; a) Die allgemeine Bedeutung der Einführung des § 1666 BGB; b) Desgleichen des § 1838 BGB.; c) Auslegung des § 1666 BGB. im einzelnen; d) Auslegung des § 1838 BGB. im einzelnen; e) Die Entfernung des Minderjährigen aus seiner bisherigen Umgebung; f) Die Unmöglichkeit einer anderweiten Unterbringung; A. 9. Die besonderen Voraussetzungen der heilenden FE.; A. 10. Die FE. der über 18 Jahre alten Minderjährigen; A. 11. Die Berechnung der Altersgrenzen.

1. § 63 entspricht in seiner jetzigen Fassung im wesentlichen der des RegE. (dort § 64); nur fand sich dort am Schlusse des Abs. 1 Nr. 1 an Stelle der jetzigen Fassung „anderweit nicht erfolgen kann“ die Fassung „ohne Inanspruchnahme öffentlicher Mittel nicht erfolgen kann“; ferner fehlte der jetzige Abs. 2;

dafür enthält der RegE. einen § 65, wonach landesgesetzlich die Bestimmung möglich sein sollte, daß die FE. auch nach Vollendung des 18. Lebensjahrs möglich ist. Nicht Gesetz geworden ist auch der § 66 Abs. 1 des RegE., wonach die landesgesetzliche Bestimmung möglich sein sollte, die FE. mit Zustimmung des Personensorgeberechtigten auch in anderen als den im Gesetz vorgesehenen Fällen und ohne gerichtliche Anordnung zur Verhütung der Verwahrlosung anzuordnen.

Von der Regelung der Voraussetzungen, wie sie Art. 2 des BayFEG. getroffen hatte, weicht § 63 in formeller Hinsicht erheblich ab; dagegen schließt sich Abs. 1 Nr. 1 im wesentlichen an § 1 Nr. 1 PreußFEG.; hierbei ist die jetzige Fassung „die Entfernung des Minderjährigen aus seiner bisherigen Umgebung" anstatt der Fassung des PreußFEG. „die anderweitige Unterbringung" gewählt worden, um zu verdeutlichen, daß es sich um das Erfordernis einer dauernden Trennung des Minderjährigen von seiner Familie handeln muß (Begr. S. 1270).

2. § 63 regelt die Voraussetzungen der FE. und zwar befaßt sich Abs. 1 mit dem Minderjährigen bis zum vollendeten 18. Lebensjahr ausschließlich, Abs. 2 mit den Minderjährigen vom vollendeten 18. Lebensjahr bis zum vollendeten 20. Lebensjahr ausschließlich; bei jeder dieser Gattungen ist wieder zu unterscheiden, die vorbeugende FE. des Abs. 1 Nr. 1 und die heilende FE. des Abs. 1 Nr. 2. Abs. 3 bestimmt die Altersgrenzen näher.

3. Allgemeine Voraussetzung für die Anordnung der FE. ist, daß sie das letzte Mittel zur Abhilfe sein muß (Grundsatz der Subsidiarität, Begr. S. 1269); der Umstand allein, daß sie empfehlenswert ist, begründet noch nicht ihre Zulässigkeit; es ergibt sich dieses nicht ausdrücklich ausgesprochene Erfordernis aus der Fassung der Nrn. 1 u. 2; es war dieser Grundsatz auch für die früheren Rechte von der Rechtsprechung ständig festgehalten worden (KG. in OLG. 25, 415; 21, 265; BayOLG. 12, 245; 8, 384; 20, 413). Inwieweit die Subsidiarität im einzelnen geht, ergibt die Fassung der Nrn. 1 u. 2 des Abs. 1.

Demgemäß ist sie ausgeschlossen, solange noch Schutzaufsicht oder Entziehung des Sorgerechts ausreichen (Begr. S. 1270) oder, solange noch zu erwarten ist, daß Ermahnungen, Warnungen, Androhung der FE., Einwirkung der Seelsorge und der Schule von Erfolg sein können (BayOLG. 12, 265); ferner solange noch die Möglichkeit besteht, daß die Eltern oder sonstige persönliche Fürsorger imstand sind, die Verderbnis hintanzuhalten (OLG. Karlsruhe in BadRechtsPr. 1915, 147); sie ist auch ausgeschlossen, solange die Möglichkeit besteht, daß anderweitige Unterbringung des Kindes, getrennt von den Eltern, von Erfolg sein wird (KG. in OLG. 21, 267), so besonders bei Verwandten; insbesondere muß es auch ausgeschlossen sein, daß durch Maßnahmen nach § 1666 BGB. das erreicht werden kann, was mit der FE. bezweckt wird (KG. in OLG. 21, 272); nicht notwendig ist es aber hierbei, daß die nach § 1666 BGB. zulässigen Maßnahmen tatsächlich versucht wurden und erschöpft sind; ihre Anordnung wird entbehrlich, wenn sie sich im gegebenen Fall als nicht durchführbar oder als voraussichtlich unwirksam erweisen (Begr. S. 1270 u. KG. in OLG. 7, 419 u. KGJ. 45 A 73). Von Bedeutung wird hierbei namentlich der Umstand, daß es für die Durchführung einer auf Grund des § 1666 BGB. getroffenen Anordnung nicht selten an den erforderlichen Mitteln fehlen wird, während zur Durchführung der FE. öffentliche Mittel zur Verfügung stehen. Entbehrlich kann endlich die FE. auch dann werden, wenn armenrechtliche Maßnahmen ausreichen oder wenn private oder kirchliche Vereinigungen oder Stiftungen für die Kosten aufkommen. Wegen des Verhältnisses der FE. zur armenrechtlichen Unterstützungspflicht s. § 55. S. zur Frage der Subsidiarität auch VVO. §§ 94, 95.

Auch hinsichtlich der Frage, ob die FE. in der Tat das letzte Mittel zur Abhilfe ist, gilt der Grundsatz der Amtsprüfung (§ 12 FGG.).

4. Der Umstand, daß der Minderjähr. zu einer Freiheitsstrafe verurteilt wurde und eine solche zu erstehen hat, steht der Anordnung der FE. nicht grundsätzlich entgegen; die Gefängnisstrafe hat zwar einen Erziehungszweck, aber sie ist gegenüber der FE. das schwächere Mittel (KGJ. 48 A 34); s. auch Bäumer S. 222 u. hier § 62 A. 11.

Unzulässig ist die Anordnung der FE., wenn vorauszusehen ist, daß sie unvollziehbar ist, weil der Minderjährige sich im Ausland aufhält und seine Rückkehr nach Deutschland nicht zu erwarten ist (BayOLG. 11, 581; auch BayZ. 1910, 341); diese Folgerung ergibt sich aus dem auch ohne ausdrückliche gesetzliche Vorschrift auch für das FEVerfahren geltenden Grundsatz, daß vollständig zwecklose Anordnungen nicht zu treffen sind.

Der Prüfung der Voraussetzungen des § 63 ist das VG. auch dann nicht enthoben, wenn die Inhaber der Personensorge der FE. zustimmen.

Verehelichung des Kindes schließt die FE. nicht aus; doch ist sie in solchen Fällen nur ausnahmsweise zulässig; es sind insbesondere die wirtschaftlichen Verhältnisse und die Persönlichkeit des Mannes zu würdigen (KG. in OLG. 21, 269). Kein Hindernis der Anordnung der Fürsorgeerziehung ist es, daß hierdurch das nach § 1617 BGB. bestehende Recht auf Dienstleistung beeinträchtigt wird (BayOLG. 13, 19). Die Zugehörigkeit zum Militär schließt die FE. nicht aus. Auch nicht körperliche Gebrechen, die eine besondere Pflege fordern. Wegen einer ferneren aus dem Begriff der Erziehung sich ergebenden Voraussetzung s. § 62 A. 2.

Eine landesgesetzliche Erweiterung der Voraussetzungen für die FE. ist unzulässig; ebensowenig kann landesgesetzlich die Zulässigkeit der Einleitung beschränkt werden. Vorhanden müssen die Voraussetzungen der FE., abgesehen von dem Sonderfall des Abs. 3, sein im Augenblick der Anordnung durch das VG. bezw. das BeschwG.; für das Gericht der weiteren Beschw. entscheiden auch hier die Feststellungen des BeschwG.; es ist also auch der Zeitpunkt der Erlassung des Beschwerdebeschlusses maßgebend.

5. Der Minderjährige ist der FE. bei dem Vorliegen der gesetzlichen Voraussetzungen zu überweisen; die Überweisung steht also nicht im Ermessen des VG. oder der Beschwerdegerichte. Wegen des Begriffs des VG. s. § 65 A. 3.

6. Vollendet ist das 18. Lebensjahr, wenn der Minderjährige volle 18 Jahre gelebt hat; der dem Tage der Geburt entsprechende Kalendertag gilt dabei als bereits zum 19. Lebensjahr gehörig (§ 187 Abs. 2 S. 2 BGB.). Wegen des Zeitpunkts, für den diese Berechnung abzustellen ist, s. A. 11. Die Nichtvollendung des 18. Lebensjahrs ist allgemeine Voraussetzung der FE. in den Fällen des Abs. 1. Für volljährig Erklärte können nicht unter FE. gestellt werden; das ergibt sich aus § 72. Eine Altersgrenze nach unten besteht nicht; doch werden für ganz kleine Kinder die Voraussetzungen des § 63 nur unter besonderen Umständen bestehen; jedenfalls nur dann, wenn das Kind nach seiner geistigen und körperlichen Entwicklung sich zu einer Erziehung bereits eignet; vgl. KG. in OLG. 21, 270; KGJ. 43 A 69; KGJ. 48 A 24; KG. in ZBlFG. 17, 34. Es ist insbesondere zu untersuchen, warum die bloße Trennung des Kindes von den Eltern und die Unterbringung in einer einwandfreien Umgebung nicht genügen soll (KG. in OLG. 21, 270); s. auch BVO. § 96 Abs. 1.

7. Zu den allgemeinen Voraussetzungen müssen noch jeweils die Sondervoraussetzungen der vorbeugenden und der heilenden FE. treten. Aus der begrifflichen Verschiedenheit derselben ergibt sich, daß die FE. wegen gleichzeitigen Vorliegens der Voraussetzungen unter Nr. 1 u. 2 nicht angeordnet werden kann; die beiden Voraussetzungen stehen im Gegensatz (KG. in JFG. 2, 108 u. JR. 1925 Nr. 88).

8. Für die vorbeugende FE. des Abs. 1 Nr. 1 treten als weitere besondere Voraussetzungen hinzu: 1. Vorliegen der Voraussetzungen des § 1666 BGB. für Minderjährige unter elterlicher Gewalt, oder des § 1838 für bevormundete Minderjährige, 2. Notwendigkeit der Entfernung des Minderjährigen aus seiner bisherigen Umgebung zur Verhütung der Verwahrlosung, 3. negativ, Unmöglichkeit der geeigneten anderweiten Unterbringung.

a) Erstes Erfordernis der vorbeugenden FE. der Nr. 1 ist, daß die Voraussetzungen des § 1666 oder des § 1838 BGB. vorliegen. Von den Bestimmungen des § 1666 kann hierbei nur Abs. 1 S. 1 in Frage kommen (insbesondere ist Abs. 2 deswegen bedeutungslos, weil er ein Mehr für einen Sonderfall enthält), der bestimmt:

> Wird das geistige oder leibliche Wohl des Kindes dadurch gefährdet, daß der Vater das Recht der Sorge für die Person des Kindes mißbraucht, das Kind vernachlässigt oder sich eines ehrlosen oder unsittlichen Verhaltens schuldig macht, so hat

das Vormundschaftsgericht die zur Abwendung der Gefahr erforderlichen Maßregeln zu treffen.

§ 1838, der im 4. Buch 3. Abschnitt: Vormundschaft und zwar im 1. Titel: Vormundschaft über Minderjährige sich findet, bestimmt:

> Das Vormundschaftsgericht kann anordnen, daß der Mündel zum Zwecke der Erziehung in einer geeigneten Familie oder in einer Erziehungsanstalt oder einer Besserungsanstalt untergebracht wird. Steht dem Vater oder der Mutter die Sorge für die Person des Mündels zu, so ist eine solche Anordnung nur unter den Voraussetzungen des § 1666 zulässig.

Die FE. enthält einen Eingriff in das den Eltern oder dem Vormund zustehende Erziehungsrecht; die Verweisung auf die §§ 1666 u. 1838 bringt demgegenüber zum Ausdruck, daß unter gewissen Voraussetzungen dieser Eingriff rechtlich zulässig sein soll und zwar unter den gleichen Voraussetzungen, unter denen die in diesen §§ bezeichneten Maßnahmen zulässig sind. § 1666 behandelt nun zunächst den Fall, daß das Kind unter elterlicher Gewalt des Vaters steht; bei der grundsätzlichen Gleichstellung der elterlichen Gewalt der Mutter mit der des Vaters (§ 1686 BGB.) muß aber, trotzdem letzterer § in § 63 Abs. 1 Nr. 1 nicht erwähnt ist, angenommen werden, daß auch dann, wenn die elterliche Gewalt der Mutter zusteht (§ 1684 BGB.), die FE. nur unter den Voraussetzungen des § 1666 zulässig ist.

Aus dem Charakter der FE. als Eingriff in das gesetzliche Erziehungsrecht folgt aber weiter, daß dann, wenn der Mutter neben dem Vater die Personensorge zusteht, FE. nur zulässig ist, wenn auch hinsichtlich der Mutter eine gesetzliche Ermächtigung zum Eingriff besteht. Mangels einer ausdrücklichen gesetzlichen Bestimmung muß (wie auch für Eingriffe auf Grund des BGB. anerkannt ist; s. Planck § 1666 A. 10; RGRKomm. § 1666 A. 4 gegen Ende) davon ausgegangen werden, daß auch für den Eingriff in das tatsächliche Sorgerecht durch FE. der § 1666 entsprechend anzuwenden ist. Es ist sonach, wenn beide Eltern leben und dem Vater die Personensorge zusteht, festzustellen, ob nicht auch der Mutter die Personensorge zusteht, und letzterenfalls kann die FE. nur angeordnet werden, wenn auch hinsichtlich der Mutter die Voraussetzungen des § 1666 vorliegen. Daß die Mutter die Personensorge hat, ist die Regel, da nach § 1634 während der Dauer der Ehe schlechthin der Mutter neben dem Vater die Personensorge zusteht. A. A. BayObLG. 22, 66, das die Bedeutung des § 1666 verkennt, der nur die Rechtsstellung des Sorgeberechtigten, bei dem die aufgestellten Voraussetzungen vorliegen, bestimmt, aber über die Rechte Dritter (d. i. der Mutter) überhaupt nichts bestimmt.

Aus dem oben entwickelten Gedanken, daß die FE. ein Eingriff in das Erziehungsrecht ist, folgt aber weiter, daß dann, wenn für die Erziehung des Kindes an Stelle des Vaters ein Pfleger bestellt ist und demnach der Mutter die Personensorge neben dem Pfleger zusteht (§ 1698), ebenfalls die FE. nicht beliebig, sondern nur unter den Voraussetzungen des § 1666 BGB. zulässig ist. Das Gleiche gilt demnach dann, wenn der Vater nach § 1910 Abs. 1 einen Pfleger für seine Person und sein Vermögen erhalten hat und die Sorge ihm neben dem gesetzlichen Vertreter des Kindes zusteht (§ 1676 Abs. 2), endlich, wenn in den Fällen der Scheidung der Ehe nach näherer Maßgabe des § 1635 BGB. die Sorge für die Person des Kindes einem Elternteil ausgeschieden von der sonstigen elterlichen Gewalt zugeteilt ist. Teilweise anders wie hier, jedoch in sich widerspruchsvoll Bäumer S. 223. Gleich zu behandeln sind in allen den geschilderten Fällen mit dem Regelfall, daß die Personensorge dem ehelichen Vater oder der ehelichen Mutter auf Grund des durch das Bestehen der Ehe begründeten Elternverhältnisses zusteht, die Fälle, in denen das Elternverhältnis auf Annahme an Kindesstatt, Ehelichkeitserklärung oder nachfolgender Ehe beruht (§§ 1757, 1736, 1719 BGB.).

b) § 1838 schlägt ein, wenn das Kind bevormundet ist; er trägt aber in seinem S. 2 ausdrücklich dem Gedanken Rechnung, daß dann, wenn neben dem Vormund der Vater oder die Mutter die Personensorge hat, der Eingriff nur dann zulässig ist, wenn ein Umstand vorliegt, der auch hinsichtlich dieser einen Eingriff zuläßt; sinngemäß erfordert er die Voraussetzungen des § 1666. Neben dem Vormund steht die Personensorge einem Elternteil in den unter d einzeln aufgeführten Fällen zu.

c) Zur Auslegung des § 1666 BGB. im einzelnen ist folgendes zu bemerken: Gefährdet muß sein das geistige oder leibliche Wohl des Kindes; gefährdet ist das geistige Wohl auch dann, wenn es bloß nach der intellektuellen, nicht nach der sittlichen Seite gefährdet wird (Begr. S. 1270). Nicht ausreichend ist es, daß eine anderweite Regelung für das Kind in irgend einer Beziehung vorteilhafter wäre (BayOLG. 18, 57). Es genügt Gefährdung des Wohles des Kindes; es ist also nicht abzuwarten, bis eine Benachteiligung des Wohles eingetreten ist; es ist nicht notwendig, daß das Kind bereits die Keime der Verwahrlosung in sich aufgenommen hat, geschweige denn die Spuren sittlicher Verdorbenheit gezeigt hat; die Gefährdung ist auch bei einem sittlich unverdorbenen Kinde möglich (KGJ. 45 A 72; KG. in OLG. 30, 86). Aber es muß sich um die Abwendung einer gegenwärtigen Gefahr handeln; die Befürchtung, daß das Wohl des Kindes in Zukunft gefährdet werden möchte, genügt nicht (BayOLG. 10, 131; a. A. BayOLG. 22, 202, das es für irrig erklärt, eine gegenwärtige Gefahr zu fordern; doch liegt hierbei wohl nur eine Verwechselung der Begriffe gegenwärtige „Gefahr“ und gegenwärtige „Schädigung“ vor). Die einfache Möglichkeit späterer Schädigung genügt noch nicht (KG. in ZBlJG. 17, 138); wohl aber die naheliegende Wahrscheinlichkeit einer (ernsten) Schädigung (BayOLG. 19, 108; 20, 118); eine (erhebliche) Schädigung muß sich mit ziemlicher Sicherheit voraussehen lassen (Bay-

OLG. 20, 169; 18, 57). Nicht genügt eine vergangene nicht mehr bestehende Gefährdung; ausreichend ist es allerdings, wenn das Verhalten des Elternteils derart gewesen ist, daß damit zu rechnen ist, er werde sich auch ferner in gleicher Weise verhalten (KG. in OLG. 31, 409); es kann also eine gegenwärtige Gefährdung auch dann angenommen werden, wenn eine Mutter sich in naher Vergangenheit eines unsittlichen Verhaltens schuldig gemacht hat und eine Neigung dazu gezeigt hat, die wieder hervortreten kann (BayOLG. 4, 153; BayOLG. 18, 1). Aufenthalt in der Großstadt ist für sich noch keine Gefährdung (BayOLG. 20, 110; s. aber auch 19, 231).

Die Gefährdung muß auf ein schuldhaftes Verhalten des Elternteils zurückgehen (BayOLG. 23, 46; KG. in OLG. 1, 484 und 3, 2; siehe auch die Begründung S. 1270). Ein schuldhaftes Verhalten liegt nicht bloß dann vor, wenn der Gewalthaber wider seine bessere Einsicht handelt, sondern auch dann, wenn er sich ohne stichhaltige Gründe der besseren Einsicht verschließt; er darf sich nicht von seiner eigenen Meinung leiten lassen, muß vielmehr auch vernünftigen Gegengründen Rechnung tragen (KG. in OLG. 16, 19). Unverschuldete Unfähigkeit des Vaters oder der Mutter zur Erziehung des Kindes rechtfertigt nicht die Anwendung des § 1666 (BayOLG. 15, 166); auch nicht eine Vernachlässigung, die dadurch veranlaßt ist, daß der Vater der Arbeit ums tägliche Brot nachgehen muß, es muß eine Nachlässigkeit vorhanden sein (KG. in OLG. 4, 273; BayOLG. 20, 413). Auch bei willensschwachen oder sonst geistig nicht auf voller Höhe stehenden Eltern muß noch ein Verschulden feststellbar sein (BayOLG. 23, 46).

Das schuldhafte Verhalten muß grundsätzlich in der Person des zur Personensorge berechtigten Elternteils vorliegen (KGJ. 47 A 61); allein das Verhältnis des anderen Teiles ist für die Würdigung, ob der zur Personensorge berechtigte Elternteil schuldhaft handelt, nicht unbeachtlich; es kann das Verhalten der Mutter den Vater verpflichten, zur Abwendung der hieraus dem leiblichen oder geistigen Wohl des Kindes entstehenden Nachteile einzugreifen (BayOLG. 7, 501).

Nicht jedes in der Person des zur Personensorge berechtigten Elternteils vorhandene Verschulden genügt; es muß vielmehr das Verschulden sich in einer der drei nachbezeichneten Arten äußern.

Das Verschulden des Elternteils kann liegen entweder in dem Mißbrauch des Rechtes der Sorge für die Person des Kindes; Mißbrauch ist schuldhaft falscher rechts- und zweckwidriger Gebrauch (KG. in OLG. 31, 409); er kann also z. B. liegen in der Überschreitung des Züchtigungsrecht; in der Heranziehung des Kindes in einer seine Kräfte übersteigenden Weise zu Dienstleistungen im elterlichen Hauswesen (KG. in OLG. 6, 288; BayOLG. 18, 157); in der Duldung der übermäßigen Ausnützung der Arbeitskraft des Kindes durch den Stiefvater seitens der Mutter (KG. in OLG. 10, 1);

in dem Auftretenlassen des Kindes als „Wunderkind" (ZBlB. 12, 13); in der Verleitung des Kindes zu unsittlichen Handlungen; in der Wahl eines ungeeigneten Berufes für das Kind; in der Versagung der Zustimmung zur Verehelichung einer Tochter, besonders wenn sie geschwängert ist (KG. in OLG. 9, 442); in dem Mißbrauch des Rechts den Aufenthalt des Kindes zu bestimmen (§ 1631 BGB.; BayOLG. 20, 471); der Umstand allein, daß es voraussichtlich dem Kind bei dem Vater schlechter gehen wird, als es das Kind bei der Mutter hat, begründet noch nicht die Annahme eines Mißbrauchs; auch nicht, daß es dem Kinde bei seinen Eltern schlechter gehen wird als in der bisherigen Pflege, solange nur die beabsichtigte neue Unterbringung immer noch den Anforderungen genügt, die billigerweise nach den Verhältnissen der Eltern und des Kindes gestellt werden können (vgl. KG. in OLG. 24, 22; Stuttg. in OLG. 1, 484; BayOLG. 13, 577; 22, 284; im Ergebnis anders BayOLG. 19, 231); wohl aber liegt Mißbrauch vor, wenn der Vater das Kind aus völlig gesicherten und ihm zusagenden Verhältnissen ohne Not in völlig unsichere versetzen will (BayOLG. 15, 259; 24, 187); oder, wenn er es aus glänzenden Verhältnissen, in denen er es jahrelang hat aufwachsen lassen, herausreißen will (KG. in OLG. 33, 364); nicht aber schon dann, wenn eine Mutter das Kind aus Mutterliebe und daneben mit Rücksicht auf seine Arbeitsleistung zu sich nehmen will (Stuttg. in Recht 1917 Nr. 234); auch nicht, wenn das Kind infolge der Herausgabe im Lande umherziehen muß (BayOLG. 20, 406). In der Weigerung eines Elternteils, seine Einwilligung zur Unterbringung eines nicht vollsinnigen (geistesschwachen, epileptischen, taubstummen, blinden) Kindes in einer für solche bestimmten Anstalt zu geben, kann ein Mißbrauch des Personensorgerechts oder eine Vernachlässigung des Kindes liegen. Es muß aber feststehen, daß die Unterbringung des Kindes in seinem Interesse geboten und praktisch durchführbar ist und die Weiterung des Elternteils schuldhaft ist; es muß ein wesentlicher Vorteil für die Gesundheit und die Ausbildung des Kindes zu erwarten sein, so daß hierdurch sein späteres Fortkommen gefördert wird (KG. in OLG. 17, 277; 17, 279; 17, 280; 16, 19; 21, 271; im wesentlichen ebenso Dresden in OLG. 30, 85 und wohl auch BayOLG. 24, 92; 22, 168; auch BayZ. 1923, 97); schlechthin fordert Unterbringung bildungsfähiger taubstummer Kinder in Anstalten BayOLG. in JFG. 2, 101; BayOLG. 23, 219. Ein Mißbrauch liegt vor, wenn die Mutter einem Deutschen, von einem deutschen Vater stammenden Kind eine Erziehung geben will, die es dem deutschen Wesen entfremdet (KG. in NJA. 11, 85). Mißbrauch liegt ferner vor, wenn dem Kinde eine den gesetzlichen Vorschriften oder den hierüber mit dem verstorbenen Elternteil rechtswirksam eingegangenen Verpflichtungen widersprechende religiöse Erziehung gegeben wird (BayOLG. 13, 178). Kein Mißbrauch liegt vor, wenn der Vater das Kind, das eine andere Religion hat als er, seiner Religion zuführen will; ein Mißbrauch kann aber liegen in der Art und Weise, wie er es tut. Zulässig ist eine Einwirkung durch Belehrung, durch

Verschaffung von Gelegenheit, die Religion kennen zu lernen; auch die Unterbringung in ein Pfarrhaus ist nicht grundsätzlich ausgeschlossen; unzulässig ist Zwang zum Besuch des Religionsunterrichts oder das Versprechen äußerer Vorteile (KG. in OLG. 7, 419; 12, 331; 18, 280). S. zur Frage, inwieweit sich eine Änderung der Religion des Kindes als ein Mißbrauch darstellt, auch KG. in OLG. 42, 123, 122 u. 99. Ein Mißbrauch kann auch liegen in der Verweigerung der Zustimmung zu einer Operation des Kindes (KGJ. 46, 46; KG. in OLG. 30, 85; RJA. 14, 91); desgl. in der Vereitelung der Überwachung des Kindes durch den Vormund oder eine von ihm gewählte Hilfskraft (KG. in OLG. 31, 413). Der Mißbrauch braucht kein schwerer zu sein.

Eine weitere Art des Verschuldens ist die Vernachlässigung des Kindes d. h. die (bewußte oder fahrlässige) Außerachtlassung der durch die elterliche Gewalt begründeten Pflichten; also z. B. Vernachlässigung der Kleidung, Nichtbesorgung der erforderlichen Betten, Vernachlässigung der Körperpflege (BayOLG. 18, 234), mangelnde Beaufsichtigung des Kindes, Unterlassung des Anhaltens zum Schulbesuch; und zwar reichen hierbei bloße Anordnungen und Ermahnungen nicht aus; es muß die Befolgung der Anordnungen auch überwacht und nötigenfalls erzwungen werden (Hamb. in OLG. 30, 83); weiter fällt hierunter die Verweigerung der Mittel zur Vorbildung für einen Beruf, der den Verhältnissen des Vaters entspricht (KG. in OLG. 1, 450); grobe Vernachlässigung der Unterhaltspflicht, selbst wenn damit der Zweck verfolgt wird, die Herausgabe der Kindes zu erzwingen (BayOLG. 5, 209); doch läßt sich zeitweilige Vorenthaltung des Unterhalts zu diesem Zwecke rechtfertigen (KG. in OLG. 31, 411); Vernachlässigung liegt nicht schon darin, daß die Erziehung unentgeltlich den Großeltern oder sonstigen Verwandten überlassen wird (KG. in OLG. 31, 411; BayOLG. in OLG. 30, 84). Zur Anordnung der FE. ist ein höherer Grad der Verwahrlosung und Vernachlässigung der Erziehung erforderlich, als er bei den Kindern vieler Arbeiterfamilien in einer Industriestadt infolge der sozialen Verhältnisse unabweisbar ist (BayOLG. in Recht 1916, 425). Vernachlässigung kann darin liegen, daß der Vater den Verkehr des Sohnes mit einem nach § 175 StGB. Verdächtigen und die von diesem dem Sohn gewährten Geldvergünstigungen duldet, auch wenn er im guten Glauben hinsichtlich der Redlichkeit des dem Kinde entgegengebrachten Interesses ist, nachdem er vom VG. auf die nahe Möglichkeit einer dem Kind drohenden Gefahr hingewiesen ist (KG. in ZBlFG. 16, 621); ferner darin, daß das Kind vor verderblichen Einflüssen älterer Geschwister nicht bewahrt wird (BayOLG. 18, 89).

Ein Verschulden des Elternteils liegt ferner in ehrlosem oder unsittlichem Verhalten. Eine genaue Bestimmung dieser Begriffe ist nicht möglich; sie werden als durch die allgemeine sittliche Anschauung gegeben vorausgesetzt. Meinungen einzelner Gesellschaftsklassen über das, was ehrlos und unsittlich sei, sind belanglos. Entscheidend sind die in der Allgemeinheit herrschenden Begriffe von Sittlichkeit und Ehre, nicht die subjektiven Gefühle und Anschauungen des Ehegatten (BayObLG. 21, 331). Mit dem unsittlichen Verhalten ist nicht bloß ein geschlechtlich unsittliches gemeint. Die Begehung strafbarer Handlungen ist weder immer erforderlich, um ein Verhalten als ehrlos und unsittlich erscheinen zu lassen, noch in allen Fällen ausreichend. Der Verlust der bürgerlichen Ehrenrechte läßt nicht stets auf Ehrlosigkeit schließen (Motive zum 1. Entwurf des BGB. IV 804). Einzelne sittliche Verfehlungen werden nicht immer den Schluß rechtfertigen, der Vater habe ein unsittliches Verhalten an den Tag gelegt, sie können menschlich erklärlich und entschuldbar sein; die Handlungen müssen also einen Schluß auf Eigenschaften der Persönlichkeit zulassen. Das Gesetz fordert ein ehrloses oder unsittliches Verhalten, es genügt nicht eine einmalige ehrlose oder unsittliche Tat an sich. Im einzelnen können als unsittliches oder ehrloses Verhalten insbesondere sich darstellen: Müßiggang, Bettel, Landstreicherei, hochgradige Trunksucht, Vergehen und Verbrechen gegen das Vermögen, Verfehlungen in geschlechtlicher Beziehung, z. B. Aufnahme einer Konkubine in den Haushalt (KG. in OLG. 3, 42); Aufnahme von Dirnen in die Wohnung (BayObLG. 20, 397); Ziehung von Vorteil aus ihrem unsittlichen Treiben (KG. in OLG. 6, 62); Verkehr mit einem wegen Verbrechens wider die Sittlichkeit an dem Kinde verurteilten Mann (BayObLG. 21, 331); Kuppelei, Zuhälterei; die bloße Tatsache der Unterhaltung eines Liebesverhältnisses während des Witwenstandes fällt nicht hierher (BayObLG. in OLG. 30, 139); hierher fallen aber ferner Mißhandlung und Beschimpfung der Ehefrau, ungezügelte Spielsucht, übertriebene Verschwendung usw. Ob das Verhalten des Vaters in politischer oder religiöser Beziehung oder die Einwirkung auf das Kind in dieser Hinsicht als ehrloses oder unsittliches Verhalten betrachtet werden kann, ist Tatfrage.

Der Umstand, daß das ehrlose oder unsittliche Verhalten in eine Zeit fiel, zu der dem Elternteil das Erziehungsrecht noch nicht zustand, schließt die Anwendung des § 1666 BGB. nicht aus (KG. in OLG. 4, 411).

Dagegen wird, abweichend von der Anordnung der nach § 1666 selbst zugelassenen Maßregeln (BayObLG. 20, 51), bei Anordnung der FE. nicht auch noch die Erforderlichkeit im Sinne des § 1666 notwendig sein; denn insoweit enthält § 63 eine Sonderregelung („erforderlich zur Verhütung der Verwahrlosung"). Ebensowenig ist für die Frage, ob FE. in der Richtung gegen Ausländer zulässig ist, die Frage erheblich, ob §§ 1666 u. 1838 allgemein in der Richtung gegen Ausländer Anwendung finden (so irrig KGJ. 53, 56); Voraussetzung der FE. ist, daß die Merkmale der §§ 1666 u. 1838 zutreffen, nicht, daß diese §§ überhaupt anwendbar sind. Übrigens gilt § 1666 auch für Ausländer, die sich in Deutschland aufhalten (BayObLG. 22, 240; auch BayZ. 1923, 197).

d) Steht das Kind unter der Vormundschaft, so bestimmt die Voraussetzungen im einzelnen der § 1838 (s. diesen oben

A. 8 a). Soweit nur der Vormund in Betracht kommt, bedarf es darnach weiter keiner Voraussetzungen; die Anordnung ist ihm gegenüber schlechthin zulässig. Maßgebend ist nur das Interesse des Kindes; es ist insbesondere ein Verschulden des Vormunds nicht notwendig (BayOLG. 20, 110). Steht aber nicht dem Vormund, sondern dem Vater oder der Mutter die Personensorge zu, so ist nach § 1838 S. 2 wieder notwendig, daß hinsichtlich deren die Voraussetzungen des § 1666 BGB. vorliegen. Die Fälle, in denen dem Vater oder der Mutter die Personensorge neben dem Vormund zusteht, sind folgende: Nach § 1676 Abs. 1 S. 1 hat der Vater, wenn er in der Geschäftsfähigkeit beschränkt ist (und demnach ein Vormund bestellt ist) die Personensorge. Nach § 1696 BGB. hat die Mutter, wenn ihre elterliche Gewalt ruht (und demnach für das Kind ein Vormund bestellt ist) das Recht und die Pflicht der Personensorge; das gleiche Recht hat sie nach § 1697 BGB., wenn sie eine neue Ehe eingeht u. dadurch die elterl. Gewalt verliert; weiter steht ihr nach § 1698 BGB., wenn für das Kind ein Vormund bestellt wird, weil die elterl. Gewalt des Vaters ruht oder verwirkt ist oder weil dem Vater die Vertretung des Kindes entzogen ist, die Nebensorge für die Person des Kindes zu. Endlich gilt auch für sie der oben erwähnte § 1676 Abs. 1 S. 1 (s. § 1686). Nach § 1707 BGB. hat die uneheliche Mutter (der ein Vormund bestellt ist) schlechthin die Personensorge. Weiter zählen hierher die besonderen Fälle des § 1702 (bei Nichtigkeit der Ehe), des § 1738 (bei Ehelichkeitserklärung), des § 1765 (bei der Annahme an Kindesstatt). Hat der Elternteil die Personensorge nur infolge zufälliger Bestellung als Vormund, so schlägt S. 2 des § 1838 nicht ein (so mit Recht Staudinger § 1838 A. 2 gegen Planck § 1838 A. 3). § 1838 S. 2 findet auch Anwendung, wenn das Erziehungsrecht dem Vater eines für ehelich erklärten Kindes oder dem Annehmenden zusteht (Planck § 1838 A. 3).

Daß nach § 33 Abs. 1 u. § 47 Abs. 2 der § 1838 BGB. auf die Amtsvormundschaft und die Anstalts- und Vereinsvormundschaft nicht anwendbar ist, schließt selbstverständlich nicht aus, daß auch bei dieser das Vorhandensein der Voraussetzungen des § 1838 für die Anordnung der FE. notwendig und genügend ist.

e) Zu den Erfordernissen der §§ 1666 oder 1838 tritt dann zweitens hinzu, daß die Entfernung des Minderjähr. aus seiner bisherigen Umgebung zur Verhütung der Verwahrlosung erforderlich ist (vgl. die ähnliche Fassung des Art. 2 Abs. 2 BayFEG.); s. auch A. 1. Notwendig muß sein die Entfernung des Minderjährigen; kann der Verwahrlosung auch auf anderem Wege, etwa durch Beschränkung der Bewegungsfreiheit begegnet werden, so schlägt die Nr. 1 nicht ein (Grundsatz der Subsidiarität); der Anlaß muß sein die Gefahr der Verwahrlosung. Verwahrlosung ist jedes erhebliche Sinken des geistigen, sittlichen oder körperlichen (Begr. S. 1270) Zustands unter den regelmäßigen Zustand. Die Frage ist objektiv und unbeeinflußt durch die soziale Stellung der Eltern zu beantworten; bei niederen Volksklassen nicht anders als bei höheren (KG. in OLG. 16, 240). Es genügt schon die Notwendigkeit der Verhütung der Verwahrlosung, also die Gefahr der künftigen Verwahrlosung; selbstverständlich genügt aber auch die Gefahr weiterer Verwahrlosung bei schon eingetretener Verwahrlosung.

f) Endlich darf drittens, wenn auch die Entfernung des Minderjährigen erforderlich ist, nicht eine anderweitige geeignete Unterbringung möglich sein, d. h. eine andere als im Wege der FE.; entscheidend ist hier das Ermessen des VG. u. selbstverständlich bei Beschwerdeeinlegung das des Beschwerdegerichts (das Gericht der weiteren Beschwerde hat auch hier nur zu prüfen, ob bei Handhabung des Ermessens eine falsche rechtliche Vorstellung entscheidend mitwirkte). Etwas besonderes ist durch das Wort „Ermessen" nicht gesagt; es kommt nur die Ansicht des Gesetzgebers zum Ausdruck, daß eine nähere Abgrenzung der Fälle, in denen eine andere geeignete Unterbringung stattfinden kann, nicht erfolgen soll. Der Entwurf hatte an Stelle des Wortes „anderweit" am Schlusse der Nr. 1 die Fassung „ohne Inanspruchnahme öffentl. Mittel". Mit der Veränderung der Fassung sollte verhütet werden, daß eine verschiedene Behandlung der Unbemittelten und Bemittelten erfolge, weil nach der Fassung des Entwurfs ein Kind bemittelter Eltern nicht in FE. gebracht werden könne, da für eine geeignete Unterbringung öffentliche Mittel nicht in Anspruch genommen zu werden bräuchten (AusschB. S. 4205); die damit verfolgte Absicht wurde im praktischen Ergebnis nicht erreicht; denn bei Bemittelten wird sich auch eine „anderweite" Unterbringung leichter ermöglichen lassen; aber sachlich liegt insofern eine Verbesserung vor, weil nun der Grundsatz der Subsidiarität der FE. richtiger (in allgemeinerer Fassung) zum Ausdruck gebracht ist. Formell führt allerdings die Änderung zu dem Ergebnis, daß, abweichend von der Regelung nach der der Nov. vom 7. Juli 1915 zu § 1 des PreußFEG. entsprechenden Fassung (s. hierzu Schiedermair Bayr. FEG. S. 30) des Entwurfs, nun die FE. auch ausgeschlossen ist, wenn anderweitige Unterbringung auch auf öffentliche Mittel möglich ist; d. h. wenn öffentliche Mittel, sei es freiwillig sei es auf Grund gesetzlicher Pflicht, auch für eine andere als im Wege der FE. erfolgende Erziehung bereit sind. LG. Liegnitz (ZBlJ. XVII 154) steht auf dem Standpunkt, daß das Gesetz so auszulegen ist, als enthielte es die Worte „ohne Inanspruchnahme öffentlicher Mittel" noch; das ergebe sich aus § 55. Aus § 55 wird sich aber nur ergeben, daß an sich die Bereitstellung öffentlicher Mittel nur für eine FE. erfolgt; damit ist aber nicht ausgeschlossen, daß, wenn freiwillig oder durch besondere Gesetze öffentliche Mittel doch zur Verfügung gestellt werden, sie bei Anwendung des § 63 zu berücksichtigen wären.

9. Die heilende FE. (Abs. 1 Nr. 2) tritt ein, wenn die FE. zur Beseitigung der Verwahrlosung erforderlich ist, und zwar muß dies durch Unzulänglichkeit der Erziehung veranlaßt sein.

Ein Verschulden ist hier nicht notwendig (Begr. S. 1270; BayObLG. 23, 230); sie läßt sich deshalb auch als objektive FE. bezeichnen. Unter Verwahrlosung ist jedes erhebliche Sinken des geistigen, sittlichen oder körperlichen (Begr. S. 1270) Zustands des Kindes unter den regelmäßigen Zustand zu verstehen. Die Frage ist objektiv und unbeeinflußt durch die soziale Stellung der Eltern zu beantworten; sie ist bei den niederen Volksklassen nicht anders als bei den höheren zu beurteilen (RG. in OLG. 16, 240). Die körperliche Verwahrlosung äußert sich in einer Vernachlässigung der Körperpflege oder eines körperlichen Gebrechens (Begr. S. 1270). Ob die Verwahrlosung im Beginn der Entwicklung oder bereits vorgeschritten ist, ist gleichgültig; es genügen also schon Zeichen einer Abweichung von der normalen Entwicklung, die als Beginn der Verwahrlosung erscheinen; es liegt hierin eine Abweichung von den landesrechtlichen FE.-Gesetzen, die auf Grund des Art. 135 EG. BGB. gezwungen waren, die Zulässigkeit der Anordnung auf die Fälle der Verhütung des völligen sittlichen Verderbens zu beschränken (Begr. S. 1270). Doch muß jedenfalls irgendwelche Verwahrlosung vorhanden sein (KG. in JW. 1925 Nr. 1553). Der Anlaß der Notwendigkeit der Beseitigung der Verwahrlosung muß Unzulänglichkeit der Erziehung sein, d. h. es ist die Tatsache festzustellen, daß die erziehlichen Einflüsse, denen der Minderjährige bisher unterworfen war, sei es, daß sie von den Eltern, der Schule oder anderen Erziehungsfaktoren ausgingen, nicht genügt haben, um seine Verwahrlosung zu verhüten und darum auch nicht genügen werden, sie zu beseitigen (Begr. S. 1270). In Betracht kommen können Schwäche der Eltern, Mittellosigkeit derselben, gefährliche Umgebung. Anhaltspunkte für die Annahme dieser Voraussetzungen können geben Arbeitsscheu, Verkehr mit Dirnen, Müßiggang. Zur Beseitigung der Verwahrlosung in diesem Sinn muß die FE. erforderlich sein und die Anordnung anderer Maßregeln nicht ausreichen; der Grundsatz der Subsidiarität gilt also auch hier; insbesondere wird bei Verwahrlosung in körperlicher Hinsicht in der Regel zunächst auf die Pflichten der armenrechtlichen Fürsorge zu verweisen sein und erst im vorgeschrittenen Grade die FE. in Frage kommen (Begr. S. 1270).

10. Abs. 2 befaßt sich mit dem Minderjährigen zwischen dem 18. und 20. Lebensjahr (sog. Spätverwahrlosung); s. hierzu auch VVO. § 96 Abs. 2; er umfaßt die Minderjährigen von dem Tage an, an dem sie volle 18 Lebensjahre gelebt haben, den Kalendertag, der ihrem Geburtstag entspricht, inbegriffen (§ 187 Abs. 2 S. 2 BGB.) bis zum vollendeten 20. Lebensjahr, d. i. bis zu dem Tage, an dem sie volle 20 Lebensjahre gelebt haben, ausschließlich des Tages, der dem Kalendertag des Geburtstags entspricht (§ 187 Abs. 2 S. 2 BGB.). Wegen des Zeitpunkts, für den diese Berechnung abzustellen ist, s. A. 11. Erforderlich sind hier die allgemeinen Voraussetzungen der vorbeugenden und der heilenden FE., wie sie die Nrn. 1 u. 2 des Abs. 1 aufstellen; hinzu tritt die weitere Voraussetzung, daß die FE. Aussicht auf Erfolg hat. Es müssen besondere Anhaltspunkte hiefür vorhanden sein. In Betracht zu ziehen sind hierbei die Verhältnisse des Minderjährigen selbst, seine Charakteranlagen, der Grad seiner Verwahrlosung, aber auch die Frage, ob eine für ihn geeignete Möglichkeit zum erfolgreichen Vollzug der FE. besteht. KG. in JR. 1925 Nr. 390 steht hiezu auf dem Standpunkt, daß aus der Fassung des Abs. 2 sich ergibt, daß die FE. gegen Minderjährige über 18 Jahre für die Regel nur angeordnet werden kann, wenn festgestellt wird, daß eine planmäßige Anstaltserziehung erforderlich und erfolgversprechend ist, weil bei selbständig erwerbsfähigen Minderjährigen, zu denen Minderjährige über 18 Jahre für die Regel zählten, meistens auf dem Wege des § 1666 BGB. durch einen — nach Sorgerechtsentziehung gegenüber dem sorgeberechtigten Elternteil — zu bestellenden Pfleger Abhilfe erfolgen könne. Die zur Anwendung des § 63 Abs. 2 erforderliche Erfolgsmöglichkeit ist in dem die FE. anordnenden Beschluß besonders zu begründen (KG. in JR. 1925 Nr. 390).

11. Abs. 3 bestimmt für die Berechnung der nach Abs. 1 u. 2 rechtserheblichen Zeitpunkte der Vollendung des 18. und des 20. Lebensjahrs den maßgebenden Punkt des Verfahrens; entscheidend ist, wenn das Verfahren auf Antrag eingeleitet ist, der gestellte Antrag (§ 65 Abs. 1); maßgebend kann nur der Antrag eines nach § 65 Abs. 1 materiell Antragsberechtigten sein. Ist das Verfahren ohne Antrag durchgeführt, so entscheidet der Zeitpunkt der Einleitung des Verfahrens; eine Einleitung ist jede Handlung des Richters, die zum Ausdruck bringt, daß er mit dieser Handlung ein FE.-Verfahren gegen eine bestimmte, wenn auch nicht namentlich bezeichnete Person beginnen will; er braucht noch nicht den Willen zu haben, die FE. anzuordnen, aber er muß ein förmliches Verfahren durchführen wollen; nicht genügend sind Handlungen, die erst die Prüfung ermöglichen sollen, ob es sich empfiehlt, überhaupt ein Verfahren in Gang zu setzen; die Einleitung kann außerhalb der Akten, mündlich oder durch Fernsprecher erfolgen; es ist aber ein Aktenvermerk hierüber zu machen. Die Verständigung der Beteiligten ist für die Frage der Einleitung bedeutungslos. Eine Einleitung des Verfahrens liegt auch in der Einleitung des Verfahrens auf vorläufige FE. nach § 67.

§ 64

Artikel 135 des Einführungsgesetzes zum Bürgerlichen Gesetzbuch wird aufgehoben.

1. Art. 135 EG. BGB. war aufzuheben; denn er ist durch die §§ 62 ff. JWG. ersetzt. Wegen einer Übergangsbestimmung s. Art. 4 EG. JWG. Wegen Aufhebung des Art. 136 EG. BGB. s. § 48 JWG.

§ 65

Das Vormundschaftsgericht beschließt von Amts wegen oder auf Antrag. Antragsberechtigt ist das nach § 7 zuständige Jugendamt. Das Antragsrecht kann landesgesetzlich ausgedehnt werden.

Das Vormundschaftsgericht muß vor der Beschlußfassung das Jugendamt, es soll, soweit dies ohne erhebliche Schwierigkeiten geschehen kann, den Minderjährigen, seine Eltern und seinen gesetzlichen Vertreter hören; weitere Anhörungen kann die Landesgesetzgebung vorschreiben.

Der Beschluß ist mit Gründen zu versehen und muß, wenn er auf Anordnung der Fürsorgeerziehung lautet, den Eintritt der gesetzlichen Voraussetzungen unter Bezeichnung der für erwiesen erachteten Tatsachen feststellen.

Das Vormundschaftsgericht kann die ärztliche Untersuchung des Minderjährigen anordnen und auf die Dauer von höchstens sechs Wochen ihn in einer zur Aufnahme von jugendlichen Psychopathen geeigneten Anstalt oder in einer öffentlichen Heil- und Pflegeanstalt zur Beobachtung unterbringen lassen.

Der die Fürsorgeerziehung anordnende Beschluß ist den Antragsberechtigten, dem gesetzlichen Vertreter, den Eltern, der Fürsorgeerziehungsbehörde und ferner dem Minderjährigen selbst, wenn er das 14. Lebensjahr vollendet hat und insoweit sein Inhalt nach dem Ermessen des Vormundschaftgerichts ihm ohne erziehlichen Nachteil mitgeteilt werden kann, zuzustellen. Der die Fürsorgeerziehung ablehnende Beschluß ist dem Antragsteller, der Fürsorgeerziehungsbehörde und, wenn eine vorläufige Fürsorgeerziehung (§ 67) angeordnet ist, ferner allen Personen zuzustellen, denen diese Anordnung zugestellt ist.

Gegen den Beschluß steht die sofortige Beschwerde mit aufschiebender Wirkung den Antragsberechtigten, der Fürsorgeerziehungsbehörde und, wenn der Beschluß auf Fürsorgeerziehung lautet, ferner dem gesetzlichen Vertreter, den Eltern und dem Minderjährigen zu, wenn er das 14. Lebensjahr vollendet hat.

Ist das Vormundschaftsgericht nicht das des gewöhnlichen Aufenthaltsorts des Minderjährigen, so soll auf Antrag des Jugendamts die Abgabe an dieses Gericht gemäß § 46 des Reichsgesetzes über die Angelegenheiten der freiwilligen Gerichtsbarkeit stattfinden, sofern nicht besondere Gründe dagegen sprechen.

1. § 65 trifft für das die Anordnung der FE. betreffende Verfahren, das im allgemeinen gemäß § 1 FGG. sich nach dessen Bestimmungen regelt, einige Sondervorschriften und zwar regelt Abs. 1 die Zuständigkeit und die Einleitung des Verfahrens; Abs. 2 u. 4 treffen Bestimmungen über die anzustellenden Erhebungen; Abs. 3 betrifft die Beschlußfassung, Abs. 5 die Zustellung der Beschlüsse, Abs. 6 die Beschwerdelegitimation; Abs. 7 befaßt sich mit der Abgabe des Verfahrens. Für Bayern treten ergänzend hinzu Art. 28 u. 29 JAG. u. BVO. §§ 98—112.

2. Abs. 1 regelt die Zuständigkeit zur Entscheidung und die Einleitung des Verfahrens; diese kann von Amts wegen oder auf Antrag des nach § 7 zuständigen JA. erfolgen. Das Antragsrecht kann landesgesetzlich ausgedehnt werden. Diese Ausdehnung ist für Bayern erfolgt durch Art. 28 Abs. 1 JAG. Die Anregung eines Offizialverfahrens kann selbstverständlich durch Jeden erfolgen. Die Bedeutung des Antragsrechts ist auch hier die, daß der Antragsberechtigte zur Prozeßpartei wird. Der Antragsberechtigte hat also ein Recht auf die Durchführung des Verfahrens und ein Recht auf einen Bescheid. Wegen des Inhalts des Antrags s. BVO. § 98 Abs. 3. Entspricht der Antrag diesen Erfordernissen nicht, so wird er darum nicht unzulässig.

3. Zuständig zur Anordnung der FE. ist, wie sich aus § 63 ergibt, das VG. VG. ist das Amtsgericht (§ 35 FGG.). Auch in dieser Eigenschaft als Gerichte der FE. bestimmt sich die Stellung der Amtsgerichte ganz nach den Vorschriften des GVG., denn die Überweisung auch dieser Geschäfte hat an die durch das GVG. geschaffenen Gerichte und zwar in ihrer durch letzteres geordneten Verfassung zu geschehen. Ist ein Familienrat bestellt, so tritt er gemäß § 1872 BGB. auch hier an die Stelle des Amtsgerichts.

Nach den Vorschriften des FGG. bestimmt sich auch die örtliche Zuständigkeit des VG. mit der aus Abs. 7 sich ergebenden Sondervorschrift für die Übernahme des Verfahrens. Maßgebend ist § 43 mit § 36 Abs. 1 u. 2 FGG.; hiernach ist das Gericht zuständig, in dessen Bezirk der Minderjährige seinen Wohnsitz oder in Ermangelung eines deutschen Wohnsitzes seinen Aufenthalt hat. Wird die FE. für Geschwister erforderlich, die in den Bezirken verschiedener Gerichte ihren Wohnsitz oder Aufenthalt haben, so ist, wenn für eines schon bei einem deutschen Gericht das Verfahren anhängig ist, das für dieses Kind zuständige Gericht, andernfalls das Gericht, in dessen Bezirk das jüngste Kind seinen Wohnsitz oder

Aufenthalt hat, für alle Geschwister zuständig; ob die Geschwister voll- oder halbbürtige sind, ist gleichgültig (KGJ. 47, 10 auch OLG. 31, 274; ZBlFG. 17, 65); auch uneheliche Kinder derselben Mutter sind Geschwister im Sinne der Vorschrift (Stuttg. in Recht 1916 Nr. 1367). Sind mehrere halbbürtige Geschwister und zwar solche von Vater- und Mutterseite, die also unter sich keine Geschwister sind, vorhanden und besteht für diese ein Verfahren bei verschiedenen Gerichten, so ist sinngemäß das Gericht zuständig, bei dem zuerst das Verfahren anhängig wurde. Ist der Minderjährige ein Deutscher und hat er in Deutschland weder Wohnsitz noch Aufenthalt, so entscheidet der letzte deutsche Wohnsitz; in Ermangelung eines solchen entscheidet, wenn der Minderjährige einem Lande angehört, die Landesjustizverwaltung, für Bayern das Justizministerium, andernfalls der Reichskanzler. Wegen des Wohnsitzes bei Deutschen, die exterritorial sind, oder bei Beamten, die im Ausland angestellt sind, s. FGG. § 3.

Maßgebend für die Beurteilung der Zuständigkeit ist der Zeitpunkt, in dem das Gericht mit der Sache befaßt wird (§ 43 Abs. 1 FGG.), also der Eingang eines etwaigen Antrags oder einer etwaigen Anregung oder die erste von Amts wegen erfolgende gerichtliche Handlung. Ein in diesem Zeitpunkt unzuständiges Gericht wird auch nicht dadurch zuständig, daß durch ein im Laufe des Verfahrens eintretendes Ereignis etwa einen Wohnsitzwechsel nachträglich die Zuständigkeit begründet wird; der Grundsatz der ZPO., daß die Unzuständigkeit durch einen Tatumstand geheilt wird, der nach der Klagestellung eingetreten ist, gilt nicht für die freiwillige Gerichtsbarkeit (KG. in ZBlVorm. 3, 191). Nicht ist die Zeit maßgebend, in der die Tätigkeit notwendig gewesen wäre.

Ist für den Minderjährigen schon eine Vormundschaft oder Pflegschaft anhängig, oder ist seiner die elterliche Gewalt ausübenden Mutter ein Beistand bestellt, so ist das Gericht zuständig, bei dem die Vormundschaft, Pflegschaft oder Beistandschaft anhängig ist (§ 43 Abs. 2 FGG.) und zwar ist letzteres Gericht auch zuständig zur Einleitung der FE. für eines von Geschwistern, wenn für ein anderes bei ihm Vorm., Pflegsch. oder Beistandsch. anhängig ist (KGJ. 50, 58). Die Bestimmung des § 43 Abs. 2 ist durch § 68 Abs. 2 JWG. dahin erweitert, daß nicht bloß das Bestehen einer Vormundschaft, Pflegschaft oder Beistandschaft, sondern auch der Umstand, daß bei einem VG. eine Schutzaufsicht oder bereits ein FE.-Verfahren anhängig ist, eine bevorzugte, der Anwendung des § 36 Abs. 1 und 2 vorgehende Zuständigkeit begründet. Dagegen zieht der Umstand, daß bei einem Gericht eine sonstige Maßnahme des VG. anhängig ist, die Zuständigkeit für ein FEVerfahren nicht nach sich.

Das Gericht hat seine Zuständigkeit von Amts wegen und schon in dem Zeitpunkt zu prüfen, in dem es mit der Sache befaßt wird; auch hinsichtlich der Zuständigkeit hat das Gericht die zur Feststellung der rechtlich erheblichen Tatsachen erforderlichen Ermittlungen und Beweiserhebungen von Amts wegen zu treffen (BayOLG. 18, 177).

Sind mehrere VG. zuständig, so entscheidet § 4 FGG., d. h. es gebührt dem VG. der Vorzug, welches zuerst in der Sache tätig geworden ist; das gilt auch, wenn ein Zusammentreffen zwischen den Fällen des § 43 Abs. 2 FGG. und des § 68 Abs. 2 JWG. stattfindet. Bei Zuständigkeitsstreitigkeiten und bei Ungewißheit über die Zuständigkeit entscheidet § 5 FGG. Hierbei gilt als gemeinschaftliches Gericht für mehrere in Bezirken verschiedener bayerischer Oberlandesgerichte gelegene Gerichte das Oberste Landgericht (§ 199 Abs. 2 S. 2 FGG.); es entscheidet nicht etwa das Oberlandesgericht, zu dessen Bezirk das zuerst mit der Sache befaßte Gericht gehört. § 5 gilt auch, wenn mehrere Landgerichte über ihre Zuständigkeit zur Beschwerdeentscheidung streiten (KGJ. 50, 20). Die Bestimmung des zuständigen Gerichts durch das gemeinsame Obergericht soll nach dem BayOLG. 22, 161 nur erfolgen können, wenn die Voraussetzungen für die gerichtliche Tätigkeit (in diesem Falle für die Anordnung einer Vormundschaft) vorliegen; die Ansicht ist unzutreffend; es kann ein Zuständigkeitsstreit schon entstehen, wenn es sich darum handelt, festzustellen, ob überhaupt die Voraussetzungen für die Entfaltung einer gerichtlichen Tätigkeit bestehen und welches Gericht diese Voraussetzungen festzustellen hat.

Auch die Abgabe eines Verfahrens an ein anderes Gericht aus wichtigen Gründen nach § 46 FGG. ist zulässig (§ 46 Abs. 4 FGG.) und zwar auch, nachdem die FE. bereits angeordnet ist (BayOLG. 19, 111); wichtige Gründe liegen hier vor, wenn die Abgabe eine zweckmäßigere und leichtere Behandlung der FE. ermöglicht (BayOLG. 12, 561; 19, 46). Maßgebend sind die Verhältnisse in dem Zeitpunkt, in dem über die Abgabe zu entscheiden ist; die Möglichkeit späterer Veränderungen kann nur wieder Anlaß zu einer neuen Abgabe sein (BayOLG. 19, 95; 18, 233). Steht der Minderjährige unter Vormundschaft, Pflegschaft oder Beistandschaft, so kann das FEVerfahren nur dann abgegeben werden, wenn gleichzeitig Vormundschaft, Pflegschaft oder Beistandschaft abgegeben werden (KG. in Recht 1910, 358). Das Gleiche gilt auch auf Grund des § 68 Abs. 2 JWG. entsprechend, wenn eine Schutzaufsicht anhängig ist; Abgabe ohne die Vormundschaft usw. macht das neue Gericht nicht zuständig (KG. in JR. 1925 Nr. 391). Wird eine Vormundschaft, Pflegschaft oder Beistandschaft abgegeben, so wird ein anhängiges FEVerfahren zugleich mitübergeben (KG. in JEFG. 2, 92).

Die Abgabe kann in jedem Stande des Verfahrens erfolgen, es ist insbesondere nicht notwendig, daß schon ersichtlich ist, daß ein förmliches Verfahren durchzuführen ist; es müssen jedoch die Umstände geklärt sein, die für die Abgabe erheblich sind; die Klarstellung insoweit herbeizuführen, ist Sache des um Abgabe ersuchenden Gerichts; die Abgabe kann auch während des Beschwerdeverfahrens erfolgen; in diesem Fall hat das Beschwerdegericht mit dem Vormundschaftsgericht, das die Sache übernehmen soll, zu verhandeln (KG. in Recht 1909, 372). Ist die Sache abgegeben, so entscheidet das Beschwerdegericht des neuen VG. auch über Beschwerden gegen

Beschlüsse des abgebenden Gerichts (BayObLG. 18, 157). Die nach § 46 Abs. 1 Halbs. 2 für die Abgabe erforderliche Zustimmung des Vormunds wird bei Abgabe eines FEVerfahrens entbehrlich sein; denn in diesem Verfahren hat der Vormund nicht die entscheidende Stellung, die ihm bei einer Vormundschaft als solchem zukommt; zudem gibt es FEVerfahren für Kinder, die überhaupt nicht unter Vormundschaft stehen; die Vorschriften über die Abgabe von Vormundschaften finden denn auch nach § 46 Abs. 3 FGG. auf die Abgabe anderer Angelegenheiten nur „entsprechende" Anwendung.

Ergänzt wird § 46 Abs. 1 durch die auch dem Abs. 2 desselben vorgehende Bestimmung des im Ausschuß (AusschB. S. 4210) eingefügten Abs. 7 des § 65, die im RegE. den Abs. 2 des jetzigen § 68 gebildet hatte. Darnach soll die Abgabe an das VG. des gewöhnl. Aufenthalts erfolgen, wenn ein anderes VG. mit der Sache befaßt ist; außer es sprechen besondere Gründe dagegen. Doch soll das nur auf Antrag des JA. geschehen. Die Zuständigkeit des JA. zur Antragstellung bemißt sich nach § 7 JWG. Abgabe von Amts wegen aus diesem Grunde erfolgt nur im Rahmen des § 46 Abs. 1. Lehnt das VG. die Abgabe ab, so ist das JA. beschwerdeberechtigt. Auch die Abgabe der FE. auf Grund des § 65 Abs. 7 kann, entsprechend dem für die Abgabe nach § 46 oben Dargelegten nur erfolgen, wenn eine etwa anhängige Vormundschaft, Pflegschaft, Beistandschaft oder Schutzaufsicht mit abgegeben werden (KG. in JR. 1925 Nr. 391). Der Antrag auf Abgabe muß spätestens bis zu dem Zeitpunkt gestellt sein, in dem das VG. Beschluß gemäß § 65 gefaßt hat; im Beschwerdeverfahren kann er nicht mehr gestellt werden (KG. in JFFG. 2, 90). Auch die Abgabe nach Abs. 7 kann nur erfolgen, wenn gleichzeitig die etwa anhängige Vormundschaft, Pflegschaft oder Beistandschaft abgegeben wird, also nur dann, wenn für letztere wichtige Gründe im Sinne des § 46 FGG. vorliegen. Abs. 7 wird demnach praktische Bedeutung nur haben, wenn die Voraussetzungen des Zusammenhangs gemäß § 43 Abs. 2 FGG., § 68 Abs. 2 JWG. nicht vorliegen.

Einigen sich die Gerichte über die Abgabe nicht, so entscheidet das gemeinschaftliche obere Gericht und zwar, wenn die Gerichte zu verschiedenen bayer. Oberlandesgerichten gehören, das Oberste Landesgericht, wenn Streit zwischen einem bayer. und einem nicht bayer. Gerichte besteht, das Oberlandesgericht, zu dessen Bezirk das VG. gehört, an das abgegeben werden soll (§ 46 Abs. 2, § 199 Abs. 2 S. 2 FGG.; Art. 42 Abs. 3 AG. GVG.; BayObLG. 20, 335). Dies gilt auch in den Fällen der Abgabe nach Abs. 7 des § 65 JWG. Ist einmal zwischen mehreren Gerichten ein Übernahmestreit entstanden, so kann nicht wegen der Stellungnahme des einzelnen Gerichts Beschwerde eingelegt werden (BayObLG. 19, 15); wohl aber ist Beschwerde zulässig, wenn sich das mit der Sache befaßte Gericht auf ein Übernahmeersuchen überhaupt nicht einlassen will (Jena in OLG. 33, 5). Die Anrufung der Entscheidung des oberen Gerichts ist erst zulässig, wenn die zur Entscheidung über die Zuständigkeit erforderlichen Ermittlungen gepflogen werden (BayObLG. 18, 298); weiter nur, wenn die sämtlichen beteiligten Gerichte die bisher gepflogenen Erhebungen geprüft haben und sachlich Stellung genommen haben (BayObLG. 18, 246).

Für schleunige Maßnahmen ist eine besondere Zuständigkeit durch § 68 Abs. 1 begründet.

S. zur Frage der Zuständigkeit auch VVO. § 112.

Von Bedeutung ist hier auch § 7 FGG., wonach gerichtliche Handlungen nicht aus dem Grund unwirksam sind, weil sie von einem örtlich unzuständigen Gericht angeordnet wurden. Durch § 7 ist es aber nicht ausgeschlossen, den Mangel der örtlichen Zuständigkeit in dem Verfahren selbst, also auch durch Beschwerdeeinlegung zur Geltung zu bringen (Colm. in RJA. 6, 1; BayObLG. 23, 206). A. A. KG. in JFG. 1, 38, wonach der Mangel der örtlichen Zuständigkeit bei Vormundschaften und Pflegschaft nicht gerügt werden könnte, wohl aber bei einzelnen vormundschaftsgerichtlichen Angelegenheiten. KG. in OLG. 42, 108 läßt die Beschw. zu, aber nur mit der Beschränkung, daß das bisherige Verf. wirksam bleibt. KG. in JR. 1925 Nr. 1142 will „unter Umständen" ein Anfechtungsrecht wegen mangelnder Zuständigkeit geben, verlangt aber ausdrückliche Geltendmachung dieser Rüge und läßt Prüfung der Zuständigkeit von Amts wegen durch das Beschwerdegericht nicht zu.

Nach § 5 JGG. kann FE. auch durch das Jugendgericht angeordnet werden; doch soll das nur geschehen, wenn in erster Instanz die Zuständigkeit dafür auch außerhalb des Strafverfahrens begründet ist; andernfalls soll ausgesprochen werden, daß Erziehungsmaßregeln erforderlich sind, ihre Auswahl und Anordnung aber dem VG. überlassen bleibt; Voraussetzungen, Ausführung, Aufhebung und Erlöschen bestimmen sich aber auch diesenfalls nach dem JWG. (§ 7 Abs. 3 JGG.). Wegen der Zustellung solcher im Strafverfahren ergehender Anordnungen und des Beschwerderechts s. KG. in OLG. 43, 371 u. A. 4 vor § 62.

4. Abs. 2 trifft Bestimmungen darüber, wer im Verfahren zu hören ist; insoweit ist z. T. eine unmittelbare reichsrechtliche Regelung erfolgt; darnach muß gehört werden das JA. und zwar das nach § 7 zuständige (wegen einer Überleitungsbestimmung hiezu s. JAG. Art. 29 Abs. 2); ist das JA. der Antragsteller, so bedarf es keiner weiteren Anhörung desselben; gehört werden sollen der Minderjährige, dessen Eltern und zwar beide, ohne Rücksicht darauf, ob ihnen die Personensorge oder die gesetzliche Vertretung zustehen oder nicht, und der gesetzliche Vertreter und zwar, wenn der Minderjährige mehrere hat, alle. Anhörung des außerehelichen Vaters ist nicht vorgeschrieben; sie kann aber erfolgen. Ist das Kind an Kindesstatt angenommen, so ist auch der Annehmende zu hören (§ 1757 BGB.). Diese zu hörenden Personen sind aber nur zu hören, wenn es ohne erhebliche Schwierigkeiten geschehen kann; erhebliche Schwierigkeiten bestehen insbesondere, wenn der Minderjährige in einem sehr jugendlichen Alter steht. Sie bestehen ferner, wenn ein

Anzuhörender geisteskrank ist, wenn er sich dem Gericht gegenüber erfahrungsgemäß unangemessen verhält, wenn er sich im Ausland aufhält und der Verkehr mit ihm erschwert ist, wenn sein Aufenthalt nicht zu ermitteln ist oder doch nur mit Verzögerung des Verfahrens. Auch die Anhörung der Personen, die nur gehört werden „sollen", ist zwingend in dem Sinn vorgeschrieben, daß durch Nichtbeachtung die Gültigkeit des Verfahrens beeinträchtigt und ein Rechtsmittel begründet wird (vgl. KG. in OLG. 7, 90 u. BayOLG. 20, 59). Das „Soll" besagt gegenüber dem „Muß" nur, daß unter besonderen Umständen die Anhörung unterbleiben kann. Auf die Behauptung der unrichtigen Handhabung des hierbei bestehenden Ermessens kann eine weitere Beschwerde nicht gestützt werden; denn es liegt hierin keine Gesetzesverletzung. Weitere Anhörungen können landesgesetzlich vorgeschr. werden. Für Bayern ist dieses geschehen durch Art. 29 JAG. Weitere Anhörungen empfiehlt BVO. § 103; es handelt sich hier um eine bloße Dienstesvorschrift, nicht um eine landesgesetzliche Regelung im Sinne des § 65 Abs. 1 S. 2.

Wegen der Bekanntgabe der Äußerungen der Gehörten an den Minderjährigen s. die Dienstanweisung der BVO. § 106; die Anwendung dieser Bestimmung findet ihre Grenze in FGG. §§ 12 u. 34.

Gehört sind die zu Hörenden dann, wenn ihnen Gelegenheit gegeben ist, sich zur Frage der FE. zu äußern; es muß ihnen hierbei auch das Sachverhältnis, soweit es für ihren Standpunkt erheblich sein kann, mitgeteilt werden. Hierbei kann es auch erforderlich sein, daß ihnen die Namen der Personen mitgeteilt werden, von denen die vorliegenden Angaben herrühren; dies gilt auch für die Erklärungen des JA. (s. BayOLG. in OLG. 30, 167). Sie müssen auch noch rechtzeitig gehört werden; auch muß ihnen Gelegenheit gegeben sein, zur Abgabe ihrer Äußerung sich entsprechend vorzubereiten; die Anhörung kann wirksam schriftlich oder mündlich, sie kann auch durch Befragung durch einen Polizeibeamten oder eine Gemeindebehörde erfolgen; doch soll nach BVO. § 101 die Heranziehung der Polizeibehörden im FEVerfahren nicht erfolgen. Daß sie auch eine Erklärung abgeben, ist nicht notwendig; ebenso ist es (formell) gleichgültig, welche Erklärung sie abgeben; notwendig ist es, daß die etwa abgegebene Erklärung auf vorherige Veranlassung des VG. erfolgt; sonst sind sie nicht vom VG. gehört (KG. in OLG. 16, 236); bedient sich das Gericht zur Anhörung anderer Behörden, so muß es doch selbst zur Feststellung des Sachverhalts beitragen und die Leitung der Ermittlungen übernehmen (KG. in OLG. 21, 273); es genügt nicht, wenn sie lediglich in einem vorhergehenden polizeilichen Verfahren gehört wurden (s. BayOLG. 11, 718); ebensowenig genügt die bloße Benützung der Erhebungen eines Fürsorgevereins (Colm. in ElsLothZ. 41, 207). Eine bloße Ladung zu einem zur Vernehmung bestimmten Termin genügt nicht; dem Vorgeladenen muß vielmehr auch mitgeteilt worden sein, um was es sich handelt (KG. in OLG. 17, 277);

für das Beschwerdegericht genügt es aber, wenn der zu Hörende aus dem ihm mitgeteilten erstinstanziellen Beschluß das Erforderliche ersehen konnte (Colm. in ElsLothZ. 41, 207). Bestimmungen über die Anhörung gibt auch VVO. § 101 Abs. 2; diese haben den Charakter einer Dienstvorschrift. Die Anhörung hat in dem gerade in Frage stehenden Verfahren zu erfolgen. Es genügt also nicht die Anhörung oder Vernehmung in einem früher eingestellten, nun aber wieder neu aufgenommenen Verfahren (KG. in Recht 1908, 221).

Ein unmittelbarer Zwang sich zu äußern kann gegen die zu Hörenden nicht geübt werden, denn er ist nicht ausdrücklich vorgesehen. Die Personen können auch nicht zum Erscheinen vor Gericht gezwungen werden; ein Zwang könnte bloß auf Grund des Art. 130 AG. BGB. geübt werden; allein es liegt keiner der dort vorausgesetzten Fälle vor; es handelt sich insbes. bei der Anhörung nicht um die „Anordnung einer Maßregel, deren Ausführung die Anwendung unmittelbaren Zwangs erfordert"; Anordnungen im Sinne des Art. 130 sind nur solche, die, wozu eine gesetzliche Ermächtigung erforderlich ist, ein unmittelbares Gebot an Dritte enthalten; Abs. 2 stellt sich bloß als Weisung an das VG. dar; er ist kein Gebot an die Allgemeinheit; er ist selbst noch keine „Maßregel", sondern soll eine solche erst vorbereiten. Zwangsweise Vorführung und Zwang zur Äußerung ist nach dem Dargelegten auch gegen den Minderjährigen selbst unzulässig. Es ist auch nicht zulässig, daß das VG. den Vormund veranlaßt, kraft der ihm gegen den Mündel zustehenden Rechte, diesen zur Stelle zu bringen; das VG. würde sich hierdurch einer Gesetzesumgehung schuldig machen. Es ist auch nicht zulässig, das Erscheinen und eine Äußerung des Vormunds oder Pflegers nach § 1837 Abs. 2 BGB. zu erzwingen; denn Voraussetzung der Anwendung des § 1837 Abs. 2 ist das Vorliegen einer Anordnung des VG., die es in Ausübung seines ihm nach § 1837 Abs. 1 BGB. bestehenden Aufsichtsrechts erließ (Staudinger, BGB. § 1837 Anm. 4a); dieser Fall liegt hier nicht vor; hier handelt das VG. auf Grund einer besonderen durch das JWG. begründeten Zuständigkeit.

Wegen des Ersatzes der Auslagen der zu hörenden Personen s. § 74.

Für den Umfang der Erhebungen im übrigen gilt Abs. 4 und § 12 FGG. S. zu letzterem die Bem. 2c vor § 56.

5. Die Bestellung eines besonderen Pflegers für den Minderjährigen zur Vertretung im FGVerfahren ist nicht notwendig; sie ist nicht ausdrücklich vorgeschrieben und aus allgemeinen Erwägungen ebensowenig geboten, wie bei einem Verfahren nach § 1666 BGB. (KG. in ZBlFG. 6, 566; KG. in KJA. 5, 127; BayZ. 1905, 178).

6. Abs. 3, der die Abfassung des Beschl. des VG. regelt, entspricht dem Art. 6 Abs. 1 BayFGG. Er trifft eine Bestimmung für alle Beschlüsse, sie müssen mit Gründen versehen sein, und enthält eine Sondervorschrift für die die FE. anordnenden Beschlüsse, sie müssen den Eintritt der gesetzlichen Voraussetzungen unter Bezeichnung der für erwiesen erachteten Tatsachen (vgl. § 267 Abs. 1 StPO.) feststellen; daneben gilt auch für sie die allg. Vorschrift, daß sie begründet sein müssen.

Der Zusammenhang ergibt, daß sich Abs. 3 nicht auf alle im FEVerfahren ergehenden Beschlüsse bezieht, sondern sich nur mit dem Verfahren auf Anordnung der FE. befaßt; und auch hier nur mit den das Verfahren abschließenden Beschlüssen; andere Entscheidungen (Zwischenentscheidungen) hat Abs. 3 nicht im Auge („der Beschluß"); auch auf Grund der Vorschriften des FGG. ergibt sich keine Rechtspflicht, sie zu begründen; eine solche besteht darnach nur für die Entscheidungen der Beschwerdegerichte (s. § 25 FGG.; Schlegelberger § 16 Anm. 3). Als eine die FE. ablehnende Verfügung kann hierbei aber nicht jede Verfügung gelten, die sich auf den Standpunkt stellt, daß eine FE. nicht veranlaßt ist; es muß vielmehr schon ein Verfahren von einem gewissen Umfang mit der Absicht, die FE. anzuordnen, durchgeführt oder ein förmlicher Antrag auf Anordnung gestellt worden sein; pflegt der Vormundschaftsrichter bloß von Amts wegen z. B. auf Grund einer Anregung Dritter Erhebungen zur Feststellung, ob er sich nicht mit der Frage der Einleitung eines FEVerfahrens befassen soll und kommt er dabei zu einem verneinenden Ergebnis, so ist das noch keine Ablehnung.

Was den Inhalt und den Umfang der Begründung anlangt, so muß der die FE. anordnende Beschl. den Eintritt der gesetzl. Voraussetzungen unter Bezeichnung der für erwiesen erachteten Tatsachen feststellen; eine Anführung der gesetzl. Bestimmungen mit den Worten des Ges. selbst ist nicht vorgeschrieben, sondern nur die Feststellung der gesetzl. Voraussetzungen; diese kann deshalb auch durch den Gebrauch anderer, unter Umständen besser bezeichnender Ausdrücke erfolgen; daneben müssen aber die konkreten Tatsachen angegeben sein, in denen die gesetzl. Voraussetzungen erblickt werden; die Feststellung der Tatsachen, aus denen diese Tatsachen wieder ihrerseits gefolgert wurden, ist nicht ausdrücklich gefordert, ebensowenig eine Angabe der Beweismittel oder eine Beweiswürdigung. Auch die Verweisung auf die angewandten gesetzl. Bestimmungen ist nicht vorgeschrieben. Festzustellen sind in der geschilderten Weise nur die Voraussetzungen der FE., also nur die materiellen Erfordernisse der Zulässigkeit, nicht aber die für das formelle Verfahren maßgebenden Umstände.

Wie weit die Begründung im übrigen und zwar sowohl bei den die FE. anordnenden wie bei den sie ablehnenden Beschlüssen zu gehen hat, kann sich nur nach den Umständen des Falles bemessen; von Bedeutung sind namentlich auch die Anträge und das sonstige Vorbringen der Beteiligten; nach Lage des Falls wird sich auch eine Angabe der Tatsachen, aus denen die endgültig festgestellten Tatsachen gefolgert wurden, und auch eine Beweiswürdigung nicht umgehen lassen, und zwar auch in den Fällen der Anordnung der FE. trotz der Sonderbestimmung, die das Gesetz für diese gibt; denn diese soll die Begründungspflicht nicht einschränken, sondern erweitern; auch die sachliche und die örtliche Zuständigkeit sind zu begründen; wenn eine Entscheidung über die Kosten erfolgt, auch diese. Festzustellen wird auch sein, wenn eine durch Abs. 2 als Sollvorschrift vorgesehene Anhörung unterblieb, warum sie unterblieb, insbesondere, welche Schwierigkeiten der Anhörung entgegenstanden. Ein förmlicher Tatbestand im Sinne des § 313 Abs. 1 Nr. 3 ZPO. ist nicht notwendig, insbesondere keine Wiedergabe des Vorbringens der Gehörten oder des Ergebnisses der Erhebungen im einzelnen; auch eine Darstellung der Geschichte des Verfahrens unterbleibt. Ist schon ein Grund geeignet, die Entscheidung zu rechtfertigen, so ist die Würdigung der übrigen entbehrlich; zu einer Begründung gehört bei einer zweifelhaften Rechtslage auch die Würdigung der Rechtsfragen. Bei der Begründung kann auf die Akten verwiesen werden, selbst wenn demzufolge der Beschluß nur unter Beiziehung der Akten verständlich ist; ebenso kann zur Begründung auf einen früheren Beschluß verwiesen werden, wenn dieser denen, denen der neue Beschluß zuzustellen ist, bekannt oder zugängig ist. Mit Gründen versehen ist der Beschluß auch, wenn seine Begründung fehlerhaft ist (a. A., aber sicherlich unrichtig BayOLG. 10, 390).

Zu einer dem Gesetz genügenden Begründung der Anordnung der FE. verlangte die Rechtsprechung zu den früheren Gesetzen u. a. folgendes: Für die Unterlassung der Anhörung von Verwandten sind Gründe anzugeben (BayOLG. 13, 19). Der Beschluß muß sich auch darüber äußern, ob dem Bedürfnisse nach einer geordneten Erziehung des Minderjährigen nicht durch andere, weniger tiefeinschneidende Maßregeln entsprochen werden kann (BayOLG. 12, 245). Nicht genügt die Begründung, wenn aus dem Ergebnis der Ermittlungen zu entnehmende Umstände, die einen wesentlichen Einfluß auf die Entscheidung haben können, keine Berücksichtigung gefunden haben, oder wenn Tatsachen, die von einem Beteiligten zur Ausführung seiner Rechte geltend gemacht wurden, nicht auf ihre Richtigkeit geprüft oder nicht gewürdigt worden sind (BayOLG. in BayZ. 1915, 335; Darmst. OLG. 32, 328). Alle erhobenen Einwendungen brauchen in den Gründen nicht gewürdigt zu werden; aber es muß aus dem Inhalt der Entscheidung hervorgehen, daß keine Einwendung übersehen wurde; sind einzelne wesentliche Behauptungen oder Beweisanträge übergangen, ohne daß aus der Entscheidung zu entnehmen ist, daß sie für unbeachtlich gehalten wurden, so ist dem Gesetze nicht genügt (BayOLG. 12, 870). Mit einer Erörterung der Meinungen und Anschauungen der gehörten Personen und Behörden braucht sich aber das Gericht nicht notwendig zu befassen, es braucht nur die vorgebrachten Tatsachen zu würdigen (BayOLG. 11, 185). Nicht alle Zeugenaussagen brauchen in den Gründen erwähnt zu werden, wenn nur nicht anzunehmen ist, daß die Aussagen überhaupt nicht gewürdigt wurden (BayOLG. 18, 157).

Dienstesvorschriften über den Inhalt des Beschlusses gibt VVO. § 107.

7. Abs. 4, der schon im Aussch. (AusschB. S. 4210) mehrfache Änderungen gegenüber dem RegE. erfahren hatte, schreibt in seiner gegenwärtigen Fassung vor, einmal, daß die ärztliche Untersuchung des Minderjährigen angeordnet werden kann (s. Art. 4 Abs. 5 BayFEG.). Der Minderjährige muß sich, darin liegt die rechtliche Bedeutung der Bestimmung, diesen Eingriff in seine persönliche Freiheit gefallen lassen. Eine besondere Qualifikation ist für den Arzt, der die Untersuchung vornimmt, nicht vorgeschrieben, doch muß er ein approbierter Arzt im Sinne der GewO. sein. Für Bayern s. wegen des zu wählenden Arztes BVO. § 105 Abs. 3 mit 1. Worauf sich die ärztliche Untersuchung zu erstrecken hat, kann das VG. näher bestimmen; es kann sich aber auf die allgemeine Anordnung der ärztlichen Untersuchung beschränken; es ist dann Sache des Arztes, das durch den Zweck der Untersuchung, die der Feststellung dient, ob FE. erfolgen soll, Gebotene festzustellen. Es ist selbstverständlich, daß der Arzt auf Grund seiner Untersuchung eine Äußerung abzugeben hat. Der Vollzug der Anordnung erfolgt gemäß Art. 130 AG. BGB.

Das VG. kann nach Abs. 4 weiter die Aufnahme des Minderjährigen in eine zur Aufnahme jugendlicher Psychopathen geeignete Anstalt oder in eine öffentliche Heil- und Pflegeanstalt, beides zu seiner Beobachtung und auf die Dauer von höchstens 6 Wochen anordnen. Auch die Bedeutung dieser Bestimmung liegt darin, daß sich der Minderjährige diesen Eingriff in die persönl. Freiheit gefallen lassen muß. Sie wird namentlich zur Anwendung kommen, um festzustellen, ob der Minderjährige überhaupt noch erziehbar ist. Das Gericht hat die Anstalt auszuwählen. Wegen der für die Unterbringung in Betracht kommenden Anstalten s. BVO. § 105 Abs. 4. Die Anordnung steht im Ermessen des Gerichts; vorherige ärztl. Äußerung über die Notwendigkeit der Anstaltsbeobachtung ist nicht nötig. Das Gericht hat auch die Dauer zu bestimmen; doch genügt die Anordnung auf die „Dauer von höchstens 6 Wochen". Die Anordnung unterliegt der Beschw. nach den allg. Vorschriften des FGG. Der Vollzug der Anordnung erfolgt nötigenfalls nach Art. 130 AG. BGB.

8. Abs. 5 bestimmt, wem die das Verf. abschließenden Beschlüsse zuzustellen sind. Der die FE. anordnende Beschl. ist darnach zuzustellen zunächst den Antragsberechtigten (§ 65 Abs. 1), also allen Berechtigten, gleichgültig, ob sie Antrag gestellt haben oder nicht, auch den nach Art. 28 JAG. Antragsberechtigten; ferner dem gesetzlichen Vertreter des Minderjährigen; hat er mehrere gesetzl. Vertreter, so ist Zustellung an alle notwendig; aus § 171 Abs. 3 ZPO. mit § 16 Abs. 2 FGG. wird nicht das Gegenteil zu folgern sein; denn die Vertreter haben hier ein eigenes Recht auf Zustellung; nicht notwendig ist Zustellung an den Gegenvormund oder Beistand; weiter den Eltern des Minderjähr. und zwar beiden, auch der unehelichen Mutter und gleichgültig, ob sie zur gesetzlichen Vertretung oder zur Personensorge berechtigt sind oder nicht; sodann der FEBehörde (§ 70; s. hierzu JAG. Art. 30 Abs. 3); endlich dem Minderjährigen selbst, diesem jedoch nur, wenn er das 14. Lebensjahr vollendet hat; entscheidend muß sein der Tag der Erlassung des Beschlusses (KGJ. 47 A 70), d. i. der Tag der Abgabe an die Gerichtsschreiberei zur Zustellung, denn bis dahin liegt nur eine innere Angelegenheit des Richters vor; der Zeitpunkt der Zustellung selbst kann nicht entscheiden, sonst würde sich für jeden unter 14 Jahren stehenden noch so jungen Minderjährigen die Notwendigkeit späterer Zustellung ergeben. Vollendet ist das 14. Lebensjahr schon mit dem Ablauf des dem 14. Geburtstag vorhergehenden Tages (§ 187 Abs. 2 BGB.). Dem Minderjährigen wird jedoch nicht notwendig der ganze Beschluß zugestellt; die Zustellung erfolgt vielmehr nur mit dem Teil seines Inhalts („insoweit"), als die Mitteilung ohne erziehlichen Nachteil erfolgen kann; ob das der Fall ist, entscheidet das VG. nach seinem Ermessen und bei Beschwerde gegen die Ablehnung der Zustellung nach allgemeinen Grundsätzen das Beschwerdegericht; als erziehlicher Nachteil wird gelten Bloßstellung der Eltern, Erschütterung des Selbstvertrauens des Kindes (s. AusschB. S. 4201) u. ä. Daß die Zustellung an den 14 Jahre alten Minderjährigen selbst in jedem Fall erfolgen muß, und nicht etwa auch für die Frage, ob zugestellt werden muß, das Ermessen entscheidet, ergibt sich daraus, daß er schlechthin ein Recht zur sofortigen Beschwerde hat (Abs. 6), also andernfalls der Beschluß nicht rechtskräftig wird. Maßgebend ist für die Bemessung des zuzustellenden Inhalts das Ermessen des VG.; es kann gleichwohl Beschwerde zu dem Zweck eingelegt werden, eine Zustellung des Beschlusses im weiteren Umfang zu erwirken. Dagegen kann die Zustellung nicht deshalb als unwirksam behandelt werden, weil der Inhalt nicht in dem gesetzlichen Umfang zugestellt sei.

Der die FE. ablehnende Beschluß ist zuzustellen dem Antragsteller, oder, wenn mehrere Antrag gestellt haben, allen diesen, nicht aber schlechthin den Antragsberechtigten; dem Antragsteller aber auch dann, wenn er einen Antrag gestellt hat, ohne antragsberechtigt zu sein; dann der FEBehörde (§ 70; JAG. Art. 30 Abs. 3) und, wenn die vorläufige FE. (§ 67) angeordnet wurde, allen, denen diese Anordnung zugestellt wurde. Zustellung an den Minderjährigen ist nicht vorgeschrieben.

Ist eine Person, an die die Zustellung zu erf. hat, geschäftsunfähig oder geschäftsbeschränkt, oder kann ihr aus einem andern Grund (z. B. weil nicht auffindbar) nicht zugestellt werden, so muß zu diesem Zwecke, wenn nicht bereits eine Vormundschaft besteht, ein Pfleger bestellt werden oder, soweit zulässig, öffentl. Zustellung erfolgen. Ein Verzicht auf die Zustellung ist, weil nicht ausdrücklich zugelassen, wirkungslos.

Die Beschlüsse sind zuzustellen, nicht schlechthin bekannt zu geben (vgl. dagegen die Fassung des § 57 Abs. 2); es gilt also nicht die Vorschrift des § 16 Abs. 3 FGG. (Bekanntmachung zu Protokoll; a. A. Friedeberg § 57 A. 23). Zustellung ist nur eine den

Vorschriften der ZPO. entsprechende, denn das ist die Zustellung auch im Sinne des FGG. (s. § 16 Abs. 2 FGG.); vgl. auch Bemerkung 2g vor Art. 56.

Dienstesvorschriften über die Zustellung der Beschlüsse auf Anordnung und Ablehnung der FE. geben VVO. §§ 108 u. 109.

9. Abs. 6 regelt das Beschwerderecht. Die Beschw. ist die sofortige. Ein Beschwerderecht haben, gleichgültig, ob der Beschluß auf Anordnung oder auf Ablehnung der FE. lautet, die Antragsberechtigten (§ 65 Abs. 1 u. Art. 28 JAG.), gleichgültig, ob sie Antrag gestellt haben oder nicht, und die FEBehörde (§ 70; JAG. Art. 30 Abs. 3); ersterenfalls weiter der gesetzliche Vertreter, wenn mehrere vorhanden sind, jeder, die Eltern, auch die uneheliche Mutter, gleichgültig, ob sie die Personensorge oder die gesetzliche Vertretung haben, und der über 14 Jahre alte Minderjährige. Maßgebend muß bei letzterem auch hier sein der Zeitpunkt der Erlassung des Beschlusses; sonst würde er, wenn der Minderjährige noch nicht 14 Jahre alt ist, erst, wenn dieser dieses Alter überschritten hat, rechtskräftig werden. Andern Personen steht ein Beschwerderecht nicht zu; die allgem. Vorschriften des FGG. sind hier durch die Sonderregelung ersetzt.

Das Beschwerderecht können die Beschwerdeberechtigten (einschließlich der gesetzl. Vertreter) nur im eigenen Namen, nicht namens des Minderjährigen ausüben; denn es ist ihnen verliehen, ohne Rücksicht darauf, ob sie gesetzliche Vertreter des Minderjährigen sind oder nicht; es beruht also auf ihrer Stellung als solcher, nicht auf ihrer Vertreterstellung. Tritt im Laufe des Verfahrens ein Wechsel in der Person des gesetzl. Vertreters ein, so muß der neu bestellte Vertreter alle Erklärungen und Handlungen seines Vorgängers gegen sich gelten lassen; es läuft deshalb auch gegen ihn die für seinen Vorgänger in Lauf gesetzte Beschwerdefrist (KGJ. 47 A 66). Aus dem selbständigen Beschwerderecht des über 14 Jahre alten Minderjährigen wird sich auch sein Recht ergeben, selbständig einen Vertreter zur Ausübung desselben zu bestellen. Doch wird sich seine Befugnis auf die rein prozessuale Tätigkeit der Bestellung beschränken; die Befugnis, mit ihm einen Vertrag zu schließen, aus dem sich Ansprüche des Vertreters auf Honorarentrichtung ergeben, läßt sich nicht ableiten. Die Beschw. hat aufschiebende Wirkung. Im übrigen s. Bem. 2k vor § 56.

Die Vorschriften des Abs. 6 über das Beschwerderecht gelten nicht, wenn die FE. auf Grund der §§ 4, 7 JGG. von dem Jugendgericht angeordnet wird; das Beschwerderecht bestimmt sich vielmehr diesenfalls nach dem JGG. und der StPO. (KG. in JFG. 1, 63).

10. § 65 gilt, wie der Zusammenhang ergibt, nur für das Verfahren erster Instanz; für die Beschwerdegerichte gelten die allgemeinen Vorschriften des FGG.; es gelten insbesondere auch nicht die Vorschriften der Abs. 5 u. 6 über die Zustellung der Beschlüsse (a. A. hinsichtlich der Anwendung des Abs. 5 Blaum § 65

A. 6) und die Beschwerdeberechtigung; auch ihre entsprechende Anwendung läßt sich nicht rechtfertigen; so wohl auch die Begr. S. 1271 Sp. 2 Abs. 3. Auch die weitere Beschw. ist die sofortige (§ 29 Abs. 2 JGG.).

11. Wegen der Kosten des Verfahrens insbesondere auch wegen der Vergütung der zu Hörenden s. JWG. § 74; wegen eines hierauf bezügl. Inhalts der Ladungen s. VBO. § 102 S. 3.

§ 66

Das Fürsorgeerziehungsverfahren kann durch Beschluß des Vormundschaftsgerichts auf längstens ein Jahr ausgesetzt werden. Die Aussetzung kann aus besonderen Gründen durch Beschluß des Vormundschaftsgerichts auf höchstens ein weiteres Jahr verlängert werden. Über das vollendete 20. Lebensjahr hinaus kann das Verfahren nicht ausgesetzt werden.

Gegen die Aussetzung steht dem Jugendamt und der Fürsorgeerziehungsbehörde das Recht der sofortigen Beschwerde zu.

Für die Dauer der Aussetzung muß eine Schutzaufsicht gemäß §§ 56 ff. angeordnet werden.

1. § 66, dessen Absätze 2 u. 3 im Ausschuß eingefügt wurden (AusschB. S. 4202 u. 4210), regelt die Frage der Aussetzung des Verfahrens (des Anordnungs-, nicht des Ausführungsverfahrens). Vollzugsanweisungen enthält VBO. § 110. Die Aussetzung ist dann veranlaßt, wenn das VG. annimmt, daß die Verhältnisse, wie sie jetzt bestehen, eine Regelung nicht für wünschenswert erscheinen lassen, sondern daß es sich empfiehlt, zu prüfen, wie sich die Verhältnisse nach einiger Zeit gestaltet haben. Sie erfolgt auf längstens ein Jahr, gerechnet von der Erlassung des Beschl. an. Sie kann verlängert werden auf längstens ein weiteres Jahr. Zulässig ist nur eine einmalige Verlängerung, selbst wenn die erste Aussetzung nur für kurze Zeit erfolgte. Die Verlängerung braucht sich an die erste Aussetzung nicht unmittelbar anzuschließen. Zustimmung der Antragsberechtigten oder sonstiger Beteiligter ist zur Aussetzung nicht erforderlich. Ausdrücklich beschränkt ist die Aussetzung insofern, als sie nicht über das 20. Jahr hinaus erfolgen kann; dieses deshalb, weil nach diesem Zeitpunkt die FE. nicht mehr angeordnet werden kann (§ 63 Abs. 2). Aus Abs. 2 des § 63 ergibt sich aber die weitere Beschränkung, daß sie über das 18. Lebensjahr hinaus nur angeordnet werden kann, wenn Erfolgsaussicht nicht ausgeschlossen ist. Die Zeit der Aussetzung ist von vorneherein fest zu bestimmen; so auch Fichtl § 66 A. 4.

2. Die Aussetzung erfolgt durch Beschluß des VG.; sie kann selbstverständlich auch durch die Beschwerdegerichte erfolgen auf Grund eines gerade die Aussetzung betreffenden Beschw.-Verfahrens. Sind die Beschwerdegerichte aus Anlaß einer anderen Einzelfrage mit der Sache befaßt, so können sie die Aussetzung nicht beschließen; wohl aber, wenn sie allgemein mit der Sache befaßt sind, z. B. aus Anlaß einer Beschwerde gegen die Anwendung oder Ablehnung der FE. BBO. § 110 S. 5 ordnet Anhörung des JA. vor der Aussetzung an; diese Anordnung hat nicht die Bedeutung einer Rechtsvorschrift, sondern nur einer Dienstanweisung. Die Aussetzung und ihre Verlängerung müssen erfolgen, wenn die Voraussetzungen vorliegen. Das „kann" des Textes soll nur sagen, daß kein gesetzliches Hindernis der Aussetzung besteht.

3. Die Wirksamkeit des Aussetzungsbeschlusses bestimmt sich nach § 16 FGG.; dessen Vorschriften gelten auch für die Frage, wem die Entscheidung zuzustellen ist; s. hierzu Bem. 2 f vor § 56; die Zustellung hat jedenfalls zu erfolgen an die nach Abs. 2 Beschwerdeberechtigten.

4. Für die Dauer der Aussetzung muß eine SchA. angeordnet werden; sie ist also anzuordnen, auch wenn die in § 56 hiefür aufgestellten Voraussetzungen nicht vorliegen. Sie erstreckt sich aber nur auf die Dauer der Aussetzung und entfällt mit der Aufhebung der Aussetzung oder dem Ablauf der Aussetzungszeit. Doch kann sie solchenfalls durch Beschluß nach § 57 aufrecht erhalten werden, wenn die Voraussetzungen des § 56 vorliegen. Bloße Ausübung der SchA. durch das JA. nach § 60 Abs. 3 genügt der Vorschrift des § 66 Abs. 3 nicht. Die Aussetzung unterbricht auch eine vorläufige FE.

5. Abs. 2 gibt dem JA. (d. i. dem nach § 7 zuständigen) und der FEBeh. (§ 70 Abs. 1) ausdrücklich ein Beschwerderecht und zwar das Recht der sofortigen Beschwerde. Da nach Abs. 3 mit der Aussetzung auch die SchA. angeordnet werden muß, so muß auch den Personen ein Beschwerderecht zustehen und zwar auch hinsichtlich des die Aussetzung anordnenden Beschlusses, denen ein Beschwerderecht gegen die Anordnung der SchA. zusteht (s. wegen dieser § 57 A. 6). Die Beschwerde muß auch bei ihnen die sofortige sein; denn aus Abs. 2 wird zu folgern sein, daß das Gesetz der Rechtskraft fähige Entscheidungen schaffen will; im Ergebnis ebenso KG. in JR. 1925 Nr. 704 mit der Abweichung, daß es nur den in § 65 Abs. 5 Bezeichneten ein Recht der sofortigen Beschwerde gibt. Im gleichen Umfang wird ein Recht zur weiteren Beschwerde bestehen hinsichtlich einer die Aussetzung beschließenden Entscheidung des Beschwerdegerichts. Ein Beschwerderecht wird auch gegeben sein hinsichtlich der die Aussetzung ablehnenden Entscheidungen; insoweit ist die Beschwerde die einfache.

Zur Frage, wer FEBehörde im Sinne des § 66 ist, s. für Bayern JAG. Art. 30 Abs. 3.

6. Die Aussetzung kann vor Ablauf der Frist vom VG. wieder aufgehoben werden, auch wenn die Entscheidung rechtskräftig wurde oder eine höhere Instanz die Aussetzung und ihre Frist bestimmte. § 18 Abs. 2 FGG. wird der Aufhebung nicht entgegenstehen. Ausgeschlossen sein wird nur eine andere Würdigung der früher vorliegenden Tatsachen, nicht aber die Berücksichtigung neu hervorgetretener Umstände (KG. ZBlB. XVI 197).

Nach der Beendigung der Aussetzung nimmt das frühere Verfahren seine Fortsetzung; es behalten deshalb auch die früher schon erfolgten Vorbereitungen der Anordnung ihre Wirksamkeit bei und deshalb ist es insbesondere nicht erforderlich, vorher schon gehörte Beteiligte auf Grund des § 65 Abs. 2 nochmals zu hören, soweit sich diese erneute Anhörung nicht etwa ausnahmsweise aus § 12 FGG. als erforderlich erweist (A. A. Friedeberg § 66 A. 8).

§ 67

Bei Gefahr im Verzuge kann das Vormundschaftsgericht die vorläufige Fürsorgeerziehung des Minderjährigen beschließen; gegen den Beschluß steht den im § 65 Abs. 6 Genannten die sofortige Beschwerde zu. § 18 Abs. 2 des Reichsgesetzes über die Angelegenheiten der freiwilligen Gerichtsbarkeit findet keine Anwendung.

1. § 67 läßt eine Anordnung der vorläufigen FE. zu. Vollzugsbestimmungen enthält VVO. § 111. Voraussetzung ist Gefahr im Verzug. Gefahr im Verzug liegt vor, wenn mit dem Aufschub der Unterbringung die Gefahr der Verwahrlosung bis zur Beendigung des Verf. verbunden ist (Begr. S. 1272); Gefahren in anderer Richtung rechtfertigen die Anordnung nicht. Wegen des Begriffs der Verwahrlosung s. § 63 A. 8 e u. 9. KG. in JW. 1924, 1779 grenzt den Begriff der Gefahr im Verzug dahin ab, daß mit dem Aufschub der Unterbringung des Minderjährigen bis zum Verfahrensabschluß die naheliegende, besonders dringliche und verschärfte Gefahr einer oder weiterer Verwahrlosung verknüpft ist, welche durch vorläufige Unterbringung abgewendet werden soll. Aus dem Umstand, daß es sich um die Anordnung der vorläufigen „Fürsorgeerziehung" handelt, ergibt sich weiter, daß auch das Vorliegen der allgemeinen Voraussetzungen der Anordnung nach § 63 glaubhaft gemacht sein muß; es ist deshalb insbesondere nicht die Anordnung gegen jeden Minderjährigen ohne Rücksicht auf sein Alter zulässig; a. A. KG. in JFG. 2, 114, wonach nur zu prüfen wäre, ob mit dem längeren Verbleiben des Minderjährigen in seiner Umgebung die dringende Gefahr der Verwahrlosung oder weiteren Verwahrlosung verknüpft ist. Ähnlich KG. (JR. 1925 Nr. 1140 u. 1141): Es sei nicht notwendig, daß die gesetzlichen Erfordernisse der endgültigen FE. erwiesen seien, es genüge beim Vorhandensein von Gefahr im Verzug, daß das Gericht sich die Überzeugung von

den tatsächlichen Voraussetzungen der Zulässigkeit „dieser“ Maßnahme verschafft habe, der Richter brauche sich daher über das Vorhandensein der Voraussetzungen nicht ausdrücklich auszusprechen; die Anordnung nach § 67 sei eine vorläufige Sicherungsmaßregel, bei der sich die tatsächl. Prüfung nicht auf das Vorliegen der für die endgültige FE. aufgestellten Voraussetzungen (§ 63) und daher auch nicht auf die Frage der Erziehungsfähigkeit zu erstrecken habe. Dieser Standpunkt des KG. dürfte auf einer Verwechselung der Frage nach den materiellen Voraussetzungen u. der Führung des Nachweises für deren Vorliegen beruhen. Notwendig ist die Prüfung der beiden oben bezeichneten Voraussetzungen, aber hinsichtlich der Art u. Weise, wie sich der Richter die Überzeugung von deren Vorhandensein schafft, ist er völlig frei; s. unten A. 4. Anordnungen nach § 67 u. die vorläufige Anstaltsverwahrung nach Maßgabe des § 65 Abs. 4 können miteinander verbunden werden; der Umstand, daß während der Dauer der Anstaltsverwahrung nach § 65 Abs. 4 die Gefahr der Verwahrlosung oder der weiteren Verwahrlosung nicht besteht, ist kein Argument gegen die Zulässigkeit der gleichzeitigen Anordnung; selbstverständlich bleiben auch solchenfalls die Kosten der Anstaltsverwahrung Kosten der Anordnung der FE., sie werden nicht Vollzugskosten (KG. in JR. 1925 Nr. 1140). Angeordnet wird die vorläufige FE., nicht eine vorläufige polizeiliche Unterbringung (anders früher nach Preuß. Recht KG. in JEFG. 1, 70); der Vollzug erfolgt also durch die FEBehörde gemäß § 69 ff. Wegen der Kosten s. § 70 Abs. 1 S. 3. Auch die vorläufige FE. ablehnende Bescheide können sich ergeben, wenn eine vorläuf. Anordnung von irgendeiner Seite beantragt oder angeregt ist; ohne einen solchen Antrag oder eine solche Anregung hat das VG. zu einer Beschlußfassung keinen Anlaß.

2. Die Anordnung erfolgt durch das VG.; wegen des zuständigen VG. s. § 65 A. 3 und wegen einer Erweiterung der Zuständigkeit § 68. Wenn die Voraussetzungen der Anordnung an sich vorliegen, muß die Anordnung erfolgen (s. entsprechend § 66 A. 2; s. auch LG. Berlin in ZBlJ. XVI 246).

Zuständig zur Anordnung der vorläufigen FE. wird im Hinblick auf § 5 Abs. 2 (nicht auf Grund des § 8) JGG. auch das Jugendgericht sein mit der gleichen Beschränkung, die nach § 5 Abs. 2 S. 3 für die Anordnung der FE. selbst besteht. Das Verfahren richtet sich diesenfalls nach dem JGG., die Voraussetzungen, die Ausführung und Aufhebung nach dem JWG.

Die Anordnung kann mit dem die FE. selbst anordnenden Beschluß verbunden werden; das ist von Bedeutung wegen der verschiedenen Voraussetzungen für die Vollstreckbarkeit der beiden Beschlüsse (§ 70 Abs. 2 S. 3).

3. Der Beschluß unterliegt der sofortigen Beschwerde; beschwerdeberechtigt und zwar allein sind die in § 65 Abs. 6 Genannten; das Beschwerderecht besteht sowohl hinsichtl. des die vorläuf. FE. anordnenden, wie des sie ablehnenden Beschlusses. Wegen der darnach Beschwerdeberechtigten s. § 65 A. 9. Die Beschwerde ist oder

wird unzulässig, sobald der die FE. selbst anordnende Beschluß rechtskräftig wurde (BayObLG. 18, 195). Auf die Beschwerde hin kann das Beschwerdegericht an Stelle der vom VG. ausgesprochenen vorläuf. FE. auch auf SchA. erkennen (Karlsr. in Recht 1925 Nr. 1810). Der die vorläuf. FE. anordnende Beschluß ist mit dem Erlasse vollziehbar (§ 70 Abs. 2 S. 3); hinsichtlich des sie ablehnenden Bescheids gilt § 16 Abs. 1 (u. § 24) FGG. Zur Frage, wer FEBehörde und demnach beschwerdeberechtigt ist, s. für Bayern JAG. Art. 30 Abs. 2.

4. Besondere Verfahrensvorschriften des JWG. bestehen nicht; die Vorschriften des § 65 sind also (vorbehaltlich des S. 1 Halbs. 2 des § 67) nicht anwendbar; doch gelten die allg. Vorschriften des FGG.; es bedarf also insbesondere der Beschluß des VG. nach dem Gesetz keiner besonderen Begründung. Weisungen über seinen Inhalt gibt aber VVO. § 111. Anwendbar ist § 12 FGG. Nach Lage des Falls werden auch einfache Berichte der JÄmter als Grundlage des Beschlusses genügen (insoweit richtig KG. in JEFG. 2, 114; s. aber auch A. 1); auch die bloßen Angaben des Vormunds können ausreichen (KG. in JR. 1925 Nr. 89). Ein Antragsrecht Dritter besteht nicht; die Anhörung bestimmter Beteiligter ist nicht vorgeschrieben. Die Beschlüsse sind den nach A. 3 Beschwerdeberechtigten zuzustellen (Begr. S. 1272); s. auch VVO. § 111 Abs. 3.

5. Den auf vorläufige Anordnung des FE. lautenden, wie den eine solche Anordnung ablehnenden Beschluß kann das VG., wenn es seine Anordnung für ungerechtfertigt hält, nachträglich ändern (§ 18 FGG.); s. hierzu Bem. 2 Nr. e zum Abschn. VI; es kann dieses hier, dieses ergibt sich aus § 67 S. 2, tun, obwohl der Beschluß der sofortigen Beschwerde unterliegt. Die abändernden Beschlüsse sind den Personen zuzustellen, denen der ursprüngliche Beschluß zuzustellen war, denen dieser tatsächlich, wenn auch ohne gesetzliche Verpflichtung, zugestellt wurde, und denen er (was von Bedeutung wird, wenn ein die FE. ablehnender Beschluß nun in einen sie anordnenden geändert wird) nach seinem nunmehrigen Inhalt zuzustellen ist. Mit dieser Zustellung wird die aufhebende Verfügung wirksam und vollziehbar (§ 16 Abs. 1 FGG.); sie unterliegt der einfachen Beschwerde nach Maßgabe der Vorschriften des FGG. Die aufgehobene vorläufige FE. kann in demselben Verfahren erneut angeordnet werden. Von selbst endet die vorläufige FE., wenn die FE. selbst rechtskräftig abgelehnt ist (KG. in JR. 1925 Nr. 1553).

6. Wegen des Verfahrens des BeschwGerichts, insbesondere wegen des Beschwerderechts hinsichtlich seiner Beschlüsse gilt das bei § 65 A. 10 Bemerkte.

7. Wegen des Vollzugs der vorläufigen FE. siehe JWG. § 69 A. 1, § 70 A. 1 u. VVO. § 117.

8. Wegen der Behandlung der Anordnung auf vorläufige Unterbringung nach Art. 7 des BayFEG. als solche im Sinne des § 67 s. JAG. Art. 49 Abs. 3.

§ 68

Für schleunige, auf Grund dieses Abschnitts zu treffende Maßregeln ist neben dem im § 43 des Reichsgesetzes über die Angelegenheiten der freiwilligen Gerichtsbarkeit bezeichneten Gericht einstweilen auch dasjenige Gericht zuständig, in dessen Bezirk das Bedürfnis der Fürsorge hervortritt. Das Gericht hat von der angeordneten Maßregel dem endgültig und nunmehr ausschließlich zuständigen Gerichte Mitteilung zu machen.

§ 43 Abs. 2 des Reichsgesetzes über die Angelegenheiten der freiwilligen Gerichtsbarkeit findet auch Anwendung, wenn über die Person, in Ansehung deren eine Verrichtung des Vormundschaftsgerichts erforderlich wird, eine Schutzaufsicht oder ein Fürsorgeerziehungsverfahren anhängig ist.

1. **§ 68 Abs. 1 schafft eine besondere Zuständigkeit** für schleunige auf Grund dieses Abschnitts vorzunehmende Maßnahmen, also für Schutzaufsichtssachen und für FESachen; wahlweise ist nämlich für sie neben dem nach § 43 FGG. zuständigen Gericht das VG., in dessen Bezirk das Bedürfnis der Fürsorge hervortritt, zuständig. Schleunige Maßnahmen sind vor allem die des § 67; es können sich aber auch im Rahmen eines schwebenden FE.-Verfahrens oder SchA.-Verfahrens sonstige dringende Maßnahmen ergeben, etwa eine Zeugenvernehmung oder eine Anordnung nach § 65 Abs. 4. Wegen der Zuständigkeit nach § 43 FGG. s. § 65 A. 3. Beim Zusammentreffen mehrerer Zuständigkeiten im Sinne des § 68 entscheidet auch hier § 4 FGG. Die Zuständigkeit des Gerichts, in dessen Bezirk das Fürsorgebedürfnis hervortritt, besteht aber nur solange, als ein Bedürfnis zur Beschleunigung besteht. Das Gericht hat dem nach § 43 FGG. zuständigen Gericht von dem Veranlaßten Mitteilung zu machen und ihm, sobald keine Beschleunigung mehr nötig ist, alle weiteren Maßnahmen zu überlassen (Begr. S. 1272). Gegen die Anordnungen des nach § 68 zuständigen Gerichts ist nach den allgemeinen Vorschriften des FGG. Beschwerde zulässig. Überschreitet das Gericht seine Zuständigkeit, so sind seine Maßnahmen gleichwohl wirksam, wenn sie auch auf Beschwerde aufzuheben sind (§ 7 FGG.; BayOLG. 8, 434; Schlegelberger FGG. § 7 A. 19). Zuständig ist nur das VG., nicht das Landgericht; es kann also letzteres, wenn die Hauptsache bei ihm anhängig ist, nicht als erstinstanzielles Gericht die schleunigen Maßregeln anordnen; diese, insbesondere vorläufige Unterbringung, kann es auch nur wieder dann beschließen, wenn es Beschwerdegericht hinsichtlich ihrer ist.

Zur Entscheidung über Beschwerden gegen Anordnungen, die auf Grund des § 68 ergingen, ist nicht das Landgericht zuständig, das dem VG. vorgesetzt ist, das die Anordnung erließ, sondern das dem endgültig zuständigen Gericht vorgesetzte Landgericht (KG. in JR. 1925 Nr. 1142). In sinngemäßer Weiterentwicklung dieses Gedankens wird im Hinblick auf § 21 FGG. die Beschwerde bei dem endgültig zuständigen Gericht oder dem diesem vorgesetzten Gericht einzulegen sein (a. A. KG. a. a. O.).

2. Abs. 2 erweitert den § 43 Abs. 2 FGG.; nach diesem ist für Verrichtungen des VG., die nicht eine Pflegschaft oder eine Vormundschaft betreffen, im Vorgang vor den nach der allgemeinen Regel des § 36 Abs. 1 u. 2 FGG. zuständigen Gerichten, das Gericht zuständig, bei dem bereits eine Vormundschaft, Pflegschaft oder Beistandschaft anhängig ist; kraft der Bestimmung des § 68 Abs. 2 soll nun auch das VG., bei dem eine SchA. oder ein FE.-Verfahren anhängig ist, eine bevorzugte, der des § 36 Abs. 1 u. 2 FGG. vorgehende Zuständigkeit haben; wegen des gesetzgeberischen Grunds dieser Regelung s. KG. in JFFG. 2, 84, auch Recht 1924, 1354. Sind darnach mehrere VG. zuständig, so ist das VG. zuständig, das zuerst in der Sache tätig wurde (§ 4 FGG.). Diese Bestimmung des § 68 Abs. 2 gilt bei dessen allgemeiner Fassung nicht bloß ein FEVerfahren (s. hierwegen § 65 A. 3), sondern schlechthin für alle, nicht eine Vormundschaft oder Pflegschaft betreffenden Verrichtungen des VG., insbesondere also auch für Schutzaufsichten, doch nicht für schleunige Maßregeln des § 68 Abs. 1. Maßgebend ist aber nur eine für den Minderjährigen selbst, nicht aber auch eine für einen Bruder oder eine Schwester anhängige SchA. oder FE.

3. Der Abs. 2, den § 68 im RegE. hatte, ist in den § 65 des Ges. als Abs. 7 eingestellt.

Vorbemerkungen zu §§ 69—71 und 75.

1. Die §§ 69—71 und 75 regeln die Ausführung der FE. und zwar gibt § 69 Einzelbestimmungen, § 70 regelt die Ausführung im allgemeinen hauptsächlich durch Verweisung auf das Landesrecht, § 71 regelt insbesondere die Beteiligung des LJA. bei der FE. und § 75 befaßt sich mit dem Rückgriffsrecht hinsichtlich der Kosten. Für Bayern treten ergänzend hinzu Art. 30—36 u. 38—41 JAG., ferner VVO. §§ 113—136.

2. Nach § 36 Abs. 1 JGG. obliegt die Ausführung einer vom Jugendgericht angeordneten FE. nicht diesem; es kommen vielmehr auch insoweit die Vorschriften des JWG. zur Anwendung. Ausführungsbestimmungen hierzu enthält VVO. § 147 Abs. 2; s. auch Bem. 4 vor § 62 JWG.

§ 69

Im Falle der Familienerziehung ist der Minderjährige mindestens bis zum Aufhören der Schulpflicht in einer Familie seines Bekenntnisses, im Falle der Anstaltserziehung soweit möglich in einer Anstalt seines Bekenntnisses unterzubringen.

Minderjährige ohne Bekenntnis sollen nur mit ihrem Einverständnis, sofern sie ihr Bekenntnis selbst bestimmen können, andernfalls mit demjenigen des Erziehungsberechtigten in einer Familie oder in einer Anstalt eines bestimmten Bekenntnisses untergebracht werden.

Den Erziehungsberechtigten muß von dem Orte der Unterbringung des Kindes sofort Mitteilung gemacht werden, sofern dadurch der Erziehungszweck nicht ernstlich gefährdet wird. Gegen eine Verweigerung dieser Mitteilung steht den Erziehungsberechtigten das Recht der Beschwerde an das Vormundschaftsgericht zu.

In Ausführung einer angeordneten Fürsorgeerziehung kann die Erziehung in der eigenen Familie der Minderjährigen unter öffentlicher Aufsicht widerruflich angeordnet werden, wenn dadurch die Erreichung des Zweckes der Fürsorgeerziehung nicht gefährdet wird. Innerhalb der ersten drei Monate nach Ausführbarkeit des Fürsorgeerziehungsbeschlusses bedarf die Anordnung der Zustimmung des Vormundschaftsgerichts. Gegen die Verweigerung der Zustimmung steht der Fürsorgeerziehungsbehörde die sofortige Beschwerde zu.

1. § 69 trifft Einzelbestimmungen über die Ausführung der FE. u. zwar befassen sich Abs. 1 u. 2 mit dem Einfluß der religiösen Anschauung des Minderjährigen, Abs. 3, der im Ausschuß eingefügt (AusschB. S. 4210) u. im Plenum (2. Lesung S. 7822) wieder geändert wurde, mit dem Recht des Erziehungsberechtigten auf Kenntnis von dem Aufenthalt des Kindes u. Abs. 4 mit der Erziehung in der eigenen Familie des Kindes. Vollzugsbestimmungen zu Abs. 1 enthalten BBO. § 122 für die Familienerziehung, BBO. § 128 für die Anstaltserziehung, zu Abs. 3 BBO. § 115 Abs. 3 u. zu Abs. 4 BBO. § 123. § 69 gilt auch für die vorläufige FE. des § 67; a. A. Blaum § 69 A. 10 hinsichtlich der Anwendung des Abs. 4.

2. Abs. 1 regelt den Einfluß eines bestimmten religiösen Bekenntnisses auf die Ausführung der FE. Maßgebend ist die Zugehörigkeit zu einem bestimmten Glaubensbekenntnis; Zugehörigkeit zu einer Vereinigung, die sich die gemeinschaftliche Pflege einer „Weltanschauung" zur Aufgabe macht (Art. 137 Abs. 7 RVerf.), gehört nicht hierher; entscheidend ist aber nur die formelle Zugehörigkeit, nicht das innere Einverständnis mit den

Lehren. Die Zugehörigkeit zu einem Bekenntnis in diesem Sinn begründet bei Familienerziehung bis zum Aufhören der Schulpflicht (einschließlich der Zeit bis zum Beginn) schlechthin die Pflicht zur Wahl einer Familie seines Bekenntnisses, bei Anstaltserziehung muß „soweit möglich" eine Anstalt seines Bekenntnisses gewählt werden, dies auch nach Aufhören der Schulpflicht. Für Bayern ist Abs. 1 hinsichtlich der Familienerziehung dahin erweitert, daß Unterbringung in einer Familie seines Bekenntnisses für die ganze Dauer der FE. angeordnet ist (s. Art. 32 Abs. 2 JAG.); für die Anstaltserziehung bestehen insoweit keine bayer. gesetzlichen Sonderbestimmungen; aber BVO. § 128 trifft die gleiche Anordnung auch für die Anstaltserziehung.

3. Familie eines bestimmten Bekenntnisses ist eine solche, bei der der Vorstand, wenn sie aus Ehegatten besteht, bei der beide einem bestimmten Bekenntnis angehören. Maßgebend ist auch hier die formelle Angehörigkeit. Anstalt eines bestimmten Bekenntnisses ist eine solche, bei der sich die Grundsätze eines solchen entscheidend geltend machen; es ist nicht notwendig, daß die Glaubensgemeinschaft die Anstalt errichtet hat oder unterhält. Den Gegensatz bilden sowohl Anstalten, bei denen das Bekenntnis keine Rolle spielt, als auch Simultananstalten; als Anstalt eines bestimmten Bekenntnisses kann aber auch eine besondere Abteilung einer anderen Anstalt erscheinen. Für Minderjährige, die nicht mehr schulpflichtig sind, ist reichsrechtlich die Unterbringung in einer Familie oder Anstalt ihres Bekenntnisses noch Sollvorschrift („mindestens"). Ein Bekenntniswechsel während der Unterbringung zieht die Pflicht zum Wechsel der Anstalt oder Familie nach sich; s. den abgelehnten Antrag Nr. 86, 2 (AusschB. S. 4255 und 4203). Findet sich eine Familie des Bekenntnisses des Minderjährigen nicht, so hat die Anstaltserziehung einzutreten. Die Anstalten können staatliche, gemeindliche oder private sein.

4. Abs. 2 befaßt sich mit den Minderjährigen ohne Bekenntnis, gleichgültig, ob sie eine (religiöse) „Weltanschauung" (Art. 137 Abs. 7 RVerf.) haben oder nicht, u. zwar regelt er nur die Frage der Unterbringung in einer Familie oder einer Anstalt eines bestimmten Bekenntnisses, also nicht einer bestimmten Weltanschauung. Erforderlich ist hierzu, wenn sie ihr Bekenntnis selbst bestimmen können, also das vierzehnte Lebensjahr vollendet haben (§ 5 des Gesetzes über die religiöse Kindererziehung) und geistig zurechnungsfähig sind, ihr Einverständnis, sonst das des Erziehungsberechtigten. Wegen der Erziehungsberechtigten s. § 58 A. 2. Das Einverständnis kann jederzeit widerrufen werden. Die Vorschrift ist Sollvorschrift. Ihre Anwendung entfällt, wenn Familien oder Anstalten anderer als der in Abs. 2 bezeichneten Art nicht vorhanden sind. Einer Aufgabe des Bekenntnisses während der FE. ist von da an Rechnung zu tragen. Wegen einer Übergangsbestimmung zu Abs. 2 s. Art. 5 EG.

5. Nach Abs. 3 ist den Erziehungsberechtigten von dem Orte der Unterbringung des Kindes sofort Mitteilung zu machen. Wegen der Erziehungsberechtigten s. A. 4. Ort der Unterbringung ist die Familie oder die Anstalt (nicht bloß die politische Gemeinde). Die Mitteilung hat sofort, d. h. spätestens unmittelbar nach der Unterbringung zu erfolgen. Sie obliegt der Natur der Sache nach der FE.-Behörde (§ 70 Abs. 1): letztere wird von dieser Pflicht frei, wenn die Mitteilung schon anderweit erfolgte. Bei Wechsel des Ortes muß von dem neuen Ort der Unterbringung sofort Mitteilung erfolgen; das ergibt sich aus sinngemäßer Gesetzesauslegung. Die Mitteilung muß so genau sein, daß der Erziehungsberechtigte den Ort ohne weiteres erreichen könnte. Voraussetzung der Mitteilungspflicht ist aber, daß der Erziehungszweck nicht ernstlich gefährdet ist; das wird der Fall sein, wenn eine Entfernung des Kindes aus der FE. durch den Erziehungsberechtigten zu fürchten ist; die bloße Gefahr des Besuches durch „unvernünftige Eltern", wie im Ausschuß angenommen wurde (AusschB. S. 4210), wird dagegen schwerlich den Erziehungszweck gefährden. Wegen der Verständigung des VG. von dem Orte der Unterbringung s. JAG. Art. 31 Abs. 1.

6. Ob Mitteilung erfolgen soll, ist zunächst Sache der FEBehörde. Der Erziehungsberechtigte kann die Entscheidung des VG. anrufen; das Gesetz bezeichnet die Anrufung untechnisch als Beschwerde. Gegen die Entscheidung des VG., mag sie ablehnend oder gewährend sein, findet Beschwerde u. weitere Beschwerde nach den allg. Vorschriften des FGG. statt (a. A. Blaum § 69 A. 7; wie hier wohl Bäumer § 69 A. 6 a. E.).

7. Abs. 4 regelt den Vollzug der FE. in der Form der Erziehung in der eigenen Familie des Minderjährigen. Vollzugsbestimmungen hierzu trifft VVO. § 123. Eigene Familie sind die Eltern des Minderjährigen oder, wenn sie getrennt leben, jedes von ihnen; wohl auch Großeltern, nicht aber Pflegeeltern. Voraussetzung ist, daß die Erreichung des Zweckes der FE. dadurch nicht gefährdet wird. Wegen des Zweckes der FE. s. § 62 u. A. 3 hierzu. Unter dieser Voraussetzung kann sie aber in allen Fällen des § 63 angeordnet werden, insbesondere also auch in den Fällen des § 63 Abs. 1 Nr. 1, wo der Grund zur Überweisung in dem Erfordernisse der Entfernung aus seiner eigenen Familie lag; dieses kann der Fall sein, etwa weil eine Änderung der häuslichen Verhältnisse eintrat (Begr. S. 1272). Zulässig ist sie vom Beginn an; innerhalb der ersten drei Monate nach der Ausführbarkeit (§ 70 Abs. 2 S. 3) ist sie, u. zwar ihre Ausführung (ungenau spricht das Ges. von Anordnung), nur mit Zustimmung des VG. zulässig; die FEBehörde (§ 70 Abs. 1) hat aber gegen die Verweigerung der Zustimmung das Recht der sofort. Beschwerde; die Beschw. hat keine aufschiebende Wirkung (§ 24 Abs. 1 FGG.; Keidel § 24 A. 1 Abs. 1). Das Beschwerderecht gegen die Entscheidung des BeschwGerichts richtet sich nach den allg. Vorschr.

des FGG.; die FEBehörde hat also die sofortige weitere Beschw. (§ 29 Abs. 2 FGG.). Gegen die Zustimmung des VG. haben die Beschwerdeberechtigten (§§ 20, 57 Abs. 1 Nr. 9 FGG.) das Recht der einfachen Beschwerde.

8. Auch die Erziehung in der eigenen Familie ist FE. im Sinne des § 62; sie erfolgt also, was Abs. 4 nochmals hervorhebt, unter öff. Aufsicht; sie erfolgt aber auch auf öffentliche Kosten. Ausdrücklich ist noch, was sich übrigens von selbst ergäbe, bemerkt, daß sie widerruflich ist. Es gelten auch für sie die allgemeinen Beschränkungen; es sind also auch zu beachten § 69 Abs. 1 u. 2, § 70 Abs. 3 u. 4 JWG., sowie Art. 31 Abs. 2 u. 3, Art. 32 JAG.

9. Zur Frage, wer FEBehörde im Sinne des § 69 ist, s. für Bayern Art. 30 Abs. 3 JAG.

§ 70

Die Landesgesetzgebung regelt die Ausführung der Fürsorgeerziehung und bestimmt die Fürsorgeerziehungsbehörde sowie die Träger ihrer Kosten. Nach Möglichkeit ist die Fürsorgeerziehungsbehörde mit dem Landesjugendamte zu vereinigen. Die durch die vorläufige Fürsorgeerziehung entstehenden Kosten fallen dem für die endgültige Anordnung der Fürsorgeerziehung zuständigen Kostenträger auch dann zur Last, wenn die Fürsorgeerziehung endgültig nicht angeordnet wird. Besteht über den Ersatz der Kosten zwischen den Fürsorgeerziehungsbehörden für den gewöhnlichen und vorübergehenden Aufenthaltsort Streit, so gilt § 7 Abs. 2 entsprechend.

Eine von dem zuständigen Vormundschaftsgericht angeordnete Fürsorgeerziehung eines Minderjährigen muß von der Fürsorgeerziehungsbehörde des Ortes, der die Zuständigkeit des Vormundschaftsgerichts begründet hat, ausgeführt werden. Sie soll regelmäßig sich bei der Ausführung der Fürsorgeerziehung der Jugendämter bedienen. Die Ausführbarkeit der Fürsorgeerziehung tritt mit der Rechtskraft, bei der vorläufigen Fürsorgeerziehung mit dem Erlasse des Beschlusses ein. Die Unterbringung soll unter ärztlicher Mitwirkung erfolgen.

Die Fürsorgeerziehungsbehörde gilt für den Abschluß von Dienst- und Lehrverträgen als gesetzlicher Vertreter des Minderjährigen.

Die Fürsorgeerziehungsbehörde ist befugt, die Entmündigung eines Fürsorgezöglings wegen Geisteskrankheit oder Geistesschwäche zu beantragen.

1. § 70 regelt die Ausführung der FE. im einzelnen u. zwar im wesentlichen dadurch, daß er landesgesetzliche Regelung vorsieht (Abs. 1 S. 1). Hierzu fügt er einige reichsrechtliche leitende Bestimmungen (Abs. 1 S. 2—4, Abs. 2—4); weitere Ergänzungen enthalten §§ 69 u. 71. Dem Abs. 2 war in der ursprünglichen Fassung des Gesetzes ein S. 5 beigefügt, der für Minderjährige, die an geistigen Regelwidrigkeiten oder an schweren ansteckenden Erkrankungen leiden, Unterbringung in Sonderanstalten oder Sonderabteilungen vorsah; er wurde durch Art. 1 Nr. 8 der VO. v. 14. Febr. 1924 (unten Teil III) beseitigt. § 70 gilt auch für die vorläufige FE. des § 67.

2. Die Regelung im einzelnen obliegt der Landesgesetzgebung; s. hierzu Art. 2 A. 2 EG. Für Bayern ist diese Regelung erfolgt durch Art. 30—36 u. 38—41 JAG.

3. Zu regeln ist die Ausführung der FE., also für die Regel insbesondere das Nähere über die Familien- u. die Anstaltserziehung, über die Überwachung durch einen Fürsorger u. dessen rechtl. Stellung bei der Familienerziehung, über die Beaufsichtigung der FEBehörde bei der Anstaltserziehung u. über die Mitwirkung des JA. (Abs. 2 S. 2); s. Begr. S. 1273.

4. Zu bestimmen ist durch die Landesgesetzg. insbesondere, wer FEBehörde, also allgemeiner Träger der Ausführung der FE. ist. Die Stellung der FEBehörde bestimmen außerhalb der Ausführung der FE. noch die besondern Vorschriften der § 65 Abs. 5 u. 6, § 66 Abs. 2, § 67 mit § 65 Abs. 6, § 69 Abs. 4 S. 3, § 72 Abs. 3. Nach Abs. 1 S. 2 hat die Landesgesetzgebung die FEBehörde möglichst mit dem LJA. (§§ 12 ff.) zu vereinigen; infolge der Änderung, die § 77 durch die VO. vom 14. Febr. 1924 (s. unten unter III) erfuhr, geht diese Verpflichtung der Landesgesetzgebung nun dahin, sie mit der durch die Landesregierung bestimmten Behörde zu vereinigen. Wegen der Regelung für Bayern s. JAG. Art. 30 Abs. 1—3.

5. Zu bestimmen hat die Landesgesetzgebung weiter den Träger der Kosten des Vollzugs der FE., d. h., wer unmittelbar die Kosten (s. § 62) zu tragen hat, vorbehaltlich der Rückgriffspflicht nach § 75. Der Kostenträger muß aber ein auf öffentliche Mittel gestütztes (nicht notwendig ein öffentlich-rechtliches) Rechtssubjekt sein; s. § 62. Landesrechtlich kann aber auch eine Rückgriffspflicht mehrerer öffentlich-rechtlicher Kostenträger bestimmt werden. Wird hierbei eine Rückgriffspflicht zwischen den FEBehörden des gewöhnlichen und des vorübergehenden Aufenthaltsorts eingeführt, so hat die Entscheidung dieses Streits gemäß § 7 Abs. 2 zu erfolgen, wobei das dort für die LJA. Bemerkte hier für die FEBehörden gilt. Für Bayern dürfte die Bestimmung im Hinblick auf die Regelung des Art. 38 JAG.

gegenstandslos sein. Eine besondere reichsrechtliche Bestimmung gilt für die Kosten der vorläufigen FE. nach § 67. Sie sollen von dem getragen werden, der die Kosten der endgültigen FE. zu tragen hat, auch wen es im Einzelfall zu einer solchen nicht kommt. Für Bayern ist der Kostenträger bestimmt durch Art. 38 Abs. 1 JAG.

Kosten der FE. sind alle Kosten der Ausführung, also nicht nur die Kosten der Unterbringung selbst, sondern auch die der während der Unterbringung stattfindenden Erziehung und zwar auch die Kosten der Erziehung, die auch notwendig würden, wenn keine FE. stattfände (Schmelzle in BlAdmPr. 53, 277); also nicht bloß die durch die FE. entstehenden Mehrkosten, sondern die Kosten des gesamten Lebensbedarfs. Erfaßt werden von den Kosten in diesem Sinne alle, die von dem Augenblick entstehen, in dem zur Überführung des Minderjährigen an seinen Bestimmungsort geschritten wird, bis zu dem Augenblick, in dem die FE. beendet ist, einschließlich der Kosten der Beendigung und eines ordnungsmäßigen Abschlusses, auch die Kosten des Tätigwerdens der FEBehörde selbst. Es fallen sonach hierher die Kosten der Verbringung des Minderjährigen an den Ort der Unterbringung einschließlich der Auslagen und Tagegelder des begleitenden Beamten, die Kosten der Reinigung und die der Ausstattung des Minderjährigen sowie die Kosten eines ärztlichen Heilungsverfahrens, um ihn einschaffungsfähig zu machen; die an die Anstalt, in der die Unterbringung stattfindet, zu zahlenden satzungsmäßigen, bei der Familienerziehung die an die Familie zu entrichtenden Beträge. Auch die Kosten, die durch Krankheiten entstehen, gehören hierher, denn sie sind Bestandteil der Unterhaltskosten (PrOVG. in DJZ. 1905, 174; a. A. BayVGH. 1914, 1, auch BayZ. 1914, 196); auch das Schulgeld fällt hierher (Schmelzle, BlAdmPr. 53, 273). S. wegen des Standpunkts der RVO. deren § 142 Abs. 2. Bei der Unterbringung in eigenen staatlichen Anstalten gehört hierher ein Anteil an den Kosten des Baues und der Unterhaltung der Anstalten sowie der laufenden Kosten; desgleichen kann ein entsprechender Betrag der Kosten für das Anstaltspersonal einschließlich der des Leiters angesetzt werden. Hierher fallen ferner die durch einen Wechsel in der Anstalt oder Familie entstehenden Kosten, sowie die der Heimschaffung eines geflohenen Zöglings (s. Seel in BayZ. 1906, 12). Nicht hierher gehören die Kosten der Beerdigung.

Hat der Minderjährige während der Dauer der FE. vor Gericht oder einer anderen Behörde zu erscheinen, so sind auch diese Kosten unter den Kosten der FE. inbegriffen und zwar auch, wenn der in vorläufiger FE. befindliche Minderjährige in dem FEVerfahren selbst vor Gericht zu erscheinen hat, soweit nicht ein besonderer Rechtsgrund besteht, der eine Erstattungspflicht vorsieht; so hat der Minderjährige, der als Zeuge vernommen wird, Anspruch auf Zeugengebühren. Ist er als Angeklagter in einem Strafverfahren geladen, so sind auch die Kosten der Reise zu Gericht einschließlich der eines etwaigen Begleiters Kosten der FE.; einen Anspruch auf Ersatz aus der Staatskasse hat der Fürsorgezögling ebensowenig wie ein anderer

Angeklagter (a. A., jedoch unrichtig, Seel a. a. O.). Wird der Fürsorgezögling auf Grund gerichtlicher Anordnung zu einem Strafverfahren „vorgeführt", so sind die Kosten der Vorführung Gerichtskosten; die Kosten der Zurückbringung, die Sache der Organe der FE. ist, sind Kosten der FE.; wird aus Anlaß der Vorführung mit Rücksicht auf die FE. eine besondere Begleitung notwendig, so sind auch die Kosten hierfür solche der FE. Kosten der FE. sind auch die Kosten, die für Reisen zum Zwecke des Antritts einer Freiheitsstrafe entstehen, die während der Dauer der FE. zu erstehen ist. Wird ein Vorführungs- oder Haftbefehl notwendig, so sind die entstehenden Kosten Strafvollzugskosten. Die Abholung der Zöglinge nach Erstehung der Strafe ist in jedem Fall Sache der Fürsorgeerziehungsorgane; es handelt sich deshalb auch hier um Kosten der FE.

Wird einem als Zeuge geladenen Fürsorgezögling ein Begleiter beigegeben, so besteht eine Ersatzpflicht nur nach Maßgabe des § 12 ZGO.; also nur dann, wenn die Begleitung wegen jugendlichen Alters oder wegen Gebrechen notwendig wird, nicht aber, wenn die Begleitung lediglich im Interesse der Fürsorgeerziehung erfolgt.

Wird die FE. beendet und begibt sich der Zögling aus eigener Entschließung oder auf Bestimmung der Eltern oder des gesetzlichen Vertreters an einen anderen Ort, so sind die Kosten der Ausreise keine Kosten der FE. Wird dagegen dem Minderjährigen durch die FEBehörde ein Dienstplatz oder eine Arbeitsstelle vermittelt, so sind die Kosten, die durch die Reise an den Platz entstehen, noch Kosten der FE. Die Kosten der zur Ausreise erforderlichen Ausstattung sind Kosten der FE.

S. im allgemeinen zu den in A. 5 behandelten Fragen auch Riß, BayZ. 1924, 189.

6. Abs. 2 S. 1 begründet zunächst die Pflicht der FEBehörde zum Vollzug der die FE. und die vorläufige FE. anordnenden Beschlüsse; er bestimmt aber weiter die örtliche Zuständigkeit der FEBehörde; zuständig ist die des Ortes, der die Zuständigkeit des VG. begründete. Aus der Pflicht zur Ausführung ergibt sich auch die zur ungesäumten Ausführung, sobald die Beschlüsse vollstreckbar sind. In der Pflicht zur Ausführung liegt auch die Sorge für die rechtzeitige Entlassung und deren Vollzug. Eine Nachprüfung der rechtlichen Zulässigkeit oder der Zweckmäßigkeit der Durchführung der FE. durch die FEBehörde ist unzulässig; sie kann die Ausführung insbesondere auch nicht unter dem Gesichtspunkt unterlassen, daß sich nach Lage des Falls der Zweck der FE. überhaupt nicht erreichen lasse. Wenn das Gesetz die Pflicht nur zum Vollzug eines Beschlusses des „zuständigen" VG. begründet, so hat das, wenn es sich nicht überhaupt um ein überflüssiges Wort handelt, jedenfalls gegenüber § 7 FGG. keine Bedeutung. Nichterfüllung der Pflicht zur FE. ist Verletzung eines Schutzgesetzes nach § 823 Abs. 2 BGB.; sie kann auch eine Verletzung einer Amtspflicht nach § 839 BGB. sein.

Örtlich zuständig ist diejenige FEBehörde, in deren Bezirk der Ort liegt, der die Zuständigkeit des Vormundschaftsgerichts z. B. als Wohnsitz oder Aufenthaltsort des Mündels begründet hat. Umfaßt der Gerichtsbezirk mehrere FEBehörden oder Teile solcher, so entscheidet nicht der Sitz des Gerichts, sondern zuständig ist die für den die Zuständigkeit begründenden Ort zuständige Behörde (KGJ. 48 A 52). Entscheidend ist die Tatsache, daß ein gewisses Gericht auf Grund eines bestimmten Orts seine Zuständigkeit angenommen hat, ob mit Recht oder Unrecht, ist gleichgültig. Bestimmt sich die Zuständigkeit nicht unmittelbar auf Grund einer örtlichen Beziehung, also z. B. nach einer bereits anhängigen Vormundschaft, Pflegschaft oder Beistandschaft (§ 43 FGG.) oder nach den Verhältnissen von Geschwistern des Mündels (§ 36 Abs. 2 FGG.) oder nach einer anhängigen SchA. (§ 68 Abs. 2 JWG.), so entscheidet der Ort, der die Zuständigkeit des VG. für das bedingende Verhältnis schuf. Wird das zuständige Gericht gemäß § 36 Abs. 2 FGG. durch die Landesjustizverwaltung oder den Reichskanzler bestimmt, so ist die örtliche Beziehung, die für diese maßgebend war, auch für die FEBehörde maßgebend. War für die Entscheidung keine örtliche Beziehung maßgebend, so können nur neben Abs. 2 S. 1 einhergehende landesrechtl. Zuständigkeitsvorschriften entscheiden. Wird die vorläufige Unterbringung nicht von dem für die Anordnung der FE. zuständigen Gericht angeordnet, sondern von dem Gericht, in dessen Bezirk das Fürsorgebedürfnis hervortritt, so ist die für letzteren Ort in Betracht kommende FEBehörde zuständig. Wird die Sache gemäß § 46 FGG. oder gemäß § 65 Abs. 7 JWG. an ein anderes Gericht abgegeben, so ist, wenn eine örtliche Beziehung die Abgabe veranlaßt hat, die FE.-Behörde dieses Ortes zuständig. Erfolgt die Abgabe wegen anderer als örtlicher Beziehungen, so haben landesrechtl. Zuständigkeitsbestimmungen einzugreifen; für Bayern bestehen solche nicht. Ein Übergang des Vollzugs der FE. auf eine andere FEBehörde ist, soweit die Zuständigkeit durch Abs. 2 S. 1 begründet wurde, ausgeschlossen. Da für die Anordnung der vorläufigen FE. ein anderes VG. zuständig sein kann, als für die Anordnung der endgültigen, kann sich auch eine Vollzugspflicht verschiedener FEBehörden für die endgültige und die vorläufige FE. ergeben.

7. Abs. 2 S. 3 regelt den Zeitpunkt der Ausführbarkeit der FE.; der Beschluß auf endgültige Anordnung ist ausführbar (vollstreckbar) mit Rechtskraft. Die Rechtskraft ist an sich ein relatives Verhältnis, d. h. der Beschluß kann in der Richtung gegen gewisse Personen rechtskräftig sein, in der Richtung gegen andere nicht; dem Sinne des Abs. 2 S. 3 wird es entsprechen, zu fordern, daß der Beschluß schlechthin rechtskräftig ist; es muß also die Beschwerdefrist gegen alle nach § 65 Abs. 6 Beschwerdeberechtigten abgelaufen sein; Zustellung an alle Personen, denen der Beschluß nach § 65 Abs. 5 zuzustellen ist, ist nicht notwendig. Die Rechtskraft wird gehemmt auch durch die formell unzulässige rechtzeitige Beschwerde; deshalb wohl auch durch Beschwerdeeinlegung eines nach § 65 Abs. 6 nicht Beschwerdeberechtigten. Bei Anordnung der FE. durch das Beschwerdegericht entscheiden für die Rechtskraft die allgemeinen Vorschriften des FGG.

Beschlüsse auf vorläufige Anordnung sind vollziehbar mit Erlaß, d. h., wenn sie aus der Hand des Richters an die Gerichtsschreiberei gelangten oder endgültig zum Akt genommen sind; nicht notwendig ist also die Bekanntmachung. Für die Beschlüsse des Beschwerdegerichts gelten auch hier die allgemeinen Vorschriften s. vor § 56 A. 2 h.

8. Über die Art der Ausführung bestimmt Abs. 2 S. 2, daß sich die FEBeh. bei der Ausführung regelmäßig der JA. bedienen soll, u. S. 4, daß die Unterbringung unter ärztlicher Mitwirkung erfolgen soll. S. 4 wurde im Ausschuß eingefügt. Die Vorschrift über die ärztliche Mitwirkung gilt auch für die vorläufige FE.; daß im Ausschuß teilweise andere Meinungen geäußert wurden (AusschB. S. 4203) kann nichts daran ändern; dagegen ist ärztliche Mitwirkung nicht nötig, wenn vorerst eine einstweilige Unterbringung vor Verbringung an den eigentlichen Unterbringungsort erfolgt (AusschB. S. 4203).

9. Unter Schaffung einer Ausnahme von dem gesetzlichen Grundsatze, daß die gesetzliche Vertretung durch die Anordnung der FE. nicht berührt wird (s. Art. 62 A. 8), bestimmt § 70 Abs. 3, daß die FEBehörde den Minderjährigen beim Abschluß von Dienst- u. Lehrverträgen vertritt. Einer Genehmigung des VG. nach § 1822 Nr. 6 u. 7 BGB. bedarf die FEBehörde nicht; denn sie ist nicht Vormund. Die FEBehörde kann sich bei Ausübung dieser Befugnisse auch durch einen Bevollmächtigten vertreten lassen. Die Verträge können mit Wirksamkeit auch über der Dauer der FE. hinaus geschlossen werden; zur Aufhebung oder Änderung der Verträge oder zur Geltendmachung der Rechte hieraus ist die FEBehörde nicht zuständig; auch § 113 BGB. bleibt unberührt. Der Abschluß kann auch durch den gesetzlichen Vertreter erfolgen (a. A. Kipp § 133 II f). Es ist aber auch nicht ausgeschlossen, daß die FEBehörde im eigenen Namen (d. h. namens ihres Trägers) einen Lehrvertrag hinsichtlich des Zöglings schließt. Weil aber solchenfalls die zur Ausübung der FE. berechtigten Organe ein eigenes Recht ausüben, so wird auch der Fürsorgezögling rechtlich nicht gebunden; er ist nur Objekt der Verträge; es handelt sich um sog. Dienstverschaffungs-, nicht um Dienstverträge; die Verträge binden deshalb nach Beendigung der FE. den Minderjährigen nicht mehr, selbst wenn die vertragsmäßige Zeit nicht abgelaufen ist; inwieweit in solchen Fällen eine Pflicht zur Vertragserfüllung oder Entschädigung von Seite des Trägers der FEBehörde besteht, kann nur nach den Umständen des Falles beurteilt werden; Bindung über die Zeit der Minderjährigkeit hinaus nimmt an KG. in ZBlFG. 5, 796.

10. Nach Abs. 4, der im Ausschuß eingefügt wurde, kann die FE.-Beh. die Entmündigung wegen Geisteskrankheit oder

Geistesschwäche beantragen; es wird dadurch der Kreis der nach § 646 ZPO. Antragsberechtigten erweitert. Zweckmäßiger wird es sein, wenn sich die FEBeh. mit dem Ersuchen um Antragstellung an den Staatsanwalt wendet. Eine Entmündigung wegen Verschwendung oder Trunksucht kann von der FEBeh. nicht beantragt werden. Zulässig ist es nach dem Rechte des BGB., auch die Minderjährigen wegen Geisteskrankheit oder Geistesschwäche zu entmündigen (Staudinger § 6 L).

11. Der FEBehörde ist im Strafverfahren gegen jugendliche FZöglinge im Ermittlungsverfahren Gelegenheit zur Äußerung zu geben (§ 31 Abs. 4 JGG.). Freiheitsstrafen sollen gegen FZöglinge nur nach Anhörung der FEBehörde vollstreckt werden (§ 37 JGG.).

12. Zur Frage, wer FEBehörde im Sinne des § 70 ist, s. für Bayern Art. 30 Abs. 3 JAG.

§ 71

Das Landesjugendamt ist, soweit es nicht selbst Fürsorgeerziehungsbehörde ist, nach näherer Bestimmung der Landesgesetzgebung bei der Ausführung der Fürsorgeerziehung zu beteiligen; es soll insbesondere bei dem Erlaß allgemeiner, grundsätzlicher Anordnungen über die Art ihrer Ausführung gutachtlich gehört werden und ist zu Vorschlägen über die Ausführung befugt; ihm kann ferner die Mitwirkung bei wichtigen Maßnahmen der Fürsorgeerziehungsbehörde und bei der Aufsicht über die in Anstalten seines Bezirkes untergebrachten Zöglinge sowie die Zuständigkeit zur Entscheidung von Beschwerden über Anordnungen der Fürsorgeerziehungsbehörde, die die Ausführung betreffen, übertragen werden, sofern dafür nicht die Gerichte für zuständig erklärt werden.

1. Da § 71 nur dem Vollzuge des § 13 Abs. 1 Nr. 6 JWG. dient, ist auch seine Durchführung zufolge des Art. 1 Nr. 2 der VO. vom 14. Febr. 1924 (s. unten unter III) dem Ermessen der Länder überlassen.

2. § 71 regelt die Mitwirkung des LJA. bei der Ausführung der FE. im allgemeinen, wie im einzelnen Falle; grundsätzlich ist auch hier wieder die allgemeine Regelung der Landesgesetzgebung (s. Art. 2 A. 2 EG.) überlassen; für die Landesgesetzgebung besteht hierbei eine Sollvorschrift für die Beteiligung des LJA., nämlich, soweit allgemeine grundsätzliche Anordnungen in Frage kommen, im übrigen besteht freies Ermessen der Landesgesetzgebung; im Verwaltungsweg können aber vorbehaltlich des oben unter A. 1

Bemerkten, die in § 71 bezeichneten Aufgaben dem LJA. nicht übertragen werden. Halbsatz 3 beschäftigt sich mit einzelnen Ausführungsmaßnahmen, die dem LJA. übertragen werden sollen. § 71 gilt auch für die vorläufige FE. des § 67. Für Bayern dient der Ausführung des § 71 der Art. 30 JAG.

3. Die Beteiligung des LJAmts bei der Ausführung der FE. hat einzutreten, soweit, nicht wenn es nicht die FEBehörde ist; soweit, d. h. in den Angelegenheiten, in denen es nicht selbst FEBehörde ist, ist es (Mußvorschrift) zu beteiligen; die Landesgesetzgebung kann nur die Art der Beteiligung regeln.

4. Gehört ist das LJA., wenn ihm unter Bekanntgabe des Entwurfes der Anordnungen und der sonstigen für die Erlassung maßgebenden Verhältnisse Gelegenheit zur Äußerung gegeben wurde; daß es sich äußerte, ist nicht notwendig. Wird es nicht gehört, so ist die Anordnung gleichwohl wirksam.

5. Das LJA. hat hinsichtlich des Erlasses allgemeiner grundsätzlicher Anordnungen ein Vorschlagsrecht; sie sind also der Entscheidung der für den Erlaß der Anordnungen zuständigen Stelle zu unterstellen; insoweit kann die Landesgesetzgebung keine Änderung treffen.

6. In Bayern ist das LJA. zur Beschwerdestelle gegenüber Anordnungen des JA. erklärt (Art. 22 JAG.).

7. Zur Frage, wer FEBehörde im Sinne des § 71 ist, s. für Bayern JAG. Art. 30 Abs. 3.

§ 72

Die Fürsorgeerziehung endigt mit dem Eintritt der Volljährigkeit.

Die Fürsorgeerziehung ist früher aufzuheben, wenn ihr Zweck erreicht oder anderweitig sichergestellt ist, und zwar von Amts wegen oder auf Antrag der im § 65 Abs. 6 Genannten mit Ausnahme des Minderjährigen. Die Aufhebung kann auch unter Vorbehalt des Widerrufs erfolgen, dessen Ausübung landesgesetzlich zu regeln ist.

Landesgesetzlich kann bestimmt werden, daß für die Entscheidung über die Aufhebung gemäß Abs. 2 das Vormundschaftsgericht oder die Fürsorgeerziehungsbehörde zuständig ist mit der Maßgabe, daß der Antragsteller, wenn die Fürsorgeerziehungsbehörde zuständig ist und die Aufhebung ablehnt, binnen zwei Wochen seit Zustellung des ablehnenden Beschlusses die Entscheidung des Vormundschaftsgerichts anrufen kann, gegen dessen Beschluß die sofortige Beschwerde stattfindet. Sofern das Vormundschaftsgericht für die Aufhebung der Fürsorgeerziehung zuständig ist, muß es vor seiner Entscheidung die Fürsorgeerziehungsbehörde gutachtlich hören; dieser steht gegen den die Fürsorgeerziehung aufhebenden Beschluß die sofortige Beschwerde mit aufschiebender Wirkung zu.

Der Antrag auf Aufhebung kann außer vom Jugendamt nicht vor Ablauf eines Jahres seit der Rechtskraft des die Fürsorgeerziehung anordnenden Beschlusses gestellt, ein abgewiesener Antrag kann vor dem Ablauf von sechs Monaten nicht erneuert werden.

1. Die Beendigung der FE. ist geregelt durch §§ 72 und 73. Vollzugsbestimmungen hierzu s. VVO. §§ 137 bis 140. Das Gesetz kennt einen gesetzlichen Beendigungsgrund, den Eintritt der Volljährigkeit (§ 72 Abs. 1), und zwei Beendigungsgründe durch obrigkeitlichen Akt, nämlich die Aufhebung mit der Unterart der Aufhebung unter Vorbehalt des Widerrufs (§ 72 Abs. 2—4) und die vorzeitige Entlassung (§ 73). Die FE. endet auch, was im Gesetz nicht besonders hervorzuheben war, mit dem Tod des Minderjährigen. Verehelichung beendet die FE. nicht. Die Beendigung der FE. schließt nicht aus, daß auf Grund neuer Tatsachen ein neues Verfahren eingeleitet wird. Die Vorschriften der §§ 72 und 73 über die Aufhebung und das Erlöschen der FE. gelten auch, wenn letztere vom Jugendgericht angeordnet wurde (§ 7 Abs. 3 JGG.). Ergänzend tritt für Bayern Art. 37 JAG. hinzu.

2. Die FE. endet zunächst mit Eintritt der Volljährigkeit, d. i. bei Deutschen mit dem Ablauf des Tages vor dem wiederkehrenden 21. Geburtstag (§§ 2, 187 Abs. 2 S. 2 BGB.); Volljährigkeitserklärung steht dem gleich (§ 3 Abs. 2 BGB.); für Ausländer entscheidet das Recht des Heimatstaats (s. Art. 7 EG. BGB.). Die Beendigung erfolgt ipso jure; einer besonderen beschlußmäßigen Aufhebung der FE. bedarf es nicht; die Anwendung weiterer Erziehungsmaßregeln wird unzulässig und der Selbstbestimmung des Volljährigen darf kein Hindernis mehr entgegengestellt werden; er kann den Ort seiner bisherigen Unterbringung ohne weiteres verlassen; seine fernere Zurückhaltung wäre widerrechtlich. Nicht ausgeschlossen ist aber eine beschlußmäßige Feststellung des VG. oder der FEBehörde, daß kraft Gesetzes die Beendigung eingetreten ist; in zweifelhaften Fällen kann sich eine solche Feststellung empfehlen; sie hat allerdings keine bindende, einer Rechtskraft fähige Bedeutung. Die Erreichung des 18. Lebensjahrs, der Normalgrenze für die Anordnung der FE. (§ 63 Abs. 1), oder des 20. Lebensjahrs, der äußersten Grenze für die Anordnung der FE., ist ohne Einfluß auf den Fortbestand einer angeordneten FE.

3. Für die Aufhebung der FE., der einen Art der Beendigung durch obrigkeitlichen Akt, stellt das Gesetz die Voraussetzungen fest (Abs. 2 S. 1); es bestimmt wohlweise das zur Aufhebung zuständige Organ (Abs. 3), die nähere Bestimmung hat durch Landesgesetz zu erfolgen, und gibt einige Verfahrensvorschriften, nämlich über den Anlaß zur Aufhebung (Antrag, Abs. 2 S. 1), über gewisse Mindestrechte der Gerichte und der FEBehörde hinsichtlich der Aufhebung (Abs. 3 S. 1 u. 2) und den Zeitpunkt und die Wiederholung der Antragstellung (Abs. 4). Hinsichtlich der Aufhebung unter Vorbehalt des Widerrufs besteht reichsrechtlich nur die Sonderbestimmung des Abs. 2 S. 2.

4. Leitender Gedanke für die Zulässigkeit der Aufhebung war, daß sie erfolgen soll, wenn die Voraussetzungen der Anordnung weggefallen sind (Begr. S. 1273). Man hat aber diesen Gedanken nicht allgemein gefaßt, sondern nur in der Beschränkung verwirklicht, daß die FE. aufzuheben ist, wenn ihr Zweck erreicht oder anderweitig sichergestellt ist; Wegfall der sonstigen Voraussetzungen läßt also Aufhebung nicht zu. Ob der Zweck erreicht ist, ist Tatfrage; sie ist dann zu bejahen, wenn die Ursache, die zur Anordnung führte, nicht mehr besteht (s. Dresd. ZBlJG. 22, 172), sei es, daß die Gefahr der Verwahrlosung weggefallen ist (vorbeugende FE.) oder daß eine bei der Anordnung vorhanden gewesene Verwahrlosung (heilende FE.) als dauernd beseitigt gelten kann (Begr. S. 1273). Die Gesamtpersönlichkeit des Minderjährigen — seine Veranlagung, seine geistige und Charakterentwicklung, seine Arbeitsfähigkeit und Arbeitswilligkeit — und die Verhältnisse, in die er nach der Aufhebung der FE. gelangen würde, werden mit heranzuziehen sein (Begründung S. 1273). S. hierzu auch BVO. § 137 Abs. 2. Dagegen gibt der Wegfall der Voraussetzungen des § 1666 oder des § 1838 BGB. oder eine Änderung in dieser Hinsicht, etwa durch Übergang der Personensorge von einem Elternteil auf den andern oder auf einen Vormund, oder der Eintritt der elterlichen Gewalt bei einem z. Zt. der Anordnung bevormundeten Kind keine Möglichkeit der Aufhebung, wenn nicht etwa zugleich der Zweck der FE. erreicht ist. Eine anderweite Sicherstellung des Zweckes der FE. liegt vor, wenn der Zweck noch nicht erreicht ist, aber durch anderweite Maßnahmen, z. B. Unterbringung durch den Vater in einer geeigneten Familie oder Anstalt, die Erreichung des Zweckes der FE., und zwar Wegfall der Verwahrlosung bezw. dauernde Beseitigung einer vorhanden gewesenen Verwahrlosung, gesichert ist.

Kein Grund zur Aufhebung ist die Feststellung, daß die FE. nach der Persönlichkeit des Zöglings zwecklos ist (z. B. er wird unheilbar geisteskrank); hier kann nur vorzeitige Entlassung (§ 73) eintreten. Auch damit kann die Aufhebung nicht gerechtfertigt werden, daß die gesetzlichen Voraussetzungen für die Anordnung nicht vorgelegen wären; eine Wiederaufnahme des Verfahrens ist nicht zulässig; s. auch A. 2 a vor § 56.

5. Die Aufhebung erfolgt durch obrigkeitlichen Akt und zwar je nach der Bestimmung des Landesgesetzes durch Beschluß des VG. oder durch Anordnung der FEBehörde (§ 70), in Bayern durch das VG. (s. Art. 37 JAG.).

Erfolgt die Entscheidung über die Aufhebung durch die FE.-Behörde, so unterliegt deren Entscheidung auf Aufhebung der Beschwerde nach Maßgabe des Landesrechts; lautet aber der Bescheid der FEBehörde auf Ablehnung der Aufhebung, so kann von dem, der die Aufhebung beantragt hat, binnen 2 Wochen seit Zustellung des ablehnenden Bescheides die Entscheidung des VG. angerufen werden. Die Zustellung des Bescheides der FEBehörde erfolgt nach landesrechtlichen Vorschriften. Gegen den die Aufhebung ablehnenden Beschluß des VG. hat der Antragsteller und nur er das Recht der sofortigen Beschwerde nach dem FGG.; diese Beschränkung auf ablehnende Bescheide folgt aus dem Charakter des Rechts zur Anrufung des VG., das dem Antragsteller einen Rechtsweg eröffnen will zur Geltendmachung der Aufhebung. Die Zustellung des Beschlusses an ihn erfolgt nach § 16 FGG. Gegen den die Aufhebung ablehnenden Beschluß des Beschwerdegerichts findet, da er den allgemeinen Bestimmungen des FGG. untersteht, die sofortige weitere Beschwerde nach diesem statt (§ 29 Abs. 2 FGG.); es ist wohl nur eine ungenaue Ausdrucksweise, wenn die Begr. S. 1274 schlechthin von weiterer Beschwerde, nicht von sofortiger weiterer Beschwerde spricht. Auch das Recht zur sofortigen weiteren Beschwerde wird nur der Antragsteller haben (s. die Begr. S. 1274). Ein landesrechtliches Rechtsmittel ist gegen den auf Ablehnung der Aufhebung ergehenden Bescheid der FEBehörde nicht zulässig. Lautet der Beschluß des VG. oder des Beschwerdegerichts auf Aufhebung der FE., so besteht hiergegen nach den allgemeinen Vorschriften des FGG. das Recht der einfachen Beschwerde, bezw. der einfachen weiteren Beschwerde (§§ 19 ff., §§ 27 ff. FGG.); das Gleiche gilt, wenn das VG. eine sachliche Entscheidung ablehnt (KG. in JR. 1925 Nr. 1440); die Beschwerdelegitimation bemißt sich nach §§ 20 u. 57 Nr. 9, §§ 58, 59 FGG. Eine Anhörung der FEBehörde in diesem Verfahren vor der Entscheidung des VG. ist nicht vorgeschrieben, wird sich aber meistens empfehlen. Ist wie in Bayern nach Landesgesetz das VG. zur Aufhebung zuständig, so muß es vor der Entscheidung die FEBehörde hören. Lehnt das VG. die Aufhebung ab, so besteht gegen seine Entscheidungen ein Beschwerderecht nach den allgem. Vorschriften des FGG., desgleichen eine die Aufhebung ablehnende Entscheidung des Beschwerdegerichts das Recht der weiteren Beschwerde. Beschwerdeberechtigt werden hierbei insbesondere auch sein (§ 57 Nr. 9 FGG.) die nach Abs. 6 zum Antrag auf Aufhebung Berechtigten; s. auch JAG. Art. 37 A. 4. Lautet die Entscheidung des VG. auf Aufhebung, so hat die FEBehörde hiegegen das Recht der sofortigen Beschwerde; desgleichen hat sie das Recht der sofortigen weiteren Beschwerde gegen eine auf Aufhebung der FE. lautende Entscheidung des Beschwerdegerichts; sonstige Beteiligte haben gegen die auf Aufhebung der FE. lautenden Entscheidungen kein

Beschwerderecht; so auch Blaum § 72 A. 2. Abweichend von § 24 FGG. hat die Beschwerde der FEBehörde aufschiebende Wirkung; das Gleiche muß gelten hinsichtlich der sofortigen weiteren Beschwerde gegen eine auf Aufhebung der FE. lautende Entscheidung des Beschwerdegerichts (vgl. § 29 Abs. 3 FGG.). Eine neuerliche Anhörung der FEBehörde durch das Beschwerdegericht ist nicht notwendig, eine Anhörung durch das Gericht der weiteren Beschwerde, das nicht selbst Tatsachen feststellen kann, unzulässig.

Örtlich zuständig zur Aufhebung ist das VG., das die FE. anordnete (so auch Blaum § 72 A. 3 a. E.), trotz einer etwaigen Änderung der Verhältnisse, die seinerzeit die Zuständigkeit begründeten; denn die Anordnung und Aufhebung sind nicht zwei getrennte Verhandlungen im Sinne des § 43 Abs. 1 Halbs. 2 FGG. (Dresd. in OLG. 30, 92). Wurde das Verfahren von einem anderen Gericht übernommen, so tritt dieses auch hinsichtlich der Wiederaufhebung an die Stelle des die FE. anordnenden VG. § 65 Abs. 7 findet im Aufhebungsverfahren keine Anwendung; dagegen ist eine Abgabe nach § 46 FGG. zulässig. Das Landesrecht kann über die örtliche Zuständigkeit des VG. nichts bestimmen.

6. Das Aufhebungsverfahren kann, gleichgültig, ob es dem VG. oder der FEBehörde obliegt, von Amts wegen oder auf Antrag eingeleitet werden (Abs. 2). Antragsberechtigt sind das JA. im Sinne des § 7 (§ 65 Abs. 1), der gesetzliche Vertreter und die Eltern des Minderjährigen (§ 65 Abs. 6), in Bayern auch die Schulbehörde, die geistliche Behörde und die Jugendfürsorgevereine (s. § 65 Abs. 1 S. 3 JWG. und Art. 28 Abs. 1 JAG.) und endlich, wenn wie in Bayern das Aufhebungsverfahren nicht der FE.-Behörde obliegt, diese (§ 65 Abs. 6); nicht der Minderjährige selbst (§ 72 Abs. 2).

7. Abs. 4 beschränkt das Aufhebungsverfahren, soweit es auf Antrag einzuleiten ist, zeitlich. Der Antrag kann erst nach Ablauf eines Jahres nach Rechtskraft des die FE. anordnenden Beschlusses des VG. oder der Beschwerdegerichte gestellt werden; andernfalls wird er als unzulässig verworfen; diese Beschränkung gilt nicht für das JA. Ferner kann ein abgewiesener Antrag erst nach Ablauf von 6 Monaten wiederholt werden; diese Beschränkung gilt auch für das JA. Die Frist beginnt mit Erledigung des ersten Verfahrens, nicht schon mit Stellung des ersten Antrags, und zwar, soweit die Abweisung durch die FEBehörde erfolgt, mit Ablauf der Frist zur Anrufung des VG.; soweit die Abweisung durch das VG. oder die BeschwGerichte erfolgte, mit Rechtskraft der BeschwEntscheidungen. Unzulässig ist nur die Wiederholung des abgewiesenen Antrags; ein anderer Antragsberechtigter kann sonach vor Ablauf der 6 Monate Antrag stellen; auch der gleiche Antragsteller kann es, wenn sein Antrag sich auf Tatsachen stützt, die nicht Gegenstand des früheren Verfahrens waren; denn es liegt sachlich ein anderer Antrag vor. BVO. § 138 Abs. 2 steht auf den Standpunkt, daß eine frühere Wiederholung nur zulässig sei, wenn der vorhergehende

Antrag als unzulässig abgewiesen sei; wie diese Bäumer S. 280 und Fichtl § 72 A. 21. Von Amts wegen kann das Aufhebungsverfahren jederzeit nach der Anordnung eingeleitet und jederzeit wiederholt werden. In einem solchen Verfahren unterliegt auch das Beschwerderecht der nach Abs. 4 nicht Antragsberechtigten keiner Beschränkung.

8. Hinsichtlich der Aufhebung unter Vorbehalt des Widerrufs gilt folgendes: Auch sie ist eine Entlassung aus der FE., aber nur eine auflösend bedingte (die Begr. S. 1273 spricht von einer vorläufig bedingten Entlassung, die wieder rückgängig gemacht werden kann), bedingt durch den Akt des Widerrufs. Solange diese Bedingung nicht eingetreten ist, ist die FE. beendigt und es entfallen alle Wirkungen derselben. Es hat keinen gesetzlichen Boden, wenn die Begr. (S. 1273) annimmt, daß sie eine Überwachung des Minderjährigen in der Richtung zuläßt, daß fortlaufend während ihrer Dauer eine allgemeine Aufsicht über die Entwicklung des Minderjährigen durch das JA. oder eine besondere Vertrauensperson der Erziehungsbehörde geübt wird. Eine Aufsicht ist nur zulässig, wenn sie eine andere gesetzliche Grundlage hat, etwa Zustimmung des Sorgeberechtigten, oder, wenn sie eine Gestalt annimmt, die keine Beschränkung der Freiheit des Minderjährigen in sich schließt (Art. 114 RVerf.). BVO. § 139 steht auf dem Standpunkt der Begr. und gibt hierzu Vollzugsanweisungen. Die Voraussetzungen der Aufhebung sind die gleichen wie für die endgültige; es ist reine Ermessensfrage, die Form des Vorbehalts des Widerrufs zu wählen. BVO. § 137 Abs. 3 S. 2 erachtet zutreffend die Aufhebung unter Vorbehalt dann für angezeigt, wenn es zweifelhaft ist, ob die für Aufhebung sprechenden Umstände von Dauer sind. Hinsichtlich der Zuständigkeit zur Entlassung gilt das gleiche, wie für die endgültige Entlassung und zwar kann das Landesrecht die Zuständigkeit für diese Art der Entlassung nicht etwa besonders regeln. Ebenso gilt für das Antragsrecht, das Einschreiten von Amtswegen, das gegenseitige Verhältnis von VG. und FEBehörde und die Fristen zur Stellung oder Wiederholung des Antrags das gleiche wie für die endgültige Entlassung. Die Ausübung des Widerrufs hat das Landesrecht zu regeln, also Voraussetzungen, Form und Zuständigkeit. Für Bayern ist es geschehen durch JAG. Art. 37 Abs. 4. Ist der Widerruf rechtswirksam erfolgt, so ist der vorliegende Beschluß des VG. auf FE. wieder nach den allgemeinen Vorschriften zu vollziehen.

9. Eine beschränkte Aufhebung sieht das Gesetz nicht vor; es darf also auch die widerrufliche Aufhebung nicht mit Beschränkungen verknüpft werden; sie kann also nicht auf Teilwirkungen erstreckt werden, etwa bloß auf die Beseitigung der Anstalts- und Familienerziehung unter Vorbehalt der sonstigen Wirkungen. Es kann auch nicht sofort, für den Eintritt gewisser Fälle, der Widerruf verfügt werden; nicht ausgeschlossen ist es aber, daß dem Minderjährigen der Widerruf für den Fall gewisser Voraussetzungen z. B.

bei schlechter Führung, bei Verlassen eines gewissen Arbeitsplatzes in Aussicht gestellt wird; eine solche Verfügung hat aber bloß tatsächliche Bedeutung. Auch eine Aufhebung auf Zeit ist nicht zulässig.

10. Der Vollzug des die FE. aufhebenden Beschlusses des VG. insbes. die Entlassung des Minderjährigen und die Überstellung an eine nunmehr die weitere Sorge für den Minderjährigen übernehmende Person erfolgt gemäß dem aus § 70 sich ergebenden Grundsatz nach Maßgabe der auf Grund des § 70 ergangenen landesgesetzl. Vorschriften, also für Bayern durch die nach Art. 30 JAG. zuständigen Organe; denn es handelt sich in der Sache auch hier um die Fortsetzung des Vollzugs des die FE. anordnenden Beschlusses. Es gelten nicht die allgemeinen Vorschriften für die Vollziehung der auf Grund des FGG. ergehenden Beschlüsse des VG. und der BeschwGerichte. Die gleichen Grundsätze gelten, wenn die Aufhebung durch das VG. oder die BeschwGerichte auf Grund einer nach § 72 Abs. 3 stattfindenden Anrufung erfolgt. Wegen der Sorge für anderweite Unterbringung des Minderjährigen vor der Beendigung oder Aufhebung der FE. s. BVO. § 140.

11. Der Widerruf der unter Vorbehalt erfolgten Aufhebung ist landesgesetzlich zu regeln; zu regeln sind Zuständigkeit, Voraussetzungen und Form. Für Bayern ist diese Regelung erfolgt durch Art. 37 Abs. 1 u. 4 JAG.

12. Zur Frage, wer FEBehörde im Sinne des § 72 ist, s. für Bayern Art. 30 Abs. 3 JAG.

§ 73

Die vorzeitige Entlassung eines Minderjährigen wegen Unausführbarkeit der Fürsorgeerziehung aus Gründen, die in der Person des Minderjährigen liegen, ist unter der Voraussetzung zulässig, daß eine anderweitige gesetzlich geregelte Bewahrung des Minderjährigen sichergestellt ist.

1. Neben der regelmäßigen d. h. wegen Erreichung des Zweckes erfolgenden Aufhebung der FE. kennt das Ges. eine vorzeitige d. h. eine vor Erreichung des Erfolgs eintretende Beendigung der FE., die sog. vorzeitige Entlassung; geregelt sind nur deren Voraussetzungen. Auch diese vorzeitige Entlassung beendet die FE. endgültig, der FEBeschluß gilt als aufgehoben (AusschB. S. 4204); die vorzeitige Entlassung kann nicht wieder rückgängig gemacht werden; es müßte ein neues FEVerfahren durchgeführt werden.

2. Ein Recht auf vorzeitige Entlassung besteht nicht; sie ist nur unter gewissen Voraussetzungen zulässig u. zwar dann, wenn die FE. unausführbar ist u. zwar aus Gründen, die in der Person des Minderjährigen liegen; außerdem ist notwendig, daß eine anderweitige u. zwar gesetzlich geregelte Bewahrung sichergestellt ist. Unausführbar ist die FE. in diesem Sinn bei den sog. unerziehbaren FZöglingen; zu diesen gehören die unverbesserlichen sog. psychopathischen Straffälligen, die trotz Strafverbüßung immer wieder Straftaten begehen, die Zöglinge mit Geistesstörungen u. die unverbesserlichen Dirnen, die in der Regel ebenfalls von psychopathischer Konstitution sind (Begr. S. 1274). Außerhalb der Person des Minderjährigen liegende Gründe sind nicht ausreichend, also nicht Mangel an Anstalten oder geeigneten Familien, Überfüllung der Anstalten, Mangel an Mitteln oder geeignetem Anstaltspersonal. Außerdem muß die anderweitige Bewahrung sichergestellt sein u. zwar durch Landesgesetz (Begr. S. 1274). Die Sicherstellung muß soweit gehen, daß eine Gefährdung der Allgemeinheit durch diese Personen ausgeschlossen ist. Für Bayern ist eine solche Regelung noch nicht erfolgt.

3. Zuständigkeit u. Verfahren für die vorzeitige Entlassung ist landesrechtlich zu regeln; für Bayern s. A. 2 a. E.

4. Wegen der von der vorzeitigen Entlassung des § 73 verschiedenen vorläufigen Entlassung des früheren bay. Rechts s. JAG. Art. 49 Abs. 3 S. 2.

§ 74

Die gerichtlichen Verhandlungen sind gebühren- und stempelfrei; die baren Auslagen fallen der Staatskasse zur Last. Die nach § 65 Abs. 2 zu hörenden Personen können im Falle ihrer Vernehmung vor Gericht Ersatz ihrer Auslagen nach den für Zeugen geltenden Vorschriften verlangen. Dies gilt jedoch nicht für den Minderjährigen und seine Eltern. Verträge über die Unterbringung von Minderjährigen zur Ausführung der Fürsorgeerziehung sind stempelfrei.

1. Die §§ 74 u. 75 beschäftigen sich mit kostenrechtlichen Fragen; § 74 S. 1, 2 u. 3 befassen sich mit dem gerichtlichen Verfahren, § 74 S. 4 u. § 75 mit dem Vollzugsverfahren. Ihre Ergänzungen finden diese Bestimmungen für Bayern durch Art. 38—41 JAG. In § 74 ist zunächst Bestimmung getroffen über die Kosten des gerichtlichen Verfahrens, nicht über die Kosten im gerichtlichen Verfahren schlechthin (Satz 1); Satz 2 gibt, eingeschränkt durch Satz 3, am gerichtlichen Verfahren beteiligten Dritten unter gewissen Voraussetzungen einen Ersatzanspruch; Satz 4 befaßt sich mit der Stempelpflicht im Vollzugsverf. Vollzugsbestimmung hierzu VVO. § 141.

2. S. 1 bestimmt Gebührenfreiheit für das gerichtliche Verfahren; gerichtliches Verfahren ist nicht bloß das Anordnungsverfahren, sondern auch die gerichtl. Tätigkeit im Aufhebungsverf. (§ 72 Abs. 3) u. im Ausführungsverf. (§ 69 Abs. 3 u. 4); auch eine sonstige, etwa durch Landesrecht (z. B. nach § 71) den Gerichten im FEVerf. übertragene Tätigkeit. Die baren Auslagen trägt die Staatskasse; doch nur die der gerichtl. Tätigkeit, nicht etwa die

Dritter am Verfahren Beteiligter, z. B. Vertretungskosten; inwieweit insoweit eine Ersatzpflicht des Staates oder Dritter besteht, ergibt sich aus S. 2 und aus landesrechtl. Vorschriften. Die baren Auslagen trägt aber der Staat auch dann, wenn sie durch unbegründete Anträge z. B. unbegründete Beschwerden entstehen (anders Art. 17 Abs. 3 BayFEG.); ebenso besteht auch diesenfalls Gebührenfreiheit.

3. S. 2 u. 3 regeln die Tragung der Kosten im FEVerf., die nicht durch die unmittelbare gerichtl. Tätigkeit erwachsen; er stellt nur einen Ersatzanspruch fest für die nach § 65 Abs. 2 zu hörenden Personen mit ausdrücklicher Ausnahme des Minderjährigen u. seiner Eltern (nicht auch seiner Großeltern); ein Ersatzanspruch wurde insoweit abgelehnt, weil diese Personen ein großes eigenes Interesse an ihrer Äußerung haben (Begr. S. 1274). Soweit die Eltern zugleich die gesetzl. Vertreter sind, haben sie einen Ersatzanspruch; denn nur das persönliche Interesse der Eltern als solcher nimmt ihnen den Anspruch. Die Ersatzpflicht des Staates besteht auch, soweit etwa die Anhörung mit erheblichen Schwierigkeiten (also mit besonderen Kosten) verbunden war. Sie besteht auch für die nach landesgesetzlichen (nicht landesrechtlichen z. B. Dienstanweisungen) Vorschriften zu Hörenden, gleichgültig, ob das Landesrecht die Anhörung zwingend oder als Sollvorschrift vorschreibt. Der Ersatzanspruch besteht auch bei Vernehmung vor dem ersuchten Richter, bei Vernehmung im Beschwerdeverfahren, nicht aber bei Vernehmung durch Vermittlung einer Polizeibehörde oder eines JA., wohl auch bei Erholung unmittelbarer schriftlicher Äußerungen (s. ZPO. § 377 Abs. 2 u. 3). Er besteht nur bei Anhörung im Anordnungsverfahren (§ 65 Abs. 2). Der Ersatzanspruch besteht auch, wenn es im einzelnen Fall zu einer Vernehmung nicht kommt, z. B. wegen Aufhebung des Termines.

4. Maßgebend für den Ersatzanspruch ist die GebO. für Zeugen und Sachverständige v. 21. Dez. 1925 (RGBl. 470) und zwar hinsichtlich ihrer für Zeugen (nicht für Sachverständige) geltenden Vorschriften, auch wenn die Äußerung ein Gutachten ist. Maßgebend sind auch die formellen Vorschriften über die Festsetzung der Auslagen und das Beschwerderecht. Werden Personen auf Grund des FGG. förmlich als Zeugen oder Sachverständige vernommen, so gilt die GebO. f. Z. u. Sachverständige unmittelbar.

5. Satz 2 schließt nicht aus, daß auf Grund eines besonderen Rechtstitels auch in anderen Fällen ein Ersatzanspruch eines Dritten entsteht; es kann ein Ersuchen des VG. um eine Tätigkeit im FEVerfahren einen privatrechtlichen Vertrag in sich schließen, z. B. ein Ersuchen an einen Arzt um schriftliche Äußerung; oder es können nach landesrechtl. Vorschriften Ersatzansprüche wegen Inanspruchnahme polizeilicher Tätigkeit entstehen.

6. Soweit § 74 keine Bestimmungen trifft, sind auch für das FEVerfahren die Vorschriften der Art. 131 u. 133 AG. BGB. anzuwenden; sie gelten also für die Kosten des Antragstellers,

insbesondere für seine Vertretung; dabei ist aber insbesondere die Bestimmung des § 74 Satz 1 Halbsatz 2 zu beachten.

Art. 131 bestimmt: In Angelegenheiten der freiwilligen Gerichtsbarkeit ... sind die Kosten, soweit nicht besondere Vorschriften bestehen, von demjenigen zu tragen, in dessen Angelegenheit die amtliche Verrichtung stattfindet. Die einem anderen Beteiligten entstandenen Kosten sind diesem zu erstatten, soweit die gemachten Aufwendungen zur zweckentsprechenden Erledigung der Angelegenheit notwendig waren.

Die durch einen unbegründeten Antrag, eine unbegründete Beschwerde oder durch Verschulden eines Beteiligten verursachten Kosten, mit Einschluß der Aufwendungen eines anderen Beteiligten, soweit diese den Umständen nach notwendig waren, fallen dem Beteiligten zur Last, der sie verursacht hat. Die Vorschriften des § 91 Abs. 1 S. 2, des § 100 Abs. 1, 2 und des § 102 der ZPO. finden entsprechende Anwendung.

Art. 133 bestimmt: Die Kosten, welche einem Beteiligten zu erstatten sind, werden auf Antrag durch das Gericht erster Instanz, in Vormundschaftssachen, falls ein Familienrat bestellt ist, durch den Vorsitzenden festgesetzt. Gegen die Verfügung, durch welche die Festsetzung erfolgt, findet die sofortige Beschwerde statt.

Aus der Verfügung, durch welche die zu erstattenden Kosten festgesetzt werden, findet die Zwangsvollstreckung nach den Vorschriften statt, welche für die Zwangsvollstreckung aus den in bürgerl. Rechtsstreitigkeiten erlassenen Kostenfestsetzungsbeschlüssen gelten.

Die durch Art. 131 Abs. 1 begründete Kostenpflicht hängt nicht davon ab, ob das Gericht von Amts wegen tätig wird oder ob der Hauptbeteiligte oder ein anderer Beteiligter durch seinen Antrag die amtliche Tätigkeit herbeiführt; maßgebend ist vielmehr, daß die Tätigkeit des Gerichts zu einer bestimmten Person oder einem bestimmten Objekt in Beziehung tritt, daß sie in deren Angelegenheit stattfindet (BayOLG. 20, 176). Die Frage, ob die Kosten notwendig im Sinne des § 131 Abs. 2 waren, ist insbesondere auch zu prüfen hinsichtlich der durch die anwaltschaftl. Vertretung eines Beteiligten erwachsenen Kosten (BayOLG. 19, 316). Eine Anregung zu einer Tätigkeit ist kein die Kostenpflicht begründeter Antrag im Sinne des Art. 131 Abs. 2 (BayOLG. 21, 337).

7. Eine förmliche Entscheidung über die Pflicht zur Kostentragung oder zur Erstattung der Auslagen sieht das JWG. nicht vor. Es ergibt sich eine solche auch nicht aus dem FGG. Abweichend von dem Zivilprozeßverfahren haben deshalb die gerichtlichen Verfügungen einen Entscheid über Kosten nicht zu treffen. Es sind insbesondere auch nicht Entscheidungen dahin veranlaßt, wie „Das Gericht beschließt gebührenfrei"; auch dahin ist nicht zu erkennen: „Die baren Auslagen fallen der Staatskasse zur Last"; denn diese Pflichten ergeben sich aus Satz 1 von selbst, sie bestehen ohne Rücksicht auf den gerichtlichen Ausspruch. Kostenentscheidungen können sich nur ergeben gemäß S. 2 in Verbindung mit der GebO. für Zeugen und Sachverständige und nach Art. 133 BayAG. BGB. Hiefür gelten die besonderen Vorschriften dieser Gesetze. Diese regeln auch den Vollzug der Entscheidungen.

8. S. 3 trifft nur stempelrechtliche Vorschriften. Verträge über die Unterbringung zur FE. sind stempelfrei. Verträge über die Unterbringung sind sowohl Verpflegungsverträge wie Dienstverträge.

§ 75

Die Kosten der Fürsorgeerziehung sind dem Kostenträger auf sein Verlangen aus dem pfändbaren Vermögen des Minderjährigen oder des auf Grund des Bürgerlichen Rechts zu seinem Unterhalt Verpflichteten zu erstatten. Die näheren Bestimmungen trifft die Landesgesetzgebung. Allgemeine Verwaltungskosten werden nicht ersetzt.

1. § 75 regelt in Verbindung mit § 74 S. 4, § 70 Abs. 1 S. 1 die Kostentragung im Verfahren zur Ausführung der FE.; ergänzend haben im übrigen landesgesetzliche Vorschriften (§ 70 Abs. 1) einzugreifen. Die FE. ist Erziehung auf öffentliche Kosten (§ 62); das bedeutet aber nur, daß die unmittelbare Kostenpflicht die Allgemeinheit und zwar den nach Maßgabe des § 70 Abs. 1 S. 1 bestimmten Kostenträger trifft (die Begr. S. 1274 bezeichnet diese Pflicht als Vorschußpflicht); sie wird ergänzt durch ein Rückgriffsrecht, das § 75 dem Kostenträger gewährt. Diese Pflicht ist begrifflich eine privatrechtliche, weil sie die privatrechtliche Unterhaltspflicht zur Grundlage hat (soweit der Minderjährige in Betracht kommt, den privatrechtlichen Gedanken, daß jeder zunächst seine Angelegenheiten selbst zu besorgen hat). (Die Begr. S. 2074 meint, es sei seiner Natur nach ein öffentlich-rechtlicher Anspruch.) Nicht ausgeschlossen ist durch § 75, auch gegen andere Rechtssubjekte auf öffentlich-rechtlicher Grundlage eine Rückgriffspflicht einzuführen; dies ist für Bayern geschehen durch Art. 38 Abs. 3 JAG.

2. Wegen des Umfangs der Kosten der FE. s. § 70 A. 5. Von den dort erwähnten Kosten sind nicht erstattungsfähig (s. Satz 3) die allgemeinen Verwaltungskosten; allgemeine Kosten sind alle, die nicht eine besondere Beziehung zu dem Minderjährigen haben, also die Gehälter der Anstaltsbeamten, die Ausgaben für die Beamten der FEBehörden, die Ausgaben für den sachlichen Bedarf der Anstalten und der FEBehörden, einschließlich der Portokosten. Nicht erstattungsfähig sind ferner nur Verwaltungskosten, also ist zu erstatten ein entsprechender Anteil für die (in § 16 Abs. 2 PreußFEG. neben den Kosten der allgemeinen Verwaltung besonders angeführten) Kosten des Baues und der Unterhaltung der Anstalten. Auch die Kosten der vorläufigen FE. fallen unter § 75.

3. Zu erstatten sind die Kosten nur auf Verlangen; damit soll gesagt werden, daß die „Erziehungsbehörde" (richtiger der Kostenträger) „nicht eine Pflicht zur Geltendmachung der Ersatzford. hat" (Begr. S. 1274).

Die Erstattungspflicht trifft den Minderjähr. und die Unterhaltspflichtigen. Vermögen des Minderjährigen oder des Unterhaltspflichtigen ist alles Vermögen, das diese z. Zt. der Entstehung der Kosten besitzen oder später erwerben. Gegen die Unterhaltspflichtigen besteht die Erstattungspflicht aber nur, solange sie unterhaltspflichtig sind.

4. Die Ersatzpflicht besteht nach den übrigens unklar berichteten Verhandlungen im Ausschuß (AusschB. S. 4210) nicht unbedingt, sondern Erstattung soll nur aus dem pfändbaren Vermögen erfolgen; dieser Zusatz ist eine Weisung für das Vollstreckungsverfahren. Gemeint sind wohl nur die Beschränkungen der §§ 811, 850, 851 ZPO.; sonst könnten Grundstücke nicht in Anspruch genommen werden. In dem Verfahren zur Geltendmachung des Anspruchs selbst ist der Besitz pfändbaren Vermögens nicht zu prüfen.

5. Maßgebend sind hinsichtlich der Ersatzpflicht der Unterhaltspflichtigen die Bestimmungen des BGB. nicht nur hinsichtlich der Person der Ersatzpflichtigen, sondern auch die hinsichtlich der sonstigen Voraussetzungen für den Eintritt der Unterhaltspflicht.

Die Unterhaltspflicht bemißt sich in der Hauptsache bei der ehelichen Verwandtschaft nach §§ 1601—1615, bei der unehelichen nach §§ 1705—1718 BGB.; bei Ehegatten nach §§ 1360, 1361 BGB. Hervorzuheben ist aus diesen Bestimmungen, daß die Eltern vor den Großeltern und unter den ersteren wieder der Vater vor der Mutter haftet, außer es steht der letzteren die Nutznießung an dem Vermögen des Kindes zu, welchenfalls sie vor dem Vater haftet. Großeltern haften nach Köpfen, also auch dann zu gleichen Teilen, wenn von den väterlichen oder mütterlichen Großeltern der eine Teil wegfiel, von dem anderen Paar aber noch beide in Betracht kommen. Unterhaltspflichtig ist nicht, wer bei Berücksichtigung seiner sonstigen Verpflichtungen außerstande ist, ohne Gefährdung seines standesmäßigen Unterhalts den Unterhalt zu gewähren. Befinden sich Eltern in dieser Lage, so sind sie ihren minderjährigen unverheirateten Kindern gegenüber verpflichtet, alle verfügbaren Mittel zu ihrem und der Kinder Unterhalt gleichmäßig zu verwenden. Diese Verpflichtung tritt nicht ein, wenn ein anderer unterhaltspflichtiger Verwandter vorhanden ist; sie tritt auch nicht ein gegenüber einem Kinde, dessen Unterhalt aus dem Stamme seines Vermögens bestritten werden kann. Der Umstand, daß der Minderjährige während der Dauer der FE. seinen Unterhalt auf öffentliche Kosten hat, schließt nicht aus, daß er noch unterhaltsbedürftig im Sinne des § 1602 Abs. 1 BGB. ist, und berührt deshalb die Unterhaltspflicht der Verwandten nicht; a. A. Gilbert in SächsArch. 1911, 19. Im allgemeinen gilt aber auch hier, daß unterhaltsberechtigt nicht ist, wer sich selbst erhalten kann (§ 1602

Abs. 2 BGB.); besondere Wirkungen in dieser Richtung ergeben sich aber aus § 1602 Abs. 2, § 1603 Abs. 2, § 1604, § 1605. Hat der Unterhaltspflichtige selbst einen Verdienst, sei es durch Beschäftigung in der Anstalt, sei es bei der Unterbringung in einer Familie, so kürzt sich der Ersatzanspruch hierum; es ist richtig, daß der Minderjähr. selbst gegen die die FE. vollziehenden Organe auf die Einnahmen keinen Rechtsanspruch hat; allein die FE. ist nicht dazu bestimmt, den Vollzugsorganen Einnahmen zu schaffen; dem in Anspruch genommenen Unterhaltspflichtigen steht deshalb die Aufrechnungsbefugnis mit seinem Anspruch auf Ersatz der ungerechtfertigten Bereicherung zu (s. auch § 62 A. 10); die Frage ist jedoch bestritten; vgl. Boschan in ZBlVorm. 8, 169. Hilfsbedürftig ist auch nicht, wer Unterhaltsansprüche gegen öffentliche Kassen, wie aus der Krankenversicherung, Angestelltenversicherung, Unfallversicherung hat (Then in BayGemVZ. 1917, 151).

Die Unterhaltspflicht des unehelichen Vaters dauert bis zum vollendeten 16. Lebensjahr des Kindes; sie umfaßt den der Lebensstellung der Mutter entsprechenden Unterhalt. Der Unterhalt umfaßt den gesamten Lebensbedarf, sowie die Kosten der Erziehung und der Vorbildung zu einem Berufe (ordentlicher Unterhaltsanspruch). Die Unterhaltspflicht erstreckt sich über diese Zeit hinaus, wenn das Kind zur Zeit der Vollendung des 16. Lebensjahrs infolge körperlicher oder geistiger Gebrechen außerstand ist, sich selbst zu unterhalten (außerordentlicher Unterhaltsanspruch, § 1708 BGB.). Die Unterhaltspflicht des unehelichen Vaters beruht auf dem Verwandtschaftsverhältnis nicht auf unerlaubter Handlung, sie tritt also auch ein bei Zurechnungsunfähigkeit des Vaters. Der ordentliche Unterhaltsanspruch ist weder durch die Bedürftigkeit des Kindes noch durch die Leistungsfähigkeit des Vaters bedingt; anders der außerordentliche, bei dem letzterer Gesichtspunkt ausdrücklich für maßgebend erklärt ist (§ 1708 mit § 1603 Abs. 1 BGB.), während erstere Voraussetzung auf Grund der rechtlichen Natur dieses Anspruchs gefordert wird. Die Unterhaltspflicht des außerehelichen Vaters erlischt nicht mit seinem Tode; es besteht aber ein Abfindungsrecht nach § 1712 BGB.

Geschwister haben im Verhältnis untereinander keine Unterhaltspflicht.

Im Auge haben dürfte das Gesetz nur die gesetzliche nicht eine vertragsmäßige Unterhaltspflicht. Ein unter den Beteiligten ergangenes Urteil wird gegenüber dem ersatzberechtigten Fürsorgeverband keine Rechtskraftwirkung haben.

Zu erstatten sind schlechthin die Kosten der FE. ohne Rücksicht darauf, ob der Unterhalt an sich in dieser Höhe zu leisten wäre. Eine Beschränkung ergibt sich aber nach § 1611 BGB. dann, wenn die Fürsorgeerziehung wegen eines sittlichen Verschuldens des Minderjährigen angeordnet wurde, oder wenn sich der Minderjährige einer Verfehlung schuldig gemacht hat, die den Unterhaltspflichtigen zur Entziehung des Pflichtteils berechtigt; dann kann nur der notdürftige Unterhalt verlangt werden; der Mehrbetrag ist nicht erstattungsfähig; auch die Inanspruchnahme sonstiger Verwandten ist nach § 1611 Abs. 3 dieses Falls beschränkt; auf die Fälle des ordentlichen Unterhaltsanspruchs außerehelicher Kinder findet § 1611 keine Anwendung.

Der Ersatzanspruch ist stets ein Geldanspruch; § 1612 Abs. 1 Satz 2 findet keine Anwendung.

§ 1612 Abs. 2 BGB., wonach die Eltern zu bestimmen haben, in welcher Art und für welche Zeit der Unterhalt im voraus zu entrichten ist, ist mit § 75 unvereinbar und kann deshalb nicht angewendet werden.

Ein Verzicht auf den Unterhalt für die Zukunft ist in der Regel gesetzlich unzulässig (§ 1614 Abs. 1 BGB.). Aber auch Vereinbarungen, durch die auf den Unterhalt für die Vergangenheit und zwar für eine Zeit, für die bereits ein Ersatzanspruch erwachsen ist, verzichtet wird, sind nicht imstande, den Ersatzanspruch zu beeinträchtigen. Bei unehelichen Kindern ist ein entgeltlicher Verzicht auf den Unterhalt für die Zukunft gestattet (§ 1714 Abs. 2 BGB.); die Ersatzpflicht nach § 75 wird dadurch nicht berührt. Das Recht des Erben des Erzeugers eines unehelichen Kindes, dieses mit dem Pflichtteil abzufinden, der ihm als ehelichen gebühren würde, kann auch gegenüber dem Ersatzberechtigten ausgeübt werden (§ 1712 Abs. 2 BGB.).

Erfüllung der Unterhaltspflicht für eine Zeit, für die bereits ein Ersatzanspruch erwuchs, kann letzteren nicht mehr beeinträchtigen.

Unanwendbar ist § 1613 BGB., der die Nachforderung des Unterhalts für die Vergangenheit beschränkt. Aus der Selbständigkeit des Anspruchs folgt, daß bei Nichterfüllung keine Bestrafung wegen Verletzung der Unterhaltspflicht nach § 361 Nr. 10 StGB. eintreten kann (OLG. Karlsr. in BadRpr. 1915, 55; OLG. Dresden in ZBl.-Vorm. 3, 129).

Wird ein Ersatzanspruch erhoben, so kann der in Anspruch Genommene nicht einwenden, die FE. sei zu Unrecht angeordnet worden. Ebensowenig, daß eine zu teuere oder ungeeignete Art der Unterbringung gewählt wurde. Dagegen kann er die Höhe des Ersatzanspruchs mit der Einwendung bekämpfen, daß die aufgewendeten Kosten überhaupt nicht zu Kosten der FE. gehören.

6. Die nähere Regelung des Ersatzanspruchs hinsichtlich seines materiellen Inhalts, wie hinsichtlich der Form der Geltendmachung einschließlich der Vollstreckung trifft die Landesgesetzgebung (nicht das Landesrecht schlechthin). Die Landesgesetzgebung kann aber grundsätzliche Änderungen des § 75 nicht treffen, sondern nur ihn ausführen (s. „nähere Bestimmungen"). Zulässig ist es, für die Erstattungsforderung Tarife festzusetzen (Begr. S. 1274). Für Bayern ist die Regelung erfolgt durch Art. 38 Abs. 2, Art. 40 JAG.

7. Der Ersatzanspruch gegen den Minderjährigen wie gegen den Unterhaltspflichtigen verjährt nach § 195 BGB.; es träfe das zu, auch wenn man den Anspruch (anders als oben A. 1) für einen öffentlich-rechtlichen erachten würde; denn die Bestimmungen des BGB.

über die Verjährung gelten mangels besonderer Regelung auch für das öffentl. Recht (Pöll, UnterstützWG. § 30 a A. 1); daneben gilt für ihn, falls er öffentlich-rechtlich ist, auch und zwar, soweit der Ersatzanspruch für eine in Bayern stattfindende FE. erwächst (für das Verjährungsrecht gilt das Recht des Ortes, dem das Schuldverhältnis angehört, RGRKomm. z. BGB. vor § 194), die Verjährungsvorschrift des Art. 124 AG. BGB. (Dreijahresfrist nach Feststellung der Liquidität des Anspruchs, jedoch nicht vor Schluß des Kalenderjahrs, in dem die liquide Leistung eingefordert werden kann; ipso jure wirkende Verjährung): S. weiter JAG. Art. 38 A. 6.

8. Für Bayern bestimmt Art. 41 S. 2 JAG. neben § 75 weiter, daß auch bare Auslagen (für die Verhandlungen und Beschlüsse zur Ausführung der FE.) nicht erhoben werden.

9. Wegen des Ersatzes der Kosten der JA. für die Führung der Vormundschaft s. § 33 Abs. 2 S. 2, § 47 Abs. 2.

§ 76

Wer, abgesehen von den Fällen der §§ 120, 235 des Strafgesetzbuchs, einen Minderjährigen, bezüglich dessen das gerichtliche Verfahren auf Unterbringung zur Fürsorgeerziehung eingeleitet oder die Unterbringung zur Fürsorgeerziehung angeordnet ist, dem Verfahren oder der angeordneten Fürsorgeerziehung entzieht, oder ihn verleitet, sich dem Verfahren oder der Fürsorgeerziehung zu entziehen, oder wer ihm hierzu vorsätzlich behilflich ist, wird auf Antrag der Fürsorgeerziehungsbehörde mit Gefängnis bis zu zwei Jahren und mit Geldstrafe bis zu hunderttausend Mark oder mit einer dieser Strafen bestraft. Die Zurücknahme des Antrags ist zulässig.

Der Versuch ist strafbar.

1. § 76 stellt die FE. unter Strafschutz. Strafbar ist, wer den Minderjährigen dem Verfahren oder der angeordneten FE. entzieht, wer ihn dazu verleitet und wer ihm dazu behilflich ist; die Strafbestimmung ist aber durch das Vorliegen des § 120 (Gefangenenbefreiung; s. hierzu § 62 A. 11) oder des § 235 (sog. Kinderraub) StGB. ausgeschlossen (Gesetzeskonkurrenz). S. auch § 62 A. 11.

2. Einleitung des Verfahrens s. § 63 A. 11. Anordnung der Unterbringung, auch der vorläuf. FE.; sie muß bereits ausführbar sein (s. § 70 Abs. 2 S. 3). Es muß sich um eine nach dem JWG. durchgeführte FE. handeln; doch kann die Landesgesetzgebung auch insoweit Überleitungsbestimmungen hinsichtlich der FE. nach dem früheren Recht treffen; für Bayern s. JAG. Art. 49 Abs. 1 S. 2.

3. Entziehung ist jede Handlung, die die Weiterführung des Verfahrens durch ein in der Person des Minderjährigen begründetes Hindernis hemmt, wenn auch nicht dauernd (a. A. Behrend S. 449); doch muß der Minderjährige dem Verfahren als ganzem entzogen werden; nicht ausreichend ist z. B. die Verhinderung, an einem einzelnen Termin teilzunehmen. Entziehung liegt gegenüber einer angeordneten FE. vor, sowohl wenn der Beschluß noch nicht vollzogen ist und die Einleitung gehemmt wird, wie wenn ein eingeleiteter Vollzug unterbrochen wird. Entziehung erfordert begrifflich Vorsatz.

4. Unter der Verleitung zur Entziehung ist jede Einwirkung auf den Minderjähr. inbegriffen, die in ihm den Gedanken der Entziehung erweckt oder verstärkt; vorausgesetzt, daß der Zögling daraufhin sich tatsächlich dem Verfahren oder dem Vollzug der Anordnung entzieht. Verleitung erfordert begrifflich Vorsatz.

5. Endlich ist strafbar Beihilfe zur Entziehung; hier ist die Vorsätzlichkeit ausdrücklich hervorgehoben. Die Beihilfe kann durch Rat oder Tat, mittelbar oder unmittelbar geleistet werden. Ermäßigung der Strafe nach den allgemein für Beihilfe geltenden Grundsätzen (§ 49 StGB.) ist unzulässig. Für den Begriff der Beihilfe gilt aber § 49 StGB. Unterstützung eines dem Minderjährigen Hilfe leistenden Dritten kann selbst Beihilfe sein.

6. Versuch ist strafbar (Abs. 2 und § 43 Abs. 2 StGB.), auch bei Beihilfe und Verleitung. Anstiftung und Beihilfe sind strafbar, §§ 48, 49 StGB. (doch sind sie z. Tl. delicta sui generis). Die Tat ist Vergehen (§ 1 StGB.). An die Stelle der Geldstrafe „bis zu hunderttausend Mark" ist nun eine solche von mindestens 3 RM. bis zu höchstens 10 000 RM. getreten (s. § 30 A. 6); a. A. Behrend S. 451, der als Höchststrafe 1000 Mk. erachtet. Erhöhung bei Begehung aus Gewinnsucht nach § 27 a StGB. ist zulässig.

7. Der Minderjährige, der sich selbst entzieht, bleibt straflos; wohl aber kann, wenn sich mehrere Fürsorgezöglinge selbst entfernen, sich jeder wegen Entziehung oder Verleitung eines anderen oder wegen Beihilfeleistung strafbar machen. Wegen Anstiftung oder Beihilfe zur eigenen Entziehung ist er nicht strafbar. Hier greift Disziplinarbestrafung ein.

8. Nicht gehört werden kann der Angeklagte mit der Behauptung, daß das Verfahren von einem unzuständigen Gericht eingeleitet oder die FE. von einem unzuständigen Gericht angeordnet wurde; denn nach § 7 FGG. sind auf dem Gebiete der freiwilligen Gerichtsbarkeit Handlungen nicht deshalb unwirksam, weil sie von einem örtlich unzuständigen Gericht angeordnet wurden (RG. in DJZ. 1914, 756); notwendig ist aber zur Bestrafung wegen Entziehung gegenüber einer angeordneten FE. ein rechtskräftiger, oder doch wirksamer auf Grund des JWG. ergangener und zur Zeit der Tat noch zu Recht bestehender Beschluß auf Anordnung. Strafbar ist auch die Entfernung eines gemäß § 67 in vorläuf. FE. befindlichen Minderjährigen. Irrtümliche Annahme der Unwirksamkeit der FE. begründet keine Straflosigkeit (RGSt. 41, 354). Wohl aber tritt Straflosigkeit ein, wenn die Entfernung in einem Notstand erfolgt, um das Kind vor einer Verwahrlosung zu bewahren, die es in einer ungeeignet ausgeübten FE. erfährt; auch Irrtum des Täters über die tatsächlichen Voraussetzungen eines solchen Zustands begründet Straflosigkeit (RGSt. 41, 214).

9. Bestrafung tritt nur auf Antrag der FEBehörde ein; die örtliche Zuständigkeit der letzteren bestimmt sich nach § 7. Zurücknahme des Antrages ist zuläfsig. S. im übrigen § 30 A. 7. Zur Frage, wer FEBehörde im Sinne des § 76 ist, s. JAG. Art. 30 Abs. 3.

Schlußbestimmungen

§ 77

Welche Behörden die in diesem Gesetze der obersten Landesbehörde oder dem Landesjugendamte übertragenen einzelnen Aufgaben wahrzunehmen haben, bestimmt die Landesregierung.

1. Die Worte „oder dem Landesjugendamte" sind eingefügt durch Art. 1 Nr. 2 S. 3 der VO. v. 14. Febr. 1924 (unten Teil III); die Einfügung wurde dadurch notwendig, daß durch die gleiche Nr. des Art. 1 es dem Ermessen der Länder überlassen wurde, ob sie die Bestimmungen der §§ 12—14 des Gesetzes über das Landesjugendamt durchführen wollen.

2. Die Bedeutung des § 77 liegt darin, klar zu stellen, daß die Landesregierung die im Gesetz der Obersten Landesbehörde (oder dem LJAmt) obliegenden Aufgaben auch anderen Stellen übertragen kann (Begr. S. 1274); die Fassung des Gesetzes stimmt mit diesem, vom Gesetz aber wohl gewollten Sinn nicht ganz überein; denn darnach hat schlechthin Bestimmung der Landesregierung zu erfolgen; es ist nicht bloß die Begründung einer anderen Zuständigkeit möglich.

3. Der Obersten Landesbehörde sind Aufgaben übertragen in § 4 Abs. 2, § 7 Abs. 2, § 8 S. 2, § 10 Abs. 1, 11 S. 2, § 13 Abs. 2, § 29 Abs. 4, § 49 Abs. 3, § 50 Nr. 3, § 51 Abs. 1 S. 2, § 52 Abs. 1 S. 3, § 60 Abs. 1 S. 4; ferner in Art. 1 Nr. 3 der VO. v. 14. Febr. 1924.

4. Dem Landesjugendamt sind Aufgaben übertragen in §§ 13, 16, 22 Abs. 1, 24 Abs. 2, 25 Abs. 1, 26 S. 2, 29 Abs. 1—3, 43 Abs. 3, 47 Abs. 1 S. 1, 54 Abs. 2, 70 Abs. 1 S. 2.

5. Die Bestimmung obliegt der Landesregierung, also nicht der Landesgesetzgebung; a. A. Behrend zu § 77. Was unter Landesregierung zu verstehen ist, bestimmt die Gesetzgebung des Landes,

für Bayern ist gemäß § 61 Nr. 6 Verf.-Urk. eine VO. des Gesamtministeriums erforderlich, soweit es sich nach dem Inhalt der Befugnis, für die die Zuständigkeit geregelt werden soll, um eine VerwaltungsVO. handelt; soweit sachlich es sich aber nach der Art der Befugnis, die eingeräumt werden soll, um eine RechtsVO. handelt, ist das einzelne Ministerium zuständig, da die grundsätzliche Zuständigkeit den Einzelministerien zusteht (§ 61 Nr. 2 u. 7 Verf.-Urk; s. auch Kratzer Bayr. Verf. § 61 A. 22). In Betracht kommen hier die Ministerien der Justiz und des Innern, unter Umständen auch das der Finanzen. Bei VerwaltungsVOen ist auch § 46 Verf.-Urk. zu beachten. Bestimmung der Behörde durch ein unzuständiges Regierungsorgan macht die Bestimmung unwirksam und zwar mit der Wirkung gegen Dritte; die Entscheidung über die Zuständigkeit obliegt nicht etwa der Regierung.

§ 78

Für die aus der Durchführung dieses Gesetzes den Trägern der Jugendwohlfahrt (§ 8) erwachsenden Kosten gewährt das Reich den Ländern einen Betrag, der bis zu anderweiter gesetzlicher Regelung, mindestens aber für die nächsten drei Jahre, auf jährlich hundert Millionen Mark festgesetzt wird. Die Grundsätze für seine Verteilung und Verwendung werden von der Reichsregierung mit Zustimmung des Reichsrats aufgestellt.

Die Neuregelung der Zuschüsse erfolgt durch den Reichshaushalt für das Rechnungsjahr 1926 oder besonderes Reichsgesetz.

1. Der § 78 wurde aufgehoben, bevor er in Kraft trat, durch Art. 3 der auf Grund des Ermächtigungsgesetzes v. 8. Dez. 1923 (RGBl. 1179) erlassenen VO. v. 14. Febr. 1924 (RGBl. 110) über das Inkrafttreten des Reichsgesetzes für Jugendwohlfahrt.

Teil II

Einführungsgesetz zum Reichsgesetze für Jugendwohlfahrt

Vom 9. Juli 1922 (RGBl. 647 mit Berichtigung S. 808).

Art. 1

Das Reichsgesetz für Jugendwohlfahrt tritt am 1. April 1924 in Kraft. Die Reichsregierung kann mit Zustimmung des Reichsrats bestimmen, daß es ganz oder teilweise für einzelne Länder oder Jugendamtsbezirke zu einem früheren Zeitpunkt in Kraft tritt. In diesem Falle gilt § 78 entsprechend.

1. Art. 1 regelt den Zeitpunkt der Einführung des JWG. Reichsregierung s. § 15 JWG. A. 3. Jugendamtsbezirke s. JWG. § 8 S. 2. Ausnahme von S. 1 s. Art. 5. Die Reichsregierung konnte nach S. 2 einen früheren Zeitpunkt des Inkrafttretens festsetzen; eine Befugnis zur Änderung einer solchen Anordnung, die sachlich der Aufhebung eines Gesetzes gleichkommt, ist ihr nicht eingeräumt; das hinsichtlich der Einführung in Bremen eingeschlagene Verfahren, wie es sich aus den in A. 2 angeführten VOen ergibt, ist demnach wohl gesetzwidrig gewesen. Für Bayern ist Art. 1 gegenstandslos; s. wegen der Einführung des JWG. in Bayern die VO. v. 27. März 1924 (unten unter Teil IV).

2. Im Vollzug des Art. 1 wurden durch VO. des RMinisters des Innern v. 6. Juli 1923 (RGBl. 554), geänd. durch VO. v. 13. Aug. 1923 (RGBl. 819) die Abschn. I—IV u. VI und die Schlußbestimmungen des Ges. in Kraft gesetzt für Württemberg, Thüringen und Lübeck v. 1. Juli 1923 und für Hamburg v. 1. November 1923 an.

3. Der in S. 3 erwähnte § 78 JWG. wurde mit Wirksamkeit v. 1. April 1924 an aufgehoben (s. JWG. § 78 A. 1).

Art. 2

Vorschriften der Landesgesetze, die die Jugendwohlfahrt betreffen, bleiben insoweit unberührt, als sie mit den Bestimmungen des Reichsgesetzes für Jugendwohlfahrt vereinbar sind.

1. Das Landesrecht ist, soweit es die Jugendwohlfahrt regelt, an sich aufgehoben; das Reich will aber das Jugendwohlfahrtsrecht nicht erschöpfend regeln; landesrechtliche Ergänzungen bleiben möglich; auch das bisherige mit dem Reichsrecht vereinbare Landesrecht bleibt unberührt (s. Begr. S. 1277); der Nachdruck liegt hier wohl nicht auf dem Wort Gesetz; der Vorbehalt gilt für Landesrecht schlechthin. Schlechthin aufgehoben ist das Landesrecht hinsichtlich der in Art. 135 und 136 EG. BGB. bezeichneten Angelegenheiten (s. Art. 4). Besonderes ist vorgesehen hinsichtlich der Jugendgerichtshilfe; s. Art. 3. Wirksam ist selbstverständlich auch das Landesrecht, das auf ausdrücklichen Vorbehalten des JWG. selbst beruht; unwirksam aber trotz Art. 2 Landesrecht, das durch das JWG. selbst geregelte Verhältnisse (Materien) betrifft.

2. In einzelnen §§ des Gesetzes ist das Landesrecht ausdrücklich vorbehalten und zwar z. Tl. das Landesrecht schlechthin, z. Tl. die Landesgesetzgebung. Letzterenfalls hat also das Land, auch wenn nach seinem Staatsrecht ein sonstiger Weg möglich wäre, den Weg des Gesetzes zu wählen; es wird auch nicht in der Lage sein, durch Gesetz den Weg der RechtsVO. zu ermöglichen. Ersterenfalls ist letzteres möglich; es ist diesenfalls auch die Bildung von Landesgewohnheitsrecht möglich. Schlechthin landesrechtliche Regelung sehen vor § 3 Nr. 6, § 3 Nr. 8, § 9 Abs. 1, § 18, § 29 Abs. 4; landesgesetzl. Regelung verlangen § 10 Abs. 1, § 29 Abs. 2, § 31, § 34, § 42 Abs. 2, § 65 Abs. 1 S. 3 u. Abs. 2, § 70 Abs. 1, § 71, § 72 Abs. 2 u. 3, § 73, § 75.

Art. 3

Bis zum Erlasse des in § 3 Nr. 5 vorgesehenen Reichsgesetzes ist die Landesgesetzgebung befugt, die Jugendgerichtshilfe zu regeln.

1. Der Artikel ist gegenstandslos geworden, weil unterdessen die Jugendgerichtshilfe durch das JGG. v. 16. Febr. 1923 (RGBl. 135) geregelt wurde.

Art. 4

Die auf Grund der Artikel 135 und 136 des Einführungsgesetzes zum Bürgerlichen Gesetzbuch erlassenen

Landesgesetze gelten als mit dem Inkrafttreten des Reichsgesetzes für Jugendwohlfahrt aufgehoben.

1. Mit der durch die §§ 48 u. 64 JWG. angeordneten Aufhebung der Art. 135 u. 136 EG. BGB. verlieren die auf ihrer Grundlage erlassenen Landesgesetze ihre Wirksamkeit; das bringt Art. 4 ausdrücklich zum Ausdruck. Für Bayern s. hierzu JAG. Art. 43 A. 2 u. 3. Außer Kraft treten aber die Landesgesetze nicht rückwirkend. Auch Rechtsverhältnisse, die unter dem alten Rechte bereits begründet sind, bleiben deshalb rechtswirksam. Ergänzend treten hierzu die auf der Grundlage des Art. 7 erlassenen Übergangsbestimmungen.

Art. 5

Die Bestimmung des § 69 Abs. 2 tritt spätestens am 1. Januar 1926 in Kraft; sie kann landesgesetzlich zu einem früheren Zeitpunkt in Anwendung gebracht werden.

1. Die Bestimmung des Art. 5 ist für Bayern gegenstandslos, da das Gesetz in Bayern in seinem ganzen Umfang erst am 1. Jan. 1926 in Kraft trat.

Art. 6

In den Fällen des § 47 gelten die Anstalten als geeignet, solange nicht die Landesjugendämter auf Grund vorliegender Tatsachen gegenteilig entscheiden.

1. Nach § 47 JWG. können Vorstände privater Anstalten und Vereine zum Vormund bestellt werden, wenn sie vom LJA. für geeignet erklärt werden; nach Art. 6 sollen nun die Anstalten (nicht auch die Vereine) zunächst, ohne Erklärung, als geeignet gelten, bis vom LJA. gegenteilig entschieden ist. Diese erst im Ausschuß eingefügte Bestimmung führt zu dem ungereimten Ergebnis, daß alle privaten Anstalten, gleichviel welcher Art sie sind, als geeignet gelten; es wird Sache des VG. sein, hier eine entsprechende Prüfung vor der Bestellung eintreten zu lassen. Die Bemerkung „auf Grund vorliegender Tatsachen" ist eine bloße Sollvorschrift; die Entscheidung des LJA. ist deshalb auch wirksam, wenn keine Tatsachen vorlagen. Eine dem Art. 6 entsprechende Bestimmung für gewisse Vereine trifft JAG. Art. 47.

Art. 7

Die Landesgesetzgebung erläßt die zur Durchführung des Gesetzes erforderlichen Übergangsvorschriften, soweit sie nicht von der Reichsregierung unter Zustimmung des Reichsrats getroffen werden.

1. Die Übergangsvorschriften für Bayern enthalten die Art. 44—51 JAG.; die Reichsregierung hat Vorschriften nicht getroffen.

Art. 8

Bis auf weiteres sind Reich und Länder nicht verpflichtet, Bestimmungen des Reichsgesetzes für Jugendwohlfahrt durchzuführen, die neue Aufgaben oder eine wesentliche Erweiterung bereits bestehender Aufgaben für die Träger der Jugendwohlfahrt enthalten. Es wird daher — unter Aufrechterhaltung des Gesetzes im übrigen — folgendes bestimmt:

1. Die oberste Landesbehörde kann den Gemeinden oder Gemeindeverbänden (§ 8) die Befugnis erteilen, statt der Einrichtung von Jugendämtern nach den § 9 und 10 die dem Jugendamt obliegenden Aufgaben einer anderen nach Maßgabe des Gemeindeverfassungsrechts gebildeten Amtsstelle der Selbstverwaltung oder einer anderen geeigneten Amtsstelle zu übertragen, die erforderlichenfalls eine auf die Jugendwohlfahrt hinweisende Zusatzbezeichnung zu führen haben. Hierbei ist den im Bezirke der Amtsstelle wirkenden freien Vereinigungen für Jugendwohlfahrt und Jugendbewegung eine den Bestimmungen des § 9 Abs. 2 entsprechende Mitwirkung innerhalb der Amtsstelle zu gewährleisten.
2. Die Durchführung der §§ 12 bis 14 über das Landesjugendamt wird dem Ermessen der Länder überlassen. Die §§ 16 und 17 über das Reichsjugendamt treten nicht in Kraft. Im § 77 wird hinter „Landesbehörde" eingeschoben „oder dem Landesjugendamte".
3. Die oberste Landesbehörde kann von der Durchführung der Aufgaben des § 3 Nr. 5 bis 8 befreien.
4. Eine Verpflichtung zur Durchführung der im § 4 bezeichneten Aufgaben besteht nicht.

5. Die oberste Landesbehörde kann auf Antrag die Altersgrenze des § 19 herabsetzen. Die Herabsetzung ist nur zulässig, wenn die Durchführung des § 19 eine wesentliche Erweiterung bestehender Aufgaben bedeuten würde.
6. Die oberste Landesbehörde kann auf Antrag Gemeinden und Gemeindeverbände von der Durchführung der Bestimmungen über die gesetzliche Amtsvormundschaft (§§ 35 bis 40) befreien.
7. Die Ausübung der Schutzaufsicht (§ 60) darf auf ein Jugendamt nur mit seinem Einverständnis übertragen werden.
8. Die Bestimmung des § 70 Abs. 2 Satz 5 wird aufgehoben.

1. Art. 8 erhielt seine jetzige Fassung durch die auf Grund des Ermächtigungsges. v. 8. Dez. 1923 (RGBl. 1179) ergangene VO. über das Inkrafttreten des JWG. v. 14. Febr. 1924 (unten Teil III).

2. Die Einleitung zu Art. 8 hat den Charakter eines Programmsatzes; weitere Abweichungen von dem JWG., als sie die Nrn. 1—8 ausdrücklich vorsehen, sind deshalb nicht zulässig (Becker ZBlV. XV 230).

3. Der in Nr. 1 vorgesehenen Möglichkeit, die Aufgaben der Jugendämter anderen Amtsstellen zu übertragen, gedenkt Art. 1 JAG. ausdrücklich. Wegen der Benützung dieser Möglichkeit in Bayern s. BVO. § 22. Wegen der freien Vereinigungen für JWohlfahrt und JPflege s. JWG. § 9 A. 3.

4. Zufolge der Nr. 2 S. 1 ist es den Ländern überlassen, LJÄmter überhaupt nicht einzurichten oder bei ihrer Einrichtung von den Bestimmungen der §§ 12—14 abzuweichen. Bayern hat ein LJA. eingerichtet und es den §§ 12—14 angepaßt.

5. Durch die Aufhebung der §§ 16 u. 17 ist es nicht ausgeschlossen, daß nun das RMinisterium des Innern im Einvernehmen mit den Ländern die in § 16 Abs. 2 JWG. dem RJA. zugedachten Aufgaben, die Bestrebungen auf dem Gebiet der JHilfe zu unterstützen, die Erfahrungen auf dem Gebiet der JWohlfahrt zu sammeln und sie den LJÄmtern zu übermitteln, sowie auch sonst für die Verwertung der gesammelten Erfahrungen Sorge zu tragen, innerhalb seiner sonstigen Zuständigkeit übernimmt (Becker ZBlV. XV 230).

6. Wegen der Obersten Landesbehörde (Nr. 3, 5 u. 6) s. JWG. § 77.

7. Wegen der in Nr. 3 vorgesehenen Befreiung von der Durchführung der Aufgaben unter § 3 Nr. 5—8 JWG. s. für Bayern BVO. § 13 Abs. 2 c—f.

8. Der in Nr. 4 angeführte § 4 JWG. regelt die sog. Zweckmäßigkeitsaufgaben des JA.; beseitigt ist durch Nr. 4 die Verpflichtung dessen, der durch § 4 JWG. verpflichtet wurde, also die des JA.; es kann also auch die Landesgesetzgebung oder die Landesverwaltung eine solche Verpflichtung nicht schaffen; es ist auch in den andern Nrn. des Art. 1, soweit er Bestimmungen zugunsten der Landesbehörde schaffen will, sie stets ausdrücklich erwähnt. Für Bayern s. hierzu BVO. § 13 Abs. 2 g.

9. Wegen der in Nr. 5 vorgesehenen Herabsetzung der Altersgrenze für Pflegekinder s. für Bayern BVO. § 13 Abs. 2 a u. § 31.

10. Wegen der nach Nr. 6 möglichen Befreiung von der Durchführung der Bestimmungen über die gesetzliche Amtsvormundschaft (Gegensatz die bestellte Amtsvormundschaft des § 41 JWG.) s. BVO. § 38.

Art. 9

Solange ein Reichsverwaltungsgericht noch nicht errichtet ist, tritt an die Stelle dieses Gerichts in den Fällen des § 7 das Bundesamt für das Heimatwesen und in Fällen des § 18 das Reichsgericht.

1. Ein RVerwaltungsgericht ist noch nicht errichtet.

Teil III

Verordnung über das Inkrafttreten des Reichsgesetzes für Jugendwohlfahrt

Vom 14. Februar 1924 (RGBl. 110)*).

Auf Grund des Ermächtigungsgesetzes vom 8. Dezember 1923 (Reichsgesetzbl. I S. 1179) verordnet die Reichsregierung nach Anhörung eines Ausschusses des Reichsrats und des Reichstags:

Art. 1

(Art. 1 gibt dem Art. 8 EG. JWG. eine neue Fassung; dieser Art. 8 — siehe oben Teil II — ist wörtlich gleichbedeutend mit Art. 1).

Art. 2

Der Abschnitt V des Reichsgesetzes für Jugendwohlfahrt einschließlich des § 3 Nr. 3 wird mit Ausnahme des § 55 aufgehoben. Bis zum Erlaß anderer Bestimmungen gelten die Vorschriften im § 49 Abs. 1 und 2 als Vorschriften im Sinne des § 6 der Verordnung über die Fürsorgepflicht vom 13. Februar 1924.

1. S. 2 wurde ergänzt durch § 36 der Reichsgrundsätze über Voraussetzung, Art und Maß der öffentlichen Fürsorge v. 4. Dez. 1924 (RGBl. 765). Danach traten mit dem 1. Januar 1925 die Vorschriften des § 49 Abs. 1 u. 2 JWG. schlechthin außer Kraft.

Art. 3

§ 78 des Reichsgesetzes für Jugendwohlfahrt wird aufgehoben.

Art. 4

Diese Verordnung tritt am 1. April 1924 in Kraft.

1. Wegen des Inkrafttretens der VO. in Bayern s. JAG. Art. 43 A. 1.

*) S. zu dieser VO. ZBlJ. XV 141, ferner Webler ZBlJ. XV 161 und Becker ZBlJ. XV 229.

Teil IV

Bayr. VO. über das Inkrafttreten des Reichsgesetzes für Jugendwohlfahrt

Vom 27. März 1924 (GVBl. 126).

Auf Grund des Art. 47 Abs. IV der Reichsverfassung und des § 64 der Bayerischen Verfassungsurkunde wird mit sofortiger Wirksamkeit verfügt:

1. Das Reichsgesetz für Jugendwohlfahrt vom 9. Juli 1922 (RGBl. 1922 I S. 633) tritt in Bayern erst mit dem Zeitpunkt in Kraft, den das zu erlassende bayerische Ausführungsgesetz bestimmen wird.
2. Bis zu diesem Zeitpunkt bleiben die bisherigen Gesetze aufrechterhalten.

1. Wegen der Wirksamkeit der auf Grund des Art. 48 RVerf. ergangenen Anordnungen der Länder gegenüber dem Reichsrecht s. Bayr. Staatsgerichtshof BayZ. 1924, 58.
2. Das bayerische Ausführungsgesetz ist das JAG. (unten Teil V) und zwar ist hier dessen Art. 43 einschlägig.

Teil V

Gesetz zur Ausführung des Reichsgesetzes für Jugendwohlfahrt (Jugendamtsgesetz)

Vom 20. Juli 1925 (GVBl. 211).

Vorbemerkungen

1. Entstehungsgeschichte und Materialien des Gesetzes. Der Entwurf samt Begründung wurde dem Landtag übermittelt mit Schreiben der Ministerien der Justiz, des Innern und für Unterricht und Kultus v. 26. Mai 1925 (LT. II. Tagung 1924/25 Beil. 1205). Der Ausschuß für Verfassungsfragen beriet über ihn in 5 Sitzungen und legte seinen Antrag unterm 2. Juli 1925 nieder (Beil. 1350). Der Landtag verhandelte und beschloß über das Gesetz am 9. Juli 1925 (StenB. Nr. 70 u. Beil. 1405). Publiziert wurde es mit dem Datum v. 20. Juli 1925 GVBl. 211.

Würdigungen des Gesetzes geben Luppe ZBlV. XVII 135 und Noppel ebenda XVII 138. Eine Einführung in das Gesetz bringt Heß in BayGemVZ. 1926, 115, eine Übersicht der gesetzlichen Vorschriften Baumann in BlAPr. 1926, 1.

2. Das Gesetz ist seiner Natur nach ein bloßes Ausführungsgesetz. Es regelt in seinen Art. 1—22 u. in Art. 42 die Organisationen der JÄmter und des LJAmts (zu §§ 3—18 JWG.), in Art. 24 das Pflegekinderwesen (zu Art. 19—31 JWG.), in Art. 25—27 mit dem Vormundschaftswesen zusammenhängende Angelegenheiten (zu §§ 32—48 JWG.), in Art. 28—41 die Fürsorgeerziehung (zu §§ 62—76 JWG.) und trifft endlich in Art. 43—52 Übergangs- und sonstige Ergänzungsbestimmungen. Der Nebentitel „JAG." bezeichnet also den Inhalt des Gesetzes nur unvollkommen.

3. Das JWG. verweist an manchen Stellen **allgemein auf das Landesrecht** und überläßt damit die Regelung der Frage, ob der Weg der Gesetzgebung oder der der VerwaltungsVO. zu wählen ist, dem Verfassungsrecht des Landes, in manchen Fällen verlangt es Landesgesetz, in anderen sieht es eine Anordnung der Obersten Landesbehörde vor (s. auch Bem. 3 vor § 1 JWG.). Das JAG.

regelt im allgemeinen nur die Gegenstände, die das JWG. ausdrücklich der landesgesetzlichen Regelung überweist; nur einige Gegenstände, bei denen dies nicht der Fall ist, hat es wegen deren Wichtigkeit oder aus Zweckmäßigkeitsgründen in das JAG. übernommen (Begr. S. 738). Hierbei ist zu beachten, daß in Fällen, in denen das JWG. Regelung im Verwaltungsweg vorsieht (z. B. Regelung durch die Oberste Landesbehörde), landesrechtlich nicht der Gesetzesweg gewählt werden kann und daß weiter in Fällen, in denen das JWG. auf das Landesrecht verweist, in Bayern der Weg der Gesetzgebung dann zu wählen ist, wenn es sich um Schaffung materiellen Rechts, also um Eingriffe in die Freiheit der Willensentschließung oder in Güter des einzelnen handelt (s. Bayr. Verf. § 74).

Jugendämter.

Vorbemerkungen

1. Die Art. 1—16 befassen sich mit den Jugendämtern; sie dienen damit der Ausführung der §§ 4—11 des JWG. Art. 1 trifft die grundsätzliche Organisation, Art. 2 befaßt sich mit dem Ausnahmefall der gemeinsamen und besonderen Jugendämter, Art. 3—16 treffen nähere Bestimmungen über die Zusammensetzung, die sonstige Verfassung und den Geschäftsgang.

2. Wegen der Wahrnehmung der Aufgaben der Ämter bis zu deren Errichtung s. JAG. Art. 51 Abs. 1.

Art. 1

I Für jedes Bezirksamt und für jede kreisunmittelbare Stadt wird ein Jugendamt errichtet (Bezirksjugendamt, Stadtjugendamt,) soweit nicht auf Grund des Art. 1 Ziff. 1 der Verordnung über das Inkrafttreten des Reichsgesetzes für Jugendwohlfahrt vom 14. Februar 1924 (RGBl. I Seite 110) anderweitig für Erledigung der Aufgaben des Jngendamtes gesorgt wird.

II Träger der Jugendämter sind die Bezirke und die kreisunmittelbaren Städte. Sie verwalten die den Jugendämtern nach dem Reichsgesetze für Jugendwohlfahrt und dem gegenwärtigen Gesetz obliegenden Aufgaben als Angelegenheiten des übertragenen Wirkungskreises im Sinne des § 22 Abs. I der Bayerischen Verfassung nach Maßgabe der Gesetze unter Aufsicht der ordentlichen Verwaltungsbehörden.

III In der Pfalz scheiden die kreisunmittelbaren Städte für die Aufgaben des Jugendamtes aus ihren Bezirken aus und bilden selbständige Stadtjugendämter. Für die übrigen Gemeinden eines Bezirksamts bilden der Bezirk oder die Bezirke des Bezirksamts ein Bezirksjugendamt. In Bezirksamtssprengeln mit mehreren Bezirken werden die der Regelung durch die Bezirke vorbehaltenen Angelegenheiten von den vereinigten Bezirksausschüssen und Bezirkstagen dieser Bezirke erledigt. Mitglieder der Bezirksausschüsse und Bezirkstage, die in einer bezirksangehörigen kreisunmittelbaren Stadt mit einem Stadtjugendamt ihren Wohnsitz haben, sind in den Angelegenheiten des Bezirksjugendamtes nicht stimmberechtigt.

1. Abs. 1 grenzt die Bezirke der JÄmter rein räumlich ab; er dient damit der Ausführung des § 8 S. 2 JWG. Seine Wirksamkeit kann diesem gegenüber wohl nicht bezweifelt werden; allerdings hat danach die Bestimmung der Bezirke durch die Oberste Landesbehörde nicht durch die Landesgesetzgebung zu erfolgen; allein Abs. 1 wird nur als eine Richtschnur für die Oberste Landesbehörde anzusehen sein. Es gibt nach der erfolgten Abgrenzung BezirksJÄmter und StadtJÄmter. Für den Bezirk des Bezirksamts wird ein JA. auch dann errichtet, wenn der Bezirksamtssprengel (in der Pfalz) mehrere Bezirke umfaßt. Zu den BezirksJÄmtern und StadtJÄmtern treten die gemeinsamen und besondern JÄmter des Art. 2.

2. Vorbehalten ist (überflüssigerweise und systematisch nicht an diese Stelle gehörig) gegenüber der durch Art. 1 zunächst erfolgten allgemeinen Abgrenzung der Bezirke der JÄmter die durch Art. I Nr. 1 der VO. v. 14. Febr. 1924 vorgesehene Möglichkeit, von der Einrichtung von JÄmtern überhaupt abzusehen. Art. 1 Nr. 1 der VO. v. 14. Febr. 1924 s. bei EG. JWG. § 8 u. hierzu VVO. § 22.

3. Abs. 2 des Art. 1 ist die Ausführung des § 8 S. 1 JWG., wonach die JÄmter als Einrichtungen von Gemeinden oder Gemeindeverbänden zu errichten sind. Die Angliederung erfolgte grundsätzlich an die unmittelbaren Städte und die Bezirke; mittelbare Gemeinden wurden ausgeschieden, weil sie als für die Regel zu klein, die Kreise, weil sie allgemein als zu groß erachtet wurden (Begr. S. 738).

4. Die Jugendämter sind für ihren Geschäftsbereich selbständige Verwaltungsorgane ihrer Träger, sie bestehen neben den allgemeinen Verwaltungsorganen der Stadt und des Bezirks, dem Stadtrat und dem Bezirkstage und dem Bezirksausschuß; sie sind auch nicht etwa bloß besondere Ausschüsse im Sinne des Art. 106 GemO. (Art. 67 Pfälz. GemO.); diese Stellung betont Art. 12 noch näher. Hinsichtlich der Finanzwirtschaft sind sie in der in Art. 12 näher geregelten Weise an die Beschlüsse der allgemeinen Verwaltungsorgane gebunden (s. hierzu Begr. S. 739). Wenn der Minister des Innern (StenB. Nr. 70 S. 402) den JÄmtern die Eigenschaft als Organe der Selbstverwaltung absprach, sie vielmehr als „Verwaltungsstellen", d. h. wohl als Organe der Staatsverwaltung bezeichnete, so wäre, wenn diese Beurteilung richtig wäre, der Charakter, den sie nach § 8 JWG. haben sollen, nicht gewahrt; s. JWG. § 8 A. 3.

5. S. 2 des Abs. 2 regelt in Ergänzung der aus S. 1 im Hinblick auf Art. 127 RVerf. sich ergebenden Folge, daß die JÄmter Selbstverwaltungsorgane sind, deren rechtliche Stellung näher. Die Regelung konnte hierbei im Hinblick auf § 22 der Bayer. Verf. nur im Anschluß an diesen erfolgen. Wesentlich ist hierbei, daß die Selbstverwaltungstätigkeit der JÄmter durch Abs. 2 des § 2 nicht als „eigentliche Gemeindeangelegenheit" bezeichnet ist, sondern als Angelegenheit des übertragenen Wirkungskreises gelten soll, und weiter, daß die Aufsicht der ordentl. Verwaltungsbehörden ausdrücklich vorbehalten ist. Die Begr. S. 739 zu dem (von der jetzigen Fassung allerdings formell, aber kaum sachlich abweichenden) Art. 1 des Entw. umschreibt diese Stellung der JÄmter näher dahin, daß „auch die Möglichkeit staatlicher Einflußnahme auf die Betätigung der JÄmter erhalten bleiben soll; daß die Träger der JÄmter in der Verwaltung der öffentl. Jugendhilfe an die Gesetze gebunden sind u. nach Maßgabe der allgem. Bestimmungen auch der Aufsicht und Einwirkung der ihnen übergeordneten Staatsverwaltungsbehörden — Regierung, Kammer des Innern und Staatsministerien — unterliegen". Mit dieser Auffassung deckt sich auch die des Landtags (s. StenB. Nr. 70 S. 384). Reichsrechtliche oder verfassungsrechtliche Bedenken stehen dem nicht entgegen; denn die Fortdauer der staatlichen Aufsicht schließt begrifflich die Selbstverwaltung (Art. 127 RVerf.) nicht aus (s. wegen ihres Begriffs Kratzer, Bayr. Verf.-Urk. § 22 A. 3) und die Bayr. Verfassung reiht ausdrücklich auch die Besorgung der übertragenen Angelegenheiten der Selbstverwaltung ein (s. § 22 Abs. 1 S. 1 mit 2). Gegen die Einreihung des übertragenen Wirkungskreises unter die Selbstverwaltung spricht sich aus Rösch, GemO. S. 4 D u. Kratzer, Bayr. Verf.-Urk. § 22 A. 7 c. Die Möglichkeit der Ausübung einer Staatsaufsicht selbst in der Form der Staatskuratel (Zweckmäßigkeitsaufsicht), die ein Eingreifen des Staates nicht bloß in Fällen vorsieht, in denen eine ausdrückliche gesetzliche Bestimmung besteht, sondern die Handlungen der Gemeinde schlechthin dem Ermessen einer Verwaltungsbehörde unterwirft, nimmt der Verwaltungstätigkeit der JÄmter den Charakter der Selbstverwaltung nicht (s. auch Nawiasky § 52 Nr. 13 S. 425). Ein Widerspruch mit Art. 127 RVerf., § 22 Abs. 1 S. 1 der Bayr. Verf. in Verbindung mit § 8 S. 1 JWG. läger erst dann vor, wenn die Staatsaufsicht in einer Weise gehandhabt würde, daß die JÄmter sachlich nicht mehr die Selbstverwaltung hätten, d. h. ihre Verwaltungstätigkeit nicht mehr als eigene ausübten, sondern als bloße Vollzugsorgane handelten. Ein derartiges staatliches Eingreifen wäre schlechthin nichtig und nicht zu beachten. Anders wie hier Luppe ZBlV. XVII 135, der den Standpunkt vertritt, daß Art. 1 mit dem

JWG. in Widerspruch stehe. S. über die staatsrechtliche Stellung der JÄmter und insbesondere auch über die Anrufung des Verwaltungsgerichtshofs gegen staatsaufsichtliche Anordnungen auch VVO. §§ 14 u. 15. Dem LJAmt steht eine Aufsicht über die JÄmter nicht zu (VVO. § 23 Abs. 3); doch ist es Beschwerdeinstanz s. Art. 22.

6. Aus der Bestimmung, daß die Aufgaben der JÄmter zum übertragenen Wirkungskreis der Gemeinden gehören, folgt im einzelnen, daß für die den Gemeinden angegliederten JÄmter die für die Gemeinde geltenden Bestimmungen der GemOrdnungen: Art. 156 GemO. (Art. 80 Pfälz. GemO.) anzuwenden sind, für die den Bezirken angegliederten die für diese geltenden; für die gemeinsamen und besonderen JÄmter werden diese Bestimmungen entsprechend anzuwenden sein; im einzelnen kann die Gestaltung sehr verschieden sein; unter Umständen wird ein aufsichtliches Eingreifen das Zusammenwirken verschiedener Aufsichtsbehörden fordern.

7. Angelegenheiten des übertragenen Wirkungskreises sind aber nach der nunmehrigen Fassung des Abs. 2 S. 2 nur die Aufgaben, die den JÄmtern nach dem JWG. und dem JAG. obliegen; andere Angelegenheiten der Jugendpflege oder Jugendfürsorge unterstehen den für die eigentl. Gemeindeangelegenheiten geltenden Vorschriften. Dieses will wohl auch die Ausführung des Berichterstatters im Landtag (StenB. Nr. 70 S. 384) sagen, daß Art. 1 in seiner nunmehrigen Fassung sage, „daß die Gemeinden andere" (d. h. als solche, die ihnen nach dem JWG. und nach dem JAG. obliegen) „Aufgaben freiwillig übernehmen können und diese dann Aufgaben der Selbstverwaltung sein können".

8. Die Vorschriften des Abs. 2 S. 2, die die staatsrechtliche Stellung der JÄmter abgrenzen, gelten sinngemäß auch für die gemeinsamen und die besonderen JÄ. des Art. 2.

9. Für die Pfalz würde die Anwendung des Abs. 1 S. 1 nicht ohne weiteres zu dem damit gewollten Ergebnis führen, weil nach Art. 3 Abs. 1 des Pfälz. StädteVerfGes. v. 15. Aug. 1908 (GVBl. 471) die kreisunmittelbaren Städte der Pfalz im Bezirksverband stehen und weil ferner, da Art. 11 des SelbstverwG. v. 22. Mai 1919 (GVBl. 239) zufolge des Art. 3 des Ges. über die Geltung des SelbstverwG. in der Pfalz vom 20. Dez. 1919 (GVBl. 834) in der Fassung des Ges. v. 6. März 1923 (GVBl. 105) in der Pfalz nicht gilt, ein Bezirksamt mehrere Bezirke (frühere Distrikte) umfassen kann. Es wurde deshalb, um eine sachliche Anpassung an die grundsätzliche Regelung des Abs. 1 S. 1 auch für die Pfalz herbeizuführen, als Regel bestimmt, daß die unmittelbaren Städte für die Bildung der Jugendämter aus dem Bezirksverband ausscheiden und daß andererseits auch mehrere Bezirke eines Bezirksamts zu einem Jugendamt zusammengeschlossen werden; doch können nach Art. 2 für solche Bezirke „besondere" JÄ. errichtet werden.

10. Die besondere von der Bezirksverfassung abweichende Regelung der Organisation der Jugendämter für die Pfalz erfordert auch Vorschriften für die Organe dieser neu gebildeten öffentlich-rechtl. Körperschaften. Sie trifft Abs. 3 S. 3 u. 4. Die Geschäfte der zu einem besonderen Jugendamtsbezirk zusammengeschlossenen mittelbaren Gemeinden sollen von den Bezirkstagen und Bezirksausschüssen des Bezirks geführt werden, jedoch ohne Beteiligung der Mitglieder aus dem Bezirk der unmittelbaren Stadt. Ein besonderes Organ ist damit wohl nicht geschaffen; es bleiben der Bezirkstag und der Bezirksausschuß auch in dieser Eigenschaft Organe des Bezirkes; die neugebildete Körperschaft wird von einem Organ einer anderen Körperschaft verwaltet. Soweit die mehreren Bezirke zusammengeschlossen werden, wird ein besonderes Organ geschaffen; die mehreren Bezirksausschüsse und Bezirkstage werden in ein Organ vereinigt; es handelt sich nicht um gemeinsame Tätigkeit mehrerer selbständig bleibender Organe. Es entscheidet also die Mehrheit der Stimmen gleichviel, welchem Bezirk der Stimmende angehört. Ist aus einem der vereinigten Bezirke eine kreisunmittelbare Stadt ausgeschieden, so gilt sinngemäß auch für die vereinigten Bezirksausschüsse und Bezirkstage Abs. 3, S. 4, d. h. die aus der unmittelbaren Stadt stammenden Mitglieder sind nicht stimmberechtigt (wohl aber teilnahmeberechtigt). Die nähere Regelung dieser Verhältnisse hat nach Maßgabe des Art. 3 Abs. 1 durch die Satzung zu erfolgen (Begr. S. 746). Der Satzung obliegt auch die Regelung der Verteilung der Kosten (Art. 12 Abs. 3). S. zu dieser Regelung auch VVO. § 1 Abs. 2, die, wohl im Widerspruch mit dem Gesetze, die in der unmittelbaren Stadt „wohnenden“, nicht, wie das Gesetz, diejenigen Mitglieder der Bezirkstage und Bezirksausschüsse, die dort „ihren Wohnsitz haben“, vom Stimmrecht ausschließen will.

11. S. 4 des Abs. 3 nimmt den Mitgliedern der Bezirkstage und Bezirksausschüsse aus der unmittelbaren Stadt nur das Stimmrecht. Eine beratende Stimme und Anwesenheit bei den Beratungen wird ihnen nicht versagt sein.

12. Wohnsitz ist der Wohnsitz im Sinne der §§ 7 ff. BGB., da Anhaltspunkte für eine andere Auslegung nicht bestehen; es ist nicht die Wohnung gemeint.

13. Jugendämter, die ohne Beachtung der Vorschriften des Art. 1 gebildet werden, sind, soweit sie nicht etwa als gemeinsame oder besondere JA. nach Art. 3 wirksam sind, schlechthin ohne rechtlichen Bestand. Sie können im Rechtsverkehr nicht auftreten; es besteht nicht etwa nur die staatsrechtliche Pflicht zur Neuorganisation.

14. Ergänzend tritt zu Art. 1 der Art. 15 betreffend die Übertragung der Aufgaben des JA. an Wohlfahrtsämter und Art. 10, der eine teilweise Übertragung von Aufgaben der JÄmter noch an andere Organe zuläßt.

Art. 2

I Mit Genehmigung der Regierung, Kammer des Innern, kann für einen Bezirk oder Teile eines Bezirkes und eine kreisunmittelbare Stadt, ferner für einen Bezirk und Teile eines Bezirkes ein gemeinsames Jugendamt und für Teile von Bezirken sowie für einzelne Bezirke eines Bezirksamtssprengels in der Pfalz ein besonderes Jugendamt errichtet werden. Die Bildung gemeinsamer Jugendämter für Teile eines Bezirkes und eine kreisunmittelbare Stadt, ferner für einen Bezirk und Teile eines Bezirkes sowie die Bildung besonderer Jugendämter kann von der Regierung, Kammer des Innern, auch angeordnet werden.

II Für Streitigkeiten der zu einem gemeinsamen oder besonderen Jugendamte gehörigen Gemeinden und Bezirke unter sich infolge der Vereinigung, Auflösung oder des Bestehens des Verbandes gilt Art. 11 des Verwaltungsgerichtsgesetzes.

1. Art. 2 sieht neben dem Regelfall des Art. 1, der Errichtung von BezirksJÄmtern und StadtJÄmtern, die Bildung besonderer und gemeinsamer JÄmter, zusammen als Sonderjugendämter bezeichnet, vor. Diese Bildung kann entweder durch die Beteiligten selbst mit Genehmigung der Regierung oder durch die Regierung allein, durch Anordnung derselben, erfolgen. S. zu Art. 2 im allgemeinen auch BVO. § 2.

2. Es bestehen nach Abs. 1 folgende Möglichkeiten der Bildung gemeinsamer Jugendämter: 1. Für eine unmittelbare Stadt und einen ganzen Bezirk, 2. für eine unmittelbare Stadt und Teile eines Bezirks, z. B. Vorstadtgemeinden, 3. für einen Bezirk und Teile eines anderen Bezirks. Weiter bestehen folgende Möglichkeiten für die Bildung besonderer Jugendämter: 1. Für Teile eines Bezirks, 2. für die Pfalz auch für einzelne Bezirke. Ausgeschlossen soll sein die Vereinigung mehrerer Bezirksamtssprengel zu einem JA. (Begr. S. 739); sinngemäß muß auch ausgeschlossen sein die Vereinigung von Teilen mehrerer Bezirksamtssprengel. Möglich wird aber sein die Bildung gemeinsamer Jugendämter aus einer unmittelbaren Stadt oder einem Bezirk und Teilen mehrerer Bezirke. Die Regelung unter Nr. 2 hatte nur mit Beschränkung auf die Pfalz zu erfolgen, weil im rechtsrh. Bayern zufolge Art. 11 des SelbstverwG. ein Bezirksamt mehrere Bezirke nicht umfassen kann und deshalb für jeden Bezirk ohnehin ein JA. besteht.

3. Art. 2 hatte in der Fassung des Entwurfs die Worte „für einen Bezirk und Teile eines Bezirks" nicht enthalten; wie die Begr. S. 739 ergibt, lag hierbei nur ein Redaktionsversehen

vor; es sollte auch nach dieser schon nach dem Entwurf möglich sein, einzelne Gemeinden eines Bezirkes dem JA. des Nachbarbezirkes zuzuteilen. Wenn Abs. 2 S. 1 die Errichtung von besonderen Jugendämtern auch für „Teile von Bezirken" vorsieht, so sind damit nicht Teile mehrerer Bezirke, sondern Teile eines Bezirkes gemeint; das ergibt die Erläuterung dieser Bestimmung durch die Begr. S. 739, die insoweit ausführt: „Endlich kann sich auch das Bedürfnis ergeben, für Teile eines Bezirkes, z. B. mehrere besonders schwierige Industriegemeinden eines Bezirksamts, ein Sonderjugendamt zu errichten." Die Fassung des Gesetzes hätte also genauer zu lauten „für Teile eines Bezirks", statt „für Teile von Bezirken". Als Teile von Bezirken, mit denen gemeinsame oder besondere JÄmter gebildet werden können, können, wie sich aus Art. 3 Abs. 3 S. 2 ergibt, nur Gemeinden (nicht Teile solcher) in Frage kommen.

4. Die Errichtung von Sonderjugendämtern erfordert die Genehmigung oder Anordnung der Kammer des Innern der Regierung. Es ist nicht verboten, daß Bezirke, unmittelbare Städte oder Teile von Bezirken, die verschiedenen Regierungsbezirken angehören, zu einem gemeinsamen JA. zusammengeschlossen werden. Die Genehmigung oder Anordnung der Regierung kann solchenfalls sinngemäß nur durch übereinstimmende Beschlüsse beider Regierungen erfolgen. Nach VVO. § 2 Abs. 4 soll solchenfalls das Ministerium des Innern die zuständige Regierung bestimmen. Gegen die Verweigerung und die Anordnung der Genehmigung und wohl auch gegen etwaige zusätzliche Bestimmungen zur Genehmigung besteht die Möglichkeit der Verwaltungsbeschwerde zum Ministerium des Innern (VVO. § 2 Abs. 4).

5. Findet eine Vereinigung zu einem gemeinsamen oder einem besonderen JA. nach Maßgabe des Art. 2 statt, so sind die Träger des JA. (s. Art. 1 Abs. 2 S. 1) die vereinigten Gemeinden, Bezirke (s. Begr. S. 739) oder Städte.

6. Die in Abs. 1 S. 1 vorgesehene Errichtung gemeinsamer und besonderer Jugendämter mit „Genehmigung der Regierung" hat durch die „Beteiligten", d. h. die Bezirke, Städte oder Bezirksteile (vertreten durch die Bezirkstage, Stadträte, Gemeinderäte), die sich vereinigen oder abschließen wollen, zu erfolgen.

7. Besondere Jugendämter können durch Anordnung der Regierung nicht schlechthin, sondern nur mit den aus Abs. 1 S. 2 sich ergebenden Beschränkungen gebildet werden. Nicht kann durch Anordnung der Regierung ein gemeinsames JA. aus einem ganzen Bezirk und einer unmittelbaren Stadt gebildet werden (StenB. Nr. 70 S. 388).

8. Bildungen gemeinsamer oder besonderer Jugendämter, die den Vorschriften des Art. 2 nicht entsprechen, sind nichtig; die Nichtigkeit wirkt schlechthin; ihre Handlungen

sind unwirksam; es besteht nicht etwa nur die staatsrechtliche Pflicht zur Umorganisation.

9. Die näheren Verhältnisse dieser gemeinsamen oder besonderen JÄ. regelt die Satzung (Art. 3 Abs. 2). Wie diese selber ergeht, bestimmt Art. 3 Abs. 2 S. 2. Die Satzung bestimmt insbesondere auch die Kostenverteilung (Art. 12 Abs. 3).

10. Art. 2 Abs. 2 entspricht dem Art. 26 Abs. 1 S. 6 SelbstverwG.; aus der darnach vorgesehenen Anwendung des Art. 11 VGHG. ergibt sich, daß die bezeichneten Streitigkeiten schiedsrichterlich durch die Kammer des Innern der Regierung oder ein Bezirksamt zu verbescheiden sind; gegen deren Entscheidung ist Berufung an den VGH. vorgesehen (Begr. S. 739).

Art. 3

I Zusammensetzung, Verfassung und Geschäftsgang der Jugendämter werden nach Maßgabe des Reichsjugendwohlfahrtsgesetzes und dieses Gesetzes durch eine Satzung geregelt.

II Die Satzung erläßt der Bezirkstag, Stadtrat. Bei den Bezirksjugendämtern der Pfalz für mehrere Bezirke gilt Art. 1 Abs. III Satz 3 und 4. Bei gemeinsamen Jugendämtern für Bezirke und kreisunmittelbare Städte wird die Satzung durch übereinstimmenden Beschluß des Bezirkstages und Stadtrates, bei gemeinsamen Jugendämtern für Bezirke und Gemeinden durch die übereinstimmenden Beschlüsse der beteiligten Bezirkstage und Gemeinderäte, bei besonderen Jugendämtern aus Teilen von Bezirken durch übereinstimmenden Beschluß der beteiligten Gemeinderäte erlassen. Kommt eine Satzung auf diesem Wege nicht zustande, so erläßt sie die Regierung, Kammer des Innern.

1. Art. 3 dient dem Vollzug des § 9 Abs. 1 JWG.; z. T. wiederholt er nur reichsrechtliche Bestimmungen. Die Art. 4 bis 14 u. 16 sind landesrechtliche Vorschriften, wie sie § 9 Abs. 1 vorsieht. S. zu Art. 3 auch VVO. § 3.

2. Art. 3 gilt für die BezirksJÄmter, die StadtJÄmter, die gemeinsamen und die besonderen JÄmter.

3. Nach den Bestimmungen des Abs. 2 wird die Satzung (vorbehaltlich des Abs. 2 S. 3) erlassen: 1. Bei StadtJÄmtern vom Stadtrat, 2. bei BezirksJÄmtern vom Bezirkstag, 3. bei Bildung von BezirksJÄ. der Pfalz (aus mehreren Bezirken) von den vereinigten Bezirkstagen, 4. bei Bildung von BezirksJÄmtern der Pfalz aus dem Restbezirk abgesehen von der zu ihm gehörigen unmittelbaren Stadt von dem Bezirkstag unter Wegfall der Mitglieder, die ihren Wohnsitz in der Stadt haben, 5. bei Bildung von BezirksJÄmtern der Pfalz aus einem Restbezirk nach Wegfall einer unmittelbaren Stadt und einem Vollbezirk von den vereinigten Bezirkstagen unter Wegfall der Mitglieder, die ihren Wohnsitz in der Stadt haben, 6. bei gemeinsamen JÄmtern für unmittelbare Städte und ganze Bezirke durch übereinstimmende Beschlüsse der Stadträte und Bezirkstage, 7. bei gemeinsamen JÄmtern aus einem Bezirk und Teilen eines anderen durch übereinstimmende Beschlüsse des Bezirkstages und der einzelnen Gemeinderäte, 8. bei gemeinsamen JÄmtern aus einer unmittelbaren Stadt und Teilen eines Bezirks (ein Fall, der anscheinend versehentlich in Art. 3 nicht erwähnt ist), sinngemäß durch übereinstimmende Beschlüsse des Stadtrats und der einzelnen Gemeinderäte, 9. bei besonderen JÄmtern aus Teilen von Bezirken durch übereinstimmende Beschlüsse der Gemeinderäte. Eine Genehmigung der Satzung durch die Regierung ist nicht notwendig zur Gültigkeit. Nach VVO. § 3 Abs. 2 soll die Regierung ermächtigt sein, eine Änderung der Satzung im Aufsichtsweg herbeizuführen, wenn sie mit „Reichs- oder Landesvorschriften" im Widerspruch steht.

4. Wegen des Inhalts der Satzung s. VVO. § 3 Abs. 1; die Satzung hat insbesondere auch zu regeln die Vergütung für Mitglieder aus dem Kreise der Angestellten und Lohnarbeiter (Art. 9 Abs. 1 S. 2). Wegen eines weiteren Inhalts der Satzungen der gemeinsamen und der besonderen Jugendämter s. Art. 13.

5. Die Satzung kommt nicht zustande und Erlaß durch die Regierung tritt ein in Fällen, in denen übereinstimmende Beschlüsse nötig sind, wenn keine Übereinstimmung erfolgt, in anderen Fällen, wenn keine Mehrheit erzielt wird. Kommt nachträglich eine Einigung oder eine Mehrheit zustande, so kann damit die von der Regierung gesetzte Satzung geändert werden. Eine Satzung wird im Sinne des Gesetzes auch dann nicht zustande kommen, wenn sie nicht alle die Punkte regelt, die jedenfalls geregelt werden müssen.

6. Der Weg des Abs. 2 ist auch der gegebene bei Satzungsänderungen, doch kann die Regierung solche nicht verfügen; denn solange nicht eine Einigung der Beteiligten oder eine Mehrheit für eine Satzungsänderung besteht, besteht Einigung auf die bestehende Satzung.

Art. 4

I Leiter des Bezirksjugendamtes ist der Vorstand des Bezirksamtes. Er kann einen seiner Stellvertreter mit seiner ständigen Vertretung beauftragen. Die Gesamtzahl der weiteren Mitglieder (Abs. II und III) darf 15 nicht übersteigen.

II Auf Grund ihres Amtes gehören dem Jugendamt an:

1. der Bezirksarzt,
2. ein Vormundschafts- oder Jugendrichter,
3. der Bezirksschulrat,
4. je ein Geistlicher der katholischen Kirche, der Evangelisch-Lutherischen Landeskirche in Bayern r. d. Rh., der reformierten Kirche in Bayern r. d. Rh., der Vereinigten protestantisch-evangelisch-christlichen Kirche der Pfalz (Pfälzischen Landeskirche), insoweit im Jugendamtsbezirk eine Kirchengemeinde des Bekenntnisses besteht.

Kommen für den Jugendamtsbezirk mehrere der unter Ziff. 1 bis 3 benannten Personen in Betracht, so bestimmt die vorgesetzte Dienstbehörde das Mitglied. Die Geistlichen ordnet die kirchliche Oberbehörde ab.

III Die übrigen Mitglieder werden vom Bezirkstage berufen, und zwar mindestens zwei Fünftel hiervon nach den Vorschlägen der im Bezirke des Jugendamtes wirkenden freien Vereinigungen für Jugendwohlfahrt und Jugendbewegung. Gehört dem Jugendamt ein Geistlicher der reformierten Kirche in Bayern r. d. Rh. nach Abs. II Ziff. 4 an, so wird er auf die Zahl der nach den Vorschlägen der freien Vereinigungen für Jugendwohlfahrt und Jugendbewegung zu berufenden Mitglieder angerechnet.

1. Art. 4 erging im *Vollzug des* § 9 JWG. Er regelt die *Zusammensetzung der BezirksJÄmter* (Art. 1), während sich Art. 5 mit der Zusammensetzung der StadtJÄmter befaßt; ergänzt wird er durch Art. 8. Siehe zu Art. 4 auch VVO. §§ 4—12. Nach der Regelung der Art. 4 u. 8 *besteht sonach das BezirksJA.* aus: 1. dem Leiter, 2. höchstens 15 stimmberechtigten weiteren Mitgliedern, die zum Teil ihm kraft Gesetzes angehören (Abs. 2), teils auf Grund Wahl, 3. unter Umständen den nicht stimmberechtigten Mitgliedern (Art. 8).

2. Die Anordnung, daß *der Vorstand des Bezirksamts*, also ein staatliches Organ, kraft Gesetzes *Leiter des JA. ist, steht mit dem Reichsrecht oder der bayer. Verfassung nicht im* Widerspruch. Die JÄmter haben allerdings als Selbstverwaltungsorgane tätig zu werden, allein über den organisatorischen Aufbau der Selbstverwaltungskörper enthält weder die RVerf. (s. Art. 127) noch die bayer. Verfassung (s. § 22) Bestimmungen; es ist also auch sog. gemischte Selbstverwaltung d. h. solche unter Teilnahme staatlicher Organe zulässig (Nawiasky § 52 Nr. 11 u. 13 S. 421, 423).

3. Vertreter des Bezirksamtsvorstands ist an sich dessen nach allgemeinen Vorschriften sich ergebender Vertreter. Ersterer (und auch sein nach allg. Vorschriften sich ergebender Vertreter) kann aber einen ständigen Vertreter aus seinen allgemeinen Vertretern bestellen, der dann den allgemeinen Vertretern für die Regel vorgeht; als solcher kann auch ein Nebenbeamter bestellt werden, dem die allgemeine Vertretung des Amtsvorstands in erster Linie nicht zukommt (Begr. S. 740). S. zur Regelung der Vertretung auch VVO. § 5. Die Bestellung eines ständigen Vertreters schließt die eigene Tätigkeit des Vorstands oder seines nach den allg. Vorschriften sich ergebenden Vertreters nicht aus. Wegen weiterer Beziehungen zwischen JA. und Bezirksamt siehe Art. 11 Abs. 1.

4. Die stimmberechtigten Mitglieder des JA. außer dem Vorstand gliedern sich in 2 Gruppen, in Mitglieder auf Grund (eines anderen, staatlichen oder kirchlichen) Amtes und in Mitglieder auf Grund Berufung. Ihre Zahl bestimmt im Rahmen des Abs. 1 S. 3 die Satzung (Art. 3 Abs. 1, Begr. S. 740). Wegen der Bezirksärzte s. die VO. v. 9. Jan. 1912 über den amtsärztlichen Dienst (GVBl. 7). Dem Vormundschaftsrichter ist reichsrechtlich nur das Recht der Teilnahme an den Sitzungen und eine beratende Stimme gewährt (JWG. § 9 Abs. 4); aber dieses reichsrechtliche Recht besteht für den Vormundschaftsrichter schlechthin, nicht bloß für den nach Maßgabe des Abs. 2 des Art. 4 bestimmten einen der mehreren in Betracht kommenden VormRichter. Zuständig wird reichsrechtlich der VormRichter sein, dessen Bezirk mit dem Bezirk des JAmts, und, wenn sich die Bezirke schneiden, mit dem Teil des Bezirks des JAmts, auf den sich die in Frage kommende Tätigkeit des JAmts bezieht oder mitbezieht, zusammenfällt. Doch wird hinsichtlich mehrerer darnach auf Grund des JWG. an sich zuständiger VormRichter eines Gerichts die Bestimmung des mit der Sache befaßten im Wege der Geschäftsverteilung erfolgen können. Zu diesem reichsrechtlichen Recht tritt, dieses erweiternd, das auf den Vorschriften des § 9 Abs. 1 JWG. beruhende Recht zur Zugehörigkeit, wie es Art. 4 schafft. S. hierzu auch § 10 Abs. 2 VVO. Jugendrichter ist der Vorsitzende des Jugendgerichts, s. § 19 des Jugendgerichtsges. v. 16. Febr. 1923 (Anhang Nr. 2). Wegen der Beteiligung der Vormundschafts- und der Jugendrichter an Ausschüssen des JA. s. VVO. § 16 Abs. 2. Bäumer § 9 S. 59 vertritt die Ansicht, daß der Vormundschaftsrichter als solcher dem JA. nicht mit Stimmrecht eingeordnet werden kann, weil das VormGericht in vieler Hinsicht die Stelle ist, der das JA. verantwortlich ist; es soll nur der VormRichter „als Person" berufen werden können. Die Stellung der Bezirksschulräte ist geregelt durch §§ 23 ff. des Schulaufsichtsges. vom 1. Aug. 1922 (GVBl. 385); sie werden darnach vom zuständigen Ministerium aus dem Stande der Volksschullehrer ernannt und bilden mit dem Vorstand des Bezirksamts die Bezirksschulbehörde, in unmittelbaren Städten mit dem ersten Bürgermeister die Stadtschulbehörde (besondere Regeln gelten, wenn in unmittelbaren Städten mehrere Bezirksschulräte bestellt sind). Wegen der Amtsdauer der amtlichen Mitglieder und ihrer allgemeinen Stellung s. Art. 6 A. 9. Wegen der näheren Regelung der in Abs. 2 vorgesehenen Auswahl unter mehreren in Frage kommenden Mitgliedern kraft Amtes s. VVO. § 6. Die Bestimmung, wie sie Abs. 2 S. 2 vorsieht, hat nach der Fassung und dem Zwecke des Gesetzes, das eine besondere Eignung der Mitglieder fordert, durch Bestellung bestimmter Personen, nicht schlechthin durch Bestellung der Bezirksärzte, Vormundschaftsrichter usw. bestimmter Bezirksämter, Gerichte usw. zu erfolgen. Israelitischen Kultusgemeinden kann ein Sitz im JA. nur durch Wahl nach Maßgabe des Abs. 3 verschafft werden (Begr. S. 740); oder sie können beratende Mitglieder nach Art. 8 werden (s. § 10 VVO.). Auf dem gleichen Weg kann ein solcher Mitgliedern des Stadtrats verschafft werden. Wegen der Bestellung von Stellvertretern s. Art. 6 A. 6.

5. Abs. 3 regelt die Verhältnisse der zu wählenden Mitglieder näher. Wegen des Bezirkstages s. Art. 1 u. 18 des SelbstverwGes. v. 22. Mai 1919 (GVBl. 239). Von den gewählten Mitgliedern weist Abs. 3 im Vollzug des § 9 Abs. 2 S. 2 JWG. zwei Fünftel den freien Vereinigungen zu und zwar, im bewußten Gegensatz zu der in Art. 5 Abs. 3 erfolgten Regelung für die unmittelbaren Städte (StenB. Nr. 70 S. 388, 389), zwei Fünftel der zu wählenden Mitglieder („zwei Fünftel hiervon"); s. hierzu insbesondere auch wegen der Berechnung bei Bruchteilen VVO. § 8. Die auf Grund der Ausschußanträge (Beil. 1350) eingefügte Beschränkung des Abs. 3 S. 2, wonach ein nach Abs. 2 kraft Gesetzes berufener Geistlicher, wenn er der reformierten Kirche r. d. Rh. angehört, auf die zwei Fünftel angerechnet wird, ist unwirksam; denn nach § 9 Abs. 2 S. 2 JWG. haben die Vereinigungen einen Rechtsanspruch auf volle zwei Fünftel der nicht beamteten Mitglieder. Als Vereinigung für Jugendwohlfahrt und Jugendbewegung im Sinne des Gesetzes kann die reformierte Kirche nicht angesehen werden. Dabei ist weiter, wie Noppel (ZBlB. XVII 139) mit Recht ausführt, zu beachten, daß Personen wie z. B. der Bezirksarzt, die dem JA. auf Grund ihres Amtes angehören, noch nicht beamtete Mitglieder des JAmts sind.

6. Die Voraussetzungen der Wählbarkeit der in Abs. 3 bezeichneten Mitglieder, die Amtsdauer, die Stellvertretung und das Verfahren bei Streitigkeiten hierüber regelt Art. 6. Neben den Voraussetzungen des Art. 6 muß aber kraft reichsrechtlicher Vorschrift den Bestimmungen des § 9 Abs. 2 u. 3 JWG. genügt sein. S. wegen der Zahl und der Auswahl der zu wählenden Mitglieder auch VVO. § 7. Das Vorschlagsrecht der in Abs. 3 bezeichneten Vereinigungen ist näher geregelt in Art. 7. Wegen

der weiteren Mitglieder des JA. mit beratender Stimme s. Art. 8. Zu den Mitgliedern tritt das Personal des JA.; s. hierwegen Art. 11 Abs. 2.

7. Wegen der besonderen Durchführung des Art. 4 bei den gemeinsamen und besonderen Jugendämtern s. Art. 13.

8. Wegen überleitungsweiser Wahrnehmung der Aufgaben der JÄmter durch den Bezirksamtsvorstand allein s. JAG. Art. 51 Abs. 2.

Art. 5

I Leiter des Stadtjugendamtes ist der erste Bürgermeister; dieser bestimmt seinen Stellvertreter im Rahmen der Geschäftsverteilung. Die Gesamtzahl der weiteren Mitglieder (Abs. II und III) darf 20 nicht übersteigen.

II Auf Grund ihres Amtes gehören dem Stadtjugendamt an:

1. der Bezirksarzt,
2. ein Vormundschafts- oder Jugendrichter,
3. der Bezirksschulrat,
4. je ein Geistlicher der katholischen Kirche, der Evangelisch-Lutherischen Landeskirche in Bayern r. d. Rh., der reformierten Kirche in Bayern r. d. Rh., der Vereinigten protestantisch-evangelisch-christlichen Kirche der Pfalz (Pfälzischen Landeskirche), insoweit im Jugendamtsbezirk eine Kirchengemeinde des Bekenntnisses besteht.

Kommen für den Jugendamtsbezirk mehrere der unter Ziff. 1 bis 3 benannten Personen in Betracht, so bestimmt die vorgesetzte Dienstbehörde das Mitglied. Die Geistlichen ordnet die kirchliche Oberbehörde ab.

III Die übrigen Mitglieder werden vom Stadtrate berufen, und zwar mindestens zwei Fünftel der Gesamtzahl der Mitglieder außer dem Leiter nach den Vorschlägen der im Bezirke des Jugendamtes wirkenden freien Vereinigungen für Jugendwohlfahrt und Jugendbewegung. Gehört dem Jugendamt ein Geistlicher der reformierten Kirche in Bayern r. d. Rh. nach Abs. II Ziff. 4 an, so wird er auf die Zahl der nach den Vorschlägen der freien Vereinigungen für

Jugendwohlfahrt und Jugendbewegung zu berufenden Mitgliedern angerechnet.

1. Art. 5 dient dem Vollzug des § 9 JWG.; er regelt die Zusammensetzung der StadtJÄmter, während sich Art. 4 mit den BezirksJÄmtern befaßt; ergänzend tritt hinzu Art. 8. S. zu Art. 5 im allgemeinen auch VVO. §§ 4—12. Nach der Regelung der Art. 5 u. 8 besteht sonach das StadtJA. aus 1. dem Leiter, 2. höchstens 20 weiteren Mitgliedern, die ihm z. Tl. kraft Gesetzes angehören (Abs. 2), teils auf Grund Wahl, 3. den nicht stimmberechtigten Mitgliedern (Art. 8).

2. Die Vertretung des ersten Bürgermeisters in der Leitung des JA. regelt er selbst und zwar als eine Angelegenheit der Geschäftsverteilung. Damit sind die Bestimmungen der Gemeindeordnungen über die Verteilung der gemeindlichen Geschäfte auch hierfür als maßgebend erklärt. Einschlägt Art. 101 Abs. 1 der GemO. (s. Begr. S. 740), der hierzu bestimmt: „Die Verteilung der Geschäfte steht dem ersten oder einzigen Bürgermeister zu" und Art. 78 der Pfälz. GemO. (Begr. S. 740), der, soweit einschlägig, bestimmt: „Die Verteilung der Geschäfte gebührt dem Bürgermeister." Es gelten also für die Vertretung nicht die Bestimmungen des Art. 8 SelbstVG., die die Vertretung des Bürgermeisters für andere Angelegenheiten regeln. S. zur Frage der Regelung der Vertretung auch VVO. § 5 Abs. 2.

3. Die stimmberechtigten Mitglieder, abgesehen vom Leiter, gliedern sich, wie oben erwähnt, in 2 Gruppen. Ihre Zahl bestimmt im Rahmen des Abs. 1 S. 2 die Satzung (Art. 3 Abs. 1, Begr. S. 740). Wegen der Bezirksärzte, der Stellung des Vormundschaftsrichters, des Begriffs des Jugendrichters, der Bezirksschulräte s. Art. 4 A. 4. Wegen der Amtsdauer der amtlichen Mitglieder und ihrer allgemeinen Stellung s. Art. 6 A. 9. Wegen der näheren Regelung der in Abs. 2 vorgesehenen Auswahl unter mehreren in Frage kommenden Mitgliedern kraft Amtes s. VVO. § 6. Israelitischen Kultusgemeinden kann ein Sitz im JA. nur nach Maßgabe des Abs. 3 verschafft werden (Begr. S. 740); oder sie können beratende Mitglieder nach Art. 8 werden (s. VVO. § 10). Auf dem gleichen Weg kann ein Sitz Mitgliedern des Stadtrats verschafft werden. Wegen der Bestellung von Vertretern s. Art. 6 A. 6.

4. Abs. 3 regelt die Verhältnisse der gewählten Mitglieder. Nach diesem Abs. 3 haben die nach den Vorschlägen der freien Vereinigungen zu berufenden Mitglieder zwei Fünftel der Gesamtzahl aller auch der kraft Gesetzes berufenen Mitglieder (abgesehen vom Leiter) auszumachen (anders bei den Bezirksjugendämtern, s. Art. 4 Abs. 3); s. hierzu auch, insbes. wegen der Berechnung bei Bruchteilen VVO. § 8. Die Bestimmung des Art. 5 Abs. 3 S. 2 über die Anrechnung des Geistlichen der reformierten Kirche ist hier nicht unwirksam (s. hierzu Art. 4 A. 5), weil den freien Vereinigungen nach dem JWG. ein Recht nur auf zwei Fünftel der nicht beamteten, nicht aller Mitglieder zusteht.

5. Die Voraussetzungen der Wählbarkeit der in Abs. 3 bezeichneten Mitglieder, die Amtsdauer, die Stellvertretung und das Verfahren bei Streitigkeiten hierüber regelt Art. 6. Daneben muß aber kraft reichsrechtlicher Vorschrift den Bestimmungen des § 9 Abs. 2 u. 3 JWG. genügt sein. S. wegen der Zahl und der Auswahl der zu wählenden Mitglieder auch VVO. § 7. Das Vorschlagsrecht der in Abs. 3 bezeichneten Vereinigungen ist näher geregelt in Art. 7.

6. Wegen der weiteren Mitglieder des JA. mit beratender Stimme s. Art. 8.

7. Wegen der Durchführung des Art. 5 bei den gemeinsamen und den besonderen Jugendämtern s. Art. 13.

8. Wegen überleitungsweiser Wahrnehmung der Aufgaben des JAmts durch den ersten Bürgermeister allein s. JAG. Art. 51 Abs. 2.

Art. 6

Die Mitglieder des Jugendamtes nach Art. 4 Abs. III und Art. 5 Abs. III müssen die Voraussetzungen der Wählbarkeit zu Gemeindeämtern mit Ausnahme des Erfordernisses einer gewissen Aufenthaltsdauer erfüllen und im Jugendamtsbezirke wohnen. Der Wohnsitz in einem unmittelbar benachbarten Jugendamtsbezirke steht dem Wohnsitz im Jugendamtsbezirke gleich. Die Mitglieder scheiden aus, wenn sie die Wählbarkeit verlieren. Im Streitfall entscheidet die Regierung, Kammer des Innern, endgültig. Die Mitglieder des Jugendamtes werden auf die Dauer der ordentlichen Wahlzeit der Bezirke und Gemeinden berufen. Für jedes Mitglied ist ein Stellvertreter zu berufen.

1. Art. 6 regelt hinsichtlich der gewählten Mitglieder die Voraussetzungen der Wählbarkeit, die Amtsdauer, die Stellvertretung und das Verfahren bei Streitigkeiten hierüber.

2. Erforderlich ist für die Wählbarkeit zum Mitglied des JA. (nicht aber für die Zugehörigkeit als Leiter oder als gesetzliches Mitglied): 1. die passive Wahlfähigkeit zu Gemeindeämtern, 2. Wohnen, d. h. wie S. 2 ergibt, Wohnsitz im JABezirk (die VVO. § 7 geht vom bloßen „Wohnen" aus) oder einem unmittelbar benachbarten JABezirk. Das Vorhandensein der Wählbarkeit ist auch Voraussetzung der Fortdauer der Eigenschaft als gewähltes Mitglied.

Auch die Aufgabe des Wohnsitzes im JABezirk oder einem unmittelbar benachbarten Bezirk wird die Eigenschaft als gewähltes Mitglied beenden. Das Wort Wählbarkeit in S. 3 wird nicht die Wählbarkeit zu Gemeindeämtern, sondern zum Mitglied des JA. bezeichnen. Die Begr. S. 740 bemerkt allerdings: „Mit Verlust dieser Wählbarkeit (d. h. der zu Gemeindeämtern) scheidet das Mitglied kraft Gesetzes aus"; allein es ist nicht erklärlich, warum die Tatsache des Wohnsitzes anders behandelt werden sollte als die sonstigen Voraussetzungen der Wählbarkeit, und es dürfte die Ausdrucksweise der Begründung sich nur mit einer Ungenauigkeit des Ausdrucks erklären.

3. Die Voraussetzungen der Wählbarkeit zu Gemeindeämtern sind, wie sich aus Art. 1 u. 2 des Gemeindewahlges. v. 6. Nov. 1924 (GVBl. 211) bei Weglassung des Erfordernisses einer gewissen Aufenthaltsdauer ergibt, folgende: 1. Zurücklegung des 25. Lebensjahrs am Tage der Wahl, 2. deutsche Reichsangehörigkeit, 3. Nichtvorhandensein eines Ausschluß- oder eines Hinderungsgrundes oder eines Grundes des Ruhens des Rechts. Ausschlußgründe sind: a) Entmündigung, b) Bestehen einer vorläufigen Vormundschaft, c) Bestehen einer Pflegschaft wegen geistiger Gebrechen. Hinderungsgründe sind: a) Unterbringung in einer Heil- oder Pflegeanstalt wegen Geisteskrankheit oder Geistesschwäche, b) Strafhaft, c) Untersuchungshaft, d) Verwahrung infolge gerichtlicher oder polizeilicher Anordnung, mit Ausnahme der Schutzhaft aus politischen Gründen. Die Wählbarkeit ruht endlich für die Soldaten während der Zugehörigkeit zur Wehrmacht. Wählbar sind auch „Frauen" (Art. 1 GemWahlG.); wobei unter dem hier wie mehrfach in der Gesetzgebung im sprachwidrigen Sinn gebrauchten Ausdruck auch „unverheiratete" Personen weiblichen Geschlechts zu verstehen sind (s. § 1 des Entw. z. StGB. v. 1924).

4. Weitere Hindernisse der Wählbarkeit oder der Verlust der Eigenschaft als Mitglied des JA. ergeben sich aus § 33 StGB., wonach die Aberkennung der bürgerl. Ehrenrechte den dauernden Verlust der öffentlichen Ämter und Würden bewirkt; ebenso aus § 34 Nr. 5 StGB., insoferne dieser bestimmt: Die Aberkennung der bürgerlichen Ehrenrechte bewirkt die Unfähigkeit, während der im Urteile bestimmten Zeit in öffentlichen Angelegenheiten gewählt zu werden; ferner aus § 35 StGB., wonach in gewissen Fällen auf die Unfähigkeit zur Bekleidung öffentlicher Ämter auf die Dauer von einem bis zu fünf Jahren erkannt werden kann und die Aberkennung der Fähigkeit zur Bekleidung öffentlicher Ämter den dauernden Verlust der bekleideten Ämter von Rechts wegen zur Folge hat; endlich aus § 31 StGB., wonach die Verurteilung zur Zuchthausstrafe die dauernde Unfähigkeit zur Bekleidung öffentlicher Ämter von Rechts wegen zur Folge hat.

5. Die ordentliche Wahlzeit dauert 5 Jahre (Art. 5 SelbstverwG.); die Zeit beginnt mit dem 1. Januar 1926 (Art. 8 GemWahlG. v. 6. Nov. 1924, GVBl. 211).

6. Der Stellvertreter ist Ersatzmann bei Wegfall des Mitglieds; er tritt aber auch ein bei vorübergehender Verhinderung eines Mitglieds (ReggsErkl. StenB. Nr. 70 S. 389). Anders VVO. § 9, wonach der Stellvertreter nur zur Vertretung bei Verhinderungen berechtigt sein soll, und bei gänzlichem Wegfall eine Neuberufung zu erfolgen hätte. Die „Berufung“ der Stellvertreter hat ebenfalls durch Wahl zu erfolgen; für die Voraussetzungen der Wählbarkeit gilt das Gleiche wie bei den ordentlichen Mitgliedern. Stellvertreter sind auch für die amtl. Mitglieder zu bestellen (VVO. § 9).

7. Streitigkeiten, die sich im Vollzug des Art. 6 ergeben, entscheidet die Kammer des Innern der Regierung in erster und letzter Instanz, bei StadtJÄmtern wie bei BezirksJÄmtern; sie entscheidet über die Wirksamkeit der Wahl, wie die Tatsache des Ausscheidens; sie entscheidet in gleicher Weise bezüglich der Vertreter. Wegen einer weiteren verwandten Zuständigkeit der Regierung s. Art. 7 S. 4.

8. Vorschriften über die Ablehnung der Wahl und den Rücktritt während der Wahlzeit hat das Gesetz mangels eines Bedürfnisses absichtlich nicht getroffen (Begr. S. 746). Das Ergebnis ist, daß die gewählten Mitglieder, da eine gesetzliche Pflicht zur Mitgliedschaft nicht besteht, die Wahl jederzeit ablehnen und jederzeit ein bereits angenommenes Amt niederlegen können. Ebensowenig besteht während der Dauer der Mitgliedschaft eine Rechtspflicht, eine Tätigkeit für das JA. auszuüben. Die Satzung (Art. 3 Abs. 1) kann keine Rechtspflicht zur Annahme der Wahl und keine Rechtspflicht zur Beibehaltung der Mitgliedschaft schaffen; denn eine Satzung regelt begrifflich nur die inneren Verhältnisse des Gebildes, für das sie bestimmt ist. Dahingehende Satzungsbestimmungen sind schlechthin nichtig und bedürfen keiner Anfechtung. Dagegen wird die Satzung für die Mitglieder Rechtspflichten zur Tätigkeit schaffen und sie auch unter Ordnungsstrafe stellen können.

9. Der Leiter und die beamteten Mitglieder des JA. (Art. 4 Abs. 1 u. 2 und Art. 5 Abs. 1 u. 2) werden Mitglieder mit dem Beginn ihrer hauptamtlichen Stellung und scheiden aus mit deren Wegfall oder der Änderung der in Art. 4 Abs. 2 Unterabsatz 2 bezeichneten Bestimmung. Für sie ist durch Abs. 2 des Art. 4 die Dienstpflicht zur Tätigkeit im JA. geschaffen worden; für sie besteht insoweit auch nur eine dienstliche Verantwortlichkeit. Auch die Satzung (Art. 3 Abs. 1) kann ihre Pflichten nicht näher regeln; sie kann begrifflich nur die inneren Angelegenheiten des JA. in ihren Bereich ziehen. Die Beamten üben aber eine staatliche Tätigkeit (innerhalb des Bereichs des JA.) aus.

10. Wegen der Durchführung des Art. 6 bei den gemeinsamen und den besonderen Jugendämtern s. Art. 13.

Art. 7

Vorschlagsberechtigt nach Art. 4 Abs. III und Art. 5 Abs. III sind Vereinigungen für Jugendwohlfahrt und Jugendbewegung, die sich seit mindestens drei Jahren ganz oder vorwiegend mit Jugendwohlfahrt befaßt haben. Die vorzuschlagenden Männer und Frauen müssen in der Jugendwohlfahrt erfahren und bewährt sein. Die Vorschläge sind nach Umfang und Bedeutung des Wirkens der Vereinigung zu berücksichtigen. Den Vereinigungen steht wegen Ausschlusses vom Vorschlag oder wegen Nichtberücksichtigung ihrer Vorschläge binnen zwei Wochen, von der Zustellung der Entscheidung an gerechnet, die Beschwerde zur Regierung, Kammer des Innern, offen. Diese entscheidet endgültig. Liegen Vorschläge im Sinne vorstehender Bestimmung nicht vor, so beruft der Bezirkstag, Stadtrat die Vertreter nach freiem Ermessen.

1. Nach Art. 4 Abs. 3 u. Art. 5 Abs. 3 muß eine gewisse, dort näher bezeichnete Zahl der gewählten Mitglieder nach den Vorschlägen der im Bezirk des JA. wirkenden freien Vereinigungen für JWohlfahrt und JBewegung berufen werden. Art. 7 regelt dieses Vorschlagsrecht näher und regelt hierbei insbesondere auch seinen Inhalt dahin, daß er es zu einem Recht auf Berücksichtigung der Vorschläge ausgestaltet. Ausführungsanweisungen zu Art. 7 enthält § 8 Abs. 2—6 VVO.

2. Vorschlagsberechtigt sind Vereinigungen für JWohlfahrt und JBewegung; sie müssen sich mindestens 3 Jahre mit JWohlfahrt befaßt haben. Wegen der Begriffe JWohlfahrt und JBewegung s. JWG. § 2 A. 1 u. § 6 A. 1; abweichend vom Entwurf und wohl mit Absicht (s. StenB. Nr. 70 S. 385) verlangt das Gesetz nur mindestens dreijährige Befassung mit Jugendwohlfahrt, nicht auch mit Jugendbewegung. Abweichend vom Entwurf steht ferner das Gesetz auf dem Standpunkt, daß der Nachweis einer bestimmten Mitgliederzahl keine Voraussetzung für den Erwerb des Vorschlagsrechts ist; auf die Mitgliederzahl soll kein ausschlaggebendes Gewicht gelegt werden, weil es kleine Vereinigungen geben könne, die auf dem Gebiet schon sehr tätig waren. Das Hauptgewicht solle auf die Bewährung und die bisherigen Leistungen auf dem Gebiet der JWohlfahrt gelegt werden (StenB. Nr. 70 S. 385). Die Bestimmung, daß sich die Vereinigungen seit mindestens 3 Jahren mit JWohlfahrt befaßt haben müssen, soll verhindern, daß Vereinigungen ausgesprochen zu dem Zweck gegründet werden, eine Vertretung im JA. zu bekommen (Begr. S. 746). Nicht notwendig ist aber, daß die Vereinigung genau in derselben Form schon 3 Jahre bestanden hat; sie kann, während sie jetzt ein eingetragener Verein ist, früher auch ein nicht rechtsfähiger Verein gewesen sein.

3. Das Vorschlagsrecht der Vereinigungen ist beschränkt durch § 9 Abs. 2 u. 3 JWG. Nichtbeachtung der sich hieraus ergebenden Beschränkungen nimmt den Vorschlägen ihre verpflichtende Kraft.

4. Zur Wahrung des Vorschlagsrechts und zur Wahrung des Rechts auf Berücksichtigung führen S. 4 u. 5 ein besonderes Verfahren ein; es läßt eine „Beschwerde" an die Kammer des Innern der Regierung zu; diese entscheidet in erster und letzter Instanz. Wegen einer verwandten Zuständigkeit der Regierung s. Art. 6 S. 4.

5. Wegen der Durchführung des Art. 7 bei den gemeinsamen und den besonderen Jugendämtern s. Art. 13.

Art. 8

Nach Bestimmung der Satzung können in das Jugendamt weitere Personen als Mitglieder mit beratender Stimme berufen werden.

1. Art. 8 gibt die Möglichkeit, neben den stimmberechtigten Mitgliedern der Art. 4 u. 5 weitere beratende Mitglieder in das JA. zu berufen; er hat seine Grundlage in § 9 Abs. 1 JWG. S. dazu VVO. § 10 Abs. 1; s. ferner VVO. § 10 Abs. 3 wegen Hinzuziehung von Personen, die keine Mitglieder sind.

2. Die Satzung (Art. 3) hat zu bestimmen, ob weitere Personen berufen werden können; ohne diese Bestimmung ist die Berufung nicht zulässig; sie wird zweckmäßigerweise auch die Voraussetzungen und die Form der Berufung und die Stellung der berufenen Mitglieder regeln. Auch für diese Mitglieder gilt § 9 Abs. 3 JWG.

3. Bei den Mitgliedern mit beratender Stimme ist gedacht an Beamte des JA., Fürsorgerinnen (insbesondere die Bezirksfürsorgerinnen) und Vertreter der Gewerbeaufsicht (Begründung S. 740; StenB. Nr. 70 S. 385).

Art. 9

I Die Mitglieder des Jugendamtes versehen ihr Amt ehrenamtlich und unentgeltlich. Bei Dienstleistungen außerhalb ihres Wohnorts erhalten sie Entschädigungen für Reisekosten und notwendigen Mehraufwand vom Träger des Jugendamtes nach näherer Regelung durch den Bezirkstag, Stadtrat. Mitglieder, die Angestellte oder Lohnarbeiter sind, können nach Maßgabe der Satzung Ersatz für entgangenen Verdienst erhalten.

II Die Mitglieder, die nicht auf Grund eines staatlichen, gemeindlichen oder kirchlichen Amtes berufen sind, werden vom Leiter des Jugendamtes zur gewissenhaften Erfüllung ihrer Obliegenheiten und insbesondere zur Wahrung der Amtsverschwiegenheit in Pflicht genommen.

1. Art. 9 trifft Bestimmungen über die Vergütung und die formelle Verpflichtung der Mitglieder des JA.; seine Grundlage bildet § 9 Abs. 1 JWG. Er gilt entsprechend für die Mitglieder des LJA. einschließlich seiner Zweigstellen (s. Art. 20). S. zu Art. 9 VVO. §§ 11 u. 12.

2. Mitglieder des JA. im Sinne des Abs. 1 sind die Mitglieder schlechthin nicht bloß die gewählten; der Leiter und sein Stellvertreter sind kein Mitglied und fallen daher nicht hierher. Aus der in Abs. 1 S. 1 festgestellten „Ehrenamtlichkeit und Unentgeltlichkeit" im Gegensatz zu S. 2 ergibt sich auch, daß auch für Auslagen der Mitglieder in dieser ihrer Eigenschaft in weitergehendem Umfang, als es S. 2 vorsieht, eine Vergütung nicht gewährt werden kann; eine solche ist nur zulässig, wenn die Auslagen aus einem besonderen neben dem Mitgliedschaftsverhältnis einhergehenden Rechtsverhältnis erwachsen. Entschädigung für Reisekosten und für Mehraufwand kann vom Träger des JA. nur bei Reisen außerhalb des Wohnorts gewährt werden, also insbesondere nicht für Straßenbahnfahrten innerhalb der Stadt. Zu Reisekosten gehören auch die der Gepäckbeförderung, auch die für den Weg zur Bahn. Auf weitergehende Entschädigung aus Mitteln des JA. als sie Abs. 1 vorsieht, haben die Mitglieder nicht nur kein Recht, sondern sie darf ihnen auch nicht freiwillig gewährt werden. Die Bestimmung des S. 3 über den Verdienstentgang ist dem Art. 4 Abs. 2 S. 3 des SelbstverwG. nachgebildet. Frauen von Angestellten und Lohnarbeitern können keinen Ersatz für Verdienstentgang erhalten.

3. Zu beachten ist, daß die Entschädigung für Reisekosten und Mehraufwand durch den Bezirkstag und Stadtrat, die für Verdienstentgang durch die Satzung (Art. 3 Abs. 2) zu regeln ist. Für die BezirksJÄmter der Pfalz (Art. 1 Abs. 3) sind Art. 1 Abs. 3 S. 3 u. 4 maßgebend; für gemeinsame und besondere JÄmter (Art. 2) wird hinsichtlich der Aufgaben, die Art. 9 dem Bezirkstag und dem Stadtrat zuweist, in entsprechender Anwendung des Art. 13 die Satzung das hiefür zuständige Organ zu bestimmen haben. Nach der Begr. S. 746 soll bei BezirksJÄmtern der Pfalz für mehrere Bezirke, bei gemeinsamen und besonderen JÄmtern die Regelung entsprechend der in Art. 3 Abs. 2 für den Erlaß der Satzung gegebenen Bestimmung zu treffen sein; wäre dieses zutreffend, so hätte schlechthin die Satzung für maßgebend erklärt werden können. Der Bezirkstag, der Stadtrat und die Satzung regeln auch die Art und Weise, wie die durch sie festgesetzten Vergütungen geltend zu machen sind. Der Rechtsweg ist ausgeschlossen, es handelt sich um öffentlich-rechtliche Beziehungen; er kann auch durch die Satzung nicht gegeben werden.

4. Abs. 2 enthält Vorschriften über eine formelle Verpflichtung der Mitglieder. Nicht zu verpflichten sind der Leiter und die Mitglieder kraft Amtes; wohl aber auch die nicht stimmberechtigten des Art. 8. Nach VVO. § 12 sollen auch die gemäß Art. 4 Abs. 3 und Art. 5 Abs. 3 JAG. in das JA. berufenen Bezirkstags- und Stadtratsmitglieder nicht verpflichtet werden; mit dem Gesetz läßt sich das wohl nicht vereinbaren. Die Verpflichtung ist auch nicht etwa Voraussetzung der Wirksamkeit der Mitgliedschaft. Vorschriften über die Form der Verpflichtung enthält das Gesetz nicht; VVO. § 12 schreibt Verpflichtung durch Handschlag vor. Die Verpflichtung obliegt dem Leiter (Art. 4 Abs. 1, Art. 5 Abs. 1).

Art. 10

I Das Jugendamt kann die Behandlung einzelner Geschäfte oder Gruppen von Geschäften Ausschüssen, Vereinigungen für Jugendwohlfahrt, einzelnen seiner Mitglieder oder sonstigen geeigneten Personen widerruflich übertragen. Der Beschlußfassung des Jugendamtes müssen insbesondere Maßnahmen nach § 4 und Regelungen nach § 11 des Reichsjugendwohlfahrtsgesetzes vorbehalten bleiben.

II Zu besonderen Ausschüssen nach § 11 des Reichsjugendwohlfahrtsgesetzes, denen Angelegenheiten der Gesundheitspflege übertragen sind, ist mindestens ein Arzt beizuziehen.

1. Art. 10 regelt die Übertragung von Geschäften des JAmts an Nebenorgane; s. hiezu VVO. § 16 wegen der Verteilung der Geschäfte zwischen Leiter, Ausschüssen und dem Gesamtkörper; und wegen der Beiziehung der freien Wohlfahrtspflege VVO. § 17. Art. 10 ist im wesentlichen eine Wiederholung des § 11 JWG., eine sachlich erhebliche Änderung besteht nur insoferne, als § 11 anstatt der Vereinigungen für „JWohlfahrt" solche für „JHilfe und JBewegung" nennt und an Stelle „der einzelnen Mitglieder und sonstigen geeigneten Personen" die Übertragung „an einzelne in der JWohlfahrt erfahrene und bewährte Männer und Frauen" aufführt. Gegen die Wirksamkeit des Art. 10 bestehen Bedenken, weil die nähere Regelung nicht durch Landesgesetz, sondern nur durch die Reichsregierung oder die Oberste Landesbehörde erfolgen kann; auch die Bestimmung des A. 10 Abs. 2 ist deshalb kaum wirksam. Art. 10 läßt sich auch nicht auf Art. 1 Nr. 1 der VO. v. 14. Febr. 1924 stützen.

2. Bei der Übertragung von Geschäften an Vereinigungen für JWohlfahrt, die wohl nur versehentlich in der Fassung des Art. 10 im Entwurf nicht genannt waren (s. wegen der Einschaltung StenB. Nr. 70 S. 386), und ihre Mitglieder denkt die Begr. S. 747 vor allem an die Aufsicht über Pflegekinder, die Versehung der Dienste des GWaisenrats, die Überwachung der in Familien untergebrachten JZöglinge und die Führung der Amtsvormundschaft.

3. Auf die Übertragung vormundschaftlicher Geschäfte findet Art. 10 von vornherein nicht Anwendung; insoweit entscheidet die Sonderregelung des § 32 S. 2 JWG. Im übrigen werden Geschäfte jeder Art übertragen werden können; auch die Ermächtigung zur Vertretung des JA. ist übertragungsfähig (zweifelnd Heß BayGemVZ. 1926, 155).

4. In München besteht seit 17 Jahren ein Fürsorgeausschuß beim Jugendgericht; er ist ein rein freiwilliger Zusammenschluß der Münchner Jugendfürsorgeorganisationen, die Jugendhilfe leisten. Er tritt jeden Freitag beim Jugendgericht unter Leitung der Jugendrichter zusammen; in der Sitzung werden sowohl die für die nächste Woche anstehenden Jugendgerichtsfälle behandelt, wie auch die entscheidungsreifen JGSachen und Angelegenheiten nach §§ 1631, 1635, 1666 BGB. und der Schutzaufsicht. Die Vereine lassen über ihre Hilfstätigkeit im einzelnen berichten; es werden ihnen Schutzaufsichten und andere Aufgaben übertragen. Auch das städtische JA. ist durch einen Beamten vertreten. Veranlaßtenfalls werden Psychiater, Pädagogen usw. beigezogen.

Des weiteren ist für Bayern die Arbeitsgemeinschaft der gemeinnützigen Erziehungsanstalten Bayerns hervorzuheben. Sie wurde Ende 1919 vom Vorstand des Jugendgerichts geschaffen, um eine engere Fühlung zwischen Jugendgericht und Anstaltsleitung herbeizuführen und gegenseitig zu lernen; auch eine nähere Beziehung der Anstalten untereinander sollte dadurch erreicht werden. Die Arbeitsgemeinschaft ist paritätisch und umfaßt alle gemeinnützigen Erziehungsanstalten Bayerns, konfessionelle, paritätische, sozialistische; sie ist ebenfalls ein rein freiwilliger Zusammenschluß der Anstalten unter der Leitung des Vorstands des Jugendgerichts, kein Verein oder Verband, also auch ohne Satzungen und ähnlichem. In Zwischenräumen finden zur Erledigung gemeinsamer Anstaltsangelegenheiten sachlicher (materieller) und ideeller Art Landestagungen in München statt, bisher 18; außerdem Kreistagungen, bisher 12. Die Beteiligung seitens der Anstalten ist stets recht erheblich; bei der Septembertagung 1925 waren 150 Anstalten durch 200 Teilnehmer vertreten.

An den Beratungen der Landestagung nehmen auch teil die Jugendrichter, Vertreter des Münchener städtischen JAmts, Psychiater der Münchener psychiatrischen Kliniken, Vertreter von JFürsorgevereinen, der Direktor des Jugendgefängnisses Niederschönenfeld. Für die Regel finden sich auch die Referenten der zuständigen Ministerien bei den Tagungen ein. Es stellt diese Einrichtung also eine Zusammenfassung aller für die JFürsorge bedeutsamen Kreise und Kräfte privater und öffentlicher Natur dar; sie schafft einen vollkommenen Ring verständnisvoller persönlicher Zusammenarbeit, der viel zur Förderung der Anstaltserziehung jeder Gattung beigetragen hat.

Art. 11

I Für die Bezirksjugendämter werden Beamte und Räume der Bezirksämter zur Verfügung gestellt, soweit und solange die Geschäftsverhältnisse dies gestatten.

II Das Landesjugendamt kann für die Auswahl und die Vorbildung des Personals der Jugendämter Richtlinien aufstellen.

1. Art. 11 befaßt sich mit der Beschaffung der Räume und dem Personal der Jugendämter; er trifft jedoch nur eine Teilregelung; auch er hat seine Grundlage in § 9 Abs. 1 JWG.

2. Stehen Beamte und Räume des Bezirksamts nicht zur Verfügung, so sind sie vom JA. zu beschaffen und die Kosten hiefür nach Maßgabe des Art. 12 Abs. 2 zu decken; dieser gilt für die StadtJÄmter schlechthin.

3. Anstellung und Dienstverhältnis des Personals der JÄmter bestimmen sich grundsätzlich nach den allgemein für die Beamten und Angestellten der Gemeinden und Bezirke maßgebenden Bestimmungen. Ergänzend treten hinzu die vom LJA. aufzustellenden Richtlinien und JWG. § 9 Abs. 3 (Begr. S. 747; StenB. Nr. 70 S. 389).

4. Ergänzend tritt zu Art. 11 Abs. 1 der Art. 4 Abs. 1, wonach der Vorstand des Bezirksamts der Leiter des JA. ist.

Art. 12

I Das Jugendamt vertritt in den Angelegenheiten der öffentlichen Jugendhilfe den Bezirk, die Stadt, bei gemeinsamen oder besonderen Jugendämtern die im Verbande zusammengeschlossenen Bezirke und Gemeinden. Es verwaltet die öffentliche Jugendhilfe im Rahmen des vom Bezirkstage, Stadtrate genehmigten Haushaltes. Vor der Verbescheidung des Haushaltplanes ist dem Jugendamte Gelegenheit zur Stellungnahme zu geben.

II Der durch andere Einnahmen nicht gedeckte Bedarf des Jugendamtes ist vorbehaltlich des Art. 11 Abs. I nach den für den Bezirks- und Gemeindebedarf geltenden Grundsätzen aufzubringen.

III Die Verteilung der Kosten des Jugendamtes bei den Bezirksjugendämtern der Pfalz (Art. 1 Abs. III) und den gemeinsamen sowie besonderen Jugendämtern (Art. 2) auf die beteiligten Bezirke und Gemeinden regelt die Satzung.

1. Art. 12 bestimmt die rechtliche Stellung der Jugendämter nach außen und im Verhältnis zu den allgemeinen Verwaltungsorganen der Bezirke und der Städte näher (s. Art. 1 A. 4); er regelt hierbei insbesondere ihre finanzielle Stellung. Auch er hat seine Grundlage in § 9 Abs. 1 JWG. S. wegen der staatsrechtlichen und finanziellen Stellung der JÄmter auf BVO. §§ 14 u. 15.

2. Das JA. vertritt den Bezirk bezw. die Stadt; d. h. es erscheint nicht als selbständiges Gebilde, sondern als Organ dieser Korporationen. Die Vertretung durch das JA. umfaßt auch die Vertretung im Rechtsverkehr, dem bürgerlich-rechtlichen wie dem öffentlich-rechtlichen einschließlich der Prozeßführung. Es hat aber nicht die unbeschränkte Vertretung, sondern nur innerhalb seines aus dem JWG. sich ergebenden allgemeinen Wirkungskreises.

3. Die Finanzwirtschaft der JÄmter soll Bestandteil der Finanzwirtschaft der Gemeinde bezw. des Bezirks sein; es entscheidet über den Haushalt des JA. das allgemeine Verwaltungsorgan des Bezirks oder der Stadt allein und endgültig. Das JA. wird nur gehört. Selbstverständlich können sich die allgemeinen Verwaltungsorgane auch auf diesem Gebiet den gesetzlich begründeten Leistungen nicht entziehen (Begr. S. 739).

Art. 13

Für gemeinsame und besondere Jugendämter wird die Durchführung der Art. 4 bis 7 und die Aufstellung des Haushalts (Art. 12 Abs. I) durch die Satzung geregelt.

1. Art. 13 trifft Sonderbestimmungen für die Sonderjugendämter. Wegen des Begriffs der gemeinsamen und der besonderen Jugendämter s. Art. 2. Wegen der Haushaltsführung für sie s. auch BVO. § 15 Abs. 3 und wegen ihrer besonderen Verhältnisse im allgemeinen BVO. § 18.

Art. 14

Für das Verfahren bei den Jugendämtern gelten die Vorschriften über das Verfahren bei den Bezirksverwaltungsbehörden.

1. Art. 14 gibt eine ergänzende Vorschrift über das Verfahren im Anschluß an die Regelung, die in dieser Rich-

tung sich aus Art. 17 Abs. 1 BayJEG. ergab; auch er hat seine Grundlage in § 9 Abs. 1 JWG. S. zu Art. 14 insbesondere wegen des Kosten-, des Kassen- und Rechnungswesens VVO. § 19.

2. Abweichend von Art. 17 Abs. 1 BayJEG., wonach nur die „gesetzlichen" allgemeinen Vorschriften für das Verfahren der Bezirksverwaltungsbehörden auch in JESachen galten, gelten nun schlechthin die allgemeinen auch die auf Dienstanweisungen beruhenden Vorschriften für die Bezirksverwaltungsbehörden für das Verfahren der JÄmter. Das Verfahren richtet sich im allgemeinen nach dem Herkommen; siehe im einzelnen hiewegen Henle, Handbuch der inneren Verwaltung S. 49.

Art. 15

Durch die Satzung können die Aufgaben des Jugendamtes einem Wohlfahrtsamt übertragen werden — § 10 des Reichsjugendwohlfahrtsgesetzes. Sie sind von einem Ausschusse wahrzunehmen, der den Vorschriften des Reichsjugendwohlfahrtsgesetzes und dieses Gesetzes entspricht.

1. Art. 15 erging im Vollzug des § 10 Abs. 1 JWG.; es ist von der dort gegebenen Ermächtigung nicht Gebrauch gemacht, soweit es zulässig ist, Übertragungen auch an andere Einrichtungen als Wohlfahrtsämter vorzunehmen, und als auch der Obersten Landesbehörde das Recht zur Übertragung beigelegt werden kann. Ergänzend ist dem Reichsrecht beigefügt, daß ein besonderer Ausschuß für die Aufgaben des JA. gebildet werden muß und daß dieser nicht, wie das JWG. vorschreibt, den Vorschriften des § 9 JWG., sondern schlechthin denen des JWG., aber auch denen des JAG. entsprechen muß. Dem Vollzug des Art. 15 dient VVO. § 21.

2. Die Satzung hat der zuständige Selbstverwaltungskörper (§ 10 JWG.) zu erlassen. Das können Stadtrat, Bezirkstag oder die sonstigen in Art. 3 Abs. 2 bezeichneten Organe sein. Die Satzung wird auch die sonstigen Verhältnisse (abgesehen von der Anordnung der Übertragung) zu regeln haben (s. Begr. S. 747).

Art. 16

Die Gemeinden des Jugendamtsbezirkes sind verpflichtet, dem Jugendamte Hilfe zu leisten.

1. Nach § 5 JWG. besteht im gegenseitigen Verhältnis zwischen den Behörden und den JÄmtern die Pflicht zur JWohlfahrtshilfe; Art. 16 verpflichtet darüber hinaus die Gemeinden, nicht umgekehrt auch die JÄmter gegenüber den Gemeinden, zur Hilfeleistung für die JÄmter. Die Gemeinden werden verpflichtet, allgemein als Hilfsorgane der JÄmter tätig zu werden (Begr. S. 747). S. auch VVO. § 20.

2. Die Verpflichtung der Gemeinde besteht nur gegenüber dem JA., zu dessen Bezirk sie gehört, nicht schlechthin; welches Organ der Gemeinde tätig zu werden hat, bestimmt diese nicht das JA.; die Gemeinde hat keine Tätigkeit anderer Art zu entfalten, als sie sonst entfaltet; das JA. hat, da insoweit keine weitergehende Verpflichtung der Gemeinde geschaffen ist, ihr die Kosten der Tätigkeit zu ersetzen und auch auf Verlangen vorzuschießen.

Landesjugendamt

Vorbemerkungen

Mit den LJÄmtern befassen sich die §§ 12—14 JWG. Zufolge des Art. 1 Nr. 2 der VO. v. 14. Febr. 1924 (s. unten Nr. III) sind jedoch in Abänderung dieser Bestimmungen die Länder in deren Durchführung frei. Wegen der Vollzugsbestimmungen hinsichtlich des LJAmts s. BVO. §§ 23—25. Wegen Wahrnehmung der Aufgaben des LJAmts bis zu dessen Errichtung s. JAG. Art. 51 Abs. 2.

Art. 17

I Die Aufgaben des Landesjugendamtes verwaltet für Bayern ein Landesausschuß, dem angehören:

1. ein Vertreter des Staatsministeriums des Innern als Vorsitzender,
2. ein Vertreter des Staatsministeriums der Justiz,
3. ein Vertreter des Staatsministeriums für Unterricht und Kultus,
4. ein Vertreter des Staatsministeriums für Soziale Fürsorge,
5. ein Vertreter der Vormundschafts- und Jugendgerichte,
6. sechs Vertreter von Jugendämtern, von denen zwei nach Vorschlägen des Städtebundes und zwei nach Vorschlägen des Verbandes der Landgemeinden berufen werden,
7. ein beamteter Arzt,
8. ein Schulfachmann,
9. zwei Geistliche der katholischen Kirche und ein Geistlicher der Evangelisch-Lutherischen Landeskirche r. d. Rh.,
10. zwei Vertreter der Anstalten für Jugendwohlfahrt,

11. Männer und Frauen, die in der Jugendwohlfahrt erfahren und bewährt und zu Gemeindeämtern wählbar sind, in der Zahl der Mitglieder nach Ziff. 5 mit 10.

II Die Vertreter der Staatsministerien werden von diesen abgeordnet. Die übrigen Mitglieder des Ausschusses werden vom Staatsministerium des Innern berufen, und zwar die Mitglieder nach Abs. I Ziff. 5 und 8 im Benehmen mit den beteiligten Staatsministerien, die Mitglieder nach Abs. I Ziff. 9 im Benehmen mit den kirchlichen Oberbehörden und die Mitglieder nach Abs. I Ziff. 11 im Einvernehmen mit dem Staatsministerium für Unterricht und Kultus auf Grund von Vorschlägen der Landesverbände für Jugendwohlfahrt und Jugendbewegung. Für jedes Mitglied wird ein Stellvertreter berufen.

III Die Leitung des Geschäftsganges des Landesausschusses und dessen Berufung kommt dem Staatsministerium des Innern zu. Dem Landesausschuß obliegen die dem Landesjugendamte zugewiesenen Aufgaben, soweit nicht nachstehend (Abs. IV und Art. 18, 19) anderes bestimmt ist; er verwaltet sie unter der Aufsicht der sachlich zuständigen Staatsministerien.

IV Für die Erledigung der laufenden Arbeiten wählt der Landesausschuß aus seiner Mitte einen ständigen Arbeitsausschuß. Abs. III Satz 1 gilt entsprechend. Für einzelne Gebiete der Jugendwohlfahrt können weitere Unterausschüsse gebildet werden, in die auch Personen berufen werden können, die nicht Mitglieder des Landesausschusses sind.

1. Art. 17 regelt die Zusammensetzung und die Organisation der Zentralstelle des LJA., des sog. Landesausschusses, dessen amtliche Bezeichnung „Bayerisches Landesjugendamt" sein soll (VVO. § 23 Abs. 3); die entsprechenden Vorschriften für die für die Kreise gebildeten Zweigstellen gibt Art. 18. Die reichsrechtliche Grundlage hiefür ist § 14 JWG.

2. Abs. 1 enthält die Zusammensetzung des Landesausschusses; er setzt sich, wie sich aus Abs. 1 ergibt, aus 31 Mitgliedern zusammen, von denen die ersten 5 und der Arzt (Nr. 7) aus den Staatsbeamten genommen sind. Zu den 31 Mitgliedern treten Vertreter in gleicher Zahl. Vorsitzender ist der Vertreter des Staatsministeriums des Innern. Wie die Mitglieder im

einzelnen bestimmt werden, ergibt Abs. 2. Zu diesen regelmäßigen Mitgliedern können zur Tätigkeit in den Unterausschüssen (abgesehen vom ständigen Arbeitsausschuß) noch weitere Mitglieder treten (Abs. 4 S. 3). Die Zahl der nach Nr. 6 Vorzuschlagenden soll nach den Verhandlungen im Landtag (StenB. Nr. 70 S. 386) in beiden Vorschlägen größer sein als die Zahl der zu besetzenden Stellen, damit das Ministerium noch eine gewisse Auswahl hat. Im Gesetz hat dieser Standpunkt keinen Ausdruck gefunden; er ist sonach auch nicht Gesetz geworden. Wegen der Amtsdauer der Mitglieder s. VBO. § 23 Abs. 2. Andere als in Nr. 9 bezeichneten Religionsgesellschaften haben kein Vertretungsrecht. Zu Nr. 11 s. wegen der Wählbarkeit zu Gemeindeämtern Art. 6 A. 3ff. Ein Zwang zur Mitgliedschaft kann nicht geübt werden, soweit nicht etwa für Staats- oder Gemeindebeamte eine Dienstpflicht in Frage kommt.

3. Abs. 3 und 4 regeln, vorbehaltlich der durch Art. 18—20 erfolgten Ergänzungen, den Geschäftsgang des Landesausschusses des LJA. und dessen Zuständigkeit gegenüber den Zweigstellen. Hierbei ist namentlich vorgesehen, daß nicht immer das Plenum tätig wird, sondern Unterausschüsse gebildet werden können, insbesondere ein ständiger Arbeitsausschuß, der vom Ministerium des Innern geleitet und berufen wird. Auf Grund des Art. 19 kann durch die Geschäftsordnung die Erledigung von Angelegenheiten auch den Ministerien übertragen werden. Statt der Bezeichnung Unterausschüsse gebraucht die Begründung auch die Bezeichnungen Fachausschüsse und Sonderausschüsse.

Art. 18

[1] Für die Kreise werden als Zweigstellen des Landesjugendamtes (Art. 17 Abs. I) bei den Regierungen, Kammern des Innern, Ausschüsse gebildet, die aus einem Vertreter der Regierung, Kammer des Innern, und Mitgliedern bestehen, die vom Staatsministerium des Innern im Einvernehmen mit dem Staatsministerium für Unterricht nnd Kultus berufen werden. In die Ausschüsse können auch Personen berufen werden, die nicht Mitglieder des Landesjugendamtes sind; für jedes Mitglied ist ein Stellvertreter zu berufen. Die Ausschüsse stehen unter der Leitung der Regierung, Kammer des Innern, und treten auf deren Berufung zusammen. Die Aufgaben der Zweigstellen werden, soweit sie nicht in diesem Gesetze geregelt sind, durch die Ausführungsvorschriften und die Geschäftsordnung bestimmt.

II Bei der Zusammensetzung der Zweigstellen sind Vertreter der Justizbehörden, der Jugendämter unter Berücksichtigung von Stadt- und Landgemeinden, ferner der freien Vereinigungen für Jugendwohlfahrt entsprechend heranzuziehen.

1. Art. 18 regelt im Gegensatz zu dem sich mit dem Landesausschuß des LJA. befassenden Art. 17 die Verhältnisse von dessen Kreisstellen. Er wird ergänzt durch den sich mit der Geschäftsordnung befassenden Art. 19 und den die Entschädigung der Mitglieder betreffenden Art. 20. Die auch als Ausschüsse bezeichneten Kreisstellen sind verschieden von den Unterausschüssen des Landesausschusses (Art. 19 Abs. 4). Vollzugsbestimmungen enthält VVO. § 24.

2. Geregelt ist in Art. 18 die Zusammensetzung und der Geschäftsgang der Zweigstellen. Eine festbestimmte Mitgliederzahl besteht nach dem Gesetz nicht; s. aber hierzu VVO. § 24 Abs. 2; für jedes Mitglied ist ein Vertreter vorgesehen. Es können auch Personen in die Zweigstellen berufen werden, die nicht Mitglieder sind. Nähere Regelung ist durch die VVO. § 24 erfolgt. Hierzu tritt die Geschäftsordnung (Art. 19). Ein Zwang zur Mitgliedschaft kann nicht geübt werden, soweit nicht etwa eine dienstliche Tätigkeit von Staats- und Gemeindebeamten in Frage kommt. Als weitere Mitglieder der Ausschüsse bei den Regierungen (Abs. 1 S. 2) sind in der JWohlfahrtspflege tätige Personen gedacht, insbes. Leiter von Erziehungsanstalten; die nähere Regelung hat durch die Ausführungsvorschriften zu erfolgen (Begr. S. 741); s. nun VVO. § 24 Abs. 2.

3. Die Bestimmung der Aufgaben der Zweigstellen behält Abs. 1 S. 4 den Ausführungsvorschriften und der Geschäftsordnung vor. Einschlägig ist nun auch insoweit § 24 VVO.

Art. 19

Für das Landesjugendamt und seine Zweigstellen erläßt das Staatsministerium des Innern gemeinsam mit dem Staatsministerium für Unterricht und Kultus nach Einvernahme des Landesjugendamtes eine Geschäftsordnung. Diese kann die Erledigung einzelner Angelegenheiten dem zuständigen Staatsministerium oder der Regierung, Kammer des Innern, allein vorbehalten.

1. Art. 19 sieht zur weiteren Regelung der Verhältnisse des LJA., seines Landesausschusses sowohl wie seiner Zweigstellen, eine Geschäftsordnung vor. Diese ist „die Satzung des Selbstverwaltungskörpers" im Sinne des § 14 mit § 9 JWG.

2. Die Geschäftsordnung hat außer der ihr nach Art. 19 S. 2 vorbehaltenen Aufgabe zu regeln die Zuständigkeiten des Landesausschusses, seines Arbeitsausschusses und der Zweigstellen, soweit dieses nicht in den Ausführungsvorschriften geschieht, die Bestellung von Unterausschüssen und den formellen Geschäftsgang (Begr. S. 742). Als zuständiges Staatsministerium bezeichnet die Begr. (S. 742) für JFürsorge das Staatsministerium des Innern, für JPflege das für Unterricht und Kultus.

Art. 20

Für die Mitglieder des Landesjugendamtes und der Zweigstellen gilt Art. 9 entsprechend.

1. Art. 9 regelt die Vergütung und die Verpflichtung der Mitglieder.

Art. 21

Die Kosten des Landesjugendamtes und der Zweigstellen trägt der Staat.

1. Art. 21 legt die Kosten des LJAmts einschließlich seiner Zweigstellen dem Staat auf. Ausführungsbestimmungen hierzu über die Verrechnung der Kosten und die Anforderung der Geldmittel sollen noch erfolgen (VVO. § 25 Abs. 1). In den Voranschlag des Jahres 1926 wurden von der Regierung für das LJA. und seine Zweigstellen 50000 Mark eingesetzt (StZ. 1925 Nr. 279).

2. Wegen der Anwendung des Kostengesetzes v. 16. Febr. 1921 (GVBl. 133) auf die LJÄmter s. VVO. § 25 Abs. 2 Wegen der Kosten der JÄmter s. Art. 12.

Beschwerde

Art. 22

I Gegen Entscheidungen des Jugendamtes steht jedem, der ein berechtigtes Interesse hat, die Beschwerde zum Landesjugendamte zu. Die Beschwerde ist schriftlich oder zu Protokoll eines Jugendamtes einzulegen. Das Jugendamt, dessen Entscheidung angefochten wird, kann der Beschwerde abhelfen. Die Beschwerde hat keine aufschiebende Wirkung. Das Jugendamt und das Landesjugendamt können bestimmen, daß der Vollzug der angefochtenen Entscheidung ausgesetzt wird.

II Die Entscheidungen des Landesjugendamtes sind den Beteiligten gegenüber vorbehaltlich der Rechtsbeschwerde nach § 18 Abs. II des Reichsjugendwohlfahrtsgesetzes endgültig.

1. Art. 22 regelt das Beschwerdeverfahren, soweit Entscheidungen der JÄmter und des LJA. in Frage kommen. Die reichsrechtliche Grundlage und die Grenze für die Wirksamkeit des Art. 22 bildet § 18 des JWG. Vorbehalten bleibt gegenüber der Regelung des Art. 22 die in § 39 Abs. 2 JWG. in gewissen Fällen zugelassene Anrufung des VG.; eine abweichende landesrechtliche Regelung ist insoweit nicht möglich (Feisenberger ZBlV. XV 51). Soweit das JA. als Vormund tätig wird, ist auch nicht die dem VG. nach § 1837 Abs. 1 BGB. zustehende Aufsichtstätigkeit ausgeschlossen; eine abweichende landesgesetzliche Regelung wäre wohl nicht möglich, das ergibt sich aus der Nichtanführung des § 1837 Abs. 1 in § 33 Abs. 1 JWG. (so auch Feisenberger a. a. O.); sie ist auch durch Art. 22 kaum gewollt. Vollzugsbestimmungen zu Art. 22 enthält die VVO. §§ 26 und 27.

2. Beschwerdefähig sind grundsätzlich alle Entscheidungen des JA. Als solche Entscheidungen kommen insbesondere in Betracht die Erteilung der Erlaubnis zur Annahme eines Pflegekindes (JWG. § 20), Verfügungen bei Ausübung der Aufsicht über Pflegekinder (JWG. § 24), Befreiungen von Pflegekindern von der Aufsicht (JWG. § 25), Entfernung und anderweite Unterbringung von Pflegekindern (JWG. § 27). VVO. § 26 Abs. 1 S. 3 schreibt für die Entscheidungen der JÄmter in dort näher bestimmtem Umfang eine Beschwerdebelehrung vor.

3. Beschwerdeberechtigt ist, wer ein berechtigtes Interesse hat; nicht gefordert ist ein rechtliches Interesse. Im einzelnen vgl. die Ausführungen zur Beschwerdeberechtigung gemäß § 57 Nr. 9 FGG. (s. Bem. 2, k vor § 56 JWG.). Auch das VG. wird in dieser Eigenschaft beschwerdeberechtigt sein; so z. B. bei Anträgen auf Entlassung nach § 40 JWG. (s. Feisenberger ZBlV. XV 52).

4. Zuständig zur Beschwerdeentscheidung ist schlechthin das LJAmt, nicht die nach der organisatorischen Stellung des JAmts (s. Art. 1 Abs. 2) ihm im allgemeinen vorgesetzte Stelle; eine letzteres bezweckende Antragstellung fand nicht die Mehrheit (StenB. Nr. 70 S. 386); da die Aufsicht über die JÄmter von anderen Stellen als vom LJAmt geübt wird und auch die Möglichkeit besteht, ohne förmliches Beschwerderecht das Eingreifen der Aufsichtsbehörde anzurufen (s. unten A. 8), können sich, wenn die verschiedenen Stellen verschieden entscheiden, Unzuträglichkeiten ergeben. Ob die Beschwerde vom LJAmt selbst oder von einer bei der Regierung gebildeten Zweigstelle zu verbescheiden ist, bestimmen die Ausführungsvorschriften und die Geschäftsordnung des LJAmts (s. Art. 18 Abs. 1 S. 4; Begr. S. 742). Wegen der Ausführungsbestimmungen s. VVO. § 26 Abs. 1 S. 6. Soweit die Zweigstellen zuständig sind, ist örtlich die der Regierung zuständig, in deren

Bezirk das JA. liegt (VVO. § 26 Abs. 1 S. 7). Die Geschäftsordnung kann die Erledigung auch dem zuständigen Ministerium oder der Regierung übertragen (Art. 19 S. 2); beim LJAmt kann die Erledigung auch nach näherer Maßgabe des Art. 17 Abs. 4 durch den Arbeitsausschuß oder durch Unterausschüsse erfolgen.

5. Die Beschwerde kann nicht mündlich sondern nur schriftlich, oder zu Protokoll eines JA., aber eines jeden, wohl nur bayerischen, JA. nicht des LJA. eingelegt werden. Eine Beschwerde zu Protokoll eines Amts, bei dem sie nicht eingelegt werden kann, ist, wenn sie unterschrieben ist, als schriftliche wirksam.

6. Die Beschwerde ist nicht befristet; sie wirkt nicht aufschiebend; doch können JA. und LJA. den Vollzug der Entscheidung aussetzen.

7. Endgültig, vorbehaltlich des § 18 Abs. 2 JWG., sind die Entscheidungen des LJAmts sowohl, wenn sie erstinstanzielle, wie wenn sie Beschwerdeentscheidungen sind. Erstinstanzielle Entscheidungen des LJAmts sind z. B. Entscheidungen nach § 29 Abs. 1 u. 2, § 47, § 70, § 71 JWG., Art. 30 Abs. 2, Art. 34, 47, 50 JAG.

8. Art. 22 regelt nur das Verfahren bei Beschwerden der Beteiligten (s. VVO. § 27). Daneben besteht das Recht des aufsichtlichen Eingreifens gegenüber den JÄmtern und dem LJAmt durch die diesen vorgesetzten ordentlichen Verwaltungsbehörden; deren Eingreifen kann auch von den Beteiligten angeregt werden (Begr. S. 742); s. auch Art. 1 A. 5. Für das LJAmt obliegt diese Aufsicht dem nach dem Gegenstand zuständigen Ministerium (s. Art. 17 Abs. 3 S. 2); für die Zweigstellen bei den Regierungen, Kammern des Innern diesen (s. Art. 18 Abs. 1 S. 3).

Pflegekinderwesen

Vorbemerkungen

1. Die Art. 23 u. 24 treffen Vorschriften über das Pflegekinderwesen, das im allgemeinen durch die §§ 19—31 JWG. geregelt ist. Aus der VVO. s. hierzu die §§ 28—36.

Art. 23

Pflegekinder dürfen nur bei Pflegeeltern des gleichen Bekenntnisses untergebracht werden. Eine andere Unterbringung ist nur zulässig, wenn geeignete Pflegestellen bei Pflegeeltern gleichen Bekenntnisses nicht zu ermitteln sind.

1. Der Art. 23 dürfte unwirksam sein; denn die §§ 19 ff. JWG., die das Pflegekinderwesen, wie ihr Inhalt ergibt, vollständig regeln wollen, enthalten keinen die Bestimmungen des Art. 23 deckenden Vorbehalt; so auch Luppe ZBlJ. XVII 135. VVO. § 30 Abs. 3 bezeichnet den Art. 23 als „verbindliche Richtlinie für die JÄmter"; doch kann wohl auch auf diese Art ihm keine Rechtswirksamkeit verliehen werden; denn es fehlt der Landesregierung die Zuständigkeit; sie läßt sich auch nicht mit Baumann BlAPr. 1926, 6 aus § 31 JWG. ableiten. Höchstens wäre es möglich, sachlich zu demselben Ergebnis durch eine gemäß § 22 JWG. erlassene Vorschrift zu gelangen.

2. Für den Begriff Pflegekinder ist § 19 JWG. maßgebend. Die Beschränkung des Art. 23 gilt für Pflegekinder jeden Alters, auch neugeborene; man befürchtete Störungen in der Erziehung, wenn das Kind bei Erreichung einer gewissen Altersgrenze z. B. beim Eintritt in das schulpflichtige Alter an eine andere Pflegestelle gebracht werden müßte.

3. In S. 2 des Art. 23 fand sich im Entw. an der Stelle der jetzigen Worte „zu ermitteln sind" die Fassung „nicht zur Verfügung stehen". Die veränderte Fassung soll zum Ausdruck bringen, daß das JA. tätig sein muß, Pflegeeltern des gleichen Bekenntnisses ausfindig zu machen, und es nicht dabei bewenden lassen darf, bloß Angebote entgegenzunehmen. Man erachtete es hierbei als selbstverständlich, daß das JA. sich hierzu der Vereinigungen für JWohlfahrt und JBewegung bediene, insbesondere derjenigen Mitglieder, die als Vertreter dieser Vereinigungen ohnehin dem JA. angehörten; eine ausdrückliche Aufnahme dieser Bestimmungen in das Gesetz wurde aber abgelehnt (StenB. Nr. 70 S. 387 u. 408).

Art. 24

I Das Landesjugendamt kann Ausnahmen von den Vorschriften der §§ 20 und 24 des Reichsjugendwohlfahrtsgesetzes für die Unterbringung von Kindern in ländlichen Bezirken erlassen.

II Das Jugendamt kann ungeeigneten Personen die Vermittlung von Pflegestellen verbieten. Die gewerbsmäßige Vermittlung von Pflegestellen ist verboten. Wer dem Verbote zuwider Pflegestellen vermittelt, wird mit Geldstrafe bis zu 600 RM. oder mit Haft bestraft.

1. Abs. 1 u. 2 haben ihre reichsrechtliche Grundlage im § 31 JWG. und zwar Abs. 1 in dessen Bestimmung, daß Ausnahmen von §§ 20 u. 24 für die Unterbringung von Kindern in ländlichen Bezirken zugelassen werden können, und Abs. 2 in der Bestimmung, daß weitere Vorschriften zum Schutze der Kinder erlassen werden können. Die Regelung ist hierbei durch Art. 24 in der Weise erfolgt, daß nicht unmittelbar durch die Landesgesetzgebung die Ausnahmen festgelegt sind, sondern deren Festlegung dem LJAmt übertragen ist. Ob diese Regelung dem Reichsrecht entspricht und demnach wirksam ist, kann ernstlich bezweifelt werden; denn grundsätzlich ist die Übertragung öffentlichrechtlicher Aufgaben nicht bloß als Recht, sondern auch als Pflicht gedacht und kann deshalb nicht delegiert werden; a. A. Friedeberg § 31 A. 1 für Schutzbestimmungen, dagegen wohl gleicher Ansicht A. 2 für Ausnahmen von §§ 20 u. 24. Vollzugsbestimmung zu Art. 24 ist VVO. § 36.

2. Wegen des Begriffs ländlicher Bezirk s. JWG. § 31 A. 3.

3. Jugendamt im Sinne des Abs. 2 ist jedenfalls nicht jedes beliebige JA. Die Zuständigkeitsbestimmungen der §§ 7 u. 23 JWG. sind nicht anwendbar; sie führen zu unbrauchbaren Ergebnissen. Eine sinngemäße Auslegung führt dazu, das JA. des Bezirks für zuständig zu erachten, in dessen Bezirk die Vermittlung stattfindet oder stattfinden soll.

4. Ungeeignete Personen: Nur solche, die objektiv, nicht bloß nach Ansicht des JA. ungeeignet sind. Die Frage ist also im Strafverfahren zu prüfen.

5. Pflegestellen sind nur Stellen für Pflegekinder; wegen dieses Begriffs s. JWG. § 24 A. 1; uneheliche Kinder schlechthin fallen nicht hierher.

6. Gewerbemäßig ist die Vermittlung, wenn sie mit dem Willen erfolgt, einen fortgesetzten und dauernden Erwerb aus der Wiederholung der einzelnen Handlungen zu machen.

7. Die Tat ist Vergehen (§ 1 Abs. 2 StGB.); Versuch ist nicht strafbar (§ 43 Abs. 2 StGB.); Beihilfe und Anstiftung sind strafbar. Zuständig ist der Amtsrichter allein (§ 25 Nr. 2 GVG.). Die Verfolgung erfolgt ohne Antrag; anders die Strafbestimmungen des JWG. (§§ 30 u. 76).

Gemeindewaisenrat

Vorbemerkungen

1. Die Art. 25—27 treffen auf Grund der in § 42 Abs. 2 JWG. erteilten Ermächtigung die näheren Vorschriften über die örtlichen Einrichtungen zur Unterstützung des JA. in den Geschäften des GemWaisenrats und zwar befassen sich Art. 25 und 26 mit Bestimmungen über die Begründung und Beendigung des Amts der als solche Einrichtung vorgesehenen Waisenräte, Art. 27 mit deren rechtlicher Stellung und der Geschäftsführung. Neben Art. 25—27 bleibt die Ermächtigung des JA., nach § 11 JWG. Art. 10 JAG. die Geschäfte oder einzelne Geschäfte Fachausschüssen sowie Vereinigungen für JHilfe und JBewegung oder geeigneten Einzelnen zu übertragen (s. § 42 Abs. 1 S. 2 JWG.). Vollzugsbestimmungen zu Art. 25—27 treffen VVO. §§ 58—61.

Art. 25

I Die Gemeindeaufsichtsbehörde kann anordnen, daß die Gemeinden zur Unterstützung des Jugendamtes in den Geschäften des Gemeindewaisenrats (§ 42 des Reichsjugendwohlfahrtsgesetzes) örtliche Waisenräte bestellen. Die Zahl der Waisenräte und ihrer Stellvertreter bestimmt die Aufsichtsbehörde.

II Die Waisenräte werden vom Stadtrat oder Gemeinderat mit einfacher Stimmenmehrheit für die Dauer der ordentlichen Wahlzeit des Gemeinderates gewählt. Sie versehen ihr Amt ehrenamtlich und unentgeltlich; die mit der Amtsführung verbundenen notwendigen Auslagen werden ihnen auf Ansuchen von der Gemeinde ersetzt.

1. Gemeindeaufsichtsbehörde ist nicht etwa die Aufsichtsbehörde des JAmts, sondern die für den Gemeindebezirk, für den der Waisenrat bestellt werden soll, zuständige Aufsichtsbehörde der Gemeinde. Gemeindeaufsichtsbehörde ist unter der obersten Leitung des Min. des Innern über unmittelbare Städte die Kammer des Innern der Regierung, über alle übrigen Gemeinden das Bezirksamt (Art. 13 SelbstverwG.).

2. Nicht ausgeschlossen ist, daß die Gemeinden von sich aus ohne Anordnung der Aufsichtsbehörde Waisenräte bestellen (Erklärung des Ministers StenB. Nr. 70 S. 387); die Zahl bestimmt diesenfalls die Gemeinde. Auch für sie gilt Abs. 2. Nach VVO. § 58 Abs. 1 soll die Anordnung nach Art. 25 für die Regel nur auf Antrag des JA. getroffen werden. Wegen der Anhörung der Gemeinde und des JA. über die Zahl der zu Bestellenden s. VVO. § 59 Abs. 1. Wegen der Verpflichtung der Waisenräte s. JAG. Art. 9 Abs. 2 und Art. 27, VVO. § 59 Abs. 3. Wegen der Belehrung derselben und der Erteilung eines Ausweises s. VVO. § 61 Abs. 2.

3. Wegen der Geschäfte des Gemeindewaisenrats s. JWG. § 42 A. 2. Bei den Geschäften, die die Waisenräte besorgen sollen, ist insbes. gedacht an persönliche Erkundigungen, Nachschau an Ort und Stelle, mündliche Beratung und Belehrung (Begr. S. 743).

4. Örtliche Waisenräte sind solche, deren Bereich sich nicht auf den ganzen Bezirk des JA., sondern auf einen, wohl von der Gemeindeaufsichtsbehörde abzugrenzenden Bezirk einer Gemeinde oder eine ganze Gemeinde erstreckt.

5. Wegen der ordentlichen Wahlzeit s. Art. 6 A. 5. Wegen näherer Bestimmungen über die Wahl s. Art. 26.

6. Zu wählen sind auch Stellvertreter der Waisenräte (s. Abs. 1 S. 2). Für sie gilt das Gleiche wie für die Waisenräte.

7. Die Pflicht zum Ersatz der Auslagen ist eine öffentlich-rechtliche; die Ansprüche können deshalb im Rechtswege nicht geltend gemacht werden; sie sind durch Anrufen der Staatsaufsicht, die dann nach Art. 13 SelbstverwG. zu verfahren hat, geltend zu machen. S. zur Frage der Kosten auch VBO. § 60.

8. Wegen übergangsweiser Wahrnehmung der Aufgaben der Waisenräte durch die nach den bisherigen Gesetzen bestellten Gemeindewaisenräte s. JAG. Art. 48.

Art. 26

I Wählbar sind alle zu Gemeindeämtern wählbaren Personen. Nach Möglichkeit sollen Personen gewählt werden, die in der Jugendpflege und Jugendfürsorge Erfahrung besitzen.

II Die Wahl kann nur aus Gründen abgelehnt werden, die zur Ablehnung der Wahl zu einem Gemeindeamte berechtigen. Für den Verlust und die Niederlegung des Amtes gelten die Vorschriften der Gemeindeordnungen entsprechend. Ehefrauen können die Wahl ablehnen und sind zur Niederlegung des Amtes berechtigt.

1. Der Art. 26 trifft nähere Bestimmungen über die Wahl zu dem Amt der in Art. 25 vorgesehenen Waisenräte und über Beendigung des Amts als Waisenrat.

2. Voraussetzung der Wählbarkeit als Waisenrat ist Wählbarkeit zu Gemeindeämtern; in Abweichung von den für die Wählbarkeit zum gewählten Mitglied des JAmts aufgestellten Voraussetzungen ist also hier auch dem Erfordernis einer gewissen Aufenthaltsdauer zu genügen und andrerseits Wohnung in einem gewissen Bezirk nicht notwendig. Wegen der Voraussetzung der Wählbarkeit zu Gemeindeämtern im einzelnen s. Art. 6 A. 3 u. 4. Hiezu tritt bei den Waisenräten zufolge des Art. 1 Abs. 1 Nr. 2 des Gem.-Wahlgesetzes v. 6. Nov. 1924 weiter, daß sie sich seit 12 Monaten von der Anmeldung in der Gemeinde an gerechnet in dieser aufhalten; dabei ist aber möglich, daß das Staatsministerium des Innern allgemeine Ausnahmen von diesem Erfordernis aufgestellt hat.

3. Zu den zwingenden Vorschriften tritt eine Sollvorschrift; es sollen nur in der JPflege und JFürsorge erfahrene Personen gewählt werden; wegen der Begriffe JPflege und JFürsorge s. JWG. § 2 A. 1.

4. Im Gegensatz zu der für die Mitgliedschaft der gewählten Mitglieder beim JA. getroffenen Regelung besteht bei der Wahl zum Waisenrat ein Ablehnungsrecht. Die Ablehnungsgründe

sind die gleichen wie bei der Wahl zu Gemeindeämtern. Maßgebend ist also gemäß Art. 3 SelbstverwG. der Art. 174 der GemO. (Art. 118 der Pfälz. GemO.). Art. 174 gewährt ein Ablehnungsrecht 1. wegen erwiesener körperlicher oder geistiger Unfähigkeit, 2. wegen zurückgelegten 60. Lebensjahrs, 3. wenn der Gewählte das Amt eines Bürgermeisters, Beigeordneten, Magistratsrates oder Gemeindeausschußmitgliedes während voller 6 Jahre verwaltet hat, 4. wegen einer Beschäftigung, die eine häufige oder lang andauernde Abwesenheit von der Gemeinde mit sich bringt. Außerdem bildet die Anstellung im Dienste des Staates oder der Kirche oder als Notar oder öffentlicher Lehrer in allen Fällen einen Ablehnungsgrund. Zu den Ablehnungsgründen der GemO. tritt zufolge des Abs. 2 S. 3 noch das Ablehnungsrecht der Ehefrauen. Witwen sind keine Ehefrauen. In der Pfalz (s. Art. 118) kann die Wahl ohne Grundangabe abgelehnt werden (Roesch, GemO. Art. 174 A. 3).

5. Die Bestimmungen über den Verlust und die Niederlegung der Gemeindeämter sind enthalten für die Gemeinden, die bis zur Einführung des SelbstverwG. durch Stadtmagistrate verwaltet wurden, in Art. 80 der Rechtsrh. GemO., für die sonstigen rechtsrheinischen Gemeinden in Art. 127 dieser GemO., für die Pfalz in Art. 58, 59 u. 59a der Pfälz. GemO. Hierzu treten die aus §§ 31, 33, 35 StGB. (Verurteilung zur Zuchthausstrafe, Aberkennung der bürgerlichen Ehrenrechte, Aberkennung der Fähigkeit zur Begleitung öffentlicher Ämter) sich ergebenden Beendigungsgründe.

Art. 27

I Die Waisenräte werden vom Leiter des Jugendamtes in ihr Amt eingewiesen. Art. 9 Abs. II gilt entsprechend. Sie erledigen die Geschäfte nach Anordnung des Jugendamtes.

II Die Ausführungsvorschriften und das Landesjugendamt können über die Geschäftsführung der Waisenräte Näheres bestimmen.

1. Art. 27 trifft Vorschriften über die rechtliche Stellung und die Geschäftsführung der nach Art. 25 u. 26 bestellten Waisenräte. Sie sind den Anweisungen des JA. unterworfen; maßgebend ist für die Geschäftsführung eine etwa nach Abs. 2 erlassene Anordnung; sie werden vom Leiter des JA. in ihr Amt eingewiesen und verpflichtet.

2. Leiter des JA.: D. i. der erste Bürgermeister bei StadtJÄmtern, der Bezirksamtmann bei BezirksJÄmtern (Art. 5 Abs. 1; Art. 4 Abs. 1); wer Leiter bei gemeinschaftlichen oder besonderen JÄmtern ist, bestimmt die Satzung (Art. 13). Art. 9 Abs. 2 trifft Vorschriften über die Verpflichtung der Waisenräte. S.

wegen der Verpflichtung auch VVO. § 59 Abs. 3; der dort vorgesehene Erlaß der Verpflichtung ist mit dem Gesetz nicht vereinbar.

3. Ausführungsvorschriften s. VVO. § 61. Landesjugendamt s. Art. 17.

Fürsorgeerziehung

Vorbemerkungen

1. Die Art. 28—41 enthalten die landesgesetzlichen Vorschriften über die FE. und zwar befassen sich Art. 28 u. 29 mit dem Anordnungsverfahren, Art. 30—36 mit dem Vollzugsverfahren, Art. 37 mit dem Aufhebungsverfahren, während Art. 38—41 die Bestimmungen über die Kostendeckung und die Gebührenpflicht enthalten.

Art. 28

I Zum Antrag auf Anordnung der Fürsorgeerziehung sind neben dem Jugendamte (§ 65 Abs. I des Reichsjugendwohlfahrtsgesetzes) die Schulbehörde, die geistliche Behörde und die Jugendfürsorgevereine berechtigt.

II Die Staats- und Gemeindebehörden sind verpflichtet, die zu ihrer Kenntnis gelangenden Tatsachen, welche die Zulässigkeit der Fürsorgeerziehung begründen, dem Vormundschaftsgericht oder dem zuständigen Jugendamte mitzuteilen.

1. Art. 28 dient neben Art. 29 der Ergänzung des das Verfahren in FESachen regelnden § 65 JWG.; er gibt in Abs. 1 weiteren Personen ein Antragsrecht und schafft in Abs. 2 eine Verpflichtung der Behörden zur Mitteilung von Tatsachen, welche die Zulässigkeit der FE. begründen.

2. Auf Grund der im § 65 Abs. 1 S. 3 JWG. erteilten Ermächtigung dehnt Abs. 1 das Recht zur Beantragung der FE. aus auf die Schulbehörde, die geistliche Behörde und die Jugendfürsorgevereine. Die Einräumung des Antragsrechts an diese erfolgte unter teilweiser Übernahme der Grundsätze, denen die Rechtsprechung bei der Zuerkennung eines Beschwerderechts gegen einen die FE. ablehnenden Beschluß nach dem bayer. FEG. Anerkennung verschafft hatte. So war dem Pfarrer hinsichtlich seiner Pfarrkinder und dem Lokalschulinspektor hinsichtlich der Schüler seiner Schule ein Beschwerderecht zugestanden worden (BayObLG. 14, 297), dem Pfarrer auch unter der Geltung der Verfassung von 1919 (BayZ. 1925, 251), desgl. den Jugendfürsorgeverbänden (BayObLG. 15, 384). Antragsberechtigt sind Schulbehörden, geistliche Behörden und JFürsorgevereine nicht schlechthin, sondern jene, unter denen der Jugendliche z. Z. der Antragstellung steht.

3. Wer Schulbehörde ist, ist durch BVO. § 98 Abs. 2 näher bestimmt; andere Organe der Schule sind nicht zuständig; die Regelung der Zuständigkeit konnte bindend auch ohne besondere gesetzliche Ermächtigung durch VerwaltungsVO. erfolgen.

4. Wer geistliche Behörde ist, richtet sich nach der Organisation der einzelnen Religionsgesellschaften; jedenfalls ist entsprechend der Rechtsprechung zu dem FEG. (BayZ. 1925, 251) der „Pfarrer" für seine Pfarrangehörigen zuständig; s. auch BVO. § 98 Abs. 2 S. 3.

5. Besondere Eigenschaften sind für die JFVereine nicht verlangt. Es kommt also weder auf die Mitgliederzahl, noch auf das Alter, noch auf die politische Eigenschaft der Vereine an; auch juristische Persönlichkeit wird nicht gefordert. Es muß nur ihr Zweck, wenn auch nicht ihr ausschließlicher, die JF. sein; wegen des Begriffs der letzteren s. JWG. § 2 A. 1.

6. Kein Antragsrecht haben die Eltern und die gesetzlichen Vertreter des Jugendlichen; sie sind darauf angewiesen, die Einleitung des Verfahrens von Amts wegen anzuregen.

7. Das Antragsrecht wird (soweit dort nicht Sonderbestimmungen bestehen) nach JWG. § 65 Abs. 6 auch für das Beschwerderecht hinsichtlich des die FE. anordnenden oder ablehnenden Beschlusses von Bedeutung.

8. Abs. 2 wiederholt im wesentlichen den Art. 3 des bayer. FEG. Der Entwurf hatte die Behörden schlechthin für verpflichtet erklärt; bei den Verhandlungen über das Gesetz wurden statt deren die Staats- und Gemeindebehörden genannt. Abs. 2 ist als Rechtsvorschrift, als welcher er auftritt, kaum wirksam; denn es ist davon auszugehen, daß das JWG. die Fürsorgeerziehung erschöpfend regeln will; ein Vorbehalt für die Landesgesetzgebung zu einer Vorschrift, wie sie Abs. 2 trifft, findet sich aber im JWG. nicht. Man wird in ihm nur eine im formellen Gesetzesweg erlassene Dienstvorschrift zu erblicken haben; als solche und mit der bloßen rechtlichen Tragweite einer solchen aber ist er wirksam; er schafft deshalb kein Recht auf eine Mitteilung und bindet insbesondere auch die Reichsbehörden nicht, obwohl diese als Staatsbehörden an sich hierher fielen. Weitere Dienstesanweisungen über die Mitteilungen enthält BVO. § 99.

9. Eine Pflicht, besondere Nachforschungen nach den mitzuteilenden Tatsachen vorzunehmen, wird durch Abs. 2 nicht begründet, kann aber schon durch den allgemeinen Wirkungskreis der Behörde — wie z. B. bei den Schulbehörden — gegeben sein. Durch Abs. 2 erwächst den Behörden nicht nur die Obliegenheit, selbst ein Einschreiten des VG. oder des JA. herbeizuführen, sondern sie müssen auch, wenn sie das VG. oder das JA. aus eigener Entschließung um ihr Wissen zur Sache befragt, die von ihnen gemachten Wahrnehmungen angeben. In zweifelhaften Fällen, in denen es fraglich erscheint, ob die FE. zulässig ist, dürfen sie von einer Mitteilung an das VG. oder das JA. nicht absehen;

die Möglichkeit, daß diese einschreiten werden, muß genügen, um die Verpflichtung zu der Mitteilung zu begründen. Die vorgesetzten Behörden haben neben der eigenen Anzeigepflicht vermöge der ihnen zustehenden Dienstaufsicht das Recht und die Pflicht, den Vollzug des Abs. 2 durch die untergeordneten Behörden zu überwachen; sie haben, wenn es nötig sein sollte, anzuordnen, daß eine unterlassene Anzeige nachgeholt werde.

10. Die Anzeige ist an das Vormundschaftsgericht oder an das zuständige Jugendamt zu erstatten. Auch das VG. ist, wenn es auch nicht ausdrücklich bestimmt ist, das zur Einleitung der FE. sachlich und örtlich zuständige (s. hierzu JWG. § 65 A. 3). Die Behörden haben ihrer gesetzlichen Pflicht nicht genügt, wenn sie ihre Anzeige an ein beliebiges VG. oder JA. geben, und es diesen überlassen wollen, das zuständige Gericht oder JA. zu ermitteln. Doch hat ein unzuständiges VG. oder JA. seinerseits die Pflicht, die fälschlich ihm zugegangene Anzeige an das zuständige weiterzugeben. Wegen des zuständigen VG. s. JWG. § 65 A. 3; die Zuständigkeit des JA. bestimmt sich nach § 7 JWG.

Art. 29

I Das Vormundschaftsgericht soll vor der Beschlußfassung über die Anordnung der Fürsorgeerziehung Verwandte oder Verschwägerte des Minderjährigen hören, soweit es zur Klärung des Sachverhaltes notwendig erscheint und ohne erhebliche Verzögerung und ohne unverhältnismäßige Kosten geschehen kann.

II In allen Fällen ist ein Arzt, die Schulbehörde, wenn der Minderjährige schulpflichtig ist, und die geistliche Behörde zu hören, wenn deren Äußerung nicht schon vorliegt.

1. Art. 29 trifft neben Art. 28 in Ergänzung des § 65 JWG. Vorschriften über das Verfahren betr. die Anordnung der FE.; er hat seine reichsrechtliche Grundlage in § 65 Abs. 2 Halbs. 2 des JWG. und wiederholt sachlich im wesentlichen die Bestimmungen des Art. 4 Abs. 3 u. 4 des bayer. FEG.

2. Die durch Art. 29 vorgeschriebene Anhörung „soll" erfolgen; wegen der Bedeutung des „soll" gilt das zu JWG. § 65 A. 4 Bemerkte.

3. Wer Verwandter oder Verschwägerter ist, bemißt sich nach § 1589 und § 1590 BGB.; hieraus ergibt sich insbesondere, daß der uneheliche Vater nicht zu den Verwandten gehört (BayObLG. in Recht 1904 S. 143 Nr. 692) und daß die Schwägerschaft trotz der Auflösung der Ehe, die sie begründete, fortdauert. Die Eltern fallen im Sinne des Abs. 1 nicht unter die Verwandten, weil für diese die Sonderbestimmung des § 65 Abs. 2 JWG. besteht. Ist der gesetzliche Vertreter zugleich ein Verwandter oder Verschwägerter, so darf seine Anhörung nur dann unterbleiben, wenn sie sowohl nach Abs. 1 wie nach § 65 Abs. 2 JWG. entbehrlich ist. Wegen der Erfordernisse des Hörens gilt das bei JWG. § 65 A. 4 Bemerkte. Das Anhören wird hier nur notwendig, soweit es zur Klärung des Sachverhaltes notwendig erscheint und ohne erhebliche Verzögerung und ohne unverhältnismäßige Kosten geschehen kann. Anhörung ist also nicht schlechthin geboten, sondern nur, soweit die Sache noch nicht spruchreif ist und in den für die Entscheidung erheblichen Punkten noch Unklarheiten bestehen. Aber auch dann nur, wenn keine erhebliche Verzögerung und keine unverhältnismäßigen Kosten erwachsen. Eine erhebliche Verzögerung ist nur eine solche des Verfahrens im ganzen; eine Anhörung, selbst wenn sie eine geraume Zeit in Anspruch nimmt, ist deshalb dann notwendig, wenn sich das Verfahren schon aus anderen Gründen verzögert. Es brauchen nicht alle Verwandten oder Verschwägerten des Mündels gehört zu werden, auch nicht alle bekannten, selbst wenn es ohne erhebliche Verzögerung und ohne verhältnismäßige Kosten geschehen könnte; es ist auch nicht notwendig, gerade die nächsten zu hören. Maßgebend ist das Ermessen des Gerichtes; die Anhörung soll dem Gerichte nur erleichtern, sich in die für die Anordnung der FE. maßgebenden Verhältnisse einen Einblick zu verschaffen und insbesondere zu prüfen, ob die FE. notwendig ist oder durch andere weniger einschneidende Maßnahmen ersetzt werden kann (BayOLG. 13, 253).

4. In Abs. 2 verlangt das Gesetz, daß in allen Fällen die geistliche Behörde, ein Arzt und, wenn der Minderjährige schulpflichtig ist, die Schulbehörde zu hören sind, wenn deren Äußerung nicht schon vorliegt. Geistliche Behörde ist für die Regel das zuständige Pfarramt, d. h. dasjenige, zu dessen, nach den kirchenrechtlichen Bestimmungen sich bemessenden Seelsorgebezirk der Minderjährige zur Zeit der Durchführung des Verfahrens gehört. Gehört er keiner Religionsgemeinschaft an, so ist eine geistliche Behörde nicht zu hören. Arzt im Sinne des Gesetzes ist jeder nach Maßgabe der Gewerbeordnung approbierte Arzt; eine besondere Qualifikation ist nicht gefordert, weder hinsichtlich einer amtlichen Stellung noch hinsichtlich einer ärztlichen Sonderausbildung. Für die Bestimmung der Schulbehörde dürfte auch hier BBO. § 98 Abs. 2 gelten. Wegen des Hörens s. JWG. § 65 A. 4. Das Hören entfällt jedoch hier, wenn sich schon eine Äußerung bei den Akten befindet. Es ist nicht notwendig, daß die Äußerung auf Verlangen des Gerichts abgegeben wurde; es genügt deshalb insbesondere eine Äußerung, die sich in einem beigeschafften Beiakt befindet; doch muß es eine Äußerung über die Frage der FE. sein.

Das Hören ist hier in allen Fällen notwendig; dieser Ausdruck dürfte soviel bedeuten wie jeden Falls, d. h. das Hören ist notwendig ohne die Ausnahmen des Abs. 1 und nicht als bloße Sollvorschrift vorgeschrieben. Nähere Bestimmungen über die

Anhörung der Schulbehörde gibt VVO. § 104, über die des Arztes VVO. § 105.

Vorbemerkungen

1. Art. 30—36 regeln die Ausführung der FE., einschließlich der der vorläuf. FE. Sie ergänzen die §§ 69—71 u. 75 JWG. und zwar regeln Art. 30 u. 31 die Zuständigkeit, Art. 32 bis 36 die Ausführung im einzelnen. Hierzu treten an weiteren Bestimmungen über die Ausführung der FE. Art. 38—41, die sich mit der Kostentragung befassen. Die Vollzugsbestimmungen über die Ausführung der FE. sind enthalten in VVO. §§ 113—136, die über die Kostentragung in §§ 141—146. Im besonderen treffen a) Bestimmungen über die Einschaffung und die Vorbereitungen hierzu: § 113, Anregung des Vollzugs und gutachtliche Äußerung des VG.; § 115, vorbereitende Erhebungen durch das JA., Wahl zwischen Anstalts- und Familienerziehung, Bekanntgabe der Anordnung an die Beteiligten; § 116, vorbereitende Beobachtung in Anstalten, Behandlung kranker Einzuschaffender; § 118, Art der Beförderung; b) solche über die Familienerziehung: § 121, Auswahl der Familie; § 124, Abschluß eines Erziehungsvertrags; § 125, Förderung der Berufsausbildung, Abschluß von Dienst- und Lehrverträgen; c) solche über die Anstaltserziehung: § 126, allgemeine Grundsätze für die Wahl der Anstaltserziehung; § 129, Abschluß eines Erziehungsvertrags; § 135 Abs. 2, Berufsausbildung bei der Anstaltserziehung; d) solche über die Überwachung der FE.: § 131, allgemeine Überwachungsvorschrift für die Familienerziehung; § 135, Überwachung der Anstaltserziehung.

Art. 30

I Dem Landesjugendamt obliegt die Ausführung der Fürsorgeerziehung, soweit es sich um die allgemeinen Einrichtungen des Vollzuges handelt, nach näherer Bestimmung der Ausführungsvorschriften.

II Die Ausführung der Fürsorgeerziehung im einzelnen Falle obliegt den Jugendämtern und den Zweigstellen des Landesjugendamtes nach Maßgabe der Ausführungsbestimmungen.

III Die Ausführungsbestimmungen regeln, welche der besonderen in §§ 65 bis 76 des Reichsjugendwohlfahrtsgesetzes und in diesem Gesetze der Fürsorgeerziehungsbehörde übertragenen Zuständigkeiten von den Jugendämtern oder den Zweigstellen des Landesjugendamtes wahrgenommen werden.

IV Die allgemeine Aufsicht über die Anstalten, die Kinder in Pflege und Erziehung nehmen, und ihren Betrieb bestimmt sich nach den gesetzlichen und verordnungsmäßigen Vorschriften.

1. Art. 30 regelt die Zuständigkeit zur Ausführung der FE.; das Gesetz entschied sich für die Ausführung durch die innere Verwaltung und lehnt die Übertragung der Ausführung an die Vorm.-Gerichte ab; Art. 31 sichert mit Art. 36 Abs. 3 in Ergänzung des Art. 30 Dritten, namentlich den VGerichten ein gewisses, allerdings sehr geringes Mitwirkungsrecht. Abs. 1—3 dienen dem Vollzug des § 70 Abs. 1 S. 1 u. 2, § 71 JWG.; sie sehen die Regelung der Ausführung der FE. einschließlich der Bestimmung der FEBehörde z. T. durch die Ausführungsbestimmungen vor, während § 70 Abs. 1 S. 1 u. 2 und § 71 des JWG. die Regelung dieser Verhältnisse der Landesgesetzgebung vorbehält; wegen der Wirksamkeit dieser Regelung s. Art. 2 A. 2 EG. JWG. Art. 30 gilt auch für die vorläufige FE. des § 67 JWG.

2. Art. 30 unterscheidet zwischen der Ausführung der FE. im allgemeinen (Abs. 1) und der Ausführung im einzelnen (Abs. 2). Diese Unterscheidung entspricht auch der Ausdrucksweise des JWG., s. z. B. § 71 JWG. Die Ausführung im einzelnen ist der Vollzug der einzelnen angeordneten FE. oder der sonstigen nach Maßgabe der §§ 62—76 JWG. getroffenen Anordnungen; Ausführung im allgemeinen ist die Normgebung für die Ausführung.

3. Wegen der Einrichtung des LJA. s. Art. 17—21 JAG. Wegen der reichsrechtlichen Vorschriften über die Beteiligung des LJAmts bei der Ausführung s. JWG. § 70 Abs. 1 S. 2 u. § 71. Bei den allgemeinen Einrichtungen des Vollzugs im Sinne des Abs. 1 ist gedacht an die einheitliche Regelung der Erziehungsverträge, die Vereinbarung gleichmäßiger Richtlinien für die Erziehung und Ausbildung der Minderjährigen, die Anregung und Förderung des Baues und der Ausgestaltung von Anstalten, die Schaffung von Sonderanstalten oder Sonderabteilungen für schwer erziehbare oder an geistigen Regelwidrigkeiten leidende Jugendliche, die Einrichtung einer zentralen Meldestelle für freie Anstaltsplätze, die Einrichtung einer Nachweisstelle für Familienplätze, die mit Hilfe der Anstalten, der Jugendämter und der Verbände der freien Wohlfahrtspflege geführt werden kann (Begr. S. 744). Die in Abs. 1 vorgesehenen Ausführungsbestimmungen sind enthalten in § 130 VVO.

4. Ausführungsbehörde für die FE. im einzelnen, FEBeh., sind nach Abs. 2 einerseits die JÄmter (s. Art. 1, 2 JAG.), die Stadt- u. BezirksJÄmter u. selbstverständlich auch gemeinsame u. besondere JÄmter, und ferner die Zweigstellen des LJA. (s. Art. 18 JAG.). Nach dem Entw. war Abs. 2 des Art. 30 dahin gefaßt, daß die Ausführung der FE. im einzelnen Fall den JÄmtern obliegen soll, soweit sie nicht durch die Ausführungsbestimmungen den Zweigstellen des LJAmts übertragen wird; durch die veränderte Fassung sollte ein Vorrang des einen Organs gegenüber dem anderen beseitigt werden (StenB. Nr. 70 S. 387); die Folge der Neuregelung ist, daß alle Zuständigkeiten geregelt werden müssen; fehlt eine Regelung für eine Angelegenheit, so fehlt es in einem zuständigen Organ. Die Entstehung der Bestimmung ergibt aber, daß die Bestimmung nicht dahin zu verstehen ist, daß beide Organe zusammenwirken müssen. Bei der Ausführung der FE. im einzelnen ist vor allem gedacht an die Entscheidung über Familien- oder Anstaltsunterbringung (Begr. S. 744).

5. Die in Abs. 2 vorgesehenen Ausführungsbestimmungen sind VVO. §§ 113—125. Wegen der Wirksamkeit dieser Ausführungsbestimmungen, soweit sie Rechtsvorschriften sind, s. Art. 2 A. 2 des EG. JWG. (oben Teil II).

6. Soweit nach Abs. 3 vorgesehen ist, daß die zuständige FEBehörde auch für die Fälle der §§ 68, 73, 74 u. 75 JWG. durch die Ausführungsvorschriften bestimmt werden soll, ist er bedeutungslos; denn diese §§ begründen keine Zuständigkeit der FE-Behörde.

7. Die in Abs. 3 vorgesehenen Ausführungsbestimmungen sind VVO. § 114.

8. Abs. 4 wahrt gegenüber den Bestimmungen des JAG. und der Ausführungsvorschriften, hinsichtlich der allgemeinen Aufsicht über die Anstalten, die Kinder in Erziehung und Pflege nehmen, auch, soweit sie sich mit dem Vollzug der FE. befassen, die bisherigen Vorschriften, d. s. die VO. v. 10. Mai 1905, die Gründung, Leitung und Beaufsichtigung von Erziehungs- und Unterrichtsanstalten betr. (GVBl. 471), geänd. durch VO. v. 8. April 1919 (GVBl. 160), die InnKMB. v. 13. Jan. 1907 über Einrichtung und Betrieb der nach Art. 59 PStGB. genehmigungspflichtigen Erziehungs- und Unterrichtsanstalten insbes. in bezug auf Gesundheitspflege (KMBl. 33) und die allgemeinen Bestimmungen v. 17. Dez. 1910 über Einrichtung und Betrieb von Kinderbewahranstalten (KMBl. 727) mit InnMB. v. 30. März 1921 (InnMBl. 67). Abgelehnt ist mit dieser Regelung der bei den Gesetzgebungsverhandlungen (StenB. Nr. 70 S. 387) vertretene Vorschlag, daß die allgemeine Aufsicht dem LJA. obliegen solle.

Art. 31

I Im Falle der vorläufigen Fürsorgeerziehung hat die Fürsorgeerziehungsbehörde bis zum rechtskräftigen Abschlusse des Verfahrens dem Vormundschaftsgerichte von der jeweiligen Unterbringung des Minderjährigen Nachricht zu geben. Nach dem rechtskräftigen Abschlusse des Verfahrens ist das Vormundschaftsgericht auf sein Ersuchen von dem Orte der Unterbringung zu benachrichtigen.

II Vor der Entscheidung über die Wahl der Anstalts- oder Familienerziehung sind das Vormundschaftsgericht und die nach Art. 38 ersatzpflichtige Gemeinde zu hören. Zu anderen wichtigen Erziehungsmaßnahmen nicht bloß vorübergehender Art, die im Laufe der Fürsorgeerziehung zu treffen sind, sollen das Vormundschaftsgericht und der gesetzliche Vertreter gehört werden, soweit es ohne schädlichen Aufschub möglich ist.

III Die Fürsorgeerziehungsbehörde und die Fürsorgeerziehungsanstalten haben dem Vormundschaftsgericht auf Verlangen über den Stand und den Erfolg der Fürsorgeerziehung Auskunft zu erteilen.

1. Die reichsrechtliche Grundlage für Art. 31 bildet § 70 Abs. 1 JWG. Die Ausführung der FE. ist nach Art. 31 grundsätzlich Sache der JÄmter und der Zweigstellen des LJAmts (s. Art. 30); Art. 31 trifft, ergänzt durch Art. 36 Abs. 3, Vorschriften darüber, inwiefern das VG. hierbei beteiligt ist; er befaßt sich in Abs. 1 mit der vorläufigen, in Abs. 2 u. 3 (und Art. 36 Abs. 3) mit der endgültigen FE. Damit sind Vorschriften über die Zuziehung der für die Kosten ersatzpflichtigen Gemeinde und des gesetzlichen Vertreters verbunden. Landesgesetzlich konnte aber nur die sachliche Zuständigkeit für die Ausführung der FE. geregelt werden; die örtliche Zuständigkeit bemißt sich nach JWG. § 70 Abs. 2.

Die Bestimmung, daß auch die Gemeinde zu hören sei, wurde erst bei den Gesetzgebungsverhandlungen eingefügt (StenB. Nr. 70 S. 388); man hob insbesondere hervor, daß die Gemeinde ein Interesse haben könne, daß FZöglinge, die für Arbeiten in der Landwirtschaft gebraucht würden, nicht in Anstalten sondern in Familien untergebracht würden, wo sie mitarbeiten könnten.

2. Die Beteiligung des VG. ist im einzelnen in der Weise geregelt, daß nach Abs. 1 ihm sowohl bei der vorläuf. wie bei der endgültigen FE. von dem Aufenthalt des Minderjährigen Kenntnis zu geben ist, in Abs. 2 ihm bei wichtigen Erziehungsmaßnahmen insbes. bei der Wahl zwischen Anstalts- und Familienerziehung Gelegenheit zur Stellungnahme zu geben ist und nach Abs. 3 ihm auf Verlangen über Stand und Erfolg der FE. Auskunft zu geben ist. Wegen eines Falles, in dem hinsichtlich der Art der Unterbringung die Zustimmung des VG. notwendig ist, s. JWG. § 69 Abs. 4 S. 2. Ergänzend tritt zu diesen Bestimmungen Art. 36 Abs. 3 betr. die Mitteilung von der Bestellung von Fürsorgern. Die VVO. trifft ergänzende

und erläuternde Bestimmungen über die Beteiligung des VG. bei der Ausführung der FE. in §§ 119, 120, 135 Abs. 3.

3. Der nach Art. 38 ersatzpflichtigen Gemeinde ist vor der Entscheidung über die Wahl zwischen Familien- und Anstaltserziehung Gelegenheit zur Äußerung zu geben; der gesetzliche Vertreter ist vor wichtigen Erziehungsmaßnahmen, abgesehen von der vorerwähnten Wahl, zu hören. Wegen der Verständigung der Erziehungsberechtigten von dem Orte der Unterbringung s. JWG. § 69 Abs. 3.

4. Wegen der vorläufigen Fürsorgeerziehung s. § 67 JWG. Fürsorgeerziehungsbehörde (Abs. 1 u. 3) ist das JA. oder die Zweigstelle des LJA.; das Nähere bestimmt sich nach Art. 30 Abs. 3. Wegen des Vormundschaftsgerichts s. JWG. § 65 A. 3. Wegen der materiellen Vorschriften über die Wahl zwischen Anstalts- und Familienerziehung s. Art. 33. Die Zuständigkeit zur Wahl bemißt sich nach Art. 30 Abs. 2. Ob die Gemeinde nach Art. 38, und zwar nach Abs. 3 S. 1 oder 2, ersatzpflichtig ist und welche Gemeinde ersatzpflichtig ist, wird bisweilen bei der Entscheidung nach Abs. 2 nicht sicher feststehen; zu hören sind dann die Gemeinden, die möglicherweise ersatzpflichtig werden können. Für die Frage, wann das VG. und die Gemeinde gehört sind, gilt das bei § 65 A. 4 Abs. 3 JWG. Ausgeführte entsprechend.

Art. 32

I Die Minderjährigen dürfen nur in Familien untergebracht werden, die volle Gewähr für ausreichende Versorgung und gute sittliche und religiöse Erziehung bieten. Das Nähere bestimmen die Ausführungsvorschriften.

II Der Minderjährige ist in einer Familie seines Bekenntnisses unterzubringen.

1. Art. 32 trifft nähere Bestimmungen über die Ausführung der FE. im Wege der Familienerziehung; Vollzugsbestimmungen hierzu enthalten VWO. §§ 121—125. Er gilt auch für die vorläufige FE. des § 67 JWG. Ergänzend treten hinzu die Bestimmungen des Art. 36 über die Bestellung von Fürsorgern.

2. Die reichsrechtliche Grundlage für Art. 32 liegt in § 70 Abs. 1 JWG.; er wird auch der Sondervorschrift des § 69 Abs. 1 JWG. gerecht, die er nur in zulässiger Weise dahin erweitert, daß Unterbringung in einer Familie seines Bekenntnisses nicht bloß bis zum Aufhören der Schulpflicht, sondern auf die ganze Dauer der FE. angeordnet ist. Doch ist Abs. 1, soweit er schlechthin Unterbringung in Familien anordnet, die Gewähr für eine religiöse Erziehung bieten, hinsichtlich der

Minderjährigen ohne Bekenntnis unwirksam; hinsichtlich ihrer ergibt sich aus § 69 Abs. 2 JWG. der Wille des Gesetzes, daß diese ihre religiöse Stellung unbeeinträchtigt bleiben soll.

3. Zunächst verlangt Abs. 1 Unterbringung in Familien, die Gewähr für eine ausreichende Versorgung und gute sittliche und religiöse Erziehung bieten. Näheres sollen die Ausführungsvorschriften bestimmen; diese sind enthalten in VVO. § 121.

4. Abs. 2 verlangt in Erweiterung des § 69 Abs. 1 JWG. Unterbringung in der Familie des Bekenntnisses des Minderjährigen nicht bloß bis zum Aufhören der Schulpflicht, sondern für die ganze Dauer der FE. Zur Frage, wann der Minderjährige einem bestimmten Bekenntnis angehört und wann eine Familie eine solche seines Bekenntnisses ist, s. JWG. § 69 A. 2 u. 3. Für Minderjährige ohne Bekenntnis entscheidet § 69 Abs. 2 JWG.

5. Wegen des Vollzugs der FE. durch Unterbringung in der eigenen Familie des Minderjährigen siehe JWG. § 69 Abs. 4.

Art. 33

Anstaltserziehung ist insbesondere anzuordnen, wenn der Minderjährige nach seiner körperlichen oder geistigen Beschaffenheit oder nach der Art und dem Grade seiner Verwahrlosung zur Unterbringung in einer Familie nicht oder nicht ohne vorherige Anstaltserziehung geeignet ist.

1. Art. 33 hat seine reichsrechtliche Grundlage in § 70 Abs. 1 JWG.; er regelt die Frage, wann Anstalts- und wann Familienerziehung erfolgen soll; er schreibt erstere unter gewissen Voraussetzungen zwingend vor; sie kann aber auch erfolgen, wenn die Voraussetzungen der zwingenden Anstaltsunterbringung nicht vorliegen (Begr. S. 748), also auch wenn der Minderjährige an sich zur Familienunterbringung geeignet ist. S. wegen der Handhabung der Auswahl auch VVO. §§ 126 u. 135 Abs. 2. Art. 33 gilt auch für die vorläufige FE. des § 67 JWG. Die Entscheidung darüber, ob Anstalts- oder Familienerziehung stattfindet, trifft die FEBehörde, also das JAmt oder die Zweigstelle des LJAmts (s. Art. 30 Abs. 2). Wegen der Anhörung des VG. und der Gemeinde s. Art. 31 Abs. 2.

Art. 34

Die Anstaltserziehung wird in staatlichen Anstalten oder in solchen Anstalten vollzogen, die vom Landesjugendamt als geeignet erklärt sind. Die Eignungserklärung kann widerrufen werden.

1. Art. 34 trifft eine Beschränkung in der Auswahl der Anstalten zum Vollzug der FE. Nur in staatlichen Anstalten und in vom LJA. für geeignet erklärten sonstigen Anstalten darf der Vollzug erfolgen. Die reichsrechtliche Grundlage für ihn liegt in § 70 Abs. 1 JWG. Er gilt auch für die vorläufige FE. des § 67 JWG. Wegen der Berücksichtigung des Bekenntnisses des Minderjährigen bei der Anstaltserziehung s. JWG. § 69 Abs. 1 u. 2 u. VVO. § 128. Wegen des Landesjugendamts s. Art. 17—21. Wegen einer Übergangsbestimmung hinsichtlich der Eignung der Anstalten s. JAG. Art. 50. Nähere Bestimmungen über die geeigneten Anstalten und über das Verfahren bei der Eignungserklärung sind enthalten in VVO. § 127. Wegen des Abschlusses eines Erziehungsvertrags mit der Anstalt, der Mitteilung des Anordnungsbeschlusses an sie und der Akteneinsicht durch sie s. VVO. § 129.

Art. 35

Dem Familienvorstand und dem Vorstande der Anstalt stehen gegen den Minderjährigen die den Eltern zukommenden Zuchtmittel zu.

1. Art. 35 regelt das Züchtigungsrecht beim Vollzug der FE.; er hat seine reichsrechtliche Grundlage in § 70 Abs. 1 S. 1 JWG. Vgl. wegen des Einflusses der FE. auf die Anwendung von Zuchtmitteln im allgemeinen JWG. § 62 A. 8. Art. 35 gilt auch für die vorläufige FE. des § 67 JWG.

2. Die Zuchtmittel stehen nur dem Familienvorstand und nur dem Anstaltsvorstand, nicht anderen Familiengliedern oder anderen Anstaltsorganen zu. Erstere können ihre Zuchtgewalt auch nicht anderen übertragen; denn es handelt sich nicht um ein bloßes Recht, sondern um eine Rechtsstellung. Die Ausführung einer angeordneten Züchtigung kann durch andere erfolgen. Wer Anstaltsvorstand ist, bestimmen die organisatorischen Bestimmungen der Anstalt.

3. Über die den Eltern zukommenden Zuchtmittel bestimmen § 1631 und § 1686 BGB. Darnach können der Vater und die Mutter angemessene Zuchtmittel gegen das Kind anwenden und sind sie von dem VG. durch Anwendung geeigneter Zuchtmittel zu unterstützen. Letztere Bestimmung ist zugunsten der Familienvorstände und der Anstaltsvorstände nicht anwendbar; denn diesen stehen nur die Zuchtmittel der Eltern zu, das VG. ist aber kein Zuchtmittel (a. A. die Begr. S. 748). Zuchtmittel sind nicht bloß körperliche Züchtigungen, sondern auch Freiheitsentziehung, Kostentziehung, Mahnung und ähnliches.

Art. 36

I Die Fürsorgeerziehungsbehörde kann dem in einer Familie untergebrachten Minderjährigen zur Überwachung seiner Pflege und Erziehung einen besonderen Fürsorger bestellen. Die Bestellung ist widerruflich. Bei der Auswahl des Fürsorgers ist auf das religiöse Bekenntnis des Minderjährigen Rücksicht zu nehmen.

II Der Fürsorger versieht sein Amt ehrenamtlich und unentgeltlich. Notwendige Auslagen können ihm als Kosten der Fürsorgeerziehung nach dem Ermessen der Fürsorgeerziehungsbehörde ersetzt werden.

III Von der Bestellung des Fürsorgers und der Beendigung seines Amtes ist dem Vormundschaftsgerichte Nachricht zu geben.

IV Das Nähere bestimmen die Ausführungsvorschriften.

1. Art. 36 trifft ergänzende Bestimmungen über die Familienerziehung durch Schaffung der Einrichtung der Fürsorger. Die reichsrechtliche Grundlage für die Bestimmungen des Art. 36 liegt in § 70 Abs. 1 JWG., wonach die Landesgesetzgebung die Ausführung der FE. regelt; nach dieser Fassung bestehen Bedenken, ob die in Abs. 4 vorgesehene nähere Regelung durch die AusfVorschr. wirksam ist (Art. 2 A. 2 EG. JWG.). Sachlich ist der Art. dem Art. 11 Abs. 4 des BayFEG. nachgebildet, von dessen Regelung jedoch in Einzelheiten abgewichen ist. Vollzugsbestimmungen enthalten VVO. §§ 132—134. Art. 36 gilt auch für die vorläufige FE. des § 67 JWG.

2. Wer FEBehörde im Sinne der Abs. 1 u. 3 ist, bemißt sich nach Art. 30 Abs. 3.

3. Wegen des Begriffes des religiösen Bekenntnisses s. JWG. § 69 A. 4. Rücksichtnahme auf die Weltanschauung des Minderjährigen ist nicht vorgesehen.

4. Die in Abs. 2 vorgesehene Regelung der Vergütung für die Tätigkeit des Fürsorgers ist ähnlich der Regelung für die Waisenräte (Art. 25 Abs. 2). Ein Rechtsanspruch auf Auslagenersatz besteht nicht; doch kann das Verlangen mit Beschwerde gegen die ablehnende Entscheidung der FErziehungsbehörde verfolgt werden; s. auch VVO. § 133 Abs. 2.

5. Bestellung von Fürsorgern wird namentlich erwartet für die Fälle des Übergangs aus der Anstaltserziehung in eine Familie, eine Lehre oder einen Dienstplatz (Begr. S. 248; VVO. § 132 Abs. 3). Als zu Fürsorgern geeignete Persönlichkeiten erachtet die Begr. S. 748 den Ortsgeistlichen, den Lehrer oder Mitarbeiter in der Jugendpflege; selbst-

verständlich können auch weibliche Fürsorgerinnen bestellt werden; s. hierzu auch VVO. § 132 Abs. 2; besondere gesetzliche Voraussetzungen für die Fähigkeit zum Fürsorger bestehen nicht. Eine Pflicht zur Annahme oder Fortführung des Amtes eines Fürsorgers besteht nicht (Begr. S. 748); ebensowenig kann er während seines Amtes mit bindenden Weisungen versehen werden. Die Ausführungsvorschriften sollen nach der Begr. S. 748 insbesondere Bestimmungen enthalten über die Aushändigung eines Fürsorgeausweises, die Anleitung der Fürsorger und ihren Verkehr mit dem VG. und der FEBehörde. Sie sind enthalten in VVO. § 134 Abs. 1 u. 2.

6. Wegen einer Überleitungsbestimmung für die auf Grund des Art. 11 Abs. 4 des BayFEG. bestellten Fürsorger s. JAG. Art. 49 Abs. 4.

Art. 37

I Über die Aufhebung der Fürsorgeerziehung und über den Widerruf der Aufhebung einer Fürsorgeerziehung entscheidet das Vormundschaftsgericht.

II Vor der Entscheidung über die Aufhebung der Fürsorgeerziehung ist die Fürsorgeerziehungsbehörde und, wenn der Minderjährige in einer Anstalt untergebracht ist, die Anstalt zu hören.

III Gegen den Beschluß, der die Aufhebung ablehnt, steht dem Antragsteller, gegen den Beschluß, der sie ausspricht, der Fürsorgeerziehungsbehörde (Art. 30 Abs. III) die sofortige Beschwerde zu. Die Beschwerde gegen den die Fürsorgeerziehung aufhebenden Beschluß hat aufschiebende Wirkung.

IV Der Widerruf der Aufhebung erfolgt unter den gleichen Voraussetzungen und in dem gleichen Verfahren wie die Anordnung der Fürsorgeerziehung; gegen ihn sind die gleichen Rechtsmittel zulässig wie gegen die Anordnung der Fürsorgeerziehung.

1. Art. 37 regelt zweierlei, einmal die beschlußmäßige Aufhebung der FE. (Abs. 1, 2 u. 3) und dann den Widerruf der Aufhebung (Abs. 1 u. 4); er hat seine reichsrechtliche Grundlage in § 72 Abs. 3 u. Abs. 2 S. 2 JWG. Verschieden von der Aufhebung der FE. ist die vorzeitige Entlassung des Minderjährigen; s. wegen dieser JWG. § 73.

2. Abs. 1 bestimmt zunächst das für die Aufhebung zuständige Organ; er entscheidet sich hierbei in Ausübung der durch § 72 Abs. 3 S. 1 JWG. der Landesgesetzgebung eingeräumten Er-

mächtigung für das VG. Aufhebung der FE. im Sinne des Abs. 1 ist auch die Aufhebung unter Vorbehalt des Widerrufs.

3. Abs. 2 trifft eine Verfahrensvorschrift hinsichtlich der Aufhebung der FE., wozu auch hier die Aufhebung unter Vorbehalt des Widerrufs gehört. Soweit die Anhörung der FEBehörde vorgeschrieben ist, ist die Bestimmung gegenstandslos; denn es schreibt schon § 72 Abs. 3 S. 2 Halbs. 1 JWG. die gutachtliche Anhörung der FEBehörde vor; soweit die Anhörung der Anstalt vorgeschrieben ist, dürfte es an einer reichsgesetzlichen Ermächtigung fehlen (e contrario JWG. § 65 Abs. 2 Halbs. 2); die Anwendung dieser Bestimmung steht deshalb im Rahmen des § 12 FGG. im richterlichen Ermessen; der Richter wird sie aber als zweckmäßig zur Anwendung bringen. Wer FEBehörde im Sinne des Abs. 2 ist, bestimmt sich nach Art. 30 Abs. 3. VVO. § 138 Abs. 1 S. 2 schreibt (anstatt der Anhörung der FEBehörde) die des JAmts vor; diese Abweichung ist ohne praktische Bedeutung.

4. Abs. 3 regelt das Beschwerderecht hinsichtlich der über die Aufhebung der FE. ergehenden Entscheidung. Hinsichtlich des ablehnenden Bescheids wird dem Antragsteller, hinsichtlich des die Aufhebung aussprechenden Bescheids der FEBehörde das Beschwerderecht und zwar das der sofortigen Beschwerde eingeräumt; außerdem wird letzterer Beschw. die aufschiebende Wirkung verliehen. Die den aufhebenden Bescheid betreffenden Bestimmungen sind gegenstandslos; denn das Beschwerdeverfahren hinsichtlich der die Aufhebung anordnenden Entscheidung ist schon durch § 72 Abs. 3 S. 2 Halbs. 2 des JWG. bindend geregelt; die Regelung des Beschwerderechts hinsichtlich der die Aufhebung ablehnenden Entscheidung aber dürfte unwirksam sein; denn der Landesgesetzgebung ist insoweit ein Recht zur Regelung nicht eingeräumt; es entscheiden vielmehr die allgemeinen Vorschriften des FGG.; s. im einzelnen § 72 A. 5 JWG.

5. Die Regelung des Widerrufs der Aufhebung gründet sich auf § 72 Abs. 2 S. 2 JWG., durch den der Landesgesetzgebung volle Freiheit eingeräumt ist. Er erfordert die gleichen Voraussetzungen und das gleiche Verfahren wie die Anordnung der FE. einschließlich der Vorschriften über die Rechtsmittel; maßgebend sind demnach JWG. §§ 63, 65, 66, 67, 68 mit den sie ergänzenden Vorschriften des JAG. Zuständig zum Widerruf ist das VG. (Art. 37 Abs. 1). Ist der Widerruf erfolgt, so wird nicht der neue Beschluß, sondern der frühere Anordnungsbeschluß vollzogen. Maßgebend ist das nunmehrige Alter des Minderjährigen.

6. Hinsichtlich der Kosten des Verfahrens s. JWG. § 74.

Vorbemerkung

1. Art. 38—41 regeln die Kostenfragen, die sich im Vollzug der FE. ergeben. Art. 38 regelt die subjektive Kostenpflicht, Art. 39 u. 40 treffen Verfahrensvorschriften und Art. 41 enthält Vorschriften über den Anfall von Kosten. Wegen der Kosten des gerichtlichen Verfahrens s. JWG. § 74.

Art. 38

I Die Kosten der Fürsorgeerziehung sind vorläufig von dem Kreis als Landesfürsorgeverband zu bestreiten, in dessen Bezirke der Ort liegt, der die Zuständigkeit des Vormundschaftsgerichtes zur Anordnung der Fürsorgeerziehung begründet.

II Besitzt der Minderjährige Vermögen oder erwirbt er binnen fünf Jahren nach Beendigung der Fürsorgeerziehung Vermögen, so ist er verpflichtet die Kosten der Fürsorgeerziehung aus seinem pfändbaren Vermögen zu ersetzen. Ersparnisse aus seinem Arbeitsverdienste können nicht herangezogen werden. Ersatz der Kosten haben aus ihrem pfändbaren Vermögen auch die Personen zu leisten, die dem Minderjährigen gegenüber nach bürgerlichem Rechte während der Dauer der Fürsorgeerziehung unterhaltungspflichtig sind.

III Können die Kosten der Fürsorgeerziehung nach Abs. II nicht oder nur teilweise gedeckt werden, so kann der Kreis verlangen, daß ihm fünf Zehntel der Kosten vom Staat und zwei Zehntel vom Träger des Jugendamtes, in dessen Bezirke der Ort liegt, der die Zuständigkeit des Vormundschaftsgerichts zur Anordnung der Fürsorgeerziehung begründet, erstattet werden. Bei Bezirksjugendämtern, gemeinsamen und besonderen Jugendämtern (Art. 2 Abs. I) ist dem Träger des Jugendamtes der auf ihn nach Satz 1 entfallende Kostenanteil von der Gemeinde zu erstatten, in welcher der die Zuständigkeit des Vormundschaftsgerichtes zur Anordnung der Fürsorgeerziehung begründende Ort liegt. Der Träger des Jugendamtes kann in einzelnen Fällen auf diesen Kostenersatz ganz oder teilweise verzichten.

1. Art. 38, der die materiellen Vorschriften über die Tragung der Kosten der FE. gibt — wegen des formellen Rechts s. Art. 39 u. 40 —, hat seine reichsrechtliche Grundlage in § 70 Abs. 1 u. § 75 JWG.; er schließt sich sachlich eng an an die Regelung, die Art. 13 BayFEG. traf. Art. 38 gilt auch von den Kosten der vorläuf. FE. Vollzugsbestimmungen sind VVO. §§ 142—146; ferner die JnnFMB. v. 12. Jan. 1926 (unten Teil VI 4).

2. Die grundsätzliche Regelung des Art. 38 ist die: Die Kosten der FE. treffen zunächst den Kreis. Der Kreis hat ein Rückgriffsrecht gegen den Minderjährigen und die ihm gegenüber Unterhaltspflichtigen als Gesamtschuldner; der Kreis hat weiter, falls er in dieser Weise keine Deckung erhält, also bedingt, ein Rückgriffsrecht für einen Teil der Kosten gegen den Staat (zu fünf Zehntel) und gegen den Träger des JA. (zu zwei Zehntel). Der Träger des JA. hat endlich, wenn er ein BezJAmt, ein gemeinsames oder besonderes JA. ist, ein vollständiges weiteres Rückgriffsrecht gegen die Gemeinde.

3. Die Pflicht zur Tragung der Kosten obliegt nach Abs. 1 in erster Linie dem Kreise. Hat ein Dritter Kosten bestritten, die darnach dem Kreise obliegen, so hat er nach den Grundsätzen der Geschäftsführung ohne Auftrag (§§ 677 ff. BGB.) einen privatrechtlichen Ersatzanspruch gegen den Kreis. Der Ersatzanspruch ist nicht davon abhängig, daß der Minderjährige vermögenslos ist und keine unterhaltspflichtigen Verwandten hat; er besteht selbst dann, wenn der Minderjährige oder die Unterhaltspflichtigen sich bereit erklären, die Kosten zu bestreiten; denn die FE. ist Erziehung auf öffentliche Kosten (JWG. § 62). Vertragsmäßige Ersatzansprüche bleiben selbstverständlich daneben bestehen. Die Kreise erhalten die ihnen in Abs. 1 zugewiesene Aufgabe als Landesfürsorgeverbände im Sinne der RVO. über die FPflicht vom 13. Febr. 1924 (RGBl. 100) zugewiesen; die einschlägigen Arbeiten sind deshalb von den Kreisfürsorgeausschüssen nach Art. 8 der VO. vom 12. Jan. 1925 über die Verwaltung der Fürsorgeverbände nach der ReichsVO. über die Fürsorgepflicht (GVBl. 39) zu erledigen und die Ausgaben des Kreises als Ausgaben des Landesfürsorgeverbands zu verrechnen (Begr. S. 745).

4. Die örtliche Zuständigkeit des Kreises ist, abweichend von Art. 13 BayFEG., der den jetzt weggefallenen Unterstützungswohnsitz (VO. vom 13. Febr. 1924 über die FPflicht) für maßgebend erklärte, wohl in Nachbildung der in § 70 Abs. 2 S. 1 JWG. für die Zuständigkeit der FEBehörde, übrigens auch schon in Art. 17 des BayFEG. für die Zuständigkeit der Bezirksverwaltungsbehörde getroffenen Regelung, abgestellt auf den Ort, der die Zuständigkeit des VG. begründet. Es weicht jedoch die Fassung in Einzelheiten ab; § 70 Abs. 2 erklärt für maßgebend den „Ort, der die Zuständigkeit des VG. begründet hat"; nach Art. 17 entscheidet der „Ort, der die Zuständigkeit des VG. begründet" und nach Art. 38 ist maßgebend „der Ort, der die Zuständigkeit des VG. zur Anordnung der FE. begründet". Es darf angenommen werden, daß Art. 38 eine sachliche Änderung nicht gewollt hat; maßgebend ist demnach entsprechend auch für Art. 38 das zu § 70 A. 6 Abs. 2 JWG. Bemerkte.

5. Abs. 2, der seine reichsrechtliche Grundlage in § 75 JWG. hat, weicht von diesen in Einzelheiten ab und zwar einmal insofern, als Ersatz nur beansprucht werden kann, aus Vermögen, das der Minderjährige schon hat oder binnen 5 Jahren nach Beendigung der FE. erwirbt, als er Ersparnisse aus dem Arbeitsvermögen des Minderjährigen von der Heranziehung ausschließt und, als er die Rückgriffspflicht gegen die Unterhaltspflichtigen dahin näher bestimmt, daß nur eine während der Dauer der FE. bestehende Unterhaltspflicht in Betracht kommen soll. An der Wirksamkeit dieser Änderungen dürfte kein Zweifel bestehen; sie sind nähere Bestimmungen im Sinne des § 75 S. 2 JWG. Die Ersatzpflicht ist aber beschränkt nach Maßgabe des § 75 S. 3 JWG., wonach allgemeine Verwaltungskosten nicht ersetzt werden dürfen. Die Bestimmung, daß nur Ersatz aus dem pfändbaren Vermögen und auch nicht aus dem Arbeitsverdienst zu leisten ist, ist erst im Vollstreckungsverfahren erheblich; die Beschränkung auf die Unterhaltspflicht, die während der Dauer der FE. besteht, berührt den Anspruch selbst. Vollzugsbestimmungen zu Abs. 2 enthält BVO. § 143.

6. Zu dem Ersatzanspruch nach Abs. 2 ist im einzelnen zu bemerken: Berechtigt, den Anspruch geltend zu machen, ist der Kreis, der die Kosten vorläufig bestritten hat; aber auch die, gegen die nach Abs. 3 Rückgriff genommen wurde, werden zur Geltendmachung berechtigt sein, wenn sich nachträglich herausstellt, daß der Rückgriff erhoben wurde, obwohl der Minderjährige Vermögen hatte, oder, wenn er erst nach dem Rückgriff Vermögen erwirbt. Besitzt der Minderjährige während der Dauer der FE. Vermögen, so hat er die Kosten der FE. schlechthin zu erstatten, nicht also bloß die während des Vermögensbesitzes erwachsenen. Ist der Anspruch einmal erworben, so geht er rechtlich nicht dadurch verloren, daß der Minderjährige nachträglich das Vermögen wieder verliert; dieses wird insbesondere von Bedeutung, wenn der Minderjährige neuerdings zu Vermögen kommt.

Die Verjährung der Ansprüche (s. hierzu auch JWG. § 75 A. 7) läuft für jede einzelne Auslage gesondert und beginnt mit dem Anfall der Auslage, weil in diesem Augenblicke der Anspruch entsteht (§ 198 BGB.). Erwirbt der Minderjährige erst nach Aufhebung der FE. Vermögen, so entsteht der Anspruch erst im Augenblick des Erwerbs; in diesem Zeitpunkt beginnt auch die Verjährung. Hatte der Minderjährige schon während der Dauer der Erziehung Vermögen, wurde aber der Anspruch nicht geltend gemacht, so wird der Lauf der einmal begonnenen Verjährung nicht etwa dadurch unterbrochen, daß nach der Aufhebung ein neuer Vermögenserwerb erfolgt, außer es ist der neue Anfall so groß, daß er für sich allein die Sicherstellung des Lebensunterhalts ermöglicht. Auch ein Anspruch auf Verzugszinsen wird unter den allgemeinen Voraussetzungen des BGB. bestehen.

7. Wegen des Begriffs der Kosten der FE. s. JWG. § 75 A. 2, wegen des Begriffs des pfändbaren Vermögens ebendort A. 4, wegen der Unterhaltspflichtigen ebend. A. 5.

8. Abs. 3 gibt in S. 1 den Kreisen ein bedingtes öffentlich-rechtlichen Rückgriffsrecht auf sieben Zehntel und zwar auf fünf Zehntel gegen den Staat, auf weitere zwei Zehntel gegen den Träger des JA.; dazu tritt nach S. 2 ein Unterrückgriffsrecht. Sind die Kosten nach Abs. 2 nur teilweise gedeckt, so wird der Kreis nicht, wie nach der Fassung des Gesetzes anzunehmen wäre, fünf Zehntel bezw. zwei Zehntel der Kosten schlechthin, sondern nur fünf Zehntel bezw. zwei Zehntel der ungedeckten Kosten ersetzt verlangen können. Das Rückgriffsrecht des Kreises nach Abs. 3 dehnt Art. 40 Abs. 2 S. 4 ausdrücklich auch auf die Fälle aus, in denen der Kreis dem Minderjährigen oder den Unterhaltspflichtigen Leistungen, die diese auf Grund einer vorläufigen Entscheidung der Verwaltungsbehörde gemacht haben, zufolge einer nachträglichen gerichtlichen Entscheidung zu ersetzen hat. Das Rückgriffsrecht setzt nicht voraus, daß die Zwangsvollstreckung gegen den Minderjährigen und alle Unterhaltspflichtigen ergebnislos versucht ist; es ist nur der Nachweis der Erfolglosigkeit des Rückgriffs schlechthin notwendig; s. hierzu den Standpunkt der VVO. § 145 Abs. 1 S. 2 u. 3.

9. Ein Unterrückgriffsrecht nach Abs. 3 S. 2 haben nur die BezJÄmter (Art. 1 Abs. 1 u. 3), die gemeinsamen JÄmter (Art. 2 Abs. 1) und die besonderen JÄmter (Art. 2 Abs. 1), nicht aber die StadtJÄmter. Ein Rückgriffsrecht in den letzteren Fällen hätte keinen Zweck, da ja hier die Gemeinde ohnehin der Träger des JAmts ist u. sie die Kosten ohnehin unmittelbar treffen (Art. 1 Abs. 2). Diese Bestimmung, daß dem Träger des JAmts bei BezirksJÄmtern, gemeinsamen und besonderen JÄmtern der diese treffende Kostenanteil wieder von der Gemeinde zu ersetzen ist, beruht auf der Erwägung, daß die mittelbaren Gemeinden daran interessiert erhalten werden sollen, daß ihre Jugend entsprechend erzogen und beaufsichtigt wird, und daß die mittelbaren Gemeinden nicht in der FE. eine Einrichtung sehen sollen, die ihnen jede öffentliche Fürsorgelast vollständig abnimmt. Die Möglichkeit des Verzichts wurde vorgesehen, um Härten vermeiden zu können (Begr. S. 745). Vollzugsbestimmungen enthält VVO. § 145 Abs. 2; s. auch ebendort § 146.

10. Zu bestreiten und zu ersetzen sind in der Art. 38 näher geregelten Weise alle Kosten der FE., die im Vollzug von Fürsorgeerziehungen erwachsen, die von bayerischen Vormundschaftsgerichten angeordnet wurden; es kommt also insbesondere auch auf die Staatsangehörigkeit des Zöglings nicht an; es besteht ferner vor allem auch das Rückgriffsrecht nicht bloß, wenn es sich um bayerische FZöglinge handelt und es kann insbesondere auch aus Abs. 3, wenn es sich um Nichtbayern handelt, nicht ein Ersatzanspruch gegen ein anderes Land als Bayern abgeleitet werden.

11. Wegen Anhörung der nach Abs. 3 rückgriffspflichtigen Gemeinde bei der Entscheidung darüber, ob Anstalts- oder Familienerziehung erfolgen soll, s. Art. 31 Abs. 2 JAG.

Art. 39

I Streitigkeiten über Ansprüche und Verbindlichkeiten nach Art. 38 Abs. I und III entscheidet die Bezirksverwaltungsbehörde, in deren Bezirke der Ort liegt, der die Zuständigkeit des Vormundschaftsgerichts zur Anordnung der Fürsorgeerziehung begründet.

II Gegen die Entscheidung der Bezirksverwaltungsbehörde steht den Beteiligten die Beschwerde zum Verwaltungsgerichtshofe nach Art. 45 des Verwaltungsgerichtsgesetzes vom 8. August 1878 zu.

1. Art. 39 regelt in Verbindung mit Art. 40 die Zuständigkeit zur Entscheidung über die in Art. 38 geschaffenen Ansprüche, und zwar befaßt sich Art. 39 mit der Zuständigkeit hinsichtlich der primären Erstattungspflicht des Abs. 1 und der bedingten Rückgriffspflicht und Unterrückgriffspflicht nach Abs. 3 S. 1 u. 2; er ist nachgebildet den Art. 14 u. 17 Abs. 2 des BayJFG. Die Zuständigkeit der Gerichte für privatrechtliche Ansprüche auf Grund des Abs. 1 (s. Art. 38 A. 3) wird durch Art. 39 nicht berührt; dieser hat nur öffentlich-rechtliche Ansprüche im Auge. Formell ist Art. 39 nur eine Zuständigkeitsbestimmung, aber sachlich enthält er auch die Verfahrensvorschriften; er bringt damit auch die Anwendbarkeit der allgemeinen für das Verfahren der Verwaltungsbehörden geltenden Vorschriften bezw. für das Verfahren in letzter Instanz des Verfahrens nach Art. 45 VGHG.

2. Sachlich zuständig ist für Ansprüche nach Abs. 1 u. 3, also auch für solche gegen den Kreis die Bezirksverwaltungsbehörde. Die örtliche Zuständigkeit der BezVerwaltungsbehörde bemißt sich nach dem Orte, der die Zuständigkeit des VG. begründet; die Abgrenzung ist also in gleicher Weise erfolgt, wie die Bestimmung des für den Rückgriff örtlich in Betracht kommenden JAmts oder der rückgriffspflichtigen Gemeinde in Art. 38 Abs. 3. Es gilt also bei Art. 38 A. 4 Bemerkte auch hier. Diese Art der Regelung führt, da der Bezirk oder die unmittelbare Stadt für die Regel der Träger des JAmts sind, zu dem bedenklichen Ergebnis, daß die Bezirksverwaltungsbehörde für die Regel als Richter in eigener Sache entscheidet.

3. Wegen des in den Fällen des Art. 39 einzuhaltenden Verfahrens im einzelnen muß im allgemeinen auf Art. 45 VGHG. verwiesen werden. Die Beschwerdefrist beträgt für die Beschwerden an den Verwaltungsgerichtshof vierzehn Tage; diese Beschwerden müssen innerhalb einer Frist von vierzehn Tagen, gerechnet von der Eröffnung der Verfügung an, eingelegt werden (Art. 45 Abs. 2 VGHG.); die Einlegung hat an sich bei der Behörde zu erfolgen, die den beschwerenden Beschluß erließ (Art. 45 Abs. 2 VGHG.), jedoch ist die Frist auch dann gewahrt, wenn die

Beschwerde innerhalb der bezeichneten Frist bei einer unrichtigen Instanz angebracht wurde (Deklarationen vom 15. Juni 1898, GVBl. 294); es muß aber eine „Instanz" sein, d. h. eine Behörde, die zu einer instanziellen Entscheidung in der betreffenden Sache gesetzlich berufen ist (BayVGH. 22, 150). Die allgemeinen Grundsätze des Verwaltungsverfahrens regeln auch die Pflicht zur Kostentragung. Die Beschwerde gegen die Entscheidung der Bezirksverwaltungsbehörde geht unter Abweichung von dem bisherigen Rechtszustand, wonach eine zweitinstanzielle Entscheidung der Regierung vorgesehen war (BayFEG. Art. 14 Abs. 1), unmittelbar an den Verwaltungsgerichtshof.

4. Der Verwaltungsgerichtshof und die mit den Entscheidungen nach Art. 39 betrauten Verwaltungsbehörden haben bei Beurteilung der Frage, ob die Verpflichtung zum Ersatze schon bezahlter Kosten besteht, zunächst zu prüfen, ob eine wirksame gerichtliche Entscheidung vorliegt, auf Grund deren die FE. zu erfolgen hat. Die Gründe der Entscheidung nachzuprüfen, sind sie nicht befugt.

Art. 40

I Die im Art. 38 Abs. II Satz 3 genannten Personen können durch Beschluß der nach Art. 39 Abs. I zuständigen Bezirksverwaltungsbehörde angehalten werden, nach Maßgabe ihrer gesetzlichen Unterhaltspflicht die Kosten der Fürsorgeerziehung zu bestreiten und die hierfür gemachten Aufwendungen zu ersetzen.

II Die Bezirksverwaltungsbehörde entscheidet endgültig vorbehaltlich des Rechtsweges. Ihre Entscheidung ist vorläufig vollstreckbar. Weicht das rechtskräftige gerichtliche Urteil von der Entscheidung der Bezirksverwaltungsbehörde ab, so ersetzt der Kreis dem in Anspruch Genommenen seine Leistungen oder Mehrleistungen. Der Kreis kann nach Maßgabe des Art. 38 Abs. III Ersatz beanspruchen.

1. Art. 40 befaßt sich, im Gegensatz zu dem ebenfalls Zuständigkeiten regelnden Art. 39, mit dem seiner Natur nach privatrechtlichen Anspruch (s. JWG. § 75 A. 1) des Art. 38 Abs. 2; er anerkennt hiefür die Zuständigkeit der Gerichte, führt aber nebenbei, soweit die Unterhaltspflichtigen, nicht der Minderjährige selbst rückgriffspflichtig sind, ein Verwaltungsverfahren ein, das eine vorläufige Regelung treffen kann. S. auch VVO. § 144 u. § 23 der ReichsVO. über die FPflicht vom 13. Febr. 1924 (unten Anhang Nr. 3).

2. Die Heranziehung der Unterhaltspflichtigen kann nur nach Maßgabe der gesetzlichen, nicht

etwa nach Maßgabe einer vertragsmäßig übernommenen Unterhaltspflicht erfolgen; wegen des Inhalts der gesetzlichen Unterhaltspflicht im einzelnen vgl. § 75 A. 5 JWG. Wirksame vertragsmäßige Änderungen und Festsetzungen der gesetzlichen Unterhaltspflicht unter den Beteiligten berühren auch den Anspruch des Art. 38; es kann nicht etwa hier schlechthin auf das ursprüngliche gesetzliche Verhältnis zurückgegriffen werden; denn im gerichtlichen Nachverfahren muß immer das wirkliche Rechtsverhältnis zugrundegelegt werden und es darf die Bezirksverwaltungsbehörde keine Anordnung erlassen, von der von vornherein feststeht, daß sie mit dem Recht in Widerspruch steht. Es können also vertragsmäßig geschaffene und festgestellte Ansprüche von der Bezirksverwaltungsbehörde nur insoweit geltend gemacht werden, als sich diese Ansprüche zugleich aus dem Gesetze ergeben würden; vertragsmäßige Einschränkungen der gesetzlichen Pflicht aber binden auch die BezirksverwBehörde. Dagegen dürfte ein über die Unterhaltspflicht zwischen dem Minderjährigen und den Unterhaltspflichtigen ergangenes Urteil für die Entscheidung der Verwaltungsbehörde keine Rechtskraftwirkung haben. Diese Grundsätze gelten insbesondere auch gegenüber dem unehelichen Vater.

3. Gegen Rechtsnachfolger, Einzeln- oder Gesamtrechtsnachfolger, kann die Verwaltungsbehörde keine Anordnungen treffen, auch wenn der Rechtsgrund der Ersatzpflicht schon in der Person des Rechtsvorgängers eintrat, auch dann nicht, wenn sie zufällig selbst wieder Unterhaltspflichtige sein sollten.

4. Nach Abs. 1 kann die Verwaltungsbehörde die Verpflichteten anhalten, die Kosten zu bestreiten und die gemachten Aufwendungen, d. h. die von dem Kreis gemachten Aufwendungen zu ersetzen. Sie kann also auch die unmittelbare Deckung noch nicht gedeckter Kosten verfügen; nicht aber kann sie veranlassen, daß Handlungen, die Kosten veranlassen können, von dem Pflichtigen selbst vorgenommen werden.

5. Die Anordnung der Bezirksverwaltungsbehörde unterliegt keiner Beschwerde im Verwaltungsverfahren; sie ist endgültig; nicht ausgeschlossen wird es allerdings sein, daß sie von Amts wegen im Aufsichtsweg aufgehoben wird; ein derartiges aufsichtliches Eingreifen wird sich auf eine bloße Aufhebung der Anordnung oder eine Minderung der durch sie auferlegten Leistungen zu beschränken haben; erhöhen oder ändern kann die Aufsichtsbehörde die Leistungen nicht. Gegen die Anordnung der Bezirksverwaltungsbehörde und der Aufsichtsbehörden ist der Rechtsweg zulässig; es kann hierbei nur eine gegen den Kreis, zu dessen Gunsten die Anordnung der Verwaltungsbehörde erging, zu erhebende Feststellungsklage in Betracht kommen, deren Antrag dahin geht, auszusprechen, daß der zuerkannte Anspruch nicht besteht; auch die Frage der örtlichen Zuständigkeit der Bezirksverwaltungsbehörde ist im Rechtsweg zu prüfen. Die rechtskräftige, nicht schon die vorläufig vollstreckbare gerichtliche Entscheidung hat die, nicht aus prozeßrechtlichen Grundsätzen sich ergebende, sondern auf der besonderen Vorschrift des Abs. 2 beruhende verwaltungsrechtliche Wirkung, daß der Kreis denjenigen, zu dessen Gunsten das Urteil erging, die von diesem gemachten nach dem Urteil unberechtigten Leistungen, zu ersetzen hat. Die Erzwingung dieser Pflicht erfolgt, wie es Art. 15 des BayFEG. ausdrücklich aussprach, im Wege der Aufsicht. Eine Pflicht zur Verzinsung oder zur Leistung von Schadensersatz ist durch Abs. 2 nicht begründet. Da die Landesgesetzgebung nicht befugt ist, in die Bestimmungen der ZPO. einzugreifen, so kann das gerichtliche Urteil, soweit es einen vollstreckbaren Inhalt hat, auch nach Maßgabe der ZPO. vollstreckt werden; es können deshalb insbesondere die Kosten auch auf Grund eines vorläufig vollstreckbaren, noch nicht rechtskräftigen Urteils festgesetzt und beigetrieben werden, wobei aber der auf besonderer reichsgesetzlicher Ermächtigung beruhende Art. 9 AG. ZPO. KO. zu beachten ist.

Nachdem der Anspruch, der durch die vorläufige Anordnung der Bezirksverwaltungsbehörde verwirklicht wird, ein privatrechtlicher Anspruch ist, ist es nicht ausgeschlossen, ihn auch auf anderem Weg als durch die im vorigen Absatz behandelte Feststellungsklage zur Geltung zu bringen; es kann deshalb, auch wenn noch keine Entscheidung der Verwaltungsbehörde vorliegt, aber ein Ersatzanspruch behauptet ist, eine negative Feststellungsklage erhoben werden; es kann weiter, wenn auf Grund einer Anordnung der Verwaltungsbehörde oder zur Vermeidung einer solchen freiwillig Ersatz geleistet wurde, eine Leistungsklage auf Rückerstattung erhoben werden, die auch mit der im vorhergehenden Absatz behandelten Feststellungsklage verbunden werden kann. Die Vollstreckung der auf Grund solcher Klagen ergangenen Urteile richtet sich nach den allgemeinen Bestimmungen, selbstverständlich ist Art. 9 AG. ZPO. KO. auch hier zu beachten.

Wenn auch Abs. 2 eine Pflicht zu Nebenleistungen (Verzinsung) wegen der zu unrecht gemachten Leistungen oder auf Schadensersatz nicht ausspricht, so sind doch solche Ansprüche nicht ausgeschlossen; nur muß ein sonstiger Rechtstitel für sie bestehen. Derartige Rechtstitel können unter Umständen sich aus §§ 818 und 819 BGB., ferner aus § 288 und aus §§ 823 ff. BGB. ergeben; sie können mit besonderer Klage oder in Verbindung mit einer der vorbezeichneten Klagen erhoben werden.

Nicht ausgeschlossen ist es auch, daß im Wege des ordentlichen Zivilprozesses eine einstweilige Verfügung erwirkt wird, durch die die weitere Geltendmachung einer vorläufigen Anordnung der Bezirksverwaltungsbehörde verboten oder eine sonstige, deren Wirksamkeit berührende Anordnung getroffen oder die Rückerstattung oder Sicherstellung der auf Grund einer solchen bereits gezahlten Beträge angeordnet wird.

6. Die Vollstreckung des Beschlusses der Bezirksverwaltungsbehörde erfolgt nach Maßgabe der Art. 4—8 AG. ZPO. KO. vom 23. Febr. 1879 in der Fassung vom 26. Juni 1899 (GVBl. 401) mit der VO. vom 14. Juli 1879 (GVBl. 703). S. aber auch A. 5 Abs. 1. Die Vollstreckung obliegt darnach grundsätzlich den Verwaltungsbehörden (Art. 4 AG. ZPO. KO.). Der nach Art. 40 Abs. 2 ergehende Beschluß gilt hierbei, wie Abs. 2 es ausdrückt, als vorläufig vollstreckbar; das soll hier zum Ausdruck bringen, daß auf Grund desselben die Vollstreckung durchgeführt werden kann ohne Rücksicht darauf, daß der Rechtsweg angerufen werden kann. Der Beschluß ist von der Bezirksverwaltungsbehörde mit der Vollstreckungsklausel zu versehen, welche zu lauten hat: „Vorstehende Ausfertigung wird hiermit für vorläufig vollstreckbar erklärt." Diese Klausel ist nicht auf die Urschrift, sondern auf eine Ausfertigung des Beschlusses zu setzen.

Bei der Durchführung der Vollstreckung haben die Verwaltungsbehörden und ihre Organe nach den Vorschriften der ZPO. und zwar nach der jeweils geltenden Fassung zu verfahren. Soweit gewisse Vollstreckungsmittel nach der ZPO. und deren Nebengesetzen den Gerichten zugewiesen sind, wie die Pfändung von Forderungen und sonstigen Ansprüchen, die Zwangsversteigerung und die Zwangsverwaltung unbeweglicher Sachen, sind die Gerichte auch hier ausschließlich zuständig. Im übrigen also insbesondere bei der Pfändung von Gegenständen können sich die Verwaltungsbehörden sowohl ihrer eigenen Organe wie auch der Gerichtsvollzieher bedienen; s. hierzu § 205 der Geschäftsanw. f. Gerichtsv. v. 28. April 1900 (JMBl. 621).

Den Verwaltungsbehörden obliegt auch die Entscheidung darüber, ob bei Eheleuten, die im gesetzlichen Güterstand oder in den Güterständen der Errungenschaftsgemeinschaft oder der Fahrnisgemeinschaft leben, der Ehemann zur Duldung der Zwangsvollstreckung verpflichtet ist (§ 739 ZPO.; OLG. München in SeuffBl. 69, 351); ohne solche Entscheidung kann auch hier in das eingebrachte Gut nicht vollstreckt werden. Auch die Entscheidung der Verwaltungsbehörde in dieser Richtung ist im Verwaltungsweg unanfechtbar, doch ist auch insoweit der Rechtsweg zulässig.

Einwendungen gegen die Zwangsvollstreckung, welche den Rechtsbestand oder die Auslegung der Entscheidung der Verwaltungsbehörde betreffen, oder die Frage, ob die Forderung, zu deren Gunsten vollstreckt wird, überhaupt oder in der angesprochenen Größe entstanden ist, und Einwendungen, welche die Zulässigkeit der Vollstreckungsklausel betreffen, sind bei der Verwaltungsbehörde geltend zu machen; über sonstige Einwendungen und Streitigkeiten entscheiden die Gerichte. Auf Grund letzterer Bestimmungen werden die Gerichte auch für die Einrede der Zahlung zuständig sein, soweit Zahlung nach Erlaß der Entscheidung der Verwaltungsbehörde behauptet wird. Zuständig sind die Gerichte insbesondere für Einwendungen betreffend die Art und Weise der Zwangsvollstreckung also auch, soweit die eigenen Organe der Verwaltungsbehörde vollstreckt haben. Soweit darnach eine Zuständigkeit der Gerichte besteht, ist jedes, auch ein aufsichtliches Verfahren im Verwaltungsweg unzulässig und zwar auch hinsichtlich der Tätigkeit der eigenen Organe der Verwaltungsbehörden.

7. Nach Abs. 2 S. 3 kann der Kreis „Ersatz" beanspruchen, also nur Ansprüche in der Höhe geltend machen, in der er Leistungen zurückgeben muß; wegen seiner Prozeßkosten kann er nicht Rückgriff nehmen; anders Art. 15 Abs. 2 des BayFEG.

Art. 41

Die Verhandlungen und Beschlüsse zur Ausführung der Fürsorgeerziehung sind gebühren- und stempelfrei. Auslagen werden nicht erhoben.

1. Art. 41 regelt die Kostenfrage für das behördliche Verfahren zur Ausführung der FE.; er bestimmt Kosten- und Stempelfreiheit und wird ergänzt durch § 74 S. 4 JWG., wonach auch die Verträge über die Unterbringung Minderjähriger zur Ausführung der FE. stempelfrei sind; er bestimmt weiter, daß Auslagen nicht erhoben werden. Für das gerichtliche Verfahren ist die Regelung dieser Fragen durch § 74 S. 1—3 JWG. erfolgt.

2. Die Folge dessen, daß Auslagen nicht erhoben werden, ist, daß sie beim LJAmt und seinen Zweigstellen dem Staate, bei den JÄmtern den Trägern zur Last fallen (Begr. S. 749).

Jugendhilfe bei den Polizeibehörden

Art. 42

I Aufgabe des Jugendamtes ist:

1. die Polizeibehörden bei der Durchführung ihrer Maßnahmen für Jugendliche zu unterstützen, insbesondere auf Ersuchen der Polizeibehörde nach Möglichkeit für geeignete sichere Unterbringung von Jugendlichen zu sorgen, die sonst in Polizeigewahrsam genommen werden müßten,
2. bei den Polizeibehörden Maßnahmen für Jugendliche anzuregen und die Polizeibehörden dabei zu beraten.

II Im übrigen wird die Mitwirkung des Jugendamtes in der Jugendhilfe bei den Polizeibehörden durch die Ausführungsvorschriften geregelt.

1. Bei Art. 42 ist daran gedacht, daß in vielen Fällen, in denen die Polizei mit Jugendlichen befaßt wird, die Frage nach Maßnahmen der Erziehung (Schutzaufsicht, Fürsorgeerziehung) oder der Unterstützung auftauchen wird, namentlich gegenüber Obdachlosen, jugendlichen Bettlern, Landstreichern und entlaufenen FZöglingen; auch an Fälle der Kindsmißhandlungen ist gedacht. Weiter kommt in Betracht eine Unterstützung der Polizei durch das JAmt bei der Bekämpfung der jugendlichen Prostitution und der Überwachung des Wirtshausbesuchs (Begr. S. 749).

2. Die in Abs. 2 vorgesehenen Ausführungsvorschriften (Art. 52) sind enthalten in VVO. § 13 Abs. 2 f; diese schließen eine Pflicht zur weiteren Mitwirkung aus und wahren die bisherigen Einrichtungen.

3. Soweit es sich um Zwangsmaßnahmen handelt, bedarf die Polizei auch, wenn sie sich der JÄmter zur Ausführung bedient, gemäß Art. 114 RVerf. einer besonderen gesetzlichen Ermächtigung, auch der Polizeigewahrsam kann nur auf Grund einer gesetzlichen Grundlage verfügt werden. Aus § 3 Nr. 8 JWG. und aus Art. 42 für sich allein kann nicht die Ermächtigung zu Eingriffen in die Freiheit der Jugendlichen abgeleitet werden. Auch die Ausführungsvorschriften können solche Ermächtigungen nicht geben.

Schluß- und Übergangsvorschriften

Vorbemerkungen

1. Die reichsrechtliche Grundlage der Art. 44 bis 51 enthält der Art. 7 EG. JWG., wonach die Landesgesetzgebung die zur Durchführung des JWG. erforderlichen Übergangsvorschriften erläßt, soweit sie nicht von der Reichsregierung unter Zustimmung des Reichsrats getroffen werden.

2. Von den Überleitungsbestimmungen der Art. 44—51 befassen sich Art. 44 mit dem Pflegekinderverhältnis, Art. 45—47 mit der Überleitung der Berufs-, Anstalts- und Sammelvormundschaften, Art. 48 u. 51 mit der Überleitung der den JÄmtern obliegenden Aufgaben einschließlich der Aufgaben der Gemeindewaisenräte, und Art. 49 u. 50 mit der Überleitung der FErziehung.

Art. 43

Dieses Gesetz ist dringend. Die Vorschriften dieses Gesetzes und des Reichsgesetzes für Jugendwohlfahrt über die Bildung der Jugendämter und des Landesjugendamtes treten sofort in Kraft. Im übrigen treten die Gesetze am 1. Januar 1926 in Kraft.

1. Art. 43 enthält die Bestimmungen über das Inkrafttreten des Gesetzes. Die Bestimmung des S. 1, daß das Gesetz dringend ist, hat im Hinblick auf § 77 Abs. 1 Nr. 6 Bayr. Verf. die Bedeutung, daß das Gesetz von der Volksentscheidung ausgenommen sein sollte.

2. Nach Reichsrecht sollte das JWG. spätestens mit dem 1. April 1924 in Kraft treten (Art. 1 EG. JWG. u. ReichsVO. vom 14. Febr. 1924, oben unter III). Durch die Bayr. VO. v. 27. März 1924 (s. oben unter IV) wurde bestimmt, daß es in

Bayern erst mit dem Zeitpunkt in Kraft treten solle, den das zu erlassende AG. bestimme; diese Bestimmung trifft nun Art. 43. Auch die VO. über das Inkrafttreten des JWG. v. 14. Febr. 1924 (s. oben unter III) konnte trotz ihres Art. 4 und, trotzdem die BayVO. v. 27. März 1924 sie nicht erwähnt, wegen des inneren Zusammenhangs mit dem JWG. in Bayern nicht am 1. April 1924, sondern nur mit dem JWG. in Kraft treten. Zu der Bestimmung des S. 2, daß die Vorschriften über die Bildung der JÄmter und des LJAmts sofort in Kraft treten sollen, s. auch die Einschränkung des Art. 51 Abs. 2 JAG.

3. Mit dem Inkrafttreten des JWG. treten zufolge der §§ 48 u. 64 JWG. und der Art. 2 u. 4 EG. JWG. folgende bayerische Gesetze mit ihren Ausführungsvorschriften außer Kraft: Art. 41 PStGB. v. 26. Dez. 1871, das Ges. über die Berufsvormundschaft v. 23. Febr. 1908 mit Art. 98 des Armenges. v. 21. Aug. 1914, Art. 93—100 AG. BGB. v. 9. Juni 1899 mit Art. 96 des genannten Armengesetzes und das Fürsorgeerziehungsgesetz v. 21. Juli 1915 mit Ausnahme der Art. 18 u. 19; ferner treten außer Kraft die einschlägigen Bestimmungen des noch aufrecht erhaltenen Landesrechts des vormals coburgischen Staatsgebiets wie Art. 49, 51 des AG. BGB. für das Herzogtum Coburg v. 20. Nov. 1899 (GesSlg. 217); s. Begr. S. 749; BVO. § 151.

Art. 44

Eine auf Grund der bisherigen Vorschriften erteilte Bewilligung zur Annahme eines Pflegekindes bleibt wirksam. Das Jugendamt kann sie widerrufen.

1. Art. 44 hält die Wirksamkeit der bisherigen Bewilligungen zur Annahme von Pflegekindern aufrecht; es entfällt also die Erlaubnis nach § 20 JWG. Die Vorschriften der §§ 19—27 JWG. gelten aber auch für die Pflegekinder, für die die Bewilligung auf Grund der bisherigen Vorschriften erteilt wurde. Hiezu fügt S. 2 des Art. 44 die freie Widerruflichkeit der bisher erteilten Bewilligungen.

2. Die bisherigen Vorschriften sind Art. 41 PStGB. mit JnnMB. v. 6. Febr. 1906 (JnnMBl. 56) u. JMB. v. 4. März 1906 (JMBl. 37) u. § 17 der ZuständigkeitsVO. v. 4. Jan. 1872 (RegBl. 25).

Vorbemerkungen

1. Art. 45—47 enthalten die Überleitungsbestimmungen für die bisherigen Berufs-, Anstalts- und Sammelvormundschaften.

Art. 45

I Berufsvormundschaften auf Grund des Gesetzes über die Berufsvormundschaft vom 23. Februar 1908 gehen mit dem Inkrafttreten dieses Gesetzes auf das Jugendamt über, zu dessen Bezirke die Gemeinde gehört, deren Beamter Vormund ist. Die Vormundschaften über uneheliche Mündel werden gesetzliche, andere werden bestellte Amtsvormundschaften.

II Das gleiche gilt von Vormundschaften, die Gemeindebeamte als Sammelvormünder kraft Bestellung auf Anweisung ihrer Anstellungsbehörde führen.

1. Das Bayerische Recht kannte auf Grund der reichsgesetzlichen Ermächtigung des Art. 136 Nr. 1 u. 4 EG. BGB. eine Reihe von Sammel- oder Berufsvormundschaften (im weiteren Sinne), so: 1. Auf Grund des Art. 100 AG. BGB. vom 9. Juni 1899, wonach für eine unter staatlicher Verwaltung oder Aufsicht stehende Erziehungs- oder Verpflegungsanstalt durch Anordnung der zuständigen Ministerien bestimmt werden konnte, daß der Vorstand der Anstalt die Rechte und Pflichten eines Vormunds für die zur Erziehung oder zur Verpflegung in die Anstalt aufgenommenen Minderjährigen haben solle (Form der Anstaltsvormundschaft); 2. auf Grund des Ges. betr. die Berufsvormundschaften v. 23. Febr. 1908 (GVBl. 85), geändert durch Art. 98 des Armenges. v. 21. Aug. 1914 (GVBl. 551), wonach einmal das Vormundschaftsgericht vor den nach § 1776 BGB. als Vormünder berufenen Personen Beamte einer Gemeinde zu Vormündern für diejenigen Minderjährigen bestellen konnte, welche unter Aufsicht der Beamten in einer von ihnen ausgewählten Familie (bei unehelichen Kindern auch in der mütterl. Familie) oder Anstalt erzogen oder verpflegt werden, und ihnen auch nur einzelne Rechte oder Pflichten eines Vormunds übertragen konnte (Art. 1 u. 3; Form der Berufsvormundschaft i. e. S.); ferner durch Gemeindestatut bestimmt werden konnte, daß Gemeindebeamte alle oder einzelne Rechte und Pflichten eines Vormunds für solche Minderjährige haben, welche unter Aufsicht der Beamten in einer von ihnen ausgewählten Familie (bei unehelichen Kindern auch in der mütterlichen Familie) oder Anstalt erzogen und verpflegt wurden (Art. 2 Abs. 1 u. 2 u. Art. 3; Form der Berufsvormundschaft i. e. S.); weiter auf Grund Gemeindestatuts von den Staatsministerien der Justiz und des Innern bestimmt werden konnte, daß Gemeindebeamte auf ihren Antrag vom VG. für solche Minderjährige, welche unter Aufsicht der Beamten in einer von ihnen ausgewählten Familie (bei unehel. Kindern auch in der mütterl. Familie) oder Anstalt erzogen oder verpflegt werden, zum Vormund bestellt oder ihnen auf ihren Antrag einzelne Rechten u. Pflichten eines Vormunds übertragen werden (Art. 2 Abs. 3 u. Art. 3, Form der Berufsvormundschaft i. e. S.); 3. auf Grund des Art. 12 des BayFEG. v. 21. Juli 1915, wonach für eine Anstalt, in der Minderjährige zum Zwecke der Erziehung untergebracht waren, von den Ministerien der Justiz und des Innern angeordnet werden konnte, daß der Vorstand der Anstalt auf seinen Antrag vom VG. für die in der Anstalt zum Zwecke der FE. untergebrachten Minderjährigen zum Vormund bestellt oder ihm auf seinen Antrag einzelne Rechte und Pflichten eines Vormunds übertragen werden konnten (Form der Anstaltsvormundschaft).

Diese Vorschriften werden durch Art. 45 u. 46 in das Recht des JWG. übergeleitet und zwar dahin, daß die Berufsvormundschaften des Ges. v. 23. Febr. 1908 (oben unter Nr. 2) Amtsvormundschaften im Sinne der §§ 32 ff. werden sollen und zwar die Vormundschaften über uneheliche Mündel gesetzliche (§§ 35 ff.), die über andere Mündel bestellte (§ 41); Vormund soll hierbei das JA. (§ 32) werden, zu dessen Bezirk die Gemeinde gehört, deren Beamter Vormund ist. Die Anstaltsvormundschaften (Art. 100 AG. BGB. u. Art. 12 FEG., oben unter 1 u. 3) werden in die Anstaltsvormundschaft des § 47 JWG. übergeleitet. Der Vorstand soll Anstaltsvormund im Sinne des § 47 werden. Die Begr. (S. 749, 750) hält die Überleitungsbestimmungen der Art. 45 u. 46 deswegen für notwendig, weil nach ihrer Ansicht infolge der Aufhebung des Art. 136 EG. BGB. die nach bayer. Recht eingeleiteten Berufs- u. Anstaltsvormundschaften, soweit sie unmittelbar auf Grund Gesetzes entstanden sind (Art. 2 des Ges. v. 23. Febr. 1908 u. Art. 100 AG. BGB.), nicht aber die auf Bestellung beruhenden (Art. 1 des Ges. v. 23. Febr. 1908 u. Art. 12 BayFEG.), andernfalls nicht erhalten blieben.

2. Aus der entsprechenden Anwendung des Art. 46, bei dem diese Frage ausdrücklich geregelt ist, darf geschlossen werden, daß in den Fällen, in denen nach dem bisherigen Recht dem Gemeindebeamten nur einzelne Rechte und Pflichten eines Vormunds übertragen sind, die Bestimmungen des § 46 JWG. entsprechend angewendet werden sollen.

3. Abs. 2 hängt mit der Einrichtung einer Anzahl Gemeinden zusammen, daß an Stelle der Formen der Berufsvormundschaft, die das Gesetz über die Berufsvormundschaft vom 23. Febr. 1908 mit Art. 98 des Armengesetzes vom 21. Aug. 1914 zur Verfügung stellte, oder neben der unmittelbar kraft Gesetzes eintretenden Berufsvormundschaft eine freie Sammelvormundschaft in der Weise eingerichtet war, daß ein von der Gemeinde aufgestellter Beamter sich in den einzelnen zur Übernahme geeigneten Fällen vom Vormundschaftsgericht als Vormund bestellen ließ, ohne daß er sich, wie bei der Berufsvormundschaft des Art. 1 des Ges. v. 23. Febr. 1908, bestellen lassen mußte und ohne daß das VGer., wie bei der Berufsvormundschaft des Art. 2 Abs. 4 dieses Gesetzes in der Fassung des Art. 98 des Armenges., gehalten war, ihn zu bestellen; auch diese Vormundschaften sollen in die Amtsvormundschaften des JWG. (§§ 32 ff.) und zwar, je nachdem es sich um uneheliche Mündel handelt, in die gesetzliche, sonst in die bestellte Amtsvormundschaft übergeleitet werden (Begr. S. 750; Art. 45 Abs. 1 S. 2). Selbstverständlich setzt die Überleitung voraus, daß eine nach bisherigem Recht wirksame Bestellung erfolgte.

4. Vollzugsbestimmung zu Art. 45 ist VVO. § 51.

Art. 46

Der Vorstand einer Anstalt, der auf Grund des Art. 100 des Ausführungsgesetzes zum Bürgerlichen Gesetzbuch oder des Art. 12 des Fürsorgeerziehungsgesetzes in der Fassung vom 21. Juli 1915 mit allen oder einzelnen Rechten und Pflichten eines Vormundes für Minderjährige betraut ist, wird mit dem Inkrafttreten dieses Gesetzes Anstaltsvormund im Sinne des § 47 des Reichsjugendwohlfahrtsgesetzes. Das Vormundschaftsgericht hat ihm eine Bescheinigung zu erteilen.

1. S. im allgemeinen zu Art. 46 A. 1 zu Art. 45. Ergänzend zu dem neuen Recht ordnet S. 2 die Erteilung einer Bescheinigung an. Vollzugsbestimmung zu Art. 46 ist VVO. § 56 Abs. 1.

2. Die Anstaltsvormundschaft nach § 46 JWG. tritt auch ein, wenn der Vorstand nur einzelne Rechte und Pflichten des Vormunds hatte; der bisherige allgemeine Vormund bleibt aber daneben Vormund.

Art. 47

I Private Vereine, die seit mindestens zwei Jahren vor dem Inkrafttreten des Gesetzes eine Sammelvormundschaft unterhalten, gelten als geeignet im Sinne des § 47 des Reichsjugendwohlfahrtsgesetzes, solange das Landesjugendamt nicht auf Grund vorliegender Tatsachen gegenteilig entscheidet.

II Vormundschaften, die von dem Sammelvormund eines nach Abs. I geeigneten Vereins im Zeitpunkte des Inkrafttretens dieses Gesetzes geführt werden, gehen in Vereinsvormundschaften nach § 47 des Reichsjugendwohlfahrtsgesetzes über, wenn der Vorstand des Vereins dem Vormundschaftsgericht ihre Übernahme erklärt. Die Erklärung muß binnen sechs Monaten nach dem Inkrafttreten dieses Gesetzes abgegeben werden. Das Vormundschaftsgericht hat dem Vereinsvorstand eine Bescheinigung über den Eintritt der Vereinsvormundschaft zu erteilen.

1. Art. 47 will dem Umstande Rechnung tragen, daß in Bayern schon seit längerer Zeit eine Anzahl von Verbänden der Jugendfürsorge Sammelvormundschaften eingerichtet hat, und diesen einerseits den Nachweis der Eignung im Sinne des § 47 JWG. erlassen und anderseits ihre Sammelvormundschaften in Vereinsvormundschaften des § 47 JWG. überführen (Begr. S. 750). Es handelte sich hierbei nicht um gesetzlich geregelte Verhältnisse, sondern um freie Sammelvormundschaften der Art, daß eine vom Verein zur Verfügung gestellte Person in einer Reihe von Fällen als Einzelvormund nach § 1789 BGB. als Vormund bestellt wurde. Vollzugsbestimmung zu Art. 47 ist BVO. § 56 Abs. 2.

2. Die Entscheidung des LJA. über die Ungeeignetheit (Abs. 1 Halbs. 2) ist absolut bindend; eine Nachprüfung, ob die Entscheidung auf „Grund vorliegender Tatsachen" erfolgte, nicht zulässig; insoweit liegt eine bloße Anweisung für das LJA. vor.

3. Inkrafttreten des Gesetzes, d. i. 1. Januar 1926 (s. Art. 45).

4. Vormund wird in den Fällen des Abs. 2 nicht etwa der bisherige Sammelvormund als solcher, sondern, wie der S. 3 des Abs. 2 ergibt, der Vorstand, eine Regelung, die, wenn der Sammelvormund nicht zufällig Vereinsvorstand war, zu unsachgemäßen Ergebnissen führen kann.

Art. 48

Die Gemeindeaufsichtsbehörde kann auf Antrag des Jugendamtes bestimmen, daß die Aufgaben der Waisenräte nach Art. 25 bis zur Vornahme einer neuen Wahl auf Grund dieses Gesetzes von den nach den bisherigen Gesetzen bestellten Gemeindewaisenräten wahrgenommen werden. Für die Stellung und Aufgaben der Waisenräte gelten die Vorschriften dieses Gesetzes.

1. Art. 48 trifft eine dem Vollzuge des Art. 25 JAG. dienende Überleitungsbestimmung; er will dort, wo örtliche Waisenräte bestellt werden, zunächst die bisherigen Gemeindewaisenräte heranziehen; s. hierzu BVO. § 77.

2. Wegen der Gemeindeaufsichtsbehörde s. JAG. Art. 25 A. 1. Jugendamt ist das, in dessen Bezirk die Aufgabe des Waisenrats erfüllt werden soll. Wegen der bisherigen Gesetze für die Bestellung der Gemeindewaisenräte s. Art. 93 ff. AG. BGB. und JInnMB. v. 22. Dez. 1899 (JMBl. 553; InnMBl. 1900, 108).

3. Nach Satz 2 werden die als örtliche Waisenräte tätigen Gemeindewaisenräte den Vorschriften des JAG. unterstellt. Auch das JWG. gilt für sie. In erster Linie kommen in Betracht Art. 25 Abs. 2 JAG. u. § 42 Abs. 2 JWG.

Art. 49

I Ein bei den Gerichten anhängiges Verfahren über die Anordnung oder Aufhebung einer Fürsorgeerziehung, die Anordnung einer vorläufigen Fürsorgeerziehung oder den Widerruf der Aufhebung wird nach den bisherigen Vorschriften erledigt, wenn der Beschluß des Vormundschaftsgerichtes bereits ergangen ist. Im übrigen gelten für die Anordnung, die Aufhebung und die Ausführung einer beim Gericht anhängigen oder in der Ausführung befindlichen Fürsorgeerziehung die Vorschriften des Reichsjugendwohlfahrtsgesetzes und dieses Gesetzes.

II Ist in einem anhängigen gerichtlichen Verfahren die Äußerung der Bezirksverwaltungsbehörde bereits abgegeben, so braucht das Jugendamt vor der Beschlußfassung des Vormundschaftsgerichtes nicht mehr gehört zu werden.

III Ein Beschluß auf vorläufige Unterbringung nach Art. 7 des Fürsorgeerziehungsgesetzes ist als Anordnung der vorläufigen Fürsorgeerziehung zu behandeln. Die vorläufige Entlassung aus der Fürsorgeerziehung durch die Bezirksverwaltungsbehörde nach Art. 10 Abs. III des Fürsorgeerziehungsgesetzes gilt als Aufhebung der Fürsorgeerziehung unter Vorbehalt des Widerrufs.

IV Von der Bezirksverwaltungsbehörde auf Grund des Art. 11 Abs. IV des Fürsorgeerziehungsgesetzes bestellte Fürsorger gelten als auf Grund dieses Gesetzes (Art. 36) bestellt.

1. Art. 49 regelt die Überleitung der nach dem bisherigen Recht anhängig gewordenen Verfahren in FE-Sachen einschließlich des Ausführungsverfahrens.

2. Abs. 1 u. 2 regeln die Überleitung der FE. im allgemeinen. Grundsätzlich findet darnach vom Inkrafttreten des JWG. an das neue Recht Anwendung, insbesondere auch hinsichtlich der Ausführung der FE. (Abs. 1 S. 2), aber auch der übrigen Anordnungen; eine Ausnahme besteht nur hinsichtlich des gerichtlichen Verfahrens auf Anordnung (BayFEG Art. 1—6) und Aufhebung der FE. (BayFEG. Art. 10) und auf Widerruf der Aufhebung (s. wegen dieses Art. 10 Abs. 1 BayFEG. und Schiedermair FEG. Art. 10 A. 12) der FE.; diese Verfahren sollen dann, wenn der Beschluß der ersten Instanz bereits ergangen ist, nach dem bisherigen Recht erledigt werden; andernfalls untersteht auch das gerichtliche Verfahren dem Recht des JWG., abgesehen davon, daß nach Abs. 2 unter Umständen die Anhörung des JA. entbehrlich ist.

3. Anhängig ist das Verfahren bei einem Gerichte dann, wenn das Gericht überhaupt mit ihm befaßt ist. Daß früher ein vor dem 1. Januar 1926 abgeschlossenes Verfahren anhängig gewesen war, wenn auch für das gleiche Kind, rechtfertigt die Anwendung des alten Rechts nicht; wohl aber ist das alte Recht anzuwenden, wenn das Verfahren bloß ausgesetzt war; die bloße Stellung eines Antrags auf Fürsorgeerziehung begründet noch nicht die Anhängigkeit, das Gericht muß bereits eine Tätigkeit entfaltet haben: die Übernahme des vorher anhängig gewordenen Verfahrens durch ein anderes Gericht nach dem Inkrafttreten des neuen Rechts rechtfertigt die Anwendung des letzteren nicht. Maßgebend ist, daß der Beschluß ergangen (Abs. 1 S. 1), d. h. als endgültig zu den Akten gegeben ist; Zustellung ist nicht notwendig. Maßgebend ist für das gerichtliche Verfahren das alte Recht auch dann, wenn der gerichtliche Beschluß die Anordnung, Aufhebung oder den Widerruf der letzteren ablehnt. Die Fürsorgeerziehung ist, wenn der Beschluß noch nicht ergangen ist, nach Maßgabe der im JWG. aufgestellten Voraussetzungen auch dann anzuordnen, wenn die Tatsachen, in denen die Voraussetzungen sich erfüllen, in der Zeit vor dem 1. Januar 1926 liegen. Entsprechendes gilt für die Aufhebung und deren Widerruf. Das alte Recht gilt nur für das betreffende Verfahren weiter; es bestimmt sich also auch, wenn die Anordnung nach altem Recht erfolgt oder zu erfolgen hat, die Aufhebung, oder wenn die Aufhebung noch nach altem Recht erfolgt oder zu erfolgen hat, der Widerruf nach neuem Recht. Soweit das alte Recht gilt, gilt es für ein vorher anhängig gewordenes Verfahren schlechthin, also nicht bloß hinsichtlich der formellrechtlichen, sondern auch hinsichtlich der materiellrechtlichen Bestimmungen. Es bestimmt sich deshalb, insoweit das alte Recht gilt, auch die Zulässigkeit der FE. nach altem Recht; wenn Art. 49 von einem „Verfahren" spricht, stellt er nicht einen Gegensatz zwischen den materiellrechtlichen und formellrechtlichen Vorschriften auf. Mit der Anwendbarkeit des neuen Rechts gelten auch dessen Vorschriften über die Kostentragung; sie gelten also insbesondere auch für die in Ausführung begriffenen Fürsorgeerziehungsfälle (Begr. S. 750).

4. Wenn Abs. 1 auch Bestimmungen über die vorläufige FE. trifft, so ist er insoferne gegenstandslos; denn das bayerische Recht kennt keine vorläufige FE., sondern nur eine Anordnung der vorläufigen Unterbringung, für diese gilt aber die Sonderregelung des Abs. 3.

5. Nach Art. 7 des BayFEG. konnte das VG., wenn sofortiges Einschreiten dringend geboten war und ihm die Voraussetzungen der

Anordnung der FE. glaubhaft gemacht waren, die vorläufige Unterbringung des Minderjährigen anordnen; eine solche Anordnung soll zufolge des Art. 49 Abs. 3 S. 1 als Anordnung der vorläuf. FErziehung im Sinne des § 67 JWG. gelten; sie steht demnach nun hinsichtlich der Beschwerdeeinlegung, des Inhalts der dadurch geschaffenen Rechtsstellungen, der Aufhebung und der Kosten der nach § 67 JWG. getroffenen Anordnung gleich.

6. Nach Art. 10 Abs. 1 S. 3 des BayFEG. konnte die dem VG. obliegende Entscheidung über die Aufhebung der FE. auch unter dem Vorbehalte des Widerrufs erfolgen; diese Art der Aufhebung kennt auch das JWG. § 72 Abs. 2 S. 2; für ein auf Grund des bay. Rechts anhängiges Verfahren über eine Anordnung dieser Art ist Art. 49 Abs. 1 maßgebend; d. h. das gerichtliche Verfahren wird, wenn der Beschluß des VG. schon ergangen ist, nach dem bisherigen Recht erledigt; im übrigen entscheidet aber das JWG. Art. 11 Abs. 3 des BayFEG. kannte aber auch eine durch Bezirks-(Distrikts)VerwBh. zu verfügende vorläufige Entlassung aus der FE.; für diese trifft Abs. 3 S. 2 des Art. 49 eine Überleitungsbestimmung; sie soll als Aufhebung der FE. unter Vorbehalt des Widerrufs gelten. Es sind also auf sie hinsichtlich der damit verbundenen Wirkungen, des Beschwerderechts, des Widerrufs usw. nun § 72 Abs. 2 S. 2 JWG. u. Art. 37 JAG. anzuwenden.

7. Nach Art. 11 Abs. 4 des BayFEG. war die Bezirks(Distrikts)verwBeh. befugt, für die in Familien untergebrachten Minderjährigen zur Überwachung der Erziehung und Pflege besondere Fürsorger zu bestellen; hierzu konnten auch Frauen bestellt werden. Die Voraussetzungen für die Bestellungen und die Befugnisse und die Pflichten des Fürsorgers waren näher geregelt. Diese Fürsorger sollen nun, ohne neue Bestellung durch die FEBehörde, als nach dem JAG. bestellte gelten; auch ihre rechtliche Stellung bestimmt sich demgemäß von nun an nach diesem (Art. 36).

Art. 50

Die auf Grund der bisherigen Vorschriften zur Aufnahme von Minderjährigen in Fürsorgeerziehung geeignet erklärten Anstalten behalten die Eignung; das Landesjugendamt kann sie widerrufen.

1. Nach § 36 der Bayr. Ausführungsbestimmungen zum Zwangserziehungsgesetze v. 28. Juni 1902 (JMBl. 629; InnMBl. 267) sind für die Anstaltserziehung diejenigen Anstalten zu benützen, welche vom Staatsministerium des Innern im Benehmen mit dem Justiz- und dem Kultusministerium als geeignet erklärt sind; die auf Grund dieser Vorschriften erfolgte Erklärung zur geeigneten Anstalt soll auch die Eignungserklärung des Art. 34 ersetzen. Im übrigen s. wegen der geeigneten Anstalten VVO. § 127.

Art. 51

I Bis zur Errichtung der Jugendämter, jedoch längstens bis zu einem vom Staatsministerium des Innern zu bestimmenden Zeitpunkte werden die Geschäfte des Jugendamtes von dem durch Art. 4 und 5 bestimmten Leiter wahrgenommen.

II Bis zur Errichtung des Landesjugendamtes werden dessen Aufgaben vom Staatsministerium des Innern im Benehmen mit den beteiligten übrigen Staatsministerien und nach näherer Regelung der Ausführungsbestimmungen von den Regierungen, Kammern des Innern, erledigt.

1. Art. 51 trifft eine Einführungsbestimmung hinsichtlich der JÄmter und des LJAmts (Art. 1—22).

2. Es darf als im Sinne des Ges. gelegen erachtet werden, daß auch der Vertreter des Leiters im Sinne der Art. 4 u. 5 vertretungsweise die Geschäfte des JAmts wahrzunehmen hat. Als Zeitpunkt, bis zu dem spätestens die Leiter des JA. dessen Geschäfte wahrnehmen können, kommt der 28. Febr. 1926 in Betracht (VVO. § 150 Abs. 1). Wegen der in Abs. 2 des § 51 erwähnten Ausführungsbestimmungen s. VVO. § 150 Abs. 2.

Art. 52

Die Staatsministerien des Innern, der Justiz und für Unterricht und Kultus sind mit dem Vollzuge des Reichsjugendwohlfahrtsgesetzes und dieses Gesetzes beauftragt. Sie erlassen gemeinsam und, soweit veranlaßt, im Benehmen mit den weiter beteiligten Staatsministerien die allgemeinen Ausführungsvorschriften.

1. Art. 52 bestimmt die Zuständigkeit der Ministerien, soweit auf dem Gebiet des JWG. und des JAG. eine Regierungstätigkeit zu entfalten ist, und die Zuständigkeit zum Erlaß der allgemeinen Ausführungsvorschriften.

2. Die Vollzugsanordnungen und insbesondere die nach Maßgabe des Satzes 2 erlassenen Ausführungsbestimmungen dürfen mangels besonderer gesetzlicher Ermächtigungen nicht weiter in die Freiheit, in das Vermögen und die Rechte des Minderjährigen und Dritter eingreifen, als es im JWG.

oder JAG. vorgesehen ist; es dürfen also grundsätzlich nur Verwaltungsverordnungen erlassen werden. Wegen einer weiteren Beschränkung der Regelung durch die AusfVOen s. EG. JWG. Art. 2 A. 2.

3. Besondere Aufgaben sind den Ausführungsvorschriften zugewiesen durch JAG. Art. 18 Abs. 1 S. 4, Art. 27 Abs. 2, Art. 30 Abs. 2 u. 3, Art. 36 Abs. 4, Art. 42 Abs. 2, Art. 51 Abs. 2.

4. Die allgemeinen Ausführungsvorschriften wurden erlassen mit JInnKMB. v. 21. Dez. 1925 (GVBl. 279). Sie ist unten Teil VI abgedruckt.

Teil VI

1. Vollzugsvorschriften vom 21. Dezember 1925 zum Reichsgesetze für Jugendwohlfahrt vom 9. Juli 1922 und zum Bayer. Jugendamtsgesetze vom 20. Juli 1925 (GVBl. 279)*).

Staatsministerien des Innern, der Justiz und für Unterricht und Kultus

Gemäß Art. 52 des Jugendamtsgesetzes vom 20. Juli 1925 (GVBl. S. 211) werden die nachfolgenden allgemeinen Vollzugsvorschriften erlassen:

I. Allgemeines

Das Reichsgesetz für Jugendwohlfahrt vom 9. Juli 1922 (RGBl. I S. 633) — RJWG. — stellt in Anlehnung an die Art. 120 und 122 der Reichsverfassung in § 1 den Grundsatz auf: „Jedes deutsche Kind hat ein Recht auf Erziehung zur leiblichen, seelischen und gesellschaftlichen Tüchtigkeit. Das Recht und die Pflicht der Eltern zur Erziehung werden durch dieses Gesetz nicht berührt. Gegen den Willen des Erziehungsberechtigten ist ein Eingreifen nur zulässig, wenn ein Gesetz es erlaubt. Insoweit der Anspruch des Kindes auf Erziehung von der Familie nicht erfüllt wird, tritt, unbeschadet der Mitarbeit freiwilliger Tätigkeit, öffentliche Jugendhilfe ein." Die öffentliche Jugendhilfe umfaßt alle behördlichen Maßnahmen zur Förderung der Jugendwohlfahrt (Jugendpflege und Jugendfürsorge); sie obliegt vorbehaltlich der gesetzlichen Zuständigkeit anderer öffentlicher Körperschaften oder Einrichtungen, insbesondere der Schule, den Jugendwohlfahrtsbehörden (Jugendämtern, Landesjugendämtern, Reichsjugendamt) — § 2 RJWG. Der sich anschließende Abschnitt II des Gesetzes (§§ 3—18) trifft die Bestimmungen über die Jugendwohlfahrtsbehörden, in erster Linie die Jugendämter, ihre Aufgaben (§§ 3 und 4), ihr Verhältnis zur freiwilligen Tätigkeit in der Jugendwohlfahrtspflege (§ 6), ihren Aufbau und ihr Verfahren (§§ 8—11). Hieran schließen sich an die

---

*) Nun gegenstandslos gewordene Einführungsweisungen traf die InnMB. v. 29. Dez. 1925 (StAnz. 302).

grundsätzlichen Bestimmungen für das Landesjugendamt, das Reichsjugendamt und über die Beschwerde (§§ 12—18). Abschnitt III (§§ 19—31) regelt das Pflegekinderwesen, Abschnitt IV (§§ 32—48) die Stellung des Jugendamts im Vormundschaftswesen, insbesondere die Amtsvormundschaft, die Anstalts- und Vereinsvormundschaft. Der die öffentliche Unterstützung hilfsbedürftiger Minderjähriger behandelnde Abschnitt V ist sachlich durch die Bestimmungen der RV. über die Fürsorgepflicht vom 13. Febr. 1924 (RGBl. I S. 100) und die Reichsgrundsätze über Voraussetzung, Art und Maß der öffentlichen Fürsorge vom 4. Dez. 1924 (RGBl. I S. 765) abgelöst und formell durch Art. 2 der RV. über das Inkrafttreten des Reichsgesetzes für Jugendwohlfahrt vom 14. Febr. 1924 (RGBl. I S. 110) bis auf § 55 aufgehoben. Abschnitt VI behandelt die Schutzaufsicht und die Fürsorgeerziehung (§§ 56—76).

In § 78 der Schlußbestimmungen des Gesetzes war vorgesehen, daß das Reich für die aus der Durchführung des Gesetzes den Trägern der Jugendwohlfahrt (§ 8) erwachsenden Kosten einen Beitrag leiste, der bis zu anderweitiger gesetzlicher Regelung, mindestens aber für die nächsten 3 Jahre, jährlich 100 Mill. Mk. betragen sollte. Diese Bestimmung ist durch § 42 der III. Steuernotverordnung vom 14. Febr. 1924 (RGBl. I S. 74) gegenstandslos geworden; sie ist durch Art. 3 der RV. über das Inkrafttreten des Reichsgesetzes für Jugendwohlfahrt auch ausdrücklich aufgehoben.

Das Reichsgesetz für Jugendwohlfahrt ist in wesentlichen Bestimmungen ein Rahmengesetz, zu dessen Vollzug ergänzende Bestimmungen der Landesgesetzgebung und der obersten Landesbehörde erforderlich sind. Die landesgesetzlichen Ausführungsvorschriften sind für Bayern durch das Jugendamtsgesetz vom 20. Juli 1925 (GVBl. S. 211) — JAG. — ergangen. Auf Grund des Reichsgesetzes für Jugendwohlfahrt und des Art. 52 des Jugendamtsgesetzes werden die nachstehenden allgemeinen Vollzugsvorschriften erlassen.

Durch die Verordnung des bayerischen Gesamtministeriums vom 27. März 1924 (GVBl. S. 126) ist der Zeitpunkt des Inkrafttretens des Reichsgesetzes für Jugendwohlfahrt (Art. 1 des Einführungsgesetzes vom 9. Juli 1922 — RGBl. I S. 647) verschoben worden. Zufolge Art. 43 JAG. treten die Vorschriften des Reichsgesetzes für Jugendwohlfahrt und des Jugendamtsgesetzes, soweit sie die Bildung der Jugendämter und des Landesjugendamts betreffen, sofort mit der Verkündigung, im übrigen am 1. Jan. 1926 in Kraft.

II. Jugendämter

RJWG. §§ 3—11, JAG. Art. 1—16

1. Bildung der Jugendämter

§ 1.

¹ Nach § 8 RJWG. sind Jugendämter als Einrichtungen von Gemeinden oder Gemeindeverbänden zu errichten. Gemäß Art. 1

Abs. I JAG. wird für jedes Bezirksamt ein Bezirksjugendamt, für jede kreisunmittelbare Stadt ein Stadtjugendamt errichtet. Hinsichtlich der in Art. 1 Abs. I JAG. erwähnten Sonderregelungen nach Art. 1 Ziff. I der VO. über das Inkrafttreten des RG. für Jugendwohlfahrt vom 14. Febr. 1924 s. § 22 gegenwärtiger Vorschriften.

II Der Grundsatz, daß jedes Bezirksamt und jede kreisunmittelbare Stadt regelmäßig ein Jugendamt erhält, soll auch für die Pfalz zur Durchführung kommen. Da aber die kreisunmittelbaren Städte der Pfalz zufolge Art. 3 Abs. I pfälz. Städte-Verfass.-Ges. vom 15. Aug. 1908 (GVBl. S. 471) im Bezirksverbande sind und nach Art. 3 des Gesetzes über die Geltung des Selbstverwaltungsgesetzes in der Pfalz vom $\frac{\text{20. Dezember 1919}}{\text{6. März 1923}}$ (GVBl. 1919 S. 833 und 1923 S. 105) die bisherigen Distrikte der Pfalz unter der Bezeichnung Bezirke fortbestehen, sind Sondervorschriften erforderlich, die für den gesamten Gesetzesvollzug die kreisunmittelbaren Städte der Pfalz von ihren Bezirken loslösen und die zum Bezirksamtssprengel gehörigen Bezirke hierfür zusammenschließen. Diese grundsätzliche Regelung trifft Art. 1 Abs. III JAG. Hiernach scheiden die kreisunmittelbaren Städte der Pfalz für die Erfüllung der Aufgaben des Jugendamts aus ihrem Bezirk aus und bilden selbständige Stadtjugendämter. Im übrigen wird für den gesamten Bezirksamtssprengel ein Jugendamt errichtet, auch wenn ihm mehrere Bezirke angehören. Die der Regelung durch die Bezirke vorbehaltenen Angelegenheiten des Gesetzesvollzugs werden, wenn der Bezirksamtssprengel mehrere Bezirke umfaßt, von den vereinigten Bezirksausschüssen und Bezirkstagen der beteiligten Bezirke erledigt. Mitglieder dieser Organe, die in einer bezirksangehörigen kreisunmittelbaren Stadt wohnen, sind in den Angelegenheiten des Bezirksjugendamts nicht stimmberechtigt. Dies gilt insbesondere für den Erlaß der Satzung (Art. 3 II, Art. 12 Abs. III JAG.).

§ 2.

I In Abweichung von der Regel des § 1 können nach Art. 2 JAG. errichtet werden:

a) gemeinsame Jugendämter für einen Bezirk oder Teile eines Bezirks und eine kreisunmittelbare Stadt, oder für einen Bezirk und Teile eines oder mehrerer anderer Bezirke,

b) besondere Jugendämter für Teile eines Bezirks oder in der Pfalz für einen einzelnen Bezirk eines Bezirksamtssprengels.

II Die Bildung solcher, von der Regel des § 1 abweichender Jugendämter — Sonderjugendämter — hat allgemein zur Voraussetzung, daß damit eine Verbesserung, Vereinfachung oder Verbilligung des Gesetzvollzugs und eine beachtliche Förderung der Jugendwohlfahrtspflege erreicht wird. In Betracht kommt beispielsweise die Verbindung eines Bezirks oder einzelner Vorstadtgemeinden mit einer benachbarten kreisunmittelbaren Stadt zu einem gemeinsamen Jugendamte, wenn die Gebiete durch gemeinsame Einrichtungen der öffentlichen oder der privaten Jugendwohlfahrtspflege schon bisher miteinander zweckmäßig verbunden sind. Aus den gleichen Gründen oder mit Rücksicht auf Verkehrs- und Wirtschaftsbeziehungen kann es veranlaßt erscheinen, einzelne Gemeinden eines Bezirks zum Jugendamt eines anderen Bezirksamtssprengels zu ziehen oder für einzelne mittelbare Gemeinden, z. B. Industriegemeinden mit besonders schwierigen Verhältnissen, ein besonderes Jugendamt zu errichten. Die Bildung besonderer Jugendämter kann namentlich auch für die pfälz. Bezirke mit Bezirksamtsaußenstellen in Frage kommen. Grundsätzlich ist durch die Fassung des Art. 2 Abs. I JAG. die Vereinigung mehrerer ganzer Bezirksamtssprengel zu einem Bezirksjugendamt ausgeschlossen.

III Die Bildung von Sonderjugendämtern ist zunächst dem freien Entschlusse der beteiligten Bezirke und Gemeinden überlassen. Dies schließt Anregungen der Aufsichtsbehörden oder des Landesjugendamtes nicht aus. Die Bildung erfordert übereinstimmende Beschlüsse der Bezirkstage, Stadträte, Gemeinderäte der Bezirke und Gemeinden, die sich zum gemeinsamen Jugendamte zusammenschließen oder das besondere Jugendamt bilden und die Genehmigung der Regierung, K. d. J. Sollen einzelne Gemeinden eines Bezirks mit einem anderen Jugendamte verbunden oder soll für solche ein besonderes Jugendamt errichtet werden, so ist hierüber auch der Bezirkstag des von der Abtrennung betroffenen Bezirks zu hören. Die Genehmigung der Regierung, K. d. J., ist zu erteilen, wenn die Voraussetzungen nach Abs. II Satz 1 vorliegen und die Bildung des Sonderjugendamtes im öffentlichen Interesse gelegen ist.

IV Nach Art. 2 Abs. I S. 2 JAG. kann die Regierung, K. d. J., die Verbindung von Teilen eines Bezirkes mit einer kreisunmittelbaren Stadt oder mit einem anderen Bezirke zu einem gemeinsamen Jugendamte sowie die Bildung besonderer Jugendämter auch aufsichtlich a n o r d n e n. Dagegen ist der aufsichtliche Zusammenschluß eines ganzen Bezirks mit einer kreisunmittelbaren Stadt zu einem gemeinsamen Jugendamt ausgeschlossen. Die Regierung, K. d. J., wird von der Anordnungsbefugnis nur beim Vorliegen eines dringenden öffentlichen Bedürfnisses Gebrauch machen. Örtlich zuständig ist die den beteiligten Gemeinden und Bezirken vorgesetzte Regierung, K. d. J.; gehören diese zu verschiedenen Regierungsbezirken, so bestimmt das Staatsministerium des Innern die zuständige Regierung. Gegen die Verweigerung der Genehmigung zur freiwilligen Bildung von Sonderjugendämtern und gegen die Anordnung auf Bildung solcher steht den beteiligten Gemeinden und Bezirken die Verwaltungsbeschwerde zum Staatsministerium des Innern offen. Die Regierungen zeigen die Bildung von Sonderjugendämtern mit Beigabe der Satzung (2fach) dem Staatsministerium des Innern an.

2. Satzung

§ 3.

I Nach § 9 Abs. 1 RJWG. und Art. 3 JAG. ist für jedes Jugendamt eine Satzung zu erlassen, die Zusammensetzung, Verfassung und Verfahren regelt. Die Satzung ist hierbei an die durch das Reichs- und Landesgesetz getroffenen Grundsätze, insbesondere über die Zusammensetzung des Jugendamtes gebunden. Die Satzung hat namentlich zu regeln die Zahl der Mitglieder und die Verteilung der Geschäftsführung auf die Vollversammlung, auf Ausschüsse, Vereinigungen für Jugendwohlfahrt, den Vorsitzenden oder sonstige Einzelpersonen usw. Die Anlagen 1, 2 und 3 geben Muster für die Satzung eines Bezirks- und Stadtjugendamts.

Anlage 1, 2, 3.

II Die Satzung wird vom Bezirkstage, Stadtrate, bei Sonderjugendämtern vom Bezirkstage, den Stadt- und Gemeinderäten der zu dem Sonderjugendamte gehörigen Bezirke, Städte und Gemeinden erlassen. Über die Satzungen der pfälzischen Jugendämter, zu denen mehrere Bezirke gehören, beschließen die vereinigten Bezirkstage allenfalls mit Ausschluß der in der bezirkszugehörigen kreisunmittelbaren Stadt wohnenden Bezirkstagsmitglieder (Art. 3 Abs. II und Art. 1 Abs. III JAG.). Die Satzung ist der Regierung, K. d. J., in zweifacher Fertigung vorzulegen. Eine Genehmigung der Regierung ist nicht erforderlich. Soweit Satzungen mit Reichs- oder Landesvorschriften in Widerspruch stehen, ist die Abänderung veranlaßtenfalls im Aufsichtswege, herbeizuführen. Die Regierungen, K. d. J., legen ein Stück der Satzungen dem Staatsministerium des Innern vor. Für Satzungsänderungen gelten diese Vorschriften entsprechend.

3. Zusammensetzung der Jugendämter

§ 4.

Die Zusammensetzung der Jugendämter ist auf der Grundlage des § 9 RJWG. in den Art. 4 mit 8 JAG. und zwar gesondert für Bezirksjugendämter und Stadtjugendämter geregelt. Für beide ist der Aufbau grundsätzlich in dem Sinne einheitlich, daß sie aus dem Leiter, bestimmten beamteten Personen, die auf Grund ihres staatlichen oder kirchlichen Amtes mit der allgemeinen, gesundheitlichen oder erzieherischen Fürsorge für die Jugend befaßt sind, und einer Anzahl vom Bezirkstage, Stadtrate berufenen Personen bestehen, für die den freien Vereinigungen für Jugendwohlfahrt und Jugendbewegung zum Teil ein Vorschlagsrecht eingeräumt ist. Der Unterschied ist lediglich der, daß die Gesamtzahl der Mitglieder außer dem Leiter beim Bezirksjugendamte 15 und beim Stadtjugendamte 20 nicht übersteigen darf und daß beim Bezirksjugendamte den Vereinigungen für Jugendwohlfahrt und Jugendbewegung ein Vorschlagsrecht nur für zwei Fünftel der Plätze eingeräumt wird, die nach Abzug der auf Grund ihres Amtes zugehörigen Mitglieder von der Gesamtzahl der Beisitzer übrig bleiben, während beim Stadtjugendamte den Vereinigungen für Jugendwohlfahrt und Jugendbewegung das Vorschlagsrecht für zwei Fünftel der G e s a m t z a h l der Beisitzer — mit Einschluß der auf Grund ihres Amtes zugehörigen Mitglieder — zukommt. Diese Abweichung ist getroffen worden einmal aus der Erwägung, daß die ländlichen Jugendämter mit einer geringeren Mitgliederzahl auskommen können, sodann in Rücksicht auf den wesentlich stärkeren Ausbau der freien Wohlfahrtspflege und die vermehrte Bedeutung ihrer Einrichtungen und ihrer Arbeit in den Städten gegenüber dem Lande.

§ 5.

I Leiter des Bezirksjugendamts ist der Vorstand des Bezirksamts. Bei Bezirksämtern mit nur einem Bezirksamtmann ist dieser sein ständiger Stellvertreter. Bei Bezirksämtern mit mehreren Bezirksamtmännern bestellt der Bezirksamtsvorstand 2 Bezirksamtmänner zu ständigen Stellvertretern und bestimmt ihre Reihenfolge in der Vertretung. Der zweite Stellvertreter hat nur bei Verhinderung des ersten einzutreten. Bei allen Bezirksämtern hat der Bezirksamtsvorstand mit Genehmigung der Regierung, K. d J., auch Beamte des mittleren Bezirksamtsdienstes als zweite Stellvertreter zu bestellen.

II Leiter des Stadtjugendamts ist der erste Bürgermeister; er bestimmt über seine Stellvertretung im Rahmen der Geschäftsverteilung. In erster Linie werden hierfür rechtskundige Mitglieder des Stadtrats und Beamte der Stadt in Betracht kommen. Soweit Beamte des mittleren Gemeindedienstes als Stellvertreter bestellt werden, ist hierzu die Genehmigung der Regierung, K. d. J., zu erholen.

III Der Leiter des Jugendamts hat rechtzeitig für die Bestellung und Berufung der weiteren Mitglieder des Jugendamts nach Art. 4 Abs. II Teil 2 und Abs. III bezw. Art. 5 Abs. II Teil 2 und Abs. III JAG. zu sorgen.

§ 6.

Die auf Grund ihres Amtes dem Jugendamt angehörigen Personen sind für das Bezirks- und das Stadtjugendamt gleichmäßig in Art. 4 und 5 Abs. II JAG. aufgeführt. Kommen für den Jugendamtsbezirk mehrere Bezirksärzte oder Bezirksschulräte in Frage, so bestimmt die Regierung, K. d. J., kommen mehrere Vormundschafts- oder Jugendrichter in Betracht, so bestimmt der Präsident des Landgerichts, und, wenn mehrere Landgerichtsbezirke beteiligt sind, der Präsident des Oberlandesgerichts, gegebenenfalls das Staatsministerium der Justiz, das Mitglied. Stehen mehrere Geistliche in Frage, so ist um Abordnung des katholischen Geistlichen das erzbischöfliche oder bischöfliche Ordinariat, um Abordnung des evangelisch-lutherischen Geistlichen in Bayern r. d. Rh. der Evangelisch-Lutherische Landeskirchenrat in München, um Abordnung des reformierten Geistlichen in Bayern r. d. Rh. das Moderamen der Reformierten Synode in Erlangen und um Abordnung des Geistlichen der Vereinigten prot.-evangel.-Christl. Kirche der Pfalz der Protestantische Landeskirchenrat der Pfalz in Speyer zu ersuchen. Gehört ein Jugendamtsbezirk mehreren kath. Diözesen an, so ist das Ordinariat der Diözese um Abordnung des Geistlichen zu ersuchen, zu dem der größere Teil des

Bezirks gehört. Es bleibt jedoch den beteiligten Ordinariaten unbenommen, sich über die Abordnung des Geistlichen zu einigen.

§ 7.

I Zu dem Leiter und den Mitgliedern, die dem Jugendamt auf Grund ihres Amtes angehören, treten als dritte Gruppe die Mitglieder, die vom Bezirkstage, Stadtrate gemäß Art. 4 Abs. III und Art. 5 Abs. III JAG. berufen werden. Ihre Zahl ist von der Gesamtzahl der Beisitzer abhängig, die zufolge Art. 3 Abs. I JAG. im Rahmen des Art. 4 Abs. I und des Art. 5 Abs. I JAG. durch die Satzung bestimmt wird. Die Gesamtzahl der Beisitzer ist lediglich nach oben, nicht nach unten begrenzt. Sie soll so hoch festgesetzt werden, daß eine ausreichende Vertretung der sachlich beteiligten Kreise möglich ist, anderseits ist aber zur Förderung der sachlichen Arbeit und zur Kosteneinschränkung darauf Bedacht zu nehmen, daß der Körper nicht unnötig groß wird. Für die vom Bezirkstage, Stadtrate zu berufenden Mitglieder gilt allgemein das Erfordernis des § 9 Abs. II S. 1 RJWG., wonach die stimmberechtigten Mitglieder des Jugendamts den in der Jugendwohlfahrt erfahrenen und bewährten Männern und Frauen aller Bevölkerungskreise zu entnehmen sind. Außerdem müssen sie zufolge Art. 6 JAG. die Voraussetzungen der Wählbarkeit zu Gemeindeämtern mit Ausnahme des Erfordernisses einer gewissen Aufenthaltsdauer erfüllen. Für die Voraussetzungen der Wählbarkeit sind zur Zeit Art. 1 und 2 des Gemeindewahlgesetzes vom 6. November 1924 (GVBl. S. 211) mit Ausnahme des ausdrücklich ausgenommenen Art. 1 Abs. 1 Ziff. 2 maßgebend. Die berufenen Mitglieder müssen endlich, um mit den Verhältnissen des Bezirks vertraut und in Fühlung zu sein, in der Regel im Jugendamtsbezirke wohnen. Um die Beiziehung von Personen zu ermöglichen, die in der Jugendwohlfahrtspflege eines Bezirks tätig sind, aber auswärts wohnen, ist dem Wohnen im Jugendamtsbezirke das Wohnen in einem unmittelbar benachbarten Jugendamtsbezirke gleichgestellt. Zur Sicherstellung des örtlichen Charakters der Jugendamtsverwaltung ist die Beiziehung von Personen, die entfernter wohnen, auch dann ausgeschlossen, wenn sie sich in der Jugendwohlfahrtspflege des Jugendamtsbezirks betätigen.

II Die Mitglieder nach Abs. 1 zerfallen in 2 Gruppen:

a) die Mitglieder, die vom Bezirkstage, Stadtrate nach den Vorschlägen der im Bezirke des Jugendamts wohnenden freien Vereinigungen für Jugendwohlfahrt und Jugendbewegung berufen werden — § 8 — und

b) die Mitglieder, die der Bezirkstag, Stadtrat frei nach eigenem Ermessen beruft.

Bei den Mitgliedern nach b ist der Bezirkstag, Stadtrat lediglich an die allgemeinen Erfordernisse des § 9 Abs. II Satz 1 RJWG. und Art. 6 JAG. gebunden. Für die freie Berufung kommen in erster Linie Mitglieder des Bezirkstages und Stadtrates in Betracht, die zur Aufrechterhaltung der notwendigen Verbindung zwischen dem Jugendamt und dem allgemeinen Verwaltungsorgane des Bezirks und der Stadt in angemessener Zahl dem Jugendamt angehören sollen. Weiter kommen in Betracht Beamte des Jugendamtes. Endlich besteht die Möglichkeit, außer dem Bezirksschulrate, der dem Jugendamte kraft Amtes angehört, weitere männliche und weibliche Lehrkräfte oder sonstige Personen, deren Mitarbeit dem Jugendamt erwünscht ist und die nicht auf Grund der Vorschläge der Vereinigungen für Jugendwohlfahrt und Jugendbewegung Mitglieder werden, in das Jugendamt zu berufen.

§ 8.

I Durch Art. 4 Abs. III und 5 Abs. III JAG. in Zusammenhalte mit § 9 Abs. II RJWG. ist den im Jugendamtsbezirke wirkenden freien Vereinigungen für Jugendwohlfahrt und Jugendbewegung ein Vorschlagsrecht für einen Teil der vom Bezirkstage, Stadtrate zu berufenden Mitglieder eingeräumt. Ihre Zahl beträgt beim Bezirksjugendamte zwei Fünftel der Beisitzer (Mitglieder mit Ausschluß des Leiters), die nach Abzug der dem Jugendamt auf Grund ihres Amtes angehörigen Mitglieder noch übrig bleiben (Art. 4 Abs. III, II und I Satz 3 JAG.), während beim Stadtjugendamte die zwei Fünftel aus der Gesamtzahl der Beisitzer, also mit Einschluß der Mitglieder auf Grund Amtes, zu berechnen sind (Art. 5 Abs. III, I S. 2 JAG.). Ergibt sich bei der Berechnung der Bruchteil eines Sitzes, so ist er auf einen vollen Sitz zugunsten der freien Vereinigungen aufzurunden. Gehört ein Geistlicher der reformierten Kirche r. d. Rh. dem Jugendamte kraft Amtes an, so wird er auf die Zahl der nach den Vorschlägen der freien Vereinigungen für Jugendwohlfahrt und Jugendbewegung zu berufenden Mitglieder angerechnet — Art. 4 Abs. III, 5 Abs. III JAG.

II Zum Vorschlage berechtigt sind zufolge Art. 7 JAG. Vereinigungen für Jugendwohlfahrt und Jugendbewegung, die sich seit mindestens 3 Jahren im Bezirke des Jugendamts ganz oder vorwiegend mit Jugendwohlfahrt befaßt haben. Einschlägig sind Vereinigungen, die sich der Jugendfürsorge und Jugendpflege widmen, mit Einschluß der Verbände der Jugendbewegung. Wegen der Begriffe „Jugendfürsorge, Jugendpflege, Jugendbewegung" wird auf das Schrifttum (z. B. Friedeberg-Polligkeit Komm. zum RJWG. 1923, Verlag Karl Heymann-Berlin — Note 5 zu § 2, Note 16 zu § 9) verwiesen. Bei Verschiedenartigkeit der Einrichtungen ist die Aufzählung einzelner Arten von Vereinigungen, die allgemein für das Vorschlagsrecht in Betracht kommen, nicht möglich. Die Vereinigungen müssen weiter im Bezirke des Jugendamts tätig sein, auch wenn sie etwa außerhalb desselben ihren Sitz haben, und im Zeitpunkte der Bildung des Jugendamtes eine mindestens 3jährige Tätigkeit im Jugendamtsbezirk aufweisen. Damit ist eine gewisse Gewähr für den Bestand der Einrichtung gegeben und Verbandsgründungen etwa zu dem Zwecke, um eine Vertretung im Jugendamte zu erhalten oder einem Verbande zu einer Vertretung zu verhelfen, sind ausgeschlossen. Mehrere vorschlagsberechtigte Verbände können sich zu einem gemeinsamen Vorschlage zusammenschließen.

III Zur erstmaligen Bildung der Jugendämter und künftig jeweils zum Ablaufe der ordentlichen Wahlzeit der Bezirke und Gemeinden (Art. 6 Satz 5 JAG.) erläßt der Leiter des Jugendamts im Amtsblatt eine öffentliche Aufforderung an die Vereinigungen für Jugendwohlfahrt und Jugendbewegung zur Einreichung von Vorschlägen. Die Bekanntmachung hat die Voraussetzung für die Berechtigung zum Vorschlage, die Zahl der nach Vorschlägen insgesamt zu besetzenden Sitze im Jugendamt und die Aufforderung zur Einreichung von Vorschlägen binnen einer ausschließenden Frist von 14 Tagen, gerechnet von der Ausgabe des Amtsblattes an, zu enthalten. Jede Vereinigung kann höchstens so viele Personen vorschlagen, als Mitglieder nach Vorschlägen der freien Vereinigungen zu berufen sind. Die vorgeschlagenen Personen müssen die Voraussetzungen des Art. 7 S. 2 und des Art. 6 S. 1 und 2 JAG. erfüllen. Für jede als Mitglied vorgeschlagene Person ist ein Stellvertreter zu benennen. Die vorgeschlagenen Personen sind in einer für die Berufung verbindlichen Reihenfolge aufzuführen.

IV Nach Eingang der Vorschläge soll der Leiter des Jugendamtes, wenn dies sachdienlich erscheint, mit den Vereinigungen, die Vorschläge eingereicht haben, Verhandlungen über eine gütliche Verteilung der durch Verbandsvertreter zu besetzenden Sitze aufnehmen. Der Bezirkstag, Stadtrat kann hierzu Vertreter aus seiner Mitte abordnen. Die Berufung selbst erfolgt durch den Bezirkstag, Stadtrat, der tunlichst gleichzeitig auch die seiner freien Bestimmung überlassenen Mitglieder des Jugendamtes und ihre Stellvertreter beruft. Die den freien Vereinigungen zukommenden Plätze werden ausschließlich nach dem Umfang und der Bedeutung des Wirkens der einzelnen mit Vorschlägen vertretenen Vereinigungen erteilt. Der Bezirkstag, Stadtrat ist innerhalb der einzelnen Vorschlagslisten an die von der Vereinigung getroffene Reihenfolge gebunden; er soll von einer nach Satz 1 erzielten Abmachung unter den Verbänden nur bei Vorliegen besonderer Gründe abweichen. Bei der Bedeutung, die der Mitarbeit der Frauen in der Jugendwohlfahrtspflege zukommt, ist dafür zu sorgen, daß auch Frauen in angemessener Zahl in die Vorschläge aufgenommen und in das Jugendamt berufen werden.

V Vom Ergebnisse der Berufung sind die berufenen Mitglieder und, soweit es sich um die den freien Vereinigungen vorbehaltenen Sitze handelt, auch alle Vereinigungen zu verständigen, die Vorschläge eingereicht haben. Den Vereinigungen, deren Vorschläge nicht oder nicht vollständig berücksichtigt wurden, steht binnen zwei Wochen, von der Zustellung der Mitteilung an gerechnet, die Beschwerde zur Regierung, K. d. J., offen. Mit der Mitteilung ist eine Belehrung über das Beschwerderecht zu verbinden. Die Beschwerde ist beim Leiter des Jugendamts einzureichen. Die Regierung, K. d. J., entscheidet endgültig.

VI Kommen keine oder nur verspätete Vorschläge ein oder sind die mit Vorschlägen vertretenen Vereinigungen nicht vorschlagsberechtigt oder die vorgeschlagenen Vertreter nicht wählbar, so beruft der Bezirkstag, Stadtrat auch die auf die Vereinigungen entfallenden Vertreter nach freiem Ermessen.

§ 9.

Für jedes Mitglied ist ein Stellvertreter zu berufen. Der Stellvertreter leistet bei Verhinderung des ordentlichen Mitgliedes Dienst im Jugendamt. Er ist jedoch nicht Ersatzmann. Scheidet ein Mitglied während der Dauer der ordentlichen Wahlzeit aus, so ist ein anderes zu berufen, wenn das Jugendamt dies für veranlaßt erklärt. War das ausscheidende Mitglied nach dem Vorschlag einer Vereinigung berufen, so ist diese aufzufordern, binnen einer ausschließenden Frist von 14 Tagen einen Vorschlag einzureichen.

§ 10.

I Nach Bestimmung der Satzung können neben den stimmberechtigten Mitgliedern in das Jugendamt Mitglieder mit beratender Stimme berufen werden. Hierfür kommen insbesondere im Jugendamte tätige Beamte, Fürsorgerinnen, ferner Vertreter von größeren Religionsgemeinschaften, die sonst keinen Sitz im Jugendamte haben wie der Israelitischen Kultusgemeinden usw. in Betracht.

II Das Vormundschaftsgericht ist zur Teilnahme an den Sitzungen des Jugendamtes und seiner Ausschüsse berechtigt und hat in ihnen beratende Stimme (§ 9 Abs. IV RJWG.). Dieses Recht steht dem Vormundschaftsgericht als Behörde zu und wird durch die Zugehörigkeit eines Vormundschafts- oder Jugendrichters zum Jugendamt als Mitglied nach Art. 4 und 5 Abs. II Ziff. 2 JAG. nicht berührt. Sind im Bezirke des Jugendamts mehrere Vormundschaftsgerichte, so ist jedes zur Teilnahme an den Sitzungen berechtigt. Die Sitzungen sind dem Vormundschaftsgerichte rechtzeitig mitzuteilen.

III Die Jugendämter können endlich zu einzelnen Beratungen einzelne Personen, Fachärzte, Vereinsvorstände usw. beiziehen; diese werden dadurch nicht Mitglieder des Jugendamtes.

§ 11.

Nach Art. 9 JAG. versehen die Mitglieder des Jugendamtes ihr Amt ehrenamtlich und unentgeltlich. Lediglich bei Dienstleistungen außerhalb ihres Wohnortes erhalten sie Entschädigung für Reisekosten und notwendigen Mehraufwand. Das Nähere regelt der Bezirkstag, Stadtrat. Es empfiehlt sich die Anlehnung an Entschädigungssätze, die den Mitgliedern der Bezirkstage und Stadträte unter gleichen Verhältnissen gewährt werden. Durch die Satzung kann vorgesehen werden, daß Mitglieder des Jugendamtes, die Angestellte oder Lohnarbeiter sind, Ersatz für entgangenen Verdienst erhalten. Die Satzung überläßt zweckmäßig die Regelung der Entschädigungssätze dem Bezirkstage, Stadtrate.

§ 12.

Art. 9 Abs. II JAG. schreibt für die Mitglieder des Jugendamtes die Verpflichtung durch den Leiter vor. Ausgenommen hiervon sind die Mitglieder, die auf Grund eines staatlichen, gemeindlichen oder kirchlichen Amtes berufen sind; ferner entfällt die besondere Verpflichtung auch bei den gemäß Art. 4 Abs. III und 5 Abs. III JAG. in das Jugendamt berufenen Bezirkstags- und Stadtratsmitgliedern. Die Verpflichtung erfolgt auf Handschlag zur gewissenhaften Erfüllung der Obliegenheiten und insbesondere zur Wahrung der Amtsverschwiegenheit.

4. Aufgaben des Jugendamtes

§ 13.

I Die Aufgaben des Jugendamts sind in den §§ 3 und 4 RJWG. aufgeführt. § 3 Ziff. 3 ist zusammen mit den §§ 49—54 RJWG. durch Art. 2 der RV. über das Inkrafttreten des RG. für Jugendwohlfahrt vom 14. Februar 1924 (RGBl. I S. 110) aufgehoben, weil die Fürsorge für hilfsbedürftige Minderjährige nunmehr den Fürsorgeverbänden obliegt — § 1 Abs. I e, § 6 RV. über die Fürsorgepflicht vom 13. Februar 1924, RGrunds. über Voraussetzung, Art und Maß der öffentlichen Fürsorge vom 4. Dezember 1924 und vom 7. September 1925 (RGBl. 1924 I S. 100 und 765 und 1925 I S. 332), Art. 3 Abs. II der bayerischen vorläufigen Ausführungsverordnung zur RV. über die Fürsorgepflicht vom 27. März 1924 (GVBl. S. 126).

II Zur Minderung der Arbeitslast der Jugendämter und zur Verbilligung ihres Geschäftsbetriebes sind in Art. 1 Ziff. 3 mit 7 der RV. vom 14. Februar 1924 für das Aufgabengebiet der Jugendämter Einschränkungen verfügt und der Regelung der obersten Landesbehörde überlassen. Hierzu wird folgendes festgestellt und angeordnet:

a) Den Jugendämtern obliegt der Schutz der Pflegekinder und die Mitwirkung im Vormundschaftswesen, insbesondere die Amtsvormundschaft und die Tätigkeit des Gemeindewaisenrats nach § 3 Ziff. 1 und 2 und Abschn. III und IV RJWG.

Art. 1 Ziff. 5 der RV. vom 14. Febr. 1924 ermächtigt die oberste Landesbehörde auf Antrag zur Herabsetzung der Altersgrenze für Pflegekinder nach § 19 RJWG.; ferner kann nach Art. 1 Ziff. 6 a. a. O. die oberste Landesbehörde auf Antrag von der Durchführung der gesetzlichen Amtsvormundschaft (§§ 35—40 RJWG.) Befreiung erteilen. Hierzu s. die §§ 31 und 38.

b) Den Jugendämtern kommt die Mitwirkung bei der Schutzaufsicht zu — § 3 Ziff. 4 und §§ 56 ff. RJWG. Nach Art. 1 Ziff. 7 der RV. vom 14. Febr. 1924 darf jedoch die Ausübung der Schutzaufsicht auf ein Jugendamt nur mit seinem Einverständnis übertragen werden.

c) Den Jugendämtern obliegt die Jugendgerichtshilfe (§ 3 Ziff. 5 RJWG.). Hierfür ist maßgebend das Jugendgerichtsgesetz vom

16. Febr. 1923 (RGBl. S. 135) und die bayer. VollzBek. hierzu vom 7. Mai 1923 und 8. Aug. 1924 (JustMBl. S. 21 und 102). Nach Art. 1 Ziff. 3 der RV. vom 14. Febr. 1924 kann die oberste Landesbehörde die Jugendämter von der Jugendgerichtshilfe befreien. Die Befreiung wird im einzelnen auf Antrag des Jugendamtes erteilt. Anträge der Jugendämter sind erstmals bis 1. März 1926 den Regierungen, K. d. J., und von diesen gesammelt dem Staatsministerium des Innern vorzulegen. In dem Antrag ist klar zu stellen, in welcher Weise bis zu dem Inkrafttreten des RJWG. im Bezirke die Jugendgerichtshilfe durchgeführt wurde, ob sich diese Regelung bewährt hat und wie sie weiterhin versehen werden soll. Dem Antrag ist eine Erklärung des Einverständnisses der Person oder Stelle, welche die Jugendgerichtshilfe führen soll, und der beteiligten Jugendgerichte mit dieser Regelung beizugeben. Wo die Jugendgerichtshilfe bisher durch bewährte Einrichtungen, insbesondere der freien Wohlfahrtspflege, versehen wurde, sollen diese nicht ohne Notwendigkeit beseitigt oder eingeschränkt werden.

d) Von der Mitwirkung bei der Beaufsichtigung der Arbeit von Kindern und Jugendlichen nach näherer landesrechtlicher Vorschrift — § 3 Ziff. 6 RJWG. — werden die Jugendämter gem. Art. 1 Ziff. 3 der RV. vom 14. Febr. 1924 allgemein befreit; von landesrechtlichen Vorschriften hierüber wird vorerst abgesehen.

e) Die gleiche Befreiung wird den Jugendämtern für die Mitwirkung bei der Fürsorge für Kriegerwaisen und Kinder von Kriegsbeschädigten — § 3 Ziff. 7 RJWG. mit Art. 1 Ziff. 3 der RV. vom 14. Febr. 1924 — erteilt. Die soziale Fürsorge für hilfsbedürftige Kriegerwaisen und Kinder von Kriegsbeschädigten kommt nach § 1 Abs. I a der RV. über die Fürsorgepflicht und der bayer. Verordnung über die Verwaltung der Fürsorgeverbände vom 12. Jan. 1925 (GVBl. S. 39) in erster Linie den Bezirksfürsorgeausschüssen und städt. Wohlfahrtsausschüssen zu. Aber auch wenn das Jugendamt zu einer Mitwirkung bei der Kriegerwaisen- und Kriegerkinderfürsorge nicht verpflichtet ist, muß auf ein sachgemäßes Zusammenarbeiten der beiden Organe zur Förderung der Jugendfürsorge selber Bedacht genommen werden.

f) Zu § 3 Ziff. 8 RJWG. gibt Art. 42 JAG. eine ergänzende landesrechtliche Vorschrift. Darüber hinaus sind die Jugendämter zu einer Mitwirkung in der Jugendhilfe bei den Polizeibehörden nicht verpflichtet. Soweit Einrichtungen der freien Wohlfahrtspflege bestehen, gilt Buchstabe c letzter Satz entsprechend.

g) Durch § 4 RJWG. ist den Jugendämtern auferlegt, auf dem Gebiete der Beratung in Angelegenheiten der Jugendlichen, des Mutterschutzes, der Wohlfahrt der Säuglinge, der Kleinkinder,

der schulpflichtigen und der schulentlassenen Jugend Einrichtungen und Veranstaltungen anzuregen, zu fördern und gegebenenfalls zu schaffen. Die oberste Landesbehörde kann hierüber nähere Bestimmungen treffen. Nach Art. 1 Ziff. 4 der RV. vom 14. Febr. 1924 besteht für die Jugendämter keine Verpflichtung zur Erledigung dieser Aufgaben. Diese Befreiung hat in erster Linie ihre praktische Auswirkung in der Richtung, daß die Bezirke und Gemeinden zur Bereitstellung eigener Mittel für diese Zweige der Jugendwohlfahrtspflege nicht verpflichtet sind. Bisher hat eine große Zahl von Bezirken und Gemeinden auf den genannten Fürsorgegebieten in beachtlicher Weise Einrichtungen von Krankenkassen, Versicherungsanstalten, Vereinigungen der freien Wohlfahrtspflege usw. gefördert und unterstützt und eigene Einrichtungen hierfür unterhalten. Die weitere Förderung und Ausgestaltung dieser Einrichtungen dient durchaus dem öffentlichen Wohl. Es darf erwartet werden, daß die Jugendämter auch ohne eine gesetzliche Verbindlichkeit im Einvernehmen mit den Bezirkstagen und Stadträten (s. Art. 12 Abs. I Satz 2 JAG.) sich die weitere Förderung dieser Fürsorgezweige nach Kräften angelegen sein lassen.

5. Träger des Jugendamts; Staatsaufsicht

§ 14.

I Nach §§ 8 und 9 Abs. I RJWG. sind die Jugendämter als Einrichtungen von Gemeinden und Gemeindeverbänden im Rahmen des Gemeindeverfassungsrechts der Länder zu errichten. Durch Art. 1 Abs. II JAG. sind die Bezirke und die kreisunmittelbaren Städte als Träger der Jugendämter erklärt. Die Bezirke und kreisunmittelbaren Städte haben demnach insbesondere die durch das Reichsgesetz für Jugendwohlfahrt und das bayer. Jugendamtsgesetz festgesetzten Lasten aufzubringen. Die öffentliche Jugendhilfe ist ihnen aber nicht als eine Angelegenheit der Selbstverwaltung — als eigene Gemeinde-(Bezirks-)angelegenheit — sondern als eine Aufgabe des übertragenen Wirkungskreises zugewiesen.

II Die Bezirke und die kreisunmittelbaren Städte als Träger des Jugendamts sind deshalb für den Vollzug des Reichsgesetzes für Jugendwohlfahrt und des Jugendamtsgesetzes den ordentlichen Verwaltungsbehörden unterstellt und an deren Anordnungen gebunden. Die Anrufung des Verwaltungsgerichtshofes kommt nur insoweit in Frage, als ihnen eine gesetzlich nicht begründete Leistung angesonnen würde — Art. 10 Ziff. 1 und 2 VerwGerGes. in der Fassung des Art. 30 SelbstverwGes. und des Art. 94 ArmGes., Entsch. d. Verw.-GerH. Samml. Bd. 41 S. 6, 40 S. 1 und 45 S. 8.

III Eine Erleichterung für die Bedarfsbeschaffung enthält Art. 11 Abs. I JAG. zugunsten der Bezirksjugendämter. Neben dem Vorstande des Bezirksamts oder einem seiner Stellvertreter als Leiter des

Jugendamts werden für die Bezirksjugendämter die weiteren Beamten und die Räume der Bezirksämter zur Verfügung gestellt, soweit und solange die Geschäftsverhältnisse dies gestatten. Bei der Mehrzahl der Bezirksjugendämter soll sich die Arbeit des Jugendamts bei entsprechender Heranziehung der Bezirksfürsorgerinnen namentlich für den Außendienst mit dem verfügbaren Beamtenstand bewältigen lassen. Insoweit die Arbeit des Jugendamts nicht durch das Personal des Bezirksamts, geeignete Mitglieder des Jugendamts und freiwillige Helfer der freien Wohlfahrtspflege erledigt werden kann, kommt nur die Berufung besonderer Kräfte zu Lasten des Bezirks in Frage. Die Jugendämter können für eine gedeihliche Arbeit der fachlich ausgebildeten Bezirksfürsorgerin nicht entbehren. Weiteres unentbehrliches Personal läßt sich in einzelnen Fällen zweckmäßig vielleicht auch auf dem Wege beschaffen, daß benachbarte Bezirke und kreisunmittelbare Städte sich zur gemeinsamen Bestellung eines hauptamtlichen Beamten zusammenschließen.

IV Für die Stadtjugendämter obliegt die Personalstellung ausschließlich den Gemeinden. Soweit kleinere Städte neues hauptamtliches Personal benötigen, kann ihnen der eben erwähnte Zusammenschluß mit benachbarten Bezirken zur Bestellung gemeinsamer Beamter ebenfalls eine Erleichterung der Personallast bringen.

6. Verhältnis des Jugendamts zum Bezirkstage, Stadtrat

§ 15.

I Das Jugendamt ist für das Gebiet der öffentlichen Jugendhilfe eine gesonderte Verwaltungseinrichtung des Bezirks, der kreisunmittelbaren Stadt neben dem Bezirkstage, Bezirksausschuß und dem Stadtrat. Es vertritt hierfür den Bezirk, die kreisunmittelbare Stadt an Stelle des ordentlichen Verwaltungsorgans. Das Jugendamt ist gegenüber dem ordentlichen Verwaltungsorgan in seiner Geschäftsführung — von der Finanzgebarung abgesehen — selbständig. Zur Sicherung einer einheitlichen Finanzwirtschaft der Bezirke und der Städte ist die Festsetzung des Haushalts des Jugendamtes dem ordentlichen Verwaltungsorgane, dem Bezirkstage, Stadtrate, vorbehalten. Der Haushalt des Jugendamtes bildet einen Teil des allgemeinen Haushalts und wird mit diesem festgesetzt. Dem Jugendamt ist vor Verbescheidung des Haushalts Gelegenheit zur Stellungnahme zu geben — Art. 12 Abs. I JAG. Für die Durchführung kann es sich empfehlen, daß dem Jugendamte die Aufstellung des Haushalts für das Jugendamt überlassen und dieser dann dem allgemeinen Haushaltsplan eingefügt wird. Die Regelung setzt ein verständnisvolles Zusammenarbeiten der beiden Verwaltungen — des Jugendamts einerseits und des Bezirkstages, Stadtrates anderseits — voraus, wobei die allgemeine Verwaltung bereit ist, nach Möglichkeit die Arbeit des Jugendamtes zu fördern, und dieses auf die gesamten Bedürfnisse und Verhältnisse des Bezirks und der Stadt angemessen Rücksicht nimmt.

II Der durch andere Einnahmen nicht gedeckte Jugendamtsbedarf ist nach den für den allgemeinen Bezirks- und Gemeindebedarf geltenden Grundsätzen aufzubringen.

III Abs. I und II gelten entsprechend für gemeinsame und besondere Jugendämter (§ 2). Auch hier vertritt das Sonderjugendamt die zugehörigen Bezirke und Gemeinden und führt für ihr Gebiet selbständig die Verwaltung der öffentlichen Jugendhilfe.

7. Geschäftsführung der Jugendämter

§ 16.

I Der Gesamtkörper des Jugendamtes ist nach der Natur der Sache nicht in der Lage, alle Aufgaben des Jugendamtes selbst zu erfüllen. Die laufenden Geschäfte erledigt der Leiter mit dem ihm zur Verfügung stehenden Personal. Hinsichtlich der Bezirksjugendämter wird auf die Bestimmung des Art. 11 Abs. I JAG. Bezug genommen, wonach das Personal der Bezirksämter für Zwecke des Jugendamts nur zur Verfügung gestellt werden kann, soweit und solange es die Geschäftsverhältnisse gestatten. Auch Mitglieder des Jugendamtes, Vereinigungen für Jugendhilfe und Jugendbewegung und sonst dem Jugendamte nicht angehörige, in der Jugendwohlfahrt erfahrene und bewährte Personen (§ 11 RJWG.) können mit der Führung von Geschäften des Jugendamtes widerruflich betraut werden.

II Für Angelegenheiten, die zweckmäßig durch einen Ausschuß erledigt werden, kann ein allgemeiner Geschäftsausschuß bestellt werden. Daneben kommt insbesondere in größeren Städten die Bestellung weiterer Ausschüsse für einzelne Verwaltungsgegenstände auf die Dauer vorübergehend in Betracht. In Ausschüsse des Jugendamtes können nach § 11 RJWG. auch dem Jugendamte nicht angehörige Personen berufen werden. Zu besonderen Ausschüssen, denen Angelegenheiten der Gesundheitspflege übertragen sind, ist mindestens ein Arzt beizuziehen (Art. 10 Abs. II JAG.). In Ausschüsse, die Angelegenheiten des Vormundschafts- oder Fürsorgeerziehungswesens zu behandeln haben, soll ein Vormundschafts- oder Jugendrichter berufen werden. Allgemein sollen bei Bestellung von Ausschüssen die Mitgliedergruppen im Jugendamte (Mitglieder auf Grund Amtes, auf Grund der Berufung nach Vorschlägen der Verbände der freien Wohlfahrtspflege und frei berufene Mitglieder) soweit möglich entsprechend ihrem Stärkeverhältnis im Gesamtkörper herangezogen werden.

III Der Beschlußfassung des Gesamtkörpers des Jugendamtes sind Regelungen nach § 11 RJWG. und Maßnahmen nach § 4 RJWG. kraft Gesetzes vorbehalten — Art. 10 Abs. I S. 2 JAG. Im übrigen wird er sich zur Ermöglichung einer raschen und tunlichst einfachen Geschäftsführung in der Regel nur die Entscheidung über den Haushalt und über grundsätzliche Fragen der Einrichtung und Tätigkeit vorbehalten.

IV Das Jugendamt bleibt auch bei der Betrauung von Ausschüssen, Vereinigungen oder Einzelpersonen mit Geschäftsaufgaben für die Geschäftsführung verantwortlich und hat die Pflicht der Aufsicht über deren Tätigkeit.

8. Beiziehung der freien Wohlfahrtspflege

§ 17.

Das Reichsgesetz für Jugendwohlfahrt geht in den §§ 1, 6 und 11 von einer weitgehenden Zusammenarbeit des Jugendamts mit den freien Verbänden zur Förderung der Jugendwohlfahrt aus. Beide sollen neben- und miteinander tätig werden. Das Jugendamt soll die freiwillige Tätigkeit zur Förderung der Jugendwohlfahrt unter Wahrung ihrer Selbständigkeit und ihres satzungsmäßigen Charakters unterstützen, anregen und zur Mitarbeit heranziehen, um mit ihr zum Zweck eines planvollen Ineinandergreifens aller Organe und Einrichtungen der öffentlichen und privaten Jugendhilfe und der Jugendbewegung zusammenzuwirken (§ 6 RJWG.). Zur Förderung dieses Zieles ist den freien Vereinigungen für Jugendwohlfahrt und Jugendbewegung auch eine Vertretung im Jugendamt eingeräumt (§ 9 Abs. II RJWG.) und in § 11 RJWG. die Möglichkeit der Übertragung von Geschäften des Jugendamtes an die Vereinigungen vorgesehen. Von dieser Möglichkeit soll nicht nur aus Gründen der Kostenersparnis, sondern auch zur Förderung der sachlichen Arbeit, dort, wo die notwendigen Voraussetzungen gegeben sind, Gebrauch gemacht werden. Verschiedentlich verfügen freie Verbände über bewährte Einrichtungen, geschultes und erfahrenes Personal und über Vertrauen in den beteiligten Bevölkerungsschichten. Insbesondere für die Beaufsichtigung der Pflegekinder, für die Versehung der Geschäfte des Gemeindewaisenrats, für das Vormundschaftswesen, die Schutzaufsicht, die Jugendgerichtshilfe und die Betreuung der in Familien untergebrachten Fürsorgezöglinge werden die Verbände dem Jugendamte vielfach Entlastung bringen können. Die Übertragung ist nur möglich, wenn der Verband in der Lage ist, die zu übernehmenden Geschäfte sachgemäß zu führen, und wenn er, soweit erforderlich, auch geschulte berufsmäßig tätige Kräfte bereitstellt; die gedeihliche Arbeit setzt ein gegenseitiges Vertrauensverhältnis, bei den beteiligten Persönlichkeiten in erster Linie Takt und Verständnis für die gegenseitigen Beziehungen voraus. Bei der Übertragung von Geschäftsaufgaben sind die erforderlichen Abmachungen über Rechte und Pflichten beider Teile zu treffen. Das Jugendamt bleibt für die Erledigung der übertragenen Geschäfte, wie bereits in § 16 ausgeführt, verantwortlich.

9. Besondere Verhältnisse der Sonderjugendämter

§ 18.

Bei den gemeinsamen und besonderen Jugendämtern (Art. 2 JAG.) ist besonders zu regeln die Verteilung des ungedeckten Bedarfes auf die zugehörigen Bezirke und Gemeinden, die Bestimmung des Leiters und der Jugendamtsmitglieder nach Art. 4 Abs. II und Art. 5 Abs. II JAG. und die Berufung der Mitglieder nach Art. 4 Abs. III und Art. 5 Abs. III JAG. Nach Art. 12 Abs. III und Art. 13 JAG. trifft die hierfür erforderlichen Bestimmungen die Satzung. Das gleiche gilt für die Bedarfsaufbringung bei den pfälzischen Bezirksjugendämtern mit mehreren Bezirken und bei pfälzischen Bezirksjugendämtern, aus deren Bezirk eine kreisunmittelbare Stadt mit einem eigenen Jugendamt ausgeschieden ist (Art. 12 Abs. III mit Art. 1 Abs. III JAG.).

10. Verfahren der Jugendämter

§ 19.

I Für das Verfahren der Jugendämter gelten grundsätzlich die Vorschriften über das Verfahren bei den Bezirksverwaltungsbehörden einschließlich des Kostenwesens.

II Für das Kassen- und Rechnungswesen der Jugendämter gelten die für das Kassen- und Rechnungswesen ihrer Träger maßgebenden Bestimmungen entsprechend.

11. Hilfeleistung der Gemeinden

§ 20.

Nach § 5 RJWG. haben die Behörden des Reichs, der Länder, der Selbstverwaltungskörper und die Jugendämter sich gegenseitig und die Jugendämter einander zur Erfüllung der Aufgaben der Jugendwohlfahrt Beistand zu leisten. Unter Beihilfe ist grundsätzlich die Rechtshilfe nach dem RG. über die freiwillige Gerichtsbarkeit zu verstehen. Diese Verbindlichkeit gilt auch für die Gemeindebehörden. Darüber hinaus ist aber in Art. 16 JAG. den Gemeinden des Jugendamtsbezirks allgemein die Verpflichtung auferlegt, dem Jugendamt in jeder veranlaßten Form Hilfe zu leisten. Diese Bestimmung wurde getroffen, weil die Bezirksjugendämter auf dem Lande über die Rechtshilfe im engeren Sinne hinaus die Hilfe und Mitarbeit der Gemeinden nicht entbehren können.

12. Verbindung der Jugendämter mit Wohlfahrtsämtern

§ 21.

Auf der Grundlage des § 10 RJWG. sieht Art. 15 JAG. die Übertragung der Aufgaben des Jugendamtes auf ein Wohlfahrtsamt vor. Damit soll die Möglichkeit gegeben werden, insbesondere in Städten, die Durchführung der öffentlichen Fürsorge, der Gesundheitspflege, der sonstigen Wohlfahrtspflege und der Jugendwohlfahrtspflege verwaltungsmäßig zusammenzufassen. Das Nähere regelt die Satzung. Wird von der Bestimmung Gebrauch gemacht, so ist dem Wohlfahrtsamt ein besonderer Ausschuß beizugeben, der in seiner Zusammensetzung dem selbständigen Jugendamt entspricht und dessen Zuständigkeit erhält. Das Wohlfahrtsamt hat neben der Bezeichnung als Wohlfahrtsamt auch die Bezeichnung des Jugendamtes zu führen.

13. Vollzug des Art. 1 Ziff. 1 RV. vom 14. Februar 1924, betr. Inkrafttreten des RJWG.

§ 22.

I Nach Art. 1 Ziff. 1 der RV. vom 14. Februar 1924 über das Inkrafttreten des RJWG. kann die oberste Landesbehörde den Gemeinden und Gemeindeverbänden gestatten, statt der Einrichtung eigener Jugendämter die dem Jugendamt obliegenden Aufgaben einer anderen nach Maßgabe des Gemeindeverfassungsrechts gebildeten Amtsstelle der Selbstverwaltung oder einer anderen geeigneten Amtsstelle zu übertragen, die erforderlichenfalls eine auf die Jugendwohlfahrt hinweisende Zusatzbezeichnung zu führen hat. Hierbei ist den im Bezirke der Amtsstelle wirkenden freien Vereinigungen für Jugendwohlfahrt und Jugendbewegung eine den Bestimmungen des § 9 Abs. II RJWG. entsprechende Mitwirkung innerhalb der Amtsstelle zu gewährleisten. In Art. 1 Abs. I zweiter Satzteil JAG. ist diese Möglichkeit ausdrücklich erwähnt.

II Das Staatsministerium des Innern behält sich die Genehmigung einer solchen Sonderregelung für den einzelnen Fall vor. Sie wird im allgemeinen nur für ländliche Bezirke mit besonders einfachen Verhältnissen in Frage kommen können. Da für die Bezirke Amtsstellen der Selbstverwaltung nicht bestehen, wird wohl nur die Übertragung der Jugendwohlfahrtspflege auf das Bezirksamt in Frage kommen, dem ein Ausschuß von Vertretern der freien Vereinigungen für Jugendwohlfahrt und Jugendbewegung beizugeben ist. Zu beachten ist jedoch, daß bei dieser Regelung die Mitarbeit von Vertretern des Bezirkstages bei der Erledigung der Jugendamtsangelegenheiten nicht gesichert wäre. Die Regelung im einzelnen hinsichtlich der Zusammensetzung und Berufung des Ausschusses sowie der Geschäftsführung bleibt vorbehalten.

III Anträge auf eine Sonderregelung sind den Bezirkstagen überlassen. Sie sind auf dem Dienstweg unter Darlegung der Verhältnisse vorzulegen.

III. Landesjugendamt

RJWG. §§ 12—14, JAG. Art. 17—21

1. Landesjugendamt

§ 23.

I Das Reichsgesetz für Jugendwohlfahrt sieht neben den Jugendämtern als den äußeren und unteren Jugendwohlfahrtsbehörden für die Länder zentrale Landesjugendämter vor (§§ 2, 12 RJWG.). Nach § 12 Abs. 1 RJWG. kommt dem Landesjugendamte die Sicherung einer gleichmäßigen Erfüllung der den Jugendämtern obliegenden Aufgaben und die Unterstützung ihrer Arbeit zu. In § 13 RJWG. sind die Obliegenheiten der Landesjugendämter im einzelnen mit dem

Zusatz aufgezählt, daß die oberste Landesbehörde ihnen weitere Aufgaben übertragen kann.

II Für Bayern verwaltet die Aufgaben des Landesjugendamtes ein besonderer Landesausschuß, dessen Zusammensetzung und Berufung auf der Grundlage des § 14 RJWG. in Art. 17 Abs. I und II JAG. erschöpfend geregelt ist. Für die als Mitglieder vorgesehenen Männer und Frauen, die in der Jugendwohlfahrt erfahren und bewährt sind, ist den Landesverbänden für Jugendwohlfahrt und Jugendbewegung ein Vorschlagsrecht eingeräumt. Ihre Berufung erfolgt durch das Staatsministerium des Innern im Einvernehmen mit dem Staatsministerium für Unterricht und Kultus. Bei den Jugendämtern ist die Amtsdauer für die vom Bezirkstage, Stadtrate zu berufenden Mitglieder auf die ordentliche Wahlzeit der Bezirke und Gemeinden festgelegt — Art. 6 S. 5 JAG. Für die Mitglieder des Landesjugendamtes fehlt eine gleichartige Bestimmung. Es bleibt dem Staatsministerium des Innern überlassen, für die Mitglieder nach Art. 17 Abs. I Ziff. 11 JAG. bei ihrer Berufung die Amtsdauer festzusetzen.

III Der Landesausschuß führt die Bezeichnung „Bayerisches Landesjugendamt". Für die Erledigung der laufenden Arbeiten wählt der Landesausschuß aus seiner Mitte einen ständigen Arbeitsausschuß; für einzelne Gebiete der Jugendwohlfahrt (Sondergebiete, Einzelfragen) können weitere Unterausschüsse gebildet werden, in die auch Personen berufen werden können, die nicht Mitglieder des Landesausschusses sind. Der Landesausschuß und der Arbeitsausschuß treten auf Berufung des Staatsministeriums des Innern zusammen, dem auch die Leitung des Geschäftsganges zusteht; für sonstige Ausschüsse kann eine andere Regelung Platz greifen. Im einzelnen wird die Tätigkeit durch die Geschäftsordnung (Art. 19 JAG.) geregelt. Dem Landesjugendamte kommt gegenüber den Jugendämtern keine Fachaufsicht zu. Nach Art. 1 Abs. II JAG. unterstehen die Jugendämter der Aufsicht der ordentlichen Verwaltungsbehörden. Nimmt das Landesjugendamt im einzelnen bei Jugendämtern Verhältnisse wahr, die im Wege der Anregung und Beratung nicht zu ordnen sind, so steht ihm die Veranlassung des aufsichtlichen Eingreifens der ordentlichen Verwaltungsbehörde zu.

2. Zweigstellen des Landesjugendamts

§ 24.

I Die dem Landesjugendamte zukommenden Aufgaben können nicht durchgängig für das ganze Land von der Landesstelle aus erledigt werden. Das Reichsgesetz für Jugendwohlfahrt und das Jugendamtsgesetz bringen auf dem Gebiete des Pflegekinder-, des Anstalts- und Beschwerdewesens sowie der Fürsorgeerziehung für das Landesjugendamt Einzelarbeiten, die zum Zweck einer einfachen und sachgemäßen Erledigung und zur Entlastung des Landesausschusses anderweitig untergebracht werden müssen. Die Regierungen, K. d. J., sind hierfür die gegebene Grundlage; nach Art. 18 JAG. werden bei diesen Zweigstellen des Landesjugendamtes eingerichtet.

II Die Zweigstelle besteht aus einem höheren juristischen Verwaltungsbeamten als Vorsitzenden und 6 Beisitzern und zwar einem Vormundschafts- oder Jugendrichter, je einem Vertreter eines Stadt- und eines Bezirksjugendamts und 3 in der Jugendwohlfahrt erfahrenen und bewährten und zu Gemeindeämtern wählbaren Personen. Die sämtlichen Mitglieder werden vom Regierungspräsidenten in Vorschlag gebracht und vom Staatsministerium des Innern im Einvernehmen mit dem Staatsministerium für Unterricht und Kultus berufen. Der Vorschlag des Vormundschafts- oder Jugendrichters erfolgt im Benehmen mit dem oder den Präsidenten der Oberlandesgerichte, zu denen der Regierungsbezirk gehört; die 3 Mitglieder aus den Kreisen der freien Wohlfahrtspflege werden im Benehmen mit den im Regierungsbezirke tätigen Kreisverbänden für Jugendwohlfahrt und Jugendbewegung vorgeschlagen. Wegen der Zuständigkeiten der Zweigstellen in der Durchführung der Fürsorgeerziehung ist darauf zu achten, daß unter diesen sich auch mit dem Anstaltswesen vertraute Persönlichkeiten befinden. Zur Erleichterung der Geschäftsführung und zur Kostenersparnis (Art. 20 JAG.) sollen die Mitglieder der Zweigstellen tunlichst am Sitze der Regierungen oder in deren Nähe wohnen. Bei besonderen Verhältnissen bleibt es den beteiligten Staatsministerien vorbehalten, die Zahl der Mitglieder, insbesondere der Vertreter der freien Liebestätigkeit, für einzelne Regierungsbezirke höher festzusetzen. Die Gesamtzahl der Beisitzer darf 8 nicht übersteigen. Für jedes Mitglied ist ein Stellvertreter vorzuschlagen.

III Die Zuständigkeiten der Zweigstellen werden, soweit sie nicht in gegenwärtiger Verordnung geregelt sind, durch die Geschäftsordnung geregelt. Das gleiche gilt für das Verfahren der Zweigstellen. Die Zweigstellen haben ihren Sitz am Sitze der Regierung; ausnahmsweise können die beteiligten Staatsministerien auch einen anderen Sitz bestimmen. Die Zweigstellen stehen unter der Leitung der Regierung und treten nur auf deren Berufung zusammen.

3. Kosten des Landesjugendamts und Verfahrenskosten

§ 25.

I Die Kosten des Jugendamts und der Zweigstellen trägt nach Art. 21 JAG. der Staat. Gesonderte Vollzugsvorschriften für die Berechnung der Kosten und die Anforderung der erforderlichen Geldmittel durch die Regierungen, K. d. J., bleiben vorbehalten.

II Für die Kosten des Verfahrens beim Landesjugendamt und seinen Zweigstellen sind die Art. 142 ff. des Kostengesetzes maßgebend. Auf Grund des Art. 145 des Kostengesetzes wird bestimmt, daß das Landesjugendamt und seine Zweigstellen einer Mittelstelle im Sinne des Art. 144 des Kostengesetzes gleichzuachten sind.

IV. Beschwerde

RJWG. § 18, JAG. Art 22

§ 26.

I § 18 Abs. I RJWG. überläßt die Regelung des Beschwerderechts gegen Entscheidungen des Jugendamts und des Landesjugendamts dem Landesrecht. Art. 22 Abs. I JAG. räumt gegen alle Entscheidungen des Jugendamts jedem, der ein berechtigtes Interesse hat, die Beschwerde zum Landesjugendamt ein. Wenn durch eine Entscheidung des Jugendamts ein Antrag ganz oder teilweise abgelehnt wird oder wenn die Entscheidung das Recht eines Beteiligten berührt, ist mit dem Bescheid eine Belehrung über das Beschwerderecht zu verbinden. Im übrigen wird wegen der Einlegung und weiteren Behandlung der Beschwerde auf Art. 22 Abs. I S. 2 mit 4 JAG. verwiesen. Die Beschwerde ist vom Landesjugendamt oder von der Zweigstelle des Landesjugendamts zu verbescheiden. Die Zuständigkeit der einen oder der anderen Stelle ist im einzelnen in den folgenden Abschnitten geregelt. Die örtliche Zuständigkeit der Zweigstelle richtet sich nach dem Regierungsbezirke, zu dem das Jugendamt gehört, dessen Entscheidung angefochten wird. Durch die Geschäftsordnung für das Landesjugendamt und seine Zweigstellen kann vorgesehen werden, daß die Entscheidungen über Beschwerden vom zuständigen Staatsministerium für das Landesjugendamt und von der Regierung, K. d. J., für die Zweigstelle erlassen werden (Art. 19 JAG.).

II Dem Landesjugendamte und seinen Zweigstellen kommen neben der Bescheidung von Beschwerden gegen Entscheidungen der Jugendämter auch Entscheidungen im ersten Rechtszuge zu; hierher sind einschlägig, § 29 Abs. I und II, § 47 und § 70 RJWG., Art. 30 Abs. II, 34, 47, 50 JAG. Gegen die Entscheidungen des Landesjugendamts und seiner Zweigstellen im ersten wie im zweiten Rechtszuge kommt nach § 18 Abs. II RJWG. nur die Rechtsbeschwerde (Revision) in Betracht. Die Rechtsbeschwerde ist ausschließlich darauf zu gründen, daß durch die angefochtene Entscheidung Bestimmungen des Reichsgesetzes für Jugendwohlfahrt nicht oder nicht richtig angewendet worden sind. Die Bescheidung der Rechtsbeschwerde ist dem Reichsverwaltungsgericht und bis zu dessen Errichtung dem Reichsgericht in Leipzig übertragen (Art. 9 EinfGes. zum RJWG.). Die näheren Bestimmungen über die Rechtsbeschwerde trifft die Reichsregierung mit Zustimmung des Reichsrats. Vorerst sind solche noch nicht ergangen. Soweit die Rechtsbeschwerde nicht in Frage kommt, sind die Entscheidungen des Landesjugendamts und seiner Zweigstellen endgültig.

§ 27.

Art. 22 JAG. regelt ausschließlich die Beteiligten-Beschwerde. Diese gewährt den von einer Entscheidung des Jugendamts oder des Landesjugendamts betroffenen Personen und Einrichtungen einen Rechtszug, der, soweit es sich um Entscheidungen des Jugendamts handelt, eine sachliche und rechtliche Nachprüfung des Sachverhalts durch das Landesjugendamt oder seine Zweigstellen und für die Entscheidungen des Landesjugendamts und seiner Zweigstellen nach Maßgabe des noch zu erlassenden Reichsrechtes über die Rechtsbeschwerde die rechtliche Nachprüfung gewährleistet.

V. Schutz der Pflegekinder

RJWG. §§ 19—31, JAG. Art. 23, 24

1. Bisheriges und neues Recht

§ 28.

Das Pflege-(Kost-)kinderwesen war in Bayern bisher durch Art. 41 PolStGB. geregelt. Darnach bedarf einer behördlichen Genehmigung durch die Bezirkspolizeibehörde, wer fremde Kinder unter 8 Jahren gegen Bezahlung in Pflege oder Erziehung nimmt. Wer solche Kinder ohne die Genehmigung in Pflege nimmt oder sie nach Entzug der Bewilligung behält, wird mit Geld bis zu 150 RM. bestraft. Mit Bek. des Staatsministeriums des Innern vom 6. Februar 1906 (MinABl. S. 56) wurde hierzu eine Ausführungsanweisung erlassen.

An die Stelle des Art. 41 PolStGB. tritt der Abschnitt III RJWG. und Art. 23, 24 JAG.

§ 29.

Das Reichsgesetz für Jugendwohlfahrt bringt gegenüber der bisherigen bayerischen Landesregelung insbesondere folgende Neuerungen:

1. Das Schutzalter wird auf das 14. Lebensjahr hinaufgerückt — § 19 RJWG.;
2. zu den Pflegekindern zählen mit bestimmten Einschränkungen auch die sogenannten Tageskinder, d. h. Kinder, die nur für einen Teil des Tages, jedoch regelmäßig in fremde Pflege genommen werden — §§ 19, 21 RJWG.;
3. das Gesetz schreibt ausdrücklich, von dringenden Fällen abgesehen, die Genehmigungserteilung vor der Aufnahme vor — § 20 RJWG.;
4. der Aufsicht des Jugendamts unterstehen grundsätzlich auch uneheliche Kinder, die sich bei der Mutter befinden — § 24 RJWG.;
5. die Strafvorschriften sind erweitert und verschärft — § 30 RJWG.

2. Grundsätze und Richtlinien für das Pflegekinderwesen

§ 30.

[1] Die Voraussetzung für die Erlaubnis, ihr Erlöschen und ihren Widerruf, die Aufsichtsbefugnisse der Jugendämter gegenüber Pflegekindern und unehelichen Kindern, die sich bei der Mutter befinden,

werden, soweit nicht reichsrechtliche Regelung nach § 15 RJWG. erfolgt, durch das Landesjugendamt geregelt; auf dem gleichen Wege können Richtlinien für die Befreiung von der Aufsicht über Pflegekinder und uneheliche, bei der Mutter untergebrachte Kinder erlassen werden — §§ 22, 24 Abs. II, 25, 26 RJWG. Die Zweigstellen können mit Zustimmung des Landesjugendamts für den Regierungsbezirk Vorschriften erlassen.

II Bis zum Erlasse solcher Vorschriften ist nach Maßgabe der MinBek. vom 6. Februar 1906 über die Beaufsichtigung von Kostkindern (MinABl. S. 56) weiter zu verfahren mit dem Abmaße, daß anstelle der Distriktspolizeibehörde das Jugendamt tritt. Ebenso gilt § 50 der MinBek. vom 23. Januar 1912 über den bezirksärztlichen Dienst (MinABl. S. 153), worin die Mitwirkung der Bezirksärzte auf dem Gebiete des Pflegekinderwesens geregelt ist, fort.

III Eine verbindliche Richtlinie für die Jugendämter bei Durchführung des Pflegekinderwesens gibt Art. 23 JAG. im Interesse der religiösen Erziehung der Pflegekinder dahin, daß die Erlaubnis zur Aufnahme eines Pflegekindes nur bei Bekenntnisgleichheit des Kindes und der Pflegeeltern erteilt werden darf. Eine andere Unterbringung soll nur genehmigt werden, wenn geeignete Pflegestellen bei Pflegeeltern gleichen Bekenntnisses nicht zu ermitteln sind. Dieser Grundsatz gilt gleichmäßig für die Unterbringung durch Behörden (Jugendämter, Fürsorgestellen usw.), wie durch Vormünder, Eltern oder sonstige Angehörige. Die Vorschrift ist billig und ohne Härten durchzuführen. Das Jugendamt hat sich erforderlichenfalls mit um die Ermittlung einer Pflegefamilie gleichen Bekenntnisses zu bemühen und wird sich hierbei zweckmäßig der Mitarbeit der Verbände der freien Wohlfahrtspflege bedienen.

3. Befreiungsvorschriften

§ 31.

I Nach Art. 1 Ziff. 5 der RV. vom 14. Februar 1924 über das Inkrafttreten des RG. für Jugendwohlfahrt kann die oberste Landesbehörde auf Antrag die Altersgrenze des § 19 RJWG. herabsetzen. Die Herabsetzung ist nur zulässig, wenn die Durchführung des § 19 eine wesentliche Erweiterung bestehender Aufgaben bedeuten würde.

II Anträge der Jugendämter nach Abs. I sind den Regierungen, K. d. J., erstmals bis 1. März 1926 vorzulegen. Eine Herabsetzung unter das 8. Lebensjahr kommt nicht in Frage. In dem Antrag ist darzulegen, wie sich durch die erhöhte Altersgrenze die Zahl der Pflegekinder erhöht und ob eine Mehrarbeit eintritt, die insbesondere die Aufstellung weiteren Personals und vermehrte Ausgaben erfordert und die auch nicht durch Beiziehung der freien Wohlfahrtspflege zur Aufsichtsführung vermieden werden kann. Zu dem Antrag ist das Gutachten des Amtsarztes zu erholen. Die Regierungen legen die Anträge gesammelt mit gutachtlicher Äußerung bis 1. April 1926 dem Staatsministerium des Innern vor. Siehe hierher auch § 38.

III Insoweit eine Einschränkung nach Abs. I und II nicht in Frage kommt, ist dafür zu sorgen, daß für die am 1. Januar 1926 in Pflege befindlichen Kinder im Alter zwischen 8 und 14 Jahren und für Tageskinder (§§ 19 und 21 Abs. II RJWG.) die Genehmigung erholt wird. Ebenso sind die unehelichen Kinder, die sich bei der Mutter befinden, ab 1. Januar 1926 in Aufsicht zu nehmen oder von der Aufsicht zu befreien. Die hierwegen veranlaßten Einleitungen sind mit dem Inkrafttreten des neuen Rechts von den Jugendämtern zu treffen.

4. Behördlich verfügte Familienpflege

§ 32.

I Nach § 23 RJWG. ist für die Erteilung der Erlaubnis zur Aufnahme eines Pflegekindes und für die Aufsichtsführung das Jugendamt zuständig, in dessen Bezirke die Pflegeperson ihren gewöhnlichen Aufenthalt hat. § 28 RJWG. überträgt in Fällen der Unterbringung von Kindern in Familienpflege durch reichs- oder landesgesetzlich zuständige Behörden die Erteilung der Erlaubnis und die Aufsicht der unterbringenden Behörde. Durch die zuständige Reichs- oder Landesbehörde kann die Übertragung dieser Befugnis auf das örtlich zuständige Jugendamt angeordnet werden. In Betracht kommen insbesondere Jugendämter und öffentliche Fürsorgestellen.

II Auf Anregung des Reichsministeriums des Innern ist über den Vollzug dieser Vorschriften ein Abkommen unter den Länderregierungen getroffen worden, das die Verhältnisse für den Fall der Unterbringung eines Kindes durch eine Behörde auf einen Familienpflegeplatz in einem anderen Lande regelt. Bayern ist dem Abkommen beigetreten. Das Abkommen ist mit MinBek. vom 11. Dezember 1925 Nr. 4169 e 123 (Staats-Anzeiger Nr. 289) veröffentlicht. Hiernach steht der Behörde, die ein Pflegekind in einem Bezirk außerhalb ihres Landes unterbringt, die Erteilung der Erlaubnis zur Haltung dieses Kindes und die Aufsicht darüber dann zu, wenn sie selbst im Bezirke des Unterbringungsortes über ausreichende Organe für die eigene Aufsichtsführung verfügt. Ist dies nicht der Fall, so kommt die Erteilung der Erlaubnis und die Aufsicht nach der allgemeinen Regel dem Jugendamte des Unterbringungsorts nach § 23 RJWG. zu. Verfügt die Unterbringungsbehörde im Unterbringungsbezirk über ausreichende Aufsichtsorgane, so ist sie von der Genehmigungserholung beim örtlich zuständigen Jugendamte befreit und führt selbst die Aufsicht. Für die Aufsichtsführung im einzelnen und die Zusammenarbeit mit dem örtlichen Jugendamte sowie für den Ausgleich von Meinungsverschiedenheiten zwischen den beiden Stellen geben die §§ 4—10 des Abkommens nähere Vorschriften, auf die Bezug genommen wird.

III Die in Abs. II getroffene Regelung für das Verhältnis einer außerbayerischen Behörde, die in Bayern Kinder in Familienpflege unterbringt, zum Jugendamte des Unterbringungsorts ist gleichmäßig durchzuführen in den Fällen der Kinderunterbringung durch zuständige bayerische Behörden auf Familienpflegeplätzen in bayerischen Orten. Auch der unterbringenden bayerischen Behörde steht bei Unterbringung von Kindern in Orten außerhalb ihres eigenen Verwaltungsbezirkes die Befreiung von der Genehmigungserteilung durch das örtlich zuständige Jugendamt und die eigene Aufsicht über Pflegekinder auf Familienplätzen nur zu, wenn sie im Jugendamtsbezirke des Unterbringungsorts über eigene Aufsichtsorgane verfügt. Andernfalls ist die Genehmigung zur Aufnahme und die Aufsicht dem örtlich zuständigen Jugendamte vorbehalten. Auch in diesen Fällen sind die §§ 4—10 des Abkommens entsprechend durchzuführen. Ausgleichsverhandlungen zwischen den beiden Stellen nach §§ 3 und 10 des Abkommens hat die Zweigstelle des Landesjugendamts zu führen, das allenfalls auch die Entscheidung über die Handhabung der Vorschriften trifft.

5. Anstaltspflege

§ 33.

I Nach § 29 Abs. I RJWG. können Anstalten, die Kinder in Pflege nehmen, vom Landesjugendamte widerruflich von der Pflicht befreit werden, für die Aufnahme des einzelnen Kindes die Genehmigung des Jugendamts nach § 20 RJWG. zu erholen. Die Aufsicht über die Haltung der in der Anstalt aufgenommenen Kinder kommt nach § 29 Abs. II des Gesetzes an Stelle des Jugendamts dem Landesjugendamte zu; die Regelung der Aufsichtsbefugnisse des Landesjugendamts ist der Landesgesetzgebung vorbehalten. Unter die Anstalten im Sinne dieser Vorschrift fallen einmal die eigentlichen Pflegeanstalten, wie Säuglingsheime, Kinderkrippen, Kinderheime, dann aber auch die Erziehungs- oder Unterrichtsanstalten, die neben der Erziehung oder Unterrichtung ihrer Zöglinge auch deren Pflege mit übernehmen.

II Die widerrufliche Befreiung der Anstalten von der Genehmigungspflicht für die Aufnahme von Kindern nach § 29 I RJWG. erteilt die Zweigstelle des Landesjugendamts, in deren Bezirke die Anstalt liegt. Anstalten, deren Errichtung nach der KVO. vom 10. Mai 1905, die Gründung, Leitung und Beaufsichtigung von Erziehungs- und Unterrichtsanstalten betr. (GVBl. S. 471), oder nach den allgemeinen Bestimmungen über Einrichtung und Betrieb von Kinderbewahranstalten vom 17. Dezember 1910 (KultMBl. S. 729) genehmigt sind, sind regelmäßig zu befreien. Die Befreiung kann nur nach Maßgabe des § 29 I Satz 2 RJWG. versagt werden. Soweit die am 1. Januar 1926 bestehenden Anstalten die Genehmigung zur Gründung erhalten haben, gelten sie als widerruflich befreit.

III Die Pflegeanstalten unterstehen der allgemeinen Aufsicht nach § 11 ff. KVO. vom 10. Mai 1905 und Ziff. 16, 17 der allgemeinen Bestimmungen über Einrichtung und Betrieb von Kinderbewahranstalten — Art. 30 Abs. IV JAG. Hierzu kommt die Aufsicht über die Pflege der Kinder nach §§ 24—26 RJWG., die durch § 29 Abs. II des Gesetzes anstelle des Jugendamts dem Landesjugendamt übertragen ist. Diese Aufsicht des Landesjugendamts wird durch die Zweigstellen des Landesjugendamts ausgeübt.

6. Vereinspflege

§ 34.

Nach § 29 Abs. III RJWG. kann das Landesjugendamt Vereinigungen für Jugendwohlfahrt, die Kinder in Familienpflege unterbringen und hierüber die Aufsicht führen, wie Anstalten, von der Einholung der Genehmigung für den einzelnen Fall widerruflich befreien und ihnen Ausnahmen von der allgemeinen Aufsicht über Pflegekinder einräumen. Vereinigungen, welche die Gewähr einer einwandfreien Betreuung der von ihnen in Obhut genommenen Kinder geben, ist nach Möglichkeit entgegenzukommen. Die Regelungen treffen die Zweigstellen des Landesjugendamts.

§ 35.

Die Zweigstellen des Landesjugendamts führen über die Anstalten und Vereine, denen nach §§ 33 und 34 Befreiungen erteilt sind, ein Verzeichnis oder Sammelakten.

§ 36.

Nach Art. 24 Abs. I JAG., der sich auf § 31 RJWG. gründet, können für ländliche Bezirke Ausnahmen von der Genehmigungspflicht für die Pflegekindererhaltung und von der Aufsicht über Pflegekinder und uneheliche Kinder durch das Landesjugendamt erlassen werden. In erster Linie kommt hierfür die Herabsetzung der Altersgrenze für Pflegekinder in Betracht; hierwegen ist vorerst nach § 31 zu verfahren. Hinsichtlich anderer Ausnahmen auf dem Gebiete des Pflegekinderwesens in ländlichen Bezirken soll zunächst die Entwicklung abgewartet werden.

VI. Die Amtsvormundschaft
RJWG. §§ 32—41

1. Allgemeines

§ 37.

Das Reichsgesetz für Jugendwohlfahrt kennt die gesetzliche und die bestellte Amtsvormundschaft. Die gesetzliche Amtsvormundschaft tritt ohne Zutun des Jugendamts und ohne Bestellung durch das Vormundschaftsgericht kraft des Gesetzes für alle unehelichen Kinder ein, die im Jugendamtsbezirk geboren werden (§§ 32, 35 RJWG.). Die bestellte Amtsvormundschaft entsteht dadurch, daß das Jugendamt mit seinem Einverständnisse vom Vormundschaftsgericht als Vormund bestellt wird (§ 41 RJWG.). Die gesetzliche Amtsvormundschaft ist nach dem Reichsjugendwohlfahrtsgesetze Pflichtaufgabe des Jugendamts.

2. Die gesetzliche Amtsvormundschaft

§ 38.

I Nach Art. 1 Ziff. 6 der RV. vom 14. Februar 1924 über das Inkrafttreten des RG. für Jugendwohlfahrt kann die oberste Landesbehörde Jugendämter auf Antrag von der Durchführung der gesetzlichen Amtsvormundschaft befreien. Diese Befreiung soll nach dem Zwecke der Verordnung insbesondere in Frage kommen, wenn die Einrichtung der Amtsvormundschaft besondere, schwer zu tragende Kosten verursachen würde. Die Befreiung wird grundsätzlich dort außer Betracht bleiben müssen, wo schon bisher Berufsvormundschaften nach dem Gesetz über die Berufsvormundschaft vom 23. Februar 1908 in der Fassung des Art. 98 ArmGes. vom 21. August 1914 bestanden. Bei den übrigen Jugendämtern ist die Durchführung der gesetzlichen Amtsvormundschaft erwünscht. Nach den gemachten Erfahrungen ist sie auch eine durchaus wirtschaftliche Einrichtung, da ihre Kosten durch die Ersparnisse ausgeglichen werden, die auf dem Gebiete der öffentlichen Fürsorge für uneheliche Kinder mit der besseren Durchsetzung der Unterhaltsansprüche der Kinder gegen ihre Erzeuger eintreten. Aus dieser Erwägung sollen Anträge auf Befreiung von der Amtsvormundschaft nur bei Vorliegen besonderer Schwierigkeiten gestellt werden. Die Stadtjugendämter werden die gesetzliche Amtsvormundschaft in der Regel nicht entbehren können. Aber auch bei der Mehrzahl der Bezirksjugendämter soll es gelingen, einen Weg zu finden, der ihre Durchführung ohne zu schwere Belastung ermöglicht. Durch die Abgabe geordneter Vormundschaften an Einzelvormünder (§ 41) und durch die Heranziehung der Anstalts- und Vereinsvormundschaften wird sich eine Einschränkung der Fälle erzielen lassen. Verschiedentlich wird es möglich werden, geeignete Mitglieder des Jugendamts, Vertreter von Vereinigungen für Jugendwohlfahrt oder Privatpersonen, die als Beamte im Ehrenamte herangezogen werden, mit der Führung der Amtsvormundschaft zu betrauen; auch Gemeindebeamte mittelbarer Gemeinden des Bezirks können für die Versorgung der Amtsvormundschaft im Nebenamt (im Einverständnisse mit dem Gemeinderat) in Betracht kommen. Soweit hauptamtliche Amtsvormünder nicht entbehrt werden können, kann der bereits in § 14 Abs. III letzter Satz erwähnte Weg der Bestellung solcher für mehrere Jugendamtsbezirke zu einer tragbaren Lösung führen.

II Dem Lande sind vom Reiche Mittel zur Förderung des Vollzugs des Reichsgesetzes für Jugendwohlfahrt zur Verfügung gestellt. Nach den für die Verteilung vorgeschriebenen Grundsätzen des Reichsministeriums des Innern sind daraus bedürftige Jugendämter zu bedenken, die die gesetzliche Amtsvormundschaft durchführen und bei denen die Altersgrenze für Pflegekinder (§ 19 RJWG., § 31 dieser Verordnung) nicht herabgesetzt wird. Hinsichtlich dieser Zuschußgewährung ergeht gesonderte Verfügung[1]). Auch damit ergibt sich wenigstens zunächst eine geldliche Erleichterung für die Bezirke und Städte.

III Anträge auf Befreiung sind vom Bezirkstage, Stadtrate zu beschließen und erstmals bis 1. März 1926 den Regierungen, K. d. J., vorzulegen. Der Antrag ist zu begründen; insbesondere ist festzustellen, ob bisher eine Berufsvormundschaft bestand, welcher Aufwand für einen hauptamtlichen Amtsvormund erwachsen würde und aus welchen Gründen der Bezirk, die Stadt diesen nicht zu tragen vermag; ferner ist anzugeben, ob und aus welchen Gründen die Amtsvormundschaft nicht durch Beamte im Nebenamte, durch ehrenamtliche Kräfte, durch Vertreter von Verbänden der freien Wohlfahrtspflege versehen werden kann und warum der Zusammenschluß mit benachbarten Jugendämtern zur gemeinsamen Bestellung eines Amtsvormundes nicht gangbar ist. Dem Antrag ist eine gutachtliche Äußerung der Vormundschaftsgerichte des Jugendamtsbezirkes darüber beizugeben, ob eine ausreichende Betreuung und Vertretung der Mündel durch Einzelvormünder und Vereinsvormundschaften gewährleistet ist und auf die Amtsvormundschaft ohne ernstliche Schädigung der Belange der Mündel im Bezirke verzichtet werden kann. Die Regierungen, K. d. J., legen die Befreiungsanträge gesammelt mit gutachtlichem Berichte dem Staatsministerium des Innern bis 1. April 1926 vor.

Solange ein Jugendamt von der Durchführung der Bestimmungen über die gesetzliche Amtsvormundschaft nicht befreit ist, ist es zu deren Führung verpflichtet. Jugendämtern, für die Antrag auf Befreiung gestellt ist oder demnächst gestellt wird, wird es anheimgegeben, bei Anfall von Vormundschaften einen geeigneten Einzelvormund ausfindig zu machen und bei der Weitergabe der standesamtlichen Geburtsanzeige an das Amtsgericht (s. § 43) den Antrag zu stellen, gemäß § 40 RJWG. an Stelle des Jugendamts einen Einzelvormund aufzustellen. Den Vormundschaftsgerichten wird empfohlen, solchen Anträgen zu entsprechen.

IV Die Befreiung von der gesetzlichen Amtsvormundschaft nach Abs. I und II läßt die Befugnis des Jugendamtes, freiwillig Vormundschaften zu übernehmen, unberührt. Auch jenen Jugendämtern, die von der Durchführung der gesetzlichen Amtsvormundschaft befreit sind, wird empfohlen, Einrichtungen für die freiwillige (bestellte) Amtsvormundschaft zu treffen und sich dieser Vormundschaft im Rahmen ihrer persönlichen und sachlichen Kräfte zu unterziehen.

§ 39.

I Träger der Amtsvormundschaft ist das Jugendamt als Behörde. Dem Jugendamte selbst oder einem Ausschusse kann aber nur die Entscheidung in wichtigen Einzelfragen und die Aufstellung allgemeiner Grundsätze vorbehalten werden. Die Führung der einzelnen Vormundschaften muß im übrigen dem Amtsvormund überlassen wer-

---

[1]) Diese gesonderte Verfügung erging mit der nun gegenstandslosen InnME. v. 18. Jan. 1926 (StAnz. 14).

den. Der Amtsvormund ist nicht Bevollmächtigter, sondern im Umfange der Übertragung zur gesetzlichen Vertretung der Mündel befugt. Nähere Bestimmungen über die Bestellung und Abberufung des Amtsvormundes, die Abgrenzung seiner Befugnisse und der Zuständigkeiten, die dem Jugendamt oder einem Ausschusse für Amtsvormundschaft vorbehalten bleiben, trifft das Jugendamt.

II Die Amtsvormundschaft ist der wichtigste Zweig des Jugendamts und die Auswahl der Personen für die Führung des Amts deshalb von besonderer Bedeutung. Als Amtsvormund sollen nur Persönlichkeiten aufgestellt werden, die in der Jugendpflege hinreichende Erfahrung besitzen und mit dem Gesetz und den Aufgaben der Vormundschaftsführung genügend vertraut sind.

III Der Amtsvormund untersteht der Aufsicht und der Leitung des Jugendamts.

IV Das Jugendamt hat dem Amtsvormund einen Ausweis auszustellen.

V Die Aufstellung und Abberufung der Amtsvormünder ist öffentlich bekannt zu machen und den Vormundschaftsgerichten des Jugendamtsbezirks mitzuteilen.

§ 40.

Für die Rechtsstellung der Amtsvormundschaft gelten, soweit in § 33 RJWG. nicht ausdrücklich Befreiungen und Ausnahmen vorgesehen sind, die Vorschriften des Bürgerlichen Gesetzbuches über die Vormundschaft.

§ 41.

I Von besonderer Wichtigkeit ist die richtige Abgrenzung der Amtsvormundschaft von der Einzelvormundschaft und ihre sachgemäße Verbindung mit dieser. Die Amtsvormundschaft hat vor der Einzelvormundschaft größere Schulung und Erfahrung in vormundschaftlichen Geschäften, das behördliche Ansehen, die Vertrautheit mit den Fürsorgeeinrichtungen und die Kenntnis der Gesetze und des behördlichen Verfahrens voraus. Sie ist dadurch namentlich zu einer energischeren und erfolgreicheren Geltendmachung der Unterhaltsansprüche der unehelichen Kinder befähigt. Der Vorzug einer guten Einzelvormundschaft liegt in der engeren persönlichen Beziehung zwischen dem Vormund und dem Minderjährigen und in dem tieferen und nachhaltigeren Einfluß auf die Erziehung des Mündels. Die ehrenamtliche Einzelvormundschaft einer durch verwandtschaftliche oder andere nähere Beziehungen mit dem Mündel verbundenen oder vom Gemeinsinn geleiteten und ihrer Aufgabe gewachsenen Persönlichkeit ist die beste Art der Vormundschaft. Die Amtsvormundschaft soll deshalb die Einzelvormundschaft weder ausschalten noch zurückdrängen; sie soll nach der Absicht des Gesetzes ihr Ende finden, sobald ein geeigneter Einzelvormund vorhanden ist (§§ 44, 40 RJWG.).

II Vielfach wird das Bedürfnis nach der Amtsvormundschaft nicht mehr gegeben sein, wenn der Unterhalt des unehelichen Kindes geordnet und gesichert ist. In anderen Fällen wird sich eine Verbindung der Amtsvormundschaft mit der Einzelvormundschaft empfehlen. Sie ist in der Form möglich, daß dem Amtsvormund ein Mitvormund zur Ausübung der Sorge für die Person des Mündels oder für ein bestimmtes Gebiet der Personensorge zur Seite tritt oder daß der Amtsvormund bei der Abgabe der Vormundschaft an einen Einzelvormund einzelne Rechten und Pflichten des Vormunds, namentlich die Sorge für das Vermögen des Mündels und die Vertretung des Mündels in den das Vermögen betreffenden Angelegenheiten behält. Die §§ 44, 46 RJWG. geben dazu die Handhabe. Eine solche Vereinigung von Amtsvormundschaft und Einzelvormundschaft kann den Verwandten der Mündel und Freunden der Jugend, die vor den schwierigen Aufgaben der Vermögensverwaltung oder vor der Ausklagung und Beitreibung der Unterhaltsansprüche zurückschrecken, die Übernahme der Vormundschaft erleichtern und damit die Amtsvormundschaft selbst entlasten.

§ 42.

Die gesetzliche Amtsvormundschaft greift ohne Rücksicht auf das religiöse Bekenntnis des Minderjährigen, also auch dann Platz, wenn der Amtsvormund das Bekenntnis des Mündels nicht teilt. Nach der Begründung des Gesetzes sollen aber zur Vermeidung von Reibungen als Amtsvormünder nur Persönlichkeiten gewählt werden, die mit den im Bezirke des Jugendamtes vertretenen Bekenntnissen in gutem Einvernehmen stehen. Zur Vermeidung von Schwierigkeiten und zur Sicherstellung der religiösen Erziehung kann die Bestellung eines Mitvormunds oder eines Pflegers nach § 1909 BGB. zur Sorge für die religiöse Erziehung in Betracht kommen (vgl. § 41). Nach § 33 RJWG. ist der Amtsvormund verpflichtet, bei der Unterbringung des Mündels auf das Religionsbekenntnis oder die Weltanschauung des Mündels oder seiner Familie Rücksicht zu nehmen. Darnach wird, solange die geeignete Unterbringung des Minderjährigen in einer Anstalt oder Familie seines Bekenntnisses möglich ist, eine andere Unterbringung nicht als statthaft gelten können.

§ 43.

Die Amtsvormundschaft erhält von der Geburt des unehelichen Kindes durch die Anzeige des Standesbeamten Kenntnis (§ 36 RJWG.). Sie hat die Anzeige unverzüglich an das Amtsgericht des Geburtsorts weiterzuleiten. Mit der Weiterleitung ist die Erklärung zu verbinden, daß die gesetzliche Amtsvormundschaft als eingetreten betrachtet, oder aus welchen Gründen ihr Eintritt nicht für gegeben erachtet wird.

§ 44.

I Das Amtsgericht hat die Anzeige und die Erklärung der Amtsvormundschaft (§43), wenn es nicht selbst das Vormundschaftsgericht ist, beschleunigt an das zuständige Vormundschaftsgericht abzugeben. Das Vormundschaftsgericht prüft die Voraussetzungen für die Bevormundung des Minderjährigen überhaupt und für die Amtsvormundschaft und erteilt, wenn sie gegeben sind, der Amtsvormundschaft unverzüglich eine Bescheinigung. Ergeben sich Bedenken, so soll das Vormundschaftsgericht versuchen, sie auf dem kürzesten Wege durch Benehmen mit der Amtsvormundschaft zu beseitigen.

Anlage 4 II Für die Bescheinigung ist das Formblatt der Anlage 4 zu verwenden. Sie ist nach der Beendigung der Vormundschaft zurückzugeben.

III Bis zum Eingreifen des Vormundschaftsgerichts hat das Amtsgericht des Geburtsorts die erforderlichen vormundschaftsgerichtlichen Maßnahmen zu treffen (§ 35 Abs. II RJWG.). Es hat im Falle der Weitergabe der Anzeige an das Vormundschaftsgericht die Amtsvormundschaft zu verständigen.

§ 45.

I Nach dem Eingange der standesamtlichen Anzeige muß die Vormundschaftstätigkeit der Amtsvormundschaft ohne Zögern einsetzen. Zu den ersten Aufgaben der Amtsvormundschaft gehört die Einleitung der Überwachung des unehelichen Säuglings, die Sorge für eine geeignete Pflegestelle, für die Bereitstellung öffentlicher Mittel, wenn das Kind hilfsbedürftig ist, für die Ermittelung des unehelichen Vaters und für die Regelung und Sicherung des Unterhalts. Die Weiterleitung der Geburtsanzeige an das Amtsgericht (§ 43) darf hierdurch nicht verzögert werden.

II Schon vor der Geburt des unehelichen Kindes ist die Amtsvormundschaft verpflichtet, im Fall eines Bedürfnisses durch den Antrag auf Bestellung eines Pflegers für die Leibesfrucht einzugreifen (§ 38 RJWG.). Die Pflegschaft kann auch dann eingeleitet werden, wenn die Voraussetzungen des § 1912 Satz 1 BGB. nicht vorliegen. Sie geht, wenn die Amtsvormundschaft ihr Einverständnis erklärt, mit der Geburt des Kindes unter Ausschluß der gesetzlichen Amtsvormundschaft in eine Vormundschaft über.

III Zu den Aufgaben der Amtsvormundschaft vor der Geburt des Kindes gehört auch die Hilfe für die Schwangeren, namentlich die Beratung der werdenden Mütter über Vaterschaft, Unterhaltspflicht und Vormundschaftswesen und ihre Unterstützung bei der Geltendmachung und Sicherstellung ihrer Ansprüche auf Entbindungskosten und Unterhalt und der Unterhaltsansprüche des Kindes (§§ 1715, 1716 BGB.).

§ 46.

Erfordert das Wohl des Mündels die Weiterführung der gesetzlichen Amtsvormundschaft bei einem anderen Jugendamte, so ist sie an dieses Jugendamt abzugeben (§ 39 RJWG.). Die Abgabe ist dem Vormundschaftsgericht unverzüglich anzuzeigen.

§ 47.

Das Jugendamt kann verlangen, daß es von der gesetzlichen Amtsvormundschaft über einen Mündel entlassen und an seiner Stelle ein Einzelvormund bestellt wird, wenn dies dem Wohle des Mündels nicht entgegensteht (§ 40 RJWG.). Auf die hierin liegende Möglichkeit der Entlastung des Jugendamtes wurde bereits in § 38 hingewiesen. Die Vorschrift setzt voraus, daß ein **geeigneter** Einzelvormund vorhanden ist. Das Jugendamt soll zur Minderung seiner Geschäftslast von der Möglichkeit Gebrauch machen, wenn es zulässig ist und besonders auch, wenn es für das Wohl des Mündels erforderlich erscheint (§ 44 RJWG. und oben § 41). Zur Vermeidung von Störungen im Dienste des Vormundschaftsgerichts ist mit diesem wegen der Abgabe von Amtsvormundschaften an Einzelvormünder ständige Fühlung zu halten. Die Vormundschaftsgerichte sollen ihrerseits den Jugendämtern nach Möglichkeit entgegenkommen.

3. Bestellte Amtsvormundschaft

§ 48.

I Die freiwillige Übernahme einer Vormundschaft durch das Jugendamt (bestellte Amtsvormundschaft — § 41 RJWG.) kommt besonders in Betracht für Kinder, die auf Kosten der öffentlichen Fürsorge in Familien oder Anstalten untergebracht sind, ferner für Minderjährige, bei denen die Einzelvormundschaft ihrer Aufgabe nicht voll gerecht wird. Endlich kann sie auch angebracht erscheinen für Kinder, die vor dem Inkrafttreten des Reichsgesetzes für Jugendwohlfahrt geboren wurden und beim Übergang zum neuen Rechte noch ohne Vormund sind. Im einzelnen sollen sich die Jugendämter mit den Vormundschaftsgerichten benehmen.

II Die Bestellung des Jugendamts als Vormund erfolgt durch schriftliche Verfügung des Vormundschaftsgerichts; die Verfügung dient der Amtsvormundschaft als Ausweis (§ 41 Abs. II RJWG.). Sie ist nach der Beendigung der Vormundschaft zurückzugeben.

4. Gemeinschaftliche Bestimmungen, Übergangsrecht

§ 49.

Der Amtsvormundschaft obliegt die planmäßige Beratung und die Unterstützung der Vormünder, Beistände und Pfleger ihres Bezirks. Sie soll nach Möglichkeit sowohl den einzelnen Vormund durch Erteilung von Aufschluß, Rat und Belehrung, Abgabe von Formblättern, Hilfe bei der Abfassung von Schriftstücken und Verträgen unterstützen, als allgemeine Veranstaltungen und Einrichtungen zur Anregung und Förderung der Vormünder treffen. In Betracht kommt namentlich die Einrichtung von Sprechstunden und die Abhaltung von Vormundsversammlungen. Die Amtsvormundschaft soll hier mit dem Vormundschaftsgericht und mit den Vereinen, die sich die Gewinnung, Schulung und Bereitstellung von Einzelvormündern zur Aufgabe machen (organisierte Einzelvormundschaft) eng zusammenwirken. Wie diesen Vereinen obliegt es auch dem Jugendamte sowohl zum Wohle der Mündel wie zu seiner eigenen Entlastung dafür zu arbeiten, daß der notleidenden Einzelvormundschaft frische Kräfte zugeführt werden.

§ 50.

Die Amtsvormundschaft wird unentgeltlich geführt. Das Jugendamt hat für seine vormundschaftliche Mühewaltung keinen Anspruch auf eine Vergütung aus dem Mündelvermögen (§ 33 Abs. I RJWG. mit § 1836 BGB.). Nur eigene Aufwendungen, die es zum Zwecke der Vormundschaftsführung macht, sind ihm aus dem Mündelvermögen zu ersetzen. Der Ersatz umfaßt nur Auslagen, die für die Einzelvormundschaft entstehen; ein Anteil an den allgemeinen Verwaltungskosten des Jugendamts darf nicht eingerechnet werden (§ 33 Abs. II RJWG.).

§ 51.

I Berufsvormundschaften, die auf Grund des Gesetzes über die Berufsvormundschaft vom 23. Febr. 1908 in der Fassung des Art. 98 des Armengesetzes vom 21. Aug. 1914 von Gemeindebeamten geführt werden, gehen als Amtsvormundschaften auf das Jugendamt über, zu dessen Bezirke die Gemeinde gehört; sie gelten für uneheliche Mündel als gesetzliche, für andere Mündel als bestellte Amtsvormundschaften (Art. 45 Abs. I JAG.).

II Das gleiche gilt von den Sammelvormundschaften, die an Stelle der Berufsvormundschaft oder neben ihr von Gemeindebeamten kraft vormundschaftsgerichtlicher Bestellung im dienstlichen Auftrage der Gemeinden geführt werden (Art. 45 Abs. II JAG.).

VII. Die Anstalts- und Vereinsvormundschaft

RJWG. § 47, 48

§ 52.

I Die Vormundschaft der Anstalts- und Vereinsvorstände tritt nicht kraft Gesetzes, sondern nur durch vormundschaftsgerichtliche Bestellung ein. Für die Form der Bestellung gilt das gleiche wie für die Bestellung der Amtsvormundschaft (§ 47 Abs. II mit § 41 Abs. II RJWG.; oben § 48 Abs. II).

II Der Anstalts- und Vereinsvorstand kann nur auf seinen Antrag oder mit seinem Einverständnis als Vormund bestellt werden. Das Jugendamt muß vorher gehört werden, wenn der Minderjährige von ihm bevormundet oder versorgt wird (§§ 47, 41 RJWG.).

§ 53.

I Vormund wird der Anstalts- und Vereinsvorstand als solcher. Die Vormundschaft ist deshalb vom Wechsel in der Person des Vorstands unabhängig.

II Der Anstalts- und Vereinsvormund genießt die Befreiungen des Amtsvormunds mit der Maßgabe, daß ein Gegenvormund bestellt werden kann. Für sein Recht auf Entlassung und seine Enthebung gelten die Vorschriften über die Amtsvormundschaft (§§ 47 Abs. II, 40, 44 RJWG.).

§ 54.

I Ein Hauptzweck der Anstalts- und Vereinsvormundschaft ist, den Erziehungsleitern der Anstalten, die Jugendliche in Pflege und Erziehung nehmen, und den Vereinen, die sich mit der Unterbringung von Jugendlichen in Pflege und Erziehung oder der Betreuung hilfsbedürftiger Jugendlicher befassen, das Recht der Bestimmung über den Aufenthalt und die Erziehung des Minderjährigen zu verschaffen. Die Anstaltsvormundschaft ist besonders auch für die Fürsorgeerziehungsanstalten von Wert, sowohl während des Aufenthalts des Minderjährigen in der Anstalt wie in der Zeit nach der Entlassung, solange er in einer von der Anstalt vermittelten und überwachten Pflege-, Lehr- oder Arbeitsstelle untergebracht ist. Häufig werden die Anstalten und Vereine nicht der vollen Rechtsstellung des Vormundes, sondern nur einzelner seiner Rechte und Pflichten, besonders der Sorge für die Person und die Vertretung in den die Person betreffenden Angelegenheiten bedürfen.

II Die Anstalts- und Vereinsvormundschaft endigt nicht mit dem Ausscheiden des Mündels aus der Anstalt oder der Fürsorge des Vereins. Der Anstalts- und Vereinsvorstand soll aber die Vormundschaft abgeben und die Bestellung eines Einzelvormunds beantragen, sobald dies dem Interesse des Mündels förderlich ist (§§ 47 Abs. II, 44 RJWG.).

§ 55.

I Das Landesjugendamt soll wegen der Haftung des Vormunds regelmäßig nur solche private Anstalten und Vereine zur Übernahme von Vormundschaften für geeignet erklären (§ 47 RJWG.), die die Rechtspersönlichkeit besitzen. Die Eignungserklärung erfolgt durch die Zweigstellen des Landesjugendamts; sie ist im Bayerischen Staatsanzeiger öffentlich bekanntzumachen.

II Die beim Inkrafttreten des Reichsgesetzes für Jugendwohlfahrt mit Vormundschaften betrauten Vorstände von Anstalten gelten weiterhin als geeignet, solange die Zweigstelle des Landesjugendamts nicht gegenteilig entscheidet. Das gleiche gilt für Vereine, die seit mindestens zwei Jahren vor dem Inkrafttreten des Gesetzes eine Sammelvormundschaft unterhalten (Art. 47 JAG.). Die Entscheidung kann nur auf Grund bestimmter gegen die Eignung sprechender Tatsachen getroffen werden. Sie ist im Bayerischen Staatsanzeiger öffentlich bekanntzumachen.

§ 56.

I Ist auf Grund des bisherigen Rechts (Art. 100 AG. z. BGB., Art. 12 FürsErzGes.) der Vorstand einer Anstalt mit allen oder einzelnen Rechten und Pflichten eines Vormunds für einen Minderjährigen betraut, so geht die Vormundschaft mit dem Inkrafttreten des Jugendwohlfahrtsgesetzes in die Anstaltsvormundschaft des § 47 RJWG. über. Das Vormundschaftsgericht hat dem Anstaltsvorstand eine Bescheinigung zu erteilen (Art. 46 JAG.).

II Vormundschaften, die im Zeitpunkte des Inkrafttretens des Jugendwohlfahrtsgesetzes von dem Sammelvormund eines zur Vereinsvormundschaft geeigneten Vereins (§ 55 Abs. II) geführt werden, werden zu Vereinsvormundschaften nach § 47 RJWG., wenn der Vorstand des Vereins binnen sechs Monaten erklärt, daß er sie übernehme. Ob die Voraussetzungen gegeben sind, prüft und entscheidet das Vormundschaftsgericht. Es hat dem Vereinsvorstande für jede Vormundschaft eine Bescheinigung über den Eintritt der Vereinsvormundschaft auszustellen (Art. 47 Abs. II JAG.).

VIII. Die Tätigkeit des Jugendamtes als Gemeindewaisenrat und bei der Unterstützung des Vormundschaftsgerichtes.

RJWG. § 42, JAG. Art. 25—27

§ 57.

I Die Aufgaben des Gemeindewaisenrats sind in den §§ 1849 mit 1779 Abs. I, 1910, 1694, 1792 Abs. IV, §§ 1850, 1851, 1675 BGB., § 49 d. Ges. über die Angelegenheiten der freiwilligen Gerichtsbarkeit festgelegt. Nach der bisherigen bayerischen Regelung — Art. 93 ff. AusführGes. z. BGB., Bek. der Staatsmin. d. Justiz u. d. Innern vom 22. Dezember 1899 (JustMBl. S. 553. MinABl. 1900 S. 108) — wurde für jede Gemeinde ein Gemeindewaisenrat als besonderes Verwaltungsorgan der Gemeinde bestellt. Durch § 42 RJWG. sind die Aufgaben des Gemeindewaisenrats dem Jugendamt übertragen.

II Das Jugendamt ist für die Erfüllung dieser Aufgabe, namentlich an den Orten außerhalb seines Sitzes, in besonderem Maße auf die Hilfeleistung freiwilliger Helfer und Helferinnen und auf die Zusammenarbeit mit den Vereinigungen der freien Liebestätigkeit angewiesen. Besonderer Wert ist auf die Mitarbeit der bisher als Gemeindewaisenräte tätigen Personen zu legen (§ 11 RJWG.).

III Die Stadtjugendämter können für die einzelnen Stadtbezirke, die Bezirksjugendämter müssen wenigstens für die auswärtigen Gemeinden besondere Stellen für die örtlichen Geschäfte des Gemeindewaisenrats (Städt. Bezirkswaisenräte, Ortswaisenräte) einrichten. Von der Einrichtung der Bezirks- und Ortswaisenräte und von eintretenden Änderungen ist dem Vormundschaftsgerichte Kenntnis zu geben.

1. Beamtete Waisenräte

§ 58.

Stehen dem Jugendamt ausreichende eigene und freiwillige Kräfte nicht zur Verfügung, so kann nach Art. 25—27 JAG. die Gemeindeaufsichtsbehörde zur Unterstützung des Jugendamts in den Geschäften des Gemeindewaisenrats die Aufstellung beamteter Waisenräte durch die Gemeinden anordnen. Die Anordnung ist regelmäßig nur zu treffen, wenn das Jugendamt sie beantragt und wenn der Aufsichtsbehörde dargetan wird, daß das Jugendamt außer Stande ist, der Aufgabe des Gemeindewaisenrats auch bei voller Ausnützung der durch die Heranziehung der freien Liebestätigkeit gegebenen Möglichkeiten gerecht zu werden.

§ 59.

I Die Zahl der beamteten Waisenräte und ihrer Ersatzleute wird von der Gemeindeaufsichtsbehörde nach Anhörung des Jugendamts und der Gemeinde bestimmt.

II Die Waisenräte werden vom Stadtrat oder Gemeinderate mit einfacher Stimmenmehrheit auf die Dauer der ordentlichen Wahlzeit der Gemeinde gewählt. Sie müssen die Wählbarkeit für Gemeindeämter besitzen und sollen nach Möglichkeit in den Aufgaben der Jugendpflege und Jugendfürsorge Erfahrung besitzen. Es sind nur Männer und Frauen zu berufen, die in ihrem Bezirk allgemein Achtung und Vertrauen genießen. Für die Auswahl soll nur die Eignung entscheidend sein. Die Waisenräte sollen nicht einseitig aus bestimmten Kreisen, sondern aus allen Schichten der Bevölkerung genommen werden. Für die Ablehnung der Wahl und den Verlust und die Niederlegung des Amtes gelten die Vorschriften der Gemeindeordnungen entsprechend. Ehefrauen können die Wahl ablehnen und sind zum Austritte berechtigt (Art. 25, 26 JAG.).

III Die Waisenräte werden vom Leiter des Jugendamtes auf Handgelübde zur gewissenhaften Erfüllung ihrer Obliegenheiten und zur Wahrung der Amtsverschwiegenheit verpflichtet. Die Notwendigkeit der Verpflichtung entfällt, wenn der Gewählte schon für ein anderes öffentliches Amt verpflichtet ist (Art. 27 mit 9 Abs. II JAG.).

§ 60.

Das Amt des Waisenrats ist ein gemeindliches Ehrenamt. Die Kosten der Amtsführung trägt die Gemeinde. Notwendige Auslagen der Amtsführung werden dem Waisenrat auf Verlangen von der Gemeinde ersetzt (Art. 25 Abs. II JAG.).

§ 61.

I Aufgabe der Waisenräte ist die örtliche Mitarbeit in den Geschäften des Gemeindewaisenrats. Die Waisenräte sind Hilfskräfte des Jugendamts und an dessen allgemeine und besondere Weisungen gebunden (Art. 27 Abs. I S. 3 JAG.). Der Umfang ihrer Aufgabe wird vom Jugendamte bestimmt.

II Die Waisenräte sind vom Leiter des Jugendamts über ihre Pflichten und Rechte zu belehren und mit einem Ausweise zu versehen.

2. Aufgaben des Jugendamts als Gemeindewaisenrat

§ 62.

Dem Gemeindewaisenrat obliegt die Unterstützung des Vormundschaftsgerichts im Vormundschaftswesen, und zwar aller Vormundschaftsgerichte, die zu einer Tätigkeit für die im Jugendamtsbezirke sich aufhaltenden Mündel zuständig sind. Im Einzelnen kommt ihm die Aufgabe zu:

1. Vormünder vorzuschlagen (§§ 63—65);
2. die Mündel seines Bezirks zu überwachen (§§ 66, 67);
3. dem Vormundschaftsgericht Auskunft über die Mündel zu erteilen (§ 68);
4. bei nichtbevormundeten Minderjährigen das Vormundschaftsgericht von Anlässen zum vormundschaftsgerichtlichen Einschreiten zu benachrichtigen (§ 67).

§ 63.

I Der Gemeindewaisenrat hat dem Vormundschaftsgerichte die Personen vorzuschlagen, die sich im einzelnen Falle zum Vormund, Mitvormund, Gegenvormund, Pfleger, Beistand oder Mitglied eines Familienrats eignen.

II Das Vormundschaftsgericht fordert den Gemeindewaisenrat zum Vorschlag auf. Es kann ihn auch um eine Äußerung über eine von anderer Seite vorgeschlagene Person oder über die Tauglichkeit eines nach dem Gesetze zum Vormundschaftsamte Berufenen ersuchen. Für die Anfrage des Vormundschaftsgerichts und die Antwort des Gemeindewaisenrats sind die Formblätter der Anlage 5 und 6 zu benützen. Das Vormundschaftsgericht teilt in der Anfrage auch das religiöse Bekenntnis des Mündels mit (§ 1779 Abs. II BGB.; § 5 der Vormundschaftsordnung vom 19. Januar 1900 JustMBl. S. 181).

Anlage 5 u. 6.

§ 64.

I Der Gemeindewaisenrat hat eine Person vorzuschlagen, die nach ihren persönlichen Eigenschaften und Verhältnissen, nach ihrer Vermögenslage und nach den sonstigen Umständen zur Führung der Vormundschaft geeignet ist. Bei der Auswahl ist auf das religiöse Bekenntnis des Minderjährigen Rücksicht zu nehmen. Verwandte und Verschwägerte des Mündels sind zunächst ins Auge zu fassen (§ 1779 BGB.). Personen, die nach dem Gesetz als Vormund nicht bestellt werden können (§ 1780 BGB.) oder nicht bestellt werden sollen (§ 1781 BGB.), dürfen nicht vorgeschlagen werden. Personen, die zur Ablehnung des Vormundamts berechtigt sind (§ 1786 BGB.), wird der Gemeindewaisenrat nur vorschlagen, wenn sie zur Übernahme des Amtes bereit sind.

II Der Gemeindewaisenrat soll, bevor er den Vorschlag macht, die Verhältnisse prüfen. Er soll namentlich auch erforschen, ob nicht die von ihm als Vormund in Aussicht genommene Person zu dem Mündel in einer die Vormundschaftsführung verhindernden Rechtsbeziehung, insbesondere als Gläubiger oder als Schuldner, steht und ob nicht sonstige Umstände vorliegen, die eine ersprießliche Vormundschaftsführung fraglich machen. Vor dem Vorschlage soll er tunlichst mit den Beteiligten selbst Rücksprache nehmen. Zur Erleichterung und Beschleunigung der Vorschläge ist es erwünscht, daß der Gemeindewaisenrat ein Verzeichnis geeigneter Persönlichkeiten führt.

§ 65.

Erlangt der Gemeindewaisenrat von einem Falle Kenntnis, in dem ein Vormund, Gegenvormund oder Pfleger zu bestellen ist, so hat er dem Vormundschaftsgericht Anzeige zu machen. Mit der Anzeige soll er den Vorschlag der Person verbinden, die sich für das Amt eignet.

§ 66.

I Dem Gemeindewaisenrat obliegt es, die Amtsführung der Vormünder und Pfleger der in seinem Bezirke sich aufhaltenden Mündel, für die das Jugendamt nicht selbst Amtsvormund ist, zu überwachen. Er hat darüber zu wachen, daß die Vormünder und Pfleger für die Personen der Mündel, besonders für ihre Erziehung und körperliche Pflege, pflichtmäßig Sorge tragen (§ 1850 BGB.). Er hat auf Abstellung von Mängeln und Pflichtwidrigkeiten durch Belehrung und Mahnung hinzuwirken und, wenn ein Eingreifen des Vormundschaftsgerichts veranlaßt ist, diesem Anzeige zu erstatten. Fälle der Mißhandlung von Kindern sind auch der Polizeibehörde unverzüglich zur Anzeige zu bringen.

II Die Überwachung des Gemeindewaisenrats erstreckt sich nicht auf die Verwaltung des Mündelvermögens. Der Gemeindewaisenrat ist aber verpflichtet, wenn er von einer Gefährdung des Vermögens eines Mündels Kenntnis erhält, Anzeige an das Vormundschaftsgericht zu erstatten (§ 1850 Abs. II BGB.).

III Die Überwachung verlangt, daß der Gemeindewaisenrat die Mündel regelmäßig besucht und sich von den Vormündern und Pflegern Aufschluß über die Erziehung und Pflege geben läßt. Mündel im Säuglings- und im vorschulpflichtigen Alter und Mündel weiblichen Geschlechts werden zweckmäßig von weiblichen Personen überwacht. Wird vom Vormund oder Pfleger der Zutritt oder die Auskunfterteilung verweigert, so macht der Gemeindewaisenrat dem Vormundschaftsgericht Anzeige.

§ 67.

Unter elterlicher Gewalt stehende Kinder sind vom Gemeindewaisenrate nicht zu überwachen. Er hat aber dem Vormundschaftsgericht Anzeige zu machen, wenn ein Fall zu seiner Kenntnis kommt, in dem das Vormundschaftsgericht wegen Gefährdung der Person oder des Vermögens eines Kindes zum Einschreiten berufen ist (§ 1675 BGB.). Das Einschreiten des Vormundschaftsgerichts kann namentlich veranlaßt sein, wenn das geistige oder leibliche Wohl des Kindes dadurch gefährdet wird, daß der Vater oder die Mutter das Recht der Sorge für die Person des Kindes mißbraucht, das Kind vernachlässigt, sich eines ehrlosen oder unsittlichen Verhaltens schuldig macht oder das Recht des Kindes auf Unterhalt verletzt und für die Zukunft eine erhebliche Gefährdung des Unterhalts zu besorgen ist (§ 1666 BGB.), ferner wenn der Inhaber der elterlichen Gewalt die mit der Vermögensverwaltung oder die mit der Nutznießung am

Kindesvermögen verbundenen Pflichten verletzt oder wenn er in Vermögensverfall gerät (§ 1667 Abs. I BGB.).

§ 68.

Zu regelmäßiger Berichterstattung an das Vormundschaftsgericht über die seiner Überwachung unterstehenden Mündel ist der Gemeindewaisenrat nicht verpflichtet. Er muß jedoch dem Vormundschaftsgericht auf Erfordern über das persönliche Ergehen und das Verhalten der Mündel Auskunft geben (§ 1850 Abs. I BGB.).

§ 69.

Wird dem Gemeindewaisenrate bekannt, daß ein Vormund, Mitvormund, Pfleger oder Beistand gestorben ist oder seinen bisherigen Wohnsitz verlassen hat, so hat er dem Vormundschaftsgerichte Nachricht zu geben.

§ 70.

I Das Vormundschaftsgericht hat dem Gemeindewaisenrate mitzuteilen:

1. die Anordnung einer Vormundschaft über ein im Bezirke des Gemeindewaisenrats sich aufhaltendes Mündel und die Anordnung einer Pflegschaft, wenn dem Pfleger die Sorge für die Person des Pfleglings zusteht (§ 1851 Abs. I BGB.; § 37 Abs. II der Vormundschaftsordnung vom 19. Januar 1900),
2. jeden Wechsel in der Person des Vormunds, Gegenvormunds oder Pflegers (§ 1851 Abs. I BGB.),
3. die Beendigung der Vormundschaft oder Pflegschaft, soweit sie nicht durch Erreichung der Volljährigkeit eintritt.

II Die Verlegung des Aufenthalts eines Mündels in den Bezirk eines anderen Gemeindewaisenrats hat der Vormund oder Pfleger dem Gemeindewaisenrate des bisherigen Aufenthalts anzuzeigen. Dieser hat sie dem Gemeindewaisenrate des neuen Aufenthalts (§ 1851 Abs. II BGB.) und dem Vormundschaftsgerichte mitzuteilen. Da diese Anzeigen und Mitteilungen für eine wirksame Aufsicht über den Mündel unerläßlich sind, ist ihnen besondere Sorgfalt zu widmen. Der Gemeindewaisenrat hat die Mitteilung, auch ohne daß ihm vom Vormunde die vorgeschriebene Anzeige erstattet ist, zu machen, sobald er den Aufenthaltswechsel eines Mündels festgestellt hat.

§ 71.

I Das Vormundschaftsgericht bedient sich zur Mitteilung an den Gemeindewaisenrat

Anlage 7. a) über die Anordnung einer Vormundschaft oder Pflegschaft der Mündelkarte nach dem Formblatte der Anlage 7;

Anlage 8. b) über einen Wechsel in der Person des Vormunds, Gegenvormunds oder Pflegers des Formblatts der Anlage 8;

Anlage 9. c) über die Beendigung der Vormundschaft des Formblatts der Anlage 9.

Die Mündelkarte ist für jedes Mündel, auch für jedes von mehreren Geschwistern, die denselben Vormund haben, gesondert auszustellen.

II Der Gemeindewaisenrat verwendet für die Mitteilung an das Vormundschaftsgericht von der Verlegung des Aufenthalts eines Mündels das Formblatt der Anlage 10 und für die Mitteilung an den Gemeindewaisenrat des neuen Aufenthaltsorts das Formblatt der Anlage 11. Anlage 10. Anlage 11.

§ 72.

I Der Gemeindewaisenrat (§ 73) hat für die seiner Aufsicht unterstehenden Mündel eine Mündelkartensammlung anzulegen und zu führen. Dieser Sammlung sind die ihm von den Vormundschaftsgerichten (§ 71 Abs. I) und von anderen Gemeindewaisenräten zugehenden Mündelkarten einzureichen. Auf die Führung der Sammlung ist die größte Sorgfalt zu verwenden. Die Mündelkarten sind richtig zu erhalten. Sie sind in angemessenen Zwischenräumen, besonders im Anschluß an die Besuche bei den Mündeln, auf ihre Vollständigkeit und Richtigkeit zu prüfen und erforderlichenfalls zu ergänzen. Teilt das Vormundschaftsgericht einen Wechsel in der Person des Vormunds, Gegenvormunds oder Pflegers mit, so ist der Eintrag in der Mündelkarte zu berichtigen. Nach der Beendigung der Vormundschaft ist die Mündelkarte auszuscheiden. Verlegt ein Mündel seinen Wohnsitz in den Bezirk eines anderen Gemeindewaisenrats, so ist mit der Nachricht von der Aufenthaltsverlegung (§ 70 Abs. II) die Mündelkarte mit ihren Anlagen an diesen abzugeben.

II Die auf Grund der bisherigen Vorschriften (MinBek. vom 22. Dez. 1899 — JustMBl. S. 553, MinABl. 1900 S. 108) von den Gemeindewaisenräten geführten Waisenlisten gehen mit den Anlagen auf die neuen Gemeindewaisenräte über. Diese sollen, sobald als möglich, die eingetragenen Mündel auf Mündelkarten nach dem Formblatte der Anlage 7 übertragen und die Karten in die Mündelkartensammlung einreihen. Für Mündel, die in den Waisenlisten vorgetragen sind, ist die Mündelkarte jedenfalls sofort anzulegen, wenn sie aus dem Bezirke des Jugendamtes verziehen (Abs. I letzter Satz).

III Alle Schriftstücke, die sich auf den Mündel beziehen, sind als Anlagen zu den Mündelkarten oder zur Waisenliste in alphabetischer Reihenfolge aufzubewahren.

§ 73.

Die örtlichen Geschäfte des Gemeindewaisenrats einschließlich der Führung der Mündelkarten werden von den städtischen Bezirks- und den Ortswaisenräten (§ 57 Abs. III) unter Leitung und Aufsicht des Jugendamts besorgt.

§ 74.

Die Vormundschaftsgerichte und die Behörden verkehren mit den städtischen Bezirks- und den Ortswaisenräten unmittelbar. Die

Mitteilungen über die Verlegung des Aufenthalts eines Mündels sind dem städtischen Bezirks- oder dem Ortswaisenrate zu machen.

§ 75.

Die beamteten Waisenräte und die vom Jugendamte zur Hilfeleistung in den Geschäften des Gemeindewaisenrats herangezogenen Personen sind verpflichtet, über alle ihnen vermöge dieser Tätigkeit bekannt gewordenen Angelegenheiten, die ihrer Natur nach Geheimhaltung fordern, besonders über die Familien- und Vermögensverhältnisse der Mündel und Pfleglinge, Verschwiegenheit, auch noch nach der Beendigung ihrer Dienstleistung, zu beobachten.

§ 76.

Das Jugendamt soll die von ihm zur Mitarbeit in den Geschäften des Gemeindewaisenrats herangezogenen Personen und die nach Art. 25 ff. JAG. aufgestellten beamteten Waisenräte mit Anweisungen und Anleitung versehen. Von Zeit zu Zeit sollen sie zu belehrenden Aussprachen über den Stand der Erziehung und Verpflegung der Mündel im Jugendamtsbezirk und über allgemeine Fragen der Amtsführung versammelt werden. Die Vormundschaftsgerichte sind zu diesen Versammlungen einzuladen; ihre Vertreter sind zum Worte zuzulassen.

§ 77.

Übergangsweise kann nach Art. 48 JAG. die Gemeindeaufsichtsbehörde auf Antrag des Jugendamts bestimmen, daß bis zur Vornahme einer Wahl auf Grund der Art. 25 ff. JAG. die nach den bisherigen Vorschriften bestellten Gemeindewaisenräte die Aufgabe der beamteten örtlichen Waisenräte versehen. Ihre Aufgabe und ihre Stellung bemißt sich dann nach den Vorschriften des Jugendamtsgesetzes.

3. Sonstige Mitwirkung des Jugendamts im Vormundschaftswesen

§ 78.

I Nach § 43 RJWG. ist das Jugendamt berufen, über die Obliegenheiten als Gemeindewaisenrat hinaus das Vormundschaftsgericht bei allen Maßnahmen zu unterstützen, welche die Sorge für die Person Minderjähriger, ehelicher wie unehelicher, betreffen. Die Mitwirkung des Jugendamts ist allgemein und auf bestimmte Einzelgeschäfte nicht beschränkt. Insbesondere ist das Jugendamt zur Begutachtung der Höhe von Geldrenten für den Unterhalt Minderjähriger verpflichtet.

II In bestimmten Fällen muß das Vormundschaftsgericht vor seiner Entscheidung das Jugendamt hören (§ 43 Abs. I S. 2 RJWG.), nämlich

1. bei der Entscheidung über die Verteilung der Kinder aus geschiedenen Ehen auf Grund des § 1635 Abs. I S. 2 BGB.,

2. bei Anordnungen auf Grund des § 1666 BGB. wegen Gefährdung des Kindes durch Mißbrauch der elterlichen Gewalt oder Vernachlässigung des Kindes,
3. bei Ehelichkeitserklärungen in den Fällen der §§ 1727, 1728 Abs. II, 1729 Abs. II BGB.,
4. bei der Annahme an Kindes Statt in den Fällen der §§ 1750 Abs. I, 1751 Abs. II BGB.

Das Jugendamt ist zur Äußerung in diesen Fällen verpflichtet.

III Das Vormundschaftsgericht kann das Jugendamt mit dessen Einverständnisse die Ausführung der von ihm getroffenen Anordnungen übertragen. Dies gilt namentlich von dem Vollzuge seiner Anordnungen aus § 1631 Abs. II BGB. zur Unterstützung des Erziehungsberechtigten bei der Anwendung angemessener Zuchtmittel und aus § 1636 S. 2 BGB. über den persönlichen Verkehr des geschiedenen, nicht sorgeberechtigten Ehegatten mit den Kindern (§ 43 Abs. I S. 4 RJWG.).

IV Die Bestimmungen des § 43 RJWG. sollen nach der Absicht des Gesetzes die Grundlage für ein ständiges, enges und fruchtbares Zusammenarbeiten des Vormundschaftsgerichts und des Jugendamts auf dem gesamten Gebiete der Fürsorge für die Person der Minderjährigen werden. Es ist von größter Bedeutung, daß sowohl die Vormundschaftsgerichte wie die Jugendämter diese Aufgabe richtig erfassen und durchführen.

IX. Die Schutzaufsicht
RJWG. §§ 56—61

§ 79.

I Die Schutzaufsicht ist nach ihrem Wesen und Zweck eine Ergänzung der Familienerziehung durch öffentliche Erziehungshilfe. Sie ist die geeignete Maßnahme, wenn die Familienerziehung ihre Aufgabe nicht voll erfüllt, aber nicht in solchem Maße unzulänglich ist, daß sie durch die öffentliche Fürsorgeerziehung ersetzt werden müßte. Ein Verschulden des Erziehungsberechtigten ist nicht vorausgesetzt; die Schutzaufsicht ist auch dann möglich, wenn das unter elterlicher Gewalt stehende Kind ohne ein Verschulden des Vaters oder der Mutter zu verwahrlosen droht.

II Voraussetzung der Schutzaufsicht ist, daß die körperliche, geistige oder sittliche Verwahrlosung des Minderjährigen droht oder im Beginnen ist und daß die Unterstützung und Überwachung des Erziehungsberechtigten zur Verhütung der Verwahrlosung notwendig, aber auch ausreichend ist (§ 56 RJWG.).

§ 80.

Das Vormundschaftsgericht hat sorgfältig zu prüfen, ob die Voraussetzungen der Schutzaufsicht gegeben sind, besonders, ob die Mängel der Erziehung nicht so erheblich sind, daß die Schutzaufsicht nicht mehr zureicht, sondern zur Verhütung oder Beseitigung der Verwahrlosung stärkere Mittel, namentlich die Fürsorgeerziehung, angewendet werden müssen.

§ 81.

I Die Entscheidung des Vormundschaftsgerichts, die die Schutzaufsicht anordnet oder ablehnt, ist gedrängt zu begründen.

II Hat der Minderjährige das 14. Lebensjahr vollendet, so ist auch ihm die Entscheidung bekanntzugeben, soweit ihr Inhalt ihm ohne erziehlichen Nachteil mitgeteilt werden kann (§ 57 Abs. II RJWG.). Über die Form der Bekanntgabe sowie darüber, was außer dem verfügenden Teil der Entscheidung bekanntzugeben ist, hat der Richter zu bestimmen.

§ 82.

Die Schutzaufsicht kann in dringenden Fällen auch von einem anderen Gericht als dem Vormundschaftsgericht angeordnet werden, wenn in dem Bezirke des Gerichts das Bedürfnis hervortritt. Das Gericht hat die angeordnete Maßnahme unverzüglich dem Vormundschaftsgerichte mitzuteilen. Dieses ist für das Weitere ausschließlich zuständig (§ 68 RJWG.). Die Abgabe der Vormundschaft an das Gericht des tatsächlichen Aufenthaltsortes wird sich in solchen Fällen regelmäßig empfehlen.

§ 83.

I Dem Jugendamte kann die Aufgabe des Helfers nur mit seinem Einverständnis übertragen werden (Art. 1 Ziff. 7 der RV. vom 14. Februar 1924 über das Inkrafttreten des Reichsgesetzes für Jugendwohlfahrt).

II Wird ein anderer Helfer bestellt, so hat das Vormundschaftsgericht dem Jugendamte die Bestellung und Enthebung mitzuteilen. Der Helfer untersteht nicht der Überwachung des Jugendamtes. Die Zuständigkeit des Jugendamtes als Gemeindewaisenrat wird durch die Aufstellung des Helfers nicht berührt.

§ 84.

I Für die Bestellung des Helfers ist eine besondere Form nicht vorgeschrieben. Der Helfer ist vom Vormundschaftsgericht über seine Aufgabe und seine Rechte und Pflichten zu belehren. Als Ausweis ist ihm eine Bescheinigung auszustellen; in dieser ist sein Wirkungskreis zu bezeichnen. Die Bescheinigung ist nach der Beendigung des Amtes zurückzugeben.

II Das Amt des Helfers ist ein unentgeltliches Ehrenamt. Dem Helfer steht ein Anspruch auf Vergütung oder auf Erstattung seiner Auslagen nicht zu.

§ 85.

I Der Helfer hat die Aufgabe, den Erziehungsberechtigten bei der Ausübung der Sorge für die Person des Minderjährigen durch Rat und Tat zu unterstützen und zu überwachen. Auf die Sorge für das Vermögen erstreckt sich seine Zuständigkeit nur hinsichtlich des

Arbeitsverdienstes (§ 58 RJWG.). In Betracht kommen Maßnahmen zur zweckentsprechenden Abhebung, Verwendung und Anlegung des Arbeitslohnes.

II Das Vormundschaftsgericht kann den Wirkungskreis des Helfers beschränken; es kann den Helfer ausschließlich für einzelne Angelegenheiten bestellen (so für die Überwachung der religiösen Erziehung oder des Schulbesuches) oder einzelne Angelegenheiten von seinem Wirkungskreis ausnehmen. Der Wirkungskreis des Helfers ist vom Vormundschaftsgerichte bei der Anordnung der Schutzaufsicht genau zu bezeichnen.

§ 86.

I Der Helfer darf sich nicht auf gelegentliche Nachschau oder Nachfrage beschränken. Der Erfolg der Schutzaufsicht ist nur dadurch zu erreichen, daß der Helfer mit dem Erziehungsberechtigten und mit dem Schützling in engste persönliche Fühlung tritt, ihr Vertrauen erwirbt und einen ständigen, unmittelbaren Einfluß auf die Erziehung ausübt. Soweit sein Wirkungskreis nicht auf einzelne Angelegenheiten beschränkt ist, soll er die gesamte Lebensführung des Schützlings schonend überwachen, für Schulbesuch und religiöse Erziehung sorgen, auf Arbeitsgelegenheit bedacht sein und allgemein in jeder Richtung dem Schützling zur Seite stehen. Die Schutzaufsicht darf aber anderseits nicht dazu führen, daß der Erziehungsberechtigte sich der Sorge für den Minderjährigen enthoben erachtet und alles dem Helfer überläßt.

II Der Helfer hat im Verhältnisse zu dem Erziehungsberechtigten keine Rechte der Überordnung und im Verhältnisse zu dem Minderjährigen aus eigenem Rechte keine Machtmittel. Er ist gegenüber dem Erziehungsberechtigten auf die Beratung, Belehrung und Mahnung beschränkt und bei Maßnahmen gegen den Minderjährigen auf das Verständnis des Erziehungsberechtigten angewiesen. Ist auf diesem Wege die Abstellung von Mängeln nicht zu erreichen und die Aufgabe der Schutzaufsicht nicht zu lösen, so hat der Helfer dem Vormundschaftsgericht Anzeige zu erstatten.

§ 87.

Das Vormundschaftsgericht hat die Amtsführung des Helfers zu überwachen. Es hat sich über die Ergebnisse der Schutzaufsicht und die Führung des Minderjährigen vom Helfer regelmäßig berichten zu lassen.

§ 88.

Dem Helfer soll im Jugendgerichtsverfahren der Zutritt zu der Verhandlung vor dem erkennenden Gericht in der Regel gestattet werden (§ 23 Abs. II JugGerGes.). Der Verkehr mit dem verhafteten Jugendlichen ist ihm in dem gleichen Umfange gestattet wie dem Verteidiger (§ 28 Abs. III a. a. O.).

§ 89.

Nach dem Jugendgerichtsgesetze kann die Schutzaufsicht auch im Jugendgerichtsverfahren vom Jugendrichter angeordnet werden, und zwar als reine Maßregel der Erziehung (§ 7 Abs. I Ziff. 5 des Gesetzes) oder als Aufsichtsmaßnahme bei der bedingten Strafaussetzung (§ 12 Abs. II des Gesetzes). Die Ausführung der Schutzaufsicht als Erziehungsmaßregel obliegt dem Vormundschaftsrichter; ihre Durchführung, ihre Aufhebung und ihr Erlöschen regeln sich ausschließlich nach den Vorschriften des Reichsgesetzes für Jugendwohlfahrt (§ 7 Abs. III und § 36 JugGerGes.). Die Ausführung der Schutzaufsicht als Aufsichtsmaßnahme der bedingten Strafaussetzung obliegt dem Vormundschaftsrichter, solange der Verurteilte minderjährig ist; nach dem Eintritte des Verurteilten in das Alter der Volljährigkeit geht sie auf den Jugendrichter über. Für die Ausführung durch den Vormundschaftsrichter gelten auch hier die Vorschriften des Reichsgesetzes für Jugendwohlfahrt; die Entscheidung über die Aufhebung vor dem Ablaufe der Probezeit steht jedoch nur dem Jugendrichter zu (Bek. vom 7. Mai 1923 zum Vollzuge des JugGerGes., zu § 12 — Just.-MBl. S. 21).

§ 90.

Die formelle Geschäftsbehandlung des Vormundschaftsgerichts bestimmt sich nach den Vorschriften der Bekanntmachung über das Vormundschaftswesen vom 19. Januar 1900. Wird über einen Minderjährigen eine Vormundschaft geführt, so werden besondere Akten nicht angelegt.

§ 91.

Das Jugendamt kann nach § 60 Abs. III RJWG. die Schutzaufsicht mit Einwilligung des Erziehungsberechtigten auch ohne gerichtliche Anordnung übernehmen und solange üben, als der Erziehungsberechtigte einverstanden ist. Diese losere Form der Schutzaufsicht kann in manchen Fällen geeignet sein, die Durchführung eines gerichtlichen Verfahrens zu ersparen. Es empfiehlt sich, daß das Jugendamt sich vor der Übernahme mit dem Vormundschaftsgerichte benimmt.

X. Die Fürsorgeerziehung

RJWG. §§ 62—76, JAG. Art. 28—41

1. Voraussetzung der Fürsorgeerziehung

§ 92.

Das Wesen der Fürsorgeerziehung liegt in der Ersetzung der privaten Erziehung durch eine Erziehung, die vom Vormundschaftsgericht angeordnet und von einer öffentlichen Behörde (Fürsorgeerziehungsbehörde) in einer von dieser Behörde ausgewählten Familie oder Anstalt unter öffentlicher Aufsicht und auf öffentliche Kosten durchgeführt wird. Die Fürsorgeerziehung greift ein, wenn die private Erziehung auch mit Unterstützung der freiwilligen Liebestätigkeit und des Jugendamtes und mit der vormundschaftsgerichtlichen Erziehungshilfe unzureichend ist, um die Verwahrlosung des Minderjährigen zu verhüten oder zu beseitigen.

§ 93.

I Das Reichsgesetz für Jugendwohlfahrt unterscheidet zwischen der Fürsorgeerziehung zur Verhütung drohender Verwahrlosung (vorbeugende Fürsorgeerziehung) und der Fürsorgeerziehung zur Beseitigung schon eingetretener Verwahrlosung (heilende Fürsorgeerziehung). Verwahrlosung im Sinne des Gesetzes ist sowohl die körperliche als die geistige oder sittliche Verwahrlosung.

II Die vorbeugende Fürsorgeerziehung setzt voraus, daß ein Verschulden der Erziehungsberechtigten nach § 1666 BGB. oder bei bevormundeten Minderjährigen der Tatbestand des § 1838 BGB. vorliegt und eine Verwahrlosung droht. Die Fürsorgeerziehung muß angeordnet werden, wenn zur Verhütung dieser Verwahrlosung die Entfernung des Minderjährigen aus seiner bisherigen Umgebung erforderlich und eine andere geeignete Unterbringung nicht möglich ist.

III Die heilende Fürsorgeerziehung ist an ein Verschulden der Erziehungsberechtigten nicht gebunden. Sie setzt voraus, daß die Verwahrlosung im Beginnen oder schon vorgeschritten ist und daß zu deren Beseitigung die erzieherische Einwirkung der zur Erziehung Berufenen unzureichend und die öffentliche Erziehung notwendig ist.

§ 94.

I Die Fürsorgeerziehung ist das letzte Erziehungsmittel; sie darf nicht angeordnet werden, wenn andere weniger tiefe Eingriffe zur Verhütung oder Beseitigung der Verwahrlosung genügen. Als mildere Maßnahmen stehen dem Vormundschaftsgerichte namentlich zur Verfügung Ermahnung und Warnung der Eltern und Erzieher und des Minderjährigen selbst, Anwendung geeigneter Zuchtmittel (§ 1631 Abs. II BGB.), Anordnungen auf Grund des § 1666 BGB., besonders die Entziehung des Sorgerechts, ferner die Anordnung einer Beistandschaft oder Pflegschaft, Wechsel in der Person des Vormundes oder Pflegers und die Anordnung einer Schutzaufsicht.

II Ob die Fürsorgeerziehung geboten ist oder ob andere Maßnahmen zureichen, hat das Vormundschaftsgericht sorgfältig zu prüfen. Aus dem Wesen der Fürsorgeerziehung als des letzten Mittels der Erziehung folgt aber nicht, daß andere Mittel der Erziehungshilfe erst durchgeprobt werden müssen. Der richtige Augenblick zur Einleitung der Fürsorgeerziehung darf nicht durch erfolglose Versuche mit wohlgemeinten anderen Maßregeln versäumt werden. Das Vormundschaftsgericht kann und muß die Fürsorgeerziehung beim Auftreten von Erscheinungen, die als Beginn der Verwahrlosung zu betrachten sind, sofort anordnen, wenn nach seiner Überzeugung mildere Maßnahmen nicht zum Ziele führen.

III Hat drohende oder eingetretene Verwahrlosung, namentlich körperliche Verwahrlosung, ihren Grund in wirtschaftlicher Not der Eltern oder Erzieher oder im Mangel öffentlicher Fürsorge für einen unterstützungsbedürftigen Minderjährigen, so ist auf Abhilfe durch Maßnahmen der öffentlichen Fürsorge hinzuwirken. Zur Abwälzung von Unterstützungslasten darf die Fürsorgeerziehung nicht dienen.

§ 95.

I Das Vormundschaftsgericht kann die Unterbringung eines Minderjährigen in einer Familie oder einer Anstalt auch auf Grund des § 1666 oder des § 1838 BGB. anordnen und vollziehen, wenn es diese Maßnahme zur Verhütung oder Beseitigung der Verwahrlosung für ausreichend hält. Es kann eine solche Anordnung aber nur dann treffen, wenn volle Gewähr dafür gegeben ist, daß sämtliche Kosten von den Minderjährigen oder von den Unterhaltspflichtigen gedeckt werden, oder wenn die Mittel von anderer Seite, etwa von der freien Liebestätigkeit sichergestellt sind (§ 55 RJWG.).

II Andererseits wird dadurch, daß ausreichende private Mittel für die Unterbringung eines Minderjährigen zur Verfügung stehen, die Anwendung der Fürsorgeerziehung nicht ausgeschlossen. Sie kann und muß auch in solchen Fällen angeordnet werden, wenn nach der Überzeugung des Vormundschaftsgerichts nur durch die öffentliche Erziehung die Verwahrlosung verhütet oder beseitigt werden kann.

§ 96.

I Eine untere Altersgrenze für die Anordnung der Fürsorgeerziehung besteht nicht. Auch Kinder, die das schulpflichtige Alter noch nicht erreicht haben, können ihr überwiesen werden; bei ihnen ist aber mit besonderer Sorgfalt zu prüfen, ob nicht andere Maßnahmen genügen.

II Die obere Altersgrenze bildet regelmäßig das vollendete 18. Lebensjahr. Die Fürsorgeerziehung kann aber auch angeordnet werden, wenn der Minderjährige zwar das 18., aber noch nicht das 20. Lebensjahr vollendet hat, falls Aussicht auf Erfolg besteht (§ 63 Abs. II RJWG.). Dies kann namentlich dann der Fall sein, wenn die Verwahrlosung ihren ausschließlichen oder hauptsächlichen Grund in zurückgebliebener Entwicklung, in Störungen des Übergangsalters oder in einer schlechten Umgebung hat.

III Bei minderjährigen Mädchen, die sich der gewerbsmäßigen Unzucht ergeben haben, muß in jedem Falle die Frage der Fürsorgeerziehung gewürdigt werden, bevor eine sittenpolizeiliche Aufsicht angeordnet wird (§ 361 Abs. I Ziff. 6 StGB.).

§ 97.

Die Fürsorgeerziehung zur Verhütung und Beseitigung der geistigen und sittlichen Verwahrlosung setzt voraus, daß es möglich ist, den Minderjährigen zu erziehen, d. h. durch planmäßige Einwirkung seine geistige und sittliche Entwicklung zu fördern oder wenigstens dem Fortschreiten der Verwahrlosung Einhalt zu tun. Ist ein Minderjähriger infolge geistiger Gebrechen nicht erziehbar, so ist die Fürsorgeerziehung nicht zulässig.

2. Anordnung der Fürsorgeerziehung

§ 98.

I Das Vormundschaftsgericht leitet das Fürsorgeerziehungsverfahren von Amts wegen oder auf Antrag ein.

II Zum Antrage berechtigt sind das nach § 7 RJWG. zuständige Jugendamt, die Schulbehörde, die geistliche Behörde und der mit der Jugendhilfe für den Minderjährigen befaßte Jugendfürsorgeverein. Zuständige Schulbehörde ist die Bezirksschulbehörde, Stadtschulbehörde, wenn der Minderjährige die Volksschule besucht, die Schulvorstandschaft, wenn er eine Berufsfortbildungsschule besucht, bei höheren Unterrichtsanstalten der Anstaltsvorstand. Geistliche Behörde ist das Pfarramt oder der örtlich zuständige Geistliche der Religionsgesellschaft.

III Der Antrag soll alle Angaben und Beweismittel enthalten, deren das Vormundschaftsgericht zur Durchführung des Verfahrens bedarf, und sich darüber äußern, ob und aus welchen Gründen die vorläufige Fürsorgeerziehung angezeigt erscheint.

IV Nicht antragsberechtigte Behörden und Personen können beim Vormundschaftsgericht oder Jugendamte die Einleitung des Fürsorgeerziehungsverfahrens anregen.

V Die Einleitung des Verfahrens ist aktenkundig zu machen (§ 63 Abs. III RJWG.).

§ 99.

I Die Staats- und Gemeindebehörden sind allgemein verpflichtet, die zu ihrer Kenntnis gelangenden Tatsachen, die Veranlassung geben, die Frage der Fürsorgeerziehung zu prüfen, dem Vormundschaftsgericht oder dem zuständigen Jugendamte mitzuteilen (Art. 28 Abs. II JAG.). Die Mitteilung soll sich nicht auf allgemeine Angaben und Urteile beschränken, sondern die Tatsachen bestimmt bezeichnen und, soweit möglich, die Beweismittel angeben.

II Die Staatsanwaltschaften haben nicht nur die Fälle mitzuteilen, in denen das Verhalten des Minderjährigen die Fürsorgeerziehung erforderlich machen kann, sondern auch jene Fälle, in denen ihnen die Besorgnis der Verwahrlosung durch Handlungen anderer Personen (z. B. Mißhandlungen, Vornahme unzüchtiger Handlungen, Kuppelei) begründet scheint.

III Die Polizeibehörden werden, wenn ein Minderjähriger der Landespolizeibehörde überwiesen worden ist, die Prüfung der Frage anzuregen haben, ob nicht dem Vollzuge der Überweisung die Einleitung der Fürsorgeerziehung vorzuziehen ist.

IV Die Amtsärzte sind vermöge ihrer allgemeinen Dienstpflicht zur Mitwirkung beim Vollzuge der Vorschriften über die Fürsorgeerziehung berufen; sie haben deshalb dem Vormundschaftsgericht oder dem Jugendamte die zu ihrer Kenntnis kommenden Fälle, in denen die Fürsorgeerziehung in Betracht kommt, mitzuteilen, soweit nicht ihre Pflicht zur Wahrung des Berufsgeheimnisses entgegensteht (§ 51 MinBek. über den bezirksärztlichen Dienst vom 23. Januar 1912 — MinABl. S. 175, § 21 MinBek. über den landgerichtsärztlichen Dienst vom 22. März 1915 — MinABl. S. 53, JustMBl. S. 27).

V Die Verwaltungen der Strafanstalten haben, wenn ihnen die Einleitung der Fürsorgeerziehung gegen einen jugendlichen Gefangenen nach verbüßter Strafe notwendig scheint, nach Anhörung des Anstaltsgeistlichen und des Lehrers dem Vormundschaftsgerichte hiervon Nachricht zu geben.

§ 100.

I Für das Verfahren vor dem Vormundschaftsgerichte gelten die Vorschriften des Gesetzes über die Angelegenheiten der freiwilligen Gerichtsbarkeit, soweit das Reichsgesetz für Jugendwohlfahrt nicht Abweichendes bestimmt (§ 1 JWG.). Das Vormundschaftsgericht hat von Amts wegen die zur Feststellung der Tatsachen erforderlichen Ermittelungen zu veranlassen und die geeigneten Beweise aufzunehmen.

II Die Voraussetzungen der Fürsorgeerziehung müssen zwar bei der großen Tragweite dieser Maßregel sorgfältig und ohne Überstürzung geprüft werden. Das Vormundschaftsgericht darf aber nicht außer Acht lassen, daß die Fürsorgeerziehung in der Regel der Fälle rasch einsetzen muß, wenn sie Erfolg haben soll. Das Verfahren soll deshalb unbeschadet der Gründlichkeit in der Ermittelung der tatsächlichen Verhältnisse beschleunigt und zielbewußt betrieben werden. Die Ermittelungsverhandlungen sind nicht einzeln und stückweise, sondern nach einem einheitlichen Plane möglichst gleichzeitig vorzunehmen.

§ 101.

I Das Vormundschaftsgericht muß vor der Beschlußfassung das Jugendamt hören. Es soll den Minderjährigen, die Eltern und den gesetzlichen Vertreter hören, soweit dies ohne erhebliche Schwierigkeiten geschehen kann (§ 65 Abs. II RJWG.). Unterbleibt die Anhörung dieser Personen, so ist der Grund aktenkundig zu machen.

II Die Art der Anhörung ist dem Vormundschaftsgericht überlassen. Der Minderjährige soll vom Vormundschaftsrichter tunlichst persönlich angehört werden. Der Richter erhält dadurch am raschesten und leichtesten ein verlässiges Bild von der Persönlichkeit des Minderjährigen. Auch wenn der Minderjährige geistig noch nicht so entwickelt ist, daß von seiner Vernehmung eine Klärung des Sachverhältnisses zu erwarten ist, empfiehlt es sich, daß der Vormundschaftsrichter ihn sich persönlich vorstellen läßt, namentlich, wenn es sich um äußere Verwahrlosung handelt. Die Polizeibehörden sollen in der Regel zur Anhörung von Personen im Fürsorgeerziehungsverfahren nicht herangezogen werden.

§ 102.

Das Vormundschaftsgericht soll vor der Beschlußfassung Verwandte oder Verschwägerte des Minderjährigen hören, soweit es zur Klärung des Sachverhaltes notwendig erscheint und ohne erhebliche

Verzögerung und ohne unverhältnismäßige Kosten geschehen kann (Art. 29 JWG.). Diese Personen, wie auch der gesetzliche Vertreter, können im Falle ihrer Vernehmung vor Gericht Ersatz ihrer Auslagen nach den Vorschriften für Zeugen verlangen. Hierauf sind sie, wenn ihre Verhältnisse es angezeigt erscheinen lassen, bei der Ladung hinzuweisen.

§ 103.

Ist der Minderjährige in der Lehre oder in einer Arbeit, so kann sich die Anhörung des Lehrherrn oder Arbeitgebers empfehlen. Auch die Anhörung der in der freien Liebestätigkeit wirkenden Personen, die den Minderjährigen kennen, wird häufig von Nutzen sein.

§ 104.

I Das Vormundschaftsgericht muß der Schulbehörde, wenn der Minderjährige noch eine Schule besucht, und der geistlichen Behörde Gelegenheit zur Äußerung geben, wenn sich nicht schon eine Äußerung dieser Behörden bei den Akten befindet (Art. 29 Abs. II JWG.).

II Die Schulbehörde hat vor ihrer Äußerung den Klaßlehrer zu hören. Die Äußerung soll sich auf alle für die Beurteilung des Falles wichtigen Umstände und Verhältnisse erstrecken, namentlich auf die Veranlagung und die körperliche und geistige Entwicklung des Minderjährigen im allgemeinen, sein Verhalten in der Schule, die häusliche Pflege und Erziehung, die Ursachen der Verwahrlosung, die Erziehungsfähigkeit und Besserungsfähigkeit des Minderjährigen und die Art der Fürsorgeerziehung (Familienerziehung oder Anstaltserziehung).

III Das Ersuchen an die Schulbehörde und an die geistliche Behörde soll zur Beschleunigung des Verfahrens möglichst nicht durch Übersendung der Akten, sondern mittels eines Schreibens geschehen, das die für die ersuchte Behörde wesentlichen Mitteilungen und Fragen enthält. Die Akten sollen nur aus besonderen Gründen beigegeben werden. Ihre baldige Rückgabe ist zu überwachen.

§ 105.

I In allen Fällen ist ein Arzt zu hören (Art. 29 Abs. II JWG.). Als solcher kommt der Amtsarzt in Frage. An dessen Stelle kann ein geeigneter Schularzt zugezogen werden. Besondere Umstände können auch die Zuziehung eines anderen Arztes, z. B. eines in der Jugendfürsorge mit dem Minderjährigen schon befaßten Arztes, rechtfertigen. Es kann sich empfehlen, den Arzt schon zur richterlichen Vernehmung des Minderjährigen beizuziehen.

II Durch die Mitwirkung des Arztes sollen namentlich körperliche Erkrankungen, besonders ansteckende Krankheiten (Tuberkulose, Geschlechtskrankheiten), Regelwidrigkeiten in der geistigen und sittlichen Veranlagung und Entwicklung (Psychopathie, Epilepsie, Schwachsinn) und die Erziehbarkeit des Minderjährigen festgestellt werden. Der Arzt soll sich auch darüber äußern, welcher Art der Unterbringung (Familie oder Anstalt und gegebenenfalls welche Anstalt) er mit Rücksicht auf die geistigen und körperlichen Eigenschaften des Minderjährigen für angezeigt hält (§ 70 Abs. II Satz 4 RJWG.).

III In zweifelhaften Fällen soll das Gutachten des Arztes nicht ausschließlich auf Grund der Akten abgegeben werden, sondern, wenn der Minderjährige dem Arzte nicht ohnehin bekannt ist, sich auf eine persönliche Untersuchung stützen. Wird die körperliche Untersuchung von dem Minderjährigen oder demjenigen, dem die Sorge für seine Person zusteht, nicht freiwillig gestattet, so kann das Vormundschaftsgericht sie anordnen (§ 65 Abs. IV RJWG.).

IV Ist der Geisteszustand des Minderjährigen zweifelhaft, so kann das Vormundschaftsgericht anordnen, daß der Minderjährige in einer zur Aufnahme von jugendlichen Psychopathen geeigneten Anstalt oder in einer öffentlichen Heil- und Pflegeanstalt auf höchstens 6 Wochen zur Beobachtung untergebracht wird (§ 65 Abs. IV RJWG.). Von dieser außerordentlichen Maßregel soll nur dann Gebrauch gemacht werden, wenn sie nach dem ärztlichen Gutachten zur Feststellung des Geisteszustandes geboten und ohne Nachteil für die Gesundheit des Minderjährigen ausführbar ist. Für die Unterbringung kommen die
Anlage 12. in der Anlage 12 aufgeführten Anstalten in Betracht.

V Zur Durchführung der Anordnungen nach Abs. III und IV kann auf Grund des Art. 130 AusfGes. zum BGB. unmittelbarer Zwang angewendet werden.

VI Die Mitwirkung als Gutachter in den Angelegenheiten der Fürsorgeerziehung gehört zu der Dienstesaufgabe der Bezirksärzte (MinBek. über den bezirksärztlichen Dienst vom 23. Januar 1912 — MinABl. S. 175).

§ 106.

Das Vormundschaftsgericht soll, namentlich gegenüber den Minderjährigen, von den Mitteilungen und Äußerungen der Schulbehörden, Geistlichen und Aufsichtspersonen nicht weiter, als es unbedingt notwendig ist, Gebrauch machen, weil diese Personen, deren Mitwirkung unentbehrlich ist, erfahrungsgemäß sonst Anfeindungen erfahren, die ihnen die Erfüllung ihrer Aufgaben erschweren und verleiden. Insbesondere soll nicht ohne zwingende Veranlassung mitgeteilt werden, von wem die Anregung zur Fürsorgeerziehung ausgeht. Dem Takte des Vormundschaftsrichters wird es gelingen, diese Rücksichten mit der Verpflichtung, allen Beteiligten volle Gelegenheit zur Äußerung und zum Beweise zu geben, in Übereinstimmung zu halten.

§ 107.

I Der Beschluß des Vormundschaftsgerichts lautet auf Anordnung oder auf Ablehnung der Fürsorgeerziehung. Er ist mit Gründen zu versehen (§ 65 Abs. III RJWG.).

II Der die Fürsorgeerziehung anordnende Beschluß hat zu enthalten:

1. die Bezeichnung des Minderjährigen nach Namen, Religion, Beruf, Geburtszeit, Geburtsort und Wohnort;

2. die Bezeichnung der Eltern nach Namen, Beruf und Wohnort;
3. die Bezeichnung des gesetzlichen Vertreters nach Namen, Beruf und Wohnort;
4. die Feststellung des Ortes, der die Zuständigkeit des Vormundschaftsgerichts begründet hat (§ 70 Abs. II S. 1 RJWG.);
5. die Feststellung der gesetzlichen Voraussetzungen der Fürsorgeerziehung unter Angabe der für erwiesen erachteten Tatsachen; besonders ist zum Ausdrucke zu bringen, auf welchen der gesetzlichen Tatbestände (§ 63 Abs. I Ziff. 1, 2 RJWG.) die Entscheidung sich gründet;
6. die Anordnung, daß der Minderjährige der Fürsorgeerziehung überwiesen wird.

III Die Begründung des Beschlusses, der die Fürsorgeerziehung anordnet, soll ein klares Bild von der Persönlichkeit und den Verhältnissen des Minderjährigen und von den Tatsachen geben, die zur Anordnung der Fürsorgeerziehung führten. Soweit es mit der gesetzlichen Notwendigkeit der Begründung vereinbar ist, sind die Gesichtspunkte des § 106 auch hier zu beachten.

§ 108.

Für die Zustellung des Beschlusses, die Beschwerde und die weitere Beschwerde gelten die Bestimmungen des § 65 RJWG. und die Vorschriften des Reichsgesetzes über die Angelegenheiten der freiwilligen Gerichtsbarkeit. Dem Jugendamt ist der die Fürsorgeerziehung oder die vorläufige Fürsorgeerziehung anordnende Beschluß in 2 Ausfertigungen zuzustellen.

§ 109.

I Hat der Minderjährige das 14. Lebensjahr vollendet, so wird der die Fürsorgeerziehung anordnende Beschluß auch ihm selbst zugestellt (§ 65 Abs. V RJWG.). Maßgebend ist das Alter des Minderjährigen bei der Erlassung des Beschlusses. Der Beschluß ist im Auszuge zuzustellen. Was außer dem entscheidenden Teile in den Auszug aufzunehmen ist, hat der Richter zu verfügen. Der Auszug muß entnehmen lassen, welchen der gesetzlichen Tatbestände des § 63 Abs. I RJWG. das Gericht als gegeben angenommen hat. Die tatsächlichen Feststellungen sind nur in kurzer Zusammenfassung und nur soweit mitzuteilen, als sie ohne Schaden für die Erziehung mitgeteilt werden können. Namentlich sind alle Stellen wegzulassen, die das Verhalten der Eltern und Erzieher betreffen und geeignet sein könnten, diese vor dem Minderjährigen bloßzustellen oder sie ihm zu entfremden.

II Die Zustellung des die Fürsorgeerziehung ablehnenden Beschlusses an den Minderjährigen ist nicht vorgeschrieben.

§ 110.

Das Fürsorgeerziehungsverfahren kann vom Vormundschaftsgericht auf längstens 1 Jahr ausgesetzt werden (§ 66 RJWG.). Diese Anordnung kommt in Betracht, wenn nach der Einleitung des Verfahrens eine wesentliche Besserung eingetreten ist, die zu der Annahme berechtigt, daß die Familienerziehung in Verbindung mit der Schutzaufsicht (§ 66 Abs. III RJWG.) und etwaigen weiteren Erziehungshilfen genügen und die Fürsorgeerziehung entbehrlich machen werde. Den Vormundschaftsgerichten wird aber empfohlen, von dieser Maßnahme, die nach den Erfahrungen oft nur die Fürsorgeerziehung zum Schaden des Erziehungserfolges hinausschiebt, mit besonderer Vorsicht und nur bei begründeter Aussicht auf Erfolg Gebrauch zu machen. Die Aussetzungsfristen sind nicht zu lang zu bemessen; während der Aussetzung muß eine sorgfältige Überwachung ausgeübt werden. Das Jugendamt ist vor der Aussetzung zu hören.

§ 111.

I Wenn die Voraussetzungen der Fürsorgeerziehung glaubhaft gemacht sind und Gefahr im Verzug ist, kann das Vormundschaftsgericht die vorläufige Fürsorgeerziehung des Minderjährigen beschließen (§ 67 RJWG.). Gefahr im Verzuge liegt vor, wenn von dem Aufschube der Fürsorgeerziehung bis zum Abschlusse des Verfahrens der Eintritt oder das Fortschreiten der Verwahrlosung zu befürchten und die Entfernung des Minderjährigen aus der bisherigen Umgebung dringlich ist. Die Anordnung der vorläufigen Fürsorgeerziehung kann der Anordnung der Fürsorgeerziehung vorangehen, mit ihr verbunden werden oder ihr nachfolgen. Die Verbindung kommt in Betracht, wenn gegen den die Fürsorgeerziehung anordnenden Beschluß voraussichtlich Beschwerde eingelegt werden wird, die nachfolgende Anordnung, wenn Beschwerde eingelegt ist.

II Die vorläufige Fürsorgeerziehung kann von Amts wegen oder auf Antrag angeordnet werden. Die Anhörung bestimmter Personen ist nicht vorgeschrieben. Der Beschluß ist gedrängt zu begründen; er muß die gleichen Angaben enthalten wie der die Fürsorgeerziehung anordnende Beschluß (§ 107) und feststellen, daß und warum Gefahr im Verzug ist.

III Der Beschluß ist den im § 67 S. 1 mit § 65 Abs. VI RJWG. bezeichneten Beschwerdeberechtigten zuzustellen; auf § 108 S. 2 wird Bezug genommen. Die sofortige Beschwerde hat keine aufschiebende Wirkung. Das Gericht ist befugt, seinen Beschluß aufzuheben (§ 67 S. 2 RJWG. mit § 18 Abs. II FGG.).

§ 112.

I Die Zuständigkeit des Vormundschaftsgerichts zur Anordnung der Fürsorgeerziehung bestimmt sich nach § 43 FGG., § 68 Abs. II RJWG.

II Schleunige Maßnahmen kann auch jenes Gericht treffen, in dessen Bezirke das Bedürfnis der Fürsorge hervortritt. Es kann namentlich bei Gefahr im Verzuge die vorläufige Fürsorgeerziehung anordnen. Es hat die angeordnete Maßregel und die gepflogenen Ermittelungen alsbald dem endgültig zuständigen Gerichte mitzuteilen. Dieses ist für das Weitere ausschließlich zuständig (§ 68 Abs. I RJWG.).

III Für die Regel wird das Fürsorgeerziehungsverfahren schon wegen der wünschenswerten unmittelbaren Zusammenarbeit des Vormundschaftsgerichts mit dem zuständigen Jugendamt am besten von dem Gerichte durchgeführt werden, in dessen Bezirke der Minderjährige seinen gewöhnlichen Aufenthaltsort hat. Ist ein anderes Gericht Vormundschaftsgericht, so hat es zu prüfen, ob es nicht angezeigt ist, die Vormundschaft an das Gericht des gewöhnlichen Aufenthalts auf Grund des § 46 FGG. abzugeben. Auf Antrag des Jugendamtes soll die Vormundschaft abgegeben werden, wenn nicht besondere Gründe dagegen sprechen (§ 65 Abs. VII RJWG.).

3. Durchführung der Fürsorgeerziehung

a) Allgemeines

§ 113.

I Der die Fürsorgeerziehung anordnende Gerichtsbeschluß wird mit Eintritt seiner Rechtskraft ausführbar. Die Ausführung der Fürsorgeerziehung muß, um ihren Erfolg zu sichern, ohne Verzug betrieben werden.

II Das Vormundschaftsgericht verständigt das Jugendamt sofort vom Eintritte der Rechtskraft des Beschlusses und äußert sich, soweit es nicht im Beschlusse geschehen ist, gutachtlich darüber, ob Familien- oder Anstaltserziehung veranlaßt erscheint.

§ 114.

I Die Durchführung der Fürsorgeerziehung im einzelnen Falle obliegt dem nach § 70 Abs. II S. 1 RJWG. zuständigen Jugendamte. Die besonderen in §§ 65—76 RJWG. und im Jugendamtsgesetze der Fürsorgeerziehungsbehörde übertragenen Zuständigkeiten werden vom Jugendamte wahrgenommen. Die Zweigstellen des Landesjugendamtes haben nach Maßgabe der Absätze II und III bei der Durchführung mitzuwirken.

II Die Zweigstellen des Landesjugendamtes können sich für alle oder einzelne Jugendämter des Regierungsbezirkes die Bestimmung der Anstalt vorbehalten, in der der Minderjährige im einzelnen Falle unterzubringen ist; sie können hinsichtlich der Unterbringung der Minderjährigen in Anstalten auch allgemeine Richtlinien für alle oder einzelne Jugendämter des Regierungsbezirkes erlassen.

III Besteht zwischen dem Jugendamt und der Leitung der Anstalt, in welcher ein Minderjähriger untergebracht ist, über den weiteren Verbleib des Minderjährigen in der Anstalt Meinungsverschiedenheit, so trifft die Entscheidung die Zweigstelle des Landesjugendamts.

§ 115.

I Das Jugendamt hat schon im Laufe des Verfahrens über Anordnung der Fürsorgeerziehung, wenn diese zu erwarten steht, die Frage der Unterbringung des Minderjährigen in Behandlung zu nehmen und, soweit möglich, die Vorbereitungen zu treffen, um die

Unterbringung nach Rechtskraft der Anordnung ohne Verzug durchführen zu können. Die Bezirksjugendämter haben auch die durch Art. 31 Abs. II JAG. vorgeschriebene Einvernahme der nach Art. 38 Abs. III S. 2 JAG. teilweise kostenersatzpflichtigen Gemeinde über die Wahl der Anstalts- oder Familienerziehung möglichst schon im Laufe des gerichtlichen Verfahrens zu betätigen.

II Die Frage, ob Familien- oder Anstaltserziehung einzutreten hat, kann nur nach den Verhältnissen des einzelnen Falles entschieden werden. Ist eine ärztliche Äußerung hierüber nicht bereits im Verfahren über Anordnung der Fürsorgeerziehung erholt worden, so soll die Unterbringung unter Mitwirkung eines Arztes erfolgen (§ 70 Abs. II S. 4 RJWG.). Die Kostenfrage allein darf für die Wahl zwischen Familien- und Anstaltserziehung nicht entscheidend sein.

III Das Jugendamt erläßt über die Unterbringung eine Verfügung, die im Falle der Anstaltserziehung kurz die Gründe darlegt, welche zur Wahl der Anstaltserziehung geführt haben. Der Anstaltsleitung ist die Verfügung mitzuteilen, bei Familienunterbringung ist die Familie geeignet zu verständigen. Dem Erziehungsberechtigten ist nach § 69 Abs. III RJWG. von dem Orte der Unterbringung des Kindes sofort Mitteilung zu machen, soferne dadurch der Erziehungszweck nicht ernstlich gefährdet wird.

IV In der Regel wird es sich empfehlen, den Minderjährigen nicht im Bereiche der bisherigen nachteiligen Einflüsse unterzubringen.

§ 116.

I Zur Entscheidung darüber, ob der Minderjährige in Familien- oder Anstaltserziehung gegeben werden soll oder welche Anstalt für ihn in Betracht kommt, kann es erforderlich werden, ihn zunächst in einer Anstalt zur Beobachtung unterzubringen. Ebenso sind Minderjährige, die sofort aus ihrer bisherigen Unterkunft weggenommen werden müssen, jedoch nicht unmittelbar endgültig untergebracht werden können, zunächst nach Möglichkeit in Zufluchtsheimen, Durchgangsheimen usw. unterzubringen.

II Ist der Minderjährige mit einer Krankheit behaftet, die seine Unterbringung in einer Familie oder Erziehungsanstalt ausschließt, so ist für Maßnahmen zu seiner Heilung, soweit veranlaßt im Benehmen mit den beteiligten Fürsorgestellen, Sorge zu tragen; die Unterbringung darf erst erfolgen, wenn nach ärztlichem Gutachten keine Bedenken mehr entgegenstehen.

§ 117.

Die vorläufige Fürsorgeerziehung ist ebenfalls vom Jugendamt und zwar sofort mit Erlaß des Gerichtsbeschlusses durchzuführen. Wenn mit der Anordnung der Fürsorgeerziehung zu rechnen ist und Anstaltserziehung notwendig werden wird, ist darnach zu streben, den Minderjährigen möglichst schon bei der vorläufigen Unterbringung der Anstalt zuzuweisen, die ihn endgültig übernehmen soll.

§ 118.

Die Verbringung der Minderjährigen in die Erziehungsfamilien und in die Anstalten sowie die Rückverbringung ist in schonender Weise durch geeignete Personen auszuführen. Soweit sie nicht durch die Anstalten geschieht, obliegt sie den Jugendämtern.

§ 119.

Das Vormundschaftsgericht ist bei Anordnung der vorläufigen Fürsorgeerziehung darüber auf dem laufenden zu halten, wo der Minderjährige untergebracht ist. Nach dem rechtskräftigen Abschlusse des gerichtlichen Verfahrens über Anordnung der Fürsorgeerziehung ist das Vormundschaftsgericht auf sein Ersuchen von dem Orte der Unterbringung zu verständigen (Art. 31 Abs. I JAG.).

§ 120.

Das Jugendamt hat mit dem Vormundschaftsgerichte, das über die Aufhebung der Fürsorgeerziehung sowie über die Aufhebung unter Vorbehalt des Widerrufs entscheidet und nach ihrer Beendigung wieder in seine volle Aufgabe als Erziehungsgericht eintritt, ständig Fühlung zu halten. Das Vormundschaftsgericht ist über die Wahl der Anstalts- oder Familienerziehung und über sonstige wichtige Erziehungsmaßnahmen nicht bloß vorübergehender Art, wie die Berufswahl, den Abschluß von Lehrverträgen, die Unterbringung von Minderjährigen in der eigenen Familie außer der Frist des § 69 Abs. IV RJWG. zu hören. Ebenso ist ihm über den Stand und den Erfolg der Fürsorgeerziehung auf Verlangen Auskunft zu erteilen (Art. 31 Abs. II u. III JAG.).

b) Unterbringung in Familien

§ 121.

I Zur Unterbringung der Minderjährigen dürfen nur Familien ausgewählt werden, die volle Gewährt für gute, sittliche und religiöse Erziehung und für ausreichende Versorgung bieten (Art. 32 JAG.). Die Familien müssen einen guten Leumund genießen, einen geordneten Haushalt führen, über eine gesunde, räumlich genügende Wohnung verfügen und frei von ansteckenden Krankheiten sein.

II Familien in weniger dichtbewohnten Orten und Familien, bei denen die Minderjährigen auch mit Land- und Gartenwirtschaft beschäftigt werden, erscheinen besonders erwünscht.

§ 122.

Minderjährige, die einem Bekenntnis angehören, dürfen nach § 69 Abs. I RJWG. bis zum Aufhören der Schulpflicht nur in einer Familie ihres Bekenntnisses untergebracht werden. Der Art. 32 Abs. II JAG. dehnt diese Vorschrift über die Zeit der Schulpflicht auf die ganze Dauer der Fürsorgeerziehung aus. Für Minderjährige ohne Bekenntnis gilt § 69 Abs. II RJWG. mit Art. 5 EG. z. RJWG.

§ 123.

Die Belassung des Minderjährigen in seiner eigenen Familie ist nur zulässig, wenn dadurch die Erreichung des Zweckes der Fürsorgeerziehung nicht gefährdet wird (§ 69 Abs. IV RJWG.). Sie wird sich nur in Ausnahmefällen empfehlen. In Betracht kann sie kommen, wenn seit der Anordnung der Fürsorgeerziehung eine Änderung in den häuslichen Verhältnissen der Eltern eingetreten ist (z. B. durch das Ausscheiden des Elternteils, der die Schuld an der Verwahrlosung trug, oder durch Verbesserung der wirtschaftlichen Umstände) und bei sachgemäßer Überwachung die Erreichung des Erziehungszwecks erwartet werden darf. Besondere Vorsicht und sorgfältige Überwachung erscheinen veranlaßt. Daß schon eine Unterbringung in einer anderen Familie oder in einer Anstalt vorausgegangen wäre, verlangt das Gesetz nicht.

§ 124.

I Mit dem Familienvorstand ist ein schriftlicher Vertrag (Erziehungsvertrag) abzuschließen, der die Verpflichtungen und die Vergütung festsetzt. Der Familienvorstand ist zu verpflichten, dem Minderjährigen eine angemessene Unterkunft mit besonderem Bette, gesunde ausreichende Kost, eine den Verhältnissen angemessene reinliche Kleidung und in Krankheitsfällen Pflege und ärztliche Hilfe zu gewähren, ihn zu den für sein Alter und Geschlecht passenden häuslichen und ländlichen Arbeiten anzuleiten und zu verwenden, ihn in religiös-sittlichem Geiste zu erziehen, zum regelmäßigen Besuche der Schule und des Gottesdienstes anzuhalten und an Ordnung, Reinlichkeit und Arbeitsamkeit zu gewöhnen.

II Das Landesjugendamt kann ein Muster für den Erziehungsvertrag aufstellen.

§ 125.

Der Minderjährige ist rechtzeitig und nach Möglichkeit einer Berufsausbildung zuzuführen. Dabei ist auf seine Fähigkeiten, seine Verhältnisse und, soweit tunlich, auch auf seine Neigungen Rücksicht zu nehmen. Wird der Minderjährige in einen Dienst oder eine Lehre gegeben, so ist ein Dienst- oder Lehrvertrag abzuschließen. Beim Abschlusse von Dienstverträgen ist ein angemessener Lohn zu bedingen. Beim Abschlusse von Lehrverträgen ist die tüchtige fachliche Ausbildung sicherzustellen. Das Recht den Dienst- oder Lehrvertrag aufzulösen, wenn die Zwecke der Fürsorgeerziehung eine anderweitige Unterbringung des Minderjährigen erforderlich machen, ist ausdrücklich vorzubehalten.

c) Unterbringung in Anstalten

§ 126.

Die Anstaltserziehung ist besonders dann anzuordnen, wenn der Minderjährige nach seiner körperlichen oder geistigen Beschaffenheit oder nach der Art und dem Grade seiner Verwahrlosung zur

Unterbringung in einer Familie nicht oder nicht ohne vorherige Anstaltserziehung geeignet ist (Art. 33 JAG.).

§ 127.

I Die Minderjährigen, deren Anstaltserziehung angeordnet ist, sind außer in den hierfür bestimmten staatlichen Anstalten in solchen nichtstaatlichen Anstalten unterzubringen, die vom Landesjugendamt als geeignet erklärt werden. Die nach den bisherigen Vorschriften für geeignet erklärten Anstalten behalten ihre Eignung.

II Anträge auf Eignungserklärung sind mit dem Formblatte der Anlage 13 beim Landesjugendamte zu stellen. Das Landesjugendamt kann für die Eignungserklärung allgemeine Bedingungen aufstellen und sie im Einzelfall an besondere Bedingungen knüpfen. Anlage 13.

III Die Eignungserklärung kann vom Landesjugendamte widerrufen werden.

§ 128.

I Bei der Auswahl der Anstalt ist auf das Religionsbekenntnis des Minderjährigen Rücksicht zu nehmen (§ 69 Abs. I RJWG.). Kann ein Minderjähriger in einer Anstalt seines Bekenntnisses untergebracht werden, so ist die Einweisung in die Anstalt eines anderen Bekenntnisses oder in eine bekenntnislose Anstalt unzulässig.

II Minderjährige ohne Bekenntnis sollen, soferne sie ihr Bekenntnis selbst bestimmen können, nur mit ihrem Einverständnis, andernfalls mit dem des Erziehungsberechtigten, in einer Bekenntnisanstalt untergebracht werden (§ 69 Abs. II RJWG., Art. 5 EinfGes. hierzu).

§ 129.

I Mit der Anstalt ist ein Erziehungsvertrag abzuschließen.

II Dem Anstaltsvorstand ist mit der Verfügung über die Unterbringung des Minderjährigen in der Anstalt (§ 115 Abs. II) eine der Ausfertigungen des Beschlusses des Vormundschaftsgerichts über die Anordnung der Fürsorgeerziehung (§ 108 S. 2) zu übermitteln. Auf sein Verlangen ist ihm auch Einblick in die Akten des Vormundschaftsgerichts zu gewähren.

§ 130.

I Dem Landesjugendamt obliegt die allgemeine Förderung des Anstaltswesens für Fürsorgeerziehung. Es soll, soweit erforderlich und möglich, dahin wirken, daß die vorhandenen Anstalten nach einem einheitlichen Plane auf die verschiedenen Erziehungsaufgaben eingestellt werden, und daß für die besonderen Gruppen von Minderjährigen (Anormale, Psychopathen, Schwer- und Schwersterziehbare usw.) die erforderlichen Sonderanstalten oder Sonderabteilungen bereitgestellt werden. Es soll die Errichtung von Zufluchtsheimen sowie Beobachtungs- und Durchgangsanstalten, soweit ein Bedürfnis besteht, fördern.

II Das Landesjugendamt trifft im Benehmen mit den Verbänden der Anstalten, soweit veranlaßt, allgemeine Regelungen für den Vollzug der Anstalts-Fürsorgeerziehung. Verhandlungen über allgemeine Regelungen der Verpflegssätze für Anstalten sind im Einvernehmen mit dem Staatsministerium der Finanzen zu führen.

d) Überwachung der Fürsorgeerziehung

§ 131.

I Die in einer Familie untergebrachten Minderjährigen werden durch das Jugendamt, veranlaßtenfalls mit Zuziehung eines besonderen Fürsorgers nach Art. 36 JAG., überwacht.

II Das Jugendamt ist verpflichtet, durch persönliche Nachschau die Unterkunft, Pflege, Erziehung und Beschäftigung des Minderjährigen, die Einhaltung der besonderen Vertragsbedingungen und im Benehmen mit der Schulbehörde und dem für den Ort zuständigen Geistlichen der beteiligten Religionsgesellschaft die Regelmäßigkeit des Schul- und Kirchenbesuchs zu überwachen. Bei den in Dienst oder Lehre stehenden Minderjährigen hat es auf die Einhaltung des Dienst- oder Lehrvertrags zu achten und sich von Zeit zu Zeit von den Fortschritten und Leistungen des Minderjährigen zu überzeugen.

§ 132.

I Die Aufstellung eines besonderen Fürsorgers steht im Ermessen des Jugendamts. Aufgabe des Fürsorgers ist die persönliche Überwachung der Erziehung des Minderjährigen in der Erziehungsfamilie.

II Als Fürsorger dürfen nur Personen bestellt werden, die durch ihre Person und ihre Verhältnisse die Gewähr für eine verständnisvolle und gewissenhafte Erfüllung ihrer Aufgabe bieten. Der Fürsorger soll dem Religionsbekenntnisse des Minderjährigen angehören und an dem Orte, an dem der Minderjährige untergebracht ist, oder doch so nahe wohnen, daß die persönliche Aufsicht nicht erschwert ist. Besonders eignen sich zur Bestellung als Fürsorger Ortsgeistliche, Lehrer und in der Jugendhilfe tätige Personen. Für Kinder unter 10 Jahren und für weibliche Minderjährige werden vorzugsweise Frauen in Betracht kommen.

III Die Bestellung von Fürsorgern empfiehlt sich besonders, um Minderjährige, die aus der Erziehungsanstalt entlassen und durch Vermittlung der Anstalt in einer Familie, einer Lehre oder einem Dienste untergebracht werden, unter die persönliche Obhut einer geeigneten Persönlichkeit zu stellen, die mit der Anstalt weiter zusammenarbeitet. Der Übergang von der Anstaltserziehung in die Familienerziehung kann hierdurch leichter und früher möglich werden.

§ 133.

I Der Fürsorger wird durch schriftliche Verfügung bestellt. Die Bestellung ist widerruflich.

II Das Amt des Fürsorgers ist ein unentgeltliches Ehrenamt. Ein Zwang zur Übernahme und zur Fortführung findet nicht statt. Notwendige Auslagen der Amtsführung können dem Fürsorger als

Kosten der Fürsorgeerziehung ersetzt werden. Über die Ersatzfähigkeit der Auslagen und die Höhe des Ersatzes entscheidet die bestellende Behörde nach billigem Ermessen.

III Die Bestellung eines Fürsorgers und die Beendigung seines Amtes ist dem Vormundschaftsgerichte mitzuteilen (Art. 36 Abs. III JAG.).

§ 134.

I Der Fürsorger erhält einen Ausweis nach dem Muster der Anlage Nr. 14. Er ist bei der Bestellung an der Hand der diesem Muster beigegebenen Anleitung über seine Aufgabe zu belehren. **Anlage 14.**

II Der Fürsorger hat Mängel, die er nicht selbst beheben kann, der bestellenden Behörde anzuzeigen. Er ist verpflichtet, dieser auf Verlangen Auskunft über das Ergehen und das Verhalten des Minderjährigen zu geben. Die bestellende Behörde soll sich in regelmäßigen Zwischenräumen Bericht erstatten lassen.

§ 135.

I Die Überwachung der Pflege und Erziehung der Minderjährigen in den Anstalten obliegt den Zweigstellen des Landesjugendamts.

II Das Jugendamt hat für eine geeignete Berufsausbildung zu sorgen und dahin zu wirken, daß der Minderjährige, sobald es der Erziehungsstand gestattet, allenfalls mit entsprechenden Vorkehrungen, wieder in eine Familie zurückgeführt wird.

III Die Anstalt hat dem Jugendamt und dem Vormundschaftsgericht auf Verlangen über den Minderjährigen jederzeit Auskunft zu geben. Mindestens einmal jährlich hat sie ihnen Bericht über den Zögling zu erstatten. Diese Verpflichtung ist in den Erziehungsvertrag aufzunehmen.

§ 136.

Für die Dauer der Fürsorgeerziehung treten hinsichtlich der Tätigkeit des Vormundschaftsgerichts zur Beaufsichtigung der Mündel an die Stelle der Bestimmungen des § 26 der Vormundschaftsordnung (JustMBl. 1900 S. 181) die gegenwärtigen Vorschriften.

4. Beendigung der Fürsorgeerziehung

§ 137.

I Die Fürsorgeerziehung endigt mit dem Eintritte der Volljährigkeit. Sie ist auf Antrag oder von Amts wegen früher aufzuheben, wenn die Voraussetzungen ihrer Anordnung weggefallen sind, sei es, daß der Zweck der Fürsorgeerziehung erreicht oder anderweitig sichergestellt ist (§ 72 RJWG.).

II Der Zweck der Fürsorgeerziehung ist erreicht, wenn die Gefahr der Verwahrlosung behoben ist, oder wenn die Verwahrlosung, zu deren Beseitigung die Fürsorgeerziehung angeordnet wurde, als dauernd beseitigt gelten kann. Anderweitig sichergestellt kann der Zweck der Fürsorgeerziehung sein, wenn eine andere Erziehung möglich ist, die

die Verhütung oder Beseitigung der Verwahrlosung gewährleistet und so die weitere Anwendung der öffentlichen Erziehung unnötig macht.

III Die Voraussetzungen der Aufhebung sind unter Berücksichtigung aller Umstände, namentlich der gesamten Persönlichkeit und der geistigen und sittlichen Entwicklung des Minderjährigen, der Verhältnisse seiner Familie und der Umgebung, in die er nach der Entlassung aus der Fürsorgeerziehung eintreten wird, sorgfältig zu prüfen. Ist es zweifelhaft, ob die Umstände, die für die Aufhebung der Fürsorgeerziehung sprechen, von Dauer sind und Rückfälle ausschließen, so kann die Aufhebung unter Vorbehalt des Widerrufs in Betracht kommen (§ 72 Abs. II RJWG.).

§ 138.

I Über die Aufhebung der Fürsorgeerziehung entscheidet das Vormundschaftsgericht, ebenso über den Widerruf der Aufhebung (Art. 37 JAG.). Vor der Entscheidung über die Aufhebung ist das Jugendamt und, wenn der Minderjährige in einer Anstalt untergebracht ist, auch die Anstalt zu hören.

II Der Antrag auf Aufhebung der Fürsorgeerziehung kann von anderen Antragsberechtigten als dem Jugendamt, also namentlich von den Erziehungsberechtigten, nicht vor Ablauf eines Jahres nach der Rechtskraft des die Fürsorgeerziehung anordnenden Beschlusses gestellt werden. Ein verfrühter Antrag kann vom Vormundschaftsgericht ohne sachliche Prüfung abgelehnt werden. Ist ein Antrag nach sachlicher Würdigung abgewiesen, so kann derselbe Antragsteller ihn nicht vor dem Ablaufe von sechs Monaten erneuern (§ 72 Abs. IV RJWG.).

§ 139.

Ist die Fürsorgeerziehung unter Vorbehalt des Widerrufs aufgehoben, so hat das Vormundschaftsgericht die weitere Entwicklung des Minderjährigen so lange zu überwachen, als damit gerechnet werden muß, daß sich der Widerruf als veranlaßt erweisen könnte. Es soll sich dazu der Hilfe des Jugendamts, der Einrichtungen und Vereine der Jugendfürsorge und namentlich, wenn ein Fürsorger bestellt war, des früheren Fürsorgers als Vertrauensperson bedienen und sich in angemessenen Zwischenräumen berichten lassen. Die Mitwirkung polizeilicher Organe ist möglichst zu vermeiden.

§ 140.

Vor der Beendigung oder Aufhebung der Fürsorgeerziehung ist nach Möglichkeit für ein den Verhältnissen des Minderjährigen entsprechendes Unterkommen Sorge zu tragen.

5. Kosten des Verfahrens und Kosten der Fürsorgeerziehung

§ 141.

Die gerichtlichen Verhandlungen über die Anordnung und Aufhebung der Fürsorgeerziehung und über den Widerruf der Aufhebung und das Verfahren zur Ausführung der Fürsorgeerziehung sind gebühren- und stempelfrei; Auslagen werden nicht erhoben (§ 74 RJWG., Art. 41 JAG.). Verträge über die Unterbringung von Minderjährigen in Familien und Anstalten zur Ausführung der Fürsorgeerziehung sind von der Stempelpflicht ausgenommen (§ 74 S. 4 RJWG.).

§ 142.

I Die Kosten der Fürsorgeerziehung werden vorläufig von dem Kreise als Landesfürsorgeverband bestritten, in dessen Bezirke der Ort liegt, der die Zuständigkeit des Vormundschaftsgerichts zur Anordnung der Fürsorgeerziehung begründet (Art. 38 JAG.). Zu den Kosten der Fürsorgeerziehung werden gehören:

1. die Kosten für die Verbringung des Minderjährigen an den Ort der Fürsorgeerziehung und für die Rückverbringung einschließlich der Kosten der Begleitung;
2. die Kosten einer für die Unterbringung erforderlichen Ausstattung;
3. die Kosten eines vor der Unterbringung zu ihrer Ermöglichung notwendigen Heilverfahrens (§ 116 Abs. II);
4. die Kosten der Versorgung und Erziehung in der Familie oder Anstalt;
5. die den Fürsorgern zu erstattenden Auslagen (§ 133);
6. die Kosten der Vermittlung eines geeigneten Unterkommens nach der Beendigung oder Aufhebung der Fürsorgeerziehung (§ 140), jedoch ohne die Kosten dieses Unterkommens.

II Die Kosten der vorläufigen Fürsorgeerziehung sind wie Kosten der Fürsorgeerziehung auch dann zu behandeln, wenn es zur endgültigen Anordnung der Fürsorgeerziehung nicht kommt (§ 70 Abs. I S. 3 RJWG.).

§ 143.

I Die Einrichtung der Erziehung auf öffentliche Kosten darf nicht zu einer Abschwächung des Verantwortlichkeitsgefühls bei den in erster Linie für die Erziehung der Jugend Verantwortlichen führen und nicht als Anregung zur Entlastung von den eigenen Erziehungspflichten wirken. Die durch Art. 38 Abs. II JAG. begründeten Ersatzverbindlichkeiten dienen in erster Linie dem Zwecke, bei den Beteiligten das Gefühl der Verantwortlichkeit zu erhalten. Es ist deshalb in jedem Falle sorgfältig zu prüfen,

1. ob der Minderjährige selbst Vermögen besitzt oder zu erwarten hat,
2. ob unterhaltspflichtige Personen vorhanden sind.

Das Jugendamt hat nach den Umständen hierüber wiederholt Erhebungen zu pflegen. Auch die nach Art. 38 Abs. III JAG. ersatzpflichtige Gemeinde wird ein Interesse daran haben, dann, wenn die Möglichkeit der Einholung von Kosten bei ersatzpflichtigen Privatpersonen gegeben ist, das Jugendamt hierauf aufmerksam zu machen.

II Der Kostenersatz ist in erster Linie mit Nachdruck gegenüber den nach bürgerlichem Rechte für den Minderjährigen während der

Dauer der Fürsorgeerziehung unterhaltspflichtigen Personen, die leistungsfähig sind, geltend zu machen. Vom Minderjährigen selbst kann Ersatz gefordert werden, wenn er Vermögen besitzt oder solches binnen fünf Jahren nach Beendigung der Fürsorgeerziehung erwirbt. Der Ersatz kann nur aus pfändbarem Vermögen verlangt werden. Ersparnisse aus Arbeitsverdienst können nicht herangezogen werden. Bei der Inanspruchnahme des Ersatzes durch den Minderjährigen selbst sind unbillige Härten zu vermeiden.

§ 144.

Die Ersatzpflichtigen können nach Art. 40 JAG. in einem rasch durchführbaren Verwaltungsverfahren zur Zahlung vorläufig herangezogen werden. Die endgültige Entscheidung über die Ersatzpflicht kommt den Gerichten zu.

§ 145.

I Können die Kosten der Fürsorgeerziehung durch die Heranziehung des Minderjährigen und der Unterhaltspflichtigen nicht oder nur teilweise gedeckt werden, so kann der Kreisfürsorgeausschuß für fünf Zehntel Ersatz vom Staate und für zwei Zehntel Ersatz vom Träger des Jugendamts fordern, in dessen Bezirke der Ort liegt, der die Zuständigkeit des Vormundschaftsgerichts zur Anordnung der Fürsorgeerziehung begründet (Art. 38 Abs. III JAG.). Der Anspruch setzt nicht voraus, daß die Beitreibung gegen den Minderjährigen und die Unterhaltspflichtigen versucht worden ist. Es genügt, daß die Vermögens- und Erwerbsverhältnisse der Pflichtigen einen Erfolg der Klage und Vollstreckung nicht erwarten lassen und daß nach der wirtschaftlichen Lage und den Lebensumständen des Minderjährigen auch ein für die erfolgreiche Geltendmachung der Ersatzpflicht zureichender künftiger Vermögenserwerb nicht wahrscheinlich ist.

II Bei Bezirksjugendämtern, gemeinsamen und besonderen Jugendämtern (Art. 2 Abs. I JAG.) ist dem Träger des Jugendamts der auf ihn entfallende Kostenanteil von der Gemeinde zu erstatten, in welcher der die Zuständigkeit des Vormundschaftsgerichts zur Anordnung der Fürsorgeerziehung begründende Ort liegt (Art. 38 Abs. III S. 2 JAG.). Mit dieser Bestimmung soll das Interesse der Gemeinden an der entsprechenden Erziehung und Beaufsichtigung ihrer Jugend erhalten und vermieden werden, daß diese Gemeinden in der Fürsorgeerziehung eine Einrichtung sehen, die ihnen die öffentliche Fürsorge vollständig abnimmt. Um Härten zu vermeiden, ist vorgesehen, daß der Träger des Jugendamts in einzelnen Fällen auf diesen Kostenersatz ganz oder teilweise verzichten kann. Das kommt insbesondere in Frage, wenn es sich um Minderjährige aus Familien handelt, die sich zur Zeit der Anordnung der Fürsorgeerziehung nur vorübergehend in der Gemeinde aufgehalten haben, ferner bei leistungsschwachen Gemeinden oder wenn sonst der Ersatz eine unbillige Härte bedeuten würde.

§ 146 *).

Über die Anforderung, die Zahlung und Verrechnung der Fürsorgeerziehungskosten sowie über die Anforderung des Kostenersatzes durch die Kreise als Landesfürsorgeverbände nach Art. 38 Abs. III JAG. ergehen gesonderte Bestimmungen.

6. Anordnung der Fürsorgeerziehung durch das Jugendgericht

§ 147.

I Die Fürsorgeerziehung kann unter den Voraussetzungen des § 63 RJWG. auch im Strafverfahren vom Jugendgericht angeordnet werden. Das Gericht soll sie nur anordnen, wenn in erster Instanz die Zuständigkeit dafür auch außerhalb des Strafverfahrens begründet ist (§§ 7, 5 Abs. II JugGerGes.). Durch die Bekanntmachung vom 7. Mai 1923 zum Vollzuge des Jugendgerichtsgesetzes (Bemerkungen zu §§ 5, 6 des Gesetzes Abs. IV — JustMBl. 1923 S. 21) ist den Jugendgerichten unter Hinweis auf die einschneidende Natur der Fürsorgeerziehung und die deshalb im Jugendwohlfahrtsgesetze vorgesehenen besonderen Sicherungen des Fürsorgeerziehungsverfahrens zur Pflicht gemacht, vor der Anordnung einer Fürsorgeerziehung in jedem Falle sorgfältig zu prüfen, ob die Anordnung unbedenklich im Strafverfahren getroffen werden kann, oder ob sie nicht besser dem vormundschaftsgerichtlichen Verfahren überlassen wird.

II Eine vom Jugendgericht angeordnete Fürsorgeerziehung wird von den Fürsorgeerziehungsbehörden nach den Vorschriften des Reichsgesetzes für Jugendwohlfahrt ausgeführt (§§ 7 Abs. III, 36 JugGer.-Ges.). Die Strafvollstreckungsbehörde hat dem Jugendamte eine vollstreckbare Ausfertigung und eine Abschrift des Urteils zu übermitteln.

7. Überleitungsbestimmungen

§ 148.

Zur Überleitung des bisherigen Rechtsstandes und der auf Grund des bisherigen Rechtes anhängigen Fürsorgeerziehungsverfahren und Fürsorgeerziehungen sind in Art. 49 JAG. die erforderlichen Bestimmungen getroffen.

8. Unterbringung Minderjähriger auf Grund des Strafgesetzbuchs

§ 149.

Für die Unterbringung von Jugendlichen auf Grund des § 362 Abs. III S. 2 RStGB. und für etwa noch im Laufe befindliche Fälle der Unterbringung auf Grund des § 56 RStGB. bleiben die Art. 18, 19 des Fürsorgeerziehungsgesetzes in der Fassung vom 21. Juli 1915 und die Ausführungsbestimmungen hierzu weiter in Geltung. Für

*) Die in § 146 vorbehaltenen Bestimmungen ergingen mit InnFMB. v. 11. Dez. 1926 (GVBl. 213); sie sind unten Teil VI 4 abgedruckt.

die Unterbringung auf Grund des § 362 Abs. III S. 2 RStGB. gelten hiernach die Ministerialbekanntmachungen vom 5. April 1901 und 3. Februar 1903 (MinABl. 1901 S. 169; 1903 S. 55). Sie kommt nach §§ 1, 9 Abs. V, 45 Abs. II JugGerGes. nur noch gegen Minderjährige in Betracht, die zur Zeit der Verübung der strafbaren Handlung das 18. Lebensjahr vollendet hatten.

XI. Schluß- und Übergangsbestimmungen

§ 150.

I Nach Art. 43 JAG. sind das Reichsgesetz für Jugendwohlfahrt und das Jugendamtsgesetz, soweit seine Vorschriften die Bildung der Jugendämter und des Landesjugendamts betreffen, sofort mit der Verkündigung des Jugendamtsgesetzes in Kraft getreten; im übrigen treten beide Gesetze am 1. Januar 1926 in Kraft. Die Bildung der Jugendämter muß bis spätestens 28. Februar 1926 in allen Bezirken und kreisunmittelbaren Städten abgeschlossen sein. Bis zur Errichtung des Jugendamts werden dessen Geschäfte von den durch Art. 4 und 5 JAG. bestimmten Leitern wahrgenommen (Art. 51 Abs. I JAG.).

II Bis zur Einrichtung des Landesjugendamts werden dessen Geschäfte vom Staatsministerium des Innern im Benehmen mit den beteiligten übrigen Staatsministerien und, soweit die Zweigstellen in Frage kommen, von den Regierungen, K. d. J., wahrgenommen (Art. 51 Abs. II JAG.).

§ 151.

Nach Art. 2 und 4 EG. zum RJWG. sind die auf Grund der Art. 135 und 136 des Einführungsgesetzes zum Bürgerlichen Gesetzbuch erlassenen Landesgesetze und alle sonstigen Vorschriften der Landesgesetze, die mit den Bestimmungen des Reichsgesetzes für Jugendwohlfahrt nicht vereinbar sind, aufgehoben.

Insbesondere treten hiernach folgende Vorschriften und sämtliche zu ihnen ergangenen Ausführungsvorschriften außer Kraft:

Art. 41 des Polizeistrafgesetzbuchs vom 26. Dezember 1871;

das Gesetz über die Berufsvormundschaft vom 23. Februar 1908 mit Art. 98 des Armengesetzes vom 21. August 1914;

Art. 93—99 des Ausführungsgesetzes zum Bürgerlichen Gesetzbuche mit Art. 96 des Armengesetzes;

Art. 100 des Ausführungsgesetzes zum Bürgerlichen Gesetzbuche;

das Fürsorgeerziehungsgesetz in der Fassung vom 21. Juli 1915 mit Ausnahme des Art. 19 und des Art. 18, soweit er die Fälle des Art. 19 betrifft.

München, den 21. Dezember 1925.

Stützel Gürtner Dr. Matt

Anlage 1
Zu § 3

Mustersatzung für ein Bezirksjugendamt

Gemäß §§ 8 und 9 des Reichsgesetzes für Jugendwohlfahrt vom 9. Juli 1922 und Art. 3 des bayerischen Jugendamtsgesetzes vom 20. Juli 1925 beschließt der Bezirkstag . . . . für das Bezirksjugendamt . . . . folgende

Satzung:

§ 1.

Das Bezirksjugendamt . . . . hat für den Bereich des Bezirks . . . . die ihm nach dem Reichsgesetze für Jugendwohlfahrt, dem bayerischen Jugendamtsgesetz und den hierzu erlassenen Ausführungsvorschriften obliegenden oder von ihm ordnungsgemäß freiwillig übernommenen Aufgaben der öffentlichen Jugendhilfe zu erfüllen.

§ 2.

I Das Jugendamt besteht aus

a) dem Vorstande des Bezirksamts . . . . als Leiter und
b) . . . weiteren Mitgliedern [1]).

II Dem Jugendamte gehören außer dem Leiter an

1. der Bezirksarzt,
2. ein Vormundschaftsrichter oder Jugendrichter,
3. der Bezirksschulrat,
4. ein katholischer Geistlicher [2]),
5. ein Geistlicher der Evangelisch-Lutherischen Landeskirche r. d. Rh. (in der Pfalz der pfälzischen Landeskirche),
6. ein Geistlicher der reformierten Kirche in Bayern r. d. Rh.

III . . . Mitglieder [3]) werden vom Bezirkstage berufen. Hiervon werden . . . Mitglieder [4]) nach Vorschlägen der im Bezirke des Jugendamts wirkenden freien Vereinigungen für Jugendwohlfahrt

---

[1]) Die Zahl der weiteren Mitglieder darf 15 nicht übersteigen (Art. 4 Abs. I JAG.).

[2]) Geistliche nach Ziff. 4 mit 6 gehören dem Jugendamte nur an, wenn im Jugendamtsbezirke wenigstens eine Kirchengemeinde des Bekenntnisses vorhanden ist.

[3]) Die Zahl ergibt sich aus der Zahl nach Abs. I b, abzüglich der Zahl der Mitglieder nach Abs. II.

[4]) Die Zahl beträgt wenigstens zwei Fünftel der Mitglieder nach Abs. III (Art. 4 Abs. III JAG.). Gehört ein reformierter Geistlicher im rechtsrheinischen Bayern dem Jugendamt an, so ist Art. 4 Abs. III S. 2 JAG. zu beachten.

und Jugendbewegung berufen. Unter den Mitgliedern nach Abs. III soll mindestens eine Frau sein. Für jedes dieser Mitglieder wird ein Stellvertreter berufen. Die Berufung erfolgt für die Dauer der ordentlichen Wahlzeit des Bezirkstags. Nach Beendigung der Wahlzeit versehen die ausscheidenden Mitglieder ihr Amt fort, bis die neu berufenen in ihr Amt eingewiesen sind.

§ 3.

Als Mitglied . . mit beratender Stimme gehör . . dem Jugendamt an . . . .[5])

§ 4.

Das Jugendamt tritt nach Bedarf, mindestens . . . mal im Jahre zusammen. Auf Antrag von wenigstens ein Drittel seiner stimmberechtigten Mitglieder muß es einberufen werden. Die Sitzungen des Jugendamts sind nicht öffentlich; die Mitglieder sind vom Leiter unter Mitteilung der Tagesordnung rechtzeitig einzuladen. Mit Zustimmung aller stimmberechtigten Mitglieder kann eine Beschlußfassung auf schriftlichem Wege erfolgen. Die Beschlüsse werden mit einfacher Stimmenmehrheit gefaßt; bei Stimmengleichheit entscheidet der Leiter. Das Jugendamt ist beschlußfähig, wenn mindestens die Hälfte der Mitglieder anwesend ist.

§ 5.

I Die Mitglieder des Jugendamts versehen ihr Amt ehrenamtlich und unentgeltlich. Bei Dienstleistungen außerhalb ihres Wohnortes enthalten sie Entschädigungen für Reisekosten und notwendigen Mehraufwand. Die Entschädigungssätze bestimmt der Bezirkstag.

II Mitglieder, die Angestellte oder Lohnarbeiter sind, erhalten Ersatz für entgangenen Verdienst. Das Nähere bestimmt der Bezirkstag [6]).

§ 6.

Der Leiter bereitet die Verhandlungen des Jugendamts vor, er leitet die Sitzungen und vollzieht die Beschlüsse. Er führt die laufenden Geschäfte und wird in dringlichen Fällen auch zu selbständiger Entscheidung in Angelegenheiten ermächtigt, die satzungsgemäß dem Jugendamt oder einem Ausschusse vorbehalten sind; er hat in diesem Falle die Beschlußfassung des Jugendamtes oder des Ausschusses nachträglich herbeizuführen.

§ 7.

I Dem Jugendamt obliegt:

1. die Aufstellung von Grundsätzen und Richtlinien für die Erfüllung der dem Jugendamte zukommenden Aufgaben,

---

[5]) Hierfür kommen in Betracht z. B. Fürsorgerinnen, ehrenamtliche oder Berufsbeamte, die nicht stimmberechtigte Mitglieder sind, ferner Vertreter von Religionsgesellschaften im Jugendamtsbezirke, denen ein Sitz nach Art. 4 Abs. II JAG. nicht zukommt.

[6]) Die Einführung einer Entschädigung für Verdienstentgang ist nach Art. 9 JAG. Ermessenssache.

2. die Stellungnahme zum Haushalt,
3. die grundsätzliche Beschlußfassung über Verwendung der für das Jugendamt verfügbaren Haushaltmittel,
4. Regelungen nach § 16 Abs. III VV.,
5. die Entscheidung über alle Fragen grundsätzlicher Art.

II Das Jugendamt kann die Behandlung weiterer Gegenstände an sich ziehen.

Das Jugendamt kann bestimmen, daß einzelne Geschäfte oder Gruppen von Geschäften durch Beamte des Bezirksamts erledigt werden können (Art. 11 Abs. I JAG.). Es kann einzelne Geschäfte oder Gruppen von Geschäften Beamten des Bezirks oder der Gemeinden, einzelnen seiner Mitglieder sowie Ausschüssen, ferner freien Vereinigungen für Jugendwohlfahrt und Jugendbewegung oder einzelnen in der Jugendwohlfahrt erfahrenen und bewährten Männern und Frauen übertragen.

§ 9.

Der Leiter kann auch in den seiner Geschäftsführung überlassenen Angelegenheiten die Entscheidung des Jugendamts herbeiführen. Das Gleiche gilt für Ausschüsse.

Anlage 2
zu § 3

Mustersatzung

für

das Bezirksjugendamt eines pfälzischen Bezirksamtssprengels mit mehreren Bezirken, zu denen eine kreisunmittelbare Stadt gehört

Gemäß §§ 8 und 9 des Reichsgesetzes für Jugendwohlfahrt vom 9. Juli 1922 und Art. 1 Abs. III, 3 des bayerischen Jugendamtsgesetzes vom 20. Juli 1925 beschließen die Bezirkstage . . . . . . mit Ausschluß der in der kreisunmittelbaren Stadt . . . . wohnhaften Bezirkstagsmitglieder folgende

Satzung:

§ 1.

I Das Bezirksjugendamt umfaßt die Bezirke . . . . mit Ausschluß der kreisunmittelbaren Stadt . . . .

II Von dem durch andere Einnahmen nicht gedeckten Bedarf des Jugendamts werden

1. . . . . . % vom Bezirk . . . . . .
2. . . . . . % vom Bezirk . . . . mit Ausschluß der kreisunmittelbaren Stadt . . . . . aufgebracht.

oder:

Der durch andere Einnahmen nicht gedeckte Bedarf des Jugendamts wird von den Bezirken — mit Ausschluß der kreisunmittelbaren Stadt . . . . — nach Maßgabe der Bevölkerungsziffer der letzten Volkszählung aufgebracht.
oder:

Der durch andere Einnahmen nicht gedeckte Bedarf des Jugendamts wird auf die Bezirke — mit Ausschluß der kreisunmittelbaren Stadt . . . . — nach Maßgabe des Aufkommens an Einkommensteuer im letzten abgeschlossenen Rechnungsjahr verteilt.

III Der Haushalt des Jugendamts wird vom Jugendamt aufgestellt und auf die zugehörigen Bezirke nach Abs. II verteilt. In die Haushalte der beteiligten Bezirke wird der Haushalt des Jugendamts anteilmäßig aufgenommen und vom Bezirkstage verbeschieden.

IV In den vereinigten Bezirkstagen nach Art. 1 Abs. III S. 3 JAG. führt der dienstälteste, bei gleichem Dienstalter der an Lebensjahren älteste Vorsitzende den Vorsitz. Gehört der Vorsitzende eines Bezirkstags den vereinigten Bezirkstagen nicht an, so tritt an seine Stelle das dienstälteste Mitglied dieses Bezirkstags.

§ 2.

Das Bezirksjugendamt . . . . hat für den Bereich der Bezirke . . . . die ihm nach dem Reichsgesetze für Jugendwohlfahrt, dem bayerischen Jugendamtsgesetz und den hierzu erlassenen Ausführungsvorschriften obliegenden oder von ihm ordnungsgemäß freiwillig übernommenen Aufgaben der öffentlichen Jugendhilfe zu erfüllen.

§ 3.

I Das Jugendamt besteht aus

a) dem Vorstande des Bezirksamts . . . . als Leiter und
b) . . . . weiteren Mitgliedern[1]).

II Dem Jugendamte gehören außer dem Leiter an

1. der Bezirksarzt,
2. ein Vormundschaftsrichter oder Jugendrichter,
3. der Bezirksschulrat,
4. ein katholischer Geistlicher[2]),
5. ein Geistlicher der Vereinigten protestantisch-evangelisch-Christlichen Kirche der Pfalz.

III . . . . Mitglieder[3]) werden von den vereinigten Bezirkstagen berufen. Hiervon werden . . . . Mitglieder[4]) nach Vorschlägen der

---

[1]) Die Zahl der weiteren Mitglieder darf 15 nicht übersteigen (Art. 4 Abs. I JAG.).

[2]) Geistliche nach Ziff. 4 mit 6 gehören dem Jugendamte nur an, wenn im Jugendamtsbezirke wenigstens eine Kirchengemeinde des Bekenntnisses vorhanden ist.

[3]) Die Zahl ergibt sich aus der Zahl nach Abs. I b, abzüglich der Zahl der Mitglieder nach Abs. II.

[4]) Die Zahl beträgt wenigstens zwei Fünftel der Mitglieder nach Abs. III (Art. 4 Abs. III JAG.).

im Bezirke des Jugendamts wirkenden freien Vereinigungen für Jugendwohlfahrt und Jugendbewegung berufen. Unter den Mitgliedern nach Abs. III soll mindestens eine Frau sein. Für jedes dieser Mitglieder wird ein Stellvertreter berufen. Die Berufung erfolgt für die Dauer der ordentlichen Wahlzeit der Bezirkstage. Nach Beendigung der Wahlzeit versehen die ausscheidenden Mitglieder ihr Amt fort, bis die neu berufenen in ihr Amt eingewiesen sind.

§ 4.

Als Mitglied . . . mit beratender Stimme gehör . . . dem Jugendamt an . . . .[5])

§ 5.

Das Jugendamt tritt nach Bedarf, mindestens . . . . mal im Jahre zusammen. Auf Antrag von wenigstens ein Drittel seiner stimmberechtigten Mitglieder muß es einberufen werden. Die Sitzungen des Jugendamts sind nicht öffentlich; die Mitglieder sind vom Leiter unter Mitteilung der Tagesordnung rechtzeitig einzuladen. Mit Zustimmung aller stimmberechtigten Mitglieder kann eine Beschlußfassung auf schriftlichem Weg erfolgen. Die Beschlüsse werden mit einfacher Stimmenmehrheit gefaßt; bei Stimmengleichheit entscheidet der Leiter. Das Jugendamt ist beschlußfähig, wenn mindestens die Hälfte der Mitglieder anwesend ist.

§ 6.

I Die Mitglieder des Jugendamts versehen ihr Amt ehrenamtlich und unentgeltlich. Bei Dienstleistungen außerhalb ihres Wohnortes erhalten sie Entschädigungen für Reisekosten und notwendigen Mehraufwand. Die Entschädigungssätze bestimmt der Bezirkstag.

II Mitglieder, die Angestellte oder Lohnarbeiter sind, erhalten Ersatz für entgangenen Verdienst. Das Nähere bestimmen die vereinigten Bezirkstage [6]).

§ 7.

Der Leiter bereitet die Verhandlungen des Jugendamts vor, er leitet die Sitzungen und vollzieht die Beschlüsse. Er führt die laufenden Geschäfte und wird in dringlichen Fällen auch zu selbständiger Entscheidung in Angelegenheiten ermächtigt, die satzungsgemäß dem Jugendamt oder einem Ausschusse vorbehalten sind; er hat in diesem Falle die Beschlußfassung des Jugendamts oder des Ausschusses nachträglich herbeizuführen.

---

[5]) Hierfür kommen in Betracht z. B. Fürsorgerinnen, ehrenamtliche oder Berufsbeamte, die nicht stimmberechtigte Mitglieder sind, ferner Vertreter von Religionsgesellschaften im Jugendamtsbezirke, denen ein Sitz nach Art. 4 Abs. II JAG. nicht zukommt.

[6]) Die Einführung einer Entschädigung für Verdienstentgang ist nach Art. 9 JAG. Ermessenssache.

§ 8.

I Dem Jugendamt obliegt:
1. die Aufstellung von Grundsätzen und Richtlinien für die Erfüllung der dem Jugendamte zukommenden Aufgaben,
2. die Stellungnahme zum Haushalte,
3. die grundsätzliche Beschlußfassung über Verwendung der für das Jugendamt verfügbaren Haushaltmittel,
4. Regelungen nach § 16 Abs. III VV.,
5. die Entscheidung über alle Fragen grundsätzlicher Art.

II Das Jugendamt kann die Behandlung weiterer Gegenstände an sich ziehen.

§ 9.

Das Jugendamt kann bestimmen, daß einzelne Geschäfte oder Gruppen von Geschäften durch Beamte des Bezirksamts erledigt werden können (§ 11 Abs. I JAG.). Es kann einzelne Geschäfte oder Gruppen von Geschäften, Beamten der Bezirke oder der Gemeinden, einzelnen seiner Mitglieder, sowie Ausschüssen, ferner freien Vereinigungen für Jugendwohlfahrt und Jugendbewegung oder einzelnen in der Jugendwohlfahrt erfahrenen und bewährten Männern und Frauen übertragen.

§ 10.

Der Leiter kann auch in den seiner Geschäftsführung überlassenen Angelegenheiten die Entscheidung des Jugendamts herbeiführen. Das Gleiche gilt für Ausschüsse.

Anlage 3
zu § 3

Mustersatzung für ein Stadtjugendamt

Gemäß §§ 8 und 9 des Reichsgesetzes für Jugendwohlfahrt vom 9. Juli 1922 und Art. 3 des bayerischen Jugendamtsgesetzes vom 20. Juli 1925 beschließt der Stadtrat . . . . für das Stadtjugendamt . . . . folgende

Satzung:

§ 1.

Das Stadtjugendamt . . . . hat für den Bereich der Stadt . . . . die ihm nach dem Reichsgesetze für Jugendwohlfahrt, dem bayerischen Jugendamtsgesetz und den hierzu erlassenen Ausführungsvorschriften obliegenden oder von ihm ordnungsgemäß freiwillig übernommenen Aufgaben der öffentlichen Jugendhilfe zu erfüllen.

§ 2.

I Das Jugendamt besteht aus
a) dem 1. Bürgermeister oder dem von diesem bestimmten Stellvertreter als Leiter,

b) . . . . weiteren Mitgliedern[1]).

II Dem Jugendamte gehören außer dem Leiter an

1. der Bezirksarzt,
2. ein Vormundschaftsrichter oder Jugendrichter,
3. der Stadtschulrat,
4. ein katholischer Geistlicher[2]),
5. ein . . . . Geistlicher der Evangelisch-Lutherischen Landeskirche r. d. Rh. (in der Pfalz der pfälzischen Landeskirche),
6. ein Geistlicher der reformierten Kirche in Bayern r. d. Rh.

III . . . . Mitglieder[3]) werden vom Stadtrate berufen. Hiervon werden . . . . Mitglieder[4]) nach Vorschlägen der im Bezirke des Jugendamts wirkenden freien Vereinigungen für Jugendwohlfahrt und Jugendbewegung berufen. Unter den Mitgliedern nach Abs. III soll mindestens eine Frau sein. Für jedes dieser Mitglieder wird ein Stellvertreter berufen. Die Berufung erfolgt für die Dauer der ordentlichen Wahlzeit des Stadtrats. Nach Beendigung der Wahlzeit versehen die ausscheidenden Mitglieder ihr Amt fort, bis die neu berufenen in ihr Amt eingewiesen sind.

§ 3.

Als Mitglied . . . mit beratender Stimme gehör . . . dem Jugendamt an . . . .[5])

§ 4.

Das Jugendamt tritt nach Bedarf, mindestens . . . . mal im Jahre zusammen. Auf Antrag von wenigstens ein Drittel seiner stimmberechtigten Mitglieder muß es einberufen werden. Die Sitzungen des Jugendamts sind nicht öffentlich; die Mitglieder sind vom Leiter unter Mitteilung der Tagesordnung rechtzeitig einzuladen. Mit Zustimmung aller stimmberechtigten Mitglieder kann eine Beschlußfassung auf schriftlichem Weg erfolgen. Die Beschlüsse werden mit einfacher Stimmenmehrheit gefaßt; bei Stimmengleichheit entscheidet

---

1) Die Zahl der weiteren Mitglieder darf 20 nicht übersteigen (Art. 5 Abs. I JAG.).

2) Geistliche nach Ziff. 4 mit 6 gehören dem Jugendamte nur an, wenn im Jugendamtsbezirke wenigstens eine Kirchengemeinde des Bekenntnisses vorhanden ist.

3) Die Zahl ergibt sich aus der Zahl nach Abs. I b, abzüglich der Zahl der Mitglieder nach Abs. II.

4) Die Zahl beträgt wenigstens zwei Fünftel der Gesamtzahl der weiteren Mitglieder nach Abs. I b. Gehört ein reformierter Geistlicher in Bayern r. d. Rh. dem Jugendamt an, so ist Art. 5 Abs. III S. 2 JAG. zu beachten.

5) Hierfür kommen in Betracht z. B. Fürsorgerinnen, ehrenamtliche oder Berufs-Beamte, die nicht stimmberechtigte Mitglieder sind, ferner Vertreter von Religionsgesellschaften im Jugendamtsbezirke, denen ein Sitz nach Art. 5 Abs. II JAG. nicht zukommt.

der Leiter. Das Jugendamt ist beschlußfähig, wenn mindestens die Hälfte der Mitglieder anwesend ist.

§ 5.

I Die Mitglieder des Jugendamts versehen ihr Amt ehrenamtlich und unentgeltlich. Bei Dienstleistungen außerhalb ihres Wohnortes erhalten sie Entschädigungen für Reisekosten und notwendigen Mehraufwand. Die Entschädigungssätze bestimmt der Stadtrat.

II Mitglieder, die Angestellte oder Lohnarbeiter sind, erhalten Ersatz für entgangenen Verdienst. Das Nähere bestimmt der Stadtrat [6]).

§ 6.

Der Leiter bereitet die Verhandlungen des Jugendamts vor, leitet die Sitzungen und vollzieht die Beschlüsse. Er führt die laufenden Geschäfte und wird in dringlichen Fällen auch zu selbständiger Entscheidung in Angelegenheiten ermächtigt, die satzungsgemäß dem Jugendamt oder einem Ausschusse vorbehalten sind; er hat in diesem Falle die Beschlußfassung des Jugendamts oder des Ausschusses nachträglich herbeizuführen.

§ 7.

I Dem Jugendamt obliegt:

1. Die Aufstellung von Grundsätzen und Richtlinien für die Erfüllung der dem Jugendamte zukommenden Aufgaben,
2. die Stellungnahme zum Haushalte,
3. die grundsätzliche Beschlußfassung über Verwendung der für das Jugendamt verfügbaren Haushaltmittel,
4. Regelungen nach § 16 Abs. III VV.,
5. die Entscheidung über alle Fragen grundsätzlicher Art.

II Das Jugendamt kann die Behandlung weiterer Gegenstände an sich ziehen.

§ 8.

Das Jugendamt überträgt nach Bedarf die Erledigung einzelner Geschäfte oder Gruppen von Geschäften Beamten und Angestellten der Stadt, einzelnen seiner Mitglieder sowie Ausschüssen, ferner freien Vereinigungen für Jugendwohlfahrt und Jugendbewegung oder einzelnen in der Jugendwohlfahrt erfahrenen und bewährten Männern und Frauen.

§ 9.

Der Leiter kann auch in den seiner Geschäftsführung überlassenen Angelegenheiten die Entscheidung des Jugendamts herbeiführen. Das gleiche gilt für Ausschüsse.

§ 10.

Das Jugendamt erläßt die erforderlichen Dienstanweisungen.

---

6) Die Einführung einer Entschädigung für Verdienstentgang ist nach Art. 9 JAG. Ermessenssache.

Anlage 4
zu § 44 Abs. II.

V. V. . . . . / . . . .

Bescheinigung

für den gesetzlichen Amtsvormund.

Das Jugendamt . . . . ist auf Grund des § 35 des Reichsgesetzes für Jugendwohlfahrt gesetzlicher Amtsvormund des Kindes

(Vor- und Familiennamen, Geburtszeit und Geburtsort des Mündels) . . . .

. . . .

. . . .

Ausgestellt am . . . . 19 .

Amtsgericht . . . .

(L. S.)

Anlage 5
zu § 63.

B. B. . . . . . . / . . . ., den . . . 19 .

Amtsgericht . . . .
Vormundschaftsgericht.

Ich ersuche, mir für . . . .

. . . .

. . . .

. . . .

eine zum Vormunde — Mitvormunde — Gegenvormunde — Pfleger — Beistand geeignete Person vorzuschlagen.

Amtsgericht:

An

. . . .

An das Amtsgericht . . . .
Vormundschaftsgericht
zurück.

Vorgeschlagen wird:

Name: . . . .

Stand: . . . .

Wohnung: . . . .

. . . ., den . . . . . . 19 . .

Anlage 6
zu § 63.

V. V. , den . . . 19 .

Amtsgericht . . . .
Vormundschaftsgericht.

Als . . . . . für . . . .

. . . .

. . . .

. . . .

ist . . . .

. . . .

in Vorschlag gebracht worden.

Ich ersuche um Äußerung, ob . . . . sich hierzu eignet. Wenn nicht, ersuche ich eine andere geeignete Person vorzuschlagen.

Amtsgericht:

An

. . . .

An das Amtsgericht . . . . . . Vormundschaftsgericht zurück.

I. Ohne Erinnerung gegen den Vorschlag.

II. Vorgeschlagen wird:

Name: . . . .

Stand: . . . .

Wohnung: . . . .

. . . . , den . . . . . . 19 . .

(Vorderseite)

Anlage zu § 71.

Mündelkarte *):

Jugendamt: Vormundschaftsgericht:

Bezirkswaisenrat, Ortswaisenrat:

Mündel	Zu- und Vornamen		
	Geburtszeit, Geburtsort		
	Religion Staatsangehörigkeit		
	Zu- und Vornamen, Stand oder Gewerbe u. Wohnung des Vaters oder der Mutter; bei unehelichen Kindern der Mutter		
Vormund / Pfleger	Vormundschaft oder Pflegschaft; Grund der Vormundschaft bei Volljährigen	Zu- und Vornamen, Stand oder Gewerbe u. Wohnort des Vormunds, Pflegers	Zu- und Vorname[n] Stand oder Gewerb[e] Wohnort des Gegenv[or]munds, Mitvormu[nds]
	Wohnung des Mündels		

V.V. . . . . / . . .

An

. . . .

. . . .

. . . . , den . . . 19 .

Amtsgericht:

Der Gemeindewaisenrat hat mit der Mündelk[arte] nach § 72 der Vollzugsvorschriften zum Jugendam[t]gesetze zu verfahren. Die Mündelkarte ist der Mün[del]kartensammlung einzureihen. Die Mündelkarte [ist] richtig zu erhalten. Nach der Beendigung der V[or]mundschaft ist sie auszuscheiden. Verlegt der Mü[ndel] seinen Aufenthalt in den Bezirk eines anderen [Ge]meindewaisenrats, so ist die Mündelkarte an di[esen] abzugeben und in seine Kartensammlung einzurei[hen].

(Rückseite)

Besuche und Anfragen		Bemerkungen
Tag, Monat, Jahr	Ergebnisse	

*) Durch IJnn.MB. v. 25. Jan. 1926 (StAnz. 20) wurde für die Mündelka[rte] einheitlich das Format Din A 5 (14,8 : 21) in gelber Farbe vorgeschrieben.

Anlage 8
zu § 71.

B.B. . . . . , den . . . 19 . .

Als $\frac{\text{Vormund}}{\text{Gegenvormund}}$ — Pfleger für . . . .

. . . .

. . . .

ist nunmehr . . . .

. . . .

aufgestellt.

Amtsgericht:

An

. . . .

Anlage 9
zu § 71.

B.B. . . . . , den . . . 19 . .

Die Vormundschaft — Pflegschaft — über . . . . . .

. . . .

. . . .

ist beendet.

Amtsgericht:

An

Anlage 10
zu § 71.

V.B. . . . ., den . . . 19 .

Der Mündel . . . . geboren am
. . . . hat seinen Aufenthalt nach
. . . . verlegt und wohnt bei
. . . .

Der Gemeindewaisenrat . . . . ist unter Übersendung der Mündelkarte benachrichtigt.

Gemeindewaisenrat . . . .

An
das Amtsgericht
Vormundschaftsgericht
. . . .

Anlage 11
zu § 71.

. . . ., den . . . 19 .

Der Mündel . . . .
. . . .
hat seinen Aufenthalt in Ihren Bezirk verlegt. Er wohnt . .
. . . .
. . . .

Die Mündelkarte ist beigefügt.

Gemeindewaisenrat . . . .

An

Anlage 12

Zu § 105 Abs. IV.

Anstalten,

in denen Minderjährige gemäß § 65 Abs. IV des Reichsgesetzes für Jugendwohlfahrt zur Beobachtung ihres Geisteszustandes untergebracht werden können:

1. Die Heil- und Pflegeanstalten
   Haar, Regierungsbezirk Oberbayern;
   Mainkofen, Regierungsbezirk Niederbayern;
   Frankenthal (Kreis-Kranken- und Pflegeanstalt der Pfalz), Regierungsbezirk Pfalz;
   Regensburg, Regierungsbezirk Oberpfalz und Regensburg;
   Kutzenberg, Regierungsbezirk Oberfranken;
   Ansbach, Regierungsbezirk Mittelfranken;
   Lohr, Regierungsbezirk Unterfranken;
   Kaufbeuren, Regierungsbezirk Schwaben und Neuburg;
2. die Psychiatrischen Universitätskliniken
   München, Würzburg und Erlangen.

Der Aufnahmebezirk der psychiatrischen Universitätsklinik Erlangen umfaßt innerhalb des Regierungsbezirks Mittelfranken die Städte Nürnberg, Fürth und Erlangen und die Bezirksämter Nürnberg ohne den Amtsgerichtsbezirk Altdorf, Erlangen und Fürth ohne den Amtsgerichtsbezirk Cadolzburg. Für die übrigen Teile des Regierungsbezirkes ist die Heil- und Pflegeanstalt Ansbach bestimmt.

(Vorderseite) **Anlage 13**
zu § 127 Abs. II.

Antrag

(Bezeichnung der Anstalt)

der . . . .
auf Überweisung von Minderjährigen zum Zwecke der Fürsorgeerziehung.

Sitz der Anstalt	. . . . Verwaltungsbezirk . . . .
Anzahl der Plätze	für männliche Zöglinge . . . ., für weibliche Zöglinge . . . .,
Grundbesitz in ha (ausgeschieden nach der Kulturart)	. . . .
Besitzer der Anstalt	. . . .
Verwaltung der Anstalt	. . . .
Erziehungspersonal	. . . .
Aufnahmebedingungen in Bezug auf persönliche Eigenschaften der Zöglinge	Alter vom . . . bis zum . . Lebensjahre Glaubensbekenntnis . . . . Sonstige persönliche Eigenschaften . . . .
Aufnahmebedingungen inbezug auf Gegenseitigkeit	Pflegegeld jährlich . . . . . ℳ, zahlbar in . . . . . Raten. Vergütung für die erste Ausstattung . . . ℳ Sonstige Gegenleistungen . . . .

(Rückseite)

Auf welche Weise ist für den Unterricht der Zöglinge gesorgt?	. . . .
Bis zu welchem Alter verbleiben die Zöglinge in der Anstalt?	. . . .
Sorgt die Anstalt für das Unterkommen der Zöglinge bei der Entlassung?	. . . .
Bleibt die Anstalt mit den Entlassenen in Verbindung?	. . . .
Unter welchen Bedingungen ist die Anstalt bereit, Minderjährige z. Fürsorgeerziehung aufzunehmen?	. . . .

. . . ., den . . . . . . 19 .

Die Verwaltung de . . . .

(Vorderseite)

Anlage 14
zu § 134 Abs. I.

Ausweis

und Dienstanweisung für den Fürsorger (Art. 36 JAG., §§ 132 ff. der Vollzugsvorschriften).

Ausweis

für

(Vor- und Familiennamen, Stand, Wohnort des Fürsorgers) d . . . .

. . . .

. . . . in . . . .

als Fürsorger

für

(Vor- und Familiennamen und Geburtszeit des Zöglings) d . . unter Fürsorgeerziehung stehende . .

. . . .

. . . .

Ausgestellt am . . . . 19 . .

Jugendamt . . . .

(Rückseite)

1. Ein Fürsorger kann vom Jugendamte für Minderjährige aufgestellt werden, die zum Zwecke der Fürsorgeerziehung in einer Familie untergebracht sind. Seine Aufgabe ist, in Unterstützung der Fürsorgeerziehungsbehörde die Pflege und Erziehung des Minderjährigen zu überwachen.

2. Das Amt des Fürsorgers ist ein Ehrenamt. Ein Zwang zur Annahme oder zur Fortführung besteht nicht. Die Bestellung kann vom Jugendamte widerrufen werden. Der Fürsorger versieht sein Amt unentgeltlich. Notwendige Auslagen können ihm nach Ermessen der Fürsorgeerziehungsbehörde erstattet werden.

3. Der Fürsorger erhält bei seiner Bestellung einen Ausweis. Der Ausweis ist sorgfältig aufzubewahren und nach der Beendigung des Amtes dem Jugendamte zurückzugeben.

4. Der Fürsorger soll den seiner Obhut anvertrauten Minderjährigen regelmäßig persönlich aufsuchen und sich durch diese Besuche, durch Erkundigungen und durch Benehmen mit dem Ortsgeistlichen und der Schulbehörde davon überzeugen, ob er eine den Zwecken der Fürsorgeerziehung entsprechende Pflege, Behandlung und Erziehung genießt. Insbesondere hat er darüber zu wachen,

a) daß der Minderjährige eine angemessene Unterkunft mit besonderem Bette hat;

b) daß er eine ausreichende und gesunde Kost erhält, ordentlich und reinlich gehalten und gekleidet wird und in Krankheitsfällen Pflege und ärztliche Hilfe hat;

c) daß die Pflegeeltern ihn unbeschadet der erforderlichen Strenge mit der Freundlichkeit und Liebe behandeln, die zu einer erfolgreichen Erziehung unentbehrlich ist, daß sie im Sinne einer religiös-sittlichen Erziehung auf ihn einwirken, ihm selbst mit gutem Beispiele vorangehen und schlimme Einflüsse von ihm fernhalten;

d) daß er Schule und Kirche regelmäßig besucht, mit den vorgeschriebenen Lehrmitteln ausgestattet wird und zu Hause die erforderliche Zeit zur Anfertigung der häuslichen Aufgaben erhält;

e) daß er mit den seinem Alter und Geschlecht entsprechenden häuslichen und ländlichen Arbeiten angemessen beschäftigt, aber nicht mißbräuchlich und im Übermaß zur Arbeit verwendet wird;

f) daß bei den in Dienst oder Lehre stehenden Minderjährigen der Dienst- oder Lehrvertrag eingehalten, namentlich der als Lehrling untergebrachte Minderjährige gewissenhaft in seiner Ausbildung gefördert wird und entsprechende Fortschritte macht und daß der Lohn richtig verwendet und, soweit er nicht ausgegeben werden muß, geeignet angelegt wird.

5. Nach Bedarf kann der Fürsorger vom Jugendamt eine Abschrift des Vertrags über die Unterbringung des Minderjährigen und

des Dienst- oder Lehrvertrags erhalten. Das Jugendamt kann ihn zum Abschlusse solcher Verträge auch bevollmächtigen oder sich seiner Beihilfe dazu bedienen.

6. Soll die Tätigkeit des Fürsorgers von Erfolg gekrönt sein, so ist es notwendig, daß er in nahe persönliche Beziehung zu dem unter seine Obhut Gestellten tritt und persönlichen Einfluß auf ihn erlangt. Er soll sich bestreben, das Vertrauen des Minderjährigen zu gewinnen und ihm gegenüber die Stellung eines Beraters und Freundes einzunehmen. Gegen die Pflegeeltern muß er sein Verhalten so einrichten, daß er ihnen als Vertrauensperson und beratender Helfer gilt. Seine Eigenschaft als amtliche Überwachungsperson soll er unbeschadet des Ernstes und des Nachdrucks, wo diese geboten sind, nicht unnötig betonen und alles vermeiden, was ihnen die Erziehung erschweren und ihre Stellung und ihr Ansehen in den Augen des Minderjährigen schädigen könnte.

7. Nimmt der Fürsorger Mängel oder Pflichtwidrigkeiten in der Pflege oder Erziehung des Minderjährigen wahr, so soll er zunächst versuchen, bei dem Minderjährigen oder den Pflegeeltern, Dienst- oder Lehrherrn durch Rücksprache, Belehrung, Mahnung selbst Abhilfe zu schaffen. Bleiben diese Versuche erfolglos oder sind sie von vornherein wegen der Personen oder der Verhältnisse aussichtslos, so hat er dem Jugendamte Bericht zu erstatten, damit dieses die erforderlichen Anordnungen treffen kann. Ebenso hat er ihm Anzeige zu machen, wenn nach seinen Wahrnehmungen aus Gründen, die nicht in einem schuldhaften Verhalten des Minderjährigen oder der Pflegeeltern, Dienstherren oder Lehrherren liegen, die Unterbringung des Minderjährigen in einer anderen Familie oder Stelle oder statt der Erziehung in einer Familie die Anstaltserziehung veranlaßt erscheint.

8. Der Fürsorger ist verpflichtet, dem Jugendamt auf Verlangen Auskunft über das Ergehen und das Verhalten des Minderjährigen zu erteilen. Das Jugendamt wird sich von ihm in regelmäßigen Zwischenräumen Bericht erstatten lassen.

9. Für einen gedeihlichen und ungestörten Fortgang des Erziehungswerks ist es notwendig, daß der Fürsorger und die vom Jugendamte mit der Ausübung der Überwachung der Familienerziehung betrauten sonstigen Personen ihre Tätigkeit in ständiger enger Fühlung ausüben. Von Nutzen ist es auch, daß der Fürsorger mit den Eltern des ihm anvertrauten Minderjährigen und, wenn dieser vor der Unterbringung in der Familie oder Stelle in Anstaltserziehung war, mit der Anstaltsleitung Fühlung sucht und unterhält.

VI. 2. InnMB., die Beaufsichtigung der Kostkinder betr., v. 6. Febr. 1906 (InnMBl. 56)*)

Nach Art. 41 des Polizeistrafgesetzbuches vom 26. Dez. 1871 wird bestraft, wer fremde Kinder unter 8 Jahren ohne Bewilligung der Polizeibehörde gegen Bezahlung in Pflege oder Erziehung nimmt, oder nach entzogener Bewilligung behält. Zufolge § 17 der Zuständigkeitsverordnung vom 4. Jan. 1872 und Ziff. 5 der Ministerialbekanntmachung vom 12. Jan. 1900 wird die polizeiliche Bewilligung von den Distriktspolizeibehörden bezw. den exponierten Bezirksamtsassessoren, in München von den Polizeiämtern, erteilt. Diese Behörden, sowie die Ortspolizeibehörden haben die Kostkinder, um Gefährdungen derselben in leiblicher oder sittlicher Hinsicht zu verhindern, sorgsam zu beaufsichtigen. Zu diesem Zwecke wird folgende Anweisung erlassen:

1. Das Gesuch um die polizeiliche Bewilligung der Annahme eines Kostkindes ist bei der Gemeindebehörde, in München bei dem Bezirkskommissär, schriftlich oder mündlich anzubringen und hat die erforderlichen Angaben, insbesondere über die Heimat des Kindes zu enthalten.

2. Bei der Prüfung der Gesuche ist sorgfältig in Betracht zu ziehen, ob die Kostgeber nach ihren persönlichen Verhältnissen und nach der Beschaffenheit ihrer Wohnung für eine ordentliche Verpflegung, Beaufsichtigung und Erziehung des Kostkindes Gewähr bieten. Die mittelbaren Gemeindebehörden haben sich über diese Frage bei Vorlage der Gesuche gutachtlich zu äußern.

3. Nach dem Ergebnisse der gepflogenen Erhebungen hat die Distriktspolizeibehörde im Benehmen mit dem Amtsarzte zu erwägen, ob gegen die beabsichtigte Unterbringung keine Bedenken bestehen, und dementsprechend die Bewilligung durch schriftlichen Bescheid zu erteilen oder zu versagen.

In gleicher Weise hat die Zurücknahme der erteilten Bewilligung zu erfolgen, wenn sich nachträglich Bedenken ergeben.

Von den ergehenden Bescheiden ist der Amtsarzt, von den bezirksamtlichen Bescheiden auch die Gemeindebehörde sogleich in Kenntnis zu setzen.

Wenn das Kind unter Vormundschaft oder Pflegschaft steht, also insbesondere, wenn es unehelich ist, hat die Distriktspolizeibehörde auch dem Vormundschaftsgerichte von der Bewilligung des Gesuchs sowie von der Zurücknahme der Bewilligung Mitteilung zu

---

*) Art. 41 des PStGB., auf dessen Grundlage die obige Bekanntmachung erging, ist durch die §§ 19 ff. JWG. ersetzt. Die Bek. vom 6. Febr. 1906 ist aber durch § 30 der BVO. ausdrücklich bis auf weiteres mit dem Abmaße aufrecht erhalten, daß an die Stelle der Distriktspolizeibehörde das JA. tritt.

machen. Die Mitteilung hat den Namen des Kindes und den Namen, Beruf und Wohnort des Kostgebers zu enthalten.

4. Im Falle der Bewilligung ist den Kostgebern, abgesehen von den veranlaßten besonderen Bedingungen, folgendes zu eröffnen:

a) Die Bewilligung ist widerruflich; sie wird zurückgenommen, wenn sich nachträglich herausstellt, daß die Kostgeber nach ihren persönlichen Verhältnissen oder nach der Beschaffenheit ihrer Wohnung nicht für eine ordentliche Verpflegung, Beaufsichtigung und Erziehung des Kostkindes Gewähr bieten; desgleichen wenn die Kostgeber den ihnen von der Polizeibehörde auferlegten Bedingungen zuwiderhandeln. Auch wird ihnen in solchen Fällen zur Annahme von Kostkindern keine Bewilligung mehr erteilt werden.

b) Die Kostgeber sind verpflichtet, den Organen der Polizeiverwaltung und der Armenpflege, dem Amtsarzte, den Waisenräten und Waisenpflegerinnen, sowie den von der Polizeibehörde mit der Beaufsichtigung der Kostkinder beauftragten und mit einem bezüglichen Ausweise versehenen Personen jederzeit den Zutritt zu ihrer Wohnung und zu dem Kostkinde zu gestatten.

c) Die Kostgeber haben jeden Wohnungswechsel vorher, das Ableben des Kostkindes oder die sonstige Beendigung sowie jede zeitweilige Unterbrechung des Pflegeverhältnisses binnen 24 Stunden der Gemeindebehörde, in München dem Bezirkskommissär anzuzeigen. Zugleich ist im Falle des Ablebens des Kostkindes über die Todesursache, in den sonstigen Fällen über den Verbleib des Kindes Aufschluß zu erteilen und bei Beendigung des Pflegeverhältnisses die Ausfertigung der Bewilligung zurückzugeben.

5. Die Ortspolizeibehörden haben im Benehmen mit den Gemeindewaisenräten sämtliche in ihren Bezirken befindlichen Kostkinder zu beaufsichtigen und fortgesetzt darüber zu wachen, daß ihnen die gebührende Fürsorge in jeder Hinsicht zuteil wird. Insbesondere haben sie sich von dem Zustande der Wohnung, der Art der Ernährung und Verpflegung, der Behandlung und Erziehung durch zeitweilige Besuche zu überzeugen.

Zur Erfüllung dieser Aufgabe können die Ortspolizeibehörden bestimmte Beamte und Ärzte, sowie sonst geeignete Personen als ihre Organe bestellen. Insbesondere ist darauf hinzuwirken, daß sich einschlägige Vereine (Vereine für Jugendschutz und Kindererziehung, namentlich Frauenvereine) freiwillig an der Beaufsichtigung der Kostkinder beteiligen. Den betreffenden Personen ist ein bezüglicher Ausweis einzuhändigen, den sie bei der Beaufsichtigung der Kostkinder mit sich zu führen haben.

Wenn die Ortspolizeibehörden die eigenmächtige Annahme von Kostkindern oder sonstige Ungehörigkeiten in Erfahrung bringen, so haben sie — nötigenfalls im Benehmen mit dem Armenpflegschaftsrate — die sofortige Abstellung der Mißstände herbeizuführen. Die mittelbaren Gemeindebehörden haben ferner in allen diesen Fällen sowie beim Wohnungswechsel der Kostgeber, beim Ableben von Kostkindern und bei sonstiger Beendigung des Pflegeverhältnisses dem vorgesetzten Bezirksamte Anzeige zu erstatten.

Die Ortspolizeibehörden haben über die in ihren Bezirken befindlichen Kostkinder Listen zu führen, in welche die Kostkinder selbst nach Namen und Alter, die Eltern und Vormünder sowie die Kostgeber, deren Wohnort und Wohnung, einzutragen sind. Die Listen können von den Waisenräten und den mit der Beaufsichtigung der Kostkinder beauftragten Personen jederzeit eingesehen werden.

6. Die Bezirksämter haben die Tätigkeit der Gemeindebehörden auf dem Gebiete des Kostkinderwesens zu überwachen. Sie haben genaue Verzeichnisse der in ihren Bezirken befindlichen Kostkinder zu führen.

7. Bei jedem Wohnungswechsel von Kostgebern hat die Distriktspolizeibehörde von Amts wegen festzustellen, ob die Voraussetzungen zum ferneren Verbleibe des Kostkindes gegeben sind. Bei Beendigung des Pflegeverhältnisses (durch Ableben des Kostkindes oder auf sonstige Weise) hat die Distriktspolizeibehörde festzustellen, ob keine verdächtigen Umstände vorliegen. Kommt das Kostkind in einen anderen Verwaltungsbezirk, so ist die zuständige Distriktspolizeibehörde zu benachrichtigen.

Steht das Kind unter Vormundschaft oder Pflegschaft, so hat die Distriktspolizeibehörde von allen wahrgenommenen Mängeln dem Vormundschaftsgerichte kurze Mitteilung zu machen, damit dieses erforderlichenfalls gegen denjenigen einschreiten kann, dem die Sorge für die Person des Kindes obliegt. Die Distriktspolizeibehörde hat dem Vormundschaftsgerichte ferner bei den unter Vormundschaft oder unter Pflegschaft stehenden Kindern von der Beendigung des Pflegeverhältnisses und dem Wechsel des Wohnortes der Kostgeber kurze Nachricht zu geben.

8. Die Amtsärzte haben bei sich bietender Gelegenheit, alljährlich mindestens einmal, die Kostkinder bei den Kostgebern zu besuchen.

Sie haben die ihnen von den Distriktspolizeibehörden zukommenden Mitteilungen (s. oben Ziff. 3) geordnet aufzubewahren und auf denselben wichtigere Vorkommnisse kurz zu vermerken. Bezüglich der ärztlichen Jahresberichte vgl. MABl. 1897 S. 320, 1905 S. 80.

Auch die Kreismedizinalräte haben bei den alljährlichen Visitationen der Sanitätsverwaltung dem Kostkinderwesen in den Verwaltungsbezirken sorgfältiges Augenmerk zuzuwenden.

VI. 3. InnMB. über den bezirksärztlichen Dienst vom 23. Januar 1912 (InnMBl. 153) § 50*)

§ 50.

Der Bezirksarzt hat die Gesuche um die Erlaubnis zur Annahme eines Pflegekindes zu begutachten; hiebei ist zu würdigen, ob die persönlichen Verhältnisse der Pflegefamilie, dann die Beschaffenheit der Wohnung Gewähr für ordentliche Haltung des Kindes bieten.

Er hat für sämtliche im Bezirke vorhandene Pflegekinder Personenkarten zu führen (Anlage 7**)). Die Personenkarten sind nach Gemeinden zu ordnen. Es empfiehlt sich außerdem, ein Verzeichnis der Pflegeplätze gemeindeweise zu führen und auch in dieses wichtige Wahrnehmungen einzutragen.

Der Bezirksarzt hat die Pflegekinder bei der Gemeindebereisung und bei sonst sich bietender Gelegenheit unvermutet zu besuchen und sich dabei vom Zustande der Wohnung, der Art der Verpflegung und Behandlung sowie von dem Gesundheitszustande der Kinder zu überzeugen. Bezüglich der an die Haltung von Pflegekindern zu stellenden Anforderungen ist auch die gesamte Lebensführung der in Betracht kommenden Bevölkerungskreise zu berücksichtigen. Die Besuche können auf Stichproben beschränkt werden, soweit Vereine sich zur Beaufsichtigung der Pflegekinder der Distriktsverwaltungsbehörde gegenüber verpflichtet haben. Einem Ersuchen der Vereine um Besichtigung einzelner Kinder ist zu entsprechen.

Wo sich Mißstände ergeben haben, ist für deren Abstellung zu sorgen; veranlaßtenfalls sind die Besichtigungen in kürzeren Zeiträumen zu wiederholen. Unter Umständen, vor allem, wenn die gerügten Mißstände nicht abgestellt werden, ist Zurücknahme der Bewilligung zur Haltung von Pflegekindern zu beantragen.

VI. 4. InnFMB., betr. die Kosten der Fürsorgeerziehung, vom 12. Febr. 1926 (GVBl. 213)

Zum Vollzuge des Art. 38 des bayer. Jugendamtsgesetzes vom 20. Juli 1925 (GVBl. S. 211) werden gemäß § 146 der Vollzugsvorschriften vom 21. Dezember 1925 zum Reichsgesetze für Jugendwohlfahrt und zum bayer. Jugendamtsgesetze (GVBl. S. 279) über die Anforderung, Zahlung und Verrechnung der Fürsorgeerziehungskosten, sowie über die Anforderung des Kostenersatzes durch die Kreise als Landesfürsorgeverbände mit Wirksamkeit vom 1. Januar 1926 an folgende Bestimmungen erlassen:

---

*) § 50 ist durch § 30 Abs. 2 VVO. auch gegenüber dem JWG. ausdrücklich aufrecht erhalten.

**) Die Anlage ist hier nicht abgedruckt.

1. Anstaltserziehung

1. Die Verwaltungen der Anstalten, in denen Fürsorgezöglinge untergebracht sind, fordern die für diese erwachsenen Fürsorgeerziehungskosten ausnahmslos bei den Kreisen als Landesfürsorgeverbänden je nach Ablauf eines Kalendervierteljahrs an. Die Anforderung ist für jeden Fürsorgezögling an den Kreis zu richten, in dessen Bezirke der Ort liegt, der die Zuständigkeit des Vormundschaftsgerichts zur Anordnung der Fürsorgeerziehung begründet (Art. 38 Abs. I JAG.).

2. Zur Anforderung ist die Abrechnungsliste (Anlage 1) zu verwenden. Jede Anstalt erstellt für alle im Kalendervierteljahr in der Anstalt untergebrachten Fürsorgezöglinge, die nach Ziffer 1 Satz 2 in denselben Regierungsbezirk gehören, eine gemeinsame Abrechnungsliste. Die Zöglinge sind einzeln nach den Jugendamtsbezirken aufzuführen, in deren Bezirke der Ort liegt, der die Zuständigkeit des Vormundschaftsgerichts zur Anordnung der Fürsorgeerziehung begründet. Die Jugendamtsbezirke sind alphabetisch aufzuführen. Anlage 1.

3. Die Abrechnungsliste ist von der Anstaltsverwaltung in einfacher Fertigung dem Kreisfürsorgeausschusse jeweils spätestens zum 15. April, 15. Juli, 15. Oktober und 15. Januar für das abgelaufene Vierteljahr vorzulegen. Der Abrechnungsliste sind für Einzelkosten nach Spalte 12 Belege beizugeben; soweit Belege nicht beigefügt werden können, ist die Kostenaufrechnung in der Spalte 17 (Bemerkungen) näher zu erläutern. Die Formblätter für die Abrechnungslisten haben sich die Anstaltsverwaltungen auf eigene Kosten zu beschaffen.

4. Der Kreisfürsorgeausschuß stellt nach Prüfung und etwa veranlaßter Richtigstellung oder Ergänzung den auf die Anstalt treffenden Gesamtbetrag fest und ersucht die Kreiskasse, den festgestellten Betrag — gekürzt um die der Anstalt für den Abrechnungszeitraum gewährten Vorschüsse (Ziffer 5) — zu Lasten des Kreises auszuzahlen und den Gesamtbetrag zu verrechnen. Eine Verständigung der Anstalt durch den Kreisfürsorgeausschuß ist nur dann veranlaßt, wenn der festgestellte Betrag von dem von der Anstalt aufgerechneten abweicht. Mit dem Ersuchen um Zahlungsleistung und Verrechnung verbindet der Kreisfürsorgeausschuß das Ersuchen, die von ihm auf Grund des Art. 38 Abs. III JAG. von den Trägern der Jugendämter eingeforderten Kostenersätze nach Eingang einnahmlich zu verrechnen (Anlage 2). Anlage 2.

5. Die Kreise gewähren bis auf weiteres den Anstalten auf deren Antrag auf die Fürsorgeerziehungskosten jeweils für den laufenden Monat Vorschüsse. Die Höhe bestimmt der Kreisfürsorgeausschuß; im allgemeinen wird hierfür der auf den Kreis für einen Monat im Durchschnitt entfallende Kostenbetrag zugrunde gelegt. Gegenüber Anstalten, die mit der Erstellung einer Quartalsabrechnung im Rückstande sind, kann die Gewährung von Vorschüssen davon

abhängig gemacht werden, daß vorher die rückständigen Abrechnungen erledigt werden.

6. Der Kreisfürsorgeausschuß fordert bei den Jugendämtern den von deren Trägern nach Art. 38 Abs. III JAG. zu leistenden zwei Anlage 3. Zehntel-Kostenersatz mit dem Formblatt nach Anlage 3 an.

7. Der Kreisfürsorgeausschuß fordert nach Eingang der Kostenaufrechnungen aller Anstalten den vom Staate nach Art. 38 Abs. III JAG. zu leistenden Kostenersatz (fünf Zehntel) mit einer Aufstellung Anlage 4. nach Anlage 4 bei der Regierung, Kammer des Innern, an. Der Aufstellung sind die Abrechnungslisten der Anstalten (Ziff. 2) samt Belegen und etwaigen Akten — der Abrechnung für das 4. Viertel des Rechnungsjahres auch das Verzeichnis nach Ziff. 12 Abs. I samt Belegen — beizugeben. Die Regierung, Kammer des Innern, prüft an der Hand der Unterlagen die Aufstellung, setzt nach Behebung etwaiger Anstände den Gesamtbetrag der staatlichen Ersatzleistung zur Verrechnung auf den einschlägigen Titel des Staatshaushalts fest und weist die Kreiskasse an, den festgesetzten Betrag — gekürzt um die für den Abrechnungszeitraum gewährten staatlichen Vorschüsse (Ziff. 8) — an den Kreis abzuführen. Die Abrechnungslisten nebst Belegen und Akten, gegebenenfalls auch das Verzeichnis nach Ziff. 12, sind unter Mitteilung des zur Zahlung eingewiesenen Betrags an den Kreisfürsorgeausschuß zurückzugeben, worauf dieser wegen der Vereinnahmung in der Rechnung des Landesfürsorgeverbandes das Weitere veranlaßt.

8. Die Kreise erhalten bis auf weiteres vom Staat auf den staatlichen Kostenanteil an den Fürsorgeerziehungskosten auf Antrag — nach Anweisung durch die Regierung, Kammer des Innern — seitens der Kreiskasse Vorschüsse in der Höhe bis zu fünf Zehntel der an die Anstalten gegebenen Vorschüsse (Ziff. 5), soweit diese den Betrag nicht übersteigen, der sich bei Zugrundelegung der Zahl der Zöglinge, der Zahl der Tage des betreffenden Monats und der maßgebenden Verpflegssätze (ohne Ansatz der Sonderkosten) ergibt.

9. Die Bezirksjugendämter betreiben für ihren Kostenanteil (Ziff. 6) deren Ersatz durch die Gemeinde nach Art. 38 Abs. III Satz 2 und 3 JAG. Die Zahlung des Jugendamts an die Kreiskasse hat jedoch ohne Verzögerung zu erfolgen.

10. Das Jugendamt, welches die Unterbringung eines Minderjährigen in einer Fürsorgeerziehungsanstalt auf Grund der Anordnung der Fürsorgeerziehung oder der vorläufigen Fürsorgeerziehung durch das Vormundschaftsgericht verfügt (§ 115 Abs. III VV. z. JAG.), übermittelt, sobald der Minderjährige in die Anstalt aufgenommen ist, dem Kreisfürsorgeausschusse des Kreises, der nach Art. 38 Abs. I JAG. die Kosten vorläufig zu bestreiten hat, Vormerkungsbogen Anlage 5. nach Anlage 5. Für Fürsorgezöglinge, welche ab 1. Januar 1926 bereits in Anstalten sind, haben die Jugendämter die Vormerkungsbogen beschleunigt den zuständigen Kreisausschüssen zu übermitteln.

Das Jugendamt hat in der Folge Veränderungen in den Verhältnissen des Fürsorgezöglings, die für die Kostentragung von Bedeutung sind, insbesondere die Entlassung aus der Anstalt, die Aufhebung der Fürsorgeerziehung, ferner Änderungen in den Vermögensverhältnissen des Minderjährigen und der für ihn unterhaltspflichtigen Personen dem Kreisfürsorgeausschusse sofort mitzuteilen.

2. Familienerziehung

11. Die Familie, bei welcher der Fürsorgezögling untergebracht ist, reicht die Rechnungen über die nach Maßgabe des Erziehungsvertrags bestrittenen Fürsorgeerziehungskosten nebst Belegen bei dem Jugendamt ein, welches die Unterbringung verfügt hat. Dieses leistet nach Prüfung der Anforderungen vorschußweise Zahlung und fordert am Schlusse eines jeden Kalendervierteljahrs unter Beigabe der Belege acht Zehntel der Kosten, gekürzt um die während des Bestehens einer Fürsorgeerziehung bei ihm eingegangenen Ersatzleistungen nach Art. 38 Abs. II JAG., bei dem Kreisfürsorgeausschuß an.

Für die weitere Behandlung gelten die einschlägigen Vorschriften unter I entsprechend. Nach Prüfung und Festsetzung des staatlichen Kostenanteils durch die Kammer des Innern werden die von den Jugendämtern vorgelegten Belege durch den Kreisfürsorgeausschuß an die Jugendämter zurückgegeben.

3.

12. Für Kostenbeträge, die augenblicklich von den nach Art. 38 Abs. II JAG. ersatzpflichtigen Personen nicht eingehoben werden können, mit deren späterer Einbringlichkeit aber nach Lage der Verhältnisse gerechnet werden kann, z. B. weil ein Vermögensanfall zu gewärtigen ist, wird von den Landesfürsorgeverbänden ein Verzeichnis geführt. Das Verzeichnis ist so anzulegen, daß es für eine Reihe von Jahren verwendet werden kann. Die in diesem Verzeichnis im Laufe des Rechnungsjahres vereinnahmten Beträge sind bei der Abrechnung für das 4. Viertel des Rechnungsjahres zu berücksichtigen.

Bei einer Anstalt eingehende Ersatzleistungen nach Art. 38 Abs. II JAG. sind ebenso wie die nach Beendigung der Fürsorgeerziehung an das Jugendamt geleisteten Ersätze dieser Art unverzüglich unter Verständigung des Kreisfürsorgeausschusses an die zuständige Kreiskasse zu leiten. Die Kreiskasse legt am Schlusse eines jeden Monats ein Verzeichnis der bei ihr im Laufe des Monats eingegangenen Ersatzleistungen nach Art. 38 Abs. II JAG. dem Landesfürsorgeverbande vor.

München, den 12. Februar 1926.

Stützel **Dr. Krausneck**

(Außenseite) **Anlage 1.**

Anstalt: . . . . in . . . .

Postscheckkonto Nr. . . . . Amt . . . .

Abrechnung

für die Zeit vom . . . . . . 192 . . mit . . . . . . 192 .
über Pflege- und sonstige Kosten der in der Erziehungsanstalt

. . . .
(Name der Fürsorgeerziehungsanstalt)

auf Kosten des Landesfürsorgeverbandes . . . .
(Name des Landesfürsorgeverbandes)

befindlichen Fürsorgezöglinge.

Verpflegsätze: ab . . . . . 192 . tägl. . . . *RM* . *RPf.*
(ohne Zuschläge) ab . . . . . 192 . tägl. . . . *RM* . *RPf.*

Guthaben

erhaltene Vorschüsse . . . . . *RM*
. . . . . *RM*
. . . . . *RM*

Summa . . . . *RM*

Restguthaben . . . . *RM*

An

den Kreisfürsorgeausschuß

in . . . .

zur weiteren Behandlung übermittelt.

. . . ., den . . . . 192 . .
(Ort) (Datum)

(Innenseite)

Des Zöglings: Zu- und Vorname	Des Zöglings: Geburtszeit			Ort, der die Zuständigkeit des Vormundschaftsgerichts zur Anordnung der Fürsorgeerziehung begründet	Jugendamt, das die Unterbringung des Zöglings in der Anstalt angeordnet hat	für die Zeit: vom		bis	
	Tg.	Mt.	Jhr.			Tg.	Mt.	Tg.	Mt.
2	3			4	5	6			

…hl …nge- …nen …r- …tage	Kostenaufwand: Verpflegskosten einschl. d. Zuschläge für Kleidererhaltung u. Beheizung		Bettnässerzuschlag		Arzt- und Heilmittelkosten		Schulbedarf		Sonstige Einzelkosten (Neuanschaffung von Kleidung usw.)	Gesamtkosten (Sp. 8 mit 12)	
	RM	₰	RM	₰	RM	₰	RM	₰		RM	₰
	8		9		10		11		12	13	

…ten 14 mit 16 nicht von der Anstalt ausfüllen.

…tzleistungen nach Art. 38 Abs. II JWG.: der Leistung	Betrag		Reinaufwand		Von den Jugendämtern einzuzahlender 2/10-Ersatz		Bemerkungen
	RM	₰	RM	₰	RM	₰	
14			15		16		17

Anlage 2.

Nr. . . . . , den . . . . . 1926.
Landesfürsorgeverband . . . .
An
die Kreiskasse von . . . .
Betreff:
Kostenabrechnung der Fürsorgeerziehungsanst.
. . . . für die Zeit
vom . . . . . bis . . . . des
Rechnungsjahres . . . .

I. Der Gesamtaufwand für die in der Erziehungsanstalt . . . . . auf Kosten des Landesfürsorgeverbandes . . . . untergebrachten Fürsorgezöglinge für den oben bezeichneten Zeitabschnitt beläuft sich auf . . . . *RM* . . *RPf.*
An Vorschüssen wurden für diese Zeit an die Anstalt bezahlt . . . . *RM* . . *RPf.*
Die Kreiskasse wird angewiesen, das hienach bestehende Restguthaben zu . . . . . *RM* . . *RPf.*
(m. W. . . . .)
an die Erziehungsanstalt. . . . . (Postscheckkonto Nr. . . . . Amt . . . . . .) gegen Nachweis auszuzahlen und den Gesamtaufwand des Landesfürsorgeverbandes zu . . . . *RM* . . *RPf.*
auf Posten . . . . des Voranschlags des LFV. für . . . . zu verrechnen.

II. Die nach der umstehenden Aufstellung von den Jugendämtern einzuzahlenden $^2/_{10}$-Anteile zu insgesamt . . . . *RM* . . *RPf.*
sind aus Posten . . . . , die Ersatzleistungen nach Art. 38 Abs. II JAG. zu . . . . *RM* . . *RPf.*
auf Posten . . . . des Voranschlags des LFV. für . . . . einnahmlich zu verrechnen.

(Rückseite)

Aufstellung

über die
von den Jugendämtern eingeforderten $^2/_{10}$-Anteile
der in der Erziehungsanstalt . . . .
erwachsenen Fürsorgeerziehungskosten

Lfd. Nr.	Ersatzpflichtiges Bezirksjugendamt—Stadtjugendamt	$^2/_{10}$-Anteil		hievon treffen auf Posten des Haushalts des Landesfürsorgeverbandes Nr. . . .		Nr. . . .		Buchungsvortrag der Kreiskasse	Bemerkung
		RM	₰	*RM*	₰	*RM*	₰		

Anlage 3.

Kreisfürsorgeausschuß . . . .

An

das Jugendamt

. . . .

Aufstellung

über

die für die Zeit vom . . . . mit . . . . . . 192 . gemäß Art. 38 Abs. III Jugendamtsgesetz zu leistenden ($^{2}/_{10}$-)Anteile an den Kosten der Fürsorgeerziehung, um deren umgehende Einzahlung an die Kreiskasse von . . . . in . . . . . . (Postscheckkonto Nr. . . . . Amt . . . . . .) ersucht wird.

Lfd. Nr.	Namen der Zöglinge	Geburtszeit	Anstalt	Gesamtaufwand		Ersätze (Unterhaltsleistung., Renten usw.)		Reinaufwand		($^{2}/_{10}$-) Anteil hiervon	
				RM	₰	RM	₰	RM	₰	RM	₰

Anlage 4.

Kreisfürsorgeausschuß . . . .

Aufstellung

des vom Staate gemäß Art. 38 Abs. III JAG. zu leistenden Kostenersatzes für die vom Kreise . . . . im . . . Kalendervierteljahr 19 . . vorläufig bestrittenen Fürsorgeerziehungskosten für Anstaltszöglinge.

Lfd. Nr.	Name der Anstalt	Gesamtkosten	Ersatzleistungen nach Art. 38 II JAG.	Reinaufwand	5/10-Ersatzanteil des Staates am Reinaufwand (Spalte 5)	Bemerkungen
1	2	3	4	5	6	7
		RM	RM	RM	RM	

Gesamtsumme . . . . RM

hiervon ab Vorschüsse . . . . RM

sohin noch zu zahlen . . . . RM

Geprüft und festgesetzt auf den Betrag von . . . . RM zur Verrechnung auf den Haushalt des Staatsministeriums des Innern für 19 . . unter

Der nach Abzug der Vorschüsse noch verbleibende Rest zu . . . . RM ist an den Kreis abzuführen.

. . . . 19 . .

(Datum)

Regierung, Kammer des Innern.

Anlage 5.

zirksjugendamt . . . .
adtjugendamt . . . .
Betreff: Fürsorgeerziehungskosten -- Art. 38 JAG.

Vormerkungsbogen für den Fürsorgezögling.

Familien- und Vorname des Zöglings:	. . . .
geboren:	am . . . . in . . . Bezirk . . . .
staatsangehörig:	. . . .
Stand und Wohnort der Eltern: (am Leben oder verstorben)	. . . .
Ort, der die Zuständigkeit des Vormundschaftsgerichts zur Anordnung der Fürsorgeerziehung begründet (Art. 38 JAG.):	Ort . . . . Bezirk . . . . . Nähere Begründung für diese Zuständigkeit:
Beschluß des Amtsgerichts	. . . . auf Anordnung der Fürsorgeerziehung vom . . (Tag der Rechtskraft dieses Beschlusses) . . . auf Anordnung der vorläufigen Fürsorgeerziehung vom . . . .
Kurze Angabe der Gründe für die Anordnung der Fürsorgeerziehung:	. . . .
Anstalt, in der der Zögling untergebracht ist:	1. . . . . seit . . . . .
Besitzt der Minderjährige Einkommen oder Vermögen oder hat er Vermögen zu erwarten? Bezieht er oder beziehen seine Eltern für ihn Renten, Kinderzuschläge usw.? Wie sind die Einkommens- und Vermögensverhältnisse der Unterhaltspflichtigen? Hat d. Jugendamt Schritte getan, um Ersatz für die Fürsorgeerziehungskosten nach Art. 38 Abs. II JAG. zu erwirken (§ 143 VB. zum JAG.), wenn nicht, aus welch. Gründen unterbleiben solche?	

Teil VII

Vereinbarung der Länder zur Durchführung d. § 28 d. Reichsgesetzes für Jugendwohlfahrt, bekannt gemacht mit Bek. des RMinisters des Innern vom 13. Nov. 1925 (RMBl. 1339)

Die Regierungen der Länder sind übereingekommen, bei der Durchführung des § 28 RJWG. folgende Grundsätze zu befolgen:

I

§ 1

Bringt eine Behörde in einem Bezirk außerhalb ihres Landes Pflegekinder unter, so stehen ihr die Rechte aus § 28 Satz 1 RJWG. zu, falls sie über ausreichende Organe für die Aufsichtsführung in diesem Bezirke verfügt. Ist die unterbringende Behörde eine andere als die oberste Landesbehörde eines Landes im Sinne des § 77 des RJWG., so bedarf sie zur Wahrnehmung ihrer Rechte aus dem § 28 einer Bestätigung ihrer Aufsichtsbehörde über das Vorliegen der vorstehenden Voraussetzung.

§ 2

Verfügt die unterbringende Behörde nicht über einen von ihrer Aufsichtsbehörde als zureichend erklärten Verwaltungsapparat zur Aufsichtsführung über die von ihr außerhalb der Landesgrenze untergebrachten Pflegekinder, so gehen die Rechte aus § 28 Satz 1 entsprechend § 28 Satz 2 an das örtlich zuständige Jugendamt über.

§ 3

Stellt das örtlich zuständige Jugendamt fest, daß trotz des erbrachten Nachweises die Aufsichtsführung der unterbringenden Behörde keinen genügenden Schutz der Pflegekinder gewährleistet, und gelingt es nicht, durch unmittelbares Benehmen der beteiligten Stellen diese Mißstände abzustellen, so ist durch Verhandlungen der obersten Landesbehörden des unterbringenden Landes und des aufnehmenden Landes eine Verständigung über die Aufsichtsführung herbeizuführen. Kommt eine Verständigung nicht zustande, so kann das Reichsministerium des Innern angerufen werden.

II

Für die Ausübung der Rechte aus § 28 Satz 1 gelten die nachfolgenden Bestimmungen:

§ 4

Die unterbringende Behörde ist, soweit ihr die Rechte aus § 28 Satz 1 RJWG. zustehen, auf Grund des dem örtlich zuständigen Jugendamte vorzulegenden Nachweises nach § 1 für die von ihr ausgewählten Pflegestellen von der Genehmigung und Aufsicht des örtlichen Jugendamts befreit.

§ 5

Die auf Grund des § 22 RJWG. im Unterbringungsbezirk erlassenen Bestimmungen für die Erlaubniserteilung, ihr Erlöschen und ihren Widerruf sowie für die Aufsichtsführung gelten als Mindestforderungen auch für die Auswahl der Pflegestellen und für die Aufsichtsführung durch eine örtlich nicht zuständige Behörde.

§ 6

Die unterbringende Behörde teilt dem örtlich zuständigen Jugendamte mit:

a) die von ihr im Bezirk ausgewählten Pflegestellen sowie Name und Alter der in diesen untergebrachten Pflegekinder,
b) Wohnungswechsel sowie Entnahme des Pflegekindes aus der Stelle,
c) Tod des Pflegekindes,
d) Namen und Anschrift ihrer Vertrauensleute im Bezirk des örtlichen Jugendamts.

§ 7

Es sind Vereinbarungen zwischen der unterbringenden Behörde und dem örtlich zuständigen Jugendamt über Pflegesätze und den Inhalt von Normal-Pflegeverträgen abzuschließen. Anzustreben ist die Festsetzung von Höchst- und Mindestgrenzen für Pflegesätze in größeren Bezirken. Die von fremden Behörden im Bezirk eines Jugendamts untergebrachten Kinder sind der für Pflegekinder eingerichteten ärztlichen Überwachung mit unterstellt.

§ 8

Hat ein örtliches Jugendamt Veranlassung, eine Pflegestelle, in der sich ein von anderen Behörden untergebrachtes Pflegekind befindet, zu besuchen, so soll dies in der Regel im Einvernehmen mit dem Überwachungsorgan der unterbringenden Behörde geschehen. Bevor ein örtliches Jugendamt von dem Rechte einer sofortigen Entfernung des Pflegekindes aus der Pflegestelle Gebrauch macht, soll es tunlichst der unterbringenden Behörde die Möglichkeit geben, selbst einzugreifen.

§ 9

Das örtliche Jugendamt teilt den in seinem Bezirk unterbringenden fremden Behörden die von ihm für ungeeignet befundenen Pflegestellen mit. Die unterbringenden Behörden sind gehalten, diese nicht zu besetzen.

§ 10

Verletzt eine unterbringende Behörde die unter II bezeichneten Pflichten der Zusammenarbeit, so findet § 3 sinngemäß Anwendung.

III

§ 11

Dieser Vereinbarung sind angeschlossen die Regierungen von Preußen, Bayern, Sachsen, Baden, Thüringen, Hessen *), Hamburg, Mecklenburg-Schwerin, Oldenburg, Braunschweig, Anhalt, Bremen, Lübeck, Mecklenburg-Strelitz, Waldeck, Schaumburg-Lippe.

---

*) Die Hessische Regierung hat ihr Einverständnis nur unter der Voraussetzung erklärt, daß ihr eine Kündigung mit halbjähriger Frist nach Erschöpfung des im § 3 der Vereinbarung vorgesehenen Instanzenzugs vorbehalten bleibt, und zwar auch gegenüber einzelnen der an der Vereinbarung beteiligten Ländern, wenn sich in der Praxis erhebliche und im Verhandlungswege nicht zu beseitigende Mißstände ergeben sollten.

Teil VIII

Das Bayerische Fürsorgeerziehungsgesetz
Vom 21. Juli 1915 (GVBl. 595)

Vorbemerkung

Das bayerische FEGes. v. 21. Juli 1915 ist durch das JAG. nicht ausdrücklich aufgehoben; es ist deshalb nur insoweit außer Kraft getreten, als es mit dem JWG. und dem JAG. unvereinbar ist, wobei namentlich Art. 4 EG. JWG. zu beachten ist, wonach die auf Grund des Art. 135 EG. BGB. erlassenen Landesgesetze als aufgehoben gelten. Auf Grund dieser Bestimmungen trat das Ges. v. 21. Juli 1915 mit den in Art. 42 JAG. festgelegten Zeitpunkten außer Kraft mit Ausnahme seines Art. 19 und des Art. 18, soweit dieser für die Fälle des Art. 19 für anwendbar erklärt ist (s. Begr. S. 749).

Art. 18

Mit Geldstrafe bis zu einhundertfünfzig Mark oder mit Haft wird bestraft, wer einen zur Fürsorgeerziehung in einer Familie oder in einer Anstalt untergebrachten Minderjährigen unbefugt entfernt oder zur Entfernung verleitet.

1. Art. 18, der als solcher seine Wirksamkeit durch § 76 JWG. verloren hat, hat noch Bedeutung, soweit er auf die in Art. 19 bezeichneten Unterbringungen anzuwenden ist.

2. An die Stelle der Geldstrafe von 150 PM. ist jetzt der Betrag von 150 RM. getreten (Art. XIV Abs. 3 der VO. über Vermögensstrafen usw. v. 6. Febr. 1924, RGBl. 44; § 2 der 2. VO. zur Durchf. des Münzgesetzes v. 12. Dez. 1924 (RGBl. 775).

3. Strafbar ist nur die Entfernung der Verurteilten (des oder der Freigesprochenen, s. Art. 19) aus der Anstalt, sowie die Verleitung zur Entfernung; unter Entfernung ist jede Handlung zu verstehen, die die Verurteilte (den oder die Freigesprochene) der angeordneten und in Vollzug gesetzten Obhut entzieht; die Unterstützung der Selbstentfernung ist straflos. Es muß zu einer Entfernung von einer gewissen Dauer gekommen sein (RGSt. 38, 123). Verleitung ist jede Handlung, die den Gedanken zur Flucht erweckt oder stärkt, vorausgesetzt, daß die Verurteilte (der oder die Freigesprochene) dann die Anstalt verläßt. Die Verurteilte (der oder die Freigesprochene), die (der) sich selbst entfernt oder bei ihrer (seiner) Befreiung durch einen andern mitwirkt, bleibt straflos. Wohl aber kann, wenn mehrere sich selbst entfernen, sich jede (jeder) wegen Entfernung der (des) andern oder Verleitung der (des) andern strafbar machen.

4. Die Strafbarkeit der Entfernung beginnt erst, wenn die Verurteilte (der oder die Freigesprochene, Art. 19) schon in einer Anstalt oder Familie untergebracht ist, und ist ausgeschlossen, wenn diese (dieser) durch die Handlung eines anderen oder durch eigene Tätigkeit ihrem (seinem) bisherigen Erziehungsort entronnen ist. Straflos bleibt daher, wer eine Verurteilte (einen oder eine Freigesprochene), deren (dessen) Unterbringung angeordnet aber noch nicht durchgeführt ist, der Einschaffung durch Verheimlichung oder Ermöglichung der Flucht entzieht, wer sie (ihn) auf dem Transporte zur Anstalt aus dem Gewahrsam des Begleiters entfernt, wer eine (einen) entschlüpfte Verurteilte (Freigesprochene, Freigesprochenen) verbirgt oder ihre weitere Flucht erleichtert. In allen diesen Fällen können jedoch unter Umständen Bestimmungen des Strafgesetzbuchs Anwendung finden.

5. Irrtümliche Annahme der Unwirksamkeit der Unterbringungsanordnung begründet keine Straflosigkeit (RGSt. 41, 354). Wohl aber tritt Straflosigkeit ein, wenn die Entfernung in einem Notstand erfolgt, um die Verurteilte (den oder die Freigesprochene) vor einer Verwahrlosung zu bewahren, die sie (er) in einer ungeeignet ausgeübten Verwahrung erfährt; auch Irrtum des Täters über die tatsächlichen Voraussetzungen eines solchen Zustands begründet Straflosigkeit (RGSt. 41, 214).

6. Die strafbare Handlung nach Art. 18 ist Übertretung. Versuch und Beihilfe sind nicht strafbar (§§ 43, 49 StGB.). Wohl aber ist Anstiftung strafbar; die Verurteilte (der oder die Freigesprochene) kann jedoch wegen Anstiftung nicht gestraft werden. Die Verjährung beginnt mit der Entfernung, nicht erst mit der Rückkehr der Verurteilten (des oder der Freigesprochenen); die Verjährungsfrist beträgt 3 Monate (§ 67 Abs. 3 StGB.). Zuständig zur Aburteilung ist der Amtsrichter (§§ 24, 25 GVG.). Das Strafbefehlsverfahren ist zulässig (§ 407 StPO.).

Art. 19

Vorstehender Artikel findet auch bei Unterbringung von Minderjährigen auf Grund des § 56 und des § 362 Abs. 3 Satz 2 des Reichsstrafgesetzbuches Anwendung.

Im übrigen sind für solche Fälle die zum Vollzuge dieser Bestimmungen erlassenen oder künftig zu erlassenden

Ministerialvorschriften maßgebend. Die Kosten der Unterbringung trägt in diesen Fällen die Staatskasse.

1. Soweit Art. 19 Bestimmungen trifft für Unterbringungen auf Grund des § 56 StGB. ist er im wesentlichen gegenstandslos geworden, weil § 56 durch § 47 des JGG. v. 16. Febr. 1923 (RGBl. 135) aufgehoben ist; er kann auch nicht auf eine etwa dem § 56 StGB. entsprechende, nach Maßgabe des JGG. erfolgende Unterbringung angewendet werden. Von Bedeutung ist er nur mehr vorübergehend für etwa noch im Laufe befindliche z. Z. der Geltung des § 56 erkannte Unterbringungen (VVO. § 149).

2. Der Fall des § 362 Abs. 3 Satz 2 StGB. liegt vor, wenn im Falle des § 361 Nr. 6 StGB. (der gewerbsmäßigen Unzucht) erkannt wurde, daß die Verurteilte nach Verbüßung der Strafe der Landespolizeibehörde zu überweisen ist und auf Grund dessen nicht die Unterbringung in ein Arbeitshaus, sondern die in eine Besserungs- oder Erziehungsanstalt oder in ein Asyl angeordnet wird. Hierbei ist zu beachten, daß nach § 45 Abs. 2 JGG. die Landespolizeibehörde gegen Personen, die z. Z. der Tat zwischen 14 u. 18 Jahre alt waren, die Befugnisse aus der Überweisung an die Landespolizeibehörde nicht mehr ausüben darf; s. hierzu die Begr. zum JAG. S. 749. Dem Vollzug des § 362 Abs. 3 S. 2 dienen auch die JnnFMB. v. 5. April 1901 (JnnMBl. 169) u. v. 3. Febr. 1903 (JnnMBl. 55), s. auch VVO. § 149.

3. Anwendung finden Abs. 1 wie 2 des Art. 19 nur, wenn es sich um die Unterbringung Minderjähriger handelt; für die Fälle der Unterbringung Volljähriger, die bei § 362 Abs. 3 Satz 2 StGB. möglich ist, fehlt es demnach sowohl an einer Strafbestimmung, wie an einer gesetzlichen Ermächtigung zur Regelung dieses Verhältnisses im Verwaltungswege und einer gesetzlichen Bestimmung über die Kostentragung.

4. Vollzugsvorschriften oder Ausführungsvorschriften, wie sie Abs. 2 Satz 1 vorsieht, können an sich eine doppelte Natur haben; sie können Ergänzungen der Gesetze sein im Sinne einer Detailierung, Entwicklung, Entfaltung; sie können aber auch die bloße Anwendung oder Handhabung des Gesetzes zum Gegenstand haben, so wie man die Ausführung eines Befehls oder eines Auftrags die Erfüllung desselben nennt; im ersteren Fall sind sie Rechtsverordnungen und sollen Recht schaffen, im letzteren sind sie bloße Verwaltungsverordnungen und haben bloß den Charakter eines Dienstbefehls (s. Laband, Staatsrecht Bd. 2 S. 88 u. Nawiasky, Bayr. Staatsrecht § 53 Nr. 5 ff.). Es frägt sich, ob Abs. 2 die Befugnis zu ersteren oder bloß zu solchen der letzteren Art verleihen wollte. Die Frage wird im letzteren Sinn zu beantworten sein, da keine Anhaltspunkte bestehen, die für die weitergehende Befugnis zum Erlaß von Rechtsverordnungen sprechen. Die Ministerialvorschriften, die Abs. 2 vorsieht, können demnach nur Dienstanweisungen geben, aber keinen Eingriff in eine fremde Willenssphäre verfügen. Die Bedeutung des Abs. 2 Satz 1 liegt darin, daß er die Zuständigkeit der Ministerien festsetzt und damit den Erlaß durch andere Organe ausschließt; außerdem werden von früher erlassenen Vorschriften die der Ministerien und nur diese aufrechterhalten.

5. Auf Grund des Abs. 2 Satz 2 hat in den Fällen des Abs. 1 die Staatskasse die Kosten der Unterbringung zu tragen; die Heranziehung der Fürsorgeverbände ist demnach ausgeschlossen. Das Gesetz enthält auch keinen Vorbehalt für ein Rückgriffsrecht gegen den Unterhaltspflichtigen oder sonstige Personen, obwohl gegenüber der Regelung dieser Frage bei der Fürsorgeerziehung, wie sie Art. 13 Abs. 2 des BayFEG. enthielt, ein Vorbehalt, wenn er bestehen sollte, umsomehr veranlaßt gewesen wäre; es besteht demnach auch kein Rückgriffsrecht.

6. Art. 18 ist nicht anwendbar, wenn die Unterbringung auf Grund der §§ 1666, 1838 BGB. erfolgt, ebensowenig bei einer Unterbringung nach Maßgabe des Art. 81 PStGB.

Anhang

1. Das Gesetz über die Angelegenheiten der freiwilligen Gerichtsbarkeit vom 17. Mai 1898 in der Fassung vom 20. Mai 1898 (RGBl. 771); Auszug*)

Erster Abschnitt.

Allgemeine Vorschriften

§ 1. Für diejenigen Angelegenheiten der freiwilligen Gerichtsbarkeit, welche durch Reichsgesetz den Gerichten übertragen sind, gelten, soweit nicht ein Anderes bestimmt ist, die nachstehenden allgemeinen Vorschriften.

§ 2. Die Gerichte haben sich Rechtshilfe zu leisten. Die §§ 158 bis 169 des Gerichtsverfassungsgesetzes finden Anwendung.

§ 3. Soweit für die örtliche Zuständigkeit der Gerichte der Wohnsitz eines Beteiligten maßgebend ist, bestimmt sich für Deutsche, die das Recht der Exterritorialität genießen, sowie für Beamte des Reichs oder eines Bundesstaats, die im Ausland angestellt sind, der Wohnsitz nach den Vorschriften des § 15 der Zivilprozeßordnung.

Ist der für den Wohnsitz einer Militärperson maßgebende Garnisonort in mehrere Gerichtsbezirke geteilt, so wird der als Wohnsitz geltende Bezirk von der Landesjustizverwaltung durch allgemeine Anordnung bestimmt.

§ 4. Unter mehreren zuständigen Gerichten gebührt demjenigen der Vorzug, welches zuerst in der Sache tätig geworden ist.

§ 5. Besteht Streit oder Ungewißheit darüber, welches von mehreren Gerichten örtlich zuständig ist, so wird das zuständige Gericht durch das gemeinschaftliche obere Gericht und, falls dieses das

---

*) Änderungen des Gesetzes sind erfolgt durch das Ges. vom 5. März 1906 (RGBl. 387), durch Art. VI des Ges. vom 22. Mai 1910 (RGBl. 767), durch Art. VI des Ges. vom 11. März 1921 (RGBl. 229), durch Art. V des Ges. vom 11. Juli 1922 (RGBl. 573) und § 49 des JGG. vom 16. Febr. 1923 (RGBl. 135).

Reichsgericht ist, durch dasjenige Oberlandesgericht bestimmt, zu dessen Bezirke das zuerst mit der Sache befaßte Gericht gehört. Ist das zuständige Gericht in einem einzelnen Falle an der Ausübung des Richteramts rechtlich oder tatsächlich verhindert, so erfolgt die Bestimmung durch das ihm im Instanzenzuge vorgeordnete Gericht.

Eine Anfechtung der Entscheidung findet nicht statt.

§ 6. Ein Richter ist von der Ausübung des Richteramts kraft Gesetzes ausgeschlossen:

1. in Sachen, in denen er selbst beteiligt ist oder in denen er zu einem Beteiligten in dem Verhältnis eines Mitberechtigten oder Mitverpflichteten steht;
2. in Sachen seines Ehegatten, auch wenn die Ehe nicht mehr besteht;
3. in Sachen einer Person, mit der er in gerader Linie oder im zweiten Grade der Seitenlinie verwandt oder verschwägert ist;
4. in Sachen, in denen er als Vertreter eines Beteiligten bestellt oder als gesetzlicher Vertreter eines solchen aufzutreten berechtigt ist.

Ein Richter kann sich der Ausübung seines Amtes wegen Befangenheit enthalten. Die Ablehnung eines Richters ist ausgeschlossen.

§ 7. Gerichtliche Handlungen sind nicht aus dem Grunde unwirksam, weil sie von einem örtlich unzuständigen Gericht oder von einem Richter vorgenommen sind, der von der Ausübung des Richteramts kraft Gesetzes ausgeschlossen ist.

§ 8. Auf das gerichtliche Verfahren finden die Vorschriften des Gerichtsverfassungsgesetzes über die Gerichtssprache, über die Sitzungspolizei und über die Beratung und Abstimmung entsprechende Anwendung, die Vorschriften über die Gerichtssprache mit den sich aus dem § 9 ergebenden Abweichungen.

§ 9. Der Zuziehung eines Dolmetschers bedarf es nicht, wenn der Richter der Sprache, in der sich die beteiligten Personen erklären, mächtig ist; die Beeidigung des Dolmetschers ist nicht erforderlich, wenn die beteiligten Personen darauf verzichten. Auf den Dolmetscher finden die Vorschriften des § 6 entsprechende Anwendung.

§ 10. Auf das gerichtliche Verfahren sind die Gerichtsferien ohne Einfluß. Die Bearbeitung der Vormundschaftssachen und der Nachlaßsachen kann während der Ferien unterbleiben, soweit das Bedürfnis einer Beschleunigung nicht vorhanden ist.

§ 11. Anträge und Erklärungen können zum Protokolle des Gerichtsschreibers des zuständigen Gerichts oder des Gerichtsschreibers eines Amtsgerichts erfolgen.

§ 12. Das Gericht hat von Amts wegen die zur Feststellung der Tatsachen erforderlichen Ermittelungen zu veranstalten und die geeignet erscheinenden Beweise aufzunehmen.

§ 13. Die Beteiligten können mit Beiständen erscheinen. Sie können sich, soweit nicht das Gericht das persönliche Erscheinen anordnet, auch durch Bevollmächtigte vertreten lassen. Die Bevollmächtigten haben auf Anordnung des Gerichts oder auf Verlangen eines Beteiligten die Bevollmächtigung durch eine öffentlich beglaubigte Vollmacht nachzuweisen.

§ 14. Die Vorschriften der Zivilprozeßordnung über das Armenrecht sowie die Vorschriften der §§ 34—36 der Rechtsanwaltsordnung finden entsprechende Anwendung.

§ 15. Die Vorschriften der Zivilprozeßordnung über den Zeugenbeweis, über den Beweis durch Sachverständige und über das Verfahren bei der Abnahme von Eiden finden entsprechende Anwendung. Über die Beeidigung eines Zeugen oder Sachverständigen entscheidet jedoch, unbeschadet der §§ 393, 402 der Zivilprozeßordnung, das Ermessen des Gerichts.

Behufs der Glaubhaftmachung einer tatsächlichen Behauptung kann ein Beteiligter zur Versicherung an Eides Statt zugelassen werden.

§ 16. Gerichtliche Verfügungen werden mit der Bekanntmachung an denjenigen, für welchen sie ihrem Inhalte nach bestimmt sind, wirksam.

Die Bekanntmachung erfolgt, wenn mit ihr der Lauf einer Frist beginnt, durch Zustellung nach den für die Zustellung von Amts wegen geltenden Vorschriften der Zivilprozeßordnung; durch die Landesjustizverwaltung kann jedoch für Zustellungen im Ausland eine einfachere Art der Zustellung angeordnet werden. In denjenigen Fällen, in welchen mit der Bekanntmachung nicht der Lauf einer Frist beginnt, soll in den Akten vermerkt werden, in welcher Weise, an welchem Orte und an welchem Tage die Bekanntmachung zur Ausführung gebracht ist; durch die Landesjustizverwaltung kann näher bestimmt werden, in welcher Weise in diesen Fällen die Bekanntmachung zur Ausführung gebracht werden soll.

Einem Anwesenden kann die Verfügung zu Protokoll bekannt gemacht werden. Auf Verlangen ist ihm eine Abschrift der Verfügung zu erteilen.

§ 17. Für die Berechnung der Fristen gelten die Vorschriften des Bürgerlichen Gesetzbuchs.

Fällt das Ende der Frist auf einen Sonntag oder allgemeinen Feiertag, so endigt die Frist mit dem Ablaufe des nächstfolgenden Werktags.

§ 18. Erachtet das Gericht eine von ihm erlassene Verfügung nachträglich für ungerechtfertigt, so ist es berechtigt, sie zu ändern; soweit eine Verfügung nur auf Antrag erlassen werden kann und der Antrag zurückgewiesen worden ist, darf die Änderung nur auf Antrag erfolgen.

Zu der Änderung einer Verfügung, die der sofortigen Beschwerde unterliegt, ist das Gericht nicht befugt.

§ 19. Gegen die Verfügungen des Gerichts erster Instanz findet das Rechtsmittel der Beschwerde statt.

Über die Beschwerde entscheidet das Landgericht.

§ 20. Die Beschwerde steht jedem zu, dessen Recht durch die Verfügung beeinträchtigt ist.

Soweit eine Verfügung nur auf Antrag erlassen werden kann und der Antrag zurückgewiesen worden ist, steht die Beschwerde nur dem Antragsteller zu.

§ 21. Die Beschwerde kann bei dem Gerichte, dessen Verfügung angefochten wird, oder bei dem Beschwerdegericht eingelegt werden.

Die Einlegung erfolgt durch Einreichung einer Beschwerdeschrift oder durch Erklärung zum Protokolle des Gerichtsschreibers desjenigen Gerichts, dessen Verfügung angefochten wird, oder des Gerichtsschreibers des Beschwerdegerichts.

§ 22. Die sofortige Beschwerde ist binnen einer Frist von zwei Wochen einzulegen. Die Frist beginnt mit dem Zeitpunkt, in welchem die Verfügung dem Beschwerdeführer bekannt gemacht worden ist.

Einem Beschwerdeführer, der ohne sein Verschulden verhindert war, die Frist einzuhalten, ist auf Antrag von dem Beschwerdegerichte die Wiedereinsetzung in den vorigen Stand zu erteilen, wenn er die Beschwerde binnen zwei Wochen nach der Beseitigung des Hindernisses einlegt und die Tatsachen, welche die Wiedereinsetzung begründen, glaubhaft macht. Eine Versäumung der Frist, die in dem Verschulden eines Vertreters ihren Grund hat, wird als eine unverschuldete nicht angesehen. Gegen die Entscheidung über den Antrag findet die sofortige weitere Beschwerde statt. Nach dem Ablauf eines Jahres, von dem Ende der versäumten Frist an gerechnet, kann die Wiedereinsetzung nicht mehr beantragt werden.

§ 23. Die Beschwerde kann auf neue Tatsachen und Beweise gestützt werden.

§ 24. Die Beschwerde hat nur dann aufschiebende Wirkung, wenn sie gegen eine Verfügung gerichtet ist, durch die eine Strafe festgesetzt wird.

Das Gericht, dessen Verfügung angefochten wird, kann anordnen, daß die Vollziehung auszusetzen ist.

Das Beschwerdegericht kann vor der Entscheidung eine einstweilige Anordnung erlassen; es kann insbesondere anordnen, daß die Vollziehung der angefochtenen Verfügung auszusetzen ist.

§ 25. Die Entscheidung des Beschwerdegerichts ist mit Gründen zu versehen.

§ 26. Die Entscheidung des Beschwerdegerichts wird in den Fällen, in welchen die sofortige weitere Beschwerde stattfindet, erst mit der Rechtskraft wirksam. Das Beschwerdegericht kann jedoch die sofortige Wirksamkeit der Entscheidung anordnen.

§ 27. Gegen die Entscheidung des Beschwerdegerichts ist das Rechtsmittel der weiteren Beschwerde zulässig, wenn die Entscheidung auf einer Verletzung des Gesetzes beruht. Die Vorschriften der §§ 550, 551, 561, 563 der Zivilprozeßordnung finden entsprechende Anwendung.

§ 28. Über die weitere Beschwerde entscheidet das Oberlandesgericht.

Will das Oberlandesgericht bei der Auslegung einer reichsgesetzlichen Vorschrift, welche eine der im § 1 bezeichneten Angelegenheiten betrifft, von der auf weitere Beschwerde ergangenen Entscheidung eines anderen Oberlandesgerichts, falls aber über die Rechtsfrage bereits eine Entscheidung des Reichsgerichts ergangen ist, von dieser abweichen, so hat es die weitere Beschwerde unter Begründung seiner Rechtsauffassung dem Reichsgerichte vorzulegen. Der Beschluß über die Vorlegung ist dem Beschwerdeführer bekannt zu machen.

In den Fällen des Abs. 2 entscheidet über die weitere Beschwerde das Reichsgericht.

§ 29. Die weitere Beschwerde kann bei dem Gericht erster Instanz, bei dem Landgericht oder bei dem Oberlandesgericht eingelegt werden. Erfolgt die Einlegung durch Einreichung einer Beschwerdeschrift, so muß diese von einem Rechtsanwalt unterzeichnet sein. Der Zuziehung eines Rechtsanwalts bedarf es nicht, wenn die Beschwerde von einer Behörde oder von einem Notar eingelegt wird, der in der Angelegenheit für den Beschwerdeführer einen Antrag bei dem Gericht erster Instanz gestellt hat.

Soweit eine Verfügung der sofortigen Beschwerde unterliegt, findet auch gegen die Entscheidung des Beschwerdegerichts die sofortige weitere Beschwerde statt.

Das Gericht erster Instanz und das Landgericht sind nicht befugt, der weiteren Beschwerde abzuhelfen.

Im übrigen finden die Vorschriften über die Beschwerde entsprechende Anwendung.

§ 30. Die Entscheidungen über Beschwerden erfolgen bei den Landgerichten durch eine Zivilkammer, bei den Oberlandesgerichten und bei dem Reichsgerichte durch einen Zivilsenat. Ist bei einem Landgericht eine Kammer für Handelssachen gebildet, so tritt für Handelssachen diese Kammer an die Stelle der Zivilkammer.

Die Vorschriften des § 137 des Gerichtsverfassungsgesetzes finden entsprechende Anwendung.

§ 31. Zeugnisse über die Rechtskraft einer Verfügung sind von dem Gerichtsschreiber erster Instanz zu erteilen.

§ 32. Ist eine Verfügung, durch die jemand die Fähigkeit oder die Befugnis zur Vornahme eines Rechtsgeschäfts oder zur Entgegennahme einer Willenserklärung erlangt, ungerechtfertigt, so hat, sofern nicht die Verfügung wegen Mangels der sachlichen Zuständigkeit des Gerichts unwirksam ist, die Aufhebung der Verfügung auf die Wirksamkeit der inzwischen von ihm oder ihm gegenüber vorgenommenen Rechtsgeschäfte keinen Einfluß.

§ 33. Soll in den gesetzlich zugelassenen Fällen jemand durch Ordnungsstrafen zur Befolgung einer gerichtlichen Anordnung angehalten werden, so muß der Festsetzung der Strafe eine Androhung vorausgehen. Die einzelne Strafe darf den Betrag von dreihundert Mark nicht übersteigen.

§ 34. Die Einsicht der Gerichtsakten kann jedem insoweit gestattet werden, als er ein berechtigtes Interesse glaubhaft macht. Das Gleiche gilt von der Erteilung einer Abschrift; die Abschrift ist auf Verlangen zu beglaubigen.

Zweiter Abschnitt.

Vormundschaftssachen

§ 35. Für die dem Vormundschaftsgerichte obliegenden Verrichtungen sind die Amtsgerichte zuständig.

§ 36. Für die Vormundschaft ist das Gericht zuständig, in dessen Bezirke der Mündel zu der Zeit, zu welcher die Anordnung der Vormundschaft erforderlich wird, seinen Wohnsitz oder in Ermangelung eines inländischen Wohnsitzes seinen Aufenthalt hat. Wird die Anordnung einer Vormundschaft über Geschwister erforderlich, die in den Bezirken verschiedener Vormundschaftsgerichte ihren Wohnsitz oder ihren Aufenthalt haben, so ist, wenn für einen der Mündel schon eine Vormundschaft anhängig ist, das für diese zuständige Gericht, anderenfalls dasjenige Gericht, in dessen Bezirke der jüngste Mündel seinen Wohnsitz oder seinen Aufenthalt hat, für alle Geschwister maßgebend.

Ist der Mündel ein Deutscher und hat er im Inlande weder Wohnsitz noch Aufenthalt, so ist das Gericht zuständig, in dessen Bezirke der Mündel seinen letzten inländischen Wohnsitz hatte. In Ermangelung eines solchen Wohnsitzes wird das zuständige Gericht, falls der Mündel einem Bundesstaat angehört, von der Landesjustizverwaltung, anderenfalls von dem Reichskanzler bestimmt.

Für die Vormundschaft über einen Minderjährigen, dessen Familienstand nicht zu ermitteln ist, ist das Gericht zuständig, in dessen Bezirke der Minderjährige aufgefunden wurde.

§ 37. Soll jemand nach § 1909 des Bürgerlichen Gesetzbuchs einen Pfleger erhalten, so ist, wenn bei einem inländischen Gericht eine Vormundschaft über ihn anhängig ist, für die Pflegschaft dieses Gericht zuständig. Im übrigen finden auf die Pflegschaft die Vorschriften des § 36 Anwendung.

Für die Pflegschaft über einen Ausländer, für den bei einem inländischen Gericht eine Vormundschaft nicht anhängig ist und der im Inlande weder Wohnsitz noch Aufenthalt hat, ist das Gericht zuständig, in dessen Bezirke das Bedürfnis der Fürsorge hervortritt.

§ 38. Auf die Zuständigkeit für die Pflegschaft über einen Gebrechlichen finden die Vorschriften des § 36 Abs. 1, 2 und des § 37 Abs. 2 entsprechende Anwendung.

§ 39. Für die Pflegschaft über einen Abwesenden ist das Gericht zuständig, in dessen Bezirke der Abwesende seinen Wohnsitz hat.

Hat der Abwesende im Inlande keinen Wohnsitz, so finden die Vorschriften des § 36 Abs. 2 und des § 37 Abs. 2 entsprechende Anwendung.

§ 40. Für die Pflegschaft über eine Leibesfrucht ist das Gericht zuständig, welches für die Vormundschaft zuständig sein würde, falls das Kind zu der Zeit, zu welcher das Bedürfnis der Fürsorge hervortritt, geboren wäre.

§ 41. Wird im Falle des § 1913 des Bürgerlichen Gesetzbuchs die Anordnung einer Pflegschaft für den bei einer Angelegenheit Beteiligten erforderlich, so ist das Gericht zuständig, in dessen Bezirke das Bedürfnis der Fürsorge hervortritt.

§ 42. Für die Pflegschaft zum Zwecke der Verwaltung und Verwendung eines durch öffentliche Sammlung zusammengebrachten Vermögens ist das Gericht des Ortes zuständig, an welchem bisher die Verwaltung geführt wurde.

§ 43. *) Die Zuständigkeit für eine Verrichtung des Vormundschaftsgerichts, die nicht eine Vormundschaft oder eine Pflegschaft betrifft, bestimmt sich, soweit sich nicht aus dem Gesetz ein anderes ergibt, nach den Vorschriften des § 36 Abs. 1, 2; maßgebend ist für jede einzelne Angelegenheit der Zeitpunkt, in welchem das Gericht mit ihr befaßt wird.

Ist für die Person, in Ansehung deren die Verrichtung des Vormundschaftsgerichts erforderlich wird, eine Vormundschaft oder eine Pflegschaft anhängig oder ist der Mutter, unter deren elterlicher Gewalt sie steht, ein Beistand bestellt, so ist das Gericht zuständig, bei welchem die Vormundschaft, Pflegschaft oder Beistandschaft anhängig ist.

§ 44. Für die in den §§ 1665, 1846 des Bürgerlichen Gesetzbuchs und im Art. 23 Abs. 2 des Einführungsgesetzes zum Bürgerlichen Gesetzbuche bezeichneten Maßregeln ist auch das Gericht zuständig, in dessen Bezirke das Bedürfnis der Fürsorge hervortritt. Das Gericht soll, wenn eine Vormundschaft, Pflegschaft oder Beistandschaft anhängig ist, von den angeordneten Maßregeln dem nach § 43 Abs. 2 zuständigen Gerichte Mitteilung machen.

§ 45. Wird in einer Angelegenheit, welche die persönlichen Rechtsbeziehungen der Ehegatten zueinander oder das eheliche Güterrecht betrifft, eine Verrichtung des Vormundschaftsgerichts erforderlich, so ist das Gericht zuständig, in dessen Bezirke der Mann seinen Wohnsitz oder in Ermangelung eines inländischen Wohnsitzes seinen Aufenthalt hat.

Ist der Mann ein Deutscher und hat er im Inlande weder Wohnsitz noch Aufenthalt, so finden die Vorschriften des § 36 Abs. 2 entsprechende Anwendung.

Hat der Mann die Reichsangehörigkeit verloren, die Frau sie aber behalten, so ist, wenn der Mann im Inlande weder Wohnsitz noch Aufenthalt hat, das Gericht zuständig, in dessen Bezirke die Frau ihren Wohnsitz oder in Ermangelung eines inländischen Wohnsitzes ihren Aufenthalt hat; hat sie im Inlande weder Wohnsitz noch Aufenthalt, so finden die Vorschriften des § 36 Abs. 2 entsprechende Anwendung.

---

*) S. hierzu § 68 Abs. 2 JWG.

Für die Zuständigkeit ist in Ansehung jeder einzelnen Angelegenheit der Zeitpunkt maßgebend, in welchem das Gericht mit ihr befaßt wird.

§ 46. Das Vormundschaftsgericht kann die Vormundschaft aus wichtigen Gründen an ein anderes Vormundschaftsgericht abgeben, wenn sich dieses zur Übernahme der Vormundschaft bereit erklärt; nach der Bestellung des Vormundes ist jedoch dessen Zustimmung erforderlich. Als ein wichtiger Grund ist es in der Regel anzusehen, wenn ein unter Vormundschaft stehender Minderjähriger wegen einer strafbaren Handlung vor einem anderen Gericht angeklagt ist *).

Einigen sich die Gerichte nicht oder verweigert der Vormund oder, wenn mehrere Vormünder die Vormundschaft gemeinschaftlich führen, einer von ihnen seine Zustimmung, so entscheidet das gemeinschaftliche obere Gericht und, falls dieses das Reichsgericht ist, dasjenige Oberlandesgericht, zu dessen Bezirke das Gericht gehört, an welches die Vormundschaft abgegeben werden soll. Eine Anfechtung der Entscheidung findet nicht statt.

Diese Vorschriften finden auf die Pflegschaft und die im § 43 bezeichneten Angelegenheiten entsprechende Anwendung.

§ 47. Ist über einen Deutschen, der im Auslande seinen Wohnsitz oder Aufenthalt hat, die nach den Vorschriften des Bürgerlichen Gesetzbuchs erforderliche Vormundschaft im Ausland angeordnet, so kann die Anordnung der Vormundschaft im Inland unterbleiben, wenn dies im Interesse des Mündels liegt.

Hat ein Deutscher, über den im Inland eine Vormundschaft angeordnet ist, im Auslande seinen Wohnsitz oder Aufenthalt, so kann das Gericht, bei welchem die Vormundschaft anhängig ist, sie an den ausländischen Staat abgeben, wenn dies im Interesse des Mündels liegt, der Vormund seine Zustimmung erteilt und der ausländische Staat sich zur Übernahme bereit erklärt. Verweigert der Vormund oder, wenn mehrere Vormünder die Vormundschaft gemeinschaftlich führen, einer von ihnen seine Zustimmung, so entscheidet an Stelle des Gerichts, bei welchem die Vormundschaft anhängig ist, das im Instanzenzuge vorgeordnete Gericht. Eine Anfechtung der Entscheidung findet nicht statt.

Diese Vorschriften gelten auch für die Pflegschaft.

§ 48. Wird bei einem Standesbeamten der Tod einer Person, die ein minderjähriges Kind hinterlassen hat, oder die Geburt eines ehelichen Kindes nach dem Tode des Vaters oder die Geburt eines unehelichen Kindes oder die Auffindung eines Minderjährigen, dessen Familienstand nicht zu ermitteln ist, angezeigt oder wird vor einem Standesbeamten von einer Frau, die ein minderjähriges eheliches Kind hat, eine Ehe geschlossen, so hat der Standesbeamte hiervon dem Vormundschaftsgericht Anzeige zu machen.

§ 49. Erlangt der Gemeindewaisenrat von einem Falle Kenntnis, in welchem ein Vormund, ein Gegenvormund oder ein Pfleger

*) Abs. 2 beruht auf § 49 JGG.

zu bestellen ist, so hat er dem Vormundschaftsgericht Anzeige zu machen. Zugleich soll er die Person vorschlagen, die sich zum Vormunde, Gegenvormund oder Pfleger eignet.

§ 50. Wird die Anordnung einer Vormundschaft oder einer Pflegschaft infolge eines gerichtlichen Verfahrens erforderlich, so hat das Gericht das zuständige Vormundschaftsgericht hiervon zu benachrichtigen.

§ 51. Eine Verfügung, durch die von dem Vormundschaftsgerichte festgestellt wird, daß der Vater oder die Mutter auf längere Zeit an der Ausübung der elterlichen Gewalt tatsächlich verhindert ist, tritt mit der Bestellung des Vormundes in Wirksamkeit; hat jedoch während der Verhinderung des Vaters die Mutter die elterliche Gewalt auszuüben, so wird die Verfügung mit der Bekanntmachung an die Mutter wirksam.

Eine Verfügung, durch die von dem Vormundschaftsgerichte festgestellt wird, daß der Grund für das Ruhen der elterlichen Gewalt des Vaters oder der Mutter nicht mehr besteht, wird mit der Bekanntmachung an den Vater oder an die Mutter wirksam.

§ 52. Eine Verfügung, durch die ein Volljähriger unter vorläufige Vormundschaft gestellt wird, tritt, wenn die Entmündigung wegen Geisteskrankheit beantragt ist, mit der Bestellung des Vormundes, wenn die Entmündigung wegen Geistesschwäche, wegen Verschwendung oder wegen Trunksucht beantragt ist, mit der Bekanntmachung an den zu Entmündigenden, eine Verfügung, durch die eine vorläufige Vormundschaft aufgehoben wird, tritt mit der Bekanntmachung an den Mündel in Wirksamkeit.

§ 53. Eine Verfügung, durch die auf Antrag die Ermächtigung oder die Zustimmung eines anderen zu einem Rechtsgeschäft ersetzt oder dem Manne die im § 1358 Abs. 1 des Bürgerlichen Gesetzbuchs vorgesehene Ermächtigung zur Kündigung erteilt oder durch welche die Beschränkung oder die Ausschließung der nach § 1357 des Bürgerlichen Gesetzbuchs der Frau zustehenden Rechte aufgehoben wird, tritt erst mit der Rechtskraft in Wirksamkeit. Das gleiche gilt von einer Verfügung, durch die auf Antrag des Kindes die Zustimmung der Mutter zur Ehelichkeitserklärung ihres Kindes ersetzt wird.

Bei Gefahr im Verzuge kann das Gericht die sofortige Wirksamkeit der Verfügung anordnen. Die Verfügung tritt mit der Bekanntmachung an den Antragsteller in Wirksamkeit.

§ 54. Liegen nach dem Ermessen des Vormundschaftsgerichts die Voraussetzungen vor, unter denen der Vormund, der Pfleger oder der Beistand zur Sicherheitsleistung angehalten werden kann, so ist das Gericht befugt, das Grundbuchamt um die Eintragung einer Sicherungshypothek an Grundstücken des Vormundes, des Pflegers oder des Beistandes zu ersuchen. Der Vormund, der Pfleger oder der Beistand soll soweit tunlich vorher gehört werden. Die Hypothek entsteht mit der Eintragung.

Diese Vorschriften finden auf die Eintragung eines Pfandrechts an einem im Schiffsregister eingetragenen Schiffe entsprechende Anwendung.

§ 55. Eine Verfügung, durch welche die Genehmigung zu einem Rechtsgeschäft erteilt oder verweigert wird, kann von dem Vormundschaftsgericht insoweit nicht mehr geändert werden, als die Genehmigung oder deren Verweigerung einem Dritten gegenüber wirksam geworden ist.

Eine Verfügung, durch welche die Zustimmung zu einer Ehelichkeitserklärung ersetzt wird, kann nicht mehr geändert werden, wenn die Ehelichkeitserklärung erfolgt ist.

§ 56. Die Volljährigkeitserklärung soll nur auf Antrag des Minderjährigen oder desjenigen gesetzlichen Vertreters des Minderjährigen erfolgen, welchem die Sorge für die Person zusteht.

Die Verfügung, durch welche der Minderjährige für volljährig erklärt wird, tritt erst mit der Rechtskraft in Wirksamkeit.

§ 57. Die Beschwerde steht, unbeschadet der Vorschriften des § 20, zu:

1. gegen eine Verfügung, durch welche die Anordnung einer Vormundschaft abgelehnt oder eine Vormundschaft aufgehoben wird, jedem, der ein rechtliches Interesse an der Änderung der Verfügung hat, sowie dem Ehegatten, den Verwandten und Verschwägerten des Mündels, es sei denn, daß die Verfügung eine vorläufige Vormundschaft betrifft;
2. gegen eine Verfügung, durch welche die Anordnung einer vorläufigen Vormundschaft abgelehnt oder eine solche Vormundschaft aufgehoben wird, denjenigen, welche den Antrag auf Entmündigung zu stellen berechtigt sind;
3. gegen eine Verfügung, durch welche die Anordnung einer Pflegschaft abgelehnt oder eine Pflegschaft aufgehoben wird, jedem, der ein rechtliches Interesse an der Änderung der Verfügung hat, in den Fällen der §§ 1909, 1910 des Bürgerlichen Gesetzbuchs auch dem Ehegatten sowie den Verwandten und Verschwägerten des Pflegebefohlenen; diese Vorschrift gilt jedoch im Falle des § 1910 nur dann, wenn eine Verständigung mit dem Pflegebefohlenen nicht möglich ist;
4. gegen eine Verfügung, durch welche die Einsetzung eines Familienrats abgelehnt oder der Familienrat aufgehoben wird, dem Ehegatten sowie den Verwandten und Verschwägerten des Mündels;
5. gegen eine Verfügung, durch die in den Fällen des § 1687 Nr. 1, 3 des Bürgerlichen Gesetzbuchs die Bestellung eines Beistandes der Mutter abgelehnt oder die Bestellung aufgehoben wird, dem Ehegatten sowie den Verwandten und Verschwägerten des Kindes;
6. gegen eine Verfügung, durch die ein Antrag des Gegenvormundes oder des Beistandes zurückgewiesen wird, gegen den gesetzlichen Vertreter wegen pflichtwidrigen Verhaltens einzu-

schreiten oder den Vormund oder den Pfleger aus einem der im § 1886 des Bürgerlichen Gesetzbuchs bezeichneten Gründe zu entlassen, dem Antragsteller;

7. gegen eine Verfügung, durch die dem Vormund oder dem Pfleger eine Vergütung bewilligt wird, dem Gegenvormunde;
8. gegen eine Verfügung, durch welche die Anordnung einer der in den §§ 1665 bis 1667 des Bürgerlichen Gesetzbuchs vorgesehenen Maßregeln abgelehnt oder eine solche Maßregel aufgehoben wird, den Verwandten und Verschwägerten des Kindes;
9. gegen eine Verfügung, die eine Entscheidung über eine die Sorge für die Person des Kindes oder des Mündels betreffende Angelegenheit enthält, jedem, der ein berechtigtes Interesse hat, diese Angelegenheit wahrzunehmen.

Diese Vorschrift des Abs. 1 Nr. 9 findet auf die sofortige Beschwerde keine Anwendung.

§ 58. Führen mehrere Vormünder oder Pfleger die Vormundschaft oder die Pflegschaft gemeinschaftlich, so kann jeder von ihnen für den Mündel das Beschwerderecht selbständig ausüben.

Diese Vorschrift findet in den Fällen der §§ 1629, 1798 des Bürgerlichen Gesetzbuchs entsprechende Anwendung.

§ 59. Ein unter elterlicher Gewalt stehendes Kind oder ein unter Vormundschaft stehender Mündel kann in allen seine Person betreffenden Angelegenheiten ohne Mitwirkung seines gesetzlichen Vertreters das Beschwerderecht ausüben. Das Gleiche gilt in Angelegenheiten, in denen der Mündel vor einer Entscheidung des Vormundschaftsgerichts gehört werden soll.

Diese Vorschriften finden auf Personen, die geschäftsunfähig sind oder nicht das vierzehnte Lebensjahr vollendet haben, keine Anwendung.

§ 60. Die sofortige Beschwerde findet statt:

1. gegen eine Verfügung, durch die ein als Vormund, Pfleger, Gegenvormund, Beistand oder Mitglied des Familienrats Berufener übergangen wird;
2. gegen eine Verfügung, durch welche die Weigerung, eine Vormundschaft, Pflegschaft, Gegenvormundschaft oder Beistandschaft zu übernehmen, zurückgewiesen wird;
3. gegen eine Verfügung, durch die ein Vormund, Pfleger, Gegenvormund oder ein Beistand gegen seinen Willen entlassen wird;
4. gegen eine Verfügung, durch die der Familienrat aufgehoben oder ein Mitglied des Familienrats gegen seinen Willen entlassen wird;
5. gegen eine Verfügung, durch die ein Volljähriger unter vorläufige Vormundschaft gestellt wird;
6. gegen Verfügungen, die erst mit der Rechtskraft wirksam werden.

Die Frist beginnt in den Fällen des Abs. 1 Nr. 1 mit dem Zeitpunkt, in welchem der Beschwerdeführer von seiner Übergehung Kenntnis erlangt, im Falle der Aufhebung des Familienrats mit dem

Zeitpunkt, in welchem das Vormundschaftsgericht die bisherigen Mitglieder von der Aufhebung in Kenntnis setzt.

§ 61. Wird eine Verfügung, durch die ein Volljähriger unter vorläufige Vormundschaft gestellt ist, von dem Beschwerdegericht aufgehoben, so kann die Wirksamkeit der von oder gegenüber dem Volljährigen vorgenommenen Rechtsgeschäfte nicht auf Grund der aufgehobenen Verfügung in Frage gestellt werden.

§ 62. Soweit eine Verfügung nach § 55 von dem Vormundschaftsgerichte nicht mehr geändert werden kann, ist auch das Beschwerdegericht nicht berechtigt, sie zu ändern.

§ 63. Auf die weitere Beschwerde finden die Vorschriften der §§ 57—62 entsprechende Anwendung.

§ 64. Gegen eine Verfügung, durch die über die Entlassung eines Mitglieds des Familienrats von dem Gerichte, welches dem Vormundschaftsgericht im Instanzenzuge vorgeordnet ist, entschieden wird, findet die Beschwerde an das Oberlandesgericht statt. Die weitere Beschwerde ist ausgeschlossen.

Elfter Abschnitt.

Schlußbestimmungen

§ 185. Dieses Gesetz tritt gleichzeitig mit dem Bürgerlichen Gesetzbuch in Kraft.

Die Artikel 2—5, 32 des Einführungsgesetzes zum Bürgerlichen Gesetzbuche finden entsprechende Anwendung.

§ 186. Die Vorschriften der §§ 11, 66 des Gesetzes über die Beurkundung des Personenstandes und die Eheschließung vom 6. Februar 1875 (Reichs-Gesetzbl. S. 23) werden insoweit aufgehoben, als sie der Landesgesetzgebung die Befugnis gewähren, das gerichtliche Verfahren abweichend zu regeln.

§ 187. Der § 150 des Gesetzes betreffend die Erwerbs- und Wirtschaftsgenossenschaften, vom 1. Mai 1889 (Reichs-Gesetzbl. S. 55) wird aufgehoben.

§ 188. Der § 11 Abs. 2 des Gesetzes, betreffend das Reichsschuldbuch, vom 31. Mai 1891 (Reichs-Gesetzbl. S. 321) wird dahin geändert:

> Zur Ausstellung dieser Bescheinigungen ist das Nachlaßgericht und, falls der Erblasser zur Zeit des Erbfalls im Inlande weder Wohnsitz noch Aufenthalt hatte, auch derjenige Konsul des Reichs zuständig, in dessen Amtsbezirke der Erblasser zur Zeit des Erbfalls seinen Wohnsitz oder seinen gewöhnlichen Aufenthalt hatte, sofern dem Konsul von dem Reichskanzler die Ermächtigung zur Ausstellung solcher Bescheinigungen erteilt ist.

§ 189. Soweit im Einführungsgesetze zum Bürgerlichen Gesetzbuche zugunsten der Landesgesetze Vorbehalte gemacht sind, gelten sie auch für die Vorschriften der Landesgesetze über diejenigen Angelegenheiten der freiwilligen Gerichtsbarkeit, welche Gegenstand dieses Gesetzes sind; den Landesgesetzen stehen nach Maßgabe der Artikel 57, 58 des Einführungsgesetzes zum Bürgerlichen Gesetzbuche die Hausverfassungen gleich.

§ 190. Unberührt bleiben die landesgesetzlichen Vorschriften, welche für den Fall, daß nach Artikel 147 des Einführungsgesetzes zum Bürgerlichen Gesetzbuche die dem Vormundschaftsgericht obliegenden Verrichtungen durch Landesgesetz anderen Behörden als den Amtsgerichten übertragen sind, über den Vorsitz im Familienrate Bestimmung treffen.

§ 191. Unberührt bleiben die landesgesetzlichen Vorschriften, nach welchen für die Aufnahme der nach dem § 1718 und dem § 1720 Abs. 2 des Bürgerlichen Gesetzbuchs erforderlichen öffentlichen Urkunden sowie für die öffentliche Beglaubigung einer Unterschrift außer den Amtsgerichten und Notaren auch andere Behörden oder Beamte zuständig sind.

Durch Landesgesetz kann die Zuständigkeit der Amtsgerichte für die öffentliche Beglaubigung einer Unterschrift oder eines Handzeichens ausgeschlossen werden.

§ 192. Unberührt bleiben die landesgesetzlichen Vorschriften, nach welchen, wenn die Auseinandersetzung in Ansehung eines Nachlasses nicht binnen einer bestimmten Frist bewirkt ist, das Nachlaßgericht die Auseinandersetzung von Amts wegen zu vermitteln hat; auf die Auseinandersetzung finden die Vorschriften der §§ 88—98 Anwendung.

§ 193. Unberührt bleiben die landesgesetzlichen Vorschriften, nach welchen für die gemäß § 99 den Amtsrichtern obliegenden Verrichtungen andere als gerichtliche Behörden zuständig sind, sowie die landesgesetzlichen Vorschriften, nach welchen in den Fällen der §§ 86, 99 an Stelle der Gerichte oder neben diesen die Notare die Auseinandersetzung zu vermitteln haben.

§ 194. Sind für die im § 1 bezeichneten Angelegenheiten nach Landesgesetz andere als gerichtliche Behörden zuständig, so gelten die in dem ersten Abschnitte für die Gerichte gegebenen Vorschriften auch für die anderen Behörden.

Als gemeinschaftliches oberes Gericht im Sinne der §§ 5, 46 gilt dasjenige Gericht, welches das gemeinschaftliche obere Gericht für die Amtsgerichte ist, in deren Bezirke die Behörden ihren Sitz haben. Durch Landesgesetz kann jedoch bestimmt werden, daß, wenn die Behörden in dem Bezirke desselben Amtsgerichts ihren Sitz haben, dieses als gemeinschaftliches oberes Gericht zuständig ist.

Die Vorschriften des § 8 über die Sitzungspolizei und über die Beratung und Abstimmung sowie die Vorschriften der §§ 6, 10, 11, des § 16 Abs. 2 und des § 31 finden keine Anwendung.

Durch die Vorschrift des Abs. 1 wird die Verpflichtung der gerichtlichen Behörden, gemäß § 2 Rechtshilfe zu leisten, nicht berührt.

§ 195. Durch die Gesetzgebung eines Bundesstaats, in dem für die dem Vormundschaftsgericht oder dem Nachlaßgericht obliegenden Verrichtungen andere Behörden als die Amtsgerichte zuständig sind, kann bestimmt werden, daß die Abänderung einer Entscheidung einer solchen Behörde bei dem Amtsgerichte nachzusuchen ist, in dessen Bezirke die Behörde ihren Sitz hat. In diesem Falle finden auf das Verfahren die Vorschriften der §§ 20—25 entsprechende Anwendung.

Die Beschwerde findet gegen die Entscheidung des Amtsgerichts statt.

§ 196. Ist für die Volljährigkeitserklärung nach Landesgesetz die Zentralstelle des Bundesstaats zuständig, so finden die in dem ersten Abschnitte für die Gerichte gegebenen Vorschriften keine Anwendung.

Die Verfügung, durch welche der Minderjährige für volljährig erklärt wird, tritt mit der Bekanntmachung an den Minderjährigen in Wirksamkeit.

§ 197. Durch die Landesjustizverwaltung kann angeordnet werden, daß die im § 14 des Gesetzes über die Beurkundung des Personenstandes und die Eheschließung vom 6. Februar 1875 vorgesehene Aufbewahrung des Nebenregisters bei den Landgerichten erfolgen soll.

§ 198. Unberührt bleiben die landesgesetzlichen Vorschriften, nach welchen bei der Beurkundung einer Erklärung in den Fällen des § 169 der Richter an Stelle des Gerichtsschreibers oder der zwei Zeugen eine besonders dazu bestellte Urkundsperson zuziehen kann.

Auf die Urkundsperson finden die Vorschriften der §§ 170 bis 172 Anwendung.

§ 199. Durch die Gesetzgebung eines Bundesstaats, in dem mehrere Oberlandesgerichte errichtet sind, kann die Entscheidung über das Rechtsmittel der weiteren Beschwerde einem der mehreren Oberlandesgerichte oder an Stelle eines solchen Oberlandesgerichts dem obersten Landesgerichte zugewiesen werden.

Das Gericht, dem nach Absatz 1 die Entscheidung zugewiesen wird, tritt zugleich für die Beschwerde gegen eine Verfügung des Landgerichts an die Stelle des nach § 64 und § 143 Abs. 2 zuständigen Oberlandesgerichts. Auch gilt es im Sinne der §§ 5, 46 als gemeinschaftliches oberes Gericht für alle Gerichte des Bundesstaats.

§ 200. Durch Landesgesetz können Vorschriften zur Ergänzung und Ausführung dieses Gesetzes, mit Einschluß der erforderlichen Übergangsvorschriften, auch insoweit erlassen werden, als dieses Gesetz Vorbehalte für die Landesgesetzgebung nicht enthält.

Soweit durch Landesgesetz allgemeine Vorschriften über die Errichtung gerichtlicher oder notarieller Urkunden erlassen werden, ist ein Verstoß gegen eine solche Vorschrift, unbeschadet der Vorschriften über die Folgen des Mangels der sachlichen Zuständigkeit, ohne Einfluß auf die Gültigkeit der Beurkundung.

2. Jugendgerichtsgesetz
vom 16. Febr. 1923 (RGBl. 135 mit Berichtigung S. 252*)

Erster Abschnitt.

§ 1

Ein Jugendlicher im Sinne dieses Gesetzes ist, wer über vierzehn, aber noch nicht achtzehn Jahre alt ist.

§ 2

Wer eine mit Strafe bedrohte Handlung begeht, ehe er vierzehn Jahre alt geworden, ist nicht strafbar.

§ 3

Ein Jugendlicher, der eine mit Strafe bedrohte Handlung begeht, ist nicht strafbar, wenn er zur Zeit der Tat nach seiner geistigen oder sonstigen Entwicklung unfähig war, das Ungesetzliche der Tat einzusehen oder seinen Willen dieser Einsicht gemäß zu bestimmen.

§ 4

Die Strafbarkeit des Anstifters und Gehilfen, des Begünstigers und Hehlers wird durch die Vorschriften der §§ 2, 3 nicht berührt.

§ 5

Hat ein Jugendlicher eine mit Strafe bedrohte Handlung begangen, so hat das Gericht zu prüfen, ob Erziehungsmaßregeln erforderlich sind.

Hält das Gericht Erziehungsmaßregeln für erforderlich, so hat es entweder selbst die Erziehungsmaßregel anzuordnen oder auszusprechen, daß Erziehungsmaßregeln erforderlich sind, ihre Auswahl und Anordnung aber dem Vormundschaftsgericht überlassen bleibt. Das Vormundschaftsgericht muß alsdann eine Erziehungsmaßregel anordnen. Die Fürsorgeerziehung soll das Gericht nur dann selbst anordnen, wenn in erster Instanz die Zuständigkeit dafür auch außerhalb des Strafverfahrens begründet ist.

Die vorstehenden Bestimmungen finden auch Anwendung, wenn das Gericht den Täter nach § 3 freispricht.

§ 6

Hält das Gericht Erziehungsmaßregeln für ausreichend, so ist von Strafe abzusehen.

§ 7

Als Erziehungsmaßregeln sind zulässig:

1. Verwarnung,
2. Überweisung in die Zucht der Erziehungsberechtigten oder der Schule,

---

*) Vollzugsbestimmungen ergingen mit JMB. v. 7. Mai 1923 (JMBl. 21), geändert durch JMB. v. 8. Aug. 1924 (JMBl. 102).

3. Auferlegung besonderer Verpflichtungen,
4. Unterbringung,
5. Schutzaufsicht,
6. Fürsorgeerziehung.

Die Reichsregierung kann mit Zustimmung des Reichsrats auch andere Erziehungsmaßregeln für zulässig erklären.

Die Voraussetzungen, die Ausführung und Aufhebung sowie das Erlöschen der Schutzaufsicht und der Fürsorgeerziehung bestimmen sich nach dem Reichsgesetze für Jugendwohlfahrt. Für die anderen Erziehungsmaßregeln bestimmt das Erforderliche die Reichsregierung mit Zustimmung des Reichsrats; sie dürfen auch nach Vollendung des achtzehnten Lebensjahrs bis zum Eintritt der Volljährigkeit ausgeführt werden.

§ 8

Vor dem Urteil kann das Gericht vorläufige Anordnungen über die Erziehung und Unterbringung treffen. Vor der Entscheidung ist das Jugendamt zu hören. Von der Anhörung kann abgesehen werden, wenn sie wegen Gefahr im Verzug untunlich ist; in diesem Falle ist das Jugendamt nachträglich zu hören.

Im Urteil hat sich das Gericht darüber auszusprechen, ob die vorläufige Anordnung wegfallen oder bis zur endgültigen Entscheidung über die Anordnung einer Erziehungsmaßregel bestehen bleiben soll.

§ 9

Hat ein Jugendlicher eine mit Strafe bedrohte Handlung begangen, so gelten für die Strafbemessung folgende Vorschriften:

Statt auf Todesstrafe oder auf lebenslanges Zuchthaus ist auf Gefängnis von einem bis zu zehn Jahren, statt auf lebenslange Festungshaft ist auf Festungshaft von einem bis zu zehn Jahren zu erkennen.

Sind andere Strafen angedroht, so ist die Strafe zwischen dem gesetzlichen Mindestbetrage der anzuwendenden Strafart und der Hälfte des Höchstbetrages der angedrohten Strafe zu bestimmen. Ist Zuchthausstrafe angedroht, so tritt an ihre Stelle Gefängnisstrafe.

Ist die Tat ein Vergehen oder eine Übertretung, so kann in besonders leichten Fällen von Strafe abgesehen werden.

Auf Verlust der bürgerlichen Ehrenrechte überhaupt oder einzelner bürgerlicher Ehrenrechte, auf Überweisung an die Landespolizeibehörde sowie auf Zulässigkeit von Polizeiaufsicht darf nicht erkannt werden.

§ 10

Das Gericht kann die Vollstreckung einer Freiheitsstrafe im Urteil aussetzen, damit der Verurteilte sich durch gute Führung während einer Probezeit Straferlaß verdienen kann. Dies soll insbesondere dann geschehen, wenn der sofortige Strafvollzug eine Erziehungsmaßregel gefährden würde.

Wird die Vollstreckung der Strafe nicht ausgesetzt, so müssen die Urteilsgründe sich darüber aussprechen, ob die Strafe vollstreckt oder die Entscheidung über die Aussetzung vorbehalten werden soll.

§ 11

Werden nach Erlaß des Urteils Umstände bekannt, die eine Aussetzung der Vollstreckung der erkannten Freiheitsstrafe angezeigt erscheinen lassen, so kann die Vollstreckung nachträglich ausgesetzt werden. Die Strafaussetzung wird nicht dadurch ausgeschlossen, daß im Urteil die Aussetzung abgelehnt oder mit der Vollstreckung der Strafe bereits begonnen worden ist.

§ 12

Die Probezeit ist mindestens auf zwei und höchstens auf fünf Jahre zu bemessen. Ist sie auf weniger als fünf Jahre bemessen, so kann sie nachträglich bis auf fünf Jahre verlängert werden.

Dem Verurteilten können für die Dauer der Probezeit, und zwar auch über den Eintritt der Volljährigkeit hinaus, besondere Pflichten auferlegt, auch kann er unter Schutzaufsicht gestellt werden. Die Anordnungen können auch nachträglich getroffen oder geändert werden. Für die Ausführung der Schutzaufsicht gelten die Vorschriften des Reichsgesetzes für Jugendwohlfahrt; für die Zeit nach erreichter Volljährigkeit gelten sie entsprechend.

Während der Probezeit ruht die Verjährung der Strafvollstreckung.

Führt sich der Verurteilte während der Probezeit schlecht, so kann die Vollstreckung der Strafe angeordnet werden. Das gleiche gilt, wenn nachträglich Umstände bekannt werden, die, wenn sie bereits zur Zeit der Aussetzung der Strafe bekannt gewesen wären, bei Würdigung des Wesens der Aussetzung zur Versagung dieser Vergünstigung geführt haben würden.

Zu den Ermittlungen über die Führung des Verurteilten während der Probezeit ist das Jugendamt nach Möglichkeit zuzuziehen.

§ 13

Wird der Verurteilte, bevor über seine Bewährung entschieden ist, von neuem zu Strafe verurteilt, so bestimmt das Gericht in dem neuen Urteil, ob die frühere Strafe vollstreckt werden oder ausgesetzt bleiben soll. Die neue Strafe kann auch dann ausgesetzt werden, wenn der Verurteilte, als er die neue Tat beging, nicht mehr jugendlich war.

Lautet das neue Urteil auf Freiheitsstrafe, so darf der Wegfall oder die Fortdauer der früheren Strafaussetzung nur bestimmt werden, wenn die gleiche Entscheidung auch für die neue Strafe ergeht.

Ordnet das Gericht an, daß die frühere Strafe ausgesetzt bleibt, so kann es bestimmen, daß die alte Probezeit nicht vor der neuen abläuft. Es kann auch eine der im § 12 Abs. 2 vorgesehenen Anordnungen treffen oder eine nach dieser Vorschrift getroffene Anordnung ändern.

Hat das Gericht in dem neuen Urteil nicht bestimmt, ob die frühere Strafe vollstreckt werden oder ausgesetzt bleiben soll, so wird darüber nachträglich entschieden; dabei kann die Entscheidung über die Aussetzung der neuen Strafe geändert werden.

Das Gericht kann sich, falls es nicht auf Freiheitsstrafe erkennt, der Entscheidung darüber enthalten, ob die frühere Strafe vollstreckt werden oder ausgesetzt bleiben soll; in diesem Falle gilt § 12 Abs. 4.

Ist die frühere Strafe nicht ausgesetzt worden, so kann die Aussetzung in dem neuen Urteil nachträglich bewilligt (§ 11) werden. Die Abs. 2, 4 gelten entsprechend.

Als Urteil im Sinne vorstehender Bestimmungen gilt auch der Strafbefehl.

§ 14

Ist auf Geldstrafe erkannt worden, so ist, sobald die Ersatzfreiheitsstrafe vollstreckt werden kann, darüber zu entscheiden, ob die Vollstreckung der Ersatzfreiheitsstrafe ausgesetzt werden soll. § 11 Satz 2 und die §§ 12 und 13 gelten entsprechend.

§ 15

Nach Ablauf der Probezeit wird die Strafe erlassen, wenn sich der Verurteilte bewährt hat.

Hat der Verurteilte sich nicht bewährt, so wird die Vollstreckung der Strafe angeordnet.

§ 16

Der Strafvollzug gegen einen Jugendlichen ist so zu bewirken, daß seine Erziehung gefördert wird.

Beim Vollzuge der Freiheitsstrafen werden Jugendliche von erwachsenen Gefangenen vollständig getrennt gehalten.

Freiheitsstrafen von einem Monat oder mehr sollen in besonderen, ausschließlich für Jugendliche bestimmten Anstalten oder Abteilungen von Anstalten vollstreckt werden.

Verbüßt ein Jugendlicher in einer besonderen Anstalt oder in einer besonderen Abteilung einer Anstalt eine Freiheitsstrafe, so kann er mit Genehmigung der Aufsichtsbehörde bis zur Vollendung des einundzwanzigsten Lebensjahrs in der Anstalt oder in der Abteilung verbleiben.

Das Weitere über den Strafvollzug bestimmt die Reichsregierung mit Zustimmung des Reichsrats; dabei ist auf eine Mitwirkung des Jugendamts bei dem Strafvollzuge Bedacht zu nehmen.

Zweiter Abschnitt

§ 17

Straftaten von Personen, die zur Zeit der Erhebung der Anklage jugendlich sind, gehören zur Zuständigkeit der Jugendgerichte.

Jugendgerichte sind die Schöffengerichte. Würde die Straftat nach den allgemeinen Vorschriften zur Zuständigkeit des Reichsgerichts oder der Schwurgerichte gehören, so besteht das Jugendgericht aus zwei Richtern und drei Schöffen.

Für Personen, die zur Zeit der Tat jugendlich waren, zur Zeit der Erhebung der Anklage aber nicht mehr jugendlich, jedoch noch jünger als einundzwanzig Jahre sind, kann die Staatsanwaltschaft die Zuständigkeit des Jugendgerichts dadurch begründen, daß sie bei ihm Anklage erhebt.

§ 18

Soweit nicht in diesem Gesetz Abweichendes bestimmt ist, gelten für die Sachen, die zur Zuständigkeit der Jugendgerichte gehören (Jugendsachen) die Vorschriften des Gerichtsverfassungsgesetzes und der Strafprozeßordnung.

Vollendet der Angeschuldigte während der Dauer des Verfahrens das einundzwanzigste Lebensjahr, so kann das Gericht die Sache zum ordentlichen Verfahren verweisen. Ist das Gericht im ordentlichen Verfahren nicht zuständig, so ist die Sache nach § 207 Abs. 2 *) der Strafprozeßordnung dem Landgerichte zur Entscheidung vorzulegen oder nach den §§ 270, 369 Abs. 3 **) der Strafprozeßordnung an das zuständige Gericht zu verweisen.

§ 19

Der Vorsitzende des Jugendgerichts (Jugendrichter) hat auch die Amtshandlungen vorzunehmen, die nach der Strafprozeßordnung der Amtsrichter zu erledigen hat.

Ist ein Amtsgericht mit mehreren Richtern besetzt, so sollen die Geschäfte des Jugendrichters und des Vormundschaftsrichters demselben Richter übertragen werden. Das Nähere bestimmt die oberste Landesbehörde.

Jugendsachen sollen besonderen Strafkammern zugewiesen werden.

§ 20

Die Schöffen (Jugendschöffen) werden auf Vorschlag des Jugendamts für die Dauer eines Geschäftsjahrs von dem im § 40 des Gerichtsverfassungsgesetzes vorgesehenen Ausschuß gewählt und in eine besondere Jahresliste aufgenommen. Es sind soviel Schöffen zu wählen, daß jeder Hauptschöffe zu höchstens zehn ordentlichen Sitzungstagen herangezogen wird.

Die oberste Landesbehörde kann bestimmen, daß von der Wahl besonderer Jugendschöffen abzusehen ist, wenn anzunehmen ist, daß ein Jugendgericht weniger als zehn Sitzungen jährlich abhalten wird.

§ 21

Die Bearbeitung der Jugendsachen ist bei jeder Staatsanwaltschaft tunlichst in den Händen bestimmter Beamter zu vereinigen.

---

*) Jetzt § 209 Abs. 2.
**) Jetzt § 328 Abs. 3.

§ 22

In allen Abschnitten des Verfahrens in Jugendsachen sollen die Organe der Jugendgerichtshilfe zur Mitarbeit herangezogen werden.

§ 23

Die Verhandlung vor dem erkennenden Gericht einschließlich der Verkündung der Entscheidungen ist nicht öffentlich.

Dem gesetzlichen Vertreter des Angeklagten, dem Verletzten und seinem gesetzlichen Vertreter sowie dem Jugendamt ist der Zutritt zu gestatten. Erwachsenen Angehörigen (§ 52 Abs. 2 des Strafgesetzbuchs) des Angeklagten und, falls der Jugendliche unter Schutzaufsicht steht, der bestellten Aufsichtsperson, ferner den Vertretern von Vereinigungen, die sich mit der Jugendfürsorge beschäftigen, soll in der Regel, anderen Personen kann der Zutritt gestattet werden.

Beamte der Justizverwaltung, welche die Dienstaufsicht führen, sind zur Anwesenheit berechtigt.

§ 24

Für das große Jugendgericht (§ 17 Abs. 1 Satz 3) gelten folgende besondere Vorschriften.

Die Schöffen stimmen vor den Richtern. Über die Ausschließung oder Ablehnung eines richterlichen Mitglieds entscheidet die Strafkammer, über die Ausschließung oder Ablehnung eines Schöffen der Vorsitzende. Das Protokoll über die Hauptverhandlung unterschreibt im Falle der Behinderung des Vorsitzenden für ihn das andere richterliche Mitglied.

§ 25

Für Jugendsachen ist auch das Jugendgericht örtlich zuständig, in dessen Bezirk die vormundschaftsgerichtliche Zuständigkeit für den Beschuldigten begründet ist oder sich der Angeschuldigte zur Zeit der Erhebung der Anklage aufhält.

Sind mehrere Jugendgerichte örtlich zuständig, so soll die Anklage bei einem der nach Abs. 1 zuständigen erhoben werden, wenn nicht besondere Gründe die Erhebung der Anklage bei einem anderen Jugendgerichte rechtfertigen.

§ 26

Mehrere Sachen gegen denselben Beschuldigten sollen verbunden werden.

Jugendsachen sollen mit Strafsachen gegen Erwachsene nicht verbunden werden; dies gilt insbesondere, wenn diese Strafsachen zur Zuständigkeit des Reichsgerichts oder der Schwurgerichte gehören.

Nach Erhebung der Anklage können bis zum Erlasse des Urteils erster Instanz Jugendsachen von Strafsachen gegen Erwachsene durch Gerichtsbeschluß getrennt und an das Jugendgericht verwiesen werden.

§ 27

Die Staatsanwaltschaft hat dem Vormundschaftsgericht und dem Jugendamte Mitteilung zu machen, wenn gegen einen Jugendlichen die Voruntersuchung beantragt oder Anklage wegen eines Verbrechens, eines Vergehens oder einer Übertretung gegen § 361 Nr. 3—8 des Strafgesetzbuchs erhoben wird, oder wenn die Staatsanwaltschaft es sonst für geboten erachtet. Über den weiteren Gang des Verfahrens sind Vormundschaftsgericht und Jugendamt zu unterrichten. Die oberste Landesbehörde kann weitergehende Vorschriften erlassen.

Das Vormundschaftsgericht und das Jugendamt haben der Staatsanwaltschaft Nachricht zu geben, wenn ihnen bekannt ist oder bekannt wird, daß gegen den Beschuldigten noch ein anderes Strafverfahren anhängig ist.

§ 28

Untersuchungshaft ist nur zu vollziehen, wenn ihr Zweck nicht durch andere Maßregeln, insbesondere durch eine Anordnung nach § 8 erreicht werden kann. Darüber, ob die Untersuchungshaft zu vollziehen ist, sowie darüber, welche Maßregel an ihre Stelle tritt, entscheidet das Gericht, das den Haftbefehl erlassen hat; in dringenden Fällen kann der Jugendrichter, in dessen Bezirk die Untersuchungshaft vollzogen werden soll, die Entscheidung treffen.

Muß ein Jugendlicher in der Untersuchungshaft mit anderen Gefangenen in einem Raume untergebracht werden, so ist Vorsorge zu treffen, daß er nicht sittlich gefährdet wird. Mit Erwachsenen darf ein Jugendlicher in einem Raume nur untergebracht werden, wenn dies durch seinen körperlichen oder geistigen Zustand geboten ist.

Dem Jugendamt und, falls der Verhaftete unter Schutzaufsicht steht, der bestellten Aufsichtsperson, ist der Verkehr mit dem Verhafteten in dem gleichen Umfang gestattet wie einem Verteidiger (§ 148 der Strafprozeßordnung).

Ist vor Erhebung der öffentlichen Klage die Untersuchungshaft wegen eines Verbrechens angeordnet worden, das nicht schon nach dem § 27 Nr. 7 a und 8 *) des Gerichtsverfassungsgesetzes zur Zuständigkeit der Schöffengerichte gehört, so kann der Jugendrichter auf Antrag der Staatsanwaltschaft die Haftfrist über die im § 126 der Strafprozeßordnung vorgesehene Dauer verlängern. Hat der Beschuldigte keinen Verteidiger, so ist ihm für das Verfahren über die Fortdauer der Haft ein Verteidiger zu bestellen. Verlängert der Jugendrichter die Haftfrist, so bestimmt er zugleich, wann seine Entscheidung von neuem einzuholen ist.

§ 29

In den vor dem großen Jugendgerichte (§ 17 Abs. 1 Satz 3) zu verhandelnden Sachen hat der Jugendrichter dem Angeschuldigten, der keinen Verteidiger hat, einen Verteidiger zu bestellen, sobald die im § 199 **) der Strafprozeßordnung vorgeschriebene Aufforderung stattgefunden hat.

---

*) Jetzt § 24 Nr. 3.
**) Jetzt § 201.

Auch in anderen Fällen soll dem Beschuldigten, der keinen Verteidiger hat, ein Verteidiger bestellt werden, wenn dies aus besonderen Gründen, namentlich bei verwickelter Sach- oder Rechtslage, angemessen erscheint.

Das Gericht kann dem Beschuldigten in allen Fällen und in jeder Lage des Verfahrens einen Beistand bestellen; im Falle des Abs. 2 kann an Stelle des Verteidigers ein Beistand bestellt werden. Den Beistand bestellt der Vorsitzende, im vorbereitenden Verfahren der Jugendrichter. Das Jugendamt ist auf sein Verlangen zum Beistand zu bestellen; der gesetzliche Vertreter soll nur ausnahmsweise zum Beistand bestellt werden. Der Beistand hat die Rechte eines Verteidigers.

§ 30

Die Rechte des Beschuldigten zur Anwesenheit bei Amtshandlungen, auf Gehör und zur Vorlegung von Fragen stehen auch dem gesetzlichen Vertreter zu. Entscheidungen, die dem Beschuldigten bekanntzumachen sind, insbesondere Urteile, sollen auch dem gesetzlichen Vertreter bekanntgemacht werden; das gleiche gilt von Strafverfügungen und Strafbescheiden. In den Fällen, in denen dem Angeschuldigten die Anklageschrift mitzuteilen ist, soll sie auch dem gesetzlichen Vertreter mitgeteilt werden. Ort und Zeit der Hauptverhandlung sollen dem gesetzlichen Vertreter rechtzeitig bekanntgemacht werden.

§ 31

Bei den Ermittlungen sind möglichst frühzeitig die Lebensverhältnisse des Beschuldigten sowie alle Umstände zu erforschen, welche zur Beurteilung seiner körperlichen und geistigen Eigenart dienen können. In geeigneten Fällen soll eine ärztliche Untersuchung des Beschuldigten herbeigeführt werden.

Die Eltern des Beschuldigten sind, wenn es ohne erhebliche Schwierigkeiten geschehen kann, zu hören. In der Hauptverhandlung wird ihnen auf ihr Verlangen das Wort erteilt; ein Fragerecht steht ihnen nicht zu.

Zur Erforschung der im Abs. 1 bezeichneten Umstände ist das Jugendamt nach Möglichkeit zuzuziehen. Ort und Zeit der Hauptverhandlung sind ihm bekanntzumachen. In der Hauptverhandlung wird ihm auf Verlangen das Wort erteilt; ein Fragerecht steht ihm nicht zu.

Bei Fürsorgezöglingen ist der Fürsorgeerziehungsbehörde Gelegenheit zur Äußerung zu geben.

§ 32

Die Staatsanwaltschaft kann auf Grund des § 3 das Verfahren nur mit Zustimmung des Jugendrichters einstellen; vorher soll tunlichst das Jugendamt gehört werden.

Mit Zustimmung des Jugendrichters kann die Staatsanwaltschaft von der Erhebung der Klage absehen, wenn bereits eine Erziehungsmaßregel angeordnet worden ist und weitere Maßnahmen nicht erforderlich sind, oder wenn anzunehmen ist, daß das Gericht nach § 9 Abs. 4 von Strafe absehen wird. Ist die Klage bereits erhoben, so kann das Gericht mit Zustimmung der Staatsanwaltschaft die Einstellung des Verfahrens beschließen.

Die Verfügung der Staatsanwaltschaft (Abs. 1, Abs. 2 Satz 1) und der Beschluß des Gerichts (Abs. 2 Satz 2) sind auch dem Vormundschaftsgericht und dem Jugendamte sowie dem bekanntzumachen, der den Antrag auf Erhebung der öffentlichen Klage gestellt hat. Gegen den Beschluß des Gerichts steht der Staatsanwaltschaft kein Rechtsmittel, dem Beschuldigten und dem Antragsteller, wenn er zugleich der Verletzte ist, die sofortige Beschwerde zu.

Ist das Verfahren durch einen nicht mehr anfechtbaren Beschluß des Gerichts eingestellt worden, so kann die Klage nur auf Grund neuer Tatsachen oder Beweismittel wieder erhoben werden.

§ 33

Hauptverhandlungen in Jugendsachen sollen von anderen Hauptverhandlungen derart gesondert werden, daß eine Berührung des Angeklagten mit erwachsenen Angeklagten vermieden wird.

Ist von einzelnen Erörterungen ein nachteiliger Einfluß auf den Angeklagten zu befürchten, so kann das Gericht anordnen, daß der Angeklagte für die Dauer der Erörterungen das Sitzungszimmer verläßt. Sobald der Angeklagte wieder vorgelassen ist, soll ihn der Vorsitzende über den wesentlichen Inhalt des inzwischen Verhandelten unterrichten.

§ 34

Der Jugendrichter entscheidet über die Aussetzung der Ersatzfreiheitsstrafe, die nachträgliche Aussetzung und die Fortdauer der Aussetzung sowie über die Bewährung und trifft die Entscheidungen, die während einer Probezeit ergehen. Vor der Entscheidung ist, wenn dies ohne Verzögerung geschehen kann, auch das Jugendamt zu hören.

§ 35

Ein Urteil, in dem eine Erziehungsmaßregel angeordnet worden ist, kann nicht deshalb angefochten werden, weil eine andere oder eine weitere Erziehungsmaßregel hätte angeordnet werden sollen, oder weil die Auswahl und Anordnung der Erziehungsmaßregel dem Vormundschaftsgericht überlassen worden ist. Die Vorschrift gilt nicht, wenn die Fürsorgeerziehung angeordnet worden ist.

Gegen Entscheidungen, die eine Strafaussetzung betreffen (§§ 10 bis 15), findet, wenn sie für sich allein angefochten werden, die sofortige Beschwerde statt; das gleiche gilt, wenn ein Urteil nur deshalb angefochten wird, weil die Vollstreckung der Strafe nicht ausgesetzt worden ist. Die Entscheidungen über die Dauer der Probezeit, die für ihre Dauer getroffenen besonderen Anordnungen (§ 12 Abs. 2) sowie die Entscheidung, daß sich das Gericht einer Entscheidung über die Fortdauer der Strafaussetzung enthalte (§ 13 Abs. 5), sind nicht anfechtbar.

§ 36

Die Strafvollstreckung steht dem Jugendrichter zu. Das gleiche gilt von der Ausführung einer Erziehungsmaßregel, die das Gericht angeordnet hat, sofern es sich nicht um Fürsorgeerziehung oder um Schutzaufsicht über einen Minderjährigen handelt.

Gegen die Entscheidungen des Jugendrichters findet sofortige Beschwerde nach den Vorschriften der Strafprozeßordnung statt.

§ 37

Gegen Fürsorgezöglinge sollen Freiheitsstrafen nur nach Anhörung der Fürsorgeerziehungsbehörde vollstreckt werden.

§ 38

Privatklage gegen einen Jugendlichen ist unzulässig. Dies steht der Erhebung einer Widerklage nicht entgegen. Wegen einer strafbaren Handlung, die nach den allgemeinen Vorschriften im Wege der Privatklage verfolgt werden könnte, wird gegen einen Jugendlichen die öffentliche Klage auch dann erhoben, wenn ein berechtigtes Interesse des Verletzten dies rechtfertigt.

§ 211 *) der Strafprozeßordnung findet gegenüber Jugendlichen keine Anwendung.

§ 39

In einem Strafbefehle darf gegen einen Jugendlichen nur Geldstrafe, die an Stelle der Geldstrafe tretende Freiheitsstrafe sowie Einziehung ausgesprochen werden.

§ 40

In einer Strafverfügung darf gegen einen Jugendlichen nur Geldstrafe und Einziehung festgesetzt werden.

Darüber, wie die Geldstrafe in Haft umgewandelt werden soll, entscheidet auf Antrag der Polizeibehörde, welche die Strafe festgesetzt hat, der Jugendrichter, in dessen Bezirk ein Gerichtsstand für die Übertretung begründet gewesen wäre.

Die §§ 14 und 15 finden Anwendung. Vor der Entscheidung sind der Jugendliche und, wenn dies ohne Verzögerung geschehen kann, das Jugendamt zu hören. Gegen den Beschluß steht der Polizeibehörde und dem Jugendlichen die sofortige Beschwerde zu.

Ist eine durch Strafbescheid festgesetzte Geldstrafe in Freiheitsstrafe umzuwandeln, so finden die §§ 14 und 15 Anwendung.

§ 41

Ein Angeklagter, gegen den gemäß § 6 und § 9 Abs. 4 von Strafe abgesehen worden ist, steht für die Pflicht zur Tragung der Auslagen einem Angeklagten gleich, der zu Strafe verurteilt worden ist.

---

*) Jetzt § 212.

§ 42

Die Jugendämter haben die Tätigkeit, die ihnen dieses Gesetz zuweist (Jugendgerichtshilfe), im Benehmen mit den Vereinigungen auszuüben, die sich mit der Jugendfürsorge beschäftigen. Über das Zusammenwirken der Jugendämter mit diesen Vereinigungen können die Landesregierungen nähere Vorschriften erlassen.

Dritter Abschnitt

§ 43

Die §§ 2 und 45 Abs. 1 treten mit der Verkündung in Kraft, im übrigen tritt das Gesetz mit dem 1. Juli 1923 in Kraft. Die Anordnungen, welche erforderlich sind, um die Besetzung der Gerichte bis zum Inkrafttreten dieses Gesetzes nach dessen Vorschriften herbeizuführen, trifft die oberste Landesbehörde.

§ 44

Die am Tage des Inkrafttretens dieses Gesetzes anhängigen Voruntersuchungen sind zu schließen, wenn sämtliche Angeschuldigten am Tage des Inkrafttretens dieses Gesetzes noch jugendlich sind; die Akten sind an die nach diesem Gesetze zuständige Staatsanwaltschaft abzugeben. Befanden sich die jugendlichen Angeschuldigten in Untersuchungshaft, so kann die Haftfrist nach Maßgabe des § 28 Abs. 4 verlängert werden.

Die am Tage des Inkrafttretens dieses Gesetzes in erster Instanz anhängigen Strafsachen gehen in der Lage, in der sie sich befinden, auf das Jugendgericht über, wenn sämtliche Beschuldigte am Tage des Inkrafttretens dieses Gesetzes noch jugendlich sind; eine bereits begonnene Hauptverhandlung ist jedoch nach den bisherigen Vorschriften zu Ende zu führen. Die zur Überleitung des Verfahrens erforderlichen Bestimmungen trifft die oberste Landesbehörde. Wem eine Entscheidung bekanntzumachen ist, auf welche Weise die Entscheidung durch ein Rechtsmittel angefochten werden kann und welches Gericht über das Rechtsmittel entscheidet, bestimmt sich nach den bisherigen Vorschriften, wenn die Entscheidung vor dem Inkrafttreten dieses Gesetzes oder auf Grund einer nach den bisherigen Vorschriften zu Ende geführten Hauptverhandlung erlassen worden ist.

§ 45

Gegen Personen, die zur Zeit der Tat noch nicht vierzehn Jahre alt waren, dürfen Strafen nicht vollstreckt werden. Vermerke über Verurteilungen solcher Personen sind im Strafregister zu tilgen; soweit der Vermerk zu tilgen ist, findet § 5 des Gesetzes über beschränkte Auskunft aus dem Strafregister und die Tilgung von Strafvermerken vom 9. April 1920 (Reichsgesetzbl. S. 507) Anwendung.

Gegen Personen, die zur Zeit der Tat vierzehn, aber noch nicht achtzehn Jahre alt waren, darf die Landespolizeibehörde die Befugnisse aus der Überweisung an die Landespolizeibehörde nicht mehr ausüben. Ein gegen solche Personen vor dem Inkrafttreten dieses

Gesetzes durch eine nicht mehr anfechtbare Entscheidung festgesetzter Verweis wird nach den bisherigen Vorschriften vollstreckt.

§ 46

Soweit im Strafregister die Strafe des Verweises vermerkt ist, ist der Strafvermerk zu tilgen. § 45 Abs. 1 Satz 2 Halbs. 2 findet Anwendung.

§ 47

(Ändert des StGB. und die StPO.)

§ 48

(Ändert das Gerichtskostengesetz.)

§ 49

(Ändert das RG. über die Angelegenheiten der freiwilligen Gerichtsbarkeit v. 20. Mai 1898.)

§ 50

(Ändert die Reichsabgabenordnung v. 13. Dez. 1919.)

§ 51

Bis zum Inkrafttreten des Reichsgesetzes für Jugendwohlfahrt gelten folgende Bestimmungen:

I. Die in diesem Gesetze den Jugendämter zugewiesenen Rechte und Pflichten ruhen. Die Landesregierungen können jedoch bestimmen, daß sie von anderen Behörden oder von Vereinigungen, die sich mit der Jugendfürsorge beschäftigen, wahrgenommen werden.

II. Die Fürsorgeerziehung wird nach Maßgabe der Gesetze des Landes ausgeführt, dem das Jugendgericht angehört.

III. Das Gericht kann den Täter neben oder an Stelle anderer Erziehungsmaßregeln unter Schutzaufsicht stellen. Über die Voraussetzungen, die Ausführung und die Beendigung der Schutzaufsicht bestimmt die Reichsregierung mit Zustimmung des Reichsrats.

---

3. Gesetz über die religiöse Kindererziehung
Vom 15. Juli 1921 (RGBl. 939)

§ 1

Über die religiöse Erziehung eines Kindes bestimmt die freie Einigung der Eltern, soweit ihnen das Recht und die Pflicht zusteht, für die Person des Kindes zu sorgen. Die Einigung ist jederzeit widerruflich und wird durch den Tod eines Ehegatten gelöst.

§ 2

Besteht eine solche Einigung nicht oder nicht mehr, so gelten auch für die religiöse Erziehung die Vorschriften des Bürgerlichen Gesetzbuchs über das Recht und die Pflicht, für die Person des Kindes zu sorgen.

Es kann jedoch während bestehender Ehe von keinem Elternteil ohne die Zustimmung des anderen bestimmt werden, daß das Kind in einem anderen als dem zur Zeit der Eheschließung gemeinsamen Bekenntnis oder in einem anderen Bekenntnis als bisher erzogen, oder daß ein Kind vom Religionsunterricht abgemeldet werden soll.

Wird die Zustimmung nicht erteilt, so kann die Vermittlung oder Entscheidung des Vormundschaftsgerichts beantragt werden. Für die Entscheidung sind, auch soweit ein Mißbrauch im Sinne des § 1666 des Bürgerlichen Gesetzbuchs nicht vorliegt, die Zwecke der Erziehung maßgebend. Vor der Entscheidung sind die Ehegatten sowie erforderlichenfalls Verwandte, Verschwägerte und die Lehrer des Kindes zu hören, wenn es ohne erhebliche Verzögerung oder unverhältnismäßige Kosten geschehen kann. Der § 1847 Abs. 2 des Bürgerlichen Gesetzbuchs findet entsprechende Anwendung. Das Kind ist zu hören, wenn es das zehnte Jahr vollendet hat.

§ 3

Steht dem Vater oder der Mutter das Recht und die Pflicht, für die Person des Kindes zu sorgen, neben einem dem Kinde bestellten Vormund oder Pfleger zu, so geht bei einer Meinungsverschiedenheit über die Bestimmung des religiösen Bekenntnisses, in dem das Kind erzogen werden soll, die Meinung des Vaters oder der Mutter vor, es sei denn, daß dem Vater oder der Mutter das Recht der religiösen Erziehung auf Grund des § 1666 des Bürgerlichen Gesetzbuchs entzogen ist.

Steht die Sorge für die Person eines Kindes einem Vormund oder Pfleger allein zu, so hat dieser auch über die religiöse Erziehung des Kindes zu bestimmen. Er bedarf dazu der Genehmigung des Vormundschaftsgerichts. Vor der Genehmigung sind die Eltern sowie erforderlichenfalls Verwandte, Verschwägerte und die Lehrer des Kindes zu hören, wenn es ohne erhebliche Verzögerung oder unverhältnismäßige Kosten geschehen kann. Der § 1847 Abs. 2 des Bürgerlichen Gesetzbuchs findet entsprechende Anwendung. Auch ist das Kind zu hören, wenn es das zehnte Lebensjahr vollendet hat. Weder der Vormund noch der Pfleger können eine schon erfolgte Bestimmung über die religiöse Erziehung ändern.

§ 4

Verträge über die religiöse Erziehung eines Kindes sind ohne bürgerliche Wirkung.

§ 5

Nach der Vollendung des vierzehnten Lebensjahrs steht dem Kinde die Entscheidung darüber zu, zu welchem religiösen Bekenntnis es sich halten will. Hat das Kind das zwölfte Lebensjahr vollendet, so kann es nicht gegen seinen Willen in einem anderen Bekenntnis als bisher erzogen werden.

§ 6

Die vorstehenden Bestimmungen finden auf die Erziehung der Kinder in einer nicht bekenntnismäßigen Weltanschauung entsprechende Anwendung.

§ 7

Für Streitigkeiten aus diesem Gesetz ist das Vormundschaftsgericht zuständig. Ein Einschreiten von Amts wegen findet dabei nicht statt, es sei denn, daß die Voraussetzungen des § 1666 des Bürgerlichen Gesetzbuchs vorliegen.

§ 8

Alle diesem Gesetz entgegenstehenden Bestimmungen der Landesgesetze sowie Art. 134 des Einführungsgesetzes zum Bürgerlichen Gesetzbuch werden aufgehoben.

§ 9

Verträge über religiöse Erziehung bleiben in Kraft, soweit sie vor Verkündung dieses Gesetzes abgeschlossen sind. Auf Antrag der Eltern oder des überlebenden Elternteils wird ein bestehender Vertrag durch Beschluß des Vormundschaftsgerichts aufgehoben.

§ 10

Wenn beide Eltern vor dem Inkrafttreten dieses Gesetzes verstorben sind und über die religiöse Erziehung in einem bestimmten Bekenntnis nachweisbar einig waren, so kann der Vormund bestimmen, daß sein Mündel in diesem Bekenntnis erzogen wird. Er bedarf zu dieser Bestimmung der Genehmigung des Vormundschaftsgerichts.

§ 11.

Das Gesetz tritt am 1. Januar 1922 in Kraft. Der Reichspräsident ist jedoch ermächtigt, das Gesetz für ein Land im Einvernehmen mit der Landesregierung zu einem früheren Zeitpunkt in Kraft zu setzen.

---

4. VO. über die Fürsorgepflicht vom 13. Febr. 1924; die sog. Fürsorgenotverordnung (RGBl. 100)

Auf Grund des Ermächtigungsgesetzes vom 8. Dezember 1923 (Reichsgesetzbl. I S. 1179) verordnet die Reichsregierung zum Vollzuge der dritten Steuernotverordnung nach Anhörung eines Ausschusses des Reichsrats und eines aus 15 Mitgliedern bestehenden Ausschusses des Reichstags:

a) Träger der Fürsorge

§ 1

Die nachstehenden öffentlich-rechtlichen Fürsorgeaufgaben sind, soweit Reichsgesetze nichts anderes bestimmen, von den Landesfürsorgeverbänden und den Bezirksfürsorgeverbänden zu erfüllen:

a) die soziale Fürsorge für Kriegsbeschädigte und Kriegshinterbliebene und die ihnen auf Grund der Versorgungsgesetze Gleichstehenden,
b) die Fürsorge für Rentenempfänger der Invaliden- und Angestelltenversicherung, soweit sie nicht den Versicherungsträgern obliegt,
c) die Fürsorge für die Kleinrentner und die ihnen Gleichstehenden,
d) die Fürsorge für Schwerbeschädigte und Schwererwerbsbeschränkte durch Arbeitsbeschaffung,
e) die Fürsorge für hilfsbedürftige Minderjährige,
f) die Wochenfürsorge.

Den Fürsorgeverbänden liegt auch weiterhin die Armenfürsorge ob: das Land kann ihnen weitere Fürsorgeaufgaben übertragen.

§ 2

Das Land bestimmt, wer Landesfürsorgeverband und wer Bezirksfürsorgeverband ist, sowie welche der Aufgaben die Landesfürsorgeverbände und welche davon die Bezirksfürsorgeverbände zu erfüllen haben.

Ein Land kann mehrere Landesfürsorgeverbände oder Zweigverbände solcher bilden; mehrere Länder können sich oder Teile ihres Gebiets zu gemeinsamen Landesfürsorgeverbänden zusammenschließen.

Das Land kann zu Bezirksfürsorgeverbänden Gemeinden oder Gemeindeverbände erklären oder besondere Fürsorgeverbände bilden und ihre Einrichtung bestimmen. Die Bezirksfürsorgeverbände sind so zu bestimmen, daß sie ihren Aufgaben gewachsen sind.

Das Land bestimmt, wie der Aufwand seiner Fürsorgeverbände zu decken ist, insbesondere inwieweit diese andere Fürsorgeverbände, Gemeinden oder Gemeindeverbände an ihren Lasten beteiligen können und inwieweit die Landesfürsorgeverbände die Kosten gemeinsamer Einrichtungen aller oder einzelner Bezirksfürsorgeverbände zu tragen, die Lasten auszugleichen oder Zuschüsse an nicht leistungsfähige Fürsorgeverbände zu leisten haben.

Das Land kann die Ersatz- und Übernahmepflicht seiner Fürsorgeverbände im Verhältnis zueinander abweichend von dieser Verordnung regeln.

§ 3

Welche Behörden oder sonstige Stellen die Aufgaben der Landes- und Bezirksfürsorgeverbände durchzuführen haben, bestimmt das Land; die Fürsorgeaufgaben desselben örtlichen Bereichs sollen tunlichst von der gleichen Stelle durchgeführt werden.

Das Land regelt im Rahmen der reichsrechtlichen Vorschriften Verfahren, Beschwerde und Aufsicht. Es bestimmt, in welcher Weise Personen aus dem Kreise der Hilfsbedürftigen bei der Durchführung der Fürsorge zu beteiligen sind; es bestimmt ferner, inwieweit die Gemeinden von den Fürsorgeverbänden und die Bezirksfürsorgeverbände von den Landesfürsorgeverbänden zur Durchführung ihrer Aufgaben herangezogen werden können.

Das Land kann Aufgaben, die diese Verordnung den Fürsorgeverbänden überträgt, auch Versicherungsträgern unter deren Verantwortung widerruflich übertragen, sofern sie damit einverstanden sind.

§ 4

Die Fürsorgeverbände sind Körperschaften des öffentlichen Rechtes. Das Land kann bestimmten Zwecken dienenden Teilen ihres Vermögens gesonderte Rechtsfähigkeit verleihen.

§ 5

Das Land kann einzelne der Aufgaben, die diese Verordnung den Fürsorgeverbänden überträgt, unter seiner Verantwortung auch Verbänden oder Einrichtungen der freien Wohlfahrtspflege übertragen, sofern sie damit einverstanden sind.

Der Fürsorgeverband kann einzelne seiner Aufgaben unter seiner Verantwortung derartigen Verbänden oder Einrichtungen übertragen, sofern sie damit einverstanden sind. Das Land kann sich die Zustimmung dazu vorbehalten; es kann die Übertragung nach Anhörung des Fürsorgeverbandes und der Vertretung der beteiligten freien Wohlfahrtspflege zurücknehmen, wenn ein wichtiger Grund dazu vorliegt.

Die Fürsorgeverbände sollen eigene Einrichtungen nicht neu schaffen, soweit geeignete Einrichtungen der freien Wohlfahrtspflege ausreichend vorhanden sind.

Die Fürsorgestellen (§ 3) sollen für ihren Bereich Mittelpunkt der öffentlichen Wohlfahrtspflege und zugleich Bindeglied zwischen öffentlicher und freier Wohlfahrtspflege sein; sie sollen darauf hinwirken, daß öffentliche und freie Wohlfahrtspflege sich zweckmäßig ergänzen und in Formen zusammenarbeiten, die der Selbständigkeit beider gerecht werden. Die Reichsregierung kann mit Zustimmung des Reichsrats und eines Ausschusses des Reichstags Grundsätze für diese Zusammenarbeit aufstellen; solange und soweit dies nicht geschieht, können es die Länder.

b) Umfang der Fürsorge

§ 6

Voraussetzung, Art und Maß der zu gewährenden Fürsorge bestimmt im Rahmen der reichsgesetzlichen Vorschrift das Land.

Mit Zustimmung des Reichsrats kann die Reichsregierung Grundsätze hierüber aufstellen.

c) Zuständigkeit

§ 7

Jeder hilfsbedürftige Deutsche muß vorläufig von demjenigen Bezirksfürsorgeverband unterstützt werden, in dessen Bezirk er sich bei Eintritt der Hilfsbedürftigkeit befindet.

Zur Fürsorge endgültig verpflichtet ist derjenige Bezirksfürsorgeverband, in dessen Bezirk der Hilfsbedürftige bei Eintritt der Hilfsbedürftigkeit den gewöhnlichen Aufenthalt hat; ist ein solcher nicht vorhanden oder zu ermitteln, so ist derjenige Landesfürsorgeverband endgültig verpflichtet, dem der vorläufig verpflichtete Bezirksfürsorgeverband angehört.

Der Bezirksfürsorgeverband des Ortes, an dem die Familie Wohnung und Haushalt hat, ist zur Fürsorge für die Mitglieder der Familie endgültig verpflichtet, auch wenn sie bei Eintritt der Hilfsbedürftigkeit ihren Aufenthalt an einem anderen Orte hatten.

Zur Familie im Sinne dieser Vorschrift gehören Ehegatten und Verwandte auf- und absteigender Linie.

§ 8

Wird ein uneheliches Kind innerhalb von sechs Monaten nach der Geburt hilfsbedürftig, so ist derjenige Bezirksfürsorgeverband endgültig verpflichtet, in dessen Bezirk die Mutter im zehnten Monat vor der Geburt zuletzt ihren gewöhnlichen Aufenthalt gehabt hat, oder in Ermangelung eines solchen der Landesfürsorgeverband, in dessen Bezirk sie sich in diesem Monat zuletzt aufgehalten hat. Ist ein solcher Bezirks- oder Landesfürsorgeverband nicht vorhanden oder nicht zu ermitteln, so ist der Landesfürsorgeverband zuständig, dem der vorläufig verpflichtete Bezirksfürsorgeverband angehört.

Das gleiche gilt für die uneheliche Mutter hinsichtlich der innerhalb von sechs Monaten nach der Geburt des Kindes notwendig werdenden Fürsorgemaßnahmen, auch wenn die Hilfsbedürftigkeit vor der Geburt eingetreten ist, es sei denn, daß die Hilfsbedürftigkeit offensichtlich außer Zusammenhang mit der Geburt steht.

§ 9

Durch den Eintritt oder die Einlieferung in eine Kranken-, Entbindungs-, Heil-, Pflege- oder sonstige Fürsorgeanstalt, in eine Erziehungsanstalt oder eine Straf-, Arbeits- oder sonstige Zwangsanstalt wird an dem Aufenthaltsort ein gewöhnlicher Aufenthalt nicht begründet.

Tritt die Hilfsbedürftigkeit während des Aufenthalts in einer derartigen Anstalt oder bei der Entlassung daraus ein, so ist der Fürsorgeverband endgültig verpflichtet, der es bei dem Eintritt oder der Einlieferung in die Anstalt gewesen wäre.

Entsprechendes gilt für die Unterbringung von Kindern in Pflege.

§ 10

Der Einwand, daß ein Aufenthalt wegen Mangels der Geschäftsfähigkeit oder der Willenserklärung nicht habe begründet oder aufgehoben werden können, ist unzulässig.

§ 11

Erkrankt eine Person, die an einem Orte mindestens eine Woche hindurch gegen Lohn oder Gehalt in einem und demselben Dienst- oder Arbeitsverhältnis gestanden hat, während der Fortdauer dieses Dienst- oder Arbeitsverhältnisses oder innerhalb einer Woche nach seiner Beendigung, so hat der Bezirksfürsorgeverband des Dienst- oder Arbeitsorts die Kosten der erforderlichen Kur und Verpflegung für die ersten 26 Wochen nach dem Beginne der Krankenpflege endgültig zu tragen oder, wenn die Krankenpflege von einem anderen Fürsorgeverbande gewährt worden ist, diesem zu erstatten.

Die Verpflichtung des Bezirksfürsorgeverbandes des Dienst- oder Arbeitsorts erstreckt sich auf die Fälle der Erkrankung der Ehefrau und der noch nicht 16 Jahre alten Kinder des Dienstverpflichteten oder Arbeiters, die sich bei ihm befinden, sofern nicht ein anderer Bezirksfürsorgeverband deshalb verpflichtet ist, weil die Ehefrau oder die Kinder selbst im Dienst- oder Arbeitsverhältnisse gestanden haben.

Wird im Falle der Erkrankung einer der vorbezeichneten Personen Kur und Verpflegung auf Kosten einer Krankenkasse gewährt und muß bei Beendigung der Leistungen der Krankenkasse die Fürsorge eintreten, so sind die Kosten der letzteren von dem Bezirksfürsorgeverbande des Dienst- oder Arbeitsorts in derselben Weise zu tragen oder zu erstatten, wie wenn die Fürsorge schon in dem Zeitpunkt eingetreten wäre, in welchem die Leistungen der Krankenkasse begonnen haben.

Entsprechendes gilt für Lehrlinge.

Schwangerschaft an sich ist nicht als eine Krankheit im Sinne der vorstehenden Bestimmung anzusehen.

§ 12

Sind Deutsche, staatlose ehemalige Deutsche oder staatlose Personen deutscher Abkunft beim freiwilligen oder erzwungenen Übertritt aus dem Auslande hilfsbedürftig oder werden sie es binnen eines Monats nachher, so ist endgültig verpflichtet der Bezirksfürsorgeverband, in dem der Hilfsbedürftige innerhalb des letzten Jahres vor dem Austritt aus dem Reichsgebiete zuletzt seinen gewöhnlichen Aufenthalt gehabt hat.

Ist ein solcher nicht zu ermitteln oder hat die Abwesenheit aus dem Reichsgebiete länger als ein Jahr gedauert, so ist zur Fürsorge für Deutsche oder staatlose ehemalige Deutsche das Land endgültig verpflichtet, dessen Staatsangehörigkeit der Hilfsbedürftige besitzt oder zuletzt besessen hat, im übrigen das Land, das die Reichsregierung oder die von ihr bestimmte Stelle für endgültig verpflichtet erklärt.

Die Verpflichtung zur Fürsorge für staatlose ehemalige Deutsche erstreckt sich auf Ehefrauen und minderjährige Kinder, auch wenn diese die Reichsangehörigkeit nicht besessen haben, diejenige für staatlose Personen deutscher Abkunft auch auf Ehefrauen nichtdeutscher Abkunft.

Das Land bestimmt, welcher seiner Fürsorgeverbände die ihm obliegende Fürsorgepflicht endgültig zu erfüllen hat. Soweit die Reichsregierung oder die von ihr bestimmte Stelle ein Land für endgültig verpflichtet erklärt, erstattet das Reich diesem Lande die Kosten der Fürsorge.

Bis zur Übernahme der Fürsorge durch den endgültig verpflichteten Fürsorgeverband hat der Bezirksfürsorgeverband die Fürsorge zu leisten, in dessen Bezirk der Hilfsbedürftige sich befindet. Dieser Bezirksfürsorgeverband kann, wenn das Land nichts anderes bestimmt, von dem Landesfürsorgeverbande, dem er angehört, die vorschußweise Zahlung der aufzuwendenden Kosten verlangen.

§ 13

Ein Ausländer muß vorläufig von dem Bezirksfürsorgeverband unterstützt werden, in dessen Bezirk er sich bei Eintritt der Hilfsbedürftigkeit befindet. Das Land, dem der Bezirksfürsorgeverband angehört, hat ihm die Kosten zu ersetzen, es sei denn, daß ein Landesgesetz etwas anderes bestimmt.

§ 14

Der vorläufig Fürsorge gewährende Fürsorgeverband kann von dem endgültig verpflichteten Fürsorgeverband Ersatz der Kosten und Übernahme des Hilfsbedürftigen in eigene Fürsorge verlangen. Der zur Übernahme verpflichtete Fürsorgeverband trägt die Kosten der Überführung. Er kann die Übergabe verlangen.

Der Bezirksfürsorgeverband des Ortes, an dem die Familie Wohnung und Haushalt hat, ist nur zur Übernahme des hilfsbedürftigen Familienmitglieds verpflichtet.

Leben die Ehefrau oder Kinder bis zu 16 Jahren mit dem Hilfsbedürftigen an einem Orte zusammen, so kann nur die gleichzeitige Übergabe oder Übernahme auch dieser Personen verlangt werden.

Übergabe oder Übernahme kann nicht verlangt werden:

a) bei nur vorübergehender Hilfsbedürftigkeit,

b) wenn eine Trennung der hilfsbedürftigen Ehefrau von dem Ehemann oder des hilfsbedürftigen Kindes von den Eltern oder einem Elternteil eintreten würde,

c) wenn sie eine offensichtliche Härte bedeuten oder zur Gefährdung eines Familienangehörigen führen würde.

§ 15

Die Pflicht zur endgültigen Fürsorge dauert, soweit nichts anderes bestimmt ist, bis zur Beendigung der Hilfsbedürftigkeit.

d) Kostenersatz

§ 16

Die Höhe der zu ersetzenden Kosten richtet sich nach den Grundsätzen, die am Unterstützungsorte für die Unterstützung Hilfsbedürftiger gleicher Art gelten. Allgemeine Verwaltungskosten des Fürsorgeverbandes dürfen nicht angerechnet werden.

Für den Kostenersatz können Tarife aufgestellt werden, und zwar für den Kostenersatz zwischen den Fürsorgeverbänden desselben Landes durch die Landesregierung, sonst durch die Reichsregierung mit Zustimmung des Reichsrats.

Ersatz kann nicht verlangt werden, wenn die für den einzelnen Hilfsbedürftigen aufgewendeten Kosten weniger als zehn Goldmark betragen.

§ 17

Ist die Unterstützungspflicht eines Fürsorgeverbandes durch eine pflichtwidrige oder gegen Treu und Glauben verstoßende Handlung entstanden, die ein anderer Fürsorgeverband zu vertreten hat (Abschiebung), so kann der dadurch belastete Fürsorgeverband von dem anderen außer der Übernahme Ersatz der Fürsorgekosten und Vergütung für seinen Verwaltungsmehraufwand verlangen; er kann dabei, auch wenn für den Ersatz Tarife bestehen, die tatsächlichen Aufwendungen und als Vergütung für Mehrarbeit ohne weiteren Nachweis 25 vom Hundert des Tarifsatzes oder der tatsächlichen Aufwendungen ansetzen.

Das gleiche gilt, wenn ein Fürsorgeverband die verlangte Übernahme eines Hilfsbedürftigen (§ 14) schuldhaft verzögert oder unterläßt, von dem Zeitpunkt ab, in dem er die Übernahme hätte vollziehen können.

Verzögert oder unterläßt ein Fürsorgeverband schuldhaft die verlangte Übergabe des Hilfsbedürftigen, so verwirkt er den Ersatzanspruch von dem Zeitpunkt ab, in dem er die Übergabe hätte vollziehen können.

Geht in einem zwischen den Fürsorgeverbänden anhängigen Streitverfahren hervor, daß der eine Fürsorgeverband den Ersatz völlig unberechtigt abgelehnt oder gefordert hat, so kann der andere Vergütung für seinen Verwaltungsmehraufwand verlangen, und zwar ohne weiteren Nachweis in Höhe von 25 vom Hundert des streitigen Betrags.

§ 18

Der Fürsorgeverband, der von einem anderen Kostenersatze verlangen will, hat ihm dies spätestens binnen drei Monaten nach begonnener Unterstützung anzumelden.

Er kann dabei eine Frist mit der Wirkung setzen, daß die Erstattungspflicht als abgelehnt gilt, wenn sie nicht bis zu ihrem Ablauf anerkannt wird. Die Frist muß wenigstens vierzehn Tage betragen.

Kann er den ersatzpflichtigen Fürsorgeverband nicht ermitteln, so meldet er den Ersatzanspruch bei seiner Aufsichtsbehörde an.

Unterläßt er die Anmeldung innerhalb der Frist, so sind nur die Kosten ersatzfähig, die drei Monate vor der Anmeldung entstanden sind oder nachher entstehen.

e) Arbeitspflicht und Unterhaltspflicht

§ 19

Die Unterstützung Arbeitsfähiger kann in geeigneten Fällen durch Anweisung angemessener Arbeit gemeinnütziger Art gewährt oder von der Leistung solcher Arbeit abhängig gemacht werden, es sei denn, daß dies eine offensichtliche Härte bedeuten würde oder ein Gesetz dem entgegensteht.

§ 20

Wer obwohl arbeitsfähig infolge seines sittlichen Verschuldens der öffentlichen Fürsorge selbst anheimfällt oder einen Unterhaltsberechtigten anheimfallen läßt, kann von der Verwaltungsbehörde auf Antrag des vorläufig oder endgültig verpflichteten Fürsorgeverbandes oder desjenigen, der dem Fürsorgeverbande die Kosten der Unterstützung zu ersetzen hat, in einer vom Lande als geeignet anerkannten Anstalt oder sonstigen Arbeitseinrichtung zur Arbeit untergebracht werden, wenn er Arbeit beharrlich ablehnt oder sich der Unterhaltspflicht beharrlich entzieht.

Als unterhaltsberechtigt im Sinne dieser Vorschrift gilt auch ein uneheliches Kind demjenigen gegenüber, der in öffentlicher Urkunde sich zur Unterhaltszahlung verpflichtet hat oder rechtskräftig dazu verurteilt ist.

Die Unterbringung ist unzulässig, wenn sie eine außergewöhnliche Härte bedeuten würde; sie darf nicht in einer Strafanstalt erfolgen.

Die Länder können Vorschriften über weitere Voraussetzungen und Dauer der Unterbringung, über die Zuständigkeit und das Verfahren erlassen.

§ 21

Die Verpflichtungen Dritter, einen Hilfsbedürftigen zu unterstützen, werden durch diese Verordnung nicht berührt.

Der Fürsorgeverband, der auf Grund dieser Verordnung einen Hilfsbedürftigen unterstützt hat, kann zum Ersatze Rechtsansprüche, die der Hilfsbedürftige einem Dritten gegenüber hat, in dem Maße und unter denselben Voraussetzungen geltend machen, wie der Hilfsbedürftige selbst. Das gilt auch dann, wenn er einen Ersatzanspruch gegenüber einem anderen Fürsorgeverbande hat.

§ 22

Der Fürsorgeverband kann in den Grenzen des notdürftigen Unterhalts Ersatz seiner Aufwendungen von den Kindern des Hilfsbedürftigen auch dann verlangen, wenn sie nach den Vorschriften des Bürgerlichen Rechtes (§ 1603 BGB.) lediglich deshalb nicht unterhaltungspflichtig sind, weil sie sonst ihren standesmäßigen Unterhalt gefährden würden.

Dies gilt nicht, wenn der in Anspruch Genommene aus dem gleichen Grunde nicht verpflichtet ist, seiner Ehefrau oder seinen Kindern den standesmäßigen Unterhalt zu gewähren, oder wenn durch die Ersatzleistungen sein Fortkommen oder das seiner Ehefrau oder Kinder unbillig erschwert würde.

§ 23

Der Unterhalts- oder Ersatzpflichtige kann auf Antrag des vorläufig oder endgültig verpflichteten Fürsorgeverbandes im Verwaltungswege zum Kostenersatz oder zur Erfüllung seiner Unterhaltspflicht angehalten werden.

Bestreitet er die Unterhaltspflicht, so kann die Verwaltungsbehörde vorbehaltlich des ordentlichen Rechtswegs die Unterhaltspflicht feststellen.

Zuständigkeit und Verfahren bestimmt das Land. Die Entscheidung ist vorläufig vollstreckbar.

Zur Durchführung des Verwaltungsverfahrens haben sich Verwaltungsbehörden und Gerichte Rechtshilfe zu leisten.

Verneint ein im ordentlichen Rechtsweg ergehendes Urteil rechtskräftig die von der Verwaltungsbehörde festgestellte Unterhaltspflicht, so hat der Fürsorgeverband dem in Anspruch Genommenen seine Leistungen oder Mehrleistungen zu ersetzen.

§ 24

Eine Anstalt (§ 9) kann zur Deckung ihrer Verpflegungskosten für ihre Insassen Anträge auf Fürsorgeleistungen stellen und die Leistungen in Empfang nehmen. Der Fürsorgeverband kann Auszahlungen von der Vorlage einer Vollmacht abhängig machen und den Betrag bestimmen, der dem Hilfsbedürftigen unmittelbar zugewendet werden muß.

§ 25

Das Land bestimmt im Rahmen der reichsrechtlichen Vorschriften, inwieweit ein Hilfsbedürftiger, der zu hinreichendem Vermögen oder Einkommen gelangt, die aufgewendeten Kosten dem Fürsorgeverbande zu ersetzen hat.

Der Ersatzanspruch kann auch gegenüber dem Erben des Hilfsbedürftigen geltend gemacht werden; er gilt als Nachlaßverbindlichkeit (§ 1967 BGB.).

§ 26

Ersatzansprüche, die ein Fürsorgeverband auf Grund dieser Verordnung erheben kann, verjähren in zwei Jahren vom Ablauf des Jahres ab, in dem der Anspruch entstanden ist.

f) Schluß- und Übergangsvorschriften

§ 27

Die Verwaltungsbehörden sind verpflichtet, den im Vollzuge dieser Verordnung an sie ergehenden Ersuchen der Fürsorgestellen (§ 3) zu entsprechen. Diese Rechtshilfe haben auch die Fürsorgestellen einander sowie die Organe der Versicherungsträger zu leisten. Die Finanzbehörden haben den Fürsorgestellen Auskunft zu geben über die ihnen bekannten Einkommens- und Vermögensverhältnisse des Hilfsbedürftigen und des Unterhalts- oder Ersatzpflichtigen, die Arbeitgeber über Art und Dauer der Beschäftigung und über den Arbeitsverdienst.

Die Unterhalts- oder Ersatzpflichtigen haben den Fürsorgestellen bei Anfragen Auskunft über alle für die Fürsorge erheblichen Tatsachen zu geben.

§ 28

Verhandlungen und Urkunden, insbesondere Vollmachten und amtliche Bescheinigungen, die bei Beantragung, Feststellung, Auszahlung oder Ersatz einer nach dieser Verordnung zu leistenden öffentlichen Unterstützung nötig werden, sind stempel- und gebührenfrei.

§ 29

Das Reichsgesetz über den Unterstützungswohnsitz in der Fassung vom 30. Mai 1908 (Reichsgesetzbl. S. 381) wird aufgehoben. Bis zur Neuregelung des Rechtsverfahrens werden jedoch Streitigkeiten zwischen Fürsorgeverbänden nach den Bestimmungen der §§ 37—57, 58 Abs. 2 dieses Gesetzes entschieden.

§ 30

(Ändert das Freizügigkeitsgesetz.)

§ 31

Soweit nach Landesrecht eine gesetzliche Regelung erforderlich ist, werden bis dahin die in dieser Verordnung den Ländern vorbehaltenen Bestimmungen von den Landesregierungen erlassen; diese können bis dahin auch mit Gesetzeskraft feststellen, welche von dieser Verordnung berührten landesrechtlichen Vorschriften noch gelten oder als aufgehoben anzusehen sind.

§§ 32—35

(Heben frühere Gesetze und Verordnungen auf oder ändern solche.)

§ 36

Ersatzansprüche von Armen-, Fürsorge- oder anderen öffentlich-rechtlichen Verbänden auf Grund der bisherigen Bestimmungen können nach Inkrafttreten dieser Verordnung derartigen Verbänden gegenüber nicht mehr geltend gemacht werden, wenn ihr Betrag weniger als zehn Goldmark beträgt; Kosten, die ersetzt sind, können nicht mehr zurückgefordert werden.

Ein Verband, der bisher nur vorläufig verpflichtet ist, kann nach dem Inkrafttreten dieser Verordnung von einem anderen Ersatz nicht mehr verlangen, wenn er nach den Bestimmungen dieser Verordnung endgültig verpflichtet wäre.

Ein Verband, dessen endgültige Verpflichtung zur Fürsorge vor Inkrafttreten dieser Verordnung durch Anerkennung oder durch rechtskräftige Entscheidung festgestellt ist, bleibt bis zur Beendigung der Hilfsbedürftigkeit endgültig verpflichtet. Geht er in einem anderen Verband auf, so tritt dieser, sofern das Land den Übergang nicht anders regelt, an seine Stelle.

§ 37

Die in dieser Verordnung vorgesehene Zustimmung eines Ausschusses des Reichstags ist nicht erforderlich, wenn der Reichstag vertagt oder aufgelöst ist. Die erlassenen Vorschriften sind dem Reichstag nach seinem Zusammentritte von der Reichsregierung mitzuteilen und auf sein Verlangen außer Kraft zu setzen.

§ 38

Die Reichsregierung kann mit Zustimmung des Reichsrats Grundsätze für die Auslegung dieser Verordnung aufstellen und bestimmen, daß und inwieweit der gewöhnliche Aufenthalt an einem Orte erst nach Ablauf einer Frist als begründet gilt, und daß mit seiner Verlegung sich die endgültige Fürsorgepflicht trotz Fortdauer der Hilfsbedürftigkeit allgemein oder für bestimmte Gruppen von Hilfsbedürftigen ändert.

§ 39

Diese Verordnung tritt am 1. April 1924 in Kraft. Die Reichsregierung kann mit Zustimmung des Reichsrats den Zeitpunkt des Inkrafttretens hinausschieben; sie muß es auf Antrag des Reichsrats, wenn nicht bis 1. April 1924 die Neuregelung des Finanzausgleichs in Kraft tritt.

---

5. Reichsgrundsätze über Voraussetzung, Art u. Maß der öffentlichen Fürsorge

v. 4. Dez. 1924 (RGBl. 765). Geänd. durch VO. vom 7. Sept. 1925 (RGBl. 332)

Auf Grund des § 6 Abs. 2 in Verbindung mit § 32 Abs. 2 der Verordnung über die Fürsorgepflicht vom 13. Februar 1924 (Reichsgesetzbl. I S. 100),

des § 1 Abs. 1 der Verordnung über die soziale Kriegsbeschädigten- und Kriegshinterbliebenenfürsorge vom 8. Februar 1919 (Reichsgesetzbl. S. 187) in der Fassung des § 34 der Verordnung über die Fürsorgepflicht und in Verbindung mit §§ 21—23 des Reichsversorgungsgesetzes in der Fassung vom 30. Juni 1923 (Reichsgesetzbl. I S. 523)

sowie auf Grund des Artikel 2 Satz 2 der Verordnung über das Inkrafttreten des Reichsgesetzes für Jugendwohlfahrt vom 14. Februar 1924 (Reichsgesetzbl. I S. 110)

werden mit Zustimmung des Reichsrats über Voraussetzung, Art und Maß der öffentlichen Fürsorge folgende Grundsätze aufgestellt:

a) Fürsorge im allgemeinen

§ 1

Die Fürsorge hat die Aufgabe, dem Hilfsbedürftigen den notwendigen Lebensbedarf zu gewähren. Sie muß dabei die Eigenart der Notlage berücksichtigen.

Sie soll den Hilfsbedürftigen tunlichst in den Stand setzen, sich und seinen unterhaltsberechtigten Angehörigen den Lebensbedarf selbst zu beschaffen.

§ 2

Die Fürsorge muß rechtzeitig einsetzen; sie ist nicht von einem Antrag abhängig.

Sie muß der Notlage nachhaltig entgegenwirken und zu verhüten suchen, daß vorübergehende Not zu dauernder wird.

§ 3

Um drohende Hilfsbedürftigkeit zu verhüten, kann die Fürsorge auch vorbeugend eingreifen, besonders um Gesundheit und Arbeitsfähigkeit zu erhalten. Bei Minderjährigen kann sie, soweit dazu nicht die Jugendhilfe berufen ist, auch eingreifen, um Störungen der körperlichen, geistigen oder sittlichen Entwicklung zu verhindern.

§ 4

Die Fürsorge soll auch Einrichtungen für Hilfsbedürftige, besonders solche zur Beschäftigung Erwerbsbeschränkter, fördern, wenn sie die Einzelfürsorge entlasten, sparsam wirtschaften und die öffentlichen Mittel zweckentsprechend verwenden.

§ 5

Hilfsbedürftig ist, wer den notwendigen Lebensbedarf für sich und seine unterhaltsberechtigten Angehörigen nicht oder nicht ausreichend aus eigenen Kräften und Mitteln beschaffen kann und ihn auch nicht von anderer Seite, insbesondere von Angehörigen, erhält.

§ 6

Zum notwendigen Lebensbedarfe gehören

a) der Lebensunterhalt, insbesondere Unterkunft, Nahrung, Kleidung und Pflege,
b) Krankenhilfe sowie Hilfe zur Wiederherstellung der Arbeitsfähigkeit,

c) Hilfe für Schwangere und Wöchnerinnen,
außerdem
d) bei Minderjährigen Erziehung und Erwerbsbefähigung,
e) bei Blinden, Taubstummen und Krüppeln Erwerbsbefähigung.
Nötigenfalls ist der Bestattungsaufwand zu bestreiten.

§ 7

Jeder Hilfsbedürftige, auch der nicht voll arbeitsfähige, muß seine Arbeitskraft zur Beschaffung des notwendigen Lebensbedarfs für sich und seine unterhaltsberechtigten Angehörigen einsetzen. Die Fürsorge soll ihm, soweit möglich, Gelegenheit dazu bieten. Schwerbeschädigte soll sie geeignetenfalls mit Hilfe des Reichsgesetzes über die Beschäftigung Schwerbeschädigter unterbringen.

Ob dem Hilfsbedürftigen eine Arbeit billigerweise zugemutet werden kann, soll nach Lebensalter, Gesundheitszustand, häuslichen Verhältnissen und, soweit angängig, auch nach der beruflichen Ausbildung beurteilt werden; das gilt besonders auch dann, wenn die Hilfe durch Anweisung von Arbeit gewährt oder von deren Leistung abhängig gemacht werden soll (§ 19 der Verordnung über die Fürsorgepflicht).

Frauen soll Erwerbsarbeit nicht zugemutet werden, wenn dadurch die geordnete Erziehung ihrer Kinder gefährdet würde; auch sonst sind bei Frauen die Pflichten besonders zu berücksichtigen, die ihnen die Führung eines Haushalts oder die Pflege von Angehörigen auferlegt.

§ 8

Zu den eigenen Mitteln, die der Hilfsbedürftige einsetzen muß, ehe ihm die Fürsorge Hilfe gewährt, ist sein gesamtes verwertbares Vermögen und Einkommen zu rechnen, besonders Bezüge in Geld oder Geldeswert aus gegenwärtigem oder früherem Arbeits- oder Dienstverhältnis und aus Unterhalts- oder Rentenansprüchen öffentlicher oder privater Art.

Als verwertbar gelten nicht Gegenstände, die zur persönlichen Fortsetzung der Erwerbstätigkeit unentbehrlich sind.

Die Fürsorge soll, besonders bei alten, bei noch nicht erwerbsfähigen und bei erwerbsbeschränkten Personen, die vorherige Verwertung kleiner Vermögen oder Vermögensteile nicht verlangen, wenn dadurch die Not des Hilfesuchenden oder seiner unterhaltsberechtigten Angehörigen erheblich verschärft oder zur dauernden würde.

Bei Prüfung der Hilfsbedürftigkeit, der Art und des Umfanges der Hilfe bleiben Zuwendungen außer Ansatz, die die freie Wohlfahrtspflege oder ein Dritter zur Ergänzung der öffentlichen Fürsorge gewährt, ohne dazu eine rechtliche oder eine besondere sittliche Pflicht zu haben. Dies gilt nicht, wenn die Zuwendung die wirtschaftliche Lage des Unterstützten so günstig beeinflußt, daß öffentliche Fürsorge ungerechtfertigt wäre.

Ebenso soll bei Personen, die trotz vorgerückten Alters oder trotz starker Beschränkung ihrer Erwerbsfähigkeit unter Aufwendung besonderer Tatkraft einem Erwerbe nachgehen, ein angemessener Betrag des Arbeitsverdienstes außer Ansatz bleiben; das gilt besonders bei Blinden, Hirnverletzten und anderen Schwererwerbsbeschränkten.

§ 9

Muß die Fürsorge eintreten, weil das Vermögen oder Einkommen des Hilfesuchenden vorerst nicht verwertet werden kann oder soll, so kann sie ihre Hilfe ausdrücklich von der Verpflichtung abhängig machen, die aufgewendeten Kosten zurückzuzahlen. Dasselbe gilt, wenn der Hilfsbedürftige später Vermögen oder hinreichendes Einkommen zu erwarten hat. Sie kann zugleich verlangen, daß die Zurückzahlung sichergestellt wird, besonders durch Abschluß von Rentenverträgen, Bestellung von Hypotheken und Verpfändung von Vermögenswerten.

Die Zurückzahlung soll in der Regel nur ausbedungen werden, wenn sie voraussichtlich ohne besondere Härte möglich ist.

Wird Zurückzahlung aus dem Nachlaß ausbedungen, so ist auf unterhaltsberechtigte Angehörige Rücksicht zu nehmen, die beim Tode des Hilfsbedürftigen selbst der öffentlichen Fürsorge anheimfallen würden. Dasselbe gilt gegenüber Geschwistern oder anderen Personen, mit denen der Hilfsbedürftige in häuslicher Gemeinschaft gelebt hat oder die ihn ohne rechtliche Verpflichtung und ohne entsprechende Gegenleistung, wenn auch in der Erwartung einer Zuwendung von Todes wegen, unterstützt oder gepflegt haben.

§ 10

Was im Einzelfall im Rahmen des notwendigen Lebensbedarfs (§ 6) an Hilfe zu gewähren ist, hat sich nach der Besonderheit des Falles zu richten, namentlich nach Art und Dauer der Not, nach der Person des Hilfsbedürftigen und den örtlichen Verhältnissen.

Bei Störungen der körperlichen, geistigen oder sittlichen Entwicklung Minderjähriger ist die Hilfe so ausreichend zu bemessen, daß gründliche und dauernde Abhilfe zu erwarten ist.

§ 11

Die Hilfe kann in Geld, Sachleistung oder persönlicher Hilfe bestehen und in offener oder geschlossener (Anstalts-) Pflege gewährt werden. In einer Anstalt oder einer fremden Familie soll der Hilfsbedürftige nur untergebracht werden, wenn sein körperlicher, geistiger oder sittlicher Zustand besondere Maßnahmen zur Heilung, Pflege oder Bewahrung erfordert. Zwangsweise darf dies nur geschehen, wenn ein Gesetz es gestattet.

§ 12

Schwangeren und Wöchnerinnen (§ 6 c) sind je nach Art und Grad der Hilfsbedürftigkeit ärztliche Behandlung, Entbindungskostenbeitrag und Wochengeld, Wöchnerinnen, die ihr Kind stillen, außerdem Stillgeld zu gewähren. Die Hilfe soll ihnen das sicherstellen, was die Reichsversicherungsverordnung den Familienangehörigen eines Versicherten gewährt (Familienwochenhilfe). An die Stelle barer Beihilfen können auch Sachleistungen treten.

§ 13

Bei Arbeitsscheu oder offenbar unwirtschaftlichem Verhalten sind die Voraussetzungen der Hilfsbedürftigkeit aufs strengste zu prüfen sowie Art und Maß der Fürsorge auf das zur Fristung des Lebens Unerläßliche zu beschränken. Bei Hilfsbedürftigen, die den berechtigten Anordnungen der zuständigen Stellen beharrlich zuwiderhandeln, kann entsprechend verfahren werden.

Bei Arbeitsscheu oder offenbar unwirtschaftlichem Verhalten kann die Hilfe auf Anstaltspflege beschränkt, offene Pflege aber abgelehnt werden.

Wird die Fürsorge einem Hilfsbedürftigen gegenüber beschränkt, so ist, soweit möglich, zu verhüten, daß davon seine Angehörigen oder andere Hilfsbedürftige mitbetroffen werden, mit denen er in häuslicher Gemeinschaft lebt.

b) Besondere Bestimmungen

(Nun folgen Sonderbestimmungen für Kleinrentner, Sozialrentner, die ihnen Gleichstehenden, Kriegsbeschädigte und Kriegshinterbliebene.)

c) Schlußbestimmungen

§ 33

Die besonderen Bestimmungen über die Fürsorge für Erwerbslose werden durch diese Grundsätze nicht berührt.

§ 33 a *)

Die oberste Landesbehörde oder die von ihr bestimmten Stellen setzen den örtlichen Verhältnissen angepaßte Richtsätze für die Bemessung des notwendigen Lebensunterhalts der Hilfsbedürftigen fest. Für Sozial- und Kleinrentner und ihnen Gleichstehende (§§ 14—17) müssen diese Sätze so bemessen sein, daß der Hilfsbedürftige entsprechend den Bestimmungen der §§ 14 und 16 gegenüber der allgemeinen Fürsorge eine angemessene Mehrleistung erhält. Diese Mehrleistung soll, soweit nicht nach § 84 des Aufwertungsgesetzes vom 16. Juli 1925 und § 26 des Gesetzes über die Ablösung öffentlicher Anleihen vom gleichen Tage (Reichsgesetzbl. I S. 117 und 137) eine weitergehende Erhöhung einzutreten hat, in der Regel wenigstens ein Viertel des allgemeinen Richtsatzes betragen.

Die oberste Landesbehörde oder die von ihr bestimmten Stellen setzen ferner den örtlichen Verhältnissen angepaßte Einkommenssätze fest, bei deren Nichterreichung eine Wöchnerin Wochenfürsorge (§ 12) stets dann erhält, wenn nicht Tatsachen die Annahme rechtfertigen, daß die Hilfe nicht benötigt wird.

---

*) S. hiezu die Inn.- u. SozMB. v. 24. Okt. 1925 (StAnz. 247) über die Bestimmung der zur Festsetzung zuständigen Stellen.

§ 34

Ausländern ist im Falle der Hilfsbedürftigkeit Lebensunterhalt, insbesondere Unterkunft, Nahrung, Kleidung und Pflege sowie Krankenhilfe zu gewähren. Nötigenfalls ist der Bestattungsaufwand zu bestreiten. Die übrigen Bestimmungen gelten für Ausländer nur, soweit es die Reichsregierung mit Zustimmung des Reichsrats oder ein Staatsvertrag bestimmt.

§ 35

Die vorstehenden Grundsätze hindern die Länder und, soweit nicht landesrechtliche Vorschriften entgegenstehen, auch die Fürsorgeverbände nicht, den Hilfsbedürftigen darüber hinaus Hilfe zu gewähren.

Der Ersatz der aufgewendeten Kosten kann von den Fürsorgeverbänden eines anderen Landes nur verlangt werden, soweit sich die Hilfe im Rahmen dieser reichsrechtlichen Grundsätze hält.

§ 36

Diese Grundsätze treten am 1. Januar 1925 in Kraft. Mit diesem Zeitpunkt treten außer Kraft:

a) die im Artikel 2 der Verordnung vom 14. Februar 1924 (Reichsgesetzbl. I S. 110) über das Inkrafttreten des Reichsgesetzes für Jugendwohlfahrt noch aufrechterhaltenen Vorschriften des § 49 Abs. 1 und 2 des Reichsgesetzes für Jugendwohlfahrt vom 9. Juli 1922 (Reichsgesetzbl. I S. 633),

b) die im § 32 der Verordnung über die Fürsorgepflicht vom 13. Februar 1924 (Reichsgesetzbl. I S. 100) noch aufrechterhaltenen Bestimmungen über die Fürsorge für Rentenempfänger der Invaliden- und Angestelltenversicherung, Kleinrentner, Kriegsbeschädigte und Kriegshinterbliebene sowie diejenigen über Wochenfürsorge.

---

6. Die Erläuterungen des Reichsarbeitsmin. u. des StMin. d. Innern v. 13. Dez. 1924 zu den Reichsgrundsätzen über Voraussetzung, Art u. Maß der öffentlichen Fürsorge

(InnSozMB. v. 5. Jan. 1925, InnMBl. 1).

Die Verordnung über die Fürsorgepflicht vom 13. 2. 1924 (RGBl. I S. 100) regelt Voraussetzung, Art und Maß der zu gewährenden Fürsorge nicht selbst. Sie überläßt in § 6 die Regelung im Rahmen der reichsrechtlichen Vorschriften den Ländern, gibt aber der Reichsregierung zugleich die Befugnis, mit Zustimmung des Reichsrats

Grundsätze hierüber aufzustellen, um die Gleichmäßigkeit der Fürsorge insoweit zu wahren, als es im Interesse der Hilfsbedürftigen und der ersatzberechtigten und -verpflichteten Fürsorgeverbände geboten oder aus wohlfahrtspflegerischen Gründen dringend erwünscht ist. Außerdem bestimmt § 1 der Verordnung über die soziale Fürsorge für Kriegsbeschädigte und Kriegshinterbliebene vom 8. 2. 1919 (RGBl. S. 187) in der Fassung des § 34 der Verordnung über die Fürsorgepflicht, daß die soziale Fürsorge für Kriegsbeschädigte und Kriegshinterbliebene nach Grundsätzen zu erfüllen ist, die die Reichsregierung mit Zustimmung des Reichsrats aufstellt.

Bis zur Aufstellung dieser Grundsätze hat die Fürsorgepflichtverordnung in § 32 Abs. 2 die bisherigen reichsrechtlichen Bestimmungen über die Fürsorge für Rentenempfänger der Invaliden- und Angestelltenversicherung, Kleinrentner, Kriegsbeschädigte und Kriegshinterbliebene sowie diejenigen über Wochenfürsorge aufrechterhalten, soweit sie Voraussetzung, Art und Maß der Fürsorge betreffen. Ebenso sind durch Artikel 2 Abs. 2 der Verordnung über das Inkrafttreten des Reichsgesetzes für Jugendwohlfahrt vom 4. 2. 1924 (RGBl. I S. 110) die Vorschriften des § 49 Abs. 1 und 2 des Reichsjugendwohlfahrtsgesetzes bis zum Erlasse neuer Vorschriften aufrechterhalten.

Unterm 4. Dezember 1924 sind nunmehr die

Reichsgrundsätze über Voraussetzung, Art und Maß der öffentlichen Fürsorge

mit Zustimmung des Reichsrats erlassen worden. Sie sind im Reichsgesetzbl. 1924 Teil I S. 765 bekanntgegeben und treten am 1. Januar 1925 in Kraft.

Zu ihrer Erläuterung wird bemerkt:

Die Fürsorgepflichtverordnung will die bisherige Zersplitterung der öffentlichen Wohlfahrtspflege in Gesetzgebung und Vollzug tunlichst beseitigen. Sie will durch Schaffung leistungsfähiger Träger und durch einheitliche Zuständigkeitsvorschriften die Durchführung einer zweckgestalteten Fürsorge erleichtern; sie will aber nicht Art und Umfang der Fürsorge auf ein Gleichmaß da herabdrücken, wo die Verhältnisse Verschiedenartigkeit erfordern und ertragen. Die Grundsätze lehnen daher eine Einheitsfürsorge ab, die alle Hilfsbedürftigen ohne Rücksicht auf Art und Ursache der Not gleichbehandelt. Sie versuchen vielmehr den Gedanken zu verwirklichen, den die im Jahre 1923 gefertigte Denkschrift des Reichsarbeitsministeriums über die Vorarbeiten zu einem Reichswohlfahrtsgesetze zum Ausdruck bringt, „daß für Hilfsbedürftige, die durch die besonderen Dienste, die sie oder ihr Ernährer der Allgemeinheit geleistet haben, oder die auf Grund einer Vorsorge, die Recht oder Sitte verlangt oder anerkennt, einen Anspruch auf Fürsorge erworben haben, Rechte und Richtmaße der Fürsorge in der Regel höher bemessen werden sollen als bei denjenigen, denen die Fürsorge lediglich kraft ihres Daseins zugestanden wird“. Das gilt vor allem für die

Kriegsbeschädigten und Kriegshinterbliebenen, denen das Reichsversorgungsgesetz eine besondere Art der Fürsorge zuerkennt. Es gilt aber auch für die Kleinrentner, die infolge eigener oder fremder Vorsorge ohne die Geldentwertung der Fürsorge nicht anheim gefallen wären und für die bisher schon eine der Art nach gehobene Fürsorge eingeführt war. Es gilt ferner für die Sozialrentner, die nach einem Leben von Arbeit und Mühe hilfsbedürftig werden. Von der Invalidenversicherung wurde auch vor dem Kriege nicht erwartet, daß sie den ganzen Lebensunterhalt des vom Versicherungsfalle Betroffenen deckt. Die in der Sozialversicherung organisierte Selbsthilfe bedarf der Ergänzung durch weitere eigene Vorsorge, durch Familienhilfe und, soweit diese nicht ausreichen, durch öffentliche Fürsorge. Geldentwertung und Teuerung haben aber die eigene Vorsorge und die Familienhilfe dauernd geschwächt.

Die bisherige Armenpflege von Reichs wegen zu einer gehobenen Wohlfahrtspflege umzugestalten, wie dies von verschiedenen Seiten verlangt wird, ist dem Reiche bei seiner gegenwärtigen Finanzlage nicht möglich; denn es wäre außerstande, den Ländern oder Gemeinden für diese neuen Aufgaben den Vorschriften des § 59 des Finanzausgleichsgesetzes entsprechend die erforderlichen Mittel bereitzustellen. Die Reichsgrundsätze hindern aber kein Land, für alle Hilfsbedürftigen eine gehobene Wohlfahrtspflege einzuführen. Ebensowenig schließen es die Grundsätze aus, daß ein Fürsorgeverband einzelnen oder allen Hilfsbedürftigen eine über die allgemeine hinausgehende Fürsorge zuwendet, es sei denn, daß ihn landesrechtliche Vorschriften binden (§ 35).

a) Fürsorge im allgemeinen

Der Abschnitt „Fürsorge im allgemeinen" umfaßt die Vorschriften, die für jede Art der Fürsorge gelten sollen; er will die Grundsätze allgemein festhalten, die sich nach den bisherigen Erfahrungen bewährt haben und im Rahmen der zur Verfügung stehenden Mittel durchführbar erscheinen.

Zu § 1:

Pflichtaufgabe der Fürsorge soll sein, dem Hilfsbedürftigen den notwendigen Lebensbedarf zu gewähren. Die Fürsorge darf dabei nicht einförmig helfen, sondern muß die Eigenart der Notstände ergründen und danach die Mittel zur Abhilfe wählen; schematische Fürsorge widerspricht den Grundsätzen.

Das Ziel jeder Fürsorge muß sein, sich überflüssig zu machen, d. h. den Hilfsbedürftigen in seinem Willen und seiner Kraft so zu stärken, daß er sich durch eigenes Können, Mühen und Schaffen selbst behaupten, insbesondere für seine unterhaltsberechtigte Familie selbst sorgen kann.

Zu §§ 2 und 3:

Die Fürsorgepflichtverordnung verpflichtet an sich den Fürsorgeverband nur einzugreifen, wenn die Hilfsbedürftigkeit bereits besteht. Die große Bedeutung, die der vorbeugenden Fürsorge, besonders auf dem Gebiete der Gesundheits- und Arbeiterfürsorge und zum Schutze der gefährdeten Jugend, beigelegt werden muß, ließ es aber geboten erscheinen, in den Grundsätzen auf diese vorbeugende Maßnahme ausdrücklich hinzuweisen. Eine Verpflichtung, solche Maßnahmen einzuleiten und durchzuführen, konnten die Grundsätze aus denselben Gründen nicht aussprechen, die sie hinderten, eine gehobene Wohlfahrtspflege allgemein einzuführen. Sie konnten daher nur vorschreiben, daß die Fürsorge rechtzeitig und ausreichend einsetzen muß; die Fürsorge wird dann sicherer helfen und sparsamer wirtschaften, als wenn sie zuwartet, bis sie einem verschärften Notstand gegenübersteht, dem sie nicht oder nur mit verstärkten Kräften und Mitteln gewachsen ist; das gilt besonders bei Störungen körperlicher, geistiger oder sittlicher Entwicklung der Jugendlichen, wie dies bereits in § 49 Abs. 2 des Reichsgesetzes für Jugendwohlfahrt vom 9. Juli 1922 zum Ausdruck gekommen ist.

Hilfsbedürftigkeit und Eintritt der Notlage sind nicht gleichbedeutend. Die Grenzen zwischen vorbeugenden und helfenden Maßnahmen werden häufig — nur schwer scheidbar — ineinander übergehen. Die Hilfsbedürftigkeit wird regelmäßig schon dann als eingetreten zu gelten haben, wenn die Notlage erkennbar droht und der von der Notlage Bedrohte außerstande ist, ihr in dem Zeitpunkt entgegenzutreten, in dem ein verständig wirtschaftender und sorgender Mensch Abhilfe sucht. Die Fürsorge, die einer ihr erkennbar werdenden Notlage in diesem Zeitpunkte bereits entgegentritt, setzt rechtzeitig ein; ihre Leistung ist eine helfende, nicht eine vorbeugende Maßnahme und daher ersatzfähig im Sinne der Fürsorgepflichtverordnung.

Der Hilfsbedürftige soll nicht aus Unkenntnis oder aus Scheu der Hilfe verlustig gehen. Die Fürsorge darf daher ihr Eingreifen nicht von einem Antrag abhängig machen; sie muß erforderlichenfalls auch von Amts wegen einsetzen. Ein Verzicht des Hilfsbedürftigen auf Hilfe entbindet sie nicht von ihrer Pflicht.

Zu § 4:

Auf die Notwendigkeit, Einrichtungen zu fördern, die den gemeinsamen Interessen von Hilfsbedürftigen dienen, war bereits in den Richtlinien für die Kleinrentnerfürsorge vom 9. Mai 1923 und den hierzu ergangenen Erläuterungen hingewiesen worden. Die Grundsätze wiederholen diesen Hinweis allgemein, um die Fürsorgeverbände auf die Wichtigkeit derartiger Einrichtungen hinzuweisen, die vielfach den Notständen am zweckmäßigsten abhelfen und die Fürsorgeverbände in der Einzelfürsorge stark entlasten. Das gilt insbesondere für Einrichtungen, die der Beschäftigung Erwerbsbeschränkter oder, wie es bei Kleinrentnern häufig der Fall ist, bisher Erwerbsungewohnter dienen. Ob es sich dabei um Einrichtungen der öffentlichen oder der freien Wohlfahrtspflege handelt, ist gleichgültig.

Zu § 5:

Die Bestimmung, wann eine Person als hilfsbedürftig anzusehen ist (§ 5), entspricht im wesentlichen der bisherigen Verwaltungsübung und Rechtsprechung und den in einzelnen Landesgesetzen erlassenen besonderen Vorschriften. Wird ein Unterhaltsberechtigter unterstützt, so gilt grundsätzlich er, nicht der Unterhaltsverpflichtete, als der Hilfsbedürftige. Bei der Schwierigkeit, zu unterscheiden, inwieweit die einer Familie geleistete Hilfe dem Familienhaupt oder den übrigen Familiengliedern zuteil wird, wer also von ihnen als hilfsbedürftig anzusehen ist, soll jemand auch dann schon als hilfsbedürftig gelten, wenn seine Mittel und Kräfte nicht ausreichen, den notwendigen Lebensbedarf für seine unterhaltsberechtigten Angehörigen zu beschaffen.

Die Tatsache, daß ein Anstaltspflegling der Anstalt gegenüber einen vertraglichen Unterhaltsanspruch hat, schließt seine Hilfsbedürftigkeit u. a. dann nicht aus, wenn die Anstalt nicht mehr in der Lage ist, ihre Vertragspflichten zu erfüllen.

Zu § 6:

Was als notwendiger Lebensbedarf im Sinne der §§ 1 und 5 anzusehen ist, bestimmt § 6. Es soll darunter nicht lediglich das zum Lebensunterhalt unbedingt Notwendige verstanden werden, sondern darüber hinaus auch das, was zur Erhaltung der Gesundheit und Arbeitsfähigkeit geboten ist; auch sollen die werdende Mutter und das Kind ausreichend geschützt werden.

In Verwirklichung des Gedankens, daß die Fürsorge in erster Linie bestrebt sein muß, die zu betreuenden Personen selbständig und damit unabhängig von ihrer Hilfe zu machen, bezeichnet § 6 d bei Minderjährigen — entsprechend der bisherigen Vorschrift in § 49 Abs. 1 des Reichsgesetzes für Jugendwohlfahrt — außerdem als zum notwendigen Lebensbedarfe gehörig Erziehung und Erwerbsbefähigung. Die Erwerbsbefähigung umfaßt nicht nur die Befähigung zu ungelernter Arbeit, sondern in geeigneten Fällen auch die Ausbildung zu einem bestimmten Beruf.

Ebenso bestimmt § 6 e, daß auch bei Blinden, Taubstummen und Krüppeln die Erwerbsbefähigung zur Pflichtaufgabe der Fürsorge gehört. Die Erfahrungen, besonders in der sozialen Kriegsbeschädigtenfürsorge, haben ergeben, daß es die wirksamste, würdigste und im Endergebnisse sparsamste Hilfe für derartige Schwererwerbsbeschränkte ist, ihre Kräfte dem Wirtschaftsleben nutzbar zu machen. Die Fürsorge wird daher im Endergebnisse nicht verteuert, wenn sie verpflichtet wird, von vornherein auch diese Erwerbsbefähigung in ihren Aufgabenkreis einzubeziehen. Wo die Erfolglosigkeit des Versuchs, einen solchen Hilfsbedürftigen erwerbsfähig zu machen, mit Sicherheit vorauszusehen ist oder sich bereits herausgestellt hat, braucht er — wie sich aus § 10 ergibt — nicht unternommen oder fortgesetzt zu werden.

Daß einem Hilfsbedürftigen nach dem Ableben eine geordnete Bestattung zuteil werden soll, entspricht den bisher in allen Ländern geltenden Bestimmungen.

Zu § 7:

Die Fürsorge darf das selbstverantwortende Schaffen nicht lähmen. Es muß daher von jedem Hilfsbedürftigen verlangt werden, daß er die ihm noch verbliebene Arbeitskraft zur Beschaffung des notwendigen Lebensbedarfs selbst einsetzt, ehe ihm die Fürsorge Hilfe gewährt. Die Vorschriften des § 7 Abs. 2 und 3 wollen ihn aber auch dagegen schützen, daß er unter Voraussetzungen und in Formen zur Erwerbsarbeit gedrängt wird, die unwirtschaftlich oder unbillig wären; sie wollen insbesondere verhüten, daß eine Mutter, die ihre Kinder erziehen kann und will, durch die Fürsorge gezwungen wird, dem Erwerbe nachzugehen und ihre Kinder der Fürsorge anderer zu überlassen.

Zu § 8:

Die Belange der Allgemeinheit verlangen, daß, ehe die öffentliche Fürsorge eintritt, der Hilfsbedürftige seine eigenen Mittel einzusetzen hat, d. h. sein gesamtes verwertbares Vermögen und Einkommen. § 8 spricht in Abs. 1 diesen Grundsatz aus, sucht aber in Abs. 2 und 3 zu verhüten, daß die Verwertung in einem Umfang oder in einer Art verlangt wird, die unbillig oder unwirtschaftlich wäre, insbesondere zwar im Augenblick eine Verringerung des Fürsorgeaufwandes, für später jedoch eine größere und dauernde Last zur Folge hätte.

Die öffentliche Wohlfahrtspflege darf freiwillige Gaben, die zu ihrer Ergänzung gegeben werden, nicht zu anderen Zwecken verwenden, als sie vom Geber bestimmt sind. § 8 Abs. 4 soll verhindern, daß eine mit dem Geberwillen in Widerspruch stehende Verwendung freiwilliger Gaben die Tätigkeit der freien Wohlfahrtspflege beeinträchtigt und die Gebefreudigkeit Dritter hemmt.

Die Bestimmung des Abs. 5 entspringt der Erwägung, daß derjenige, der durch außergewöhnliche Tatkraft trotz vorgerückten Alters oder starker Beschränkung seiner Erwerbsfähigkeit sich bemüht, seine wirtschaftliche Lage zu verbessern, von der Fürsorge auch besonders berücksichtigt werden soll. Als schwererwerbsbeschränkt sind Personen anzusehen, die wenigstens um 50 v. H. in ihrer Erwerbsfähigkeit beschränkt sind.

Zu § 9:

Wenn auch nach § 8 Vermögen und Ansprüche, die noch nicht verwertbar sind, bei Prüfung der Hilfsbedürftigkeit und der Art und des Maßes der Hilfe nicht berücksichtigt werden können, so ist es doch gerechtfertigt, in geeigneten Fällen auf solches Vermögen oder solche Ansprüche zurückzugreifen, wenn sie später verwertbar sind. § 9 sieht daher vor, daß die Hilfeleistung ausdrücklich von der Verpflichtung abhängig gemacht werden kann, die aufgewendeten Kosten zurückzuzahlen. Durch die Vorschriften des Abs. 2 und 3 soll ungerechtfertigten Härten vorgebeugt, insbesondere verhindert werden, daß Personen, denen die Rückzahlung der aufgewendeten Kosten voraussichtlich nur aus dem Arbeitseinkommen möglich ist, durch die eingegangene Verpflichtung in ihrem Fortkommen auf lange Zeit schwer gehemmt werden. Die Vorschrift schließt selbstverständlich nicht aus, daß da, wo ein Darlehen an sich die ausreichende und angemessene Hilfe darstellt, auch diese Form gewählt wird.

Zu § 10:

Der Lebensbedarf ist nur insoweit zu gewähren, als er im Einzelfall erforderlich ist. Was als erforderlich zu gelten hat, ist ohne Engherzigkeit, aber mit der ernsten Verantwortung zu prüfen, die bei Verwendung öffentlicher Mittel unter den gegenwärtigen Verhältnissen besonders geboten ist; dabei werden einerseits die berechtigten besonderen Bedürfnisse des Hilfsbedürftigen und anderseits die Finanzlage sowie die allgemeine Lebenshaltung des Volkes in abwägende Rücksicht zu ziehen sein.

Den schwierigen wirtschaftlichen Verhältnissen, unter denen kinderreiche Familien leben, ist besonders Rechnung zu tragen. Dies gilt auch für Flüchtlinge.

Auch die Frage, in welcher Form Hilfe geleistet werden soll, muß individuell, d. h. nach der Besonderheit des Einzelfalls, geprüft und entschieden werden.

Zu § 11:

Auf die Hingabe von Geld kann sich die Fürsorge nicht beschränken; je nach den Umständen muß sie auch Sachleistungen und vor allem persönliche Hilfe gewähren. Die Fürsorge kann in offener oder Anstaltspflege geleistet werden; der Hilfsbedürftige soll aber gegen eine nicht gebotene, ihm unerwünschte Unterbringung in einer Anstalt oder fremden Familie angemessen geschützt werden.

Zu § 12:

Die Reichsversicherungsordnung gewährt nicht nur Schwangeren und Wöchnerinnen, die selbst versichert sind, Wochenhilfe, sondern auch den Familienangehörigen Versicherter. § 12 will auch anderen Schwangeren und Wöchnerinnen, wenn sie hilfsbedürftig sind, die Hilfe sicherstellen, die die Reichsversicherungsordnung (§ 205 a) den Familienangehörigen Versicherter gewährt.

In Anlehnung an die früheren Bestimmungen über Wochenfürsorge einheitliche Mindesteinkommenssätze für die Gewährung der Hilfe festzusetzen, erschien bei der Verschiedenartigkeit der wirtschaftlichen Verhältnisse in den einzelnen Teilen des Deutschen Reiches nicht angebracht. Die Fürsorge wird aber gerade Schwangeren und Wöchnerinnen gegenüber bei Prüfung der Hilfsbedürftigkeit besonders wohlwollend verfahren und daher vielfach bei Familien eingreifen müssen, bei denen sonst die Inanspruchnahme öffentlicher Fürsorgemittel nicht in Betracht kommt.

Zu § 13:

Dem Hilfsbedürftigen gegenüber, der sich unter Aufwendung besonderer Tatkraft bemüht, sich selbst zu erhalten, ebenso wie gegenüber der Allgemeinheit, die die Fürsorgelasten zu tragen hat, ist es ein Gebot der Billigkeit, bei Arbeitsscheuen und offenbar unwirtschaftlichen Personen die Fürsorge weitgehend zu beschränken. Das gleiche muß den Hilfesuchenden gegenüber möglich sein, die den berechtigten Anordnungen der zuständigen Stellen beharrlich zuwiderhandeln. § 13 trägt dieser Forderung Rechnung; er gilt für alle Gruppen von Hilfsbedürftigen, also auch für die unter b bezeichneten. Um einen Hilfsbedürftigen als arbeitsscheu oder offenbar unwirtschaftlich anzusehen, genügt eine einmalige Arbeitsverweigerung oder ein einmaliges unwirtschaftliches Verhalten nicht; es muß vielmehr eine dauernde Arbeitsscheu oder ein Hang zum Nichtstun festgestellt werden.

b) Besondere Bestimmungen

(Nun folgen Sonderbestimmungen für Kleinrentner, Sozialrentner und ihnen Gleichstehende, Kriegsbeschädigte und Kriegshinterbliebene).

c) Schlußbestimmungen

Zu § 33:

Soweit ein Erwerbsloser Anspruch auf Erwerbslosenfürsorge hat, gelten für ihn die besonderen Vorschriften der Erwerbslosenfürsorge; im Interesse der Vollständigkeit der Grundsätze weist § 33 auf diese Vorschriften hin. Die Bestimmungen über Erwerbslosenfürsorge schließen es nicht aus, daß in besonders gelagerten Fällen ein Empfänger der Erwerbslosenunterstützung oder seine Angehörigen auch aus der allgemeinen Fürsorge unterstützt werden.

Zu § 34:

Die Bestimmungen über die Behandlung der Ausländer entsprechen dem bisherigen Rechtszustand. Wegen der sozialen Fürsorge für österreichische Kriegsbeschädigte und Kriegshinterbliebene wird auf den Vertrag zwischen dem Deutschen Reiche und der Republik Österreich vom 17. August 1921 (vgl. Gesetz vom 8. März 1922, RGBl. S. 233) verwiesen.

Zu § 35:

Die Reichsgrundsätze stellen Mindestvorschriften dar. Sie hindern, wie bereits die Einleitung bemerkt, die Länder und, soweit landesrechtliche Vorschriften nicht entgegenstehen, auch die Fürsorgeverbände nicht, dem Hilfsbedürftigen darüber hinaus Hilfe zu gewähren. Die Länder können auf Grund des § 6 der Fürsorgepflichtverordnung weitergehende Hilfsmaßnahmen allgemein vorschreiben; sie können dabei für alle oder einzelne Gruppen der Hilfsbedürftigen den örtlichen Verhältnissen angepaßte Richtsätze aufstellen und bestimmen, daß die Fürsorge das Einkommen des Hilfsbedürftigen wenigstens auf den Betrag dieser Richtsätze zu ergänzen hat, wenn nicht Tatsachen die Annahme rechtfertigen, daß eine derartige Hilfe nicht nötig ist.

Gewährt ein vorläufig verpflichteter Fürsorgeverband einem Hilfsbedürftigen im Rahmen der Reichsgrundsätze Hilfe, so kann er nach § 16 der Fürsorgepflichtverordnung Ersatz von dem endgültig verpflichteten Fürsorgeverband verlangen und zwar nicht nur für die Hilfe, die die Reichsgrundsätze vorschreiben, sondern auch für diejenige, die sie zulassen (Kannvorschriften).

Gewährt ein Fürsorgeverband über die Reichsgrundsätze hinaus Hilfe, so kann er die Mehrkosten von dem Fürsorgeverband eines anderen Landes nicht, von dem Fürsorgeverband des gleichen Landes nur dann erlangen, wenn sich die Hilfe im Rahmen der von den Ländern auf Grund des § 6 der Fürsorgepflichtverordnung erlassenen Vorschriften hält.

---

7. Vorläufige Ausführungs-VO. zur Reichs-VO. über die Fürsorgepflicht vom 27. März 1924 (GVBl. 126).

Zur Ausführung der Reichsverordnung über die Fürsorgepflicht vom 13. Februar 1924 — RFV. — (RGBl. S. 100) wird auf Grund des § 31 dieser Verordnung mit Wirkung vom 1. April 1924 an bis zur gesetzlichen Regelung vorläufig folgendes verordnet:

I. Fürsorgeverbände

Art. 1.

Die Aufgaben der öffentlich-rechtlichen Fürsorge nach der RFV. werden durch den Landesfürsorgeverband, Bezirksfürsorgeverbände und Ortsfürsorgeverbände erfüllt.

Art. 2.

Landesfürsorgeverband im Sinne der RFV. ist für die ihm zugewiesenen Aufgaben der Kreis, im übrigen der Staat.

Art. 3.

I. Bezirksfürsorgeverbände im Sinne der RFV. sind die Bezirke und die kreisunmittelbaren Städte.

II. An Stelle der Bezirke sind für die Armenfürsorge einschl. der Fürsorge für hilfsbedürftige Minderjährige die nicht kreisunmittelbaren Gemeinden Bezirksfürsorgeverbände (Ortsfürsorgeverbände).

Art. 4.

I. Die Bildung eines Gesamtfürsorgeverbandes durch Zusammenschluß mehrerer Bezirksfürsorgeverbände (Art. 3 Abs. I) oder Ortsfürsorgeverbände (Art. 3 Abs. II) bedarf der Genehmigung der Staatsaufsichtsbehörde. Gleiches gilt für die Teilung eines Bezirksfürsorgeverbandes oder Ortsfürsorgeverbandes.

II. Bei dringendem öffentlichen Bedürfnis, insbes. zur Sicherung der Leistungsfähigkeit, kann die Regierung, Kammer des Innern, Bezirksfürsorgeverbände und Ortsfürsorgeverbände auch ohne deren Zustimmung zu einem Gesamtfürsorgeverband vereinigen oder andere Änderungen hinsichtlich der Bezirke der Fürsorgeverbände treffen.

II. Aufgaben der Fürsorgeverbände

Art. 5.

I. Aufgaben der Bezirksfürsorgeverbände (Art. 3 Abs. I) sind alle in der RFV. den Bezirksfürsorgeverbänden zugewiesenen Aufgaben der Fürsorge, insbes. die Fürsorge in Einzelfällen, soweit sie nicht in dieser Verordnung anderen Verbänden zugewiesen sind.

II. Die nach Art. 3 Abs. II den Ortsfürsorgeverbänden obliegende Armenfürsorge bemißt sich nach den für die Ortsarmenverbände geltenden Bestimmungen des Armengesetzes vom 21. August 1914.

Art. 6.

I. Aufgaben der Kreise sind:

a) die Fürsorge für hilfsbedürftige Geisteskranke, Geistesschwache, Blöde, Epileptische, Blinde, Taubstumme, Krüppelhafte und unheilbare abschreckend oder ansteckend kranke Sieche, soweit sie der Anstaltspflege bedürfen,

b) die Fürsorge für die Erziehung und Ausbildung hilfsbedürftiger, blöder, blinder, taubstummer und krüppelhafter Kinder, soweit sie bildungsfähig sind, und der Unterbringung in Anstalten bedürfen,

c) die Übernahme und Kostenerstattung in den Fällen, in denen der Landesfürsorgeverband nach der RFV. als endgültig pflichtiger Fürsorgeverband einzutreten hat,

d) die dem Lande nach § 12 Abs. II mit IV und § 13 RFV. obliegende Fürsorge,

e) die Gewährung von Zuschüssen an Bezirks- und Ortsfürsorgeverbände, soweit sie mit Fürsorgelasten unverhältnismäßig belastet sind.

II. Die Kreise können mit Genehmigung der zuständigen Staatsministerien noch andere Aufgaben der Fürsorgeverbände übernehmen.

III. Der endgültig verpflichtete Bezirks- oder Ortsfürsorgeverband hat in den Fällen des Abs. I a und b ein Fünftel und in den Fällen des Abs. II mindestens ein Viertel des Fürsorgeaufwandes dem Kreise zu ersetzen.

IV. Der Staat ersetzt vier Fünftel des Fürsorgeaufwandes nach Abs. I d.

Art. 7.

Aufgabe des Staates ist:

a) die Förderung allgemeiner Einrichtungen der Fürsorge,

b) die Beteiligung an der sozialen Kriegsbeschädigten- und Kriegshinterbliebenenfürsorge, insbes. an der Erziehungs-, Berufs- und Gesundheitsfürsorge für Kriegerwaisen und Kinder Schwerkriegsbeschädigter an der Siechenfürsorge und der Fürsorge für sonstige Schwerstbeschädigte,

c) die Beteiligung an der Arbeitsfürsorge für Schwerbeschädigte und Schwererwerbsbeschränkte im Sinne des § 1 Abs. I d RFV.

d) die Gewährung von Zuschüssen an Fürsorgeverbände, soweit sie mit Fürsorgelasten unverhältnismäßig belastet sind.

III. Behörden und Verfahren

Art. 8.

I. Die Durchführung der Fürsorgeaufgaben obliegt den nach den bisherigen Vorschriften zuständigen Stellen. Das gilt auch für die Armenfürsorge.

II. Für das Verfahren sind die bisherigen Vorschriften vorbehaltlich des § 29 Satz 2 RFV. maßgebend.

IV. Umfang der Fürsorge

Art. 9*).

I. Voraussetzung, Art und Maß der zu gewährenden Fürsorge richtet sich bis zum Erlaß neuer Vorschriften nach den bisherigen Vorschriften über die Fürsorge für Kriegsbeschädigte und Kriegshinterbliebene, Sozialrentner und Kleinrentner sowie über die Wochenfürsorge.

II. Für die Armenfürsorge einschl. der Fürsorge für hilfsbedürftige Minderjährige gelten entsprechend die Bestimmungen des Armengesetzes vom 21. August 1914.

---

*) S. hiezu nun die RGrundsätze v. 4. Dez. 1924 (oben Anhang Nr. 5).

8. VO. über die Verwaltung der Fürsorgeverbände nach der ReichsVO. über die Fürsorgepflicht

vom 12. Januar 1925 (GVBl. 39)

Zur Ausführung der Reichsverordnung über die Fürsorgepflicht vom 13. Februar 1924 — RFV. — (RGBl. I S. 100) wird auf Grund des § 31 dieser Verordnung folgendes verordnet:

Art. 1.

I Die Geschäfte des Bezirksfürsorgeverbandes in den kreisunmittelbaren Städten verwaltet der städtische Wohlfahrtsausschuß (Wohlfahrtshauptausschuß). Die Zusammensetzung des Wohlfahrtsausschusses wird im Rahmen der folgenden Bestimmungen durch den Stadtrat geregelt.

II Der Wohlfahrtsausschuß besteht aus

a) einem Vorsitzenden oder dessen Stellvertreter,
b) einer Anzahl Stadtratsmitglieder,
c) dem Amtsarzt,
d) je einem Geistlichen der katholischen Kirche, der evangelisch-lutherischen Landeskirche, r. d. Rh. der reformierten Kirche, in der Pfalz der protestantischen pfälzischen Landeskirche, insoweit im Stadtbezirk Kirchengemeinden des Bekenntnisses bestehen, ferner aus dem Rabbiner, wenn ein solcher in der Stadt seinen Sitz hat, andernfalls aus einem abgeordneten Mitglied der israelitischen Kultusverwaltung (in der Pfalz des Synagogen-Ausschusses), wenn eine solche in der Stadt besteht,
e) Vertretern der in der Stadt tätigen Verbände der freien Wohlfahrtspflege wenigstens in der Hälfte der Zahl der Mitglieder nach b),
f) Vertretern aus den Kreisen der Kriegsbeschädigten und Kriegshinterbliebenen, der Sozialrentner und Kleinrentner wenigstens in der Hälfte der Zahl der Mitglieder nach b), von denen wenigstens die Hälfte den Kriegsbeschädigten und Kriegshinterbliebenen zu entnehmen sind,
g) Vertretern der Vorsteher von Wohlfahrtsbezirken (Art. 2 Abs. I und II) oder sonstigen in der öffentlichen Wohlfahrtspflege tätigen Personen bis zu ein Drittel der Zahl der Mitglieder nach b).

III Den Vorsitzenden und dessen Stellvertreter beruft der Stadtrat für die Dauer seiner Wahlzeit aus seiner Mitte; er bestimmt die Zahl der Mitglieder nach Abs. II b und g und beruft sie und ebenso viele Stellvertreter für die Dauer seiner Wahlzeit.

IV Die Geistlichen und ihre Stellvertreter (Abs. II d 1. Teil) ordnet für die Dauer der Wahlzeit die kirchliche Oberbehörde ab.

Haben mehrere Amtsärzte im Stadtbezirk ihren Sitz, so bestimmt die vorgesetzte Dienstbehörde, welcher von ihnen dem Wohlfahrtsausschusse angehört.

V Die Vertreter der Verbände der freien Wohlfahrtspflege und ebenso viele Stellvertreter werden vom Stadtrat für die Dauer seiner Wahlzeit nach den Vorschlägen der im Stadtbezirk wirkenden Vereinigungen für freie Wohlfahrtspflege berufen. Vorschlagsberechtigt sind Vereinigungen, die sich seit mindestens 3 Jahren mit Wohlfahrtspflege im Stadtbezirke befassen und eine entsprechende Zahl von Mitgliedern ausweisen. Ihre Vorschläge sind nach Umfang und Bedeutung des Wirkens der Vereinigung zu berücksichtigen. Den Vereinigungen steht wegen Ausschlusses vom Vorschlag oder wegen Nichtberücksichtigung ihrer Vorschläge binnen 2 Wochen die Beschwerde zur Regierung, Kammer des Innern, offen. Diese entscheidet unbeschadet der Oberaufsichtsbeschwerde endgültig. Von den Voraussetzungen nach Satz 2 kann für die erstmalige Bildung der Ausschüsse die Regierung, Kammer des Innern, auf Antrag Befreiungen bewilligen. Liegen Vorschläge im Sinne vorstehender Bestimmungen nicht vor, so beruft der Stadtrat die Vertreter nach freiem Ermessen.

VI Die Vertreter der Hilfsbedürftigen (Abs. II f) und ebenso viele Stellvertreter werden vom Stadtrat für die Dauer seiner Wahlzeit nach den Vorschlägen der Vereinigungen der Kriegsbeschädigten und Kriegshinterbliebenen, der Sozialrentner und Kleinrentner berufen. Abs. V Satz 2 mit 7 gilt entsprechend.

Art. 2.

I Nach Bedarf können in kreisunmittelbaren Städten für die Durchführung der Einzelfürsorge Wohlfahrtsbezirke gebildet werden. Die Staatsaufsichtsbehörde kann die Bildung solcher anordnen.

II Mehrere Wohlfahrtsbezirke können zu Mittelbezirken zusammengeschlossen werden.

III Die Bildung von Bezirken nach Abs. I und II, ihre Verwaltung und die Geschäftsverteilung regelt der Stadtrat.

IV Der Wohlfahrtsausschuß (Art. 1 Abs. I) kann in widerruflicher Weise zur Durchführung der Fürsorge ehrenamtliche Pfleger aufstellen. Das Nähere regelt der Stadtrat.

Art. 3.

I Bei den Wohlfahrtsausschüssen nach Art. 1 Abs. I ist zur Verbescheidung von Anträgen auf Leistungen des Fürsorgeverbandes ein Spruchausschuß zu bilden. Der Spruchausschuß besteht aus einem Vorsitzenden und nach Bestimmung des Stadtrats aus 3 oder 6 Beisitzern, die den Gruppen der Stadtratsmitglieder, der Vertreter der Verbände der freien Wohlfahrtspflege und der Vertreter der Hilfsbedürftigen (Art. 1 Abs. II f) in gleicher Zahl zu entnehmen sind. In Angelegenheiten der Kriegsbeschädigten- und Kriegshinterbliebenenfürsorge müssen die Vertreter der Hilfsbedürftigen Vertreter der Kriegsbeschädigten und Kriegshinterbliebenen sein. Die Mitglieder des Spruchausschusses und die erforderliche Zahl von Stellvertretern beruft der Wohlfahrtsausschuß für die Dauer seiner Wahlzeit aus seiner Mitte.

II Der Wohlfahrtsausschuß kann bestimmen, daß der Vorsitzende des Spruchausschusses oder ein Beamter der Stadt über Anträge allein entscheidet. Gegen dessen Entscheidung steht den Beteiligten binnen 14 Tagen von der Zustellung des Bescheides an gerechnet, der Einspruch zum Spruchausschuß zu. Auf das Einspruchsrecht ist im Bescheid hinzuweisen. Der Vorsitzende oder Beamte kann vorweg die Entscheidung des Spruchausschusses herbeiführen.

III Für die Behandlung von sonstigen Einzelgebieten der öffentlichen Fürsorge können weitere Ausschüsse berufen werden. Das Nähere bestimmt der Wohlfahrtsausschuß.

Art. 4.

I Die Geschäfte des Bezirkes als Bezirksfürsorgeverband verwaltet das Bezirksamt mit dem Bezirksfürsorgeausschuß.

II Der Bezirksfürsorgeausschuß besteht aus

a) dem Vorstande des Bezirksamts oder einem seiner Stellvertreter als Vorsitzenden,
b) dem Bezirksarzt,
c) Mitgliedern des Bezirkstages,
d) je einem Geistlichen der katholischen Kirche, der evangelisch-lutherischen Landeskirche, r. d. Rh. der reformierten Kirche, in der Pfalz der protestantischen pfälzischen Landeskirche, insoweit im Bezirke Kirchengemeinden des Bekenntnisses bestehen.
e) Vertretern der im Bezirk tätigen Verbände der freien Wohlfahrtspflege wenigstens in der Hälfte der Zahl der Mitglieder nach c),
i) Vertretern aus den Kreisen der Kriegsbeschädigten und Kriegshinterbliebenen, der Sozialrentner und Kleinrentner wenigstens in der Hälfte der Zahl der Mitglieder nach c), von denen wenigstens die Hälfte den Kriegsbeschädigten und Kriegshinterbliebenen zu entnehmen sind.

III Der Bezirkstag bestimmt die Zahl der aus seiner Mitte abzuordnenden Mitglieder und beruft sie und ebenso viele Stellvertreter für die Dauer seiner Wahlzeit.

IV Die Geistlichen und ihre Stellvertreter ordnet für die Dauer der Wahlzeit die kirchliche Oberbehörde ab. Die Zahl der Vertreter der Verbände der freien Wohlfahrtspflege und der Vertreter der Hilfsbedürftigen (Abs. II f) bestimmt der Bezirkstag; er beruft sie und ebenso viele Stellvertreter für die Dauer seiner Wahlzeit; Art. 1 Abs. V Satz 2 mit 7 und VI gilt entsprechend.

Art. 5.

I Beim Bezirksfürsorgeausschuß ist zur Verbescheidung von Anträgen auf Leistungen des Fürsorgeverbandes ein Spruchausschuß zu bilden. Der Spruchausschuß besteht aus dem Vorsitzenden des Bezirksfürsorgeausschusses oder dessen Stellvertreter, ferner nach Bestimmung des Bezirkstages aus 3 oder 6 Beisitzern, die den Gruppen der Bezirkstagsmitglieder, der Vertreter der Verbände der freien Wohlfahrtspflege und der Vertreter der Hilfsbedürftigen (Art. 4 Abs. II i) in gleicher Zahl zu entnehmen sind. In Angelegenheiten der Kriegsbeschädigten- und Kriegshinterbliebenenfürsorge müssen die Vertreter der Hilfsbedürftigen Vertreter der Kriegsbeschädigten und Kriegshinterbliebenen sein. Die Beisitzer des Spruchausschusses und die erforderliche Zahl von Stellvertretern beruft der Bezirksfürsorgeausschuß für die Dauer seiner Wahlzeit aus seiner Mitte.

II Der Bezirksfürsorgeausschuß kann die Entscheidung über Anträge dem Vorsitzenden allein übertragen. Gegen dessen Entscheidung steht den Beteiligten binnen 14 Tagen, von der Zustellung an gerechnet, der Einspruch zum Spruchausschuß zu. Auf das Einspruchsrecht ist im Bescheid hinzuweisen. Der Vorsitzende kann vorweg die Entscheidung des Spruchausschusses herbeiführen.

III Für die Behandlung von sonstigen Einzelgebieten der öffentlichen Fürsorge können weitere Ausschüsse berufen werden. Das Nähere bestimmt der Bezirksfürsorgeausschuß.

Art. 6.

I Die Aufgaben der amtlichen Fürsorgestellen (§ 9 der RV. über die soziale Kriegsbeschädigten- und Kriegshinterbliebenenfürsorge vom 8. Februar 1919 in der Fassung des § 34 RFV.) werden, soweit es sich um Aufgaben nach der RFV. handelt, den Verwaltungsorganen der Bezirksfürsorgeverbände (Art. 1—5) übertragen. Ihre sonstigen Aufgaben gehen auf die Bezirksverwaltungsbehörden über.

II Die Spruchausschüsse (Art. 3 und 5) sind Beiräte im Sinne der RV. vom 8. Februar 1919.

Art. 7.

I Die Geschäfte des Ortsfürsorgeverbandes verwaltet der Ortsfürsorgeausschuß.

II Er besteht aus

a) den Bürgermeistern der Gemeinde,
b) weiteren Mitgliedern des Stadt- oder Gemeinderates,
c) den Pfarrern der Pfarreien, zu deren Sprengeln der Ortsfürsorgeverband gehört,
d) dem Rabbiner, wenn ein solcher im Ortsfürsorgeverband seinen Sitz hat, anderenfalls aus einem abgeordneten Mitglied der israelitischen Kultusverwaltung (in der Pfalz des Synagogenausschusses), wenn eine solche in der Gemeinde besteht,
e) dem Bezirksarzt, wenn er im Ortsfürsorgeverband seinen Sitz hat,
f) weiteren gewählten Mitgliedern.

III Der Stadrat (Gemeinderat) bestimmt die Zahl der Mitglieder nach Abs. II b und ordnet sie und ebenso viele Stellvertreter für die Dauer seiner Wahlzeit ab. Er bestimmt die Zahl der Mitglieder nach Abs. II f und wählt sie und ebenso viele Stellvertreter für die Dauer seiner Wahlzeit. Hierbei ist darauf zu achten, daß auch Personen aus den Kreisen der freien Wohlfahrtspflege beigezogen werden.

IV Die Stellvertreter im Pfarramt, ferner die mit vollen pfarrlichen Rechten ausgestatteten Seelsorgegeistlichen stehen den Pfarrern gleich. In Gemeinden, die ganz oder teilweise zu einem Seelsorgebezirk gehören, für den ein eigener Geistlicher bestellt ist, kann die Staatsaufsichtsbehörde diesen auf Antrag des Pfarrers in dessen Stelle in widerruflicher Weise als selbständiges Mitglied des Ortsfürsorgeausschusses bestimmen. Er steht dann im Ortsfürsorgeausschuß dem Pfarrer gleich. Seine Geschäftsführung unterliegt jedoch der Aufsicht des Pfarrers. Sind in einer protestantischen Pfarrei mehrere Pfarrer angestellt, so ist der 1. (in der Pfalz der mit höherer Amtswürde, bei gleicher Amtswürde mit höherem Dienstalter) zum Mitglied des Ortsfürsorgeausschusses berufen. Eine andere Regelung durch die beteiligten Pfarrer ist zulässig.

V Den Vorsitz führt in den Gemeinden mit vormals städtischer Verfassung und in den Gemeinden mit pfälzischer Gemeindeverfassung der Bürgermeister, von mehreren der erste; in anderen Gemeinden der Pfarrer, von mehreren Pfarrern der Pfarrer des überwiegenden Bekenntnisses, dessen Pfarrei die meisten Angehörigen dieses Bekenntnisses im Ortsfürsorgeverband umfaßt. Eine andere Vereinbarung unter den Pfarrern bleibt vorbehalten. Den Stellvertreter des Vorsitzenden bestimmt der Ortsfürsorgeausschuß aus seiner Mitte.

Art. 8.

I Die Geschäfte des Kreises als Landesfürsorgeverband verwaltet der Kreisfürsorgeausschuß.

II Er besteht aus

a) dem Vorsitzenden,
b) dem Leiter der Kreishauptfürsorgestelle der Kriegsbeschädigten und Kriegshinterbliebenen, falls er nicht Vorsitzender ist,
c) Mitgliedern des Kreistags,
d) Vertretern der im Regierungsbezirk tätigen Verbände der freien Wohlfahrtspflege wenigstens in der Hälfte der Zahl der Mitglieder nach c),
e) Vertretern aus den Kreisen der Kriegsbeschädigten und Kriegshinterbliebenen, der Sozialrentner und Kleinrentner wenigstens in der Hälfte der Zahl der Mitglieder nach c), von denen wenigstens die Hälfte den Kriegsbeschädigten und Kriegshinterbliebenen zu entnehmen sind,
f) je einem Vertreter eines Wohlfahrtsausschusses und eines Bezirksfürsorgeausschusses (Art. 1 und 5) der zum Kreise gehörigen Bezirksfürsorgeverbände.

III Der Vorsitzende und dessen Stellvertreter werden vom Ministerium des Innern und vom Ministerium für Soziale Fürsorge aus den höheren Beamten der inneren Verwaltung bestimmt.

IV Der Kreisausschuß bestimmt die Zahl der Kreistagsmitglieder und beruft sie und die Vertreter nach Abs. II f sowie ebenso viele Stellvertreter für die Dauer seiner Wahlzeit. Er bestimmt auch die Zahl der Vertreter der Verbände der freien Wohlfahrtspflege sowie der Vertreter der Hilfsbedürftigen (Abs. II e) und beruft sie und ebenso viele Stellvertreter für die Dauer seiner Wahlzeit. Die Vertreter der Kriegsbeschädigten und Kriegshinterbliebenen bringt der Beirat der Kreishauptfürsorgestelle für Kriegsbeschädigte und Kriegshinterbliebene in Vorschlag. Im übrigen gilt Art. I Abs. V Satz 2 mit 7 und VI entsprechend.

V Der Kreisfürsorgeausschuß kann für die Behandlung von Einzelgebieten der öffentlichen Fürsorge Ausschüsse bilden. Er kann die Verbescheidung von Anträgen auf Leistungen des Fürsorgeverbandes einem Ausschuß oder dem Vorsitzenden allein übertragen.

Art. 9.

Die Aufgaben des Staates als Landesfürsorgeverband werden vom Ministerium des Innern und vom Ministerium für Soziale Fürsorge nach Maßgabe ihrer Zuständigkeit verwaltet.

Art. 10.

Die Landeshauptfürsorgestelle und die Kreishauptfürsorgestellen für Kriegsbeschädigte und Kriegshinterbliebene sowie ihre Beiräte und Schwerbeschädigten-Ausschüsse bleiben bis zur anderweitigen Regelung bestehen. Bis dahin bemißt sich ihre Zuständigkeit nach den bisherigen Vorschriften.

Art. 11.

I In die Verwaltung der Fürsorgeverbände und zu Pflegern können nur Personen berufen werden, die zu Gemeindeämtern wählbar sind; sie scheiden aus, wenn sie die Wählbarkeit verlieren. Im Streitfall entscheidet die dem Fürsorgeverband vorgesetzte Staatsaufsichtsbehörde endgültig.

II Mitglieder der Verwaltungsorgane, die auf Grund eines staatlichen oder kirchlichen Amtes berufen sind, können die Mitgliedschaft nicht ablehnen. Im übrigen gelten für die Ablehnung, Niederlegung oder Entlassung die Vorschriften der Gemeindeordnungen. Die Dienstleistung in der Verwaltung der Fürsorgeverbände oder als Pfleger gilt als Amt nach Art. 174 Abs. I Ziff. 3 der rrh. GemO. Die Staatsaufsichtsbehörden entscheiden endgültig.

III Die Mitglieder der Verwaltungsorgane, die nicht auf Grund eines staatlichen oder kirchlichen Amtes berufen sind, und Pfleger werden zur gewissenhaften Erfüllung ihrer Obliegenheiten und insbesondere zur Wahrung der Amtsverschwiegenheit in Pflicht genommen. Für sie gelten die Art. 166, 167, 169 der rrh. GemO. und Art. 96—99 der pfälz. GemO. entsprechend. Entscheidungen treffen die Staatsaufsichtsbehörden.

IV Die Mitglieder der Verwaltungsorgane und Pfleger versehen ihre Stelle ehrenamtlich und unentgeltlich. Bei Dienstleistungen außerhalb ihres Wohnortes erhalten sie Entschädigung für Reisekosten und Aufwand vom Fürsorgeverband nach dessen Regelung.

Art. 12.

I Der Wohlfahrtsausschuß (Art. 1), der Bezirksfürsorgeausschuß, der Kreisfürsorgeausschuß vertreten in den Angelegenheiten der öffentlichen Fürsorge die Stadt, den Bezirk, den Kreis als Bezirks- und Landesfürsorgeverband. Sie verwalten die öffentlich-rechtliche Fürsorge nach den für die Verwaltung der Gemeinden, der Bezirke und Kreise geltenden allgemeinen Bestimmungen und den besonderen reichs- und landesrechtlichen Vorschriften über die öffentliche Fürsorge im Rahmen des vom Stadtrat, vom Bezirkstag, vom Kreistag bewilligten Haushalts. Vor der Verbescheidung des Haushaltsplanes ist dem Fürsorgeausschuß Gelegenheit zur Stellungnahme zu geben.

II Der durch andere Einnahmen der Fürsorgeverbände nicht gedeckte Bedarf ist nach den für den Gemeinde-, Bezirks- und Kreisbedarf geltenden allgemeinen Grundsätzen aufzubringen.

Art. 13.

I Der Ortsfürsorgeausschuß vertritt in den Angelegenheiten der Armenfürsorge die Gemeinde als Ortsfürsorgeverband. Er verwaltet die Armenfürsorge nach den für die Verwaltung der gemeindlichen Angelegenheiten geltenden allgemeinen Bestimmungen und den besondern reichs- und landesrechtlichen Vorschriften über die öffentliche Fürsorge im Rahmen des vom Gemeinderat bewilligten Haushalts. Vor der Verbescheidung des Haushaltsplanes ist dem Ortsfürsorgeausschuß Gelegenheit zur Stellungnahme zu geben.

II Der durch andere Einnahmen nicht gedeckte Bedarf des Ortsfürsorgeverbandes ist nach den für den Gemeindebedarf geltenden allgemeinen Bestimmungen aufzubringen.

Art. 14.

In den Bezirken der Pfalz, zu denen kreisunmittelbare Städte gehören, sind für die in gegenwärtiger Verordnung dem Bezirkstag übertragenen Aufgaben die Bezirkstagsmitglieder, welche in den kreisunmittelbaren Städten ihren Wohnsitz haben, nicht stimmberechtigt; sie können auch nicht in den Bezirksfürsorgeausschuß oder in Ausschüsse des Bezirks gem. Art. 5 berufen werden.

Art. 15.

Die Verordnung tritt sofort in Kraft.

Sachregister.

(Die Zahlen bezeichnen die Seiten.)

A.

B.

D.

E.

H.

J.

K.

L.

T.

U.

V.

Nachtrag zu

Schiedermair, Jugendwohlfahrtsgesetz und Jugendamtsgesetz

Die Verordnungen
des Reichspräsidenten vom 4. November 1932 über Jugendwohlfahrt (RGBl. 522) und vom 28. November 1932 über Fürsorgeerziehung (RGBl. 531) und die bayer. Vollzugsanweisung vom 24. Februar 1933 (GVBl. 79)

1933
München, Berlin und Leipzig
J. Schweitzer Verlag (Arthur Sellier)

Druck von Dr. F. P. Datterer & Cie., Freising-München.

Vorbemerkung.

Durch zwei, unter Berufung auf Art. 48 Abs. 2 RVerf. ergangene AusnahmeVOen des Reichspräsidenten vom 4. Nov. 1932 (RGBl. 522) und vom 28. Nov. 1932 (RGBl. 531), beide gezeichnet vom Reichspräsidenten und vom Reichsminister des Innern, ist bestimmt, daß die §§ 5, 63, 66, 67, 70 Abs. 3, 72 und 73 JWG. in der im folgenden unter I abgedruckten „Fassung anzuwenden" seien; der bisherige § 55 wurde vollständig aufgehoben, § 72a (neben dem neuen § 72) als Ersatz des bisherigen § 72 neu eingefügt. Zu §§ 72 und 72a erging in Art. 1 der VO. vom 28. Nov. 1932 eine Übergangsbestimmung, die unten unter II abgedruckt ist.

Die VO. vom 4. Nov. 1932 enthält keine ausdrückliche Bestimmung über ihr Inkrafttreten; sie ist darnach auf Grund des § 2 des Gesetzes vom 13. Okt. 1923 über die Verkündung von Rechtsverordnungen (RGBl. 959) mit dem auf die Verkündung folgenden Tag, d. i., nachdem die sie enthaltende Nummer des RGBl. am 7. Nov. 1932 ausgegeben wurde, am 8. Nov. 1932 in Kraft getreten. Die VO. vom 28. Nov. 1932 bestimmt in ihrem Art. 3 ausdrücklich, daß sie mit Wirkung vom 8. Nov. 1932 in Kraft tritt. Beide Verordnungen sind demnach vom gleichen Tage an wirksam.

In dem folgenden Textabdruck sind die durch die beiden Verordnungen neu eingefügten Bestimmungen fett gedruckt.

Bayern hat hiezu unterm 24. Febr. 1933 durch eine Bek. der Staatsministerien der Justiz und des Innern eine Vollzugsanweisung erlassen (GVBl. 79); sie ist unten unter III. abgedruckt.

I. Die durch die VOen v. 4. und 28. November 1932 neugefaßten Paragraphen des JWG.

§ 5.

Neufassung vom 4. Nov. 1932.

Die Behörden des Reichs, der Länder, der Selbstverwaltungskörper, **die Organe der Versicherungsträger** und die Jugendämter haben sich gegenseitig und die Jugendämter einander zur Erfüllung der Aufgaben der Jugendwohlfahrt Beistand zu leisten. **Die Organe der Versicherungsträger sind insbesondere zur Auskunfterteilung über alle das Beschäftigungsverhältnis des Minderjährigen und der zu seinem Unterhalt verpflichteten Personen betreffenden Tatsachen verpflichtet. Insoweit finden die Vorschriften des § 142 der Reichsversicherungsordnung, des § 346 des Angestelltenversicherungsgesetzes und des § 233 des Reichsknappschaftsgesetzes keine Anwendung.**

§ 55.

Aufgehoben durch die VO. vom 4. Nov. 1932.

§ 63.

Neufassung vom 4. Nov. 1932.

1. Ein Minderjähriger, der das 18. Lebensjahr noch nicht vollendet hat, ist durch Beschluß des Vormundschaftsgerichts der Fürsorgeerziehung zu überweisen,

1. wenn die Voraussetzungen des § 1666 oder des § 1838 des Bürgerlichen Gesetzbuchs vorliegen und zur Verhütung der Verwahrlosung des Minderjährigen **die anderweite Unterbringung erforderlich ist**, eine nach dem Ermessen des Vormundschaftsgerichts geeignete Unterbringung aber **ohne Inanspruchnahme öffentlicher Mittel nicht erfolgen kann. Zur Verhütung lediglich körperlicher Verwahrlosung ist die Überweisung nicht zulässig.**

2. wenn die Fürsorgeerziehung zur Beseitigung der Verwahrlosung wegen Unzulänglichkeit der Erziehung erforderlich ist.

2. **Die Fürsorgeerziehung darf nicht angeordnet werden, wenn sie offenbar keine Aussicht auf Erfolg bietet.**

3. Für den Fall, daß Aussicht auf Erfolg der Fürsorgeerziehung besteht, kann diese **mit Zustimmung der Fürsorgeerziehungsbehörde** auch noch angeordnet werden, wenn der Minderjährige das 18., **aber noch nicht das 19. Lebensjahr** vollendet hat.

4. Maßgebend für die Altersgrenze ist der Zeitpunkt, in dem der Antrag bei Gericht eingeht oder das Verfahren gemäß § 65 oder § 67 eingeleitet wird; der Zeitpunkt ist aktenkundig zu machen.

§ 66.

Neufassung vom 4. Nov. 1932.

1. Das Fürsorgeerziehungsverfahren kann durch Beschluß des Vormundschaftsgerichts auf längstens ein Jahr ausgesetzt werden. Die Aussetzung kann aus besonderen Gründen durch Beschluß des Vormundschaftsgerichts auf höchstens ein weiteres Jahr verlängert werden. Über das vollendete **19. Lebensjahr** hinaus kann das Verfahren nicht ausgesetzt werden.

2. Gegen die Aussetzung steht dem Jugendamt und der Fürsorgeerziehungsbehörde das Recht der sofortigen Beschwerde zu.

3. Für die Dauer der Aussetzung muß eine Schutzaufsicht gemäß §§ 56 ff. angeordnet werden.

§ 67.

Neufassung vom 4. Nov. 1932.

Bei Gefahr im Verzuge kann das Vormundschaftsgericht die vorläufige Fürsorgeerziehung des Minderjährigen beschließen. **Das Vormundschaftsgericht kann die vorläufige Fürsorgeerziehung auch zur Prüfung, ob die Fürsorgeerziehung Aussicht auf Erfolg bietet, beschließen.** Gegen den Beschluß steht den im § 65 Abs. 6 Genannten die sofortige Beschwerde zu. § 18 Abs. 2 des Reichsgesetzes über die Angelegenheiten der freiwilligen Gerichtsbarkeit findet keine Anwendung.

§ 70 Abs. 3.

Neufassung vom 4. Nov. 1932.

Die Fürsorgeerziehungsbehörde gilt **für alle Rechtsgeschäfte, die die Eingehung, Änderung oder Aufhebung** eines Dienst- oder Lehrvertrages **oder die Geltendmachung der sich aus einem solchen Vertrage ergebenden Ansprüche betreffen,** als gesetzliche Vertreterin des Minderjährigen. **Sie ist insbesondere befugt, den Arbeitsverdienst des Minderjährigen zu verwalten und für ihn zu verwenden.**

§ 72.

Neufassung vom 4. Nov. 1932; s. auch § 72 a.

1. Die Fürsorgeerziehung endigt mit **der Vollendung des 19. Lebensjahres.**

2. Die Fürsorgeerziehung ist früher aufzuheben, wenn ihr Zweck erreicht oder anderweitig sichergestellt ist, und zwar von Amts wegen oder auf Antrag der im § 65 Abs. 6 Genannten mit Ausnahme des Minderjährigen. Die Aufhebung kann auch unter Vorbehalt des Widerrufs erfolgen, dessen Ausübung landesgesetzlich zu regeln ist.

3. Landesgesetzlich kann bestimmt werden, daß für die Entscheidung über die Aufhebung gemäß Abs. 2 das Vormundschaftsgericht oder die Fürsorgeerziehungsbehörde zuständig ist mit der Maßgabe, daß der Antragsteller, wenn die Fürsorgeerziehungsbehörde zuständig ist und die Aufhebung ablehnt, binnen zwei Wochen seit Zustellung des ablehnenden Beschlusses die Entscheidung des Vormundschaftsgerichts anrufen kann, gegen dessen Beschluß die sofortige Beschwerde stattfindet. Sofern das Vormundschaftsgericht für die Aufhebung der Fürsorgeerziehung zuständig ist, muß es vor seiner Entscheidung die Fürsorgeerziehungsbehörde gutachtlich hören; dieser steht gegen den die Fürsorge-

erziehung aufhebenden Beschluß die sofortige Beschwerde mit aufschiebender Wirkung zu.

4. Der Antrag auf Aufhebung kann außer vom Jugendamt nicht vor Ablauf eines Jahres seit der Rechtskraft des die Fürsorgeerziehung anordnenden Beschlusses gestellt, ein abgewiesener Antrag kann vor dem Ablauf von sechs Monaten nicht erneuert werden.

Eine Übergangsbestimmung s. unten unter II.

§ 72a.

Abs. 1 eingestellt durch die VO. vom 4. Nov. 1932; Abs. 2—4 eingestellt durch die VO. vom 28. Nov. 1932.

1. Auf Antrag der Fürsorgeerziehungsbehörde kann beim Vorliegen besonderer Verhältnisse die Fortführung der Fürsorgeerziehung vom Vormundschaftsgericht über das vollendete neunzehnte Lebensjahr, jedoch nicht über den Zeitpunkt des Eintritts der Volljährigkeit des Minderjährigen hinaus angeordnet werden, wenn die Fortführung zur Erreichung des Zweckes der Fürsorgeerziehung erforderlich ist. Das Antragsrecht der Fürsorgeerziehungsbehörde kann von der obersten Landesbehörde auf bestimmte Fälle beschränkt oder an das Vorliegen bestimmter Voraussetzungen geknüpft werden.

2. Die Anhörung des Minderjährigen, des gesetzlichen Vertreters und der Eltern steht im Ermessen des Vormundschaftsgerichts. Der Beschluß ist dem Minderjährigen, dem gesetzlichen Vertreter und den Eltern mitzuteilen; im Falle der Ablehnung erfolgt die Mitteilung an die Fürsorgeerziehungsbehörde durch Zustellung.

3. Das Vormundschaftsgericht entscheidet endgültig; doch steht der Fürsorgeerziehungsbehörde gegen den die Fortführung der Fürsorgeerziehung ablehnenden Beschluß die sofortige Beschwerde zu.

4. Solange über den Antrag nicht rechtskräftig entschieden ist, dauert die Fürsorgeerziehung fort.

Eine Übergangsbestimmung s. unten unter II.

§ 73.

Neufassung vom 4. Nov. 1932.

Die Fürsorgeerziehungsbehörde kann einen Minderjährigen **nach Vollendung des achtzehnten Lebensjahres** wegen Unausführbarkeit der Fürsorgeerziehung aus Gründen, die in der Person des Minderjährigen liegen, **nach Anhörung des Jugendamts** aus der Fürsorgeerziehung unter der Voraussetzung entlassen, **daß die Fürsorgeerziehung mindestens ein Jahr gedauert hat. Die Vollendung des achtzehnten Lebensjahres und die einjährige Durchführung der Fürsorgeerziehung ist für die Entlassung nicht erforderlich, wenn der Minderjährige an erheblichen geistigen oder seelischen Regelwidrigkeiten leidet. Die Fürsorgeerziehungsbehörde bedarf für die Entlassung der Zustimmung des Vormundschaftsgerichts. Gegen die Versagung der Zustimmung steht der Fürsorgeerziehungsbehörde die sofortige Beschwerde zu.**

II. Übergangsbestimmung, getroffen durch Art. 1 der VO. v. 28. November 1932.

1. Für Minderjährige, die vor dem 1. April 1933 das neunzehnte Lebensjahr vollendet haben oder vollenden, endigt die Fürsorgeerziehung erst am 31. März 1933; bis dahin können Anträge aus § 72 a gestellt werden.

2. Die Fürsorgeerziehungsbehörde kann vor dem 1. April 1933 Minderjährige, die das neunzehnte Lebensjahr vollendet haben, aus der Fürsorgeerziehung entlassen.

III. Bek. der Staatsministerien der Justiz und des Innern v. 24. Februar 1933 über Fürsorgeerziehung (GVBl. 79).

Zu den Verordnungen des Reichspräsidenten vom 4. November 1932 über Jugendwohlfahrt und vom 28. November 1932 über Fürsorgeerziehung (RGBl. I S. 522 und 531) ergeht gemäß Art. 52 JAG. nachfolgende Vollzugsanweisung:

1. Durch die Neufassung des § 63 Abs. 1 Ziff. 1 und die Aufhebung des § 55 RJWG. soll die v o r b e u g e n d e Fürsorge-

erziehung zur Vermeidung der Verwahrlosung wiederum sichergestellt werden. Die Anstalten klagen durchgängig über die Zuführung Minderjähriger im fortgeschrittenen Alter und in starker Verwahrlosung, die in jüngeren Jahren mit viel geringerer Mühe und mit vermehrter Aussicht auf Erfolg hätten in Betreuung genommen werden können. Die Fürsorgeerziehung ist das letzte Erziehungsmittel in dem Sinne, daß sie nicht angewendet werden soll, wenn weniger schwere Eingriffe zur Sicherstellung einer normalen Entwicklung des Minderjährigen zureichen — § 94 VV. z. JAG. —. Sie soll aber dort, wo sie nach Lage des Falles geboten ist, so zeitig einsetzen, daß sie die besten Bedingungen für einen aussichtsreichen Erfolg bietet. Nach der bayerischen Fürsorgeerziehungsstatistik für das Rechnungsjahr 1931/32 wurden in diesem Jahre 106 noch nicht schulpflichtige, 565 volkshauptschulpflichtige, 424 volkshauptschulentlassene Minderjährige bis zu 18 Jahren und 106 Minderjährige über 18 Jahre in Fürsorgeerziehung genommen.

Eine Minderung der beiden letzten Ziffern ist anzustreben. Die Fürsorgeerziehung zur Vermeidung der Verwahrlosung muß vermehrt Platz greifen vor der Fürsorgeerziehung zur Beseitigung eingetretener Verwahrlosung. Das bedeutet keineswegs eine Mehrung der Fürsorgeerziehungsfälle überhaupt. Vielmehr kann damit gerechnet werden, daß mit rechteitigem Eingreifen sich ein früherer Abbau von Fürsorgeerziehungsfällen ermöglichen läßt. Es besteht auch die begründete Klage, daß die Fürsorgeerziehung vielfach durch Zufälligkeiten, insbesondere durch das Bekanntwerden einer kriminellen Handlung des Minderjährigen, ausgelöst wird, wobei die Verhältnisse, die ernstliche Erziehungsmaßnahmen erheischen, schon lange Zeit bestanden haben und den verantwortlichen Stellen bekannt waren. Durch das Zusammenwirken aller mit der Jugend befaßten Kreise und insbesondere durch die Mitarbeit der Schule muß eine planmäßigere Erfassung der Fälle, die in die Fürsorgeerziehung gehören, erreicht werden.

Der Allgemeine Fürsorgeerziehungstag regt zu § 63 Abs. 1 RJWG. n. F. an, in den Beschlüssen der Vormundschaftsgerichte über Anordnung der vorbeugenden Fürsorgeerziehung das elterliche Verschulden nach § 1666 BGB. in einer Fassung festzustellen, die für die Eltern möglichst wenig verletzend wirkt. Andernfalls sei zu besorgen, daß die Eltern sich vorweg gegen die Fürsorgeerziehung ihrer Kinder einstellen, während sie bei entsprechender Rücksichtnahme eher bereit seien, dem weiteren Erziehungswerke wenigstens keine Schwierigkeiten zu machen. Die Anregung wird den Vormundschaftsgerichten zur Beachtung empfohlen.

2. Nach § 63 Abs. 1 RJWG. n. F. ist die Überweisung in die Fürsorgeerziehung unzulässig lediglich zur Verhütung körperlicher Verwahrlosung.

Nach § 63 Abs. 2 a. a. O. darf sie nicht angeordnet werden, wenn sie offenbar keine Aussicht auf Erfolg bietet. Mit dieser Bestimmung ist der schon bisher anerkannte Grundsatz, daß die Fürsorgeerziehung bei offenbarer Unerziehbarkeit nicht Platz greifen kann, ausdrücklich gesetzlich festgelegt.

3. Die regelmäßige Altersgrenze für Anordnung der Fürsorgeerziehung bleibt auch weiterhin das vollendete 18. Lebensjahr. Ausnahmsweise kann die Fürsorgeerziehung nach Art. 63 Abs. 3 RJ.-WG. n. F. noch bis zur Vollendung des 19. Lebensjahres — bisher bis zur Vollendung des 20. Lebensjahres — angeordnet werden. Für die Anordnung ist die Zustimmung der Fürsorgeerziehungsbehörde vorgeschrieben. Die Zuständigkeit der Fürsorgeerziehungsbehörde bestimmt sich nach § 70 Abs. 2 Satz 1 RJWG. Da nach § 72 RJWG. n. F. die Fürsorgeerziehung grundsätzlich mit dem 19. Lebensjahr endet, wird es bei der Anordnung der Fürsorgeerziehung für Minderjährige über 18 Jahre in der Regel notwendig sein, gleichzeitig auch die Fortführung über das vollendete 19. Lebensjahr hinaus nach § 72a RJWG. n. F. sicherzustellen und demgemäß auch bereits mit dem Antrag auf Anordnung der Fürsorgeerziehung den Antrag nach § 72a RJWG. n. F. zu verbinden.

4. § 67 RJWG. n. F. sieht neu vor, daß die vorläufige Fürsorgeerziehung auch zur Prüfung der Erfolgsaussicht angeordnet werden kann. Geschieht dies, so ist es Aufgabe der Fürsorgeerziehungsbehörde, im Verlaufe der Beobachtungszeit sich auf dem Laufenden zu halten und zur rechten Zeit für endgültige Anordnung der Fürsorgeerziehung oder für Beendigung der Beobachtung zu sorgen.

5. Die Neufassung des § 70 Abs. 3 RJWG. räumt der Fürsorgeerziehungsbehörde für alle Rechtsgeschäfte, die die Eingehung, Änderung oder Aufhebung eines Dienst- oder Lehrvertrags oder die Geltendmachung der sich aus einem solchen Vertrag ergebenden Ansprüche betreffen, die Rechtsstellung des gesetzlichen Vertreters des Minderjährigen ein. Sie hat insbesondere das Recht, den Arbeitsverdienst des Minderjährigen zu verwalten und für ihn zu verwenden. Damit ist für die Fürsorgeerziehungsbehörde begrüßenswerterweise insbesondere die Berechtigung klargestellt, den Arbeitsverdienst im angemessenen Umfange — vorbehaltlich des aus erziehlichen Gründen einzuräumenden Taschengeldes — zur Deckung der Lebsucht des Minderjährigen und damit der Fürsorgeerziehungskosten heranzuziehen, wie dies auch bei sonstigen Minderjährigen in Lehre und Arbeit geschieht. Das Nähere ist für den Einzelfall im Benehmen mit dem Arbeitgeber, der Anstalt und sonstigen Beteiligten zu regeln.

6. Durch § 72 Abs. 1 RJWG. n. F. ist die Altersgrenze, mit der die Fürsorgeerziehung endet, wenn sie nicht früher wegen Erreichung oder anderweitiger Sicherstellung ihres Zweckes aufgehoben worden ist, vom Eintritte der Volljährigkeit auf die Vollendung des 19. Lebensjahres zurückgesetzt worden. Der neueingeführte § 72a läßt aber die Fortsetzung über das 19. Lebensjahr bis zum Eintritte der Volljährigkeit beim Vorliegen besonderer Verhältnisse zu, wenn

die Fortführung zur Erreichung des Zweckes der Fürsorgeerziehung erforderlich ist. Die Fortführung wird auf Antrag der Fürsorgeerziehungsbehörde vom Vormundschaftsgericht angeordnet. Die oberste Landesbehörde ist ermächtigt, das Antragsrecht auf bestimmte Fälle zu beschränken oder an bestimmte Voraussetzungen zu knüpfen. Im Einvernehmen mit dem ständigen Arbeitsausschusse des Landesjugendamts wird bis auf weiteres vom Erlasse solcher bindenden Bestimmungen abgesehen und die Prüfung der besonderen Verhältnisse des Einzelfalles dem pflichtgemäßen Ermessen der Fürsorgeerziehungsbehörde und des Vormundschaftsgerichts überlassen.

Besondere Verhältnisse, die allenfalls zur Fortführung der Fürsorgeerziehung über das 19. Lebensjahr hinaus Anlaß geben, können insbesondere bei Minderjährigen in Betracht kommen, die in einer Berufsausbildung in einem Heim oder in einer freien Lehre stehen, wenn sie Gewähr für eine erfolgreiche Beendigung der Ausbildung geben und der Abschluß dieser Ausbildung durch die Beendigung der Fürsorgeerziehung in Frage gestellt wäre, ferner bei Minderjährigen, die erst im vorgerückten Alter zur Fürsorgeerziehung kamen und bei zureichender Dauer begründete Aussicht auf Erziehungserfolg geben.

Das Verfahren für die Behandlung der Fortführungsanträge ist durch Art. 2 der Verordnung vom 28. November 1932 geregelt. Bei der Beschlußfassung über die Fortsetzung der Fürsorgeerziehung ist darauf Rücksicht zu nehmen, daß die Fürsorgeerziehung beim Vorliegen besonderer Verhältnisse nur solange fortzuführen ist, als es durch das Bedürfnis geboten ist. Hiernach wird gegebenenfalls — beispielsweise zur Erledigung eines bestehenden Lehrverhältnisses (s. Abs. II) — die Dauer der Fortführung zeitlich zu beschränken sein.

Art. 1 der Verordnung vom 28. November 1932 sieht für die Übergangszeit vor, daß bei Minderjährigen, die vor dem 1. April 1933 das 19. Lebensjahr vollendet haben oder vollenden, die Fürsorgeerziehung am 31. März 1933 endet. Die Fürsorgeerziehungsbehörde kann 19jährige Minderjährige bis dahin aus der Fürsorgeerziehung entlassen oder Antrag auf Fortführung über das 19. Lebensjahr hinaus nach § 72a RJWG. n. F. stellen. Mit Entschließung des Staatsministeriums des Innern vom 14. November 1932 Nr. 4169e 41 wurden die Jugendämter bereits beauftragt, die Entlassung der 19jährigen Fürsorgezöglinge zu prüfen und für ihre geordnete Überführung ins freie Leben oder für Anordnung der Fortsetzung der Fürsorgeerziehung über das 19. Lebensjahr hinaus Sorge zu tragen. Soweit die Minderjährigen entlassen werden, ist trotz der in den wirtschaftlichen Verhältnissen gelegenen Schwierigkeiten besonders darauf zu achten, daß sie in einigermaßen geordnete Verhältnisse kommen und insbesondere zu Anfang einen Anschluß und eine Betreuung finden, die sie vor Schäden bewahren und nicht den ganzen Erfolg der Erziehungsarbeit wieder zunichte machen. Für

Die neuen oder abgeänderten Bestimmungen sind in fetter Schrift, die aufgehobenen in lateinischer Schrift gesetzt.

Jugendwohlfahrtsgesetz.

Aus dem Ausführungsgesetz zu dem Gesetz gegen gefährliche Gewohnheitsverbrecher und über Maßregeln der Sicherung und Besserung. Vom 24. Nov. 1933 Art. 4 (RGBl. 1933 I S. 1005).

(In Kraft ab 1. Januar 1934.)

§ 76:

Die Worte „§§ 120, 235 des Strafgesetzbuchs" werden ersetzt durch die Worte: „§§ 120, **122b**, 235 des Strafgesetzbuchs".

Kolibri 360 GmbH
Ferdinand-Jühlke-Straße 7
99095 Erfurt, Deutschland
produktsicherheit@kolibri360.de